新时代马克思主义伦理学丛书

张霄 李义天 主编

国家出版基金项目
NATIONAL PUBLICATION FOUNDATION
重庆市出版专项资金资助项目

俄苏马克思主义伦理思想史纲

王文东 著

重庆出版集团 重庆出版社

图书在版编目(CIP)数据

俄苏马克思主义伦理思想史纲/王文东著.—重庆:重庆出版社,2020.12
ISBN 978-7-229-15398-4

Ⅰ.①俄… Ⅱ.①王… Ⅲ.①马克思主义哲学—伦理思想—思想史—研究—俄罗斯 ②马克思主义哲学—伦理思想—思想史—研究—苏联 Ⅳ.①B0-0

中国版本图书馆 CIP 数据核字(2020)第 212945 号

俄苏马克思主义伦理思想史纲
E SU MAKESI ZHUYI LUNLI SIXIANG SHIGANG
王文东 著

责任编辑:李 茜 彭 景
责任校对:何建云
装帧设计:何海林

重庆出版集团 出版
重庆出版社

重庆市南岸区南滨路162号1幢 邮政编码:400061 http://www.cqph.com
重庆出版社艺术设计有限公司制版
重庆市国丰印务有限责任公司印刷
重庆出版集团图书发行有限公司发行
E-MAIL:fxchu@cqph.com 邮购电话:023-61520646
全国新华书店经销

开本:787mm×1092mm 1/16 印张:37.25 字数:489千
2020年12月第1版 2020年12月第1次印刷
ISBN 978-7-229-15398-4
定价:149.00元

如有印装质量问题,请向本集团图书发行有限公司调换:023-61520678

版权所有 侵权必究

总　序

马克思主义伦理学是马克思主义理论与伦理学研究的结合。对当代中国伦理学而言，这种结合既需要面对马克思主义理论发展的世界性问题，更需要融合中国特色社会主义思想文化的新时代特征。

马克思主义伦理学之所以成为马克思主义理论进程中的一个世界性问题，是因为伦理问题往往出现在世界马克思主义发展史上的重要时刻。这些时刻不仅包括重大的理论争辩，而且包括重大的实践境况。如果说20世纪的马克思主义理论进程是一部马克思主义和各种思潮相结合的历史，那么，20世纪的马克思主义伦理学则从马克思主义与伦理思想相结合的层面，为这部历史增添了不可或缺的内容。无论是现实素材引发的实际问题，还是理论思考得出的智识成果，马克思主义不断发展的历史，总在为马克思主义伦理学添加新的东西——新的问题、新的方法、新的观点和新的挑战。由此，马克思主义伦理学始终处于马克思主义理论的核心地带，马克思主义内在地蕴含着对于伦理问题的思考与对于伦理生活的批判。相应地，一个失却了伦理维度的马克思主义不仅在理论上是不完整的，而且无法实现马克思主义所揭示的全部实践筹划。因此，把严肃的伦理学研究从马克思主义的体系中加以祛除的做法，实际上是在瓦解马克思主义理论自身的完整意义与实践诉求。

马克思主义伦理学不是也无须是一门抽象的学问。它是一种把现实与基于这种现实而生长出来的规范性联系起来的实践筹划，是一种通过"实践—精神"而把握世界的实践理论。因此，在马克思主义这里，伦理学的本质不在于它的知识处境，而在于它的社会功能；关键的伦理学问题不再是"伦理规范可以是什么"，而是"伦理规范能够做什么"。从这个意义上讲，不经转化就直接用认识论意义上的伦理学来替代实践论意义上的伦理学，这是一种在伦理学领域尚未完成马克思主义世界观革命的不成熟表现，也是一种对伦理学的现实本质缺乏理解的表现。

马克思主义伦理学之所以成为当代中国道德建设的一个新时代问题，是因为马克思主义始终是中国特色社会主义思想文化的基本方向。无论如何阐释"中国特色"，它在思想文化领域都不可能脱离如下背景：其一，当代中国是一个以马克思主义为指导思想的社会主义国家，马克思主义构成当前中国社会的思想框架。这种框架为我们带来一种不同于西方的现代性方案；在这种现代性中，启蒙以降的西方文化传统经由马克思主义的深刻批判而进入中国。其二，中国优秀传统文化的精髓是伦理文化，中国文化的精神要义就在于其伦理性。对中国学人而言，伦理学不仅关乎做人的道理，也在提供治理国家的原则。从这个意义上讲，马克思主义之所以能在中国扎根，就在于它与中国文化传统的伦理性质有契合之处。

如果结合上述两个背景便不难发现，马克思主义伦理学的重要意义已然不限于两种知识门类的结合，更是两种文化传统的联结。经历百年的吸纳、转化和变迁，马克思主义伦理学虽然在一定程度上已经成型，但是，随着中国特色社会主义进入新时代，马克思主义伦理学又面临许多新的困惑和新的机遇，需要为这个时代的中国伦理思想与道德建设提供新的思考和新的解答。唯有如此，新时代的马克思主义伦理学才能构成中国马克思主义理论的重要组成部分，才能成为21世纪中国道德话语和道德实践的航标指南。

为此，我们编撰的《新时代马克思主义伦理学丛书》，旨在通过"世界性"和"新时代"两大主题框架，聚焦当代的马克思主义伦理学。我们希望，通过这套丛书搭建开放的平台，在一个更加广阔的视野中建构马克思主义伦理学的理论体系，在一个更加深入的维度上探讨当代中国的伦理思想与道德建设。

感谢中国人民大学伦理学与道德建设研究中心的指导与支持，感谢重庆出版社的协助与付出。这是一项前途光明的事业，我们真诚地期待能有更多朋友加入，使之枝繁叶茂、硕果满仓。

是为序。

编　者

2020年春　北京

目 录
CONTENTS

总　序 ·· 1

第一章　启蒙与变革：马克思主义道德观的初步阐释
·· 1
一、初渐俄国的历史唯物主义道德观 ················ 3
二、Г. В. 普列汉诺夫对道德观基础的阐释 ·········· 46
三、道德意识形态理论 ······································· 68
四、К. 考茨基的伦理思想 ·································· 91

第二章　争鸣与奠基：苏联列宁主义伦理思想 ······ 136
一、道德论争与伦理探索 ································· 140
二、В. И. 列宁的道德批判 ······························· 196
三、人民主体论的政治伦理思想 ······················ 209
四、共产主义道德的必然性与合理性论证 ········ 236

第三章　探索与阐释：布哈林、托洛茨基和斯大林伦理思想 ·· 257
一、Н. И. 布哈林伦理思想 ······························· 258

二、Л.Д.托洛茨基的伦理思想 …………………………………… 291
三、И.В.斯大林对历史唯物主义道德观的阐述 ………………… 309
四、И.В.斯大林的政治伦理思想 ………………………………… 339

第四章　发展与转向：后斯大林时代苏俄伦理思想主流 …… 357

一、历史唯物主义伦理思想传统的发展 ………………………… 359
二、政治道德传统的演变 ………………………………………… 437
三、时代精神的伦理反思 ………………………………………… 466
四、社会道德体系核心观念的变化 ……………………………… 500

参考文献 ……………………………………………………………… 578

后　记 ……………………………………………………………… 584

第一章
启蒙与变革：马克思主义道德观的初步阐释

俄苏马克思主义伦理思想，是指19世纪中期随着马克思主义从欧洲向世界的传播，马克思主义世界观、道德观进入古老的俄罗斯文化，与1922年以前的俄罗斯人民的革命和建设实践相结合、与1922年以后的苏联时期的社会主义革命和建设的实践相结合，并部分地延续到苏联解体以后形成的马克思主义伦理思想。

19世纪70、80年代起，唯物主义历史观和辩证法传入俄罗斯思想文化，90年代后半期俄国出现了强有力的马克思主义运动，Г. В. 普列汉诺夫（Плеханов Георгий Валентинович，1856—1918）等人将马克思、恩格斯以及 P. 拉法格（Paul Lafagure，1842—1911）、F. E. 梅林（Franz Erdmann Mehring，1846—1919）等人的马克思主义道德观引入俄罗斯，预示着马克思主义伦理思想开始传入俄罗斯并在道德观上尝试着与俄国本土文化进行初步沟通和交流，俄罗斯古老的文化中逐渐形成了与唯心主义相对立的、新的伦理思想生根的依据或基础，由此标志着马克思主义伦理思想在一定程度上的萌芽。

经历了复杂变动的19世纪90年代，到20世纪新千年初，俄罗斯步入革命与阶级对决的历史关键时期，以辩证唯物主义和历史唯物主义为核心的马克思主义伦理思想在批判俄罗斯近代知识分子中流传的民粹主义、伦理社会主义、宗教唯心主义中成熟发展起来。甚至可以说，这个时期在俄罗斯流行的马克思主义伦理思想有时是借助其他思潮的存在或流布来阐释和发展的，对古老的俄罗斯伦理传统步入新时代来说，新的道德观不仅具有思想启蒙的意义，在某种程度上它带来了精神的养分，更具有刺激社会变革的作用和价值。一些学者试图进行伦理更新，他们或者用形式上对道德应然的恢复来变革马克思主义，例如 Л. Б. 司徒卢威（Пётр Бернгардович Струве，1870—1944）；或者论述道德秩序的客观性，例如 Н. А. 别尔嘉耶夫（Николай Александрович Бердяев，1874—1948）；另外一些学者也表达了几乎相似的赞同的观点，例如 С. Н. 布尔加科夫（Сергéй Николáевич Булгáков，1871—1944）、П. А. 诺夫格罗采夫（П. А. Novgrotsev）和 С. Л. 弗兰克（С. Л. Фраик，1877—1950）。可以说，以英国古典政治经济学、法国空想社会主义、德国古典哲学及其伦理思想为基础的历史唯物主义道德观一经传入俄罗斯，就要求与俄国当时革命和实践相结合，其现实性就要求具体化和对象化，而 19 世纪俄国的历史文化和社会发展所提供的客观条件则为这种现实化提供了可能。帝俄的制度性腐朽，并由此导致的变革现实的革命实践以及马克思主义者的自觉传播，都是这种可能性的证明。

历史唯物主义道德观东渐俄国，通过寻呼俄国文化传统中的朴素唯物主义和辩证法思想而实现了初步融合，经与民粹主义、革命民主主义伦理思想的交融并进而走向深入，经与宗教哲学伦理学的乖离而得以初步表述，与变革俄国封建农奴制的革命实践相结合，最终形成了历史唯物主义道德观俄国化的初步形态。这一初步形态包含了俄国化的马克思主义伦理思想的早期形式。

一、初渐俄国的历史唯物主义道德观

1. 马克思主义在俄罗斯的早期发展

俄罗斯学者最初接受马克思主义，正像接受欧洲哲学、自然科学理论一样，主要不是作为一种专门性的或学术性的学说来接受，而是当作一种世界观、一种生活方式、一种实现现世解放的工具来接受的。某些欧洲学者曾如此认为，"伦理学的空白"是历史唯物主义的不足，科学社会主义是经济和政治的变革理论，缺乏伦理因素。这使得现代某些伦理学家如此断言，"19世纪的俄国知识分子普遍表现出来的、对伦理学理论和道德实践问题所具有的异常兴趣，使得俄国马克思主义者对经典马克思主义体系中的主要空白——伦理学和认识论中的空白特别敏感。"①早期接受马克思主义的知识分子对伦理学的确有很大兴趣，对社会伦理问题和实践也极度关切，但这似乎与马克思主义体系是否存在这方面的空白是两个问题。初步接受马克思主义的俄罗斯知识分子群体有其特殊的分化历程，他们有特殊的时代使命、面临特殊的理论问题。而且"伦理学的空白"，科学社会主义缺乏伦理因素，本身与事实不相符。

近代俄罗斯知识分子群体产生的重要标志是，同时期在知识分子中就俄国发展道路问题展开的所谓"西欧派"和"斯拉夫派"之战的大讨论。俄罗斯知识分子一直充当着社会进程的道德评判者、社会危机的预警者和未来发展道路的规划者的角色：他们自视为俄国社会的"良心"，自视为人民大众的代言人，孤傲地保持着自己

---

① 〔美〕弗吉利亚斯·弗姆主编：《道德百科全书》，戴杨毅等译，湖南人民出版社1988年版，第482页。

的特立独行，习惯于在理论和思辨的层面发挥自己的想象力和创造力，而羞于将自己的理论变成实际行动。然而，平民出身的知识分子В. Г. 别林斯基（Виссарион Григорьевич Белинский，1811—1848）和 Н. Г. 车尔尼雪夫斯基（Николай Гаврилович Чернышевский，1828—1889）的出现，终于为尚空谈、欠实际的俄国知识分子群体带来了"批判现实主义"的活力，他们认真地审视了俄国历史发展的特点，审视了俄国知识分子与人民的关系，彻底批判了俄国文化传统中的皇权主义和专制主义成分，揭露了沙皇专制制度统治的反人民性，同时也充分肯定了俄国文化传统中集体主义和原始共产主义的成分；他们还批判了西欧资产阶级政治制度的虚伪性，将西欧的社会主义理想吸收过来，试图将其嫁接在俄国文化传统的土壤之上。别林斯基认为，俄国必须彻底推翻沙皇专制制度的统治，完全不必走西欧资本主义的道路，因为社会主义的理想对于俄国来说更为现实，"没有任何事情"比起促进社会主义到来"更加崇高、更加高贵了"；而实现社会主义必须采取暴力革命的手段，"不经过暴力变革，不经过流血，时间就使这一步自然能做到，那是可笑的。"[①]车尔尼雪夫斯基同样认为，村社虽然是旧文化传统的残余，但是在特殊的条件下能够发展成为社会主义的制度，即村社成员中的原始共产主义思想可以变成革命思想和斗争精神，而村社成员——农民，最容易被发动起来参加社会主义革命。

别林斯基和车尔尼雪夫斯基的思想和号召，启发和教育了知识分子，使他们终于放下架子，倾听人民的要求，重新构筑自己的理想和理论体系，积极地将其付诸实践，于是发生了声势浩大的民粹派运动以及由知识分子发起并积极参与的"到民间去"运动。先进

[①]〔苏〕В. А. 马里宁：《俄国空想社会主义简史》，丁履桂等译，商务印书馆1990年版，第118页。

的知识分子为了实现自己的理想,走遍广大的农村,试图用农民的语言鼓动农民革命。但是他们忘我的牺牲精神和革命热情并没有唤起广大农民的响应,他们"在实践中不得不深信农夫具有共产主义本能的想法是幼稚的"。①在自己的良好愿望遭到严重挫折之后,这部分知识分子并没有因此而气馁,他们始终坚信人民是伟大的和有力量的,但长期的专制主义统治已经使他们的政治神经趋于麻木,需要知识分子以革命行动和英雄行为予以震动。于是,他们中有相当一部分人呼喊着"行动就是一切""破坏欲即创造欲"②的口号,走上了无政府主义和恐怖主义的道路,在一次次暗杀沙皇和反动大臣的行动中,俄国知识分子的英雄主义和牺牲精神得到了充分的表现,但是农民仍然冷漠地注视着他们的一举一动,新沙皇和专制制度变本加厉地施展其独裁统治。

19世纪30年代,俄罗斯知识分子发生了分化。一部分知识分子退回到原来的政治起点,宣布与现政权和解,将自己的政治理想寄托于专制制度的自我改革之上。一部分知识分子则转向从马克思主义中去寻找解决俄国问题的答案,其中的代表人物有普列汉诺夫、П. Ь. 阿克雪里罗德(Павел Ьорисович Аксельрод, 1850—1928)、В. И. 查苏利奇(Вера Ивановна Засулич, 1849—1919)和В. И. 列宁(Владимир Ильич Ленин, 1870—1924)。还有一部分人一方面不得不宣布与现政权妥协,另一方面则又渴望着新的政治变革形势的来临;一方面游离于保守派和革命派阵营,另一方面则又试图小心翼翼地保持着自由主义立场。在由激进主义向自由主义转变的过程中,这部分知识分子在19世纪80年代末都先后放弃了民

---

① 《列宁全集》(第一卷),人民出版社1984年版,第242、234页。
② 〔俄〕别尔嘉耶夫:《俄罗斯思想》,雷永生、邱守娟译,三联书店1995年版,第148页。

粹主义的理想，同普列汉诺夫等人一样转向了对马克思主义的探索。

19世纪50年代至十月革命前，一些自由主义者以马克思的经济学观点分析俄国社会的经济状况和民粹村社主义的落后性，以极大的热情呼唤资本主义生产方式的到来。这些人以 П. Б. 司徒卢威、Т. В. 杜冈-巴拉诺斯基（Tugan Baranowsk）、布尔加科夫等为代表，他们以马克思主义为旗号，常在经沙皇政府准许的合法报刊杂志上发表言论，列宁在《怎么办?》一书中称之为"合法马克思主义"。其中的代言人司徒卢威认为，俄国"只有向资本主义学习才能培养起来这个社会发展的巨大推动力"①。司徒卢威的思想经历了从"马克思主义"到"自由主义"再到"保守主义"的游离，反映了当时俄国知识分子最普遍的心态和命运。尼·伊·季别尔早年在伦敦就结识了马克思和恩格斯，对他们的社会批判思想表示倾心，在马克思的《资本论》在俄国公开出版并引起争论之时，尼·伊·季别尔就对马克思学说的来源和意义作了比较正确的理解，并反驳了Б. Н. 齐切林（Б. Н. Чичерин，1828—1904）和 Z. N. 茹科夫斯基（Zhukovski Nikolai Egorievich，1847—1921）等人对马克思学说的诘难。齐切林认为，温和而不失理性的渐进改革才能实现社会和国家的利益最大化，他始终认为社会和国家发展的进化道路而非革命道路，才是唯一合法的；进化式的改良路径可以尽量避免革命所带来的动荡、血腥和嗜杀，因此他不断告诫沙俄政府：拖延改革将引起革命。尼·伊·季别尔在《李嘉图和马克思的社会经济学说研究》一书中把马克思的价值论解释为李嘉图理论的"改良"，认为可以把马克思发现的资本主义规律应用于俄国实际，但是他却放

---

① 〔俄〕司徒卢威:《俄国经济发展问题的评述》，李尚谦等译，商务印书馆1992年版，第104页。

弃了马克思学说的阶级分析观点，忽视了无产阶级的特殊地位和作用；他虽然承认资本的积聚和集中将导致资本主义制度被另一个更加完善的制度来代替，但却认为这一更替可以通过合作组织的和平活动和资产阶级国家实行"国家社会主义"的措施等途径来实现。

90年代，司徒卢威、杜冈-巴拉诺夫斯基、布尔加科夫、别尔嘉耶夫等人步普列汉诺夫后尘，在有关俄国资本主义发展的问题上同已经完全趋于没落的保守民粹派进行了一场政治大论战，一度与普列汉诺夫等人结成了政治同盟。他们以自己深厚的学术研究和敏锐的政治分析，肯定俄国经济的发展已经踏上了资本主义的"魔毯"，用西欧资本主义发展已成事实的经验来说明俄国的问题。他们以自己惯用的犀利笔调批判了民粹派闭目塞听、无视资本主义在俄国迅速发展的事实，强调资本主义具有"无限的潜力"和"强大的历史和文化力量"，肯定俄国未来的发展方向即是实现资产阶级的民主自由。别尔嘉耶夫在回忆这场论战时做了如此评价：

> 90年代后半期俄国出现了强有力的马克思主义运动，……有些马克思主义者始终忠实于社会范围内的马克思主义，但是一开始就不赞成哲学中的唯心主义者——他们是康德学说或费希特学说的信徒，即唯心主义者——这就展现出一些新的可能性。比较正统的马克思主义者抱住唯物主义不放，他们以非常怀疑的态度对待哲学的自由思想，并且预言这些思想会脱离马克思主义。得到的结果是，分成了全面接受马克思主义和只是部分接受马克思主义的两部分人。后者发生了从马克思主义向唯心主义的转变。这种唯心主义阶段持续了不久，很快就转向宗教，转

向基督教和东正教。属于转向唯心主义的一代马克思主义者有后来成为神甫的谢·布尔加科夫，笔者认为，这一群人中最大的政治家是别·司徒卢威、谢·弗兰克。①

别尔嘉耶夫强调了全面接受马克思主义和只是部分接受马克思主义的两部分人之间的区别，部分接受马克思主义的人转向了唯心主义和宗教（基督教和东正教）。R.卢森堡（Rosa Luxemburg，1871—1919）曾批评"俄国合法马克思主义者无疑地对他们的论敌'民粹派'取得了胜利，但他们的胜利超过了限度。在论战的热烈气氛中，这三个人——司徒卢威、C. H. 布尔加科夫和杜冈-巴拉诺夫斯基把他们的论点说得过火了。本来的问题是：资本主义在俄国是否有发展的可能；而这些马克思主义者在论证资本主义有发展的可能时，竟从理论上证明资本主义能够永世长存"②。

19世纪末20世纪初，俄国思想文化史发展进入了一个新的繁荣阶段（史称"白银时代"）。别尔嘉耶夫称之为"文艺复兴"的时代，他恰如其分地评价了这个阶段的变化和特征：

在俄罗斯，20世纪才开始有真正的文艺复兴。只有生活在这个时代的人才能了解：我们感受着怎样一种创作激情，怎样一种精神潮流充满了俄罗斯人的心灵。俄罗斯经历了诗歌和哲学的繁荣，经历了紧张的宗教探索，感受了神秘主义和通灵情绪。由于随时随地把追求时髦看成是真诚的热情，因而也有不少胡言乱语。我们有文化复兴，但

---

① 〔俄〕别尔嘉耶夫：《俄罗斯思想》，雷永生、邱守娟译，三联书店1995年版，第217—218页。
② 〔德〕R.卢森堡：《资本积累论》，彭尘舜、吴纪先译，三联书店1956年版，第255页。

是，如果说有宗教的复兴则是不正确的。对于宗教复兴来说没有捕捉到坚强而又集中的意志，却有过大的文化上的敏感性。①

世纪之交，变革维艰。俄国走上军事封建帝国主义道路，此后，在近半个世纪里，"俄国进步思想界在空前野蛮和反动的沙皇制度的压迫之下，曾如饥似渴地寻找正确的革命理论，专心致志地、密切地注视着欧美在这方面的每一种'最新成就'。俄国在半个世纪里，经受了闻所未闻的痛苦和牺牲，表现了空前未有的革命英雄气概，以难以置信的毅力和舍身忘我的精神去探索、学习和实验，经受了失望，进行了验证，参照了欧洲经验，真是饱经苦难才找到了马克思主义这个唯一正确的革命理论"②。这种经历是当时任何一个国家都无法比拟的，然而正是这种经历才铸就了俄罗斯马克思主义者的独特品格。

2. 新道德观生根的文化和历史基础

俄苏马克思主义伦理思想是历史唯物主义道德观与近代俄国文化、民族传统思想和俄罗斯历史特殊性相结合，并在俄罗斯-苏联社会文化和革命、建设实践中持续发展的产物。马克思主义伦理思想在俄罗斯的本土化，生根于俄罗斯国土并结出硕果，其重要基础首先在于俄罗斯民族独特的地域文化和民族条件。

其一，俄罗斯深厚的精神文化底蕴。

俄罗斯民族注重精神文化，在整个俄罗斯民族精神文化系统

---

① 〔俄〕别尔嘉耶夫：《俄罗斯思想》，雷永生、邱守娟译，三联书店1995年版，第215页。

② 《列宁全集》（第二十九卷），人民出版社1985年版，第139页。

中，宗教文化是其关注的一个显著方面。19世纪俄罗斯全部文化重心在很大程度上依旧探讨宗教问题，伦理优先、道德完善是宗教问题的核心要素。俄罗斯本质上是一个道德优越的国家，它具有西方人只能求之于梦想的欢愉和有机的生活，很多俄国思想家都指出俄罗斯世界观的道德特性。这些思想家包括了哲学家 Н. Я. 格罗特、П. Е. 阿斯塔费耶夫、М. В. 别佐波拉佐娃、Э. Л. 拉德洛夫（1854—1928），宗教学家弗兰克以及宗教哲学家、史学家 В. В. 津科夫斯基（1881—1962）等。1901年11月21日，С. Н. 布尔加科夫在基辅讲授以《伊万·卡拉马佐夫的哲学特质》为题目的公开课，尝试性论证了伦理学在俄罗斯意识中的优先意义，完整地解释了俄罗斯道德世界观的起源，他把被他称之为"良心之痛"的特殊的民族特点看成是伦理学在俄罗斯意识当中的首要元素。"良心之痛"是伦理专制主义的源头，这一"病痛"的本质在于俄罗斯的理想与现实之间、良知与生活需求之间存在着巨大的落差和可怕的鸿沟，现实主义的世界观模式、道德价值的需求决定了克服这一落差的必要性：伦理学要求拉近理想和现实之间的距离，重新构建符合理想的生活。俄罗斯20世纪的历史"奥秘"在某种程度上恰好是俄罗斯伦理学的多样性，这一点在社会生活领域反复得到印证。作为"良心之痛"主要标志的道德伦理正逐渐引发意识领域中对于抽象原则的经验证明，依据道德原则使理论应用于实践、应用于社会生活的重建（Э. Л. 拉德洛夫）。从20世纪初对"伦理马克思主义"的尝试性创建，到20世纪末全面领导和管理道德教育及社会道德发展过程的思想，所有这些都鲜明地反映在俄苏伦理思想中。[①]

宗教文化的基础使俄罗斯人对道德状态是从不自足的，永远期

[①]〔俄〕В. Н. 纳扎洛夫：《20世纪俄罗斯伦理学编年史》，载《伦理思想》2001—2003年，莫斯科。

盼达到一个更完美的道德境界，真正的俄罗斯生活是一种不断力争道德完美的生活。因此，С. Л. 弗兰克如此认为："可以把典型的俄罗斯哲学思维的这一主要内容定义为宗教伦理学。"①俄罗斯世界观可以认为是最高意义上的实践世界观，它一开始就总是期望在某种程度上改善世界，给世界带来福利（伦理学），而从来不仅仅限于对世界的理解（认识论）。

宗教文化的重心和基础是宗教哲学（包括宗教伦理学）。俄罗斯宗教哲学并不是通常所说的以宗教现象为理性哲学思辨对象的宗教哲学（Philosophy of Religion）——如黑格尔的宗教哲学，而是从某些宗教世界观原则出发对人和世界进行哲学认识和解释的宗教的哲学（Religious Philosophy）。俄国宗教哲学属于广义的基督教哲学。在俄罗斯的基督教——东正教文化背景下，人的高尚性、超越性、精神价值只能是与宗教哲学的上帝观念相联系的，"人同神的关系，与神的联系，是人的本质的决定性的特征。使人成为人的东西——人的人性因素，就是他的神人性。"②如此以来，基督教的观念和形象在长期的历史过程中已超出了教会甚至宗教的界限，从而成为俄罗斯一般文化和哲学的基础。

宗教文化的另一个基础在于生活层面。悠久的宗教历史传统使宗教生活成为俄国人社会生活的重要组成部分。沙俄时代，不仅居民中信教者超过 94%，而且政、教关系密切。古代俄罗斯国家——基辅罗斯建立一个世纪以后，拜占庭东正教便成为俄罗斯的国教，它在俄罗斯已经有 1000 余年的历史。东正教作为俄罗斯国家意识形态，不仅与俄罗斯民族文化融为一体，而且深刻影响着俄国人的生活观

---

① 〔俄〕С. Л. 弗兰克：《俄国知识人与精神偶像》，徐凤林译，学林出版社 1999 年版，第 28 页。

② 〔俄〕С. Л. 弗兰克：《实在与人》，徐凤林译，浙江人民出版社 2000 年版，第 143 页。

念、人生行为方式。虽然自18世纪中叶以来，俄国人的精神、文化也不时受到西方思潮如唯物主义、理性主义、实证主义的影响或冲击，但这种影响和冲击，却总是在俄国官方与民众合流的宗教意识的强烈反抗中败北，或被宗教文化所内化，使其影响的范围、程度极其有限。19世纪上半叶的"斯拉夫主义"对"西方主义"的持久论争，依据的核心就是"唯信仰才能克服个体理性的局限性"；20世纪初，"路标派"①在与列宁的辩论中搬出的也是以 В. С. 索洛维约夫（Владимир Соловьёв Сергеевич, 1853—1900）为代表的宗教唯心主义。1909年3月出版的论文集《路标——论俄国知识分子文集》（莫斯科：В. М. 萨布林）在一年之内再版了5次，其中心议题之一是俄罗斯知识分子伦理世界观的特点及其对宗教、文学和伦理学的态度，诸文的显著特点之一在于强调英雄主义和献身精神。

19世纪90年代后半期的马克思主义运动中，一大批信仰马克思主义的俄罗斯思想家转向宗教唯心主义，就是宗教文化在俄罗斯底蕴深厚的佐证。十月革命后、尤其在 И. В. 斯大林（Иосиф Виссарионович Сталин, 1878—1953）任苏共中央总书记以后，苏联开始对宗教采取严格遏制政策，教堂几乎全部被封闭，教士被还

---

① 《路标》文集的出版在俄国社会上引起强烈震撼，别尔嘉耶夫认为这是"由一些最有才华、最聪明的知识分子写成的一份卓越的文献，……一个学者阶层反叛的事件"（《别尔嘉耶夫集》，林贤治主编，上海远东出版社1999年版，第3页）。列宁称路标派为"著名的叛徒"，《路标》文集是"自由主义者叛变行为的百科全书"，是"知识分子全部叛变和变节"的写照。"《路标》的作者们以整个社会流派的真正思想领袖的身份出现，扼要地草拟了一整套哲学、宗教、政治、政论等问题的百科全书，对整个解放运动，对俄国民主派的全部历史都做了评价"；"《路标》是俄国立宪民主主义和一般的俄国自由主义同俄国解放运动及其一切基本任务和根本传统实行彻底决裂这条道路上的最突出的路标。"（《列宁论文学与艺术》，人民文学出版社1983年版，第171—172页）关于这本文集引发的思考和争论在一百年里在俄国从来没有停止过，苏联剧变后，很多人又反思激进革命思想与道路，重新阅读、评价《路标》文集本身的意义和作用。

俗或被驱除国外。1931年，苏联政府决定以建苏维埃宫的名义炸毁位于莫斯科河畔的莫斯科最大的东正教堂，由此表示苏联政府与宗教势不两立，从此宗教在苏联长期处于冬眠状态。20世纪90年代，宗教唯心主义及其哲学在俄罗斯再度"复兴"。由此可以看到俄罗斯民族的宗教情结。现在我们所说的俄罗斯传统宗教哲学，一般指19世纪后期到20世纪初的俄国宗教哲学家的哲学思想，它包括19世纪40年代的早期斯拉夫派，以及从19世纪下半叶以索洛维约夫为代表的宗教唯心主义哲学到20世纪初以"复兴"宗教哲学为己任的哲学家们，如别尔嘉耶夫等人的哲学思想。

宗教文化的影响使俄罗斯人的观念中有一种根深蒂固的信念即"救世主主义"，他们认定自己担负着"拯救人类"和人类文明的天赋使命。正是基于这一救世的信念，19世纪末俄罗斯激进的部分知识分子在乞求"上帝"无望的情况下转而面向现实，接受了唯物主义和社会主义。

其二，革命民主主义传统。

马克思主义能在宗教文化占优势的俄罗斯大地上迅速传播，与当时革命民主主义倡导的朴素唯物主义有着千丝万缕的联系。"俄国先进社会思想中的主要思潮具有坚实的唯物主义传统。"[①]革命民主主义者的唯物主义是19世纪俄国农奴制崩溃时期的一种哲学思潮，以A.赫尔岑（Aleksandr Herzen，1812—1870）、别林斯基、车尔尼雪夫斯基等人的思想为代表。他们在反对宗教唯心主义的斗争中，经过曲折的道路，或在费尔巴哈的影响下，与唯物主义有着某些相近或相同的观点（例如以经济方面解释观念的产生、反对救世主、要求变革、不把道德归结为理性，如此等等）。

革命民主主义的唯物主义思想是从对现实的批判，和对黑格尔

[①]《列宁选集》（第四卷），人民出版社1995年版，第646页。

唯心主义学说批判的基础上形成的。19世纪初，М. В. 罗蒙诺索夫（Михаил Васильевич Ломоносов，1711—1765）、A. N. 拉吉舍夫（Aleksandr Nikolaevich Radishev，1749—1802）和十二月党人（Decembrist）①的思想观点中就有辩证法和唯物主义的因素。他们反对神秘主义和唯心主义，提出一些零散的唯物主义观点，但是这种唯物主义没有超出形而上学观念的范围。十二月党人中有许多人都是无神论者，他们寻求说明社会现象的物质原因，但这种寻求并没有获得成功。

从19世纪30—40年代开始，A. 赫尔岑、别林斯基、车尔尼雪夫斯基、H. A. 杜勃罗留波夫（Николай Александрович Добролюбов，1836—1861）等人前后相继，试图在唯物主义的基础上建立革命民主主义的新的认识和方法。他们着重指出人的认识活动的重要性；人民群众在历史上起决定作用；要改变社会现状，不能靠上帝的恩赐，而要直接参与实践斗争。车尔尼雪夫斯基的唯物主义思想较为彻底，农民革命思想是其世界观的主要基础，他的哲学观点在理论上成为农民革命纲领的根据，并在俄国唯物主义思想的发展中开创了一个新时代。车尔尼雪夫斯基在政治上同自由主义保皇派进行斗争的同时，也在理论（哲学）上同宗教神秘主义、唯心主义等势力展开斗争，并写出了一系列著作来阐明他的革命民主主义的唯物主义哲学观点。车尔尼雪夫斯基用自己的全部著作来证明辩证法的一个著名论断：没有抽象的真理，真理只是具体的。列宁对车尔尼雪夫斯基的唯物主义和辩证法思想非常欣赏，对他本人也非常尊敬。据克鲁普斯卡娅回忆，"未必有什么人使弗拉基米尔·伊里奇如此欢喜，像他喜

---

① "十二月党人"是1825年发动反对农奴制度和沙皇专制制度武装起义的俄国贵族革命家，起义发生在俄历12月，领导这次起义的俄国贵族革命家在俄国历史上被称为"十二月党人"。

欢车尔尼雪夫斯基那样。这是一个他觉得对之具有某种直接亲近感的人，并对之怀有特别高度的尊敬。"①

俄国革命民主主义者坚持的唯物主义立场和对辩证法发生的浓厚兴趣，使他们在理论上向有利于俄国社会变革的方向发展，并在思想启蒙和民族革命上做出了贡献，为马克思主义世界观和道德观在俄罗斯文化生根提供了广阔的唯物主义背景。

其三，追求道德完善的俄罗斯民族天性。

俄罗斯文化对道德完善有一种本能的强烈需求。据说1789年暮春的一天，对 A. C. 普希金（Александр Сергеевич Пушкин，1799—1837）的创作颇有影响的俄国文学家、历史学家 H. M. 卡拉姆金（Николай Михайлович Карамзин，1766—1826）到了哥尼斯堡，当天晚上就直奔普林采辛大街，当他迈进哲学家门，一见到哲学家第一句话就说："我是俄国贵族。我喜爱伟大而有才能的人，我希望表示我对康德的尊敬。"②这种敬意中也许就包含俄罗斯的道德实践功能对其道德本源的皈依。卡拉姆金曾于1802—1803年在他主编的政治性文学杂志《欧洲导报》上面发表过文艺作品和政论文章，其美学纲领是"文学应当有助于培养国民的道德精神和爱国主义"。别林斯基评价他"开辟了俄罗斯文学中一个新的时代……把俄罗斯文学引入了新的思想境界"，别林斯基还认为，每个民族都表现了人类生活的某一方面。德国人占有思辨和分析的广袤无边的领域，英国人以实际活动见胜，意大利人以倾心于艺术见胜。德国人把一切归源于一般，认为一切都是从单一发展而来；英国人航海筑路、建造运河、和全世界通商、设置殖民地，一切都依靠经验

---

① 转引自〔苏〕E. 波古萨耶夫著：《车尔尼雪夫斯基》，钟道、殷桑译，天津人民出版社1982年版，第4页。

② 〔苏〕阿尔森·古留加：《康德传》，贾泽林等译，商务印书馆1981年版，第214—215页。

和计算；意大利的生活就是爱情和创作，创作和爱情；法国人偏爱的是生活，实际的、世俗的、不安的生活；德国人创造思想，发现新的真理；法国人则利用它，消耗它。德国人以思想来丰富人类，英国人以发明创造生活用品来丰富人类，法国人给我们带来时髦的法则，制定出礼节、仪式、优美风度的规律。法国人的生活是社交的，他的全部才智、知识、才能、机智和教养，都在那一块镶花地板上绽露无遗。文学是阔人的东西，它永远盯着那块地板上的社会。别林斯基指出其他民族与之截然不同，例如在德国，有学问的不是那些阔人，或能够进入华邸大宅和上流社会的人；相反地，德国人喜爱"贫民的阁楼、穷学生的斗屋、牧师的破屋。在那里……文学不是社会的表现，而是人民的表现"[①]。从别林斯基这些对各国人的阐释中（姑且不论其客观程度），我们也能看出俄罗斯人的期待和需求：这便是那永恒理念的道德生活。

俄罗斯民族与德国民族在精神气质上有一种深刻的相似性。德国哲学思想中的许多仿佛奇特的东西，反映出一个由于历史偶然事物而剥夺了它那份拥有理所当然的强大势力的精悍民族之心，它对俄罗斯近代社会似乎也非常适用。这种精悍民族的心境表现为一种强烈的竞争心、崇高精神。别林斯基也曾如此评价俄罗斯民族："人终究是人，不管敌意的命运在前面放下多少障碍，天才总能战胜一切，俄国人最后总能完成一切伟大而美好的事物，不下于任何欧洲人。"[②]这种精悍的民族心境促使俄罗斯人形成一种在其他民族中罕见的理想主义气质，它总是不顾现实条件和历史局限，一往无前地追求那些遥远然而又被认为是最高、最好、最美、最完善的生活。这被认为是俄国近代以来诸多悲剧的精神原因之一。

[①]《别林斯基选集》（第一卷），人民文学出版社1959年版，第17页。
[②]《别林斯基选集》（第一卷），人民文学出版社1959年版，第17页。

康德伦理学就是人类伦理思想史上最崇高和最富理想的一种理论，它的非功利性、纯粹性、超越性、崇高程度，使诸多民族望而生畏，或者要用各种功利合理性调和它，或者把它称作空幻的乌托邦；但在俄罗斯，在这块因土地过硬而使很多思想难以扎根的地方，它却旺盛地生长起来。康德伦理学确认道德在某种意义上与理性、知识无关。一向为俄罗斯学者敬重的康德认为，假若一条规律要想成为道德律，"它一定要挟有绝对必要的性质……一定要超乎经验地单单求之于纯粹理性的概念"①。这个界限必须恪守，而如果把纯粹原理与经验原理混合起来，那么道德律本身就很容易变质，失去了威信与尊严。俄罗斯民族用他们很大的精力和生命践履了这个纯粹的道德原理。别林斯基曾指出："每一个对祖国、对善良和真理有一点公正无私的爱情的人，写吧，说吧，喊吧；我不说是有知识的人，因为许多可悲的经验告诉我们在真理的事业中，知识和博学不一定就是公正和无私。"②甚至可以更进一步说，知识经常导向道德的反面，别林斯基曾这样评价 Ф. М. 陀思妥耶夫斯基（Фёдор Миха́йлович Достое́вский，1821—1881）的小说："呵，这是一个可怕的、复仇的艺术家！他多么深刻而真实地测量了他那样无情、那样不屈不挠地加以追击的阶级的不可测量的空虚和猥琐！他痛骂他们的猥琐，给他们捺上耻辱的烙印……严责他们不该丧失人形，用灵魂的宝藏换取镀金的渣滓，舍弃活的神而崇拜尘世的偶像，用陈规礼俗代替了才智、感情、良知和正直！"③这引发了 М. Г. 高尔基所谓的俄罗斯的宿命论和绝对虚无主义。它的另一层常被人们忽视的意义，即它使人们精神触角伸出经验之外，就像原始森林中的树木，如果忍受不住窒息

---

① 〔德〕康德：《道德形而上学探本》，唐钺译，商务印书馆1959年版，第3页。
② 《别林斯基选集》（第一卷），人民文学出版社1959年版，第34页。
③ 《别林斯基选集》（第一卷），人民文学出版社1959年版，第112页。

的痛苦命运，就必须寻找新的阳光和领空。"寻找俄国生活的概念"，这种生活不是上流社会的生活，不是经验界最令人艳羡的最高原则。大多数俄罗斯作家都表达过他们对上流社会的鄙视和反抗。可以如此肯定地评价：这里充满知识，但却没有道德，没有关于人的真正生活的道德，于是围绕着俄罗斯的良心的始终就是这样一些问题："在俄罗斯谁能过好日子？"以及"真正的白天什么时候才能到来？""谁之罪？"以及"怎么办？"

近代俄罗斯知识分子不是通过思辨，不是通过德国人的抽象方式去解决知识与道德的冲突的。鼓舞他们同腐朽现实进行斗争的是一系列关于人的理想的信念和原则，是康德关于义务的理论。那些常被攻击为空洞说教的原则——如"为义务而实行""与欲望的对象无关""出于尊重（道德的）定律"等，在十二月党人看来，它们不仅一点也不空洞，而且正是支持他们行为的最深刻的根基。从康德的伦理学角度来看，只有像十二月党人那样去行动，才算是有道德价值。康德在阐释自己的道德哲学时，他举的一些例子经常受到各种诘难和驳斥，那些人诘难和驳斥世界上一种崇高的东西，而十二月党人却以生命来践履这项崇高的理想主义事业。作为俄国贵族中的先觉者，十二月党人为了改变落后的俄罗斯，他们没有功利算计，把青春和生命都献给了为自由而斗争的解放事业。他们愤怒地控诉沙皇专制农奴制的罪恶，抨击时政，歌颂自由，号召人们起来进行斗争，而不怕沙皇的监狱、流放和绞刑架。十二月党人提出"公民"的概念，认为人与人是平等的。他们强调诗人首先是一个公民，应尽到公民的责任和义务，从而把一种自觉的道德意识负担起来。К. Ф. 雷列耶夫（Кондра́тий Фёдорович Рыле́ев，1795—1826）的名言是："我不是一个诗人，而是一个公民。"他并非不知道为了道德是要付出代价的。对雷列耶夫来说，知识会告诉他反抗意味着死亡，没有任何功利上的益处；道德却告诉他，这是你应该做的。于是，听从道德律令的命令，1825年12月14日，雷列耶夫参加了必定要失败的十二月党人起义，次年6月13日，诗人被沙皇绞杀于彼得堡要塞。①"他的价值是什么呢？"在康德看来，它印证了道德的真实性，表示了道德律令不可抗拒的绝对存在。十二月党人的精神并未泯灭，赫尔岑论有如下话语来评价生命不满27岁、依然成为普希金和十二月党诗人真正继承者的М. Ю. 莱蒙托夫（Михаил Юрьевич Лермонтов，1814—1841）："他（莱蒙托夫）完全属于我们这一代。我们都太年轻了，没有能参加12月14日的起义。我们虽然为这个伟大的日子所警醒，但所看到的只是死刑与流放，我们被迫沉默着，忍着眼泪学会了沉默不响，把自己的心思掩藏起来——那是什么样的心思啊！那不是使人开朗的自由主义、进步思想，那是怀疑、否定、充满了愤恨的思想。"这种遗憾，正是一种有道德的人对伟大道德事件的向往之流露。

知识是关于自然规律的，道德却相关于自由的规律。前者要做的是为自然立法，后者却是为自由立法。听从前者的人，可以得到各种实惠、功利和物质性收获；听从后者的人，常显得一无所获。这就是康德所说的，如果大自然选取"理性"（道德）来为人谋求幸福，那就是采取了一个很坏的办法了。因为这个生物为求幸福而必须做的

---

① 1825年12月14日，十二月党人起义失败，俄罗斯历史上开始了一个最反动的年代——所谓"三十年代"。尼古拉一世残酷地镇压了十二月党人之后，加强了他的反动统治。尼古拉反动政府为了防止像十二月起义那样的革命运动，为了防止法国革命事件的影响，为了镇压不断爆发的农民起义，采取了一系列愈来愈残酷的反动措施。一八二六年七月初，即处死五个十二月党人领袖的前几天，尼古拉一世的地主农奴主政府成立了专门镇压革命运动的"第三厅"，并任命卞肯多尔夫为厅长。同年，又颁布了书报检查条例。整个俄罗斯变成了一座监狱，所能看到的只有死刑、流放、苦役和设好圈套的杀害。失望的情绪感染了好多善良的人。整个俄罗斯好像沉入了深深的噩梦。

一切工作以及它的行为的全部规则，假如由本能规定，一定会更加靠得住得多；由本能去求幸福，比由理性去求，成功也更加有望得多。"理性对于意志的对象以及对于我们一切需要的满足上并不能够把意志指导得正确；其实理性在某种程度内反而增多我们的需要；在满足需要上，理性远不及天赋本能靠得住。"①Л. И. 舍斯托夫（Л. И. Шестов，1866—1938）曾有"约伯的天平"之论，在此天平上一端放着科学的二二得四，而另一端却是比海水还沉重的人的苦难，他由此这样评价陀思妥耶夫斯基："他在凝思而忘记了世上的一切，干自己唯一重要的事情：同自己历来的敌人——'二二得四'进行没完没了的诉讼。……任何人都不怀疑，二二得四的重量不仅超过陀思妥耶夫斯基一天之内七拼八凑的一堆'最受尊敬的'东西，而且超过世界史的全部事件。难道二二得四动了半毫分吗？"②

这个问题就是道德能否撼动这世界，道德能否高于知识，以至于比知识更重一些。从道德的立场出发，俄罗斯人就是为捍卫自由的立法者而从事着一场有人类学意义的正义的斗争。知识要人们放弃道德的痛苦，而依据现实的和自然的规则行事和思考。这些规则简洁异常，如同二二得四一样，但你必须交出意志自由而信仰它。思想不合逻辑的人，怎么会懂得科学，二乘二是四，这是你我都坚信不疑的。这就是原理！人一定要在这些原理上大动其脑筋。俄罗斯人为它伤透了脑筋。

3. 借助于各种思潮填补"伦理空白"

马克思主义开始在俄国知识分子中作为一般居优势的力量出

---

① 〔德〕康德：《道德形而上学探本》，唐钺译，商务印书馆 1959 年版，第 10—11 页。

② 〔俄〕Л. И. 舍斯托夫：《在约伯的天平上》，董友等译，三联书店 1989 年版，第 67、72 页。

现，学者们由于各自试图填补"伦理空白"的方式不同，形成了不同的思想观点或理论旨趣，首先发展为求助于以康德伦理学来补充历史唯物主义之不足的所谓"康德派"，以及求助于尼采的思想以补充历史唯物主义之不足的"尼采派"。

康德的思想对 19 世纪早期的俄罗斯知识分子有着深刻的影响，在俄国文化的"黄金时代"，知识阶层普遍受到过德国古典哲学的滋养，尤其是斯拉夫派对德国哲学和伦理学的汲取，完成了德国古典哲学和伦理学与东正教文化最初的对接。陀思妥耶夫斯基就是这方面的一个代表人物，但到后来，随着民粹主义和马克思主义相继兴起，唯物主义成为大多数激进知识分子的信仰。无政府主义者也曾是相信唯物主义的，例如，巴枯宁曾说："哪一边是对的，唯心论者，还是唯物论者？问题这样子一问就不可能有什么疑惑了，无疑唯心论者是错的，而唯物论者是对的。"①试图调和德国古典哲学与东正教文化的线索没有因此而中断。1878—1881 年，索洛维约夫在彼得堡大学开设"神人类讲座"，在哲学上仍然保持德国古典哲学的"合法马克思主义者"与马克思主义者为了对付共同的敌人暂时联手，但是，这种联盟最终走向了破裂。

"康德派"的学者包括司徒卢威、S. N. 布尔加夫（S. N. Burgaf，1871—1944）、N. A. 贝德耶夫（N. A. Bedev，1874—1948）、别尔嘉耶夫等人，这些人试图求助于康德伦理学中的道德观和认识论以补充历史唯物主义。司徒卢威在《论我们的时代》之一的《生命的最高价值》（《北方信使》1900 年 1 月 16 日）一文中，首次尝试对马克思主义进行伦理论证。别尔嘉耶夫在给司徒卢威的多封信中（1900 年 2 月 25 日—10 月 17 日）提出用康德的道德形而上学思想

---

① 〔俄〕巴枯宁：《上帝与国家》，朴英译，华东师范大学出版社 2005 年版，第 1 页。

为伦理马克思主义而斗争的任务：马克思主义承认伦理学观点的独特意义的时刻最终到来了，道德的形而上学的意义实际上最终就是道德秩序。1901年，别尔嘉耶夫出版了《社会哲学中的主观主义和个人主义——对 H. K. 米哈伊洛夫斯基的批判》（圣彼得堡：O. H. 波波娃）一书，司徒卢威为此书撰写了前言。别尔嘉耶夫的这本书试图对道德法则的客观性加以论证，司徒卢威在前言中对道德进行了独立的提纲式的形而上的论述，他认为别尔嘉耶夫的著作是对"伦理唯心主义"完备的体系化表达的初次尝试。11月21日，C. H. 布尔加科夫在基辅关于《伊万·卡拉马佐夫的哲学特质》的公开课中，尝试性地论证了伦理学在俄罗斯意识中的优先意义。这些都是借助于康德思想的发展。

康德派认为私有制、个人自由和宗教信仰是永恒的崇高"价值"的体现，而马克思主义只注意经济的社会，忽视了伦理的社会，即忽视了道德原则对社会的影响。在他们看来，历史的进步就是道德观念的进步，历史的差别也只是道德观念的差别，唯有道德原则才是社会发展的真正原则。因此，社会主义的理论基础不是历史唯物主义，而是康德的伦理学。康德的一些思想，特别是他关于道德与政治、社会及理论与实践关系的思想，一直是一些学者补充马克思主义的主要论据。例如康德在《论通常的说法：这在理论上可能是正确的但在实践上是行不通的》（1793）一文中把理论和实践的关系归结为三个方面，首先是一般道德的，其次是一国政治的，第三是世界政治的。他在论述第二个方面即"国家权利上理论对实践的关系"时主张，公民权利是以下面三种"先天原则"为基础的：（1）作为人的每一个社会成员的自由；（2）作为臣民的每一个成员与其他成员的平等；（3）作为公民的每一个共同体成员的独立。①在这里，自由和平等都包含着不能把幸福强加于别人、也不接受别人强加的幸福的内容。康德在《永久和平论》（1795）一书中论述了道德与政治之间的关系，认为"道德作为我们应该据以行动的无条件的命令法则的总体，其本身在客观意义上已经就是一种实践"，因而"作为应用权利学说的政治，与作为只是在理论上的这样一种权利学说的道德就不可能有任何争论"。②"公民社会的整体"必须把政治和道德结合起来。自由应当解释为"不必服从外界法律的权限，除了我能予以同意的法律而外"。平等则是一种关系，"根据那种关系没有人可以合法地约束另一个人而又不自己同时也要服从那种以同样的方式反过来也能够约束自己的法律"③。从公共权利来讲，"凡是关系到别人权利的行为而其准则与公共性不能一致的，都是不正义的"④。上述观点实际上都是康德在1785年发表的《道德形而上学基础》中关于人应该"这样行动，无论对你自己或对别人，在任何情况下把人当作目的，决不只当作工具"⑤这句名言的具体发挥。这些论述在"康德派"学者看来，是马克思主义社会主义理论不及的，真正的社会主义是伦理的、民主的、人道的社会主义。正因为此，康德的这些观点一度被引用从而作为新康

---

① 〔德〕康德：《历史理性批判文集》，何兆武译，商务印书馆1990年版，第182页。
② 〔德〕康德：《历史理性批判文集》，何兆武译，商务印书馆1990年版，第130页。
③ 〔德〕康德：《历史理性批判文集》，何兆武译，商务印书馆1990年版，第105页注②页。
④ 〔德〕康德：《历史理性批判文集》，何兆武译，商务印书馆1990年版，第139页。
⑤ 〔德〕康德：《道德形而上学探本》，唐钺译，商务印书馆1959年版，第43页。

德主义①伦理思想的核心论据。

1909年,译自德文的K.沃尔伦德尔所著的《康德和马克思:伦理社会主义纲要》一书出版(圣彼得堡:我们的生活出版社),由М.Н.图甘-巴拉诺夫斯基撰写前言,该书体现了康德伦理学影响社会主义思想的一个方面。康德派马克思主义把社会主义看作是一个理想的社会,认为其特点就是康德的"绝对命令"是人们普遍遵循的行为准则。因此,社会主义首先不是必然代替资本主义的社会制度和思想体系,而是一种把人作为目的本身的"先验的"道德理想,作为信仰的对象存在于彼岸世界;通向社会主义的道路也不能是进行现实的革命斗争,而只能是在道德上不断自我完善,不断地接近于这个理想,但永远不会达到它。这就是康德派用以代替科学社会主义的基本思想。

求助于尼采的伦理学和马赫、Р.阿芬那留斯的认识论来发展马克思主义伦理思想的学者,称之为"尼采派"。这部分学者包括А.В.卢那察尔斯基(Анатолий Васильевич Луначарский, 1874—1933)、А.А.波格丹诺夫(Александр Александрович Богданов, 1873—1928)、S.А.沃尔斯基(索可罗夫,1880—1936)和V.А.巴札罗夫(鲁德涅夫,1874—1931)。这些人当中,卢那察尔斯基于二月革命后加入布尔什维克,后来成为苏联共产党活动家,他最初否认合法马克思主义者和德国社会主义者的改良主义,推崇斯宾塞和Р.阿芬那留斯的观点。卢那察尔斯基为Р.阿芬那留斯的著作《纯粹经验批判》写了序论《实证唯心主义的新理论》,其中提出了一种"个人主义的非道德主义"观点,试图论证一种说明非道德主

---

① "新康德主义"这一术语大约在1875年前后被用于专业文献,该学派的代表是马堡学派(die Marburger Schule)和西南学派(Südwestdeutschen Schule,又称海德堡学派)。

义的道德新范式。事实上这一观点对于俄罗斯伦理学而言，是试图在一种新的实证主义的框架内将马克思主义和尼采哲学相结合的罕见尝试。М. Г. 高尔基与"尼采派"的联系也曾很密切，甚至别尔嘉耶夫的思想也受到尼采的影响。

"康德派"和"尼采派"都反对他们所说的马克思（和黑格尔）的非个人主义及反个人主义，在他们看来，这种主义认为个人仅仅是社会经济关系的一个交叉点。因此，两派分别在康德或者尼采那里为保卫个人的尊严、自主和自由而寻找理论根据。康德的信徒们很自然地把注意力集中于道德的自身和责任问题、道德义务和道德价值的起源及地位问题。尼采的信徒们激烈地否定责任和义务的范畴——沃尔斯甚至称之为"资产阶级的"，强调价值的自由创造、理想的"艺术"塑造、美的自我表现和发展。两派在各自的道德哲学中都显著地鼓吹思想与行动的自由。1906年，社会革命党思想家之一的 Н. Д. 阿夫克森齐耶夫（1878—1943），在其著作《超人：尼采的文化—伦理理想》（圣彼得堡：北方出版社）中试图将尼采的唯意志的个人主义和康德的过分严肃主义加以糅合，以便阐述一种调和的新的思想。此外，史学家 В. М. 赫沃斯托夫的《尼采哲学》（《俄罗斯思想》1905年第7、12期），И. 达维多夫的《尼采的非道德主义和义务思想》（《生活问题》1905年第2期，圣彼得堡），如此等等，都表明尼采思想在20世纪初的俄罗斯影响之大与研究之繁。

19世纪末20世纪初的欧洲也存在着借助于各种社会主义思潮对马克思主义伦理思想进行阐释和发展的风潮。当时欧洲无产阶级运动中就"社会主义道路该如何走"爆发了一场波及整个欧洲、影响深远的关于改良与革命的大辩论。马克思主义者认为只要阶级冲突和经济危机存在，社会革命就不可避免。然而德国社会民主党领导人、恩格斯生前指定的遗嘱执行人之一的 E. 伯恩施坦（Eduard

Bernstein，1852—1932），却抛出"最终目的毫不重要，运动才是一切"的主张，企图以康德哲学代替唯物主义、以进化论代替辩证法，引发了一场改良与革命的大辩论，并由此导致社会主义运动的分裂。尽管许多社会主义者不同意抛弃社会主义的最终目的，但伯恩施坦将工人运动全部注意力转向改良主义的观点还是得到了他们的认同。当时存在着各种社会主义思潮，其中不仅有伦理社会主义思想，而且也存在着渐进的或改良的社会主义思潮，这些思潮都不同程度地利用马克思主义的某些思想来阐述与社会主义、历史唯物主义有关的伦理思想。

伦理社会主义是自由派的核心思想理念。根据这一理念，社会主义的本质不是政治的和社会经济的关系，而是道德的价值。伦理社会主义以马克思主义的人道主义学说的形式在工人运动中宣扬不同于马克思主义的思想，它的理论基础是实证主义和新康德主义，其代表人物是伯恩施坦。以 Н. К. 米海洛夫斯基（Н. К. Михайловский，1842—1904）为代表的自由民粹派思想在俄罗斯得到普及，后来由司徒卢威、别尔嘉耶夫、布尔加科夫等自由主义的理论家们发展为所谓的"合法马克思主义"，它实质上就是"伦理社会主义"的特殊形式。

伦理社会主义的基本思想，第一次表述在19、20世纪之交马堡学派（die Marburger Schule）的新康德主义者 H. 柯亨（Hermann Cohen，1842—1918）、保·那托尔卜（Paul Natorp，1854—1924）、鲁·施塔姆列尔、卡·伏尔伦德尔以及普·纳尔逊等人的著作中。这些学者企图以唯心主义伦理学原则来偷换（或者补充）科学社会主义理论。他们强调社会主义是理应存在的领域，是目的的王国，他们用康德的实践理性的理论代替唯物主义历史观。在他们看来，"人是目的"的公式（一个人对待人类无论是自己或者任何别人，都应该把人当作目的，而决不要仅仅当作手段），似乎第一次在伦理学上论证了社会主义的团结思想和尊重每个人的个人尊严的思想。康德伦理学的抽象性和公式主义（这是它最根本的缺点），对于新康德主义者来说却成了优点，因为这些缺点有助于制定出适用于每一个人而不问他的物质利益和社会阶级利益的伦理理想。按照他们的意见，伦理学应该是可以消除阶级冲突和使社会团结起来的"社会的教育学"。阶级斗争和社会革命的理论、无产阶级专政、作为矛盾学说的辩证法，从这种观点看来，都失去了意义，甚至成了无用之物。伦理社会主义对德国和奥地利社会民主党的理论家们——首先是对提出改良主义论题的伯恩施坦——产生了巨大的影响。这个论题就是所谓无产阶级追求其最终目标的意图，同追求其最近目标的意图相比是次要的问题。

右翼社会党的思想家们（弗·埃赫列尔、欧·波拉克等人）推行伦理社会主义的思想。他们像以前一样把社会主义主要看成是道德的世界观，不过他们不仅只是根据19世纪末隆盛的康德哲学，①

---

① 康德哲学在19世纪末德国唯心主义的强势下日渐兴起，这一时期尚默默无闻的叔本华（Arthur Schopenhauer）在其代表作《作为意志和表象的世界》（*Die Welt als Wille und Vorstellung*）的首版中对康德认识论作了批判性和开创性的分析。黑格尔逝世一年后，贝内克（Friedrich Eduard Beneke）以《康德和我们时代的哲学任务》（*Kant und die Philosophischen Aufgaben Unserer Zeit*，1832）迈出了重新发现康德的第二步。怀泽（Christian Hermann Weisse）在1847年做了题为《我们现在在何种意义上必须使德国哲学重返康德》（*In welchem Sinne die Deutsche Philosophie Jetzt Wieder an Kant Sich zu Orientieren hat*）的演讲。新康德主义的正式兴起与这几个名字紧密相连：赫尔姆霍茨（Hermann von Helmholtz）、李普曼（Otto Liebmann）、朗格（Friedrich Albert Lange）、策勒（Eduard Zeller）。朗格在《唯物主义史》（*Geschichte des Materialismus*，1866）中对这一观点做出了详尽的批判。李普曼在其《康德与后继者》（*Kant und die Epigonen*，1865）中用四个大段分别对唯心主义（费希特、谢林、黑格尔）、现实主义（赫尔巴特）、经验主义（弗里茨）以及先验哲学（叔本华）等给予批判，并且在每一个章节的末尾用类似战斗口号的方式写道："必须重返康德"。

而且也根据久已存在的基督教伦理学、哲学唯心主义的人类学等重要内容来论证社会主义。像新康德主义者一样，他们也没有根据地责备革命的马克思主义轻视社会主义的道德和人道的方面；他们也坚信无产阶级之间团结一致的原则；比起社会经济的改造来，他们也断然地重视精神的和道德的价值，所以他们强调在很好地发挥作用和"证明自己合理"的市场经济的条件下，即在保存私有制的条件下，逐步地、慢慢地改变社会。由此得出他们的完全是伯恩施坦精神的结论：民主的社会主义没有最终目的，应当把它理解为经常的任务。

与伦理社会主义具有殊途同归之道的是渐进的社会主义或辩证的社会主义。第二国际领导人 J. 饶勒斯（Jean Jaurès，1859—1914）是渐进的社会主义的代表，他对改良与革命大辩论中的改良主义，自由主义下的自由、民主等价值观以及如何看待马克思主义等提出了自己独到的见解。饶勒斯既不赞成伯恩施坦对马克思主义的修正，也不认同代表正统马克思主义的 K. 考茨基（Karl Kautsky，1854—1938）的思想，他的社会主义思想具有多重复杂的内涵。在其参加社会主义运动时，恩格斯既批评过他，也说他"的确想成为一个真正的社会主义者"[①]，强调对他不要急于下结论。1914 年饶勒斯遇刺身亡，第二国际领导人胡斯曼（Husman）在悼词中把他誉为"社会主义理想最全面、最有说服力的化身"[②]。

饶勒斯的改良主义理念是：在资产阶级共和国的大环境下，政治上无产阶级利用已获得的普选权及其他民主权利，逐步取得地方和国家的政权，经济上实行一系列改善工农劳动者的改良措施，逐

---

① 《马克思恩格斯全集》（第三十九卷），人民出版社 1974 年版，第 261 页。
② 马胜利：《饶勒斯研究的历史和现状》，《当代世界与社会主义》1982 年第 3 期。

步实现向社会主义过渡的目的。饶勒斯写了一系列宣扬社会主义思想的文章,引用了不少马克思的观点,吸收了马克思对资本主义的一些观点,在保留了革命、共产主义等马克思主义词汇时又褪去它们的革命色彩,从而适应现实的改良主义方针。(当时的考茨基认为改良只是革命的中介,为革命开辟道路;伯恩施坦强调只要改良,完全放弃革命。饶勒斯强调用一种新的社会主义理论来代替正统马克思主义的革命目标。)在实践中,饶勒斯将社会运动和道德价值观相结合,平衡马克思主义和自由主义之间的差异,以便不倒向其中任何一方。他的改良主义是非革命的,他所认可的社会主义本质上是伦理和自由的要求,从而不再具有革命色彩。

饶勒斯的社会主义伦理思想主要体现于《唯心史观与唯物史观》(1894年12月)、《贝努瓦·马隆〈社会道德〉(第2版)导言》(1894年6月)、《社会主义和自由》(1898年12月1日)、《社会主义与生活》(1901年9月7日)等文章和著作。饶勒斯在《社会主义史》(1901—1904)一书《导言》中指出:"经济条件、生产和所有制形式是历史的最深远的根源",历史写作应当"致力于揭示人的生活的经济基础","说明经济状态对政府、文学、体制的影响"。①在饶勒斯看来,德国哲学产生了马克思主义,这个主义只是马克思就英国的经济进程把黑格尔辩证法颠倒过来所作出的政治经济学的解释。马克思的辩证唯物主义就是经济唯物主义,而经济唯物主义又必然是宿命论的经济决定论。饶勒斯向往的是他所说的"辩证的社会主义",相同于体现人道的伦理社会主义。饶勒斯说:"辩证的社会主义是和伦理社会主义一致的,德国社会主义也是和法国社会主义一致的。"②从这里可以看出拉萨尔、德国新康德主义

---

① 〔法〕J. 饶勒斯:《社会主义史》(第一卷),巴黎1927年版,第23、24页。
② 〔法〕J. 饶勒斯:《德国社会主义的起源》,巴黎1927年版,第92页。

者马堡学派的科亨、斯坦姆勒等人思想的影子。饶勒斯坚信这种"辩证的社会主义",认为从各个方面把所有的心灵,所有的才智之士,所有自觉的力量和权能,基督教的友爱的全体教友,人的尊严和真正的自由,以至事物、历史、人世间的内在的辩证性,同这个唯一的、同样的社会主义结合和连接起来的时刻已经临近了。

饶勒斯根据自己理解的马克思的历史唯物主义,来论证伦理社会主义,他的伦理社会主义思想主要体现在如下方面:

第一,人生观、道德观以及人们的思想感情决定于经济关系、生产关系。饶勒斯承认经济因素对历史发展的决定作用,他认为:"我们知道,经济条件、生产和所有制的形式是历史的基础……每个历史时期的政治形式、社会习俗以及思想发展的总方向都取决于社会的经济结构。"①饶勒斯不赞同马克思所说的人类全部生活只是经济现象在人的头脑中的反映。他认为,在反映外界现象之前人脑自身便已经成为一种自在的实体了。马克思认为人的头脑从来不是抽象的,是具有社会性的。而饶勒斯则强调人脑是"个人"的:"在新生人类的最初的头脑中已有某种素质、倾向。"②"在这个头脑中已存在这样一些基本力量,它们由于美感,由于同情的思想和由于统一的需要又反过来影响经济生活。"③

第二,生产中的经济关系是人的关系,在人还没有实现人的完全的自由和完全的团结之前,没有一种生产方式不包含基本矛盾。饶勒斯认为:"斯宾诺莎就已以惊人的本领暴露了一切专制制度、

---

① 〔法〕J. 饶勒斯:《社会主义的法国大革命史》(第一卷),1969—1972年巴黎法文版,第65页。
② 见〔法〕拉法格《唯心史观和唯物史观》,王子野译,1965年三联书店版附录:饶勒斯的演讲。
③ 见〔法〕拉法格《唯心史观和唯物史观》,王子野译,1965年三联书店版附录:饶勒斯的演讲。

一切政治的和社会的人对人的剥削所固有的矛盾;他证明这个不是从抽象的权利观点出发,而是根据于现实生活的矛盾。或者是专制政权把受它压迫的人逼得走投无路,使他们不再顾虑起义可能给他们带来什么后果,于是被压迫者便起来反对压迫者;或者是压迫者为了阻止起义,在一定程度上照顾他的臣民的需要和本能,从而使他们为自由作准备。这样一来,由于暴力的作用,专制政权必然要消失,因为这些暴力就是人。"①

第三,"杰出人物"或"极为卓越的人"是推动历史进程或实现伦理社会主义者。饶勒斯把唯物主义与神秘主义结合起叙写革命斗争史,他认为:"我们的历史解释将既用马克思的唯物主义,也将用米什莱的神秘主义。"②所谓"用马克思的唯物主义",就是用他所认为的经济唯物主义;所谓"用米什莱的神秘主义",就是把他所认为的"杰出人物"决定事件发展、推动历史进程所起的作用神秘化。米什莱写的"只以人民为英雄"的《法国革命史》描述人民的兴趣、斗争、才智、美德、希望以至幻想几乎都是神秘化了的。

第四,社会主义无论在理论上还是实践上本身就是一种道德。饶勒斯承认无产阶级的利己主义,这种利己主义"是非个人的利己主义,首先是阶级的利己主义,无产者献身于把他包容在内的无产阶级;其次是人类的利己主义,因为为了解放无产阶级,需要消灭无产阶级,需要废除资本主义统治所造成的各阶级,产生一个统一的人类,那时不仅对昔日的无产者来说,而且对昔日的资本家来说都会有更多的真正的欢乐"③。"……在资本主义的机制中,在资本

---

① 〔法〕拉法格:《唯心史观和唯物史观》,1965年三联书店版附录:饶勒斯的演讲。
② 〔法〕饶勒斯:《社会主义史》(第一卷),巴黎1927年版,第25页。
③ 《饶勒斯全集》(第一卷),巴黎1931年版,第263页。

的定义中，不存在任何能使坚决反对这一极其可怕的假设成为现实的事实，正如在天主教的绝对君主制的观念及其运行中没有任何可以抵制某种普世的帝国主义的力量一样。""当资本家把他们的思想贯彻到底时，把他们的权利贯彻到底时，他们看到的不是人性，相反，而是人性的否定：在资本主义远景的尽头，正像在东方的圣殿的神秘通道的尽头一样，人们将遇见的是一尊极其丑恶可怖的偶像，在它面前，全部人性只不过是一个俯首膜拜的奴隶而已。"①社会主义把无产者和无产阶级联合起来使利己主义和献身精神变得更加高尚并相互和解。

第五，经济环境对人产生作用，决定其观念和行为，而且不是根据它们能清楚和直接地观察到的个人利益，而是根据它们所属的那个社会类别的本能和规律。历史的进化赋予一个阶级即无产阶级以真正的人的价值，最终消灭了曾经削弱人的模糊的利己主义倾向的那些经济对立。就这样，马隆所主张的社会道德尽管有些概括性公式是略显匆忙地作出的，尽管带有一些空泛议论的表象，都确实是以人的实际状况和历史的进化中的具体内容为依据的。"……马克思的经济唯物主义和历史唯物主义既不在逻辑上，也不在马克思本人的思想中排斥人们按照习惯所称的思想。我几乎没有必要提醒大家，马克思在确认唯物主义时，首先是想通过把黑格尔的辩证法颠倒过来而纠正它。黑格尔的辩证法在论述思想时认为它通过本身的发展而成为自然界和历史。马克思接受了黑格尔关于普遍的和不断的变化的观点，但是他确认：处于变化状态中的是事物本身，也就是人们直接观察到的事实的体系本身，它们在改变自己的同时也使人的观念发生变化。马克思认为，正如在人的生活中由生产方式产生的生产关系是基础一样，人在智力和道德方面的进化也是受人

---

① 《饶勒斯全集》（第一卷），巴黎1931年版，第264—274页。

类社会的经济进化调节的。"①

饶勒斯的社会主义伦理思想是建立在对资本主义不公正现象的一种道德批判之上的。它来源于这样的道德假设：工人阶级的直接能力和永远也难以实现的公平之间存在着极大的差距，这种差距能促使无产阶级产生不断的动力进行改良。由于社会主义的理想要求和工人运动所能争取的结果不会完全匹配，社会主义理论在实践中就会遇到不少问题。社会主义不仅代表无产阶级的自身利益，而且着重对资本主义社会出现的不公正现象进行道德上的批判，使社会主义的内涵扩展至代表全人类的普遍利益。饶勒斯设想的社会主义就不会再为未来社会遥不可及的目标所束缚，在道德批判的旗帜下，开辟一条能促进政治民主改良的新道路。饶勒斯的社会主义否认经济因素是历史发展的唯一决定因素，主张人类道德中的自由、公正、人权等价值观在适度改良的条件下就会逐步显现，从而使道德原则成为评价社会进步的唯一原则。饶勒斯批判资本主义的深层原因，在于资产阶级违背了人类的伦理和道德原则。社会主义与资本主义的区别就在于承不承认这些原则，并是否愿意实现它。饶勒斯的伦理社会主义思想的影响主要在于两个方面：一是强调社会主义要注重伦理价值观的追求，强调社会主义的实现要以放弃制度代替为前提，在资本主义框架下进行社会改良以及社会主义要体现伦理道德要求；二是走民主社会主义的道路，专注于改良实践。坚持改良主义是改良资本主义、实现社会主义的最好方法，强调社会主义与右派政党之间的显著区别之一就是改良主义，认为改良是将一项政治计划转化为行动和使我们的信念获得生命力的最有效的方法，改良是社会主义的政治特性的一个中心要素，改良主义始终是进步的同义词。他的思想既具有传统自由主义强调的、后为民主社

---

① 《饶勒斯全集》（第一卷），巴黎 1931 年版，第 275 页。

会主义所认可的价值观，也综合了马克思主义的阶级斗争理论，极力在社会主义远大理想和改良实践之间保持一种平衡。

恩格斯在论述空想社会主义时说："现代社会主义，……就其理论形式来说，它起初表现为18世纪法国伟大的启蒙学者们所提出的各种原则的进一步的、似乎更彻底的发展。"[①]这也就是说，是资产阶级启蒙学者所想象的理性王国的真正的、彻底的实现。各种形式的社会主义者和启蒙学者一样，也想建立一个"理性和永恒正义的王国"，但是这个王国和启蒙主义者的王国是有"天壤之别"的，因为"按照这些启蒙学者的原则建立起来的资产阶级世界也是不合理性和非正义的，所以也应该像封建制度和一切更早的社会制度一样被抛到垃圾堆里去"。[②]他在一条脚注中还引用黑格尔论述法国革命的话："正义思想、正义概念一下子就得到了承认，非正义的旧支柱不能对它作任何抵抗。因此，在正义思想的基础上现在创立了宪法，今后一切都必须以此为根据。"[③]可见，当社会主义作为与资本主义对立的思想和运动开始出现时，它所否定的并不是革命的资产阶级通过启蒙学者提出的原则本身，而是认为这些原则并没有真正得到实现。"真正的理性和正义至今还没有统治世界。"[④]空想社会主义者对资本主义制度的批评主要是针对由私有制引起的社会不平等，从认识社会发展规律的角度来说并没有超过启蒙学者，在他们的著作中，理性、正义（或公正）、自由、平等、博爱等都被看成既是产生于自然的法权原则，也是永恒的伦理原则。在他们的著作以及他们以前和以后的各国空想社会主义者的著作中尽管不乏对资本主义经济和政治制度的精辟分析，但更多地是从这些永恒

---

① 《马克思恩格斯选集》（第三卷），人民出版社1995年版，第719页。
② 《马克思恩格斯选集》（第三卷），人民出版社1995年版，第722页。
③ 《马克思恩格斯选集》（第三卷），人民出版社1995年版，第719页注①页。
④ 《马克思恩格斯选集》（第三卷），人民出版社1995年版，第722页。

的、自然的法权和道德原则出发，对现存社会种种弊病的揭发和斥责以及对未来社会的具体构想。可以说，空想社会主义学说通常都含有较多的伦理因素。他们所失之处就在于没有探索到如何有效实现这些伦理因素的方式和途径。

实际上，无论在理论上还是在实践上，马克思主义都没有忽视伦理因素，只是把伦理观念同实现经济、政治斗争结合起来，使之服务于其现实批判和革命实践，但是在他们当时和身后，却都一再成为反对者思潮如伦理社会主义等攻击的靶子。

4.正统派的伦理路线及其思想依据

19世纪末期，拉法格、梅林、倍倍尔、普列汉诺夫等一些马克思主义理论家开始向俄罗斯介绍和阐述正统的马克思、恩格斯的伦理学说。其中探索马克思主义的一批俄罗斯学者（例如查苏利奇、普列汉诺夫、列宁等人），他们的工作具有重要的代表性意义，这些人大多认真学习过马克思和马克思主义者的著作，并以唯物史观作为价值观的基础。П. Л. 拉甫罗夫（П. Л. Лавров）曾这样认为："阶级斗争似乎是这样的，因为它是为权利、自由、独立和不同时期的历史理想而进行的斗争的真谛。作为以往的全部历史和以往的全部思想活动成果的科学社会主义给所有民族提出的是同一项任务：'全世界无产者联合起来！'"① "正统派"是宣扬马克思主义较为坚持并一度得到后来苏联社会主义政权所肯定的人。这部分人被称为"正统的马克思主义者"，这一称谓只是来自别尔嘉耶夫的简单指称。

正统的马克思主义者坚持历史唯物主义，其中公认的代表人物

---

① 〔俄〕拉甫罗夫：《俄罗斯思想》，贾泽林、李树柏译，浙江人民出版社2000年版，第195页。

包括查苏利奇、普列汉诺夫、阿克塞罗夫-沃尔托多克斯（1868—1946）和 А. И. 柯伦泰（Александра Ихайловна Колонтай，1872—1952）等，他们有自己的道德观念和见解，但是关于伦理学理论的系统论著较少，其伦理思想表现为马克思、恩格斯等人观点与其他思想的一个混合。柯伦泰撰写《实证主义视角下的道德问题》（《教育》1905 年第 9—10 期）一文，该文在与伦理唯心主义的论辩中试图论证自己对道德起源和道德的社会使命问题的历史唯物主义——实证主义观点。

前革命时期是"正统派"开始形成时期，这个时期风头正盛的伦理唯心主义路线（1909—1917）主要有这样几条，即：(1)《路标》(1909) 文集作者的宗教伦理纲领；(2) 伦理泛神论如 В. Б. 维舍斯拉夫采夫的费希特伦理学 (1914)；(3) М. В. 别佐布拉佐娃的《论伦理唯心主义体系》(1914)；(4) 战争年代的道德劝诫（1914—1916）；(5) 有关民族主义伦理特征的争论（1916—1917）。

前革命时期正是俄国从黑暗走向黎明的时期。在这个社会大动荡的浪潮中，普列汉诺夫作为"正统派"最重要的一个代表，他的一生经历了政治生涯中的沉沦起伏，也创造了光辉的伦理学业绩。作为一个革命家，他的起步是令人敬仰的，称得上是俄国的普罗米修斯，因为是他第一个把马克思主义输入了俄国。1883 年，普列汉诺夫与阿克雪里罗德、查苏利奇等人在日内瓦创立了"劳动解放社"，他和战友们一起，在这块古老的国土上燃起了反抗沙皇专制统治的烽火。他们把马克思恩格斯的许多著作如《雇佣劳动与资本》《哲学的贫困》《费尔巴哈论》《关于自由贸易的演变》《恩格斯论俄国》等书译成俄文出版。普列汉诺夫在这期间还写了一系列反对民粹派、伯恩施坦主义以及俄国经济派并宣传马克思主义的作品。其中代表性的如《社会主义和政治斗争》(1883)、《我们的意见分歧》(1885)、《论一元史观的发展》(1895)、《唯物主义史论丛》(1886)等，一些著作曾受到恩格斯的称赞和列宁的推崇。恩格斯看过《我们的意见分歧》一书后曾说："我感到自豪的是，在俄国青年中有一派真诚地、无保留地接受了马克思的伟大的经济理论和历史理论……如果马克思能够多活几年，那他本人也同样会以此自豪的。"①他的《一元论历史观的发展》一书出版后，恩格斯在给普列汉诺夫的信中说："您争取到使这本书在本国出版，这本身无论如何是一次巨大的胜利。"②列宁认为这本书"培养了一整代俄国马克思主义者"。③普列汉诺夫的伦理思想内容宏富，既包括了对18世纪法国唯物主义者的伦理观点所进行的分析，也涵盖了对康德、黑格尔、费尔巴哈、车尔尼雪夫斯基、Л. H. 托尔斯泰（Лев Николаевич Толстой，1828—1910）道德学说的研究，他给道德现象提供了唯物主义的科学解释，指出了道德的阶级性，为资产阶级道德和无产阶级道德划分出明晰界限；同时比较系统地研究了自由与必然、宗教和道德的关系等等。晚年的普列汉诺夫曾引证简单的道德准则，企图论证自己在第一次大战时期的护国主义立场及其对机会主义的调和态度。

马克思和恩格斯在为共产主义者同盟起草的《共产党宣言》中标明了他们的政治观点和立场："过去的一切运动都是少数人的或者为了少数人谋利益的运动。无产阶级的运动是绝大多数人的、为绝大多数人谋利益的独立的运动。"④他们还认为："科学绝不是一种自私自利的享乐。有幸能够致力于科学研究的人，首先应该拿自

---

① 《马克思恩格斯全集》（第三十六卷），人民出版社1975年版，第301页。
② 《马克思恩格斯全集》（第三十九卷），人民出版社1975年版，第383页。
③ 《列宁全集》（第十六卷），人民出版社1987年版，第267页。
④ 《马克思恩格斯选集》（第一卷），人民出版社1995年版，第283页。

己的学识为人类服务。"①马克思主义中的伦理因素对"正统派"有着直接的影响。这些伦理因素是马克思主义的创立者在研究现实社会，形成科学社会主义、阐述人类理想社会——共产主义时当然考虑到的，其观点主要体现在这样几个方面：

第一，道德的基础在于人类精神的自律。道德自律即道德主体通过意志自由在明确的理性意识基础上进行自愿的道德选择。康德等理性主义者倡导的道德自律凸显了道德的理性根据，确立了人的道德主体地位，高扬了人的道德主体意识。马克思、恩格斯秉承理性主义道德观，认为应该从人本身去寻找道德的基础。马克思指出："道德的基础是人类精神的自律。"②道德存在自身有社会的根据，并以人类理性为基础，是人类精神的自我立法。道德存在的价值，体现在对人本身的需要的满足。相对于宗教的他律性来说，道德是自律的。自律即自由的规律，是人为自己所定的规律，体现的是人类的一种自觉自愿精神。道德是人为自己所定的行为律令。没有自由，就无所谓自律；没有自由和自律，也就无所谓道德。

第二，伦理是一种思想社会关系和精神现象，它不是孤立的存在，是一种依附于物质的社会关系和物质利益关系。"人类精神的自律"必须根基于"正确理解的利益"原则，只有这样，人类的自律精神才能真正得以确立和实现，道德也才能成为现实的道德。也就是说，"正确理解的利益"与"人类精神的自律"是内在一致的。因此，"'思想'一旦离开'利益'，就一定会使自己出丑"③。利益追求被认为包含有深厚的道德底蕴。从一般意义上说，人的欲望的约束方式在性质上可以分为两种，即自我克制与自我实现。利益

---

①中共中央马克思恩格斯列宁斯大林著作编译局编译：《摩尔和将军——回忆马克思恩格斯之一》，人民出版社1973年版，第88页。

②《马克思恩格斯全集》（第一卷），人民出版社1956年版，第15页。

③《马克思恩格斯全集》（第二卷），人民出版社1957年版，第103页。

概念最初（16世纪末和17世纪初）是作为欲望与理性的中介范畴被提出和界定的，它被看成是兼具欲望与理性这两个范畴各自的优良秉性。利益是被理性所强加和容纳的"自利"欲望，是被克制、过滤、驯化和制衡了的人的欲望；利益又是由"自利"的欲望所给予指导和赋予力量的理性。这样，利益既消除了欲望的破坏性，又克服了理性无效用的缺点。把利益概念置于关于人类行为动机的欲望与理性这两个传统解释范畴之间，为揭示人类行为动机提供了一个新的视角。道德作为社会意识是社会存在的现实反映，一切道德观念都是从物质利益关系中引申出来的。因此，"人们奋斗所争取的一切，都同他们的利益有关"①。马克思主义的道德观是为工人阶级利益服务的，其伦理思想是革命的功利与道义的统一，是人民大众的功利与革命道义的统一。

第三，人的道德观念和思想是经济基础决定的，道德是伴随人们的物质社会关系的变化发展而变化发展的。恩格斯说："人们自觉地或不自觉地，归根到底总是从……他们进行生产和交换的经济关系中，获得自己的伦理观念。"②而"每一既定社会的经济关系首先表现为利益"③。尤其在现代社会，利益"被升格为普遍原则"，"被升格为人类的纽带"，甚至"被升格为对人的统治"④。利益关系成为一切社会关系的内核和本质，因而也必然成为道德观念的现实基础。马克思、恩格斯指出："正确理解的利益是整个道德的基础。"所谓"正确理解的利益"，就是"使个别人的私人利益符合于全人类的利益"⑤。马克思、恩格斯在批判青年黑格尔派成员施蒂

---

① 《马克思恩格斯全集》（第一卷），人民出版社1956年版，第82页。
② 《马克思恩格斯选集》（第三卷），人民出版社1995年版，第434页。
③ 《马克思恩格斯选集》（第三卷），人民出版社1995年版，第209页。
④ 《马克思恩格斯选集》（第三卷），人民出版社1995年版，第24、35页。
⑤ 《马克思恩格斯全集》（第二卷），人民出版社1957年版，第167页。

纳的思想时指出："共产主义者既不拿利己主义来反对自我牺牲，也不拿自我牺牲来反对利己主义，理论上既不是从那情感的形式，也不是从那夸张的思想形式去领会这个对立，而是在于揭示这个对立的物质根源，随着物质根源的消失，这种对立自然而然也就消灭。共产主义者根本不进行道德说教，施蒂纳却大量地进行道德说教。共产主义者不向人们提出道德上的要求，例如你们应该彼此互爱呀，不要做利己主义者呀，等等；相反，他们清楚地知道，无论利己主义还是自我牺牲，都是一定条件下个人自我实现的一种必要形式。"[1]这里借用施蒂纳的概念，如利己主义（通常理解的利己主义指个人利益）、自我牺牲（通常理解的自我牺牲指普遍利益或共同利益）等表述了关于共产主义的一些重要思想。个人利益与共同利益是相矛盾的，但这种矛盾根源于物质生产方式，到了共产主义社会（包括社会主义社会），造成这种矛盾的物质生产方式将彻底改变并趋于自然消亡，那时个人利益和共同利益之间的对立也就不存在了。

第四，人类道德的演进经历了从阶级的道德到真正人的道德的历史发展。由于私有制的存在，阶级存在就是必然的。"社会直到现在还是在阶级对立中运动的，所以道德始终是阶级的道德；它或者为统治阶级的统治和利益辩护，或者当被压迫阶级变得足够强大时，代表被压迫者对这个统治的反抗和他们的未来利益……我们还没有越出阶级的道德。只有在不仅消灭了阶级对立，而且在实际生活中也忘却了这种对立的社会发展阶段上，超越阶级对立和超越对这种对立的回忆的、真正人的道德才成为可能。"[2]这里提出了道德的演进规律的思想，即道德在本质上是一个从"阶级的道德"向

---

[1]《马克思恩格斯全集》（第二卷），人民出版社1957年版，第275页。
[2]《马克思恩格斯选集》（第三卷），人民出版社1995年版，第435页。

"真正人的道德"的演化发展过程，这种发展是以阶级对立的消除为根本条件的。在阶级社会里，由于各个阶级在社会结构中所处的地位不同，具有不同的利益，使得不同阶级不可避免地形成不同的甚至完全对立的道德观念、道德原则和道德规范。每一种道德都是为特定的阶级利益服务的，因而具有特定的阶级属性。当时欧洲各国同时并存着基督教道德、资产阶级道德和无产阶级道德，在这三种道德中，"哪一种是合乎真理的呢？如果就绝对的终极性来说，哪一种也不是；但是，现在代表着现状的变革、代表着未来的那种道德，即无产阶级道德，肯定拥有最多的能够长久保持的因素"①。不同阶级道德之间的斗争是整个阶级斗争的一个重要方面。在阶级对立社会，正视和揭示道德的阶级性非常重要。马克思指出："财产的任何一种社会形式都有各自的'道德'与之相适应，而那种使财产成为劳动之属性的社会财产形式，决不会制造个人的'道德限制'，而会将个人的'道德'从阶级束缚中解放出来。"②道德与财产所有制等经济制度相适应。一旦财产归全体劳动者所有时，道德就会从阶级的束缚中解放出来。当生产力的发展还处于较低水平时，"受这种生产力所制约的、不能满足整个社会的生产，使得人们的发展只能具有这样的形式：一些人靠另一些人来满足自己的需要，因而一些人（少数）得到了发展的垄断权；而另一些人（多数）经常地为满足最迫切的需要而进行斗争，因而暂时（即在新的革命的生产力产生以前）失去了任何发展的可能性"③，由此所形成的财产形式只能是私有制。而"在私有制范围内……每个人都指望使别人产生某种新的需要，以便迫使他作出新的牺牲，以便使他

---

① 《马克思恩格斯选集》（第三卷），人民出版社1995年版，第434页。
② 《马克思恩格斯选集》（第三卷），人民出版社1995年版，第114页。
③ 《马克思恩格斯全集》（第三卷），人民出版社1958年版，第507页。

处于一种新的依赖地位并且诱使他追求一种新的享受,从而陷入一种新的经济破产。每个人都力图创造出一种支配他人的、异己的本质力量,以便从这里面找到自己的利己需要的满足"。私有制激起了人的"病态的欲望","产生着需要的牲畜般的野蛮化和最彻底的、粗陋的、抽象的简单化"。人的"一切情欲和一切活动都必然湮没在贪财欲之中"①。可见,要实现从"阶级的道德"向"真正人的道德"的转变,就必须消灭私有制。

第五,伦理原则对经济基础具有反作用,作为革命者和工人阶级的思想家应当对资本主义社会中的剥削为基础的种种不公正和不平等现象表示义愤,但是要发动工人群众起来推翻资产阶级统治,仅仅凭道义上的鼓动和激励是不够的,还必须使他们认识社会发展的规律,树立自己的事业必胜的信心。资产阶级道德说教具有虚伪性,伦理动机在社会主义运动中也具有一定的作用。马克思主义创始人对这个观点有一定的涉及,但正面阐述不够。如恩格斯在《反杜林论》第一编《哲学》中用整整三节论述"道德和法"问题,批判了"永恒真理""永恒道德""永恒正义"的观点。他说:"我们拒绝想把任何道德教条当作永恒的、终极的、从此不变的伦理规律强加给我们的一切无理要求,这种要求的借口是:道德世界也有凌驾于历史和民族差别之上的不变的原则。"②他在同书第二编《政治经济学》中又指出,"一个社会的分配总是同这个社会的物质生存条件相联系,这如此合乎事理,以致经常在人民的本能上反映出来"。因此,圣西门、傅立叶、欧文对资本主义的不平等分配提出的抗议"在被剥削的群众中恰恰得不到任何响应"③。只有当这种

---

① 马克思:《1844 年经济学—哲学手稿》,人民出版社 2000 年版,第 121—124 页。

② 《马克思恩格斯选集》(第三卷),人民出版社 1995 年版,第 435 页。

③ 《马克思恩格斯选集》(第三卷),人民出版社 1995 年版,第 491—492 页。

生产方式多半已经没落和过时，并且它的后继者已在敲门的时候，人们才从已经过时的事实出发诉诸所谓永恒正义，而"这种诉诸道德和法的做法，在科学上丝毫不能把我们推向前进；道义上的愤怒，无论多么入情入理，经济科学总不能把它看作证据，而只能看作象征"①。马克思在与蒲鲁东论战时也批评他用关于"正义"的空话实际上肯定了现存的制度。

第六，共产主义社会中的人是"真正的人"。马克思指出"资产阶级的生产关系是社会生产过程的最后一个对抗形式"，"在资产阶级社会的胎胞里发展的生产力，同时又创造着解决这种对抗的物质条件"，然后又总结道，"人类社会的史前时期就以这种社会形态而告终"。②恩格斯同样把共产主义社会作为"真正的人类社会"，而把共产主义之前的时代称做人类社会的"史前时期"。恩格斯在《社会主义从空想到科学的发展》中分析了共产主义社会的特征之后指出："于是，人在一定意义上才最终脱离了动物界，从动物的生存条件进入真正人的生存条件。"③正是在这个意义上，马克思指出："共产主义是……通过人并且为了人而对人的本质的真正占有；因此，它是人向自身、向社会的即合乎人性的人的复归。"④共产主义将使"人以一种全面的方式，就是说，作为一个总体的人，占有自己的全面的本质"⑤。可见，共产主义道德是一种面向人自身的终极关怀的道德观念，它要求在每个人的自由发展与一切人的自由发展之间达成统一，实现人与人之间关系的真正平等与自由。在马克思主义创始人看来，"真正人的道德"意味着，"在每一个人的意

---

① 《马克思恩格斯选集》（第三卷），人民出版社 1995 年版，第 491—492 页。
② 《马克思恩格斯选集》（第二卷），人民出版社 1995 年版，第 33 页。
③ 《马克思恩格斯选集》（第三卷），人民出版社 1995 年版，第 633 页。
④ 马克思：《1844 年经济学—哲学手稿》，人民出版社 2000 年版，第 81 页。
⑤ 马克思：《1844 年经济学—哲学手稿》，人民出版社 2000 年版，第 85 页。

识或感觉中都存在着这样的原理，它们是颠扑不破的原则，是整个历史发展的结果，是无须加以论证的"。这些原理就是"每个人都追求幸福。个人的幸福和大家的幸福是不可分割的"。①

第七，道德问题与人类的解放、与新世界和新社会的创造紧密联系在一起。人的解放有三个维度，即"首先，解放出现在人与自然的关系上。这里的自由，是人类理性在外部世界中的完全实现，是对人类潜能的理解以及对自然需要的限制，也是对人类事务的和谐安排。其次，解放发生在人类社会范围内。这当然是马克思最为显眼的一面……社会的解放尤其意味着消除特定社会团体或当代阶级之间的冲突，以及终结部分团体对另外一些团体的压迫、剥削……人类解放的第三个维度是精神解放。这一点也许最难理解，或者最容易被低估，但对马克思而言，它却是整个解放的关键，是另外两个维度及其宏伟巅峰的知识基础和前提。它的本质是对人这一物种的道德自由和自足的全面理解——而且是有意识的经验——即懂得理性的人类在自然及社会关系中是如此这般的自由、自创和自决，同时认识到整个宇宙没有一个外来的超越者"②。人类精神解放的实质是道德解放，而"任何一种解放都是把人的世界和人的关系还给人自己"③。因而，道德解放一方面意味着消除了个人对社会的屈从，在个人与社会之间建立起个人自由全面发展的和谐关系；另一方面意味着社会关系的一切外在形式在更高阶段上回归为"纯人类道德生活关系"，人们可以"自由地独立地创造建立在纯人类道德

---

① 《马克思恩格斯全集》（第四十二卷），人民出版社 2001 年版，第 373—374 页。

② 〔美〕R. N. 伯尔基：《马克思主义的起源》，伍庆等译，华东师范大学出版社 2007 年版，第 7—8 页。

③ 《马克思恩格斯全集》（第一卷），人民出版社 1956 年版，第 433 页。

生活关系基础上的新世界"①。这个新世界是每个人的能力和才智获得自由全面发展的真正的自由王国，也是"真正人的道德"的王国。

建立一个"使人成为人"的理想社会是马克思恩格斯的价值追求。在资本主义社会，"工人在他们所处的那种状况下是不会感到幸福的；在这种状况下，无论是个人或是整个阶级都不可能像人一样地生活、感觉和思想。显然，工人应该设法摆脱这种非人的状况，应该争取良好的比较合乎人的身份的状况"②。在以阶级对立为基础的社会，"那些不感到自己是人的人，就像繁殖出来的奴隶和马匹一样，完全成了他们主人的附属品"。所以，"必须唤起这些人的自尊心，即对自由的要求。这种心理已经和希腊人一同离开了世界，而在基督教的统治下则消失在天国的幻境之中。但是，只有这种心理才能使社会重新成为一个人们为了达到崇高目的而团结在一起的同盟"③。这种同盟也就是马克思、恩格斯所说的"新世界"，这种"新世界"即"真正的共同体"——共产主义社会。在共产主义高级阶段的新社会中，"在所有的人实行明智分工的条件下，不仅生产的东西可以满足全体社会成员丰裕的消费和形成充足的储备，而且使每个人都有充分的闲暇时间去获得历史上遗留下来的文化——科学、艺术、社交方式，等等——中一切真正有价值的东西；并且不仅是去获得，而且还要把这一切从统治阶级的独占品变成全社会的共同财富并加以进一步发展"④。"共产主义所造成的存在状况，正是这样一种现实基础，它使一切不依赖于个人而存在

---

① 《马克思恩格斯全集》（第一卷），人民出版社 1956 年版，第 650 页。
② 《马克思恩格斯全集》（第二卷），人民出版社 1957 年版，第 500 页。
③ 《马克思恩格斯全集》（第一卷），人民出版社 1956 年版，第 409 页。
④ 《马克思恩格斯选集》（第三卷），人民出版社 1995 年版，第 50 页。

的状况不可能发生。"①在这个新世界中,"不再有任何阶级差别,不再有任何对个人生活资料的忧虑,并且第一次能够谈到真正的人的自由,谈到那种同已被认识的自然规律和谐一致的生活"②。只是在这个新世界里,"社会全体成员的平等的、合乎人的尊严的发展,才有可能"③。在这样的新世界中,道德才真正成为了一种促进每个人自由全面发展的精神——实践活动。

二、Г.В.普列汉诺夫对道德观基础的阐释

1. 道德观的历史唯物主义依据

普列汉诺夫出生于沙皇帝国被迫宣布取消农奴制的前5年即1856年,辞世于1918年即十月社会主义革命的后一年,一生所写的许多著作不仅准确、通俗地阐述了唯物史观的基本思想,而且以之为指导,在分析政治、经济、历史、美学、文艺、宗教、伦理、法学等领域的各种问题的基础上提出了新的思想和见解。④普列汉诺夫的伦理思想主要反映在《唯物主义史论丛》(1896)、《论所谓俄国的宗教探索》(1915)、《Н.Г.车尔尼雪夫斯基》(1909)等著作中。

普列汉诺夫在俄罗斯最早使用了"辩证唯物主义"这一术语,

---

① 《马克思恩格斯选集》(第一卷),人民出版社1995年版,第122页。
② 《马克思恩格斯选集》(第三卷),人民出版社1995年版,第456页。
③ 《马克思恩格斯选集》(第二卷),人民出版社1995年版,第596页。
④ 列宁认为他的著作是"整个国际马克思主义文献中的优秀作品","不研究——正是研究——普列汉诺夫所写的全部哲学著作,就不能成为一个觉悟的、真正的共产主义者,因为这是整个国际马克思主义文献中的优秀著作。"参阅《列宁选集》第四卷,人民出版社1957年版,第453页。

并对其"做了极其完美的有价值的阐述"①。此后"辩证唯物主义"基本上成为马克思主义哲学体系的代名词,列宁对这个体系作了进一步阐述和完善,将其内容规整为辩证法、唯物主义和唯物主义历史观三个部分,成为阐述马克思主义道德观的方法论和理论依据。

普列汉诺夫把道德看成是社会生活的产物,认为"道德是社会现象"②,"人类的道德发展一步一步地遵循着经济发展的必然性,这一发展准确地同社会的现实需要相适应,在这一意义上,可以并且应当说,利益是道德的基础"③。不仅如此,"道德"一词在他的著作中有时还指人与人之间现实的关系,或指伦理的社会关系,或指社会道德意识或一种社会心理。普列汉诺夫由于贯彻了唯物论,他的思想在19世纪末的俄罗斯史上实现了观察道德问题的基础的一个根本性翻转。

普列汉诺夫从唯物史观关于社会意识的学说出发,确立了探询"道德"问题的基本理论依据。这是普列汉诺夫关于马克思主义伦理思想的首要问题。他认为,人的道德感情和道德概念只能用社会关系、主要是经济关系的影响来说明,"远不是一切对社会人有用的东西都是道德的。但是能对社会人具有道德意义的只是对于他的生活和对于他的发展有用的东西,因为不是人为了道德,而是道德为了人"④。"不是道德创造社会关系,而是社会关系创造了道德。"⑤

道德的根源在于人类在氏族社会的实践,原始"狩猎生活条件不但决定了这些部落的世界观,也决定了他们的道德观念,他们的

---

① 《列宁全集》(第四卷),人民出版社1957年版,第67页。
② 《普列汉诺夫哲学著作选集》(第六卷),1957年俄文版,第309页。
③ 《普列汉诺夫哲学著作选集》(第六卷),1958年俄文版,第58页。
④ 《普列汉诺夫哲学著作选集》(第六卷),1958年俄文版,第434页。
⑤ 《普列汉诺夫哲学著作选集》(第二卷),三联书店1961年版,第227页。

感情"①。人类道德的发展一步一步地跟随着经济上的需要，确切地适应着社会的实际要求。道德直接受经济生活条件的制约主要在社会发展的早期阶段，随着阶级社会的产生和社会关系的复杂化，道德同经济的联系就越来越变得间接了。新的上层建筑因素的不断出现和发展，国际间和民族间交往的日益频繁，对道德的内容和形式产生了显著的影响。道德在阶级社会里具有阶级性。"文明社会的结构是那样的复杂……市民的精神状况和道德状况本质上是常常和乡下人不同的，贵族的精神和道德与无产阶级的精神和道德相同的地方也非常之少。所以在一个阶级的意象中'成为一时的典型'的，在另一个阶级的意象中不能也是如此。"②法国资产阶级（1848年6月和1871年5月）以闻所未闻的残酷，非常心安理得地屠杀"他们的兄弟"——工人，是"因为资产阶级的道德是他们的社会地位、他们与无产阶级的斗争加在他们身上的"。③不过，普列汉诺夫认为，对于统治阶级道德的阶级性不应有片面的、狭隘的理解，"同一个法国资产阶级，把古代的奴隶制度看成是不道德的、大约也把古罗马所发生的屠杀起义奴隶的事件，判定为文明人所不当为的。一个名副其实的资产者，是能够在道德上善良，并且献身公共福利的；他在他对于道德和公共福利的见解里，不会越出一定的界限，这些界限是他的物质生活条件给他划定的，是不依他的意志和意识为转移的"④。不过同一阶级的道德在不同的时代也是很不一样的，譬如17—18世纪法国资产阶级的道德观念，它随着自身经济力量的增长，随着阶级斗争的发展，在社会心理的直接的强大影

---

① 《普列汉诺夫哲学著作选集》（第三卷），三联书店1962年版，第173页。
② 《普列汉诺夫哲学著作选集》（第二卷），三联书店1961年版，第187页。
③ 《普列汉诺夫哲学著作选集》（第二卷），三联书店1961年版，第196页。
④ 《普列汉诺夫哲学著作选集》（第二卷），三联书店1961年版，第196—197页。

响下发生了相应改变。因此,"在法国资产阶级的道德和精神的历史里面,至少见到两个本质上不同的时期:模仿贵族的时期,反抗模仿贵族的时期。其中每一个时期都与资产阶级发展的一定的阶段相适应"①。

社会的、普遍的道德在阶级社会里表现为部落道德、民族道德甚至全人类共同的道德。由此看来把道德看成个人追求幸福的能力是完全错误的,"实际上,道德的基础不是对个人幸福的追求,而是对整体的幸福,即对部落、民族、阶级、人类的幸福的追求"②。因为,即使在阶级社会中,阶级关系也只是社会关系中的一部分,当然是极为重要的一部分,它们还对另一部分社会关系产生着强烈的影响。道德的阶级性是社会关系中阶级关系的反映,非阶级的那一部分社会关系也必然要反映到道德、法律等等中去。普列汉诺夫认为,马克思主义者对于作为上层建筑之一的道德在历史上所起的作用"从来没有熟视无睹"③,他们认为每一个阶级的道德概念和感情从这个阶级的社会物质条件中产生以后,又对社会生活发生着巨大的影响。

普列汉诺夫坚持道德的决定论原则,他将社会结构的基本因素概括为五项:"一定程度的生产力的发展;由这个程度所决定的人们在社会生产过程中的相互关系;这些人的关系所表现的一种社会形式,与这种社会形式相适应的一定的精神状况和道德状况;与这种状况所产生的那些能力、趣味和倾向相一致的宗教、哲学、文学、艺术……"④此后,普列汉诺夫于1895—1898年间发表的《论一元论历史观之发展》《替经济唯物主义说几句话》《论唯物主义历

---

① 《普列汉诺夫哲学著作选集》(第二卷),三联书店1961年版,第189页。
② 《普列汉诺夫哲学著作选集》(第一卷),三联书店1959年版,第661页。
③ 《普列汉诺夫哲学著作选集》(第二卷),三联书店1961年版,第197页。
④ 《普列汉诺夫哲学著作选集》(第三卷),三联书店1962年版,第186页。

史观》《论"经济因素"》等文章，概括出了生产力、生产关系对道德等意识形式、社会心理起作用的历史唯物主义理论。在此基础上，普列汉诺夫于1907年发表了《马克思主义的基本问题》一文提出"社会结构五因素说"，即生产力的状况、被生产力所制约的经济关系、在一定的经济基础上生长起来的社会政治制度、全部社会政治制度所决定的社会中的人的心理、反映这种心理特性的各种思想体系。①这说明作为意识形态的道德受制于经济基础，只能用社会关系主要是经济关系的影响来说明道德。"不是道德创造社会关系，而是社会关系创造道德。"②这种社会关系、经济关系主要反映在利益上，"利益是道德的基础"③。利益不是指个人利益，而是社会公共利益，"共同利益是道德的基础和尺度"④。

普列汉诺夫从上述观点出发，对当时和此前盛行的功利主义、义务论及"合理利己主义"等主要伦理学观点进行了分析批判。功利论曾在人的利益问题研究倾注了极大的关心，他们从感觉经验出发，肯定人的自然状态，认为人的本质、尊严、人的道德存在于人的自然状态之中，使人的自然本性不受压抑地发挥出来便是合乎道德的。穆勒认为："行为的是与它增进幸福的倾向为比例；行为的非与它产生的不幸福的倾向为比例。幸福是指快乐与免除痛苦；不幸福是指痛苦和丧失掉快乐。"⑤如此求乐避苦就是幸福、善，也就是利益，是人的行为的动力和依据。功利主义的最大特色便是以利益来衡量道德的善恶、是非，使利益原则成为道德原则。他们认为人只能感受到自身的快乐与痛苦，因而人本质上是只关心自己利益

---

① 《普列汉诺夫哲学著作选集》（第二卷），三联书店1961年版，第195页。
② 《普列汉诺夫哲学著作选集》（第二卷），三联书店1961年版，第29页。
③ 《普列汉诺夫哲学著作选集》（第二卷），三联书店1961年版，第551页。
④ 《普列汉诺夫哲学著作选集》（第四卷），三联书店1974年版，第29页。
⑤ 〔德〕穆勒：《功用主义》，唐钺译，商务印书馆1962年版，第7页。

的。但人人都只关心自身利益,那么人类生活中便会经常发生冲突,功利主义就面临着调解个人利益与社会利益的矛盾。边沁在这个问题上以个人利益消解社会利益,认为人格化的社会利益只是一个抽象物,它只是个人利益的简单相加,唯有个人的苦乐才是具体的、实在的。所谓"最大多数人的最大幸福"这一功利主义原则,就是最大限度地增加个人幸福。只有个人利益增加了,由个人利益所相加而成的社会利益的总量也相应地增加,因而边沁反对牺牲个人利益以换取社会利益。

义务论与功利论截然不同。康德的义务论把道德建立在先验的普遍有效性的基础之上,而不是如18世纪法国唯物主义那样建立在感性经验的基础之上。他认为,"纯粹实践理性的基本法则"是"要这样行动,使得你的意志的准则任何时候都能同时被看作一个普遍立法的原则"。①关于这个基本法则的意识是纯粹理性的唯一事实,它表达了意志的自律性(Autonomie),这是"道德的最高原则"。道德行为从绝对命令出发,它与我们可寻求的这种或那种的意志无关,而与人的利益、幸福为基础的有条件的相对的假言命令根本不同。虽然康德认为"至善"是道德与幸福的统一,但他所理解的幸福与功利主义所说的感官的快乐、物质利益的满足或精神的元状态即趋乐免苦完全不同,而是完全排除任何感性内容的理性对德性的意识。因而义务论者坚持认为道德的基础在于主体意志,不在于恪守具体的道德规范,而在于遵守普遍的道德法则。

普列汉诺夫认为,无论是康德还是边沁、穆勒,都没有很好地解决个人利益与社会利益的关系问题。康德的理性主义义务论排斥感性根本不考虑利益;边沁、穆勒虽然重视利益调节,并力图协调

---

① 〔德〕康德:《实践理性批判》,邓晓芝译,人民出版社2003年版,第39页。

个人利益与社会利益的关系，减少两者的冲突，但他们的方法是以一方消解另一方，即以个人利益消解社会利益，因而并没有解决好两者的矛盾。

普列汉诺夫对"合理利己主义"也进行了分析批判。他把车尔尼雪夫斯基比作俄国的普罗米修斯。车尔尼雪夫斯基在伦理学说方面提倡"合理利己主义"，他认为，人按其本性来说既不是善的也不是恶的，只是因环境的不同而变成善的或恶的。普列汉诺夫认为车尔尼雪夫斯基的伦理学的出发点是人类学原则和"合理利己主义"。按照"合理利己主义"的意见，个人本身就有"人道的"一切属性。属于自然界这一情况足以决定人的"本质"，而社会形式则是实现人类"天性"对快感原始追求的条件。作为伦理学体系的"合理的利己主义"理论，从逻辑和哲学方面看是容易找到缺点的，但他正确地把握了自己时代的社会需要，反映了"新人"的理想，有助于使他们变成一支政治力量。

普列汉诺夫提出整体的利己主义以取代流行的个体利己主义，使之成为判断善恶的基础，由此试图协调利己与利他的矛盾。他说："符合整体利益的个人行为，将被认为是善行，而违背这种利益的行为，将被认为是恶行。因此，一种可以称之为整体的利己主义、社会的利己主义的东西，将成为判断善恶的基础。但是，整体的利己主义绝不排斥个人的利他主义、个体的利他主义。相反，前者乃是后者的泉源：社会力求这样来教育它的各个成员，使他们把社会利益置于自己的私人利益之上；某人的行为越是能够满足社会的这种要求，这个人也就越是有自我牺牲精神，越是有道德，越是有利他主义精神。而他的行为越是破坏这种要求，那么他就越是自私自利，越是没有道德和抱有利己主义。"[①] 社会的利己主义与个人

---

① 《普列汉诺夫哲学著作选集》（第四卷），三联书店1974年版，第252页。

的利他主义的逻辑统一性在于，利己主义要求个体的利他主义，而个体的利他主义正是满足了社会的利己主义。这样普列汉诺夫便把利己与利他辩证地结合起来了。

普列汉诺夫以社会利益为出发点和基础，解决了个人利益与社会利益的矛盾。他认为，任何道德上称之为善的行为都必须是个人丝毫不考虑自己的切身利益，不顾以至舍弃个人利益以谋取社会共同的福利。任何考虑个人利益的行为都不能够称之为善行，个人必须绝对利他，个人行为只有符合整体的利益，幸福才是德行。从规范上看道德，必须重视人民的利益，强调个体对社会利益的服从与献身，因而区分善恶的标准只能是社会整体利益。"不同民族和等级的利益往往互相矛盾或与全人类的利益矛盾；同样地，一个等级的利益也往往和整个民族的利益相对立。这里怎样决定善恶呢？在理论上解决这个问题是很容易的：'全人类的利益高于个别阶级的利益，全民族的利益高于个别民族的利益，多数等级的利益高于少数等级的利益。'"①一个人越是把社会利益置于个人利益之上，这个人就越是有利他主义精神。普列汉诺夫在这里确立了整体利益的原则，又误把道德等同于利他主义，等同于自我牺牲，道德行为的特点也就成了排除对个人利益考虑的利他主义行为。

普列汉诺夫认为只有马克思主义才对许多世纪以来的各种道德问题做出了有科学根据的回答。他的道德观点有其合理性与特色，他继承了马克思主义的经济基础决定上层建筑的基本观点，坚持道德作为一种意识形态现象受制于经济关系，而人们的利益则是道德的基础，整体的社会的利益高于个体的利益，并依次作为基本的道德原则来协调现实利益冲突。

---

① 《普列汉诺夫哲学著作选集》（第四卷），三联书店1974年版，第251页。

2. 道德观的辩证唯物主义方法

普列汉诺夫坚信在道德领域最清楚地表现出马克思主义的历史唯物主义和辩证研究方法的优越性,并具体说明:"马克思的唯物主义的辩证方法的优越性,在涉及解决'道德'方面问题时表现得最清楚,……为了正确地理解这种解决办法,我们必须首先从形而上学的偏见里解放出来。"①辩证法同唯物论一样,是说明道德问题必需的科学理论武器。

唯物主义道德观认为"经济现实是理想的标准",这不是意味着马克思主义者主张使自己的道德理想适应于任何现实,包括反动腐朽的社会制度,"将经济上的弱者沉之污泥而趋奉经济上的强者"。普列汉诺夫认为如果对此有疑惑的话,"这种疑惑的来源是对于马克思和恩格斯所说的经济现实一语的意义的形而上学的概念。当形而上学者听到:社会活动家应该依靠现实,他以为是劝告他和现实妥协。他不知道,在任何经济现实中有对立的因素,和现实妥协乃是和它的因素之一妥协,和在当时统治着的因素妥协。辩证唯物主义者曾经指出并且现在还指出现实的另一个、敌视这个因素的因素,其中成熟着将来的那个因素"②。

普列汉诺夫把辩证法运用于社会道德的分析。在阶级道德和全民道德的关系问题上,一般说来道德始终是阶级的道德,但是不应当狭隘地理解道德的阶级性,似乎阶级社会中,除了阶级道德,根本不存在全民道德,似乎任何时候任何阶级的道德同全民族的道德都是绝对排斥的。作为社会意识的道德是经济利益和政治利益的反

---

① 《普列汉诺夫哲学著作选集》(第二卷),三联书店 1961 年版,第 198 页。
② 《普列汉诺夫哲学著作选集》(第一卷),三联书店 1959 年版,第 782、783 页。

映，如工人阶级的道德是工人阶级利益的反映。"工人阶级的利益是什么呢？这是那些不靠剥削别人劳动而生活的人的利益。这又是整个民族，或者更确切地说，整个民族 moins les privilegies（减去剥削者们）。剥削者的利益是一个负数；从全体人民的总的利益中减去剥削者的利益，就等于把一个正数加在全体人民的利益之中。对战争宣战的人是企求和平的；对经济的剥削宣战的人会站到工人阶级的利益的观点上，从而捍卫全体人类的利益。"①所以，"关于人民的概念……同关于工人阶级的概念相符合。"②这就是说，就工人的利益和道德同资产阶级的利益和道德相对立而言，工人阶级的道德表现了道德的阶级性，但是，就它反映减去剥削者们的整个民族的利益而言，它却是全民的道德。不仅对工人阶级如此，对其他阶级亦然。

普列汉诺夫对法国唯物主义者和康德的伦理学说的共性进行了分析，认为它们的思维方式是形而上学的，即"缺乏辩证方法"，"不会运用发展观点"。他认为，马克思主义认为一切道德的基础是社会的幸福，爱尔维修、霍尔巴赫等人并不是完全没有认识到这一点，但是他们从人只有感觉并且必然会避开痛苦追求快乐的利己主义原则出发，始终无法解释人是怎样产生像热爱真理、英雄主义这类完全无私的意图的。他们解决不了这个绝对必须解决的科学问题。他们认为没有一个学者会无私利地爱好真理，每个人在真理的爱好上只看到走向荣誉的道德，在荣誉上看到获得金钱的道路，而在金钱上看到获得生理的愉快感觉的手段。他们总是企图证明，甚至从个人利益的观点出发，也以尊重社会幸福为好。他们无论如何

---

① 《普列汉诺夫哲学著作选集》（第四卷），三联书店1974年版，第517—518页。
② 《普列汉诺夫哲学著作选集》（第四卷），三联书店1974年版，第516页。

不能从个人主义的功利主义的逻辑迷宫走出来。①康德根据道德必须以自我牺牲为前提的理由反驳功利主义者的时候，总是针对"个人幸福"的原则即自爱的原则，而没有认识到道德的基础是对整体的幸福的追求，"这种愿望和利己主义毫无共同之点。相反地，它总是要以或多或少的自我牺牲为前提"②。

个人的大公无私、英雄主义行为怎样从阶级利益、社会利益、民族利益的基础上产生，乃是历史运动的辩证法，它的秘密存在于社会环境的影响中。普列汉诺夫认为："只有历史的进化能够给我们解释，社会的幸福为什么以及怎样成为该社会中占统治地位的道德的基础。但这种进化的发生常常是个人不知道的。个人遵守自己社会或者自己阶级的道德的要求，就好像遵守具有宗教的或者形而上学的规则的绝对道德的规条那样。指使着个人去进行这种或者那种行动的，是社会关系的客观逻辑，而不是个人的主观理智。"③这和生物进化有类似的情况。生物通过获得性遗传而进化，而人的先辈在当时经济条件和阶级利益影响下所获得的道德"理性"，也会逐步地通过社会环境的遗传在后代人身上表现为本能的道德意志、观念和情感。也就是说，"在人的情感、意志、欲望等感性中有理性的积淀"。如果说同爱尔维修等人相比，康德较为正确地把握了道德与非道德在形式上的特征区别，那么，同康德相比，前者就较为正确地把握了道德与非道德的内容上的特征区别。如果说法国唯物主义者好像"在个体有机体的胚胎发生史中去寻找物种变化的充

---

① 《普列汉诺夫哲学著作选集》（第二卷），三联书店1961年版，第508页、第48页。
② 《普列汉诺夫哲学著作选集》（第一卷），三联书店1959年版，第550—551页。
③ 《普列汉诺夫哲学著作选集》（第二卷），三联书店1961年版，第508页。

分根据的自然科学家"①，那么康德就企图在物种变化史之外来说明个体有机体的胚胎发生史。普列汉诺夫关于道德情感和道德意志的起源和特点的辩证思想，其实就是他关于社会意识过程的起源和特点的一般观点在伦理学中的应用和具体化。

总之，道德意志是从社会利益的基础上成长的，个人的利他主义是从社会利己主义的基础上产生的，道德习惯是在人们适应社会环境的合目的行为的基础上养成的。这是一个辩证的过程，而对于这个过程，无论法国的"启蒙派"（爱尔维修等）、德国的"启蒙派"（康德等），还是俄国的"启蒙派"（车尔尼雪夫斯基等），都只有片面的认识。

3. 人的本性理论与自由的论说

19世纪上半叶的空想社会主义与启蒙时代资产阶级思想家一样，以人的天性的不变的属性来揭示环境的变动的属性，以人的天性为最高准绳而设想完美立法。傅立叶以分析人的热情为出发点，欧文从"关于人的天性的基本原则"出发而断言合理的政府应该首先"决定人的天性是什么"，圣西门主义者声言他们的哲学建设在关于人的天性的新概念上。②用人的天性来解释人类的历史，其社会主义的构想难以越出资产阶级思想的藩篱。普列汉诺夫说："一切空想主义者总是从人的天性为最高准绳，不是以历史发展的客观过程为研究依据，而是诉诸人们的善良感情。诉诸人类本性有时也许在鼓动的意义上是有益的，然而对历史这门科学来说却是没有什

---

① 《普列汉诺夫哲学著作选集》（第二卷），三联书店1961年版，第508页。
② 〔俄〕普列汉诺夫：《空想社会主义者》，《论空想社会主义》上卷，中国人民大学编译室等译，商务印书馆1980年版，第2页。

么益处。"①马克思所提出的自我实现观点从根本上超越了西方人性论思想。在这种情形下，他们的理论就不可能超越资产阶级的社会理论并在实践中得以成功地实现。

普列汉诺夫认为，空想社会主义从抽象人性论出发，把资本主义社会视为应当予以颠覆的对象，从而提出克服资本主义社会、进入无消极与丑恶的理想社会，表现出他们对人类正义的坚定信念。圣西门临终时说："一切社会设施的目的都应该是从道德上、智力上和体力上改善人数最多的和最贫穷的阶级的状况。"②这是应当肯定的。但是他们在批判资本主义和设计未来理想社会时，一般地以人文主义的道德谴责代替科学的批判，以脱离实际的道德设计代替科学的预见，以致看不到私有财产、资本主义社会的历史进步性和历史合理性，看不到对私有制、资本主义克服的社会基础正是在资本主义社会之中，看不到未来社会是对资本主义的积极扬弃。

普列汉诺夫在批判空想社会主义人性观的同时也批判了生物学的人性论，他在谈到审美问题时曾多次使用"人的本性"之类的字句，③如"人的本性使他能够有审美的趣味和概念"，"人的心理本性使人能够有审美的概念"；"对节奏的敏感，正如一般的音乐能力一样，显然是人类的心理和生理本性的基本特质之一。""人的本性（他的神经系统的生理本性）给了他以觉察节奏的音乐性和欣赏它

---

① 〔俄〕普列汉诺夫：《无政府主义和社会主义》，王荫庭译，人民出版社1972年版，第143页。

② 〔俄〕普列汉诺夫：《19世纪空想社会主义者》，《论空想社会主义》上卷，中国人民大学编译室等译，商务印书馆1980年版，第106页。

③ 普列汉诺夫使用了"人的本性"之类的字句，因此被一些研究者指责为生物学的人性论。参阅黄药眠《试评普列汉诺夫的审美感的人性论——对普列汉诺夫文艺思想中的生物学的人性论底批判之一》一文，载《文艺理论研究》1981年第3期，及《试评普列汉诺夫的审美理想之生物学的人性论及其他》。

的能力。"①18世纪那种认为人的本性经不同年龄段有不同发展的观点，19世纪为斯达尔夫人继承下来了，他们认为，在研究希腊文学发展的三个不同时期的时候，我们在其中看到人类智力的自然进程。荷马说明了同一个时期的特征；在伯里克理斯时代，戏剧艺术、雄辩术和伦理学盛极一时，而哲学也有了初步的发展；到了亚历山大时代，更深刻地研究哲学科学成了文学界中杰出人物的主要工作。这就是说，如果某一民族过了青年时代，那么诗歌就必然要开始某种程度的衰落。现代民族尽管有了智力上的一切成就，但却没有产生一部可以超过《伊利亚特》《奥德塞》的诗歌作品。并非人的本性，并非一定民族的性格，而是它的历史和它的社会制度向我们说明了它的文学。任何一个民族的艺术都是由它的心理所决定的，它的心理是由它的境况所造成的，而它的境况归根到底是受它的生产力状况和它的生产关系制约的。可见，普列汉诺夫是反对用人的本性来说明艺术的起源的。

普列汉诺夫认为，马克思的伟大的科学功绩就在于他把人的天性看作是历史运动的永远地改变着的结果，而历史运动的原因在人之外。为了生存，人应该维持自己的机体，从他的周围外间自然中摄取他所必需的物质。这种摄取需要人对这个外间自然的一定的作用。人在作用于外间自然时，人也改变了自己本身的天性。这几句话包含着马克思人性观的全部本质。普列汉诺夫进一步认为，人的历史行程开始于他制造工具，这也就意味着人的社会本性与动物本性的分别。

人通过劳动而从动物中提升出来，从自然人成为社会人，人的本性自身随着文化发展的过程而不断改变。自然界给人提供幸福的

---

① 〔俄〕普列汉诺夫：《普列汉诺夫美学论文集》，曹保华译，人民出版社1983年版，第320、339、311页。

希望，教育特别是道德教育基于人的需要而使人养成社会性的行为。普列汉诺夫引用费尔巴哈的话说："'良心坦然的人所做的，是他看到别人——他的父母、他的同年人、他的同乡和与他同一阶层的人——做过和听到别人赞许过的事情。'有些人的良心的整个动态，只限于害怕周围的人会说些什么话。但是，教育的比较深刻的作用是使人养成这样行动而不那样行动的强烈需要。"①普列汉诺夫认为："对人们的道德教育，就是要使其中每个人都意识到自己对其他所有人的义务，这种教育的可能性是由自然界本身来保证的，自然界给人两种追求幸福的希望：第一，是通过保证本人的特殊利益而得到满足的欲望；第二，是必须有两个以上的个体（男人和女人，母亲和婴儿，等等）才能满足的欲望，人从小就学着和别人共同享受生活的幸福。"②人是有各种欲望的存在，有些欲望的追求和满足是有害的，有些则是合乎公道的。"人有追求幸福的欲望。不能剥夺他的这种欲望，也不应该剥夺。这种欲望，只有当它成为'排他的'、利己主义的欲望的时候，即当某些人的幸福是靠他人的不幸得到的时候，它才是有害的。当追求幸福的是全体人民，而不仅是一部分人民的时候，那么追求幸福的欲望同追求公道的欲望是一致的。"③可见，人在自然性上是求幸福的，而社会教育则使得人们懂得如何求幸福。

自由是人的本质表现。自由在任何国家、民族、阶级和社会集团及任何个人那里都是有条件的。普列汉诺夫结合对无政府主义自由观的批判阐明了马克思主义的自由观。19世纪末在欧洲泛滥的无政府主义思潮认为，马克思主义的自由观屈从于一种子虚乌有的历

---

① 《普列汉诺夫哲学著作选集》（第三卷），三联书店1962年版，第773页。
② 《普列汉诺夫哲学著作选集》（第三卷），三联书店1962年版，第773页。
③ 《普列汉诺夫哲学著作选集》（第三卷），三联书店1962年版，第774页。

史必然性而贬斥了至高无上的个人自由。普列汉诺夫明确提出："我们承认,但是是有条件地承认,因为一个人的无条件的自由就意味着对他周围的一切人的无条件的奴役,即是说把自由变成自由本身的对立物。"①无政府主义者显然"……确实认为马克思主义者是自由的敌人,他们自己是主张人之无限制的,亦即无条件的自由的。把自由变成自由本身的对立物,在他们看来简直是诡辩"②。无政府主义鼓吹个人无限制、无条件、绝对的自由。按照这种自由观行事,人们不仅得不到任何自由,相反还会走向自由的反面。倘若一个人享有个人的为所欲为的绝对的自由,就意味着使他周围一切人绝对的不自由;人人都享有不受任何限制的绝对自由,结果必然是人人都陷于绝对不自由的境地。自由由此便变成了奴役,变成了"自由本身的对立物"。这是无政府主义自由观的逻辑结论。

　　普列汉诺夫认为,即使那些在历史上有作为的哲学家也不赞成不讲任何条件和不受任何限制的自由。谢林和黑格尔就是这样的人。谢林在《先验唯心主义体系》一书中认为:"在自由中应该有必然性",自由只能作为某种必然的亦即合乎规律的发展进程的结果而出现,由此对于这一合乎规律的发展进程的研究,就"应当成为自由的所有真正友人的首要义务"。普列汉诺夫认为,这种把自由当作必然性的结果的看法,是19世纪许多伟大发现中"最伟大的一个发现"③。谢林把自由看作必然的产物,认为人的自由不仅不排斥必然性,而且以必然性为自己的前提。"事实上,谢林就说过,如果某个个人绝对自由,那末其余所有的人就会绝对不自由,而且就不可能自由。""只有在他人的行动是必然的行动的情况下,

---

①《普列汉诺夫哲学著作选集》(第二卷),三联书店1961年版,第425页。
②《普列汉诺夫哲学著作选集》(第二卷),三联书店1961年版,第420页。
③《普列汉诺夫哲学著作选集》(第四卷),三联书店1974年版,第452—453页。

我们的自由才不是一句空话。"①显然，这种自由观比无政府主义的自由观要高明得多、深刻得多。黑格尔彻底、详尽地发挥了谢林的自由观，他曾明确表述过"自由是对必然的认识"，并认为"我们只有在认识了自然规律和社会历史发展规律并且服从这些规律、依靠这些规律的限度内，才是自由的"②。自由只能是有条件的，不存在什么无条件的、绝对的自由。这里把自由看作对必然的认识，认为"世界史是对自由认识的进步，但它是我们应当在其必然性中去理解的一种进步"③。黑格尔的见解"给有思想的人们开辟了广阔和极其令人快慰的前景：偶然性的威力应当被理性的胜利所代替，必然性应当成为自由的最巩固的基础"④。这种自由观使他们恢复了对于人类才能的力量的信心，复活了从事新的理智活动，而在新的嗜好冲动中，他们觉得黑格尔哲学对于知识和生活中所有巨大的问题将迅速予以回答，解决一切矛盾并开阔人类自觉生活的一个新时代。在当时和后世，这种的自由观都产生了非同一般的影响。

普列汉诺夫指出，如果把谢林和黑格尔关于自由的见解变成普通的语言，这就是：当人的活动作为这些或那些社会现象的原因出现的时候，他们往往认为是否引起这些现象的出现完全取决于他们自己，于是他们便以为自己是自由的；作为某一社会现象的原因而出现的人的活动又是另外一些社会现象的结果，正是这些社会现象以自己的影响决定着这些人的意志方向及其活动的性质，他们的活动由此就不能认为是自由的活动了，因为那些决定他们的意志和活动的现象是不以他们的意志为转移的。这个真理为我们开辟了对社

---

① 《普列汉诺夫哲学著作选集》（第三卷），三联书店 1962 年版，第 455 页。
② 《普列汉诺夫哲学著作选集》（第一卷），三联书店 1959 年版，第 494 页。
③ 《普列汉诺夫哲学著作选集》（第四卷），三联书店 1974 年版，第 453 页。
④ 《普列汉诺夫哲学著作选集》（第四卷），三联书店 1974 年版，第 453 页。

会现象作科学解释的道路。与此相比，无政府主义自由观显然是极其浅薄和荒谬的。

4. 个人的历史作用与群众创造

普列汉诺夫把个人在历史上的作用问题同自由与必然、偶然性与必然性结合在一起来考察，以此作为正确认识这个问题的钥匙，这就使他的论述与众不同，达到了新的理论高度。偶然性与必然性的辩证关系是研究个人在历史上的作用问题的重要方面。普列汉诺夫认为，唯物史观创立以前，对这一问题之所以会产生各种错误理解，一个很重要的原因就是人们没有正确理解历史发展进程中偶然性与必然性的辩证关系。在他看来，所谓必然性就是历史发展的客观规律，而偶然性则是指历史发展进程中历史人物所具有的不同性格、素质和机遇等因素。

为了研究个人在历史上的作用，他把推动历史发展的原因归结为三个方面，即"一般原因"、"特殊原因"及"个别原因"。"一般原因"即"终极和最为一般的原因"，是生产力的发展状况，它是决定人类社会关系方面的历史变迁的因素；"特殊原因"是某个民族生产力发展进程所处的历史环境。一般与特殊的结合就是必然性，是历史发展的决定性因素。而"个别原因"是指领袖人物所具有的性格、素质和机遇等等偶然性因素。个别原因对历史发展也有作用，它使某些历史事变具有其个别的外貌，但这仅仅是影响作用而非决定作用。普列汉诺夫指出，偶然性"能够影响到社会的命运。这种影响有时甚至是很大的"。①马克思主义创始人在论述个人历史作用时，也非常重视这种影响作用，如马克思就曾指出："如果'偶然性'不起任何作用的话，那么世界历史也就会带有神秘的

---

① 《普列汉诺夫哲学著作选集》（第二卷），三联书店1961年版，第359页。

性质。""发展的加速和延缓在很大程度上是取决于这些'偶然性'的。"①恩格斯也曾说：历史必然性都是以"偶然性为补充和表现形式"并"透过各种偶然性来为自己开辟道路"。②普列汉诺夫显然直接继承并详细阐述了上述观点，并运用它澄清了长期以来这方面存在的思想混乱。

普列汉诺夫关注偶然性与必然性的辩证关系，看到了偶然性因素对历史发展的作用，没有夸大这些偶然性因素，反复强调偶然性取决于社会基本矛盾的运动。他指出："大人物凭靠他们那种头脑和性格上的特点，虽然也能使各个事变的单个外貌以及各个事变的某些局部后果改变一个样子，但这些特点终究不能改变事变的一般方向，因为这种方向是由别种因素决定的。"③所谓"别种因素"，是指当时社会基本矛盾的运动。个人的偶然性不能决定历史发展的总趋势，社会基本矛盾即生产力和生产关系、经济基础和上层建筑的矛盾运动才是历史发展的决定因素。

普列汉诺夫批驳攻击唯物史观没有给历史人物的个性"留下地位"的观点。他认为，马克思主义不仅给个人在历史上发挥作用留下了地位，而且还避免了个人活动与经济所决定的历史发展进程不可允许的对立，即偶然性和必然性不是对立的，偶然性只能通过必然性而发生作用。"谁主张这样的对立，谁就证明他不大懂得唯物主义历史观。"④正如列宁所说：决定论思想"丝毫不消灭人的理性、人的良心以及对人的行动的评价。……历史必然性的思想也丝毫不损害个人在历史上的作用：全部历史正是由那些无疑是活动家

---

① 《马克思恩格斯选集》（第四卷），人民出版社1974年版，第393页。
② 《马克思恩格斯选集》（第四卷），人民出版社1974年版，第506页。
③ 《普列汉诺夫哲学著作选集》（第二卷），三联书店1961年版，第365页。
④ 《普列汉诺夫哲学著作选集》（第三卷），三联书店1962年版，第192页。

的个人的行动构成的"①。

个人在历史上的作用受到社会历史条件的制约，杰出人物的出现完全是当时社会发展的产物，并有其自身的规律性。任何社会历史时期都会产生自己时代的历史人物，即在自己时代留下明显痕迹的人物，也包括阻碍历史发展的反面人物即反动人物。历史人物的产生完全是当时社会条件的产物，并且受当时社会历史条件的制约。马克思指出："如爱尔维修所说的，每一个社会时代都需要有自己的伟大人物，如果没有这样的人物，它就要创造出这样的人物来。"②恩格斯也指出："每当需要有这样一个人的时候，他就会出现。"③个人只能在当时的历史条件下进行认识，而且这些条件达到什么程度，便认识到什么程度。历史人物的作用受到当时社会历史条件的制约。普列汉诺夫十分注重并发挥了唯物史观的这一思想，他认为："任何一种社会关系方式都是某种完全合乎规律的东西，所以很明显，强有力的个人之出现于历史舞台也有其规律性。"④杰出人物出现的规律性表现在两个方面：首先，杰出人物往往出现在社会极其需要他们的时候，而且这种出现也不是偶然的。这是"因为他所具有的特点使自己最能为当时在一般的特殊的原因影响下所发生的伟大社会需要服务"。"因为他的见识要比别人的远些，他的愿望要比别人的强些。"⑤社会的需要是杰出人物出现的首要条件，没有这种需要"他们永远也跨不过由可能进到现实的门阶"⑥。例如，拿破仑因其杰出的领袖才能在他的时代打下了深深的烙印，对

① 《列宁文稿》（第一卷），人民出版社1972年版，第26页。
② 《马克思恩格斯文稿》（第一卷），人民出版社1972年版，第450页。
③ 《马克思恩格斯选集》（第四卷），人民出版社1974年版，第507页。
④ 《普列汉诺夫哲学著作选集》（第四卷），三联书店1974年版，第334页。
⑤ 《普列汉诺夫哲学著作选集》（第二卷），三联书店1961年版，第373页。
⑥ 《普列汉诺夫哲学著作选集》（第二卷），三联书店1961年版，第368页。

于这一点谁也不会争论,但如果没有当时特殊的社会条件,如果旧制度再延续30年的话,那么我们就不知拿破仑会变为什么样子了。其次,杰出人物一旦出现就会以自己的活动加速历史的发展,而加速的程度则取决于当时的社会历史条件。反面人物在历史上的阻碍作用也取决于当时的社会历史条件。这些条件或有利于或不利于其发挥作用。正是由于存在特定的社会历史条件,"才使某些贤明人物或庸碌分子在某某时候表现一定的作用,因而也就能表现出一定的社会影响"①。普列汉诺夫强调指出,历史人物的作用再大,也至多能加速或延缓社会历史的发展,他们无法摆布历史,无法改变历史发展的总趋势。

普列汉诺夫看到了个人在历史上的作用受到社会历史条件的制约,同时指出这种被制约又不是消极被动的,而是可以加速或延缓历史的发展,但他却没有看到在阶级社会中历史人物也要受到其阶级性的制约。马克思主义认为,历史人物是以某个阶级的代表出现的,只要阶级还存在个人的活动就必然受其阶级性的制约,是阶级的活动。正如《德意志意识形态》所言:"某一阶级的个人……不是作为个人而是作为阶级的成员处于这种社会关系中的。"②普列汉诺夫忽视阶级分析的方法是他论述这一问题时的明显缺陷。

普列汉诺夫在分析个人在历史上的作用时也深刻地阐述了人民群众是历史的创造者这一基本原理。他指出,个人不是创造历史的决定力量,人民群众才是历史真正的创造者。唯物史观坚持人民群众是历史的创造者,不仅不否认个人在历史上应有的作用,而且对群众创造作用的肯定本身就包含了对个人的历史作用的肯定。针对当时民粹派污蔑群众只不过是没有任何创造因素的一大堆"零",

---

① 《普列汉诺夫哲学著作选集》(第二卷),三联书店1961年版,第360页。
② 《马克思恩格斯文稿》(第一卷),人民出版社1972年版,第82—83页。

而少数英雄人物才是"实数",只有把"实数"放在"零"前面,这些"零"才有意义的谬论,普列汉诺夫指出,这是从德国青年黑格尔派鲍威尔兄弟那里贩来的,它抹煞人民群众的创造作用,把眼光仅仅落在少数几个"伟大人物"身上,把他们的活动看成是历史发展的动力。人民群众不仅创造了人类社会的所有物质和精神财富,而且还是社会变革的决定力量。他用西欧国家历史上的实例论述了这一原理,他说:"谁推翻了……在1830年7月和1848年2月从事了街垒战……了专制制度?谁在维也纳推翻了梅特涅?是……即贫穷的劳动阶级,即主要的是工人……能够从历史中勾销掉这个事实,就是在西欧国家争取自己的政治解放的斗争中,决定作用是属于人民、并且是只属于人民的。"①个人确实不能创造历史,如果谁认为个人的力量可以创造历史的话,那是徒劳无益的,客观历史进程会把他的一切努力化为乌有。"没有人的参加,没有大多数人即群众的参加,人类的历史要向前迈进一大步也是不可能的。"②

普列汉诺夫认为"伟大"这一概念具有相对性,杰出人物作为历史事件的发起者和领导者,当然是伟大的,但"伟大"不止限于放在杰出人物的前头,因为伟大事业离不开广大的人民群众,平凡的人只要为伟大的事业尽到自己的努力,同样是伟大的。杰出的伟大与平凡的伟大同样是伟大的。这些精彩论述很好地发挥了人民群众是历史的创造者的基本原理,不仅批判了英雄史观,而且也批判了否认个人历史作用的形而上学历史观。普列汉诺夫关于个人在历史上的作用问题的论述,从一定的理论高度宣传、捍卫并阐发了唯

---

① 《普列汉诺夫哲学著作选集》(第二卷),三联书店1961年版,第234页。
② 《普列汉诺夫哲学著作选集》(第二卷),三联书店1961年版,第234—235页。

物史观关于个人和人民群众在历史上的作用的思想。虽然其中也有欠缺之处，然而在俄罗斯马克思主义伦理思想形成的早期他的这些贡献是功不可没的。

三、道德意识形态理论

1. 道德与社会心理论的关系理论

普列汉诺夫是在马克思恩格斯之后，把道德与意识形态诸形式联系起来，研究道德问题的一个出色的唯物主义思想家。

普列汉诺夫以他特有的社会存在（社会经济生活和政治生活）—社会心理（观念）—意识形态理论架构，对意识形态对社会存在的依赖性进行了研究。他认为：“意识形态的历史，大部分要以观念结合的发生、变更和崩坏来解释，而观念结合的发生、变更和崩坏则是受一定的社会力量结合的发生、变更和崩坏的影响。"[①]他通过对制约意识形态生成和发展的各方面因素的分析，提出了意识形态原因的理论。意识形态归根到底是由社会经济生活，即生产力以及在其基础上建立起来的社会经济关系决定的。首先，生产力只有发展到一定的阶段，社会只有达到一定的富裕程度，才能抽出一定的人力以全力从事理论活动。这一点与社会心理不同，社会心理的产生远早于意识形态，在漫长的远古时期，社会不存在意识形态而只有社会心理。从本质上看，意识形态是文明社会的观念存在。社会的发展也提出了理论研究的要求。其次，理论活动的方向和方式是由生产力和经济关系决定的，但是社会经济生活是通过一系列中间环节（中间原因）实现对意识形态的决定作用的。从内在层面

[①]《普列汉诺夫哲学著作选集》（第二卷），三联书店1961年版，第290页。

看，这些中间环节有阶级斗争、社会政治生活（社会政治制度、法律制度）、社会心理等——其中的每一项都包括众多的因素；从外在层面看，有外国影响、地理环境、种族特点、传统、象征、模仿等因素。这些原因在一定意义上可以说是无限的。

普列汉诺夫把道德与意识形态、社会心理关联起来进行分析体现出一定的理论开拓性，主要体现在如下认识上：（1）社会心理是"一定时期、一定国家的一定社会阶级的主要情感和思想状况"①；（2）一定的精神状况和道德状况及其相应的"能力、趣味、倾向"②；（3）"人们全部心理"是社会人的"一切习惯、道德、感觉、观点、意图和理想"③；（4）社会心理是"特定时期的智慧和道德风习状态"；④（5）社会心理是特定时期的舆论、民意、风尚的潮流等等。⑤从这些描述和规定中可概括出所谓的"社会心理"，实质上指特定时代、特定民族或特定社会阶级、阶层中间普遍流行的、没有经过系统加工整理的精神状况的总和，即社会人的感觉、情感、情绪、需要、要求、愿望、理想、意志、风俗习惯、道德风尚和审美情感等。从本质看，社会心理"一部分由经济直接所决定的，一部分由生长在经济上的全部社会政治制度所决定的"⑥。

首先，包括道德在内的一切社会心理都是社会经济生活的反映，由社会经济生活所决定。"……生产关系，亦即整个社会的一定的结构……反映于他们的一切习惯、道德、感觉、观点、意图和理想之上。习惯、道德……适应于他们的获得食料的方式（用别舍

---

① 《普列汉诺夫哲学著作选集》（第三卷），三联书店1962年版，第272页。
② 《普列汉诺夫哲学著作选集》（第三卷），三联书店1962年版，第272页。
③ 《普列汉诺夫哲学著作文稿》（第一卷），三联书店1959年版，第175页。
④ 《普列汉诺夫哲学著作文稿》（第一卷），三联书店1959年版，第726页。
⑤ 《普列汉诺夫哲学著作文稿》（第一卷），三联书店1959年版，第323页。
⑥ 《普列汉诺夫哲学著作选集》（第三卷），三联书店1962年版，第195页。

尔的话来说）。社会的心理永远顺从它的经济的目的，永远适合于它，永远为它所决定。"①一定社会的生产力和经济结构决定着它的社会心理的存在，生产力和经济结构的发展决定着社会心理的变迁。随着生产力的发展，新的生产关系行将代替旧的经济关系，社会心理也随之超越旧的经济关系"去适应将来的经济萌芽的新的生产关系"。但是，社会心理适应于经济基础，这是一个复杂的过程。普列汉诺夫反对把社会心理对经济的依赖性作简单理解，从而使唯物史观的原理庸俗化。

其次，道德的社会心理还受到社会政治生活的作用，某一经济结构所产生的法权的和政治的关系，对于社会人类的全部心理有着决定的影响。在社会经济结构和社会心理之间存在着极其复杂的中间环节，社会政治结构就是其中的一个重要环节，社会政治生活的状况对社会心理产生极为广泛的影响，而这些影响较之经济对社会心理的影响更加直接。例如，法国复辟时期资产阶级中曾经流行拿破仑时代时兴盛过的骑士风气，这种风气与当时法国资产阶级的经济情况没有什么直接的结合，它可以说是当时法国资产阶级的政治境况的反映。它只是"以间接的方式由资产阶级所处的那种对付贵族的地位造成的"②。正是在上述意义上，道德作为一种社会心理形态，往往要归结为政治，而政治则为道德提供了规章、准则。"道德的目的在于使个别的人臻于完善。但是它的规章本身生根于政治的土壤，这是指社会关系的全部总和。人之所以是道德的生物，仅仅因为他是，用亚里士多德的话来说，政治的生物。"③正因为如此，无产阶级要实现自身道德完善，"无产阶级为了实现这种

---

① 《普列汉诺夫哲学著作文稿》（第一卷），三联书店1959年版，第715页。
② 《普列汉诺夫哲学著作选集》（第二卷），三联书店1961年版，第192页。
③ 《普列汉诺夫哲学著作选集》（第五卷），三联书店1984年版，第562页。

道德变化，就必须预先在自己面前确立这个伟大目的，否则无论进行什么样的道德宣传，它总是跳不出小资产阶级的泥坑。"①道德完善和道德解放只有通过社会解放即政治斗争的途径才能实现。政治生活对社会心理的影响的大小和形式，归根到底也取决于经济发展的程度。

第三，不同民族的独特生活是社会心理的重要条件，从而也是道德观念、风俗习惯的重要调节。每个国家、每个民族独特的智慧和道德风俗的状态，其根源就在于他们特殊的生活历史和传统，以及他们所处的不同历史环境。同一问题可能为法国人所热情地感动，而英国人则淡然置之；同一个论据可以为德国的先进分子所敬服，而法国的先进分子则异常厌恶它。普列汉诺夫认为，尽管每个国家、每个民族在社会生活上都受到邻近国家和民族的影响，但它们由于其特殊的历史经历和生活方式永远不会等同于其他国家和民族，否则就不成为一个民族了。所以，不同民族的社会心理、道德观念是有所不同的，社会心理、道德观念具有民族性。

总之，"社会人的心理并不能说明他们的历史运动，而心理本身却是由他们的历史运动说明的"②。社会心理是社会存在和意识形态之间的中介，所以强调社会存在对社会心理的决定作用可以说是唯物主义解释意识形态的重要前提。

2. 道德与艺术审美的关系理论

普列汉诺夫对道德与艺术的内在联系也作了许多分析，他在美学和艺术社会学著作中通过对一些作品的考察后得出结论：艺术家是用这种或那种伦理观念来描写现实事件和现象的，在艺术思想内

---

① 《普列汉诺夫哲学著作选集》（第五卷），三联书店1984年版，第575页。
② 《普列汉诺夫哲学著作选集》（第三卷），三联书店1962年版，第735页。

容中道德占有很重要的地位；艺术的发展从内容说是随着伦理思想的改变，随着道德对艺术的影响而变化的；没有美好的理想和高尚的情操，艺术就不可能是生动的，就不可能对人民起教育作用；道德在文艺作品中也获得了最大地影响人民群众的手段。"当你有一颗腐化的心灵时，能有纯粹的趣味吗？""艺术依赖于道德。"①"道德中美的东西和艺术中美的东西来自同一个泉源"②。

首先，普列汉诺夫提出了一种功利主义审美观的艺术道德观。他认为："为着理解某一艺术作品，某一艺人，某一艺人的集团，应该确切地知道，他们时代的智慧和道德风习的一般状况。"③作品中"人物的心理之所以在我们心目中有那么巨大的意义，那是因为人物的心理就是许多社会阶级或者至少社会阶层的心理，所以，个别人物心灵中发生的过程乃是历史运动的反映"。由此出发，普列汉诺夫分析了艺术的功利性，其体现之一就是艺术有明确的社会目的，即为社会而艺术。

鉴于审美活动不掺杂个人狭隘的功利要求，也不以明确的功利要求作为前提，普列汉诺夫有批判地肯定了康德的思想。康德认为审美是没有一切利害关系的，它只是以纯粹的形式引起人们的快感，根本不存在任何功利因素。普列汉诺夫认为，在审美活动中，"功利毕竟是存在的；它毕竟是审美的享受的基础（……是社会的人）；如果没有它，对象看起来就不会是美的"④。因此，他认为康德如此彻底地否认审美中的"一切利害关系"是不正确的。普列汉诺夫是从两个方面来肯定审美的功利性的：从历史过程来看，既然人类"以功利观点对待事物是先于以审美观点对待事物的"，这就

---

① 《普列汉诺夫遗著》，莫斯科1974年版第3卷，第352—353页。
② 《普列汉诺夫遗著》，莫斯科1974年版第3卷，第353页。
③ 《普列汉诺夫哲学著作选集》（第一卷），三联书店1959年版，第725页。
④ 《普列汉诺夫哲学著作选集》（第五卷），三联书店1984年版，第497页。

说明，人类的审美活动本来就是在功利活动的母腹中孕育起来的，在它身上总是会隐约地流淌着从母体中带来的血液，只不过使人一时不能明显地觉察罢了。从审美的社会性质来看，审美是一种社会性的活动，是整个社会大系统中的一个子系统。人们之所以需要美，就因为它对人生、对社会有着一定效用，当然是在精神方面而不是在实用功利方面。因此，"自然，并非任何有用的事物在社会的人看来都是美的；但是……在他们向自然界或者别的社会的人进行的生存斗争中具有意义的东西，在他们看来才是美的"①。他在这里所阐述的正是善与美的关系问题。一般说来，美的东西应该是善的，起码也不应该是违背善的。如果是立足于欣赏，使人从精神上得到"纯粹的喜悦的感觉"，这不论是个人还是集体，都是可以的。

其次，普列汉诺夫对超道德的"纯艺术"论提出了批评。"纯艺术"论即"为艺术而艺术"论、"唯艺术"或艺术至上论。19世纪后半叶，随着社会经济发展，艺术作为一个独立领域逐渐形成，有了存在的空间和土壤；然而，当时弥漫于社会的是以一群务实的中产阶级为主的文化形态，与此相对的是推崇诗歌和艺术贫困潦倒的"波西米亚人"，他们捍卫自己的艺术信仰，倡导"为艺术而艺术"。普列汉诺夫在《没有地址的信·艺术与社会生活》中指出："只要从事艺术的人和他们所处的社会环境之间存在无法解决的不协调，就会出现并确立起为艺术而艺术的趋向。"在这样的时代背景下，"为艺术而艺术"者都以纯艺术为终极信仰，强调艺术的目的只在自身，他们把"自由""形式""纯粹美"等术语和思想以演讲的形式传输到法国文艺界。面对"纯艺术"论的泛滥，普列汉诺夫运用马克思主义唯物史观，深入地剖析了这一理论的荒谬性、产

---

① 《普列汉诺夫哲学著作选集》（第五卷），三联书店1984年版，第497页。

生根源及其对文艺发展的影响。

"纯艺术"论认为，艺术本身就是目的，把艺术变成手段以求达到某种目的，那就等于降低艺术作品的价值。普列汉诺夫对与"纯艺术"论截然对立的功利主义艺术观之所以产生的社会历史原因作了分析。他认为，所谓功利主义的艺术观，即使艺术作品具有评判生活的意义的倾向，以及往往随之而来的乐于参加社会斗争的决心，"是在社会上大部分和多少对艺术创作真正感到兴趣的人们之间有着相互同情的时候产生和加强的"①。当1848年二月革命的风暴到来时，法国过去为数众多的坚持"纯艺术"论的作家中有许多人断然抛弃了这一理论，甚至那位被戈底叶奉为坚信艺术必须绝对独立自主的波特莱尔在1848年二月革命后也立刻创办了进步刊物《社会的幸福》，鼓吹革命思想。1851年，他任民主文选《人民共和国》的编辑时曾撰文尖锐地批驳"纯艺术"论，称它为"幼稚的理论"。1852年，他在为比埃尔·杜邦的《歌词》一书所写的序言中宣称："现在，艺术同道德和实利是分不开的"②，"这种为艺术而艺术的理论是幼稚的，并且宣称艺术应该为社会的目的服务"③。当1848年2月的革命遭到镇压，反动势力猖獗，生动的自由的呼吸趋于寂静之后，波特莱尔又重新高唱起"纯艺术"的老调，回到他曾猛烈抨击过的"为艺术而艺术的幼稚理论"上来。这一例子是典型的，普列汉诺夫以他在1848年法国二月革命前后摇摆于"纯艺术"论和功利主义艺术观之间的经历，充分证明了自己关于产生这两种理论的社会历史根源的论断。

复次，普列汉诺夫阐述了艺术意识与道德精神的密切关系。普

---

① 《普列汉诺夫美学文选》第2集，人民出版社1983年版，第824页。
② 《普列汉诺夫美学文选》第2集，人民出版社1983年版，第829页。
③ 《普列汉诺夫哲学著作选集》（第五卷），三联书店1984年版，第829页。

列汉诺夫在《没有地址的信》中对托尔斯泰《艺术论》中的有关观点进行了批评，他和托尔斯泰一样没有否认感情的重要，如他这样说："艺术是人们在其中用生动的形象来互相传达自己的感情的一种活动"①，但他认为艺术不仅要表现人们的感情，也要表现人们的思想。托尔斯泰认为艺术作品的感情在于宗教意识，而普列汉诺夫认为艺术作品的感情不是宗教意识，而是现实尘世中的人的感情。然而感情的性质是不一样的，有崇高的、卑下的；纯洁的、肮脏的；前进的、腐朽的……普列汉诺夫强调艺术作品所表现的感情应该是崇高的、具有深刻社会意义的，而不是卑下的、自私的。"如果善和恶的意识并非总是宗教的意识，那么毫无疑问，艺术只有在描述、唤起或表达那些对于社会具有重大意义的动作、感情或事件的时候，才获得社会的意义。"②他在《艺术与社会生活》中提出："如果说不可能有完全没有思想内容的作品，那也不是说任何思想都可以在艺术作品中表现出来。赖斯金说得非常好：一个少女可以歌唱他所失去的爱情，但是一个守财奴却不能歌唱他所失去的钱财。他还公正地指出：艺术作品的价值决定于它所表现的情绪的高度。……艺术是人与人之间的精神交往的一种手段。一部艺术作品所表现的感情愈是崇高，它在其他同等条件之下就愈加容易显出它作为上述手段的作用。"③《没有地址的信》和《艺术与社会生活》这两部著作的问世时间，前后相隔十几年。尽管普列汉诺夫在这期间在政治激流中经历了很大的变化，可是，对艺术作品必须表现崇高的具有重大社会意义的思想感情这一看法始终不变。

最后，普列汉诺夫还强调审美标准和道德标准的统一。文艺作

---

① 《普列汉诺夫哲学著作选集》（第五卷），三联书店1984年版，第449页。
② 《普列汉诺夫哲学著作选集》（第五卷），三联书店1984年版，第408页。
③ 《普列汉诺夫哲学著作选集》（第五卷），三联书店1984年版，第837页。

品既然要表现一个被艺术家感受了的生活，就有一个是否真实的问题；文艺作品既然要表达作者的思想情感，就有一个倾向的问题；文艺作品既然要使人引起感情上的激动、愉悦，也就有一个美的形式问题。一切优秀的文艺作品都是真、善、美三者的有机统一，并在此基础上达到更高层次的美。

艺术应当表现崇高的、健康的思想感情，因为人的思想感情是社会实践的产物，何谓崇高，何谓健康，都不是任人自誉的，它有着内在的一定历史尺度，应该放到整个历史发展的潮流中去经受检验。"一个艺术家如果看不见当代最重要的社会思潮，那么他的作品中所表达的思想实质的内在价值就会大大地降低。这些作品也就必然因此而受到损害。"[①]这说明他强调的思想感情应该符合历史前进的步伐，顺应社会的潮流。他自己的评论实践也始终按照这一原则来鉴别作品的思想倾向。他主张革新，但又非常头痛那种挂着"革新者"的招牌，他认为资产阶级衰落时期的不少艺术品正是这样的货色。因为极端个人主义把艺术家们灵感的一切源泉统统堵塞住了，他们根本看不见生活中正在发生的一切变化。

思想是艺术的灵魂。普列汉诺夫认为，一个优秀的艺术家，要想不辜负时代的使命，就必须站在时代的前列，感应时代的脉搏，把先进的思想溶化到自己的血肉中去，溶化到整个艺术形象中去。现代资产阶级艺术之所以日趋没落，不在于这些艺术家有没有才能，而在于他们"始终完全不理解现代伟大的解放思想"[②]的缘故。普列汉诺夫关于文艺评论坚持真善美相统一的原则，是对马克思主义思想的坚持和发展。

---

① 《普列汉诺夫哲学著作选集》（第五卷），三联书店1984年版，第848页。
② 《普列汉诺夫哲学著作选集》（第五卷），三联书店1984年版，第889页。

3. 道德与宗教的关系理论

普列汉诺夫在《唯物主义历史观》(1901)、《〈科学社会主义和宗教〉讲演提纲》(1905)、《对〈法兰西信使〉杂志所作的宗教前途问题调查的答复》(1907)、《论俄国的所谓宗教探寻》(1909)等一系列文章中，阐明其宗教历史发展图式的划分是明确以精神实体是否和道德相结合为依据的。在俄国革命的理论交锋时期，普列汉诺夫的观点虽然比较概括，但他对马克思主义的宗教世界观和道德观的理解却是深刻的、广泛的，几乎涉及其所有的重要问题。

首先，普列汉诺夫对寻神论、造神论道德观进行了否定。1905—1907年民主革命失败后，一些人试图通过对宗教的探寻，从解决人的精神问题入手为俄国开辟一条根本出路，"……甚至于有些马克思主义者都支持不住了，都往宗教跑，都向教会投降。……都想把宗教和革命的目标联合起来。于是他们变成了'上帝制造者'，因为他们不愿意复归于旧日那模糊的正教，但想造出一个新的社会主义宗教，可以保存宗教的价值，而不需接收教会的信条。"[1]曾经师从霍米亚科夫及索洛维约夫的一批学者，其中包括梅列日柯夫斯基、布尔加科夫、托尔斯泰等，开始建构新基督教学说即"寻神论"，试图通过宗教在俄罗斯建立新的伦理秩序。另一种思潮即"造神论"，则企图把社会主义和宗教结合起来，其代表人物有革命活动家卢那察尔斯基、文学家高尔基等人。

普列汉诺夫深刻意识到了革命时期的道德危机和伦理失序，分析了宗教探寻思潮的心理根源。他认为，在资产阶级革命失败的情况下，许许多多知识分子失去了对任何先进社会理想即将胜利的信

---

[1]〔俄〕赫克：《俄国革命前后的宗教》，高骅等译，学林出版社1999年版，第293页。

心，对革命前途的悲观失望和由此而产生的极度的苦闷烦恼，使得一些人到某种旧宗教中去寻找安慰，也使另一些人幻想某种新宗教。①他以社会心理状况来解释笛卡尔对待心灵问题上对天主教的态度，认为笛卡尔的思想和天主教并不冲突，"相反地，他还努力用新的论证来证实天主教的某些教条。在这一方面，他的哲学很清楚地表现出当时法国人的情感。在16世纪的长期流血斗争之后，法国产生了一种对于和平和秩序的普遍要求。……在思想领域内，它表现为一定的宗教容忍，以及渴望避免可以唤起刚过不久的内战的回忆的一切争论问题。这种问题就是宗教问题。"②变革引起精神失序和心理不安，革命中的资产阶级阶级不仅需要宗教来麻醉人民、安慰失意者，而且需要它来自我调节。道德观的追寻是宗教探寻思潮普遍的表现形式，因此普列汉诺夫首先对"寻神论"和"造神论"的道德观进行了剖析。

寻神派称无神论和科学社会主义统统否定了神的存在，也就否定了高尚的道德，他们宣扬神是自由幸福的源泉，指责唯物主义使"人的一切行为都从肚子中产生出来"，"肚子在人身上是主要的东西。如果肚子安静，那末灵魂也就活着"；③并攻击社会主义"不由自主地包含着永远中庸和庸俗习气的精神"④。因此，寻神派断定工人阶级的经济斗争会使人类道德堕落，助长庸俗习气，而同"人类爱和忘我精神"相对立；政治斗争会破坏人们的完善道德，增长仇恨心理。针对"寻神论"，普列汉诺夫主要从其思想基础和阶级本质方面进行了批判：第一，寻神派以拯救道德为借口来复活万物

---

① 《普列汉诺夫哲学著作选集》（第三卷），三联书店1962年版，第423—431页。

② 《普列汉诺夫哲学著作选集》（第三卷），三联书店1962年版，第293页。

③ 《普列汉诺夫哲学著作选集》（第三卷），三联书店1962年版，第459页。

④ 《普列汉诺夫哲学著作选集》（第三卷），三联书店1962年版，第468页。

有灵论，使道德重新建立在信神的基础上，这是向宗教唯心主义的让步。梅列日柯夫斯基声称他要把宗教、科学和哲学结合起来，以达到宗教改革，让崇高的神明继续指引人的心灵，使人真正摆脱不幸的目的。此论虽不同意造神说，普列汉诺夫认为这都"不等于他本人在宗教问题上找到了正确的观点。不，他犯的错误一点儿也不比卢那察尔斯基先生的轻。但是，他犯错误的方式不同"。[1]第二，寻神派美化神灵、美化宗教，使得人们把个人的不朽看成是存在的主要问题，这在本质上是向个人主义的复归。普列汉诺夫认为，寻神派从极端个人的立场观察现实，认为唯一的可以感触的现实就是"我"，宇宙不过是为"我"所画的一幅精美的图画，每个人都要爱惜并尽力保护个我之私，使之免受外人侵害，他们因此认为使局部利益服从整体利益是对个人的压制，自发地倾向于无政府状态。

造神派来源于当时的工人运动，他们自认为"马克思光辉地继承了把人类学提高到神学水平的事业，也就是说，最终地帮助人的自我意识成为人的宗教"[2]，卢那察尔斯基本人创立了无神的宗教，试图努力促使这一"光辉事业"得以最终完成。这种思潮以社会主义宗教化之名，行现世的革命事业之实，认为广大民众"……很容易通过其宗教—哲学的思考来走近社会主义真理"[3]。针对这一论调，普列汉诺夫从宗教的特征和造神论的基础方面进行了批判：首先，宗教的本质特征是对神灵的信仰，无神的宗教是自相矛盾之论。卢那察尔斯基等人所杜撰的宗教只是暂时"无神"的，普列汉诺夫引其一段论述证明说："不包含万物有灵论观念的宗教是不可能有的。企图杜撰无神宗教的人'猜想产生于牛和驴之间的神是如

---

[1]《普列汉诺夫哲学著作选集》（第三卷），三联书店1962年版，第454页。
[2]《普列汉诺夫哲学著作选集》（第三卷），三联书店1962年版，第425页。
[3] А. Л. 卢那察尔斯基：《关于哲学辩论的问题（1908—1910）》，载《关于无神论和宗教》，莫斯科1972年，第438—439页。

何壮大起来'，这就表明我是正确的：无神的宗教是没有的；哪里有宗教，哪里就一定有神。"①这种宗教其实就是退向费尔巴哈的无神的宗教。其次，造神之论的基础不是唯物主义，而是物理学经验批判主义。经验批判主义者马赫认为，构成世界的是要素，要素即感觉，客观事物是"感觉的复合"；阿芬那留斯提出"原则同格论"，即认为客体不能离开主体而存在。在此基础上，经验批判主义提出科学中立论，认为科学并不关怀人类的价值命运，不能解决人们对幸福的向往、对理想的追求等问题，因而就不能向人们提供信心，所以人们就需要宗教给予安慰。普列汉诺夫指出，既然"造神论"认为宗教能够在人们陷于烦恼的时候给人们以某种安慰，那么，虽然他并不承认、但在事实上就意味着他"必须承认凌驾于自然之上的'道德力量'的存在"②。可见，造神派与历史唯物主义在真理、道德世界之间是对立的，他们的实践在实质上背离了社会主义的神圣事业。

其次，普列汉诺夫揭示了唯物主义宗教道德观的内涵。对宗教探寻思潮道德观的否定，既是普列汉诺夫的宗教道德观批判的肇始，也是导向揭示唯物主义宗教道德观内涵的关键。因为只有以唯物主义宗教道德观为坚实基础，才能使其批判真正具有思想变革的意义。

普列汉诺夫之前的俄罗斯民主主义者和唯物主义者乃至马克思和恩格斯，在他们的宗教批判思想和伦理学论著中我们都很难找到一个清晰、明确的宗教定义。普列汉诺夫对此有所超越，他联系信仰和道德，具体而明确地提出了宗教的两个定义："宗教一词最低定义"，即宗教是对于同肉体和自然过程并存的精神实体的信仰。

---

① 《普列汉诺夫哲学著作选集》（第三卷），三联书店1962年版，第420页。
② 《普列汉诺夫哲学著作选集》（第三卷），三联书店1962年版，第426页。

这种宗教就是一般地相信鬼神的存在，起初这种信仰对人的行动没有任何影响，当时它作为社会发展的因素没有任何意义，所以只有在附有很大的保留条件的情况下才可以把它叫做宗教。"宗教一词最高定义"，即"宗教是同道德相联系并作为道德准则的、对一精神实体的信仰"①。宗教包含两种因素即世界观因素和社会道德因素，宗教与道德的结合和分离都是具体的、历史的，道德论定义务和行为善或恶，"道德是等级的、阶级的、人的问题，而不是世界的问题"②。普列汉诺夫以宗教与道德关系为核心，深刻揭示了历史唯物主义宗教道德观的理论内涵。

普列汉诺夫首先认为，宗教并不创造道德，道德不必然以宗教为基础。关于神的观念最初并无任何道德性质，万物有灵论观念是最初的、最低限度的宗教，它"就是一般地相信鬼神的存在。起初这种信仰对人的行动没有任何影响，当时它作为社会发展的'因素'没有任何意义，所以只有在附有很大的保留条件的情况下才可以把它叫做宗教"③。在文明发展的一定阶段上，万物有灵论观念以及与其相联系的情绪是同广义的道德，即同人们对他们彼此间的义务的看法结合在一起的，"在那个时候，人开始把这些义务看成神的戒律：……在道德的观念同神的存在的信念相结合的过程开始以前，道德就已经产生了"④。低等狩猎部族的精灵崇拜开始了原始的宗教，或者说宗教意识的原始形式是图腾崇拜，被当作图腾的动物应该认为是最初的神，而人是按照动物的样子来造神的。此时的"神——确切地说是神族——并不像基督教、犹太教、伊斯兰教

---

① 《普列汉诺夫哲学著作选集》（第三卷），三联书店1962年版，第111页。
② 《普列汉诺夫哲学著作选集》（第三卷），三联书店1962年版，第65页。
③ 《普列汉诺夫哲学著作选集》（第三卷），三联书店1962年版，第365—366页。
④ 《普列汉诺夫哲学著作选集》（第三卷），三联书店1962年版，第401页。

等等的神那样关心人的道德"①。原始人的宇宙观中不存在人和动物之间的界限，甚至认为动物高人一等，所以把动物图腾赋予灵性并当作神来敬仰，这些神明显地带有原始人生活与当时社会关系的特点。原始神的个体化的过程还完全没有开始，神族自然不关心人的道德，图腾崇拜后来之所以遭到瓦解就在于原始生产力的长足进步，人对动物的役使改变了人对动物界的看法，推动了神的观念的拟人化。

宗教道德的形成，或者说，道德与宗教的结合出现在阶级社会里。当神的权力同地上首脑的权力一样扩大，神灵成为法官，道德观念与神灵的观念就逐渐结合在一起。普列汉诺夫追溯了宗教在文明社会所经历的变迁：原始氏族生活方式在农业和奴隶制的影响下发生了瓦解，诞生了独立的家庭，于是家神和家祭便应运而生；奴隶制条件下社会分化的事实决定了宗教观念的内容；随着国家的产生，神变成了天国的统治者和天国的法官；为适应统治阶级借助道德规范来约束并压迫人们，宗教也不失时机地宣扬神会惩恶扬善的道德。普列汉诺夫认为："在社会发展的最初阶段上，人们的道德观念并不依赖于他们对精灵的存在的信仰；后来，道德观念才同那些起着神的作用的精灵的观念逐渐地牢固地结合起来。从这个时候起，人们才认为，道德是以相信神的存在为基础，如果这种信仰丧失，道德也就会随之丧失。"②义务、价值等道德观念不需要神灵的支持也依赖于一定的社会条件，"如果社会中出现了这样一些集团，它们的道德观念已经不与相信精灵存在的信念结合在一起，那末在这方面还保存着旧的思想习惯的另一些集团就没有理由指责它们无道德。通过这些集团，社会第一次获得了能够用自己的脚站着而不

---

① 《普列汉诺夫哲学著作选集》（第三卷），三联书店1962年版，第388页。
② 《普列汉诺夫哲学著作选集》（第三卷），三联书店1962年版，第460页。

需要任何别的东西支撑的道德观念"①。随着资产阶级限制王权的愿望就产生了"自然宗教"和自然神论的倾向；随着资产阶级夺取政权的愿望，就产生了视宗教如寇仇的唯物主义。当然，"在社会主义制度下，对超自然力量的信仰就找不到立足之地了"②。在这里，普列汉诺夫是自觉地以历史和现实生活为基础来说明神的观念是如何与道德结合在一起的，以精神实体是否和道德相结合来说明宗教的历史演化，抓住了宗教变迁和进化的真实根据，在运用历史唯物主义解释宗教方面具有一定的创新性。

宗教与道德的分离发生在人类文明发展的高级阶段。普列汉诺夫认为，"人类的进步给宗教观念和宗教感情宣布了死刑判决"③；随着经验的扩大和人支配自然的能力的增长，不可知的事物的界限缩小了，因为当人能够不靠祈祷而靠技术来发生影响时，他就不再祈祷。当人类进步到没有阶级的社会时，宗教将不再存在，而道德却要留下来；当人感觉到自己是自然界和自己的社会关系的主人的时候，对宗教的需求就会完全消失了。

普列汉诺夫的宗教道德批判体现了马克思主义宗教批判的精神，超越了他以前俄罗斯思想家对宗教道德批判所遵循的传统。马克思认为，一切传统哲学都会把历史发展归结为头脑中形成的怪影，"这顶峰的、锐利的头脑就是各个愚钝的头脑的思辨的统一，就是救世主"④。普列汉诺夫发展了这一思想，他通过对宗教道德的否定、对唯物主义宗教道德观内涵的揭示和马克思主义道德观的高扬，从单纯的理性思辨走向了广阔的世界，同时这也是俄罗斯马克思主义伦理思想在这一环节上的深化。

---

① 《普列汉诺夫哲学著作选集》（第三卷），三联书店1962年版，第461页。
② 《普列汉诺夫哲学著作选集》（第三卷），三联书店1962年版，第110页。
③ 《普列汉诺夫哲学著作选集》（第三卷），三联书店1962年版，第112页。
④ 《马克思恩格斯全集》第3卷，人民出版社1975年版，第631页。

4. 道德的发展与前景

早期信奉康德思想的一些学者曾把马克思主义曲解为忽视民主的"经济主义",这种观点和欧洲早期利用康德思想来补充马克思主义的"伦理社会主义"思潮是不谋而合的。普列汉诺夫是最早向这些思想宣战的马克思主义者。

修正主义把社会主义修正成某种"道德理想"、"价值原则和体系",普列汉诺夫指出,把马克思主义与非马克思主义的社会学和伦理学思想结合起来的企图是绝不可能实现的和毫无前途的,从1898年11月开始,他在《新时代》杂志上就发表论文批判康拉德·施密特的观点。①施密特认为,马克思主义并不扬弃人道主义理想,当代社会主义尽管反对空洞的观念论和美化现存社会制度伪善的"官方'伦理学'",但并不放弃向单纯的人道主义思想和存在于人民中的"真正的伦理力量"呼吁。施密特不否认康德的伦理理想对于社会主义思想的价值,他认为,只差一步,就可以从康德的伦理思想做出社会主义的结论。自然法的观点把社会的本质看成"应当按照一个普遍的法则为所有的人服务的制度",如果由此做出结论和提出要求,"必然承认由社会主义所宣布的目的是必要的和正当的"。上升的资产阶级青年时期所提出的"自然法思想和平等思想"如果"经过彻底思考"不会引导到"实行自由竞争的自由主义法制国家",而是会达到"按照社会主义组织起来的社会的概

---

①施密特早在1896年和1897年先后在《社会主义大学生》(《社会主义周刊》的前身)和《前进报》上发表文章赞扬康德哲学的科学精神,支持"回到康德去!"因此遭到Г. В. 普列汉诺夫的激烈批评。(参看Г. В. 普列汉诺夫著:《反对哲学中的修正主义》,人民出版社1957年版,第107—129页。)这次争论没有涉及康德的伦理思想。1900年,他又在《社会主义周刊》上发表文章,论述《社会主义和伦理》。

念"。①尽管如此,他仍旧认为,社会主义与康德的伦理理想相吻合的"事实",其重要意义不能夸大,因为康德的哲学"归根到底"是与现代社会主义的"彻底自然主义的"观点相对立的。到 1906 年,施密特才在《社会主义周刊》第 3 期的《论伦理和唯物史观》一文中声称"社会主义的宣传实际上是从来考虑到并且必须考虑到高尚的动机的,在这种实践与唯物主义历史观之间实际上并没有任何矛盾",他还进一步论证了康德的伦理的社会理想主义与康德的其他的理性主义道德哲学是完全无关的,它的原则归根到底是人类的自由利益和发展利益,因此并不必然会成为通常人们所设想的那样虚无缥缈的,而是允许甚至要求一种与马克思的精神相近的、也即以对现实的历史规律性的认识为方向的历史观。马克思的历史观由于深入探索因果关系,认识到经济结构对社会发展趋势的决定作用并从而认识到"现代社会趋向社会主义的、由无产阶级的阶级斗争为中介的发展方向的必然性,这种历史观因此同时也为那种理想主义奠定了它赖以建立的基础"②。

在 1898 年到 1909 年这一时期,普列汉诺夫写了很多反对修正主义,反对曲解马克思主义的著作。在八十年代最后五年中,伯恩施坦、斯密特等人在刊物上公开修正马克思主义的基本原理,力图消灭马克思主义的革命的本质。他们反对辩证唯物主义和历史唯物主义,认为马克思主义关于社会主义的学说不是反映社会发展进程的科学,只不过是同现实绝缘的"道德问题"、"伦理理想"、"空中楼阁"而已。普列汉诺夫为此写了《伯恩斯坦和唯物主义》(1897—1898)、《Cant 反对康德,或伯恩施坦先生的精神遗嘱》(1901)、

---

① 《社会主义月刊》1900 年第 10 期,第 525 页。
② 〔德〕卡尔·福尔伦德尔:《康德和马克思》,法兰克福 1925 年德文第 2 版,第 164、165 页。

《唯物主义还是康德主义》（1898—1899）、《还是唯物主义》等。但所有这些文章基本上只一般地涉及唯物主义和唯心主义之争，几乎没有提到康德和新康德主义的伦理思想。

1900年以后，普列汉诺夫阐述了对20世纪道德的发展与前景的一些认识。他认为，20世纪随着生产力的发展、文明的进步，人类正在经受着道德的退化。他对20世纪初无产阶级革命和专政提出了不同于列宁的看法的一些观点。他认为当时俄国革命是资产阶级革命，社会主义只能建立在资本主义相当长的发展历史之后，而列宁的革命转变思想实际上是在根本上否定了这个对无产阶级有利的工具，这种思想"是在俄国土地上散播无政府主义混乱状态的一种极其有害的疯狂企图"。①"列宁所要求的无产阶级和农民的专政对我国是很大的灾难，因为在现今的条件下，专政会产生无政府状态，反革命势力很快就会随之而来。"②在他看来，目前俄国的救国之道和进步之途不在于国内战争，而在于两大阶级达成自觉的、全面考虑的、有计划的和诚恳的协议。在实践中，普列汉诺夫一方面努力向资产阶级呼吁，与工人阶级达成协议，进行社会改革，因为这样对发展资本主义经济是有利的。他说："公民们，现在这样的时刻已经来到了：为了全俄国的利益，为了你们自己的利益，必须设法同无产阶级接近。"③另一方面普列汉诺夫又尽力向俄国无产阶级宣扬"俄国现在正在经历资本主义革命"，"工人阶级夺取全部政权是根本不恰当的"等观点，劝说俄国无产阶级同资产阶级达成协

---

① 〔俄〕普列汉诺夫：《在祖国的一年》，王荫庭、杨永译，三联书店1980年版，第24页。
② 〔俄〕普列汉诺夫：《在祖国的一年》，王荫庭、杨永译，三联书店1980年版，第244页。
③ 〔俄〕普列汉诺夫：《在祖国的一年》，王荫庭、杨永译，三联书店1980年版，第324页。

议去完成"俄国现在面临着发展生产力的伟大任务"。①他还指出："劳动群众有觉悟的政治代表不应该向工商业阶级的代表提出显然是这个阶级的经济本性所不能接受的那些条件。"②当看到无产阶级革命风暴即将来临时,普列汉诺夫仍然坚持认为这种革命是不恰当的,他认为列宁会代替亚·克伦斯基的地位。这将是俄国革命终结的开始。列宁政策的胜利会造成毁灭性的、极可怕的经济崩溃,以致国内绝大多数的居民都会离开革命者,并且将或多或少坚决地、或多或少彻底地支持反革命分子。十月革命后,普列汉诺夫的心理十分矛盾,一方面他肯定十月革命的工人阶级性质,十月革命的胜利是他"竭尽全部心力促其实现"的工人阶级的胜利;另一方面,他认为,俄国无产阶级在还没有成熟到掌握政权程度时,把这样的政权强加给它,就意味着把它推上最大的历史灾难的道路,这样的灾难同时也会是整个俄国的最大灾难。因为这次革命的胜利破坏了所有历史规律。同时这个革命所建立起来的专政必然"不是劳动人民的专政,而是劳动人民中一部分人的专政,即集团的专政。……无论如何,一般说来,这同社会主义,特别是同马克思主义,完全是风马牛不相及的。"③他还预言十月革命的成果是不会长久的。

在颇有争议的《普列汉诺夫的政治遗嘱》中,普列汉诺夫认为他之所以放弃同布尔什维克的公开斗争,主要原因:一是在俄国当时这种客观上业已形成的社会环境中继续同布尔什维克作斗争是毫无意义的;二是"我把毕生献给了工人阶级的解放事业,现在,当政权已转到工农代表苏维埃的手中时,我不能同我过去和现在都看

---

① 〔俄〕普列汉诺夫:《在祖国的一年》,王荫庭、杨永译,三联书店1980年版,第327、325页。

② 〔俄〕普列汉诺夫:《在祖国的一年》,三联书店1980年版,第392页。

③ 〔俄〕普列汉诺夫:《致彼得格勒工人的公开信》,载《统一报》(1917年11月10日)。

作是兄弟的人作斗争";三是"要是布尔什维克现在垮台,就会出现严重的、长时间的反动,俄国和西欧的社会民主党因此会受到伤害,而无产阶级的成果将丧失殆尽。但如果布尔什维克哪怕能保住几年政权,那么受害的是俄国及其公民,而国际社会民主党则只会得到好处,因为西欧资产阶级慑于俄国的事变,将对工人阶级做出重大让步。我为俄国而悲痛,但由于我仍是一个彻底的国际主义者,选择后一种可能"。①普列汉诺夫观点与列宁观点的是是非非以十月革命的胜利而见了分晓。但是他仍然认为,实践上的是与非似乎还不能说明理论上的曲与直。面对十月革命胜利后建立起来的无产阶级政权,普列汉诺夫继续进行着痛苦的思索。

普列汉诺夫在遗嘱中对布尔什维克主义进行了评论,这些评论都建立在他和列宁对无产阶级阶级意识的不同看法上。他认为,列宁把无产阶级阶级意识的生成仅仅看作无产阶级政党的工作,因而似乎无产阶级的阶级意识、无产阶级的成熟是无产阶级政党主观努力就可以做到的。在列宁"异乎寻常地执着"和"惊人的工作能力"②的推动下,俄国产生了一种特定的"无产阶级的阶级意识"——布尔什维克主义。对于这种阶级意识的实质,普列汉诺夫指出:"正如血腥的革命是不发达资本主义的伴生物那样,布尔什维克主义思想过去和将来始终是无产阶级不成熟、劳动者贫困、文化落后、觉悟低下的伴生物。……布尔什维克主义是以流氓无产阶级为取向的特殊策略、特殊意识形态,……是侈谈马克思主义的高调。"一方面他对人民的智慧、主动精神和自我组织能力进行过高的估计,另一方面它把无产阶级专政理解为不受限制的全面的阶级

---

①以上引文参阅《普列汉诺夫的政治遗嘱》,载《马克思恩格斯列宁斯大林研究》2000年第2辑。

②以上引文参阅《普列汉诺夫的政治遗嘱》,载《马克思恩格斯列宁斯大林研究》2000年第2辑。

恐怖,这样的主义付诸实践必然把俄国历史引向错误的死胡同。"俄国就其生产力发展水平、无产阶级人数以及群众的文化程度而言还没有作好社会主义革命的准备,因此列宁设想的社会实验必然要失败。"那些拥护列宁的人也许会提出这样的问题:"难道不能在无产阶级政权的条件下消灭文盲,提高劳动者的文化和自觉,迅速增加工人的人数和发展生产力吗?"普列汉诺夫的回答是:"不,不能!首先,不能破坏社会发展的客观规律,因为这样做不会不受惩罚。其次,群众的文化和自觉是社会因素,完全取决于生产力的发达程度,当然也存在反馈作用。第三,列宁宣布社会主义生产关系后,把生产力远远抛在后面,从而造成相反的革命形势。只有现有的生产关系适应生产力的发展水平,社会才不会有对抗性矛盾。类似的不适应产生了新的、前所未有的矛盾,其冲突的激烈程度不比当代资本主义的矛盾小,甚至还要大。第四,俄国历史的现阶段政权不可能属于也不会属于无产阶级。1917年10月积极支持列宁的人不超过俄国人的1%,因此,每一个了解布朗基策略的人都会承认十月革命是布朗基式的政变,按照恩格斯的说法,这样的政变要求其组织者实行必然的专政,而任何一种专政与政治自由权利和公民自由权利不相容。"社会主义是会到来的,但不是通过列宁的无产阶级专政途径,因为社会主义改造可以不通过无产阶级专政而实现。"随着社会的发展,随着群众生活水平、文化水平和觉悟程度的提高,不仅可以按照当局的意志,而且可以无视当局的意志一步一步地进行社会主义改造。在生产力发展的一定阶段上向社会主义的过渡将是合乎规律的,不可避免的。"①这个思想基本上是政治遗嘱的结论,这与他以前理论的最主要的差别是否定了无产阶级专政

---

① 以上引文参阅《普列汉诺夫的政治遗嘱》,载《马克思恩格斯列宁斯大林研究》2000年第2辑。

在社会主义改造中的必要性。无产阶级专政是马克思主义核心观点之一，这也是普列汉诺夫以前多次强调的。离开无产阶级专政的观点就不可能是马克思主义，离开无产阶级专政谈社会主义就不可能是科学社会主义。普列汉诺夫曾严肃地批判伯恩施坦在无产阶级专政问题上的修正主义错误，可在这里他却幻想一条由资本主义向社会主义"自然过渡"的道路。社会主义既不是一种在资本主义社会中生产力发展的自然而然的产物，也不是在资本主义社会中人们道德完美化的结果，它是与资本主义根本对立的社会。普列汉诺夫认为，在资本主义社会中，随着生产力的发展，人们的文化水平和觉悟性会逐步地提高，但问题在于资产阶级意识形态笼罩下的人们提高的会是大众的文化和社会主义觉悟吗？实际上，这种所谓的文化水平和觉悟性的提高只能是资产阶级意识形态的再生产，这种文化意识的提高不必然地具有社会主义效应，反而会成为资本主义制度的"加固剂"。普列汉诺夫清楚地看到，在生产力未达到一定水平时，社会主义改造是不合适的；但他却没有想到，没有无产阶级的奋起，没有无产阶级阶级意识的自觉和革命行动的展开，没有无产阶级专政，社会主义改造也是不会到来的。

　　普列汉诺夫长期受到肺结核的折磨，身体虚弱不堪，但他以惊人的毅力坚持工作。他说："我有一个制度，不管是否生病，都应当工作，只是要安排自己的工作。……工作的繁重程度应当同疾病的沉重程度成反比。如果我体温很高，就研究外因的和俄国的诗人，阅读古典小说家的作品，如果体温中等，就阅读艺术、艺术史、人种学方面的书籍，如果不高，就可以大干。要永远工作。"①1918年5月，普列汉诺夫因肺结核并发心肌梗死而逝世，卢那察尔

---

① 〔苏〕米·约夫楚克、伊·库尔巴托娃：《普列汉诺夫传》，宋洪训译，三联书店1980年版，第259页。

斯基在追悼会上发表讲话,他追述了普列汉诺夫一生走过的复杂而矛盾的道路,批判了普列汉诺夫在第一次世界大战期间的社会沙文主义立场,惋惜地慨叹这个第一个在俄国举起马克思主义旗帜的人竟以反对十月社会主义革命而告终。卢那察尔斯基还追述了普列汉诺夫80年代以后在俄国宣传马克思主义的不朽功勋,并代表布尔什维克表示要继承普列汉诺夫留下的珍贵的理论遗产。卢那察尔斯基最后提出:"我们将敬仰这个珍贵的宝库,虽然不是向它顶礼膜拜,但是要把它运用到我们现实的革命事业中来。我们正应该这样来悼念这位富有革命精神的英雄,尽管他在临死前的几年当中离开了正确的道路。"①这无疑是对普列汉诺夫思想的一个最重要评价。

四、K. 考茨基的伦理思想

1. 道德论争与捍卫正统观念

考茨基是第二国际(1889—1914)全盛时期重要的马克思主义者之一,因后期在无产阶级专政等问题上的机会主义观点和对布尔什维克夺取国家政权的不同识见,被当作无产阶级革命的叛徒而长期遭受批判。考茨基从19世纪80年代初转向马克思主义,到1909年出版《取得政权的道路》,曾是马克思、恩格斯的追随者。晚年的考茨基自认为始终坚持马克思的唯物主义历史观,声称马克思、恩格斯是"我的两位老师"②,"我们的导师","马克思和恩格斯胜我百倍,因为他们是天才……我的历史观却与马克思恩格斯的历史

---

① 〔苏〕米·约夫楚克、伊·库尔巴托娃:《普列汉诺夫传》,宋洪训译,三联书店1980年版,第398页。

② 〔德〕考茨基:《唯物主义历史观》(中译本)第1分册,《哲学研究》编辑部编译,上海人民出版社1964年版,第29页。

观极其一致"①。

考茨基一生以"正统马克思主义"自居,并用"我将作为坚定不移的马克思主义者而死,正如我作为坚定不移的马克思主义者而活着一样"②,来表明其人生态度。他的伦理思想长期对俄罗斯和苏联产生影响,长期以来被认为是对康德主义、达尔文主义、历史唯物主义加以综合的产物,直到1926—1930年苏联哲学大辩论中才受到彻底批判。1918年列宁发表《无产阶级革命和叛徒考茨基》一书,明确指出:"我们从考茨基的很多著作中知道,他是能够做一个马克思主义的历史学家的,虽然他后来成了叛徒,他的那些著作始终是无产阶级的可靠的财富。"③历来研究者多将考茨基分为"背叛"前后两个阶段,对其思想研究集中在前期的阶级斗争上,对后期阶级分析嗤之以鼻,对庸俗生产力论矫枉过正。④

考茨基是第二国际主要的马克思主义理论家,在把马克思主义建立成一门严肃的思想学科方面起了主要的作用。1883年起,考茨基负责编辑1848年以来的第一份马克思主义杂志《新时代》,以此捍卫马克思主义的正统性,反对修正主义者,在土地问题及其他更为广泛的问题上反对伯恩施坦。此后多年,考茨基和梅林一起在这本杂志的版面上支配着马克思主义思想的命运,每个月提供的文章对社会主义运动中具有重大意义的政治和文学方面的事件做出反应。恩格斯在世时有时也作为这个运动的政治前辈元老为这本杂志撰稿。《新时代》的主要编辑班子、考茨基、普列汉诺夫等人,当

---

① 〔德〕考茨基:《唯物主义历史观》(中译本)第3分册,《哲学研究》编辑部编译,上海人民出版社1984年版,第1页。
② 〔德〕考茨基:《一个马克思主义者的成长》,叶至译,三联书店1973年版,第37页。
③ 《列宁选集》(第三卷),人民出版社1972年版,第653页。
④ 《列宁全集》(第四十三卷),人民出版社1987年版,第369—372页。

时被公认为是真正马克思主义或"科学社会主义"的主要捍卫者。他们对这个巨大的社会主义运动内部的各种离心倾向进行批判,对外部的攻击则挺身捍卫。

《新时代》初创期间,考茨基显示出对道德理论问题的兴趣。恩格斯准备写《家庭、私有制和国家的起源》一文的同时,考茨基在《新时代》上发表文章,其中对动物和人类世界的社会本能的看法具有某种达尔文主义的味道。考茨基在卷入梅林和滕尼斯就1829年末建立的德意志道德文化协会(梅林批评它的建立)进行争论时,更直接地涉及道德问题。德意志道德文化协会宣布其宗旨是通过把道德性引入经济和政治的阶级斗争的方法来援助德国的无产阶级。梅林和考茨基坚持认为,不论该协会的宗旨是什么,它在目前阶级斗争中设想采取一种道德上的中立立场,使它在实际上变成了资产阶级的同盟。

1895年,考茨基出版了《社会主义之先锋》一书,引起了广泛关注,其中"引论"部分在"由1905年的俄国革命开幕起至1908年的土耳其革命爆发为止的时期"被充实后于1908年扩大成《基督教之基础》一书。《基督教之基础》的写作在于配合、拓展《中世纪的共产主义运动》,以阐释古代无产阶级的形成、发展与斗争情况,对19世纪末20世纪初欧美工人运动的开展以及激发工人阶级的阶级意识与斗争精神具有重要的思想意义。考茨基在此书中分析了基督教道德观,提出关于原始基督教是被压迫阶级的革命运动的基本观点,同时他还研究了空想社会主义者的宗教思想。考茨基一度把注意力转向俄国,他终于确信那里即将发生一场革命,革命的结果将要引起其他革命,并将证明修正主义者的观点和预言是荒谬的。

1897年开始,伯恩施坦就社会主义运动的目前状况和未来的政策方针提出某些建议而为《新时代》撰写了一系列文章，从而挑起了一场争论，其中涉及马克思主义伦理学的问题。伯恩施坦专门写了一本小册子概括并阐述他的观点，1899年出版的这本小册子在社会民主党汉诺威大会上引起了一场关于伯恩施坦的观点是正统的还是修正主义的著名辩论。该书结语部分对新康德主义有关的道德理论作了让步，指责马克思主义运动未能在一定程度上明确表达它的道德理想以鼓舞工人阶级同资产阶级进行斗争。由于马克思主义道德理论问题在当时争论中只是一个附带问题，因此在以后数年中，考茨基不得不一再击退伯恩施坦的攻击以捍卫马克思主义。

《新时代》创刊之后，考茨基不断卷入关于道德理论的争论。1910年，考茨基同F.W.福斯特博士发生了一次争论。福斯特认为英国的经验证明建立在马克思主义阶级斗争观念基础上的工人运动，不能为工人阶级内部实现真正自治的发展提供必要的道德方面的指导方针。考茨基则认为，福斯特博士误解了无产阶级斗争的道德性，这种道德性带来最崇高的团结、自我牺牲以及忠于自己伙伴的感情。1905—1907年是考茨基对马克思主义和道德理论最为关心的时期，1905年8月，考茨基同党报《前进报》编辑部进行了一场斗争。1905年发生革命时，俄罗斯风暴汹涌澎湃的时候，考茨基卷入了柏林的"茶杯中的风暴"，指责K.艾斯内尔和《前进报》编辑部的其他几个成员对新康德主义特别是对康德伦理学的修正主义倾向。考茨基用迫使艾斯内尔和其他五名编辑部成员退出编辑部的方法来结束这场争论。这场组织上的斗争结束以后，考茨基决定把他对马克思主义道德分析的看法记载下来。1906年出版了《伦理与唯物史观》一书以及此后他为自己的观点辩护而写了多篇文章。

考茨基在《伦理与唯物史观》一书的序言中提出：面对康德伦理学在我们的队伍中赢得的影响，我不打算迟迟不表明自己对马克思主义和伦理学的观点。这本书作为有关修正主义辩论的终结，首次从唯物史观的视角对伦理学加以考察，扩大了历史唯物主义的范围，并以达尔文主义做了补充。他认为道德的基础是人的社会本能，例如自我牺牲、勇敢、对公共事业的忠诚等等，它们的总和构成道德准则和普遍的道德情感。内心信念的道德的神秘本性不可能导致任何外部利益及决定，而是依靠外部的社会现实条件。考茨基承认道德的社会阶级特性，认可道德在全社会范围内的团结和调节作用。这本书问世后他又发表了不少书评和进一步的评论，在以后两年内考茨基又针对这些评论写了一些文章，所有这些材料表明考茨基在伦理学问题上对马克思主义正统观念作出了贡献。1906年，由A.B.卢那察尔斯基主编的考茨基著作《伦理与唯物史观》俄文版出版（圣彼得堡知识出版社）。1907年，莫斯科生命律动出版社出版了译自德文的论文集《历史唯物主义中的伦理学问题》（B.H.马尔科夫尼科夫撰写前言）一书，考茨基的文章与A.约费、O.鲍威的文章收录在其中。阿克雪里罗德撰写附录《考茨基的伦理学》的考茨基伦理思想著作《伦理与唯物史观》，在1906到1922年的16年间以破纪录的数量再版了11次，在20世纪的前25年里这本书对俄罗斯马克思主义伦理学的形成和发展起到了很大的推动作用。1925年，A.B.卢那察尔斯基的著作《马克思主义视阈下的道德》在乌克兰的哈尔科夫出版，在与伦理唯心主义的论辩中，卢那察尔斯基不但使用了阶级的方法，而且还运用了考茨基伦理思想中的生物学观点。同年，论文集《论道德和党的伦理》在基辅出版，其中刊载了大量的有关新生活的道德和伦理学素材，考茨基伦理学中的一些片段也被列入其中。苏联时期，考茨基的伦理学被认为是对康德主义、达尔文主义、历史唯物主义加以综合的体系，到1926—1930年的哲学论辩时，这个体系才正式遭到否认。

1909年，考茨基写成被认为是其著作中最后一部为各种倾向的马克思主义所接受的论著《取得政权的道路》。他重申了工人阶级应采取直接的革命行动来反对国家政权的必要性，考虑到了宗主国的工人阶级跟殖民地的民族解放运动结成同盟的可能性。在大罢工问题上考茨基曾跟卢森堡发生争论，此后考茨基不断与马克思主义左翼发生冲突。他认为帝国主义并不是资本主义发展的必然结果，由于这一信念，他对第一次世界大战采取一种暧昧的立场而受到了苏联布尔什维克的谴责。考茨基对布什尔维克进行的批评，对无产阶级专政所持的反对态度，以及他对议会民主制的支持，导致他被列宁定为"叛徒"的罪名。考茨基在他生前一直坚持他的上述批评，同时也就日益退出政治活动。1924年，考茨基迁居维也纳，积极参加奥地利社会民主党的活动，此后力图把自己的社会民主主义理论完整化、体系化。

1928年，考茨基发表了《国防问题和社会民主党》一文，其中主要研讨了战争与和平问题以及无产阶级解放道路问题，发现社会的发展只能是逐渐进化的过程，反对单一的暴力革命方式，推崇和认可人类公认的民主；他从马克思主义的人道主义出发谴责战争恐怖，宣传和平主义，认为社会主义的最终目标是最完美的和平主义。1930年，考茨基发表了《陷入绝境的布尔什维克主义》一文，鲜明地指出苏联的农业集体化政策和苏联的社会变革的错误，号召苏联人民与苏维埃专制政权决裂。考茨基的主要伦理学著作有《伦理与唯物史观》（1922年俄译本）、《道德的起源》（1906年俄译本）。

在俄苏马克思主义思想的宏大谱系里，考茨基具有承上启下的位置。他的思想一定程度地影响了德国社会民主党和欧洲的民主社会主义，影响了苏联早期马克思主义伦理思想的传播。考茨基的思想遗产历史地被欧洲共产主义所继承并实践,不仅影响了西欧,而且也影响了中国。考茨基及其思想在中国的命运也有着不断改变的过程。

2. 基督教道德的分析与批判

马克思恩格斯在世时非常关注对宗教的研究,马克思认为:"对宗教的批判是其他一切批判的前提。"①一切传统哲学都会把历史发展归结为头脑中形成的怪影,"在思想家看来,整个历史发展都归结为历史发展进程在'当代所有的哲学家和理论家'的'头脑'中形成的理论抽象,既然不可能为了'议论和表决'而把这些'头脑''集合在一起',那末就必需有一个作为所有这些哲学家和神学家的头脑的顶峰、这些头脑的锋芒的神圣的头脑,这个顶峰的、锐利的头脑就是各个愚钝的头脑的思辨的统一,就是救世主。"②马克思恩格斯为了进一步深化对社会主义思想史的考察,都非常重视基督教的思想。考茨基于1895—1908年写成并发表的《社会主义之先锋》一文的"引论"扩展成《基督教之基础》一书。考茨基在他的《自传》中论述该书的来历:"是否能用历史唯物主义的方法来解释基督教的起源,这个问题是我在接受了历史唯物主义方法之后所研究的最初一些问题之一。早在1885年,我就在布鲁诺·鲍威尔作品的启发之下在《新时代》杂志上发表了一系列论'基督教的产生'的文章。闵采尔的运动以及原始基督教传统在这次运动中所起的作用,使我重新注意到这个题目。《先驱者》的导言中关于原始基督教的一些简短的说明,曾引起人们激烈反对。当看来必须重新出版《先驱者》的时候,我又把以前所做的关于基督

---

① 《马克思恩格斯选集》(第二卷),人民出版社1995年版,第2页。
② 《马克思恩格斯选集》(第三卷),人民出版社1995年版,第631页。

教起源的研究继续进行下去。其研究的结果就是《基督教的起源》一书，它是1908年出版的"①。恩格斯在世时曾经指导过考茨基的此类研究，考茨基在其主要观点上与恩格斯能保持基本一致，但是恩格斯也批评过考茨基的某些观点。

考茨基的《基督教之基础》一书对生产力与生产关系、经济基础与上层建筑、社会存在与社会意识、社会形态内在矛盾运动及社会历史领域主客体辩证关系问题进行了全面的分析，对生产力标准、阶级基础与社会制度变迁的关系的把握，基本涵盖了唯物史观的主要方面。其中的思想及论证材料的组织特别是逻辑关系的整理则体现了考茨基对唯物史观的整体把握，尤其是立场和方法上的基本态度。在该书中，考茨基一方面对作为信仰的原始基督教的基础进行了分析，另一方面则对作为宗教的基督教的基础进行了研究。"原始基督教"以较稳定的奴隶制度为基础，以古代无产阶级为信众；基督教则是在奴隶制渐趋瓦解条件下统治阶级的统治工具。这是考茨基的侧重点，他的落脚点在于决定经济基础的生产力水平和由其所决定的阶级基础上。

考茨基不同于前人将对基督教起源的叙述集中在犹太祭司、教会领袖与罗马上层甚至个别皇帝赦令上的做法，强调犹太民族与罗马无产阶级的基础作用，注重他们对变化了的经济条件的反应，认为在犹太民族与罗马无产阶级中，后者的重要性高于前者，因"他们之中最蓬勃的热情不是民族的憎恨，而是阶级之憎恨"②。不将社会制度变迁归结到阶级与经济基础上，工人运动的特殊性便会被19世纪错综复杂的政治现象掩盖，在一次次"革命"中为资产阶级

---

① 〔德〕考茨基：《一个马克思主义者的成长》，叶至译，三联书店1973年版，第25—26页。

② 〔德〕考茨基：《基督教之基础》，叶启芳等译，三联书店1955年版，第386页。

各派做嫁衣。

考茨基以历史唯物主义的观点分析基督教的起源，以 4 篇 14 章篇幅考证了基督教的起源及其在由信仰成为宗教过程中的内在变化。为了研究社会主义史，恩格斯晚年十分重视原始基督教的历史；为了进一步深化对社会主义思想史的考察，恩格斯十分重视原始基督教的思想，完成了《论原始基督教的历史》、《布鲁诺·鲍威尔和原始基督教》和《启示录》等三篇著作。受恩格斯的影响，考茨基对原始基督教研究的代表性著作有《基督教的起源》（1885）、《基督教之基础》（1908）、《耶稣——反抗分子》（1909）和《耶稣的最新传记》（1910）。考茨基的宗教研究甚至就是恩格斯等人宗教研究的继续，有些论文甚至是在恩格斯的帮助下写成的。考茨基的观点与恩格斯的观点也有不一致的地方，恩格斯在世时就批评过考茨基的某些观点。考茨基肯定了社会存在决定社会意识，经济基础决定上层建筑的原理，注意到了社会意识的相对独立性；运用了阶级分析的方法，因此基本上是历史唯物主义的论著。

考茨基通过系统研究原始基督教，分析了基督教的道德观，提出关于原始基督教是被压迫阶级的革命运动的基本观点。[①]考茨基认为基督教"实是一种反罗马帝国主义和反犹太僧侣政治的革命运

---

① 关于《基督教之基础》所提出的原始基督教是被压迫阶级的革命运动这一基本观点，赞同的不少，例如麦司·比尔的《社会主义通史》、罗伯逊的《基督教的起源》、北京大学主编的《欧洲哲学史》、周一良主编的《世界通史》等。反对的观点，例如拉诺维奇的《关于早期基督教》、杨真的《基督教史纲》等。杨真认为"初期基督教不是革命运动"，《基督教之基础》"是从唯心主义的实用主义的方法出发，割裂历史的全面联系，……没有严格地遵循历史唯物主义的方法"（杨真著：《基督教史纲》，三联书店 1979 年版，第 46 页）；也有人提出：《基督教之基础》存在某些论述过于牵强，观点肤浅，历史事实不准确，存在历史循环论和庸俗生产力论等缺陷。

动,是一种巴勒斯坦被压迫人民的反抗斗争"①。原始基督教是作为对民族压迫和阶级压迫的反抗因素而产生的。基督教会"所要打倒的是'一切'统治,便连国内的统治者,也在应打倒之列。他们所号召的人,是疲倦者,是重荷者,而审判日就是向富人及权贵加以报复的日子"。"他们之中之最蓬勃的热情不是民族的憎恨,而是阶级之憎恨;这种特性,就是他们之所以异乎其他犹太人之一种因子。"②在原始基督教的组织形式、生活习俗以及革命要求中,存在过共产主义的平等因素,"为早期基督教所表现的共产主义是一种消费品物的共产主义,一种物质之分配和共同消费的共产主义"③,这种因素就是原始基督教的平等观念。当时任何改革任何试图实现幸福的目的,都"只有藉助于那种名为宗教的思想方式","如果我们因为这一切组织的宗教形式,道德化的神秘主义,而忽略它们所深藏着的社会的含义,我们便误解了他们了"④。

考茨基首先认为平等观念是原始基督教的基本思想。在《启示录》《使徒行传》等几篇比较如实反映原始基督教状况的历史文献中并没有记录过这种观点,"因信得救"的平等观点产生于公元二世纪以后的教父哲学,奥古斯丁后来在《上帝之城》中将之发展成"原罪说"。原始基督教在它的组织形式、生活习俗以及在它的革命要求中存在着某些共产主义的平等因素。早期基督教表现的共产主义是一种物质之分配和共同消费的共产主义。《新约圣经》那时的

---

① 〔德〕考茨基:《基督教之基础》,叶启芳等译,三联书店1955年版,第5页。
② 〔德〕考茨基:《基督教之基础》,叶启芳等译,三联书店1955年版,第386页。
③ 〔德〕考茨基:《基督教之基础》,叶启芳等译,三联书店1955年版,第351页。
④ 〔德〕考茨基:《基督教之基础》,叶启芳等译,三联书店1955年版,第168页。

教徒,"都恒心遵守使徒的教训,彼此交接、擘饼、祈祷。……信的人都在一处,凡物公用,并且卖了田产家业,照各人所需用的,分给各人"(《使徒行使》第二章第 42 至 45 节)。"那许多信的人,都是一心一意的,没有一个人说,他的东西有一样是自己的,都是大家公用。"(同上书第四章第 32 节)原始基督教的这些平等思想同后来产生的人人生来就有罪、人人在上帝面前才平等的原罪说显然不一样。

原始基督教反对剥削阶级的特权,要求社会平等,这是基督教最重要的道德观念之一。考茨基分析了当时的条件下产生这种平等观念的原因,他认为:"古代无产者的各种特性是因为它的特殊的经济地位而产生的。"①奴隶制社会中奴隶阶级的道德观念的基本原则是反对奴隶主的虐杀,争取人的地位。奴隶对奴隶主不劳而获的寄生生活极为仇恨,他们被迫向吃人的奴隶制度发出深沉的抗议,要求经济、政治上的平等以改变自己的地位。这个时期还存在着大量的自由民、农民,他们以小生产者特有的心理提出平均、平等的思想要求。犹太民族经历过漫长的游牧部落的原始社会,他们对原始社会的那种平等制度仍带有深刻的记忆。《旧约》记载着他们祖先的许多平等生活的情况。面对统治阶级生活上的奢侈淫逸、道德上的败坏,他们留恋着原始社会的道德情操和社会风尚,怀抱回到那个永不复返的时代的幻想。原始基督教平等观念的产生还由于犹太教传统观念的影响。当时地中海沿岸各城市中,犹太人以会堂为中心定期举行宗教仪式,他们除了对青少年进行教育外还向教徒募捐,救济贫苦犹太人。犹太教派别之一的艾赛尼派已实行财产公有、共同生活了,原始基督教恰恰是从这一派分化出来的。基于以

---

① 〔德〕考茨基:《基督教之基础》,叶启芳等译,三联书店 1955 年版,第 14 页。

上种种原因，产生了原始基督教的平等观念。

原始基督教突出地具有反抗压迫的革命精神、在斗争中团结互助的精神、民族平等和爱国主义精神等，这是一般被压迫阶级所具有的道德观念。恩格斯认为："一切已往的道德论归根结底都是社会当时的经济状况的产物。而社会直到现在还是在阶级对立中运动的，所以，道德总是阶级的道德，它或者为统治阶级的统治和利益辩护，或者当被压迫阶级足够强大时，代表被压迫者对这个统治的反抗和他们的未来利益。"①原始基督教具有的这种道德观念说明它是被压迫阶级的思想。

革命因素在原始基督教的纲领中是主要的，正如恩格斯已经指出的："群众运动在初始的时候必然是混乱的，其所以混乱，是由于群众的任何思想开始都是矛盾的，不明确的。"②原始基督教的参加者阶级成分比较复杂，各个阶级站在不同的立场上，势必会提出不同的主张。小生产者和农民虽然也希望改革，但是又不愿意采取革命行动，怕在革命中失去自己仅有的一点财产；奴隶、破产农民则不同，他们为生活所迫，希望立即进行一场革命，迅速改变自己的地位。这些阶级，虽然被卷入一个统一的伟大革命运动中，但是，他们之间仍存有分歧和斗争。他们那些不同的要求，反映在原始基督教的教义上，就存在等待救世主的救赎和号召革命行动两种倾向。

原始基督教里耶稣的形象、弥赛亚的意义、复活的信仰等都是以宗教的形式出现而又蕴藏着深刻的政治含义。原始基督教中的耶稣，是受上帝之命解放人民的弥赛亚，是"人子"，而不是后来作为"三位一体"的基督。奴隶们期望的救主，是现实的人，即领导他们斗争的领袖。随着犹太革命的失败和不幸的增加，被压迫人民

---

① 《马克思恩格斯选集》（第三卷），人民出版社 1975 年版，第 134 页。
② 《马克思恩格斯全集》（第二十二卷），人民出版社 1975 年版，第 536 页。

革命的愿望也就愈加强烈。他们盼望革命时机成熟，革命领袖到来，以便领导他们与统治阶级再进行一场决战。因此，当时弥赛亚的意义是革命的。在犹太教的教义中已经有所预言，最后的胜利属于这个神选的民族，他们相信那些在斗争中牺牲的领袖一定会凭他们的牺牲在未来的世界里过着幸福的生活，一定会死而复生，这种复活的信仰是号召人民不畏牺牲，前仆后继；"是一种战争之教义。……这种信仰自然很能够对于宗教狂热，继续发生及增加力量"①。

原始基督教是当时革命运动的外衣和组织形式。"宗教里的苦难既是现实的苦难的表现，又是对这种现实的苦难的抗议。宗教是被压迫生灵的叹息，是无情世界的感情，正像它是没有精神的制度的精神一样，宗教是人民的鸦片。"②基督教发展的每一阶段的情况是不同的，有时积极因素可能占主导地位。原始基督教的情况就是如此，宗教团体是他们的组织形式，在宗教的外衣下他们试图进行一场革命运动，宗教不过是他们斗争的工具。考茨基认为，在原始基督教的外衣下，有着极深的政治含义，当时任何改革，任何试图实现幸福的目的，都"只有借助于那种名为宗教的思想方式"，"如果我们因为这一切组织的宗教形式，道德化的神秘主义，而忽略它们所深藏着的社会的含义，我们便误解了他们了"。③在宗教的外衣下进行政治运动是许多国家在一定的发展阶段上共有的现象，历史证明宗教并不总是作为革命斗争的对立物出现的，它曾经作为革命运动的思想武器、组织形式和外衣，起过积极的作用。

考茨基还分析了原始基督教共产主义被基督教村社取代的过

---

① 〔德〕考茨基：《基督教之基础》，叶启芳等译，三联书店1955年版，第298页。
② 《马克思恩格斯文稿》（第一卷），人民出版社1975年版，第2页。
③ 〔德〕考茨基：《基督教之基础》，叶启芳等译，三联书店1955年版，第168页。

程，并将这种变化视为当时的"无产阶级"进步力量遭到失败的表现，基督教走向了自己的反面。"……在演进过程中……丧失了它的原始意义……由一种革命斗争的组织一变而成为帝国主义和僧侣政治的工具。"①在《基督教之基础》的第六章《基督教与社会主义》中，考茨基分析了恩格斯在《卡·马克思〈1848年至1850年的法兰西阶级斗争〉一书导言》最后部分即将社会民主党革命过程比作基督教最终成为"国教"过程的论述，表达了他对社会民主党前途的悲观论调。考茨基认为，基督教正是摒弃了自己的原始思想，进而走向自己的反面，才获得了胜利，但是这种胜利也就意味着基督教的解体。考茨基担心恩格斯关于社会民主党与基督教的类比是否意味着前者与后者相似的命运，并表达了他对党内的"职业官僚统治"的忧郁和怀疑。

总之，考茨基的《基督教之基础》一书"一方面完成了以新观点分析一种古代社会运动根源的企图，另一方面又证明了这一种观点实为任何历史研究的唯一可靠的方法"②。在揭示基督教的起源和发展历程中，考茨基运用了阶级分析方法，阐明了社会存在决定社会意识，在对基督教的分析中基本上坚持了唯物史观，在阐发唯物史观基本思想的过程中形成了研究宗教的理论特色。其对唯物史观理解的核心是生产力和阶级分析，这在实践中对唯物史观的普及与应用产生一定作用，有利于无产阶级阶级意识的觉醒。考茨基将社会历史切割成具体部分的做法虽有利于精细化研究，却割裂了完整的社会存在，导致理论发展的不平衡。可以说，《基督教之基础》是考茨基运用唯物史观立场和方法来分析宗教道德问题的重要论

---

① 〔德〕考茨基：《基督教之基础》，叶启芳等译，三联书店1955年版，第5页。

② 〔德〕考茨基：《基督教之基础》，叶启芳等译，三联书店1955年版，第5页。

著，其中突出了阶级分析方法以及生产力与生产关系辩证作用的基本原理，也显示出考茨基对唯物史观、辩证法理解存在的局限。

3. 核心的问题：自由与民主

考茨基对于社会主义的出发点、所针对的问题以及他对问题的解决路径，都是特殊的。对社会主义含义、特征、本质，考茨基有着自己特殊而明确的说明：

> 我们可以通俗地用下面的话来概括社会主义的内容：人人都有自由和面包。这就是群众所期望于社会主义的东西，也就是他们所以赞成社会主义的理由。自由的重要性不亚于面包。即使是生活小康者，甚至富裕阶级，也曾为自由而进行斗争，并且为了他们的信念而往往在财产和鲜血方面付出最重大的牺牲。对自由、对自决的需要，正如对食物的需要那样，是出于人的本性的。①
>
> 对我们来说，没有民主的社会主义是不可思议的。我们把现代社会主义不仅理解为社会化地组织生产，而且理解为民主地组织社会。根据这个理解，对我们来说，社会主义和民主是不可分割地联系在一起的。没有民主，就没有社会主义。②
>
> ……社会主义——就是生产资料和生产的社会化（socialization）。……社会主义本身并不是我们的目标，我们的目标是消灭各种剥削和压迫，不管这种剥削和压迫是

---

① 〔德〕考茨基著，中共中央马克思恩格斯列宁斯大林著作编译局资料室编译：《K. 考茨基言论》，三联书店1973年版，第290页。

② 〔德〕考茨基著，中共中央马克思恩格斯列宁斯大林著作编译局资料室编译：《K. 考茨基言论》，三联书店1973年版，第260、261页。

来自一个阶级、一个政党、一个性别，或是一种族的。①

这里提出了对社会主义来说是几个核心的问题，即自由、民主和消灭各种剥削和压迫。此外，还有最基本的物质基础，即考茨基所谓的"面包"问题。

自由是社会主义的本质特征之一。考茨基认为，社会主义对自由的需要"正如对食物的需要那样"，是"出于人的本性"。所谓"自由"，就是使包括无产者在内的一切社会成员都具有驾驭经济发展、管理政治事务和精神自立的能力。这些能力具体包括：第一，经济自由。由于生产资料和生产目的的社会化，劳动者不再像以前那样为了生存而被迫地服务于有产者的利益，而是为了满足包括自己在内的每一个社会成员的物质需要而努力；劳动者需要对物质生产过程的理解，明白自己在其中所处的位置和与其他劳动者的关系，并有能力管理和控制整个经济发展过程。第二，政治自由。政治机关应当确实成为管理整个社会公共事务的职能性机关，而不再是特定阶级或个人维护本阶级或个人利益的工具。政治自由还包括社会成员有理解政治事务、管理政治事务的能力，在政治处理能力上达到高度的成熟，从整个社会的角度能独立地思考问题和评判问题，不再受一些政客操纵、利用而不知。第三，每一个社会的意识形态都是维护该社会存在的思想工具，如"君权神授"、"经济利益至高无上"分别使封建社会和资本主义社会具有思想上的合理性，社会主义的目的在于消灭剥削和压迫，它的每个成员必然要从思想上抛弃导致奴役的意识，在精神上去除屈服于他人的奴性意识和唯利是图的心理，认识到人本身的更高价值与使命，而不再将大部分

---

① 〔德〕考茨基：《无产阶级专政》，骆静兰等译，三联书店1958年版，第2页。

的时间与精力投入到物质财富的生产上，而是在物质的基本需求得以满足的前提下，积极地提高自己的精神修养。

民主也是社会主义的本质特征，没有民主的社会主义是不可思议的。考茨基主张通过民主来实现社会主义，他所说的社会主义主要有两个方面。首先，社会主义是指生产资料和生产目的社会化（socialization），这是"社会主义（socialism）"一词的基本涵义，这种社会主义是一种理想的经济生产方式，是为消灭以往一切社会中的剥削和压迫现象而提出的。在以往的社会中，尤其是在资本主义社会中，生产资料集中在特定的阶级手中，资产阶级凭借手中的生产资料驱使大批饥饿的劳动者按照他们需要的方式为他们服务。为取得维持生命的生活资料，劳动者不得不将全部的生命用于体力劳动上，从而没有时间也没有多余的金钱用于自己整体素质的提高。因此，马克思主义者将生产资料私有制看作一切剥削和压迫的原因，致力于消灭一切剥削和压迫的社会主义首先就要求消灭私有制，实现生产资料的社会化，从而也实现生产目的的社会化，即不是为了贵族统治者的奢侈享受进行生产，也不是为了资本家无休止地进行财富积累而进行生产，而是为了满足每个社会成员的物质生活需要而进行生产。其次，自由也是社会主义之所以令人向往的真正原因。资本主义社会中的压迫和剥削可以从经济、政治和精神三方面来理解。劳动者被捆绑在与以自己无关的物质生产活动中，他们没有时间也没有金钱去接受教育以提高自己的理解能力和认识能力，更没有机会从事审美活动以培养自己的审美情趣。资本主义社会虽然标榜"普遍自由"和"人人平等"，但无产者实际上并不自由，与有产者相比也并不平等，因为他们虽然被给予参与到一切活动的机会，但却并不具有参与一切活动的能力。

民主和社会主义都是无产阶级解放的手段，而民主又是社会主义的前提条件。对于社会主义而言，民主构成了建设社会主义生产方式的必不可少的基础，又是社会主义的前提条件。在资本主义和民主程度越先进的国家，无产阶级越成熟，越有可能取得胜利而且保持胜利。只有在这样的国家里，才具备社会主义生产的条件。随着资本主义社会经济的发展，决定性的因素已经不再是物质的因素，而是人的因素，现代民主的普选制坚持少数服从多数。无产阶级是社会的绝大多数，有助于无产阶级发挥"量"上的客观优势。现代民主要求保护少数派，可以有效保护处在早期的力量弱小的工人政党。寻求无产阶级"质"上的提高关键在于无产阶级的成熟度。在考茨基看来，只有通过民主，无产阶级和人民群众才能壮大成熟，这样建立起来的社会主义"一旦获得胜利，胜利也不至再丧失，而能成功地保持下去"。

晚年的考茨基在《唯物主义历史观》一书中也很关注实现社会主义民主。马克思在《法兰西内战》中提出的"工人阶级不能简单地掌握现成的国家机器，并运用它来达到自己的目的"。考茨基解释说马克思说这些话时想的是取消像法兰西帝国所表现的那样特别高度的集权于中央的国家政权，取消常备军、警察、官僚，代之以人民武装和民选官吏，代之以高度的民主。"但事情并不是到国家机器的民主化就算已经了结。还必须创造出许多适合于每一个需要社会主义化的生产部门和交通部门的特点的特殊组织形式，以求最好地保证这些部门的生产者和消费者的利益，并使两者的利益能以这样一种方式协调起来，即有关的企业在尽可能最好地保障工人的安全舒适、劳动兴趣和劳动能力的条件之下，以尽可能最少的力量消耗，完成尽可能最多的生产任务。"[①]考茨基提出要使国家成为从

---

① 〔德〕考茨基：《唯物主义历史观》（中译本）第5分册，《哲学研究》编辑部编译，上海人民出版社1965年版，第224页。

属于社会的器官，国家机器的权力和企业管理权力应该分开，应使管理企业的社会器官"具有商品的生产过程和流通过程所要求的那种灵活性和适应能力"①。

考茨基的社会主义观是对马克思的社会主义观的直接继承，它主要是针对西欧资本主义社会的问题而指出的出路。首先，从考茨基将社会主义理解为生产资料和生产目的的社会化这方面来看，他对马克思、恩格斯的相关思想是心领神会的，并有认识上的某种一致性。例如在《德意志意识形态》中，马克思认为："我们所称为共产主义的是那种消灭现存状况的现实的运动。"②在《共产党宣言》中，马克思对共产主义又有这样的说法："共产主义并不剥夺任何人占有社会产品的权力，它只剥夺利用这种占有去奴役他人劳动的权力。"③"现存状况的现实"是一小部分人凭借手中的财产压迫和剥削一大部分人，共产主义是"消灭现存状况的现实的运动"，它的目的就是消灭压迫和剥削，消灭私有制，所有社会成员共同占有社会产品，实现产品的社会化，它"不剥夺任何人占有社会产品的权力"。考茨基的理解为生产资料和生产目的社会化的社会主义与马克思"消灭现存状况的现实的运动"的共产主义是完全一致的。其次，从考茨基对社会主义自由度的理解来看，马克思在《1844年经济学哲学手稿》一书中对共产主义有一段著名的论述："共产主义是私有财产即人的自我异化的积极扬弃。因而是通过人并且为了人而对人的本质的真正占有；因此，它是人向自身、向社会的即合乎人性的人的复归，这种复归是完全的、自觉的和在以往

---

① 〔德〕考茨基：《唯物主义历史观》（中译本）第5分册，《哲学研究》编辑部编译，上海人民出版社1965年版，第163页。
② 《马克思恩格斯全集》（第三卷），人民出版社1960年版，第40页。
③ 《马克思恩格斯全集》（第四卷），人民出版社1958年版，第485页。

发展的全部财富的范围内生成的。"①共产主义是人与人的关系、人与自然的关系的全面恢复，将它们从资本奴役下解放出来，但却不是向封建式君主奴役的倒退，而是将一切属于人的东西还给人，使人从拜物教思想中解放出来，人与人之间不再为有限的物质利益而勾心斗角，而是去追求永无止境的精神世界，在精神上获得自由；而且这种精神自由不是虚的，没有物质基础的，而是在以往发展的全部财富的范围内生产的，是以社会成员的经济自由、以社会成员有继续维持物质财富增长的能力为前提的。同时，这种精神自由本身就是每一社会成员政治自由得以实现的保证。每位成员都追求精神价值的实现，而不再像以前那样热衷于政治权势的角逐对和平共处利益的攫取。面对公共事务，他们不再相互欺骗，而是努力营造和谐自由的氛围，使每个成员都平等地参与公共事务的管理，在其中培养，并不断提高自己的管理能力。可以说，考茨基社会主义观的丰富内涵正是对马克思的共产主义理想的落实。

4. 马克思主义伦理学的阐释

考茨基进行伦理学研究，是为了反对修正主义者用新康德主义改造马克思主义，是对马克思主义伦理学进行论证的尝试。19世纪末至20世纪初，以伯恩施坦为代表的修正主义者鼓吹"社会民主党必须有一个康德""回到康德去"等口号，试图利用新康德主义来改造马克思主义，将科学社会主义引到伦理社会主义的道路上。为反对新康德主义修正马克思主义的企图，第二国际理论家加强了对伦理学问题的研究。考茨基创作了《康德的伦理学》、《道德基础》、《生活、科学和伦理学》和《道德的起源》等著作。考茨基的《伦理与唯物史观》这部代表其伦理学研究成果的主要著作，正如

---

① 马克思：《1844年经济学—哲学手稿》，人民出版社2000年版，第81页。

考茨基在《自传》里所说的,"这本小册子也是同修正主义活动有关的,而且在形式上也像上述两本书一样是非论战性的。这本小册子是为了反对那种硬把康德的伦理学同马克思主义拉扯在一起的企图而写的。"①修正主义的代表爱德华·伯恩斯坦接连在《社会主义中的现实因素和空论因素》(1898)、《社会主义的前提和社会民主党的任务》(1898)、《科学社会主义怎样才是可能的》(1901)、《马克思崇拜和修正的权利》(1903)等著作中推崇康德哲学特别是其伦理学,在实践上推崇伦理的社会主义。考茨基在1906年出版的《伦理与唯物史观》一书中阐述了马克思主义伦理学的基本问题。

首先,考茨基分析了自古希腊到马克思主义以前伦理思想的历史,古代伦理学发展以伊壁鸠鲁学派、斯多葛学派和柏拉图学派为代表。西方伦理学传统始于古希腊雅典城邦时期的波斯战争,此后"伦理学或人类行为——道德律——上之神秘的指挥者之研究,成为希腊哲学中的重要问题"②。哲学研究之宗旨、方法和对象由此产生了根本性变化。以基督教伦理学、法国唯物主义伦理学和折中主义为代表的伦理学是近代以来发展起来的伦理学。由于自然哲学和科学在近代的快速发展,在资本主义迅速发展的时期,经济问题迭出,价值重估思潮兴起,道德的基础、本质等问题重新成为人们关注的焦点,其中主要的伦理学思想是反对唯物论传统的基督教伦理学、唯物论的伦理学以及居于二者之间的折中派。法国思想家拉美特里、霍尔巴赫等人代表了反对基督教神学的新伦理学说,他们将快乐、幸福和利己的伦理观与唯物主义世界观结合起来,与伊壁鸠鲁学说颇为相似。启蒙时代成长起来的新兴思想家们是"有产阶

---

① 〔德〕考茨基:《一个马克思主义者的成长》,叶至译,三联书店1973年版,第23页。

② 〔德〕考茨基:《伦理与唯物史观》,董亦湘译,教育研究社1927年版,第2页。

级中聪明强干、勇往直前的分子"，有着为了理想而战、为反对基督教和封建统治而战的革命特性和强烈的战争观念。法国唯物论者伦理学说的性质、方式及道德感情程度，主要"决定于人类生活底状况，而尤其决定于国家组织及教育"①，其弱点则在于在利益分析中提出解决问题的根本出路是为道德和幸福寻找一个永久坚固的基础，为国家和社会寻找一种合理的形式，在革命的要求上仅仅声称"现存的国家是不道德的原因"②。在资本主义经济和政治制度都走在前列的英国，道德律的解释方法也与基督教和封建伦理密切联系。考茨基提出："经济发达之先锋的国家，一定喜欢一时姑息的调和，而不欲为激进的解决，这好像是社会发展底公例。"③英国伦理学的主要代表人物是苏格兰学者赫西斯和亚当·斯密的自然主义的利己主义。德国的伦理学是一种注重理性主义和普遍主义的伦理学。康德的批判哲学提出了作为普遍立法原则的超时空的道德律，这种道德律完全是社会具体要求的结果，是对当时个人的从属为主的封建制度的一种反抗。哲学上康德思想是一种调和论，而在政治上康德哲学是一种保守因素。

其次，考茨基以他所理解的唯物史观运用于伦理学研究，细致而全面地分析批判了康德伦理学。考茨基考察康德哲学以及之前的伦理学，构成了《伦理与唯物史观》乃至后来的《唯物主义历史观》中关于康德哲学相关章节的第一部分。康德主义力图以伦理学补充马克思的历史唯物主义，他们认为，马克思主义是"非道德"

---

① 〔德〕考茨基：《伦理与唯物史观》，董亦湘译，教育研究社1927年版，第15页。
② 〔德〕考茨基：《伦理与唯物史观》，董亦湘译，教育研究社1927年版，第16页。
③ 〔德〕考茨基：《伦理与唯物史观》，董亦湘译，教育研究社1927年版，第17—18页。

的，或者说马克思主义不需要任何道德标准。考茨基强调社会主义的历史必然性，他批判爱德华·伯恩斯坦和路德维希·伏尔特曼"用伦理观点去论证社会主义，把它当作一种正义的要求，当作一种使正义在人间成为真理的手段"。与此相反，"马克思由于有了唯物主义历史观，恰恰没有用伦理眼光去论证社会主义"，马克思的信念是，"那些作为新时代的标志的新观念是从这个时代所特有的新关系中产生出来的，并且在这种关系里得到它们的实现条件"①。

西方伦理学的发展经历了古代及基督教伦理学、启蒙时代伦理学、康德伦理学、进化论伦理学以及马克思主义的伦理学。康德伦理学既有重要的理论功绩，同时也存在着重大的理论缺陷。与近代英国和法国伦理学的发展相比，康德伦理学胜过从前支配于一般自然法则之下的伦理，而不去研究人类伦理的性质，因而是近代以来伦理学发展的较高阶段，其根本缺陷是观念论和明显的调和性。考茨基提出："近来有些人大声疾呼说'返于康德！'其实这些人真有意于康德的伦理，则不如说'返于柏拉图'更为好了。"②总结伦理学的发展史，考茨基认为基督教的伦理是旧伦理的代表，18世纪法国唯物主义的幸福伦理学是当时社会新伦理观的最高表现，美国的伦理学带有调和的色彩，因为它没有说明道德理想及道德感的原因。康德的伦理学是对这一问题的反映，但他走向了相反的、调和的一面。

第三，考茨基介绍了进化论伦理学并以此作为对英法伦理学及康德伦理学的重大突破和超越。考茨基认为，无论在伦理学还是科学认识上，进化论的最大贡献就是弥合了人类与自然界特别是动物

---

① 〔德〕考茨基：《唯物主义历史观》（中译本）第1分册，《哲学研究》编辑部编译，上海人民出版社1964年版，第9页。
② 〔德〕考茨基：《伦理与唯物史观》，董亦湘译，教育研究社1927年版，第22—23页。

之间的根本差异和鸿沟。达尔文证明了"利他心决非是人类独具的特性，就是于动物界中，也很可发现，而人类与动物的利他心，皆发生于同一的原因"，这是一种生物的本能，因此"以前划分人与动物间的鸿沟，已扫除尽净"。①考茨基认为生存竞争就是"与自然的全体奋斗"，这种生物与变动的环境之间的复杂关系对生物体产生了极为重要的影响。相对于植物而言，动物特别是人类具有运动和智力能力。自动的权力是为生存竞争最有力的武器，而智力就是一种认识能力。二者互相补充、缺一不可，都是生存竞争这一生物基本原则的根本手段。自我保存和自我繁殖是生物自我延续的本能，也是生存竞争的一种武器。进化论视野中的社会本能或特征：一是社会群体的分工和合作问题，这一点在近代社会以来日益明显，并且极大地促进了工业社会的发展；二是社会具有一种整体性的有机体特征，与动物机体相类似，比如协调统一性会增强各自的生存竞争能力；不同之处在于，社会意志表现为阶级或阶层之间的冲突，而动物或人类个体只是独立的个体意志；三是社会道德作为一种社会规则成为个体的习惯、风俗和本能特征之一；四是社会冲动、冲突的现象普遍存在于动物和人类之中，它们作为群体（个体）的本能，人类的社会冲动、冲突以及斗争的复杂性、社会性，是研究人类的重要途径。②总之，社会进化论的根本进步就在于，它对于过去和现存社会的理解放弃了以往理解过去及其合理性的温和做法，采取了一种革命的态度。这与唯物主义历史观是一致的。

第四，考茨基通过伦理学史的梳理，阐述了马克思主义伦理学的一系列基本理论。一是唯物论伦理观是从社会出发而不是从"精

---

① 〔德〕考茨基：《伦理与唯物史观》，董亦湘译，教育研究社1927年版，第50页。
② 〔德〕考茨基：《伦理与唯物史观》，董亦湘译，教育研究社1927年版，第65—76页。

神"出发，不是从超时空的"道德律"出发。马克思是从社会的人出发而不是从抽象的或生物的人出发，从这种哲学所发生的伦理观，可以称为"唯物的伦理观"。二是人的本质问题在于认识人与动物有质的不同，人是社会的人。人类社会的个体是由于社会分工的缘故，人和动物的区别在于人能制造工具，而社会的分工不同于动物界的分工的原始形式。与以往学说不同，马克思主义伦理学对人与动物之区别的认识是以制造工具为标准的，即"人类之异于动物，不在消费物底产生及器械的使用。而仅在于创造器械"①。由此，制造工具成为人类技术进步的一种标志，也是人类超越自然的根本能力，是生产不可缺少的环节。道德规范是永恒的、不变的，道德准则则会随着社会的发展而不断变化。动物界没有道德准则，但是存在着道德基础、社会本能和道德。三是人的群体本性和社会性随生产生活工具、方法水平的不断提高而加强。人类制造生产生活工具、改革创新方法的活动，使得人类日益超出自然生活的范围，逐渐走向社会群体性生活及其组织，并引起了人类个体和群体性和组织性的变化，社会生活日益走向复杂的组织形式和发展阶段。四是社会语言（言语）的发展，战争及财产的变化，阶级的分化等一系列社会现象的出现及日益复杂化，是人的重要的社会本能的发展。五是人类道德现象在社会变迁中发展。社会道德常常在统治阶级与被统治阶级之间出现重大的变化，而这种变化又常常与社会发展、社会革命关联在一起。"一切道德，都是相对的，所谓不道德，即道德中之不好的一种"，只有坚持社会历史的观点才能认识。唯心论伦理学主张当社会中出现不道德现象时，一定存在一种"超出于时间空间之独立永久的道德律；为独立于变化的社会状态

---

① 〔德〕考茨基：《伦理与唯物史观》，董亦湘译，教育研究社 1927 年版，第 89 页。

以外的一种标准,我们即据此标准而测定各社会各阶级底道德"。这种主张既是理想化的、幼稚的,同时也是温和的、妥协的,以此推及伦理社会主义必然又是不利于革命的,是一种调和阶级矛盾、阶级斗争的做法。反对唯物论的必然是"违反人民所共识及人民所以为必要的那种道德律"①。六是道德因素在社会发展中的作用不是主导的。就道德理想而言,唯物论的历史观是把以康德为代表的"超世的道德"变成了"人世的道德",它从考察"动物的起源而熟知道德之为物,且依技术进步之变化而决定其在人类社会中的变化"②。社会进步最重要的不是道德问题,而要以关于物质生产及其社会经济发展条件和状况的认识来确定。道德因素在社会发展中的作用并不是康德主义所倡导的主导地位。因此,修正主义用康德思想补充马克思主义,反对在科学社会主义中"阶级斗争之自觉的目的,已从道德的目的变为经济的目的",这才是对资产阶级的社会制度的现实的、直接的威胁,也是他们最不愿看到的。七是经济对道德具有决定性作用。"经济的发达,以显著的变化性引入了'自动物界所传承的道德要素'方面,这种变化性,依时代的不同,而变化其社会的本能及道德之强度"也有其相对的独立性。"道德规范,虽然依社会而变化……,但于某时间内,彼能脱其基础,而为其独立的生命",正是由于这种"独立的生命"的特性道德对社会生活有促进或阻碍作用。自有阶级以后,特殊的道德原理的维持往往变成为利益问题,并且常常为强大的利益问题。八是"自由与必然"、"习惯与风俗"、"道德律"、"国际主义"及"道德的理想"等都是重要的伦理范畴。在自然界和人类社会中,人们的行为都可

---

① 〔德〕考茨基:《伦理与唯物史观》,董亦湘译,教育研究社1927年版,第145—146页。

② 〔德〕考茨基:《伦理与唯物史观》,董亦湘译,教育研究社1927年版,第151页。

有一定的自由，但这种自由也是自然界和社会前定的。只有依据社会存在的必然性，才能认识道德律并使之成为科学的对象。至于风俗习惯的形成以及它们道德评价的关系问题，由于人们的行为反复出现，最后就成了习惯风俗。个人间之社会要求常常反复往来，从而成为一种有规律的习惯。人类常常有遮蔽其肉体的习惯，一旦袒露身体，就不知不觉地出现羞耻感。一个女人在室内袒露身体觉得害羞，而在海里游泳袒露身体则一点也不感觉羞耻。这种情形正是习俗和风俗的结果。

总之，考茨基对马克思主义的唯物论原则、社会历史方法、经济发展标准等内容在伦理学研究中都有一定的运用，是较早阐述马克思主义伦理学基本原理的学者。列宁在《唯物主义和经验批判主义》一书中曾评价考茨基对康德伦理学的批判，他认为："考茨基在他的《伦理学》里，也是从与休谟主义和贝克莱主义完全相反的观点去批判康德的"[1]，考茨基的观点代表着"费尔巴哈、马克思、恩格斯的整个学派"[2]。列宁还将考茨基的《伦理与唯物史观》作为研究马克思主义伦理学的重要参考著作，他指出："关于历史唯物主义和伦理学问题的著作有：卡·考茨基的《伦理与唯物史观》（1906年圣彼得堡版）和考茨基的其他许多著作。"[3]这里的"其他许多著作"，就包含考茨基的《康德的伦理学》、《道德基础》、《生活、科学和伦理学》和《道德的起源》等书。列宁对考茨基的伦理学研究和《伦理与唯物史观》的评价是比较高的，也是比较客观的，这种评价也代表了一部分学者的观点。可以说，考茨基的《伦理与唯物史观》一书在20世纪的前25年里对俄罗斯的马克思主义

---

[1] 列宁：《列宁选集》（第二卷），人民出版社2012年版，第167页。
[2] 列宁：《列宁选集》（第二卷），人民出版社2012年版，第168页。
[3] 列宁：《列宁专题文集论马克思主义》，人民出版社2009年版，第46页。

伦理学的形成和发展起到了很大的推动作用,其伦理学观点体系糅合了马克思主义、康德主义、达尔文主义,某些观点的影响甚至持续到20世纪50年代。

5. 唯物主义历史观视域里的人性论

考茨基的《唯物主义历史观》写于1919—1927年,于1927年由柏林狄茨出版社出版。[①]这是考茨基作为第二国际思想家在晚年关于马克思主义特别是历史唯物主义的总结之作,内容丰富,几乎涵盖了马克思主义思想的所有领域。这本书是考茨基为了回击人们对唯物主义历史观的种种责难,全面系统地阐述唯物主义历史观而著的。考茨基在《伦理与唯物史观》一书中重点考察的是马克思主义的伦理学说,对唯物主义历史观的一般理论论述较少;在《唯物主义历史观》中,考茨基将大量笔墨放在了一般唯物主义历史观理论的细致分析上,并把这一点作为深入分析研究伦理学的广泛、扎实的基础。

《唯物主义历史观》这部著作由两部组成:第一部论述自然界和社会,第二部论述国家和人类发展。全书共五卷,第一部分分三卷:第一卷,精神和世界;第二卷,人性;第三卷,人类社会。第二部分分两卷:第四卷,阶级和国家;第五卷,历史的意义。《唯物主义历史观》一书关于历史唯物主义的相关论述既有对马克思恩格斯创建历史唯物主义的继承性阐释,也有他对历史观理论的重新理解和阐发。《唯物主义历史观》是研究考茨基思想乃至整个第二国际理论家在20世纪初期理论走向的重要依据。

考茨基对人性问题的分析和研究是以唯物主义历史观为基础和

[①] K.考茨基的《唯物主义历史观》的中文版共分为六个分册,其中第1、4、6分册于1964年出版,第2、5分册于1965年出版,第3分册于1984年出版。

根据的，他反对把马克思的唯物主义历史观同社会达尔文主义、弗洛伊德主义结合起来，反对伯恩施坦把马克思主义与康德哲学调和起来，反对拉波博尔把 П. Л. 拉甫罗夫的观点与马克思的思想调和起来，反对阿德勒、布劳恩塔尔把马赫哲学与历史唯物主义合而为一，同时他也不赞成拉法格、伯恩施坦、捷列夫斯基、Н. И. 布哈林（Николай Иванович Бухарин，1888—1938）等人把马克思的唯物主义历史观称为"经济唯物主义"，更不赞成采用实在论或一元论、实证主义或感觉主义、经验主义或经验批判主义等名称指称马克思的历史观。考茨基明确指出："在恩格斯和马克思这两位精神巨人的许多丰功伟绩当中，最重要的是他们的唯物主义历史观。这种历史观已经成为他们共同的伟大终身事业的牢固基础。不理解他们所依据的这种历史观，就无法理解他们的全部社会主义，也就无法理解现代工人运动的本质。"①考茨基在谈到《唯物主义历史观》一书时说："我在这部书里所发展的这种世界观要归功于我的两位伟大的老师，但是通过五十年的工作以及在理论和实践中的应用，我已经使这种方法成为我自己的了。"②可见，考茨基说明他所发挥的历史观是以马克思和恩格斯的思想为依据的，他"深信它已经变得与马克思的历史观完全一致"③。考茨基说："……我比我们的导师晚生了一代还要多些，比马克思甚至晚生了将近半个世纪，所以我能从许多经验中得到他们当然无法知道的知识。这对我是有好处的，尽管我们的道路、天赋和经验如此不同，但我的历史观却与马

---

① 〔德〕考茨基：《唯物主义历史观》（中译本）第1分册，《哲学研究》编辑部编译，上海人民出版社1964年版，第1页。

② 〔德〕考茨基：《唯物主义历史观》（中译本）第1分册，《哲学研究》编辑部编译，上海人民出版社1964年版，第16页。

③ 〔德〕考茨基：《唯物主义历史观》（中译本）第1分册，《哲学研究》编辑部编译，上海人民出版社1964年版，第17页。

克思恩格斯的历史观极其一致，我认为，这就证明半个世纪以来我在历史研究中应用的并在应用中如愿以偿地完善起来的方法是正确的。"①当然，考茨基也对他与马克思在历史观方面的差异作了具体的分析。他指出："马克思和恩格斯适应着他们那个时代的科学状况，不得不把唯物主义历史观首先建立为一种关于阶级社会和阶级国家的历史的学说。只是到了晚年，他们才开始不只象从前那样偶然零星地、而是以联贯系统的陈述，将国家出现以前的无阶级的社会也纳入于他们的历史观范围内。恩格斯的《论家庭、私有制和国家的起源》的小书，是作为一份遗嘱留给我们的，它向我们指示了一条道路，我们应该循着这条道路，来扩大我们的大师们遗留下来的历史观。我在本书中力求遵循这条道路。同时，我尽力扩大唯物主义历史观的领域。"②可以说，利用人类学的科学成果来阐述和深化唯物主义历史观，这是考茨基的《唯物主义历史观》一书的特色，也是他对马克思、恩格斯晚年钻研人类学工作的领悟。

考茨基在该书的重要位置对康德思想进行了系统批判，点出了伯恩斯坦提出"返回康德"的修正主义理论基础及其危害。在伦理学上，《唯物主义历史观》一书可以视为考茨基《伦理与唯物史观》一书相关部分的深化。正如他自己所说："我以前写的那本《伦理和唯物主义历史观》"和"我的《自然和社会中的增长和发展》一文，是为本书所作的准备工作"③。在《唯物主义历史观》一书中，考茨基专门考察了康德学说中的唯物主义因素，并提出他的批判主

---

① 〔德〕考茨基：《唯物主义历史观》（中译本）第3分册，《哲学研究》编辑部编译，上海人民出版社1984年版，第1页。
② 〔德〕考茨基：《唯物主义历史观》（中译本）第5分册，《哲学研究》编辑部编译，上海人民出版社1965年版，第336页。
③ 〔德〕考茨基：《唯物主义历史观》（中译本）第1分册，《哲学研究》编辑部编译，上海人民出版社1964年版，序第2页。

义可以成为向唯物主义的一种更高的形态前进的出发点。同时，考茨基在1906年对康德伦理学的理论考察与1920年再次对康德哲学的审视，都深入探讨了其世界观基础的核心问题，即唯物论世界观以及由此延伸出来的作为认识出发点的"经验"原则。对"经验"问题的理解是考茨基在面对康德哲学时前后不一致的原因。考茨基认为，"康德用空间、时间和因果性的先天性打开了一个窗子，以便向自在物的'灵明'世界眺望。虽然这个世界是不可认识的，他却认识到它是无空间、无时间和无原因的"①。这点构成了康德描绘人类意志自由的出发点。康德认为，自由有两种形式，一是自然因果性中的自由，即处在因果链条中的自由；二是本体的自由，即"一个'本体'可以成为原因，而本身并没有原因。……康德虽然并不想证明自由的现实性，也不想证明自由的可能性，而只想证明自由的单纯的可思议性……把它说成我们心中全部热情的最确实可靠的基础"②。这是康德关于道德规律的基础。道德规律是一种形式原则，具有"无条件性和永恒性"，不被任何一种特定的目的"污染"，否则就会"落入现象的范围，就失去它的普遍有效性了"③。这种普遍性的核心就是意志自由和义务，它对于个人来说是一种神秘的"至上命令"，是不加思考地按照普遍立法原则完成的"应当"的行为。考茨基认为，将自由意志作为根本原则是康德的创新，自由意志由此与感觉经验脱离了一切关联。道德律存在于经验世界和本体世界，经验世界是一个必然的世界，未来世界是一

---

① 〔德〕考茨基：《唯物主义历史观》（中译本）第1分册，《哲学研究》编辑部编译，上海人民出版社1964年版，第96页。

② 〔德〕考茨基：《唯物主义历史观》（中译本）第1分册，《哲学研究》编辑部编译，上海人民出版社1964年版，第105页。

③ 〔德〕考茨基：《唯物主义历史观》（中译本）第1分册，《哲学研究》编辑部编译，上海人民出版社1964年版，第108页。

个自由的世界。康德就以纯粹的道德改造了世界，表现出明显的调和主义和折中主义倾向。

《唯物主义历史观》这部著作的宿愿是"为唯物主义历史观建立一个我们至今缺乏的、非常迫切需要的深入的基础"[①]。纵观全书，考茨基的确"研讨了我们理解唯物主义历史观时所涉及的一切领域"[②]。考茨基对唯物主义历史观的研讨是从整个宇宙总体出发的。他指出，自然界分成有机界和无机界，无机的自然界又表现出一些不同的积聚状态，即气体状态、液体状态、固体状态，各自遵守着特殊的规律。有机体的世界又分为没有意识迹象的生物和有显著意识的生物两大类。有意识的生物中又分为仅仅使用天然器官的动物和能自己另造人工器官的动物即人。最后，出现了人的各种社会组织及其特殊联系。[③]从宇宙总体出发，考茨基看到"唯物主义历史观是一方面在世界发展的普遍性中指出社会发展的特殊性。为了说明这两者，是必须研究和阐明许许多多各种各样的领域的"[④]。

考茨基在《唯物主义历史观》一书中以类人猿变成人为起点，一直考察到人类的"未来国家"的发展的全部历史。[⑤]《唯物主义历史观》五卷的内容结构也充分地体现了这一点。如果说，第1卷是概述唯物主义历史观形成和发展的历史，从一般的理论即唯物主

[①]〔德〕考茨基：《唯物主义历史观》（中译本）第1分册，《哲学研究》编辑部编译，上海人民出版社1964年版，第1页。

[②]〔德〕考茨基：《唯物主义历史观》（中译本）第1分册，《哲学研究》编辑部编译，上海人民出版社1964年版，第3页。

[③]〔德〕考茨基：《唯物主义历史观》（中译本）第1分册，《哲学研究》编辑部编译，上海人民出版社1964年版，第30—31页。

[④]〔德〕考茨基：《唯物主义历史观》（中译本）第1分册，《哲学研究》编辑部编译，上海人民出版社1964年版，第3页。

[⑤]〔德〕考茨基：《唯物主义历史观》（中译本）第5分册，《哲学研究》编辑部编译，上海人民出版社1965年版，第319页。

义与唯心主义、辩证法与形而上学、理论与实践等方面来阐释唯物主义历史观的本质，那么，其余四卷则是展示了人和人类社会发展的全部历史。其中，第 2 卷主要讲类人猿怎样变成现代人，人又怎样从自然的动物变成社会的动物；第 3 卷主要讲人类的无阶级社会；第 4 卷主要讲人类的阶级社会，特别是资本主义社会；第 5 卷主要讲人类未来社会的发展。马克思和恩格斯把"有生命的个人的存在"和"受肉体组织制约的人与自然界的关系"①规定为人类历史的起点，进而作为历史唯物主义的起点。考茨基晚于马克思整整半个世纪，《唯物主义历史观》一书大量采纳 19 世纪后半叶以来进化论、人类学方面的最新成就，深入思考了当年马克思恩格斯尚未来得及系统全面研究的人性问题。

对于社会达尔文主义的进化论，考茨基认为其最大贡献在于弥合了人类与自然界特别是动物之间的根本鸿沟。达尔文在《物种起源》一书中证明的"利他心决非是人类独具的特性，就是于动物界中，也很可发现，而人类与动物的利他心，皆发生于同一的原因"，是一种生物的本能。"以前划分人与动物间的鸿沟，已扫除尽净。"②考茨基重申生存竞争就是"与自然的全体奋斗"，体现了生物与变动的环境之间的复杂关系，对生物体产生了重要影响。人类的运动和智力能力主要是相对于植物而言的，"自动的权力"是生存竞争最有力的武器，智力是一种认识能力，二者互相补充，生存竞争的根本手段。自我保存和自我繁殖不仅是生物自我延续的本能，也是生存竞争的武器。进化论视野中的社会本能有四种表现：一是社会群体的分工和合作问题，这在近代社会以来极大地促进了

---

① 《马克思恩格斯文稿》（第一卷），人民出版社 1972 年版，第 24 页。
② 〔德〕考茨基：《伦理与唯物史观》，董亦湘译，教育研究社 1927 年版，第 50 页。

工业社会的发展；二是社会具有与动物机体相类似的整体性有机体特征，如协调统一性会增强各自的生存竞争能力，只是社会意志表现为阶级或阶层之间的冲突，而动物或人类个体只是独立的个体意志；三是社会道德作为一种社会规则成为个体的习惯、风俗和本能特征之一；四是社会冲动、冲突普遍存在于动物和人类之中，它们体现了人类作为群体（个体）存在的本能。以及人类的社会冲动、冲突和斗争的复杂性、社会性，对这些问题的认识是研究人类的重要途径。总之，进化论的进步在于它对于过去和现存社会的理解放弃了以往理解过去及其合理性的温和做法，采取了一种革命的态度。

就个人的思想发展历程来说，考茨基认为在他的历史观形成的时候"达尔文主义是风行全世界的学说"，而在马克思和恩格斯创立唯物主义世界观的时候，还谈不上什么达尔文主义。马克思、恩格斯"是从黑格尔出发的，我是从达尔文出发的。我所研究的首先是达尔文，后来才是马克思"。[①]如同马克思、恩格斯在黑格尔哲学盛行的背景条件下从黑格尔出发一样，考茨基在达尔文主义盛行的背景条件下也是从达尔文出发的。考茨基在1923年所写的自传中说得很清楚：上大学时"除了研究历史之外，我还从事自然科学的研究。在70年代里，整个文明世界都崇尚达尔文主义。我也热烈赞成达尔文主义"。[②]考茨基在写作《唯物主义历史观》时社会达尔文主义是一种用达尔文主义说明社会，并把历史归结为"生存斗争"的社会理论。考茨基认为："不能容许把对于自然是正确的规

---

① 〔德〕考茨基：《唯物主义历史观》（中译本）第1分册，《哲学研究》编辑部编译，上海人民出版社1964年版，第17页。
② 〔德〕考茨基：《一个马克思主义者的成长》，叶至译，三联书店1973年版，第5页。

律应用到社会"①,"社会的规律只有靠着对社会的研究才能得到,自然界的规律只有靠着对自然界的研究才能得到"②。考茨基反对当时的自然科学家们"从生存竞争中得出战争的必然性,从最适者生存得出资本主义的必然性,最后从有机体的遗传规律得出世袭贵族和世袭君主国或者反犹太主义的必然性"③。他引述恩格斯的观点说:"想把历史发展及其错综性之全部多种多样的内容都总括在贫乏而片面的公式'生存斗争'中,真是完全的幼稚。这简直是什么也没有说,甚至比什么都没有说还坏。""达尔文的全部生存斗争学说,不过是把霍布斯〔Bellum Omnium Contora Omnes(一切人反对一切人的斗争)〕的学说和资产阶级经济学上的竞争论以及马尔萨斯的人口论从社会搬到生物界来而已。完成了这个戏法之后(要证明它无条件的正确——特别是关于马尔萨斯的学说——还很成问题),要再把这些理论从自然界搬回社会史上来,那是很容易的;至于以为这样一来便证明了这些说法是社会永恒的自然法则,那就未免太天真了。"④可见,尽管考茨基早年受过社会达尔文主义的影响,但他在写作《唯物主义历史观》时对社会达尔文主义采取的否定态度是很明显的。

每一社会历史发展阶段都会有与生产力相适应的经济基础,并有宗教、哲学、道德等上层建筑的意识形式与经济基础相适应。考茨基以人类学研究成果为基础,对唯物主义历史观的一系列原理作

---

① 〔德〕考茨基:《唯物主义历史观》(中译本)第 2 分册,《哲学研究》编辑部编译,上海人民出版社 1965 年版,第 32 页。
② 〔德〕考茨基:《唯物主义历史观》(中译本)第 2 分册,《哲学研究》编辑部编译,上海人民出版社 1965 年版,第 33 页。
③ 〔德〕考茨基:《唯物主义历史观》(中译本)第 2 分册,《哲学研究》编辑部编译,上海人民出版社 1965 年版,第 9 页。
④ 〔德〕考茨基:《唯物主义历史观》(中译本)第 2 分册,《哲学研究》编辑部编译,上海人民出版社 1965 年版,第 35 页。

了更为精确的把握，这突出地表现在他对马克思《政治经济学批判》序言中提出的唯物主义历史观的一系列基本原理的阐释。考茨基认为，马克思为《政治经济学批判》所写的序言中对唯物主义历史观的"经典性的表述"是：社会的物质生产力在一定的发展阶段上与现存的生产关系发生矛盾，那时一个社会革命的时代就来到了，"这是马克思的历史观的精髓"。①考茨基在《唯物主义历史观》第2卷里专门论述了人性问题，其中评述了当时颇为流行的弗洛伊德的学说：人也并不是仅仅进行有意识的行动的生物，即使在今天文明发展到最高阶段的时代，有伟大的科学发展，我们的行为仍然经常有很大一部分，甚至绝大部分是出自于无意识的本能、欲望和习性的。弗洛伊德指出这一点的确是他的一件功劳。不过，可惜他由于提出了一些急躁的假说和片面的说明，使他那些正确的思想大大地减色了。考茨基批评了弗洛伊德的崇拜者对弗洛伊德学说的"无批判态度"，指出"他们是把他所确认的一切全都不加检验地奉为真理的"②，考茨基进而对弗洛伊德学说提出了不同的看法，他认为："尽管无意识的因素在我们身上潜伏着并发生作用，个人的有意识的考虑以及这种考虑对欲的生活的约束，却在人身上起着越来越大的作用。"③"我并没有意思要否认弗洛伊德的假说对医学的重要性。他的假说也许会使医学大大开花结果。关于这一点，我不能有所判断。但是他的假说的对象，即无意识心理，则要求比其他任何的对象都有最尖锐的自我批判、慎重而严谨的科学态度来加以

---

① 〔德〕考茨基：《唯物主义历史观》（中译本）第1分册，《哲学研究》编辑部编译，上海人民出版社1964年版，第8页。
② 〔德〕考茨基：《唯物主义历史观》（中译本）第2分册，《哲学研究》编辑部编译，上海人民出版社1965年版，第135页。
③ 〔德〕考茨基：《唯物主义历史观》（中译本）第2分册，《哲学研究》编辑部编译，上海人民出版社1965年版，第135页。

研究。"①考茨基不同意弗洛伊德在《图腾和禁忌》中通过现代的神经病者、精神病者研究原始人的精神本质的独特的方法，因为这里面对着的是两种根本不同的现象，"认为人们可以在弗洛伊德教授诊室里，靠着文明没落的产物来研究原始人的本质，来研究还没有任何文化之前的原始人的本质，这的确是绝顶荒谬的想法"②。"就医疗实践来说，弗洛伊德的精神分析归根到底无非是把天主教忏悔室里所使用的一些技巧搬进医生的诊疗室里而已。……对社会学来说，它的确并不是充实了我们的知识的。只是因为它非常流行，我们才不得不这样详细地讨论它。"③"有人再三鼓励我把精神分析的成果和我的历史观结合起来。但是我在精神分析里还没有发现什么东西，会提供新的帮助来说明历史的过程。因此我还看不见有什么理由，使我要依靠这个至少目前让我这外行人看来还很不可靠的基础。"④可见，考茨基没有把弗洛伊德主义作为其历史观的理论基础。

人类本性"不是经过历史发展变成了人的本性，而是人从那种历史开始时所具有的，从他的动物祖先遗传得来的本性"⑤。人类本性是人类从动物祖先那里继承来的本能及欲求。考茨基将这些本能及欲求区分为自我保存欲、社会欲、道德欲、爱情欲、审美欲、

---

① 〔德〕考茨基：《唯物主义历史观》（中译本）第2分册，《哲学研究》编辑部编译，上海人民出版社1965年版，第54页。
② 〔德〕考茨基：《唯物主义历史观》（中译本）第2分册，《哲学研究》编辑部编译，上海人民出版社1965年版，第54页。
③ 〔德〕考茨基：《唯物主义历史观》（中译本）第2分册，《哲学研究》编辑部编译，上海人民出版社1965年版，第186页。
④ 〔德〕考茨基：《唯物主义历史观》（中译本）第2分册，《哲学研究》编辑部编译，上海人民出版社1965年版，第55—56页。
⑤ 〔德〕考茨基：《唯物主义历史观》（中译本）第2分册，《哲学研究》编辑部编译，上海人民出版社1965年版，第51页。

探求欲，肯定其在某种程度上推动了史前社会人类历史的发展。

自我保存欲是人类有机体在生活环境的不断刺激下为保存自我生命所具有的一种强烈的生活意志，表现为有意识地适应环境、选择环境的能力。这种欲求既不同于叔本华所论的利己主义，也不同于伊壁鸠鲁所说的快乐主义。前者把利己主义看作是自我保存欲的表现，认为人类和动物主要而且根本的动机是利己主义，强烈要求生存和幸福。"利己主义不外是于追求自我保存之外，还努力突出自己，牺牲别人，如果认为是必要的或有利的，不惜压迫别人，虐待别人，甚至毁灭别人"；"凡是保存住自己不受损害而没有因此而损害了别人的，或者凡是替自己找到了食物而没有减少了别人的食物的，都还不是利己主义者"。①自我保存欲不等于利己主义，也不等于快乐主义。要求快乐的努力只是自我保存欲的特殊形态，而追求快乐的范围则远超出自我保存。自我保存欲固然是根本欲求，但却不是唯一的欲求，其他欲求也都能引起快乐或痛苦的感觉。所以，快乐或痛苦的感觉往往是欲求得到满足或得不到满足所产生的结果，而不是欲求产生的原因。自我保存欲是一种原始的、最强有力的欲求，是一切欲求的本源，它由此派生出社会欲等欲求。

社会欲求是在动物群居性中发展起来的一种社会性。群居性并不等于社会性，要使群居性转变为社会性，就要在其机体身上产生出参与社会的乐趣，增强机体间的联合并不断遗传给后代，最终形成一种持续的欲求即社会欲。社会欲参与社会的乐趣不仅可以御敌，还可以容易取得食物。人类机体最有力、最有效的而且几乎是唯一的生存斗争的武器就是社会。人类富于思想性，本身意味着人类有社会性。孤独会使人变得十分愚笨和鲁钝。没有社会性，人类

---

① 〔德〕考茨基：《唯物主义历史观》（中译本）第2分册，《哲学研究》编辑部编译，上海人民出版社1965年版，第68页。

生存方式远不如一般动物。人既不像肉食动物那样有尖利的爪和齿，也不像河马、犀牛依靠巨大的身体保护自己，人也没有松鼠、麋鹿的敏捷，也不可能以极大的生殖力来抵制杀伤。人只是在社会中并通过社会才有自己的发展，因此社会欲是人类的本质特征。

道德欲是道德观念、道德责任、道德标准等的根源。马克思恩格斯之后普列汉诺夫对道德的心理分析甚多，考茨基在达尔文关于人类起源的思想基础上提出道德起源于欲求的观点。达尔文对人的心理与动物心理进行比较，把动物表现出的与人类道德完全类似的心理现象看成是出于本能和欲，这种欲和本能又是同社会生活联系在一起的。考茨基肯定了达尔文的观点，认为他打破了长期以来横亘于人类和动物之间的鸿沟，在人和动物那里一切道德现象都起源于欲，而欲又是群居生活的产物。人类的道德行为和道德判断都具有强烈的欲求性。当儿童突然落水，周围人是不可能冷静地考虑普遍的道德律令，然后再做出不同的选择。他们只是受社会欲的驱使，决定救助或者相反。这两种行为的判断凝聚了欲的性质，人们不知不觉地对这两种行为作道德上的臧否。这一判断是生活实践的结果。

决定一个人行善或行恶乃是由于他的社会欲望的强弱不同。考茨基有时也承认善恶观随时代、国家的不同而明显不同，即使在同一时代、同一国家之中，由于阶级属性的差别也会迥然有异。关于善和恶的观念并不是以什么事实上对社会是善的和有害的为根据，而是以人们认为什么是善的和有害的为根据。这一点正足以证明，行善的热望是我们心中的一种带欲的性质的热望。"每个人的道德判断和行为首先要依靠他所具有的欲。"[①]社会欲和道德欲在人类社

---

① 〔德〕考茨基：《唯物主义历史观》（中译本）第 2 分册，《哲学研究》编辑部编译，上海人民出版社 1965 年版，第 104 页。

会中具有一定的进步作用，不过考茨基有时也沿袭动物"本能的道德欲"来解释人类社会，他看重"欲"在道德判断中的作用，以至于忽略了社会的道德标准对于人所产生的影响。显然，道德的判断是以一个社会的道德标准为准绳的，尤其是在阶级社会里，道德的标准必然具有阶级性。对于人类来说，虽然也存在一些普遍的道德律令，但这些普遍的道德律令是在社会生活中产生的，反复作用于人类自身并在人的思想中留下深刻烙印。一旦遇到某一道德行为做出判断，这些普遍的道德律令便会如条件反射一般做出判断，也使人感到这是出于一种道德欲的判断。考茨基正是夸大了这种道德欲，才倾向于做本能的解释。

生殖欲是人的意志中最强有力的因素之一，考茨基认为如果忽视了这一因素，就无法理解人的意志及其在历史上的作用。生殖欲是作为社会欲动力的自我保存欲之外的保种服务的欲望。社会上占优势地位的两性关系不但决定当时的婚姻形态，还对当时的社会结构有极重要的意义。上古时代，两性关系完全是无规则的，在自我保存欲和保种欲的作用下这种充分的性自由也受到一定的限制，其中包括禁止近亲结婚。至于禁止近亲结婚的原因，既不是麦克林南所说的由于部落内部杀死女婴而不得不向外部落抢劫女性而形成的习惯，也不是弗洛伊德认为杀父娶母行为所导致的后果。弗洛伊德要人们"相信整个人不过是他的性器官的附属品而已"[①]，"无论在儿童和神经病人的心理生活方面，还是在社会发展方面，弗洛伊德的偏执狂都是用惊人的技巧把万事都归结到这一点"[②]。考茨基认为弗洛伊德的假设是建立在蒙昧人和神经病人在心灵生活上有一致

[①]〔德〕考茨基：《唯物主义历史观》（中译本）第2分册，《哲学研究》编辑部编译，上海人民出版社1965年版，第55页。

[②]〔德〕考茨基：《唯物主义历史观》（中译本）第2分册，《哲学研究》编辑部编译，上海人民出版社1965年版，第185页。

之处的认识基础上的,而蒙昧人的想象显示的多样性远远超过弗洛伊德精神分析的想象,弗洛伊德对蒙昧人及神经病人的唯一解释是"俄狄浦斯情结",这一基点仅属神话意义。因而他从神经病患者的心理分析得出蒙昧人禁止近亲结婚的原因是荒唐的。

考茨基在探究禁止近亲结婚的原因中更欣赏库诺夫的理论,因为库诺夫认为,年龄差别很大的男女结合不仅常常不能生育,即使能生育也是一些身体孱弱的子女,这样蒙昧人便禁止不同辈分的人结婚。同辈女子人数对男子来说显得不足,迫使男子掠夺其他部落女子的行为逐渐形成了禁止近亲结婚的习俗。这不可能是蒙昧人自觉认识到的,因为就蒙昧状态来说,他们是不会具备太多的智力观察出近亲交配之害的,他们只会把这种害处与神魔联系起来。世代近亲结婚的部落,逐渐衰亡。由于某种侥幸,这个部落的男子与俘掳来的外部落女子的性结合,产生出一些健壮伶俐的后代,久而久之,这些男子开始形成一种观念,即认为与同族女子结合会受到神的诅咒,而同外族女子结合则会受到神的祝福。部落内部基于这种神的力量就形成了一种禁令:不允许本部落的男女青年结合,使部落免受灾祸。因此,"禁令并非基于科学的理解,而是基于那种象原始民族的许多其他观察一样,是和幻想的神秘集体观念纠缠在一起的。所以它才具有一种宗教的伦理形态"[①]。

爱欲不排斥社会性和利己性,在人类社会中成年人(母亲、父亲和其他成员)对儿童的关心和爱护无疑属于社会欲领域;促使人追求恋爱而以文雅为其高潮的那种爱欲,往往会使同性别者不睦,甚至发生你死我活的战斗。人们对这两者的评价却大相径庭,他们会把生育子女看作是崇高圣洁的天使行为,给予最大的尊敬,因为

---

① 〔德〕考茨基:《唯物主义历史观》(中译本)第2分册,《哲学研究》编辑部编译,上海人民出版社1965年版,第193—194页。

母亲为子女做出的种种牺牲精神凝聚了社会性质；对交媾的欲望他们却讳莫如深，因为他的那种独享的快乐极易带有反社会的性质，如果不极其严格地遵守社会所规定的限制，那它就要被打上不道德的烙印。爱欲的这种复杂性对社会存在和发展有很大影响，包括自我保存欲和繁殖欲在内的爱欲，是人类历史发展进程的起点，并对人类发展高度起决定性影响。在野蛮时代，掠夺妇女同向杀人者复仇同样是凶暴争夺的起因；在文明时代，为妇女被掠而兴师动众也是历史事实。因此，"在较狭义意义之下的性欲，即仅作为性交者的性欲，在历史上也起过它的作用"①。特洛伊战争就是源于性欲的冲动而酿起的杀人毁城的决胜之战。考茨基受弗洛伊德的影响而注意到人类社会中的性欲问题，但他并没有像弗洛伊德那样，把性欲当作理解人类行为的唯一钥匙，而是采用了唯物辩证的研究方法，既肯定性欲在人类发展史中的作用，又把这一作用加以限制，认为性欲只是人类各种欲的一种，同各种欲一样进入历史发展进程从而干预历史发展。

审美欲是源于动物祖先，同时也是人进行创造性的活动并按照自己的审美观点创造美的欲求。达尔文曾列举了审美欲在动物身上的表现：雄鸟在雌鸟面前展示其羽毛的华丽容彩，以优美婉转的鸣叫使雌鸟愉悦，低等动物也对美妙的音乐声调表现出本能的趋动性。动物的这种粗陋的美感一般是受异性的激发，同求偶作欢相关联。人则不同，除了具有感知美及欣赏美的能力，人还能再现和创造美。考茨基分析人的审美欲，严格划分了两种审美形态：动物只有在选择美的对象时挑选其中比较美的物什来表现其审美感，而人则能进行创造性的活动并按照自己的审美观点人工制造颜色、形状

---

① 〔德〕考茨基：《唯物主义历史观》（中译本）第2分册，《哲学研究》编辑部编译，上海人民出版社1965年版，第245页。

和声音，并将其有机地结合起来。人类所创造出的众多审美形态无一例外地贯穿了人类的智力和理解力，凝聚了艺术的创作，从而也构成了人类所特有的一种能力。

艺术首先来自人类的劳动和生活，起源于妇女的劳动。当她们从事缝制、编织等劳动时，不仅注重物品的实用，也注意到了美感。随着分工的确立与发展，男子的狩猎活动日益成为生活的中心，采用了自然主义的表现方法摹写有生命的东西，动物和人的造型艺术随即出现了。因此，考茨基肯定审美欲不仅是人类从动物祖先那里获得的一种天赋，而且它作为人类所特具的艺术本质又远远超出了动物的简单美感。

探究欲是人类诸种本能和欲求的最后一类，是人类对认识作认同的努力。动物为了在生存竞争中获胜以及为了繁衍，必须认识它生活在其中的外在环境和自身的内在能力，只有更真切地认识外界环境及其自身条件，才可能优于同类而得到更好的生存条件。动物的这种认识只是出于一种自我保存的本能，远未及人类的认识形式和目的。人类只有使用语言，"才能深刻地描述现象，才能够把他从别人那里听来的描述准确地、详尽地重述出来，使之从一代传给另一代，从一部落传到另一部落，而文字的发明则又大大便利和促进了这种传播经验的方式。"[①]人类经验范围及个体经验的数量，随科技的发展而日益扩大和增多。科学技术的进步，大大拓宽了人类认识的视野，不仅在不断地解决现有的问题，而且还遇到了许多需要新的解决方法的新问题，促使人们比以前更深入地探究周围世界。人类的探究欲深深地植根于动物性之中。在动物那里，潜在地蕴藏了认识世界的"欲"，即渴望认识世界中那些为它的感官所能

[①]〔德〕考茨基：《唯物主义历史观》（中译本）第2分册，《哲学研究》编辑部编译，上海人民出版社1965年版，第239—240页。

及的部分。人类继承了祖先的这一特性并扩大发展,使人类能更好地认识和把握其所处环境和自身,更有利地发展自己。

考茨基对人类的欲求本能作了详尽、缜密的考察,这种创造性的研究不仅丰富和发展了人类学思想,也确实显示了这种研究的必要性。从《唯物主义历史观》阐述的人性论来看,如果把考茨基的《唯物主义历史观》说成是修正主义哲学代表作,公开地、全面地篡改和修正了马克思主义哲学,是同该书的内容相悖谬的。该著中存在社会达尔文主义、弗洛伊德主义成分,也存在着修正马克思主义哲学的成分。《唯物主义历史观》一书充分利用人类学研究的成果,拓展了唯物主义历史观的研究领域,进一步阐释了唯物主义历史观的一系列基本原理,深化了对唯物主义历史观的一些重要观点和范畴的科学理解。可以说,考茨基运用唯物主义历史观探讨了人性、道德、文化等问题,指出了唯物主义历史观进一步发展的方向。值得注意的是,考茨基割裂了马克思主义思想内在因素的联系。马克思创立了唯物史观,考茨基为此写就了《唯物主义历史观》这样的鸿篇巨著,但是考茨基不认为唯物史观是哲学。他在1908年的"一封关于马克思和马赫的信"中表示,"我认为马克思主义不是哲学,而是一种经验科学,一种特殊的社会观"。[①]"马克思没有宣布一种哲学,而是宣告了一切哲学的终结。"对于马克思恩格斯创立的唯物史观的界定,考茨基给出的答案是,把马克思主义的哲学作为而且仅作为方法论来对待。考茨基认为"在马克思和恩格斯那里,唯物主义总是嵌在他们的方法之中的"[②],唯物主义方法是"以经验为根据、以研究我们的经验中的各种必然的因果关

[①] "一封关于马克思和马赫的信"。参见中央编译局国际共运史研究室编:《国际共运史研究资料》第三辑,人民出版社1981年版,第251页。

[②] 以上参阅K.考茨基:《唯物主义历史观》(中译本)第1分册,《哲学研究》编辑部编译,上海人民出版社1964年版,第23页。

系为根据的方法"①。马克思主义哲学是世界观和方法论的统一，世界观是人们对整个世界的总体看法和根本观点，方法论是人们认识世界和改造世界所遵循的根本方法的学说和理论体系。方法论同世界观是紧密联系的一个整体，哲学是系统化、理论化的世界观，也是方法论。考茨基将马克思主义哲学，或者基于他不将马克思主义视为哲学，唯物史观仅仅作为方法论而不是世界观，就人为地割裂了马克思主义作为一种世界观和方法论整体内部的联系，从而将马克思主义哲学降低至实证科学方法的层次。正是基于这种认识，考茨基提出唯物史观可以和一切使用辩证唯物主义方法的世界观兼容。"唯物主义历史观不仅可以与马赫和阿芬那留斯合得拢，而且可以与许多别的哲学合得拢。"②无论是不将马克思主义视为哲学，还是将马克思主义哲学仅视为方法，都是缺乏辩证法从而将马克思主义实证化的表现。对于这个缺点，科尔施在《马克思主义和哲学》（1923）和《唯物史观及和卡·考茨基的论战》（1929）等著作中都有评述，他指责考茨基不懂辩证法。考茨基的历史唯物主义甚至被认为是一种庸俗的决定论、机械论和历史的宿命论。

---

① 〔德〕考茨基：《基督教之基础》，叶启芳等译，三联书店1955年版，第168页。
② 〔德〕考茨基：《唯物主义历史观》（中译本）第1分册，《哲学研究》编辑部编译，上海人民出版社1964年版，第30页。

第二章
争鸣与奠基：苏联列宁主义伦理思想

俄罗斯伦理学家 A. A. 古谢伊诺夫（А. А. Гусейнов，1939— ）负责编纂的《伦理学说史》（莫斯科"卡尔达利库"科学研究中心出版社 2003 年版），将 20 世纪前二十二年苏俄伦理思想史看作一个相对独立的发展阶段（1900—1922 年）。这个时期的特点是各种思潮不断涌现，伦理思想呈多样性发展，促成了包括宗教哲学、神学、马克思主义和科学实证主义等不同道德学说和伦理学流派的产生和发展。新的伦理世界观在这一时期开始形成，这一伦理世界观将社会改良主义学说和伦理学的形而上学的元素糅合在一起，马克思主义的伦理思想元素充实到了伦理唯心主义思想体系当中。波格丹诺夫、E. A. 普列奥布拉任斯基、普列汉诺夫等人为马克思主义伦理思想在俄罗斯的萌芽和传播起了重要的作用，伦理唯心主义在这一时期仍然处于伦理世界观的中心位置，其在基本原则方面坚持伦理世界观中的形而上学元素，尊崇超验的事物，认为伦理世界观的形而上学成分能够拓宽思想领域，赋予世界观以完整性和深度；伦理唯心主义承认道德秩序和道德规律的存在，认为应然范畴作为独立的存在，能够促进每个人遵守的道德规则的形成；它遵循基督教—民主的原则，即个体原则和平等原则。

20世纪开始的前20多年，大致以1924年俄共（布）中央监察委员会制定"党的伦理"方案为标志，①俄罗斯文化界在广泛翻译、接受国外伦理学文献的基础上，使传入俄罗斯的马克思主义伦理思想在与东正教神学、实证主义等各种思想流派的对立、争鸣、融合或自由发展中逐步清晰起来。20世纪初，俄罗斯大众将奥地利无政府主义者A.缅格尔的伦理学著作（《社会主义和伦理学——道德新学说》在1905至1906年间再版了10次）和考茨基的著作（《伦理与唯物史观》在1906—1922年间再版11次）多次出版。1922年，K.考茨基的《伦理与唯物史观》由俄罗斯联邦国家出版社最后一次出版（附录有K.考茨基的《生活、科学和伦理学》、阿克雪里罗德的《考茨基的伦理学》）。在苏联列宁主义时代，苏联化的马克思主义伦理思想在争鸣中奠基，这个时代不仅存在着以马克思主义伦理学的名义发展的新康德主义和社会达尔文主义的伦理学论证方法（Л.沃利特曼、K.沃尔伦德尔等）及其对俄罗斯伦理传统的影响，存在着在俄苏马克思主义伦理思想形成中也具有了一定意义和作用的K.考茨基的伦理学，也存在着A.B.卢那察尔斯基糅合马克思主义和尼采哲学的尝试——"个体道德主义"（1905）和柯伦泰在著作中对马克思主义伦理学进行实证主义的论述（1905—1906），而且还存在着伦理"造神说"（A.B.卢那察尔斯基、H.H.科什卡列夫、C.A.沃利斯基、M.Γ.高尔基等人），关于法律和道德的普遍原则的争论（A.B.卢那察尔斯基、Л.马尔托夫、阿克雪里罗德）以及道德拜物教批判（波格丹

---

① 〔俄〕古谢伊诺夫（《伦理学说史》，莫斯科：科学研究中心出版社，2003年版）和纳扎洛夫（《20世纪俄罗斯伦理学编年史》，载《伦理思想》2001—2003年，莫斯科）皆以1922年苏联成立为标志。

诺夫），等等。1911 年，М. В. 别佐布拉佐娃创立了俄罗斯历史上第一个伦理学协会，其前身是"俄罗斯妇女慈善互助协会"（1895）及其领导下的"伦理学小组"（1899）。对道德论证的阶级分析方法和历史唯物主义态度是马克思主义伦理思想苏联化的一个十分显著的具体体现。十月革命前，В. И. 列宁对马克思、恩格斯的伦理思想遗产进行了详细的阐述和结合实际的创造性发展。列宁以苏联人民社会主义建设的实践为基础，以唯物史观和辩证法为方法论前提，对道德的本质、起源、道德的特点和社会功能、道德教育等问题进行了分析，揭露了封建宗法道德和资产阶级道德的反动本质；研究了伦理学的方法论问题，指出了道德理论和实践的依赖关系；阐明了哲学和伦理学不可分割的联系，从哲学角度出发寻找小市民习气的根源。最为重要的是，列宁以马克思主义的实践态度将伦理思想引入阶级斗争。伦理学不仅成为知识分子的分析工具，而且也是社会活动和思想斗争的工具。列宁还指出，历史主义和阶级性是马克思主义伦理学的基本原则，道德的产生和出现是与阶级利益和社会历史条件紧密相连的。列宁批判了沙皇俄国时期存在于沙皇俄国的各种伦理学理论，如新康德主义、新实证主义、新黑格尔学说、无政府主义、民粹派、宗教神秘主义等流派，尤其对伦理社会主义给予了严厉抨击；通过论述以人民为主体的政治道德、必然与自由的理论、道德品德论和道德教育方法论，对共产主义道德合理性进行了论证。这个时期，И. А. 伊林的著作《论暴力抗恶》在柏林出版，莫斯科关于法典"党的伦理"采用的争论也达到了顶峰。这一时期在马克思主义伦理思想框架内创建了以共产主义建设者道德法典的采用为起点的"共产主义道德理论"，列宁阐述了其马克思主义伦理思想，同时体现俄罗斯宗教伦理传统的经典道德观本质的伊林的著作《歌唱的心灵》在慕尼黑出版。由于苏联社会政治意识形态、社会主义制度框架体系的建立，以及列宁作为马克思主义理论家、国务活动家的努力，俄苏马克思主义伦理思想最终奠定了其基础，其标志是正统的苏联马克思主义道德意识形态理论在俄罗斯的初步形成。

列宁伦理思想是对马克思主义伦理思想的理论阐述和实践发展，在这个意义上，列宁的马克思主义伦理思想可以称列宁主义伦理思想。列宁主义伦理思想总是与时代的需要密切相连，有着清醒的革命性和现实性。这是由于列宁坚持实践高于（理论的）认识的原则，工人运动革命性任务和工人运动本身的特点是他全部伦理思想的出发点。列宁把创造性地分析马克思主义道德理论作为他的任务，他认为与实践相结合的理论才是有生命力的，才能成为有力的思想武器。阶级斗争、社会主义革命和共产主义建设是列宁伦理思想的核心内容，因此，在解决伦理学问题时，它的实践性、阶级性、党性和社会性是不可能被掩盖住的。列宁不同时期的讲话和作品也印证了这一特点，即十月革命之前的时期主要关注的是道德范畴体系道德原则，以便在其中发现和归纳出有利于准备和实现社会主义革命的道德；而十月革命之后，列宁的著作主要致力于新条件下新产生的道德问题研究。列宁没有留下专门的伦理学著作，但是伦理和道德视域的相关理论论述却随处可见，他的著作涵盖了道德基本理论和道德实践举措中的很多方面，并在这些论述中体现了自己的共产主义道德理想。这样，与实践相关的现实性和具体内容的全面性就构成了列宁主义伦理思想体系的特点。

一、道德论争与伦理探索

1. 伦理情感社会主义

19世纪末20世纪初，伦理唯心主义成为俄罗斯宗教复兴的源头，伦理问题被宗教问题替代。布尔加科夫、Д. С. 梅列日科夫斯基和卢那察尔斯基在这一过程中起了决定性作用，他们完成了从"求真说"向"寻神说"的转变，实现了从基督教伦理向美学基督教的转变，其结果是宗教社会主义一度代替了伦理社会主义。1905年，圣彼得堡和莫斯科的各类出版物（《知识》《声音》《教育》《钟》等）刊载了奥地利经济学家、无政府主义理论家安东·门格尔的《社会主义和伦理学——道德新学说》，此书在两年之内再版了10次。1906年，Н. Н. 科什卡列夫的《论无产阶级伦理学》一书由莫斯科话语出版社出版，此书从1906—1923年间数次再版，是马克思主义领域中"造神论伦理学"的变体之一。

十月革命前后，俄国马克思主义逐渐形成了两个流派，即非正统派和正统派。前者的典型代表是苏联共产党活动家、评论家卢那察尔斯基，后者是全俄中央执行委员会委员柯伦泰。卢那察尔斯基是哲学家和政治活动家，1897年投身革命，1904年起参加俄国社会民主工党布尔什维克的《前进报》和《无产者报》的编辑工作。1908—1911年间，他同波格丹诺夫等人一起宣扬经验批判主义，企图建立一种"社会主义新宗教"。1906年，每周出版一次的《生活学报》（第1、6期）刊登了卢那察尔斯基针对考茨基著作的文章——《伦理学和马克思主义》，以及针对Н. Н. 什卡列夫的《论无产阶级的伦理学》的批判性评论文章——《无产阶级和伦理学》。这个时期卢那察尔斯基的其他著作还有《理查德·阿芬那留斯、卢那察尔斯基对纯粹经验批判的通俗叙述》《宗教和社会主义》等。苏联时期的卢那察尔斯基积极参加意识形态和伦理建设，在理论宣传、文学艺术和美学领域里，自觉运用和发展马克思主义观点，做出了积极的贡献。卢那察尔斯基的主要伦理学著作有：《唯心主义和唯物主义：资产阶级文化和无产阶级文化》（1923）、《科学、艺术、宗教》（1923）、《道德和自由》（1923）、《用马克思主义观点观察道德》（1925）、《论人的教育》（1928）等。

1.1 社会主义宗教论

在革命时期以前的著作中，卢那察尔斯基就对俄国一些唯心主义者（如别尔嘉耶夫、舍斯托夫、C.H.布尔加科夫，伊万诺夫-拉祖姆尼克等人）的伦理思想进行了批判，揭露了他们硬说马克思主义似乎忽视人类个人道德问题的论点毫无根据。1905—1907年革命失败以后，在一段时期内，卢那察尔斯基赞同造神说的观点，捍卫"宗教无神论"的思想——利用宗教作为在群众中确立集体主义理想的道德前提。1905年，卢那察尔斯基在为P.阿芬那留斯的著作《纯粹经验批判》所写的序论"实证唯心主义的新理论"一文中提出了"个人主义的非道德主义"观点，这一观点对于俄罗斯伦理学而言是将马克思主义和尼采哲学糅合在一起的罕见尝试。1909年，卢那察尔斯基发表了《市侩习气与个人主义》（载于《集体主义哲学概论》，圣彼得堡：知识出版社）一文，尝试性地论证了集体主义是无产阶级伦理学的原则的观点。同年，社会学家、实证主义哲学家E.B.罗伯蒂（1843—1915）在《社会学基本问题新方法》（莫斯科：B.B.伊斯连耶娃）一书中发展了"伦理社会主义"概念体系，罗伯蒂将道德意识看作是社会意识的起源和基础。十月革命后，卢那察尔斯基作为第一任人民教育委员，非常关注从理论上论证共产主义教育的原则，他把教育首先理解为"形成性格"，所以他认为不能把教育归结为通过专门教育所获得的知识的总和，他强调知识的传授应当同用社会主义理想的精神对青年一代进行道德教育、审美教育联系起来加以实现，反对直观道德的维护者阶级本能和全人类的道德感情看待是人们道德行为最重的调整因素。卢那察尔斯基强调自觉掌握共产主义道德规范和原则必要性，他着重指出，马克思主义的伦理学与破坏理性、感情和意志的做法是格格不入的。卢那察尔斯基坚持必须用阶级观点对待伦理学问题，同时他又谴责了伦理学中的庸俗社会学，这种社会学否定全人类的道德规范，企图把道德归结为政治（道德和政治）。卢那察尔斯基揭露了资产阶级思想把共产主义社会说成是限制个人自由发展权利、妨碍人的个性实现的社会，并试图证明使人失去享受的权利、失去全面发展权利和满足需要和利益的权利的是禁欲主义理论，同马克思主义没有任何共同之处。在全面掌握人类文明财富的基础上培养精神上和感情上发达的个人，是共产主义教育最重要的一个方面。从这些观点出发，卢那察尔斯反对市侩作风，批评了艺术中"左翼阵线"的拥护者的观点，批评了大都市论、技巧论和机械论的"左翼阵线"理论和结构主义理论，这些理论盲目崇拜技术的作用，损害个人道德主义价值和情感的文明的发展。卢那察尔斯基曾认为，正因为我们是共产党员，我们不要机械崇拜。我们认为人本身、他的自由、他的幸福就是生活的核心。因此我们确定的任务现在就应当是尽可能深刻地把人道化了的、有深刻仁爱精神的因素灌输到文化中去。因此，他常把马克思主义的人道主义同狭隘功利主义的、实用主义的生活观对立起来。

卢那察尔斯基在马克思主义早期传播阶段否认合法马克思者和

德国社会主义者的康德学说的改良主义,他推崇英国哲学家、社会学家、实证主义创始人斯宾塞和经验批判主义创始人之一的瑞士哲学家阿芬那留斯的观点,并试图论证一种说明非道德主义的道德新范式。事实上,对于俄罗斯苏联伦理学而言,这是试图在一种新的实证唯心主义的框架内将马克思主义和尼采哲学相结合的罕见尝试。

卢那察尔斯基对历史的基督教即由教会所把持的、以政治结构形式存在的宗教是持坚决否定态度的,但这并不说明他对一般性宗教精神的否弃。1905年革命失败之后,在知识界探索俄国精神出路的情势下,卢那察尔斯基重新开始关注宗教的积极意义。1906年他发表了两次评论:一次是针对考茨基的题为《伦理学和马克思主义》的评论,另一次是针对柯什卡列夫的《关于无产阶级的伦理学》一书而发表的题为《无产阶级和伦理学》的批判性评论。在这些评论性的著作中,卢那察尔斯基接受了正统派对客观实际的科学依据,从无产阶级道德的阶级立场进行道德批判的马克思主义观点,他把久已思考的将宗教与社会改造结合起来的设想在《简论现代俄国文学》(刊于日内瓦俄文报纸《国外周报》1908年第2—3期)、《宗教与社会主义》(1908—1911)等著作中加以完善。

卢那察尔斯基在《宗教和社会主义》一书中提出并论证了一种伦理情感社会主义,将社会主义思想发展成为进步人类的宗教。卢那察尔斯基关于"宗教与社会主义"论题的本质性,是论述"科学社会主义与宗教神话和教义中表现的人类夙愿之间的关系……以及'劳动'在新的世界观中的中心地位"。[①]他针对当时思想界寻神论的盛行力图表明:"神不应去寻找,而必须把它创造出来。世上没

[①] 转引自帕夫洛夫斯基:《卢那察尔斯基》,陈日山等译,黑龙江人民出版社1984年版,第44页注。

有神,但它是可以有的。社会主义的奋斗之路,即人战胜自然的奋斗之路——这就是造神论(богостроительство)"①。在卢那察尔斯基看来,在人类的天性中存在着宗教情感,而这种宗教天性实际上可以与人类的解放事业达成一致。"对于伟大的生活斗争来说,……必不可少的是人类在一个类乎有机体中的完美融合。不是机械的或化学的联系,……而是心理的、智性—感性的联系。这种联系就是宗教情感。"宗教被卢那察尔斯基视为一种超越的激情,而没有激情就无法使人创造任何伟大事业!卢那察尔斯基现实地考虑到如何将社会主义思想与广大民众的心理状态相适应,唤醒对消极的基督教义的沉迷,而又避免重新陷入索洛维约夫以降宗教哲学家们的神秘主义倾向。从这个意义上说,伦理情感社会主义的思想如他自己所言是"善良的"。

卢那察尔斯基不承认基督的神性,但却认为应当把他视为一个革命领袖和第一个共产主义者。在《黑暗》一文中,卢那察尔斯基认为:"如果我们试图将他作为一种个性而加以历史复原,我们将把他视为一个独特的加利利地区的无产阶级领袖。如果我们把他作为一个传奇英雄看待,那么他就是罗马帝国衰败时期无产阶级大众的典范……尽管他与我们当代精神相比是一个消极的英雄,但无论如何他也是一个无产阶级的英雄,一个伟大的爱和伟大的恨的导师。"②这就是说,要把旧有的基督教的资源化为己用。造神论以神圣事业之名行现世的革命事业,试图将社会主义加以宗教化就等同于将一种陌生的意识形态转化为大众话语,以便为他们所接受。"我们被陷入宗教追问的迷狂之中的广大民众所包围。他们都是这

---

① 〔苏〕卢那察尔斯基:《关于哲学辩论的问题(1908—1910)》,《关于无神论与宗教》,莫斯科1972年,第439页。

② 参见莱特斯基主编:《文学的蜕变》(第一卷),圣彼得堡1908年版,第161页。

样一些群体（正如我所想到的，特别是农民的团体），比起别的任何途径来，他们很容易通过其宗教—哲学的思考来走近社会主义真理。"①这种神圣事业不同于传统俄国正教观念中的救赎过程，它放弃了虚幻性、默示性、自虐性，从而成为一种具有整体性、积极性、现实性的社会行为。

造神论试图以宗教热情激发民众的潜力，认为在民众之中存在着一种巨大的潜在力量，这种力量本可以创造任何奇迹，但它被压抑了，因此需要以强烈的宗教热情将它神化，给它加上荣耀的光轮，才能使其得到充分的发挥。因此，这种造神论所造的神不是上帝，而是崭新的人类自身，是完美的社会主义的人类自身；以这个神为中心所形成的宗教就是"人类的宗教、劳动的宗教"。卢那察尔斯基认为："所谓的神，乃是某种永恒之美。在这一形象之中……人类的全部潜能将得到最大的提升。"②造物主是不存在的，但存在着一个深植于人人心中的神，人人是神的化身，人人具有创造世界的力量，人人都将是这个美好世界的造物主。

"造神论"是一种修正主义思潮，在革命前后在思想文化上的消极性是极为明显的，因此需要批判和清除。列宁对于俄国工人政党中在哲学和宗教问题上的修正主义思潮极为愤慨。1908年2月25日，他在写给高尔基的一封信中对之进行了愤怒的谴责："……这不是马克思主义！……他们劝读者相信'信仰'外部世界的真实性就是'神秘主义'（巴札罗夫），他们把唯物主义同康德主义混淆得不成样子（巴札罗夫和波格丹诺夫），他们宣传不可知论的变种（经验批判主义）和唯心主义的变种（经验一元论）教给工人'宗

---

① 〔苏〕卢那察尔斯基：《关于哲学辩论的问题（1908—1910）》，载《关于无神论与宗教》，莫斯科1972年，第438—439页。
② 〔苏〕卢那察尔斯基：《马克思主义哲学论文集》，圣彼得堡1908年版，第157页。

教无神论'和'崇拜'人类最高潜在力（卢那察尔斯基），宣布恩格斯的辩证法学说为神秘主义（别尔曼），从法国某些'实证论者'（主张'符号认识论'的该死的不可知论者或形而上学者）的臭水沟里汲取东西（尤世凯维奇）！……"[1]列宁无论是在俄国还是旅居欧洲，总是一手触摸着俄国和世界革命的脉搏，一手把握着革命航船的舵盘，他在这一时期的深邃的哲学理论和宗教研究中跳动着反对各种修正主义、机会主义思潮的愤怒的音符和节奏，充满着捍卫马克思主义科学的世界观和宗教观的战斗激情。1909年夏，列宁在巴黎召开的布尔什维克党《无产者报》扩大编辑部会议上提出了对造神论的态度问题。决议说出了问题的实质，造神论之所以背离马克思主义的基础，损害对工人群众的教育，是因为社会主义的胜利必须依靠工人阶级的自觉的革命斗争。只有依靠马克思主义科学世界观和科学社会主义对工人群众的教育，使他们认识到资本主义必然灭亡和社会主义必然胜利的历史发展规律，意识到工人阶级的伟大历史使命，才能启发这种革命的自觉性。而造神论说教却把工人阶级导引到醉生梦死的宗教幻梦中去，这就在理论上歪曲了科学社会主义并在实践上背离了无产阶级革命。

卢那察尔斯基在列宁的批判和直接劝告之下，最终反省并放弃了他的"造神论"主张，他在晚年所写的《关于哲学辩论的问题（1908—1910）》中做了一个检讨："我如今清楚地认识到，那时我所有的谬见正是小资产阶级知识分子倾向的产物，这种倾向迫使我走上了错误的路线——远离由列宁所领导的党的理论和党的批评的坚定而光明的核心。……当时我所迈出的最错误的一步，是我创造

---

[1] 《列宁全集》（第十三卷），人民出版社1986年版，第249页。

了一种独特的哲学理论,这就是所谓的造神论。"①

1.2 个性、阶级性、时代伦理精神状况与艺术创造

文学、艺术、审美活动等社会意识形态是存在的反映,依据马克思主义,一定社会的文艺批评、艺术创造、审美情趣等必然受制于该社会道德的观念、价值标准的影响。在这个方面,卢那察尔斯基代表着苏联马克思主义社会学批评的最高成就,其批评实践体现着辩证法的光辉,既有对作品艺术特质的社会及时代成因的解读,也有对艺术家生物个性与艺术性之间的关系的肯定。

放弃了社会主义宗教论即"造神论"之后,卢那察尔斯基在20年代之后成为一个自觉的马克思主义批评家,他的文学批评是建立在马克思主义的社会批判的基础之上的。这一批评的首要任务是在整体的社会构成中,在社会的经济基础和意识形态的互动中考察文学、艺术、审美现象。他认为,"马克思主义的批评跟其他任何批评的不同之处,首先在于它不能没有至关紧要的社会学性质,而且,不言而喻,是以马克思和列宁的科学社会学的精神为依据的。……虽然批评——从这个词的本意上说——是马克思主义者全面评析作品时不可或缺的因素,至于社会学的分析,那就更是必不可少的基本要素了"②。卢那察尔斯基自觉地坚持社会学的批评方法,以此种分析为基本的原则,同时也并不忽略所谓"本意上"的批评,在当时即是指艺术形式的批评。

20世纪初,庸俗社会学批评相当盛行,这种批评是机械地、单向度地、纯粹以政治甚至经济的标准来进行文学批评,卢那察尔斯

---

① 〔苏〕卢那察尔斯基:《关于哲学辩论的问题(1908—1910)》,《关于无神论与宗教》,莫斯科1972年,第443页。

② 〔苏〕卢那察尔斯基:《马克思主义批评任务提纲》,郭家申译,见《艺术及其最新形式》,百花文艺出版社1999年版,第326—327页。

基对此给予尖锐的批判。在他看来，社会学的批评是在社会学的基础上考察文学的发展规律，而不是以社会规律代替艺术规律。因此，卢那察尔斯基的社会学批评是具有丰富内容的、充满辩证意味的批评。

艺术的生成受制于作家的成长环境、阶级身份，不仅反映作家的性格、生存条件，而且反映时代伦理精神。这些因素甚至决定着作家的整体创作风格。他在这方面最精辟的论述当属他对狄更斯幽默风格的辨析。在他看来，狄更斯的幽默不仅是天性使然，而且在很大的程度上是由其阶级属性所决定的。狄更斯出生在19世纪中期英国的一个特殊的阶层，当时资产阶级与工人阶级的分化已十分明显，两者之间从意识形态到经济状况的对立构成了社会的主要矛盾，40年代的宪章运动就是这种矛盾的激化体现。狄更斯所处的既不是拥有大量财富、极力维持现状的大资产阶级，也不是不断赤贫化、努力改变现实的工人阶级，而是在夹缝中求生存的市民阶层或称小资产阶级。小资产阶级同样是资本主义发展进程中的受害者，他们同样是对现状不满足的一类，但同时他们较之工人阶级又能够得到基本的生存保证，因此对工人阶级采取的激烈改革方式又心怀怵惕。他们"无法同情托利党人及其滞销的理想，这种理想在很大程度上是一种奴役弱者的理想，也无法同情启蒙的敌人，而这种启蒙是小资产阶级中的优秀分子所向往的。最后，小资产阶级也难以与工人阶级及其宪章派或社会主义先锋队相互沟通"。①狄更斯属于作为小资产阶级代言人的精英知识分子，他们是社会中最为敏感的一类，他们的神经构造精密，所感受到的苦难较一般人更为深重；然而，他们的理性同时也在

---

① 〔苏〕卢那察尔斯基：《狄更斯》，见《卢那察尔斯基文集》（第六集），莫斯科1965年，第63页。

提醒他们注意资本主义在物质方面所带来的进步，因而心中也时时泛起对未来的光明希望。他们既常常处在矛盾之中，也常常以这种希望来调节个人屈辱地位所引起的危机感，于是在他们所创造的文学中，在赞美的牧歌和激烈的抨击之间，幽默作为一种特殊的温和性风格，就这样形成了。凡是拥有足够生命力的人，很少会让社会的苦难充斥自己的身心，使自己陷入含垢忍辱、疯狂或自尽的地步。如果不能沉迷于极度渺茫的希望，则必须设法缓和身受苦难的程度。这种缓和生活灾变及尖锐阶级矛盾的方法，就是幽默。笑有时产生揭露和刺痛的作用，但它有时也会起到抚慰和使人忍受沉重噩梦的作用。阶级地位"这个总体特征决定着狄更斯在社会思想史、在一般艺术文学史、包括社会性艺术文学史上的地位，也决定着他的诸创作手法本身"。①

时代的伦理精神状况也是影响艺术创作特性的关键因素。卢那察尔斯基的《萧索时期的天才》一文的主题是分析法国作家梅里美现象。梅里美看上去是一种独特的现象，他的作品远离资产阶级的现实生活，或者逃进古代的艺术氛围，或者将触角探入少数民族的蛮俗风习，成为那个时代的一种特殊的浪漫主义。因此，许多评论家都从作家成长的具体环境和个性因素出发去探讨其艺术风格的成因，而 A. B. 卢那察尔斯从特定的时代角度来看待这一现象。法国的 19 世纪初、中叶时期是大革命后的一个萧条时代，当年的革命给整个欧洲带来了毁灭旧制度、旧道德，建设新制度、新道德的热情，但是革命并没有使资产阶级的大多数集群及市民阶层的理想获得实现，同时这又是在新的光明到来之前的黑暗时期，正如黎明前的阶段，整个社会道德失败、弥散着个人主义、

---

① 〔苏〕卢那察尔斯基：《狄更斯》，见《卢那察尔斯基文集》（第六集），莫斯科 1965 年，第 63—64 页。

利己主义的风气,这正是这个时代的伦理精神特征。在这样的时代,那些庸俗者便只有顺应,与时代同萧索,身处其中而不感悖谬性的存在。

1.3 人的精神本质和普遍道德理想

卢那察尔斯基的评论体现着他对人的精神本质的肯定,对暴力与理性的否定,对爱与自由的推崇等。这一道德立场在某种意义上又形成了对其政治立场的颠覆。他的批评话语和文学理念总是显示一种革命理性的立场,但仔细辨析就会发现俄罗斯民族文化中的道德立场却是其文艺道德观的根基。卢那察尔斯基作为新政权的代表,对欧洲文学中泛人道主义的倾向和非暴力命题进行了批判,从中似乎也体现着对俄罗斯民族传统文化价值观的背弃,表现出他对人类的普遍道德理想的追求。

卢那察尔斯基在评述罗曼·罗兰的历史剧《爱与死的搏斗》时,曾对这位法国作家的泛人道主义立场持否定态度,对其中的所谓和平宣传做出了如下评论:"尽管有其合乎人道的崇高精神,却是企图使某些同情我们的人士或者可能同情我们的人士离开我们的。我们觉得他的高贵感情像是一层烟雾,对人们遮掩着真正的现实的残酷外貌。罗曼·罗兰的宣传极力用婉言劝说、用范例的影响等暗中替换尖锐的斗争形式,这根本上使他成了第二国际的同盟者,第二国际的主要任务,便是在无产阶级群众中传播长期忍耐的德行。"①卢那察尔斯基不是一个宣扬无原则暴力革命的人,他的真正立场是:如果不是特定的历史情境,在正常的社会秩序之下,应该采取温和的措施来对付那些甚至是破坏建设事业的人,而不是无

---

① 〔苏〕卢那察尔斯基:《〈爱与死的搏斗〉——罗曼·罗兰的新剧本》,蒋路译,见《论文学》,人民文学出版社1978年版,第521—522页。

原则地使用暴力手段。显然，他以其政治家的身份委婉地传达了其道德立场。

卢那察尔斯基在《解放了的堂吉诃德》(1922)一文中，对堂吉诃德形象进行了诠释，从中可以看出，卢那察尔斯基对"革命斗争"的鼓吹是受特定条件制约的，而他的最高理想乃是永恒人性中的非暴力原则。《解放了的堂吉诃德》塑造了正面的革命者形象，并以雄辩的道理说明了在当时历史条件下革命的必要。起义者德里戈说："平民的忍耐已经到了极度，他们暴动了起来。我们尽自己的力量，用自己的武器，替平民服务。难道让贵族回来，让他们的马蹄来践踏，让平民在这种无政府状态之下灭亡；难道这样让平民灭亡，就更好些吗？""为着最伟大的幸福的战争正在进行着。要胜利，要镇压敌人，不然，敌人就要打倒我们和我们的希望。"但深有意味的是，德里戈在做出暴力的决定时内心并非充满喜悦，他对着堂吉诃德说："老头儿，你要懂得，你要懂得，你看看我的狼一样的眼睛，你就懂得：杀别人比自己受苦的牺牲更加大。或者，你已经是个鬼，你已经不能够感觉到我们的道路是痛苦的荆棘的道路，我们自己的每一件强暴的事情，都像针一样戳着我们的太阳穴……空话讲够了！同这个老傻瓜在一块，自己也要变成感情主义者了。"①

主张暴力的革命者对堂吉诃德的理想也给予高度的评价，它甚至表明了这样一种观点：非暴力倾向是人类心灵中共同的理想。堂吉诃德是不合时宜的，但他是勇敢的，因为他敢于说出这一伟大理想，任何人在这种理想面前都会受到感染，因此，这样的傻瓜是有

---

① 〔苏〕卢那察尔斯基：《解放了的堂吉诃德》，瞿秋白译，人民文学出版社1985年版，第84—87页。

力量的。①卢那察尔斯基在这里表明了一种革命辩证法：暴力本身并不是目的，它的目的恰恰是为了消灭暴力，而消灭暴力正是全人类的共同心愿，当然也是共产党人的伟大理想。

1.4 道德优先于理性、物质

在以物质进步为根本性标志的现代社会，在事关理性与道德的关系问题上，卢那察尔斯基的选择倾向于道德。这突出表现在他对莎士比亚的评价上。关于莎士比亚，当年托尔斯泰曾写过长篇文章给以全面否定，其言辞之激烈前所未有。后来的批评者大多认为托尔斯泰过于偏执，而无人去对这样的问题做出考虑：以托尔斯泰的艺术修养之深，难道竟至于认为莎士比亚一无是处吗？显然，这里有着另外的一种标准在起作用，这一标准是：托尔斯泰所持的是道德立场，而莎士比亚所持的是理性立场。莎士比亚尽管对物质戕害人性的现象进行了抨击，但他不自觉地在塑造人物的过程中过多地描写了无道德性原则，并且常常是站在欣赏者的立场上，或者自然地流露出对这物质主义的赞赏。这是托尔斯泰否定莎士比亚的根本所在。

卢那察尔斯基在《莎士比亚人物陪衬下的培根》中，对上述问题做出了辩证分析和价值判断。培根是英国文艺复兴时期的哲学家

---

① 鲁迅在为瞿秋白的译本做后记时说："吉诃德的立志去打不平，是不能说他错误的；不自量力，也并非错误。错误是在他的打法。……但嘲笑吉诃德的旁观者，有时也嘲笑得未必得当。他们笑他本非英雄，却以英雄自命，不识时务，终于赢得颠连困苦；由这嘲笑，自拔于'非英雄'之上，得到优越感；然而对于社会上的不平，却并无更好的战法，甚至于连不平也未曾觉到。对于慈善者，人道主义者，也早有人揭穿了他们不过用同情或财力，买得心的平安。这自然是对的。但倘非战士，而只劫取这一个理由来掩他的冷酷，那就是一毛不拔，买得心的平安了，他是不化本钱的买卖。"〔鲁迅：《集外集拾遗·〈解放了的堂吉诃德〉后记》，《鲁迅全集》（第七卷），人民文学出版社1981年版，第397—398页。〕

和文学家，但历史学家们对培根的人格却早已提出过非议，因为他在自己的政治生涯中始终是一个马基雅弗利主义者，即为了达到自己的生存目的而不择手段。卢那察尔斯基认为，这种行为方式就是那个时代的"当代英雄"，是一种普遍的生存方式，莎士比亚戏剧中的许多人物实际上都是培根式的。他们的行事准则是："不必做一个讲道德的人——在斗争中道德只能妨碍你；固然，道德往往也有用处，但只是当它作为一副可以掩盖你的无耻和残酷的假面具时，它才有用。"①莎士比亚塑造了理查三世、爱德蒙、伊阿古等人物。理查三世是一个残酷而狡猾的篡位者，当初作为幼子不能继承王位，他便费尽心机，耍弄各种阴谋诡计，培植党羽，残害异己，最后除掉了两个哥哥，如愿以偿登上王位，可称是窃国大盗。爱德蒙则无异于具体而微的又一个理查三世，为了达到获得继承权的目的，采取种种卑鄙手段陷害长兄，强大的理智使他在那些仅以传统伦理关系为准则的人面前成为"巨人"。伊阿古既不是篡位者，也不是弑父杀兄者，但他在理性的力量方面丝毫也不逊色于理查三世之流。他"清楚地意识到自己拥有巨大的力量；他懂得他是自己的主人；……他懂得，他是具有坚强的意志和清明的理性的人，他不囿于任何偏见，不是任何身外的常规、任何道德杂质的奴隶，他这样的人是一个可怕的大力士。在大多数人不善于运用理性、几乎人人都被宗教和道德的偏见束缚着的仍然昏暗的时代，这种自由的大力士感到自己好像是我国民间英雄歌里的诺夫戈罗德的勇士：抓住谁的手，手就脱落，抓住谁的脚，脚就掉下"。他之所以拥有如此强大的力量，是因为他的对手都是些"不合时宜"的人，奥瑟罗"忠厚、轻信，像干草一样，一点就着火；要驾驭他很容易，要牵

---

① 〔苏〕卢那察尔斯基：《莎士比亚人物陪衬下的培根》，见《卢那察尔斯基论文学》，蒋路译，人民文学出版社1978年版，第422页。

着他的黑鼻子走很容易"。苔丝狄蒙娜同样如此,她"轻信、柔弱、高洁。她不能怀疑任何人使诡计,甚至不知道什么叫诡计。她很容易被诱入圈套"。①这些人都是缺少理性武器的人,他们在"理性"的时代强力面前自然处于必败之地。

莎士比亚是一个批判家,但同时他自己也是一个时代的巨人,也未能摆脱那一时代的价值观的束缚。他天才地宣告了理性时代的到来,尽管他也对理性的过度膨胀提出警告,然而,卢那察尔斯基认为,"无论如何,理智的居高临下的优越地位这一主题,不但使莎士比亚感兴趣,而且使他苦恼。他对理智充满着莫大的敬意。即使对那些最不顾羞耻的'理智骑士',他也决不轻蔑,决不憎恨"②。不仅如此,他甚至在这样的描写之中始终渗透着赞赏的立场。即使是对理查三世这样的卑鄙小人加窃国大盗也是如此。

卢那察尔斯基的立场不仅体现在对莎士比亚作品人物的分析,也体现在对培根整个人生的辨析上。培根在思想上有伟大的抱负,在科学上有过人的创见,在文学上有出色的成就,但在政治生活上却是一个卑鄙无耻的人。这之间似乎无法找到相关的因素。其实,培根就是理性的崇拜者。在文艺复兴时期,这种理性一方面使人获得了战胜自然的信心,一方面借助人文主义的旗帜又把传统的人伦道德彻底葬送。理性使人拥有了巨大的创造力,同时也把人送上了"人神"之路,即本质异化的不归之路。培根的一生就是凭借着理性"这样一本魔法书、这样一根魔杖",在历史舞台上演出了一幕令人惊诧的戏剧。这也正是欧洲历史的一个缩影。

卢那察尔斯基对欧洲物质理性的批判立场更鲜明地体现在他对

---

① 〔苏〕卢那察尔斯基:《莎士比亚人物陪衬下的培根》,见《卢那察尔斯基论文学》,蒋路译,人民文学出版社 1978 年版,第 435—436 页。
② 〔苏〕卢那察尔斯基:《莎士比亚人物陪衬下的培根》,见《卢那察尔斯基论文学》,蒋路译,人民文学出版社 1978 年版,第 422 页。

荷尔德林的肯定性评述中。在长篇论文《艺术史上的社会因素和病态因素》（1930）中，卢那察尔斯基驳斥了那些把荷尔德林的艺术才能归之于精神疾病的论调，而认为荷尔德林的创作与个性恰恰是由那个时代所决定的，出色的记忆力，不同寻常的心灵，在自己领域（语言学、历史）中渊博的知识——所有这一切都为荷尔德林说明他是"世纪病"的合适的代表者，而不是自己疾病的奴隶。荷尔德林的疯癫是社会作用的结果，其目的与哲学家巴赫金的当然不同，他是欧洲科技理性的牺牲品和反抗者。在卢那察尔斯基看来，当欧洲在启蒙思潮的推动下步入赤裸裸的暴力阶段之时，企盼着更为完善的社会制度的荷尔德林们受到了压抑，他们的天才使他们成为孤独的一类，他们所承受的也正是"智慧的痛苦"。有人屈服了，这群人中包括伟大的诗人歌德，发出悲观的艺术终结论的黑格尔一方面推论出历史有着人类不可抗拒的规律，提出"历史的诡计"之说，甚至声称"将自己与客观发展的规律性对立起来的人不值得尊敬"，另一方面，又认为只有那种高贵的本性才能拒绝与这种规律性同流合污，其中之一就是曾令黑格尔本人感佩至深的荷尔德林。当然，荷尔德林就是那不说"暖和"的人，就是这样的"疯癫者"，在卢那察尔斯基的心目中才是更为纯洁、更为和谐的人类个性的真正体现。

卢那察尔斯基通过《许佩里翁》对荷尔德林所反抗的东西进行了剖析。小说主人公许佩里翁是一个希腊诗人，参加了抵抗土耳其侵略者的战斗，战败后流落到德国，然而这个他向往的国度却令他大失所望："我不能想象哪个民族比德国人更支离破碎。你看到的是手艺人，但不是人，是思想家，但不是人，是牧师，但不是人，是主子和奴才，少年和成人，但没有人——这难道不像是在一处战场,手、胳膊和身体肢解得横七竖八,血肉模糊,脑肝涂地吗?"①于是,许佩里翁不得不离开德国,回到那失去了往日辉煌的希腊。显然,荷尔德林是在借许佩里翁之口来抨击自己的祖国,同时借助希腊的衰亡来影射整个欧洲的堕落。荷尔德林所向往的是初民的纯朴,是未经现代理性所玷污的自然人性。许佩里翁在出外游学途中所遇到的阿邦达,是作者对理想人性的寄托。许佩里翁成长起来了,然而大自然却在他的面前合上了自己的怀抱,他已无法理解它,因为他也被科学和理性所戕害。理性使人与自然相分隔,使人与人相分隔,使人的审美能力退化,随着自然力的被支配,人类的神话思维也就消失了。科学技术泯灭了人的想象力,由它产生的物质理性观斩断了人与人之间的道德纽带。

　　卢那察尔斯基在分析《许佩里翁》的过程中时时流露出发自内心的叹赏,并且多次将荷尔德林的思想与马克思的观念相提并论,如"马克思说,和谐属于希腊发展阶段的人类,可是我们永远不能复返了。荷尔德林说,是的,和谐曾经属于人类,我们离开了它,可是我们应当返回到和谐去。他的革命的反应性就在于此"②。卢那察尔斯基在阐述这一观点之时,苏联正发生着荷尔德林时代德国所发生的事情,暴力与专制笼罩着整个国家,与自然的和谐之美遭到野蛮的践踏。以卢那察尔斯基思辨之深刻,他不会意识不到这种现实与历史的相似性,但他却仍然如此热衷于为荷尔德林这一疯癫者正名,卢那察尔斯基隐秘的道德立场制约着他对欧洲文学的理解,从而颠覆着他的意识形态立场。

---

①《荷尔德林文集》,戴晖译,商务印书馆1999年版,第144—145页。
②卢那察尔斯基:《艺术史上的社会因素和病态因素》,见《关于艺术的对话》,吴谷鹰译,三联书店1991年版,第249—250页。

1.5 革命原则与人道主义

十月革命胜利后政权尚待巩固，文学艺术作为一种具有强大感染力的特殊形式，它的意识形态性将被给予格外的关注，而作为政权领导人之一的卢那察尔斯基也不能不对艺术提出政治上的要求。

首先，以无产阶级功利主义的立场对待西方文学，要求在有接受、有借鉴的前提下，自觉站在无产阶级革命的立场上来辨别它们。卢那察尔斯基从一种特定的政治立场来规定文学艺术的意识形态属性，他的批评无疑带有越界阐释与功利主义的色彩。例如，卢那察尔斯基在评价英国作家威尔斯的艺术成就时，对威尔斯的艺术成就给以充分肯定，但他也因为威尔斯否定苏联式的暴力革命，而认为"威尔斯完全不是一个真正的、名副其实的革命者"，甚至如果"再给他的社会主义加上少许马克思主义语句，他就是典型的孟什维克，也许甚至是一个右派孟什维克。然而他没有马克思主义词句。因此他连一个孟什维克也说不上，只好把他归入在我国不那样出名、可是同样不容易消灭的一类人，即所谓的费边社会主义者"。[①]同样的批评还出现在对肖伯纳的批评中。卢那察尔斯基首先看到的是其是否站在苏联革命的立场上，这样肖伯纳便仅是一个改良主义者，"肖的不幸便在于，虽然他透彻了解资产阶级的伪善和整个资本主义制度的荒谬，同时他却决不相信革命，不号召革命，甚至谴责它，甚至暗中取笑它。由于这个缘故，肖没有一条根本改善社会的道路"[②]。新生的苏联政权一直是把资本主义最为发达的英国视为对手，卢那察尔斯基对英国的当代作家往往更多地以"革命"规则来对其提出要求。甚至在他著名的讲演《各重要时期的西

[①] 卢那察尔斯基：《赫·乔·威尔斯》，蒋路译，见《论文学》，人民文学出版社 1978 年版，第 472—473 页。

[②] 卢那察尔斯基：《评谢·谢·季纳莫夫〈肖伯纳〉一书》，蒋路译，见《论文学》，人民文学出版社 1978 年版，第 477 页。

欧文学史》中，对肖伯纳也仅仅是简要地描述其创作的总体思想，并且不忘记提到肖伯纳虽然是共产国际的同情者，但也不过是个"可敬的客人"①。

卢那察尔斯基认为艺术有教化的作用，有时甚至认为那是它的唯一标准，甚至在某种意义上是主要的标准。从马克思主义观点来说，艺术就创造者而言是营造精神自由的一片天地，就读者而言是获取精神自由的一条途径。在艺术对自由的追求上，它应当遵循的是普遍伦理价值，而不是某种政治标准。在不违背普遍伦理价值的前提下，应当允许作家有充分展示自己内心世界的自由，尽管这种内心世界不一定符合大多数人的愿望。卢那察尔斯基肯定的肖伯纳的"独立不羁的精神"对一个艺术家来说或许更为重要。至于其作品中"尖锐得惊人的思想同相当空洞的颠倒之言，大胆的飞翔同出人意外的下降，杂然并列"②之类的艺术表现方式，不是批评家是否"推荐"给读者的理由。

卢那察尔斯基所处的时代正是十月革命后斗争艰巨、革命处在成功与否的关键时期，因此，他对作家的评价常常采用"革命立场"来衡量就不足为奇。他自己也意识到了这一点，所以他在以这样的标准来衡量一个作家时，会尽量做出合理的论证。以他对罗曼·罗兰的剧本《爱与死的搏斗》的评述为例来看，《爱与死的搏斗》是以法国大革命为背景的一部历史剧，一位伟大的科学家、后来成为雅各宾党人的顾尔瓦希耶，在雅各宾残酷镇压吉伦特党人的时候，他的内心充满同情，然而又没有勇气袒露，尽管如此他也已受到怀疑；正当此时，他妻子以前的情人、吉伦特党人法莱逃避追

---

① 卢那察尔斯基：《各重要时期的西欧文学史》，见《卢那察尔斯基文集》第 4 卷，莫斯科 1964 年版，第 A. B. 311 页。

② 卢那察尔斯基：《肖伯纳〈黑女寻神记〉序》，蒋路译，见《论文学》，人民文学出版社 1978 年版，第 482—483 页。

捕来到他家，在这种矛盾的时刻，顾尔瓦希耶毅然把朋友送给他逃走的两张假护照给了妻子和法莱，让他们逃走，由他一人来等待死亡，但妻子却把自己的护照烧毁，留下来与丈夫生死与共，于是法莱用顾尔瓦希耶的护照逃走。这个剧本仍是沿袭了雨果式的主题，通过一种泛人类之爱的人道主义与革命的对立来构成戏剧冲突。用卢那察尔斯基的话说，"历史缔造着人类的命运；人道主义则认为人生中每时每刻都是神圣的，并且死死抱住这一点不放。罗曼·罗兰把这两者对立起来，从而破坏了历史的意义本身。"就一般的批评观点来看，作家有权选择人道主义为其作品的主导主题，也有权对历史事件做出自己的评价。从这一角度而言，批评家在不否定一部作品的艺术价值的同时，也有权对作品的主题思想提出异议。在卢那察尔斯基的时代，同样"有人说过共产党人是专制魔王、血腥的暴君、狂热分子和虚荣迷等等骇人听闻的话，正如现在罗曼·罗兰指责雅各宾党人一样。但雅各宾党人的不幸，在于他们没有取得胜利，尽管拥护他们的贫民作过极大的努力，尽管他们坚决镇压了革命的敌人。俄国共产党人却取得了胜利。他们刚刚胜利，恐怖手段便退居次要地位了。目前死刑已非常稀少，我们很快就会看见，革命将大大巩固，可以回到基本的法治观念（在正常时期，革命一定能全部实现它）上来，回到对可能危害社会建设的个人采取温和的改造方式或者加以人道的隔离的方式这个观念上来"①。站在革命者的立场上，当革命者刚刚以暴力手段夺取政权之际，他们无疑将对一切否定暴力革命的话语给以有力还击，即使这种否定话语是以永恒的人道主义为旗帜的。但是当革命胜利，整个社会恢复正常秩序之后，暴力将会退出历史舞台。

---

① 卢那察尔斯基：《〈爱与死的搏斗〉——罗曼·罗兰的新剧本》，蒋路译，见《论文学》，人民文学出版社 1978 年版，第 538—539 页。

在革命斗争的语境之下，是以人道主义标准来衡量革命，还是把革命原则置于普遍的人道主义之上，一度成为革命者的不可回避的选择。罗曼·罗兰固然有权利选择人道主义，卢那察尔斯基也有权选择革命。因为在他看来，在革命的紧要关头，必须把有助于鼓舞斗志、坚定革命信心的作品介绍给人民，而不是使人民在这一时刻产生动摇。用卢那察尔斯基的话说，不能趁着"缔造未来的人们""为这种未来而展开最紧张的斗争的时刻去攻击他们"，去从道德上指斥他们。这就是卢那察尔斯基受制于语境的立场选择，也是其社会学批评的辩证原则所在。

2. 道德实证主义

1922年之前，"实证主义科学伦理学"模式在社会学和心理学理论和实践的基础上创建起来，各种社会思潮流派的代表人物都参与了对它的论证。这些人物包括：俄国社会学家、实证论哲学家 Е. В. 罗伯蒂（Е. В. Роберти，1843—1915），社会学家、右派社会革命党人领袖 Л. А. 索罗金（Л. А. Сорокин，1889—1968），俄国革命家、无政府主义理论家 П. А. 克鲁泡特金（П. А. Krupotkin，1842—1921），俄国生物学家和病理学家 Н. Н. 梅奇尼科夫（Н. Н. Mechinico，1845—1916），俄国社会革命党创建人之一、党的理论家 В. М. 切尔诺夫（В. М. Чернов，1873—1952），俄国哲学家和经济学家、社会民主党人 Б. А. 巴扎洛夫（B. A. Bazalov，1874—1939）。柯伦泰著有《实证主义视角下的道德问题》等文，试图阐明实证主义科学伦理学模式。

柯伦泰本姓多蒙托维奇，是俄国的职业革命家、苏联著名的党和国务活动家。柯伦泰与列宁有着密切的交往，在收入1914年8月—1917年10月列宁书信的《列宁全集》俄文第五版第49卷中，柯伦泰的名字被提到达80多次。柯伦泰是一位著名的女革命家，她一生都关心妇女和她们的命运。她总结自己一生的革命活动说："我的第一个贡献，就是我在争取劳动妇女解放，争取确立她们在劳动、国务活动、科学等一切领域中的平等权利的斗争中所作的贡献。"①妇女问题在柯伦泰一生的著述活动和实际工作中占有突出的地位。她论述妇女问题的著作足以编成好几卷书，其代表作之一《妇女问题的社会基础》（1908）是俄国妇女运动文献史上第二部以马克思主义观点研究妇女问题的著作（第一部著作是克普普斯卡娅以萨布莉娜笔名于1901年出版的小册子《女工》）。1916年柯伦泰出版的另一本代表作《社会和母亲》，是她在英国博物馆收集的世界各国母亲和儿童状况的实际材料的基础上写成的六百多页的巨著。

柯伦泰坚决反对资产阶级的男女平等主义者，因为他们企图吸引劳动妇女脱离无产阶级的革命斗争。她把妇女运动作为无产阶级革命运动的一个组成部分，主张对母亲和儿童实行国家保护，她认为这是资产阶级的国家和政府所做不到的，因为它们一方面假惺惺地保护母亲和儿童，而另一方面却保护置她们于死地的剥削制度。因此，保护母亲和儿童的问题，是同无产阶级的基本任务结合在一起的，是不可能离开无产阶级最终目的的实现而得到解决的。早在20世纪初，柯伦泰就在俄国建立了女工组织。1908年，当政府已对她提出起诉时，她依然积极参加了全俄第一次妇女代表大会。在流亡国外期间，1910年，她参加了在哥本哈根举行的国际女社会党人代表会议，同蔡特金一起提出了每年庆祝"三八妇女节"的提案，在这次会议上，她当选为领导妇女的社会主义运动的国际书记处的书记。十月革命后，柯伦泰先后担任国家救济人民委员、党中

---

① 〔苏〕柯伦泰：《关于我的生活和工作》，莫斯科1974年俄文版，第371、364页。

央妇女工作部部长、共产国际国际妇女书记处副书记等职务,写了许多文章鼓励妇女为保卫和巩固苏维埃政权而斗争,同时逐步把自己关于妇女问题的主张付诸实践。她参与起草并且颁布了婚姻法、关于非婚生子女与婚生子女权利平等的法令、关于怀孕和产假的法令等等。

柯伦泰写了不少关于恋爱、婚姻、家庭、两性关系等问题的著作,其中有《两性关系和阶级斗争》(1911)、《家庭和共产主义国家》(1919)、《关于婚姻关系中的共产主义道德的提纲》(1921)、《给长上了翅膀的厄洛斯让路》(1923)等。她在著作中强调两性关系应以互相爱慕为基础,而不应拼有金钱和物质方面的庸俗动机;她反对恋爱至上,反对把小家庭的利益置于集体利益之上,强调要把恋爱和婚姻与共同的事业联系起来。她认为,旧的理想是"一切为了所爱的人",而共产主义道德则要求一切为了集体;在新社会,男人和女人将力求不仅在接吻和拥抱中,而且在共同的创造和活动中表达他们的爱情。她这方面的著作带有明显的"战时共产主义"的烙印,例如,她过早地提出要取消家务性劳动,提出由国家养育儿童等问题,认为在无产阶级专政时代,家庭不论对它的成员还是对整个国家来说,正在成为不必要的。因此,从20年代以来苏联就有人批评她的这些言论有《太阳城》(康帕内拉)的空想社会主义成分。她关于两性关系的一些言论是欠斟酌的,如她曾说:"爱情是采取长期的和固定的结合形式,还是表现为临时发生关系的形式,对于工人阶级的任务来说这完全是无所谓的。"[①]她被一些人称为"一杯水主义"的提倡者和"性解放的女人",后来柯伦泰承认她这方面写得不成功或被人误解了。

继1918年参加"左派共产主义者"集团之后,柯伦泰于1920

---

① 莫斯科《新世界》1982年第5期,第208页。

—1922年间成了无政府工团主义性质的"工人反对派"的领袖之一。她是集中反映该派别错误观点的小册子《工人反对派》的作者，是《二十二人声明》上的第23个签字者。正是她拿着这个《声明》到共产国际中去散发，借以"控告"以列宁为首的党中央。她不了解过渡到共产主义是一个长期的、复杂的、艰巨的任务，坚持"战时共产主义"政策，反对新经济政策。她认为，放弃"战时共产主义"政策而实行新经济政策，这是列宁在各个不同的社会集团之间选择一个中间立场的结果，散发出早就尽人皆知的迁就妥协和机会主义的气味，新经济政策使资本主义有可能重新站稳脚跟，在俄国实现复辟。她要求实行明确的、毫不妥协的政策，迅速向共产主义兼程前进。

柯伦泰的言行中亦有不少正确的东西，例如，反对官僚主义，反对共产党员脱离群众等等。她自己除了书桌纸笔之类别无所求，常因丈夫的住宅和家具过分豪华而忐忑不安。她为一部分党员在革命胜利以后发生了变化而忧心忡忡。1922年7月，她在奥德萨所作的一个报告中说，常常可以看到这样的现象——同一个人，他在革命的时刻是英雄好汉，树立了英勇无畏、自我牺牲的功勋，现在，在和平建设时期，他却完全变了一个样子，成了渺小的、胆怯的人，成了追名逐利、自私自利之徒，他能干出与革命的英雄完全不相称的事情来。她的报告受到了热烈的欢迎。但是，柯伦泰看问题有时只看一面不看两面，或者不分主流与支流、把个别当一般，因而失之偏激。她根据存在着官僚主义和个别党员蜕化的现象，得出了党已经蜕化的错误结论。缺乏辩证法，这是柯伦泰犯了一系列错误的重要原因。

柯伦泰于1922年进入外交人民委员部，历任驻挪威公使（1923—1925）、驻墨西哥公使（1926—1927），再度任驻挪威公使

(1927—1930)和驻瑞典公使（1930—1945），成为世界上第一位女大使。1935—1937年间，她以苏联代表团团员的身份参加了国际联盟第十六、十七、十八次代表大会及其中若干委员会的工作。从1942年起，柯伦泰被推举为各国驻瑞典外交使团的团长，她是全世界的第一位女大使，由于她既坚持原则性又善于随机应变，特别是由于她精通多种外语，她被公认为出色的外交家。柯伦泰在她的晚年怀着自豪的心情说：她一生中的第三个贡献，就是1922—1945年间在外交方面所做的工作。1942年，柯伦泰70寿辰的时候，苏联最高苏维埃主席团授予她劳动红旗勋章，以表彰她对苏维埃国家做出的杰出贡献。1945年，由于她在伟大卫国战争中出色地完成了苏联政府交给她的任务，获得了第二枚劳动红旗勋章。七十年代苏联出版了《柯伦泰论文和讲演选集》（1972）；《我的生活与工作片断》（1974）等。

2.1 实证主义的女权伦理观

柯伦泰担任全俄中央执行委员会委员期间，曾坚持马克思主义伦理学正统派路线。1905年，柯伦泰在《教育》杂志（1905年第9—10期）上发表《实证主义视角下的道德问题》一文，她在与伦理唯心主义的论辩中试图论证自己对道德起源和道德的社会使命问题的实证主义观点。此文发展了关于道德职能和道德起源的历史唯物主义观点，探寻了道德标准的社会本质。

柯伦泰指出人和群体的进一步发展是道德进化的主要因素。在相当高的社会发展阶段上，道德标准能保证各方面的相互利益，可以反映社会和个人的相互关系。这一进步同道德义务对外部形式的要求向个体的内部道德动机的转变密切相关。柯伦泰认为，随着人类文化成就的不断积累和扩展，道德标准失去了原有的果断的力量，并从外部的绝对命令和义务的形式规定逐渐转变为人的情感。个人喜好和群众利益结合得越紧密、越和谐，人就越会经常地不服从社会伦理的绝对命令，也就越来越会受精神"自我"的自由支配。在这种情况下，柯伦泰着手尝试在马克思主义的土壤中论证关于个人内部自由嗜好的实证主义伦理学。柯伦泰多次在马克思主义伦理学的框架内研究解决个体与社会利益的和谐问题，并试图揭示义务由外部的形式要求向个体内部的道德要求转变的机制。与柯伦泰的《实证主义视角下的道德问题》一文相近，И. И. 梅奇尼科夫的《乐观主义探讨》一书于 1907 年在巴黎出版，同年莫斯科科学语言出版社出版了它的俄文版。此书的第 9 篇"科学与道德"论述了以"正常生活"原则为基础的科学实证主义伦理学概念，"正常生活"原则即人以积极的态度活到人生的暮年，能自然地面对死亡的一种人的发展路径。

从 1898 年到 1917 年十月革命前，柯伦泰由一个自由主义者变成一个社会民主党人，从其稳健的孟什维克一端最终转到激进的布尔什维克。她发表了大量的宣传革命、尤其是妇女解放的文章，成了俄国社会民主党中出名的女活动家之一。柯伦泰对妇女问题的基本看法来自恩格斯和倍倍尔，她认为妇女问题是资本主义社会关系的产物，在这个社会里，女人被当作男人的财产，她们只有两种选择，即婚姻或是卖淫。前者充满虚伪，后者则是毫无遮掩的买卖关系，二者不过是同一种奴役的不同表现罢了。因此，只有摧毁资本主义社会，妇女才能获得平等。理想的"新妇女"应该是这样一种类型：对于她们，和男人的关系只不过是生活中的一个阶段：当她身上燃起激情时，她决不拒绝生活向她发出的灿烂的微笑，她决不虚伪地用女性美德的破烂外衣将自己包裹起来。不，她将紧抱她的所爱，双双外出几个星期，在爱的杯盏中痛饮，无论它有多深，直到自己满足。当爱的杯盏倒空后，她将毫无痛苦和遗憾地将它扔掉，回到自己的工作中。这表明柯伦泰在马克思主义之外又有自己的和现代女权主义相近的观点，可以说，她是俄国妇女中最早为妇女应该从两性关系中和男人一样获得精神和生理满足而大声呼吁的女权代言人。

20世纪20年代初，柯伦泰出版了自己在莫斯科一所大学教授妇女问题时的讲义《新妇女论》，此书出版后曾译成多国文字，书中阐述了妇女运动的历史，剖析了妇女地位低下的根源，指出了妇女运动的未来发展方向和最终目标。柯伦泰认为，妇女被压迫是人类社会的不平等现象之中时间最长久、范围最广泛的一种压迫，虽然自18世纪末以来出现过不止一次妇女运动的高潮，但世界妇女的地位仍旧没有根本改变，而且那种认为妇女的素质生来就比男子低劣，她们理应屈服在男性权威之下的谬论仍旧很流行。妇女运动应该和工人运动密切结合，妇女仅仅争取法律保障同男子平等的权利和机会（如同工同酬、同等的投票权、就业权、受教育权等等）是不够的，必须实行全面的政治、经济、文化的改造。废除私有财产制，妇女才可以得到真正的解放。该书最后所论述的是革命后俄国的社会改造和提高妇女地位的努力，表现出很乐观的精神。当时俄国的苏维埃工农政府刚刚成立，而且在内战中取得胜利，虽然整个处境还十分困难，但总算站稳脚跟了，所以她和所有的革命领导人都充满信心，认为全世界的社会主义革命事业已经由他们在俄国开始，不久将扩展到全欧洲和全世界。柯伦泰以丰富的历史材料驳斥了这种谬论，说明了妇女陷于被压迫地位的历史原因，特别指出妇女的地位由她们的经济职务决定。书中某些叙述或分析可能被后来的研究证明不尽妥当，但总的观点始终是站得住的。

柯伦泰认为，现代社会的男人和女人都比过去更孤独，更需要异性的交流和关爱,但他们都不知道如何去爱,只有在将来的理想社会,人们才能学会真正的爱。两性之爱是共产主义社会的一个基本特征,毫无疑问,爱将成为未来人类的宗教。柯伦泰起先把实现这个未来社会的理想寄托在社会民主党的孟什维克身上,后来发现这个党的妥协折中性和党的领导人身上浓厚的自由主义不合她的口味,最终转向布尔什维克。

十月革命后,柯伦泰深信一切社会弊端都是资产阶级的政治统治造成的,可以利用自己手中的权力实现社会改革。然而,过去遗留下来的制度和习惯是否有超越阶级性的、普遍适用的那一方面;社会的黑暗面和弊端是否都由阶级利益和政治统治所造成;作为职业革命家的自己除了有本事把旧制度打个稀巴烂外,是否对管理社会有最起码的经验和了解;以及少数知识分子觉得既完美又公正的、用政治权力推行的改革是否一定胜过世世代代积累下来的制度和惯例,所有这些都是她从不考虑的。柯伦泰任布尔什维克政府公共福利人民委员期间,提倡自由恋爱,简化结婚和离婚手续,消除对私生子的社会和法律歧视,从各方面改善妇女地位,其中的一项重大的举措就是宣布取消所有"资产阶级"的妇幼保健和福利设施,把它们全部归并到公共福利部里面。她认为这是为了在社会主义共同体的气氛中创造精神和身体都强健的新公民。为了给这项改革树立一个看得见的榜样,她宣布建立一个免费的妇保医院,并为其取名为母亲宫,地址利用了一个已有一百多年历史的教会育婴堂。这个决定受到了育婴堂嬷嬷和护士的强烈反对,因为一百多年来这里一直收养弃婴,她们都以它的历史和善举为荣,现在布尔什维克却要将她们扫地出门。但柯伦泰置之不理,把士兵和工人派去接管,结果这个育婴堂几天后在一个晚上被大火夷为平地。在审问育婴堂人员时,她们有的说这是对布尔什维克无法无天和反上帝的报应，有的说是进驻育婴堂的士兵目无规定晚上抽烟引起了火灾，最后因为实在找不到证据而作罢。在革命以后相当长的时间里，柯伦泰的名字已成了妇女独立的旗帜，她的作品被新妇女看作一种指南。

2.2 爱情道德观

柯伦泰的爱情道德观以表现性解放为主题，她本人对待性关系也持自由的观点。柯伦泰的作品《赤恋》《三代的恋爱》《姊妹》称"恋爱之路"三部曲。最能代表柯伦泰爱情观的是《赤恋》。主人公华茜丽莎是一位典型的女革命家，为了革命胜利和社会的幸福而不惜牺牲个人的幸福，与丈夫分居两地，又因过度劳累而损害了自己的健康。她的丈夫在苏联实行新经济政策时期，堕落为一个贪污腐化分子，并与另一女人有染。华茜丽莎去探望丈夫时，发现了这一切。她面对丈夫请求她留下来的苦苦哀求，还有自己已经怀孕，最重要的是对于丈夫仍割舍不了的感情，陷入痛苦矛盾之中而不能自拔。最后，她终于听从了她正从事的"共同住宅"事业和她要为之献身的工人们的召唤，决然地回到自己的工作岗位，生下孩子，经过犹豫和彷徨，重新走上了独立自主、为人类为社会尽职尽责的妇女解放之路。华茜丽莎的形象表明了当时的一种女性价值观，即恋爱婚姻家庭的领域只是"私事"，一个人的价值非由他的家庭道德上的行为所可评定，而该由他的工作，他的才能，他的意志及他的对于国家社会的有用性以判断。华茜丽莎正是一位怀有"恋爱只是私事，工作更重要"这一信念的革命新女性，这使得她从两性关系的囚笼里超脱出来，勇敢地面对现实做一位社会人。

《三代的爱》（1923）叙述了祖母、母亲、女儿三代人的不同恋爱观。这三代人不是传统意义上的女性，而是作出了卓越贡献的不同时代的社会活动家和革命家。祖母不能满足于安稳的联队长夫人的生活,与"契可夫式的英雄"私奔,开始了她创立巡回图书馆启蒙民众的事业。但她的恋爱观仅是以恋爱的权利否定婚姻的义务,在性道德上严格得与道学者一样。所以,当她后来发现这位革命的丈夫背叛了她,她尽管带着女儿离家出走,却仍然决意一生为他保守贞洁。母亲最初和一位无产阶级革命家同居,但因当时的白色恐怖,她不得不躲避在技师 M 的家里做家庭教师。他们之间尽管政治主张完全不同,却萌发了热烈的爱情。这并未影响她对流徙中的丈夫的爱情,她陷入同时恋爱两个异性的矛盾之中。母亲与祖母的不同在于,祖母认为爱是唯一的,二者必择其一;而母亲则听凭感情和机运的驱使,即使和 M 生下一个女儿之后,也不时在两个情人之间周转同居,她认为自己处于和常人一样地能够理解感情的多样性和复杂性的人间。后来,她又听凭相互之间感情的消弭,而与两个恋人先后分手,与比她年轻很多的廖勃柯夫结婚。这样一位解放的女性却不能理解她女儿对待爱情和性的态度。大革命后因住宅不足,她与女儿、丈夫同住了一个房间,但不久她就发现女儿怀了孕,女儿热尼娅却不知道孩子是廖勃柯夫的,还是其他同志的,而且还不承认对自己母亲造成了伤害,因为她并不爱母亲的丈夫,甚至从没有恋爱过。女儿还振振有辞地宣布,"恋爱是非有工夫不可的","在这种一切时间都被夺去了的革命时代","我们偶然碰到,两个人感到幸福的时候,我们就尊重了这个时间","这是谁都没有责任的"。那么,"这种事件究竟怎样解释才好呢?这是一切道德律所不能容许的淫荡呢,还是由新生活所招致而从新兴阶级的任务中所产生的见解——就是新道德?"这个问题正是母亲和作者留下的思考。柯伦泰的《恋爱之路》三部曲及《新俄大学生日记》、《右边的月亮》等,当时被统称为"苏联的性文学",这些作品在当时引起了混乱。1922年后，她不再公开发表关于女权问题的见解，除了在1926年修改婚姻法时提供过一些意见外，她只专心于自己外交官的工作。1927年以后，她的小说便不再出版。

柯伦泰在其他小说中也以实证主义的方式描述了这样一些现象：革命后妇女仍然失业、贫穷，很多人靠卖淫为生，男人仍然把她们当作物品去占有。在题为《姐妹》的小说中，柯伦泰写了一个布尔什维克官员召妓的故事，她把这位官员的妻子和他找的妓女比作是姐妹，意为她们虽然表面上有区别，实际上都是男性的奴隶。这些故事不是捏造，因为当时只有政府官员和红军士兵才有稳定的食品和生活物资的配给，因此也只有他们才召得起妓女。1920年，法律规定妇女有选举权，妇女获得解放，苏俄妇女是当时世界上最自由的。但是现实中仍然存在妇女在卖淫，而且嫖客是苏维埃官员和士兵，这种丑恶现实着实令人震惊。柯伦泰的这些小说很快就受到布尔什维克意识形态官员的批判，她被加上了"资产阶级女权主义者"的罪名。人们对她给予如此批判："柯伦泰同志用极大的热情向着共产主义扬帆远航，但推动她这只船的风帆是性问题"；"她一直是个小资产阶级"；"她是个吞下了一大堆女权主义垃圾的共产主义者"；"她怎么能够在这么长一段时间里不但被当作俄国，而且是国际共产主义妇女运动的领袖呢？"苏联一些领导人甚至通过纽约时报对柯伦泰展开批判，在西方消毒，为共产主义正名，抹掉柯伦泰泼在苏俄新妇女形象上的污水。

柯伦泰想说的是投身革命的妇女无法在革命中找到个人爱情，对性要求只能采用杯水主义的态度，但是这些篇小说受到了双重曲解。热尼娅的无可奈何被很多人解读成肆意为之，柯伦泰对这个人物的同情也被视为她对这种生活方式的欣赏。对革命的质疑于是成了变态的女权主义，成了走调的妇女解放。这种生活方式当然是有人喜欢有人愤怒，"杯水主义"一词于是不胫而走。

列宁在和蔡特金在一次谈话中对"杯水主义"的虚无主义道德观加以严厉的批驳。他对蔡特金说："这种'一杯水'主义已使我们的一部分青年人发狂了，简直发狂了。这种理论是对许多青年的恶劫。信奉这种理论的人硬说那是马克思主义的。……我认为这个出名的'一杯水'主义完全不是马克思主义的，甚至是反社会的。在性生活上，不仅表现出单纯的生理上的要求，而且也表现出文化的特征，不管它们是高等的还是低等的。……两性间的相互关系，不单是社会经济与一种生理上的需要之间变动的表现。要想把这些关系本身的变化，脱离同整个意识形态的联系而直接地归结到社会的经济基础，那是唯理论而不是马克思主义。……喝水确实是个人的事情。可是恋爱牵涉到两个人，并且会产生第三个生命，一个新的生命。这一情况使恋爱具有社会关系，并产生对集体的责任。"[①]列宁不是把两性关系看作单纯的自然关系，而是把它看作以自然关系为基础的特殊的社会关系。他认为性生活不仅表现出单纯的生理要求，也表现出文化的特征，这就是道德的特征。当时担任联共（布）中央监察委员会主席团委员和书记的 E. M. 雅罗斯拉夫斯基（Е. М. ЯросдаВский，1875—1943）撰写了批判道德虚无主义的文章，其中指出，道德虚无主义从理论上替放荡的性生活作辩护，把我们的不幸、缺点作美德，这同无产阶级文化的任务，同建设新生活的任务毫无共同之点。共产党员不仅在社会生活中，而且在私人生活中，都应该做一切工人和劳动人民的榜样，以便向人民表明，应该怎样建设新生活。

柯伦泰是最强调应该以真正的感情交流为基础的，妇女的独立

[①]〔德〕蔡特金：《回忆列宁》（第五卷），人民出版社1982年版，马清槐译，第45页。

和解放离不开真正的婚姻和爱情。如果妇女没有得到男子真正的尊重和关爱，家庭制度在她看来就是变相的奴役。这一思想被一些人误解为青年的榜样和先锋，其中有着深刻的原因。布尔什维克革命就是要推翻一切旧制度、生活方式，建立一个全新的社会。当时大多数革命者看来，道德是阶级的道德，过去继承下来的规范和习惯都是虚伪的，男女之间的关系实际上以阶级关系为基础，而家庭制度的本质是为了维护私有财产。既然如此，当在这场革命中出现热尼娅这样一个在性道德上和旧的一切彻底决裂的形象时，人们误以为她是布尔什维克的青年榜样和先锋也就是可以理解的了。20年代初，革命使得相当一部分青年有了性自由的借口。很多青年革命者用"资产阶级道德"指责那些不愿和自己上床的异性，很多像热尼娅这样的女青年都在糊里糊涂中怀孕，然后去堕胎，而她们的男伴却什么责任都不用承担。柯伦泰反映的性道德观是世界的事象。出于对于女性评价标准应从家庭的义务转移到社会的义务的一贯主张，她特别强调不要从家庭道德来否定她的人物，而要从她们对于自己的阶级、国家和人类全体的贡献来"奉献着充分的尊敬"[①]来评价她们。

2.3 对官僚主义本质的批判

在20年代初期，联共（布）党内发生工会问题的争论并先后出现若干反对派，以施略普尼柯夫等人为代表的"工人反对派"是这些派别中的一支。施略普尼柯夫在全俄苏维埃第八次代表大会和全俄工会中央理事会联席会议上宣读了他起草的《国民经济的组织与工会的任务》一文并解释说：我们要消灭国家机关中的官僚主义和国民经济部门中的官僚主义。柯伦泰是"工人反对派"的积极参

[①] 〔苏〕柯伦泰：《赤恋》序，杨骚译，上海北新书局1929年版，第5页。

加者和代言人，她的《工人反对派》一书是最完备的纲领性文件，其中的分析包括了涉及社会主义的本质和官僚主义的本质的基本概念，它以俄国群众的实践经验为例论述了工人监督和工人管理问题，以苦恼而富有洞察力的预言警告革命所面临的内在危机。

柯伦泰首先分析了官僚主义的表现，即苏维埃管理者理论与实践背离，以及工人不满意，基层工人普遍感到缺乏思想批评、言论自由的状况。"在党的队伍中，'基层'分子要求有批评的自由，并大声疾呼官僚主义在窒息他们，使人毫无自由活动或者自由发挥其积极性的余地。党的领袖们了解这种暗流，季诺维也夫同志作了许多诺言，如批评自由，扩大群众发挥自我能动性的余地，查究背离民主原则的领导人，等等。他们讲得很多，并且讲得很漂亮；但他们讲的和做的相差很大。……在底层，嗫嚅不清的不满、批判意见和独立自主的要求正在滋长。"[①] "我党领袖考虑到我们工业的彻底崩溃，同时又抱住资本主义生产方式（用货币支付劳动、根据完成的工作量获得级差工资）不放，而根本不信任工人集体的创造能力，……他们这些人鼓吹这样一种幼稚可笑的信念，即通过官僚主义方法可以实现共产主义。"[②]党的领袖们所撰写的一切提纲，在一个具有实质性的特征上是一致的，那就是目前不打算把生产的监督管理权交给工会，在阐明其理由方面，列宁、季诺维也夫以及布哈林的观点虽然各不相同，但他们全都一致同意，在目前"必须由一个从过去继承下来的官僚主义制度凌驾于工人之上进行生产管

---

① 〔苏〕柯伦泰：《工人反对派》，叶林、段为译，商务印书馆1981年版，第9页。
② 〔苏〕柯伦泰：《工人反对派》，叶林、段为译，商务印书馆1981年版，第14页。

理"①。质言之，企业中官僚主义式的经济管理、运行方式自认为最好地体现了共产主义理念，而这恰恰最不民主，制约了思想批评、言论自由的活力。

其次，她分析了官僚主义的本质和危害，指出其否定了群众能动性、积极性，是苏维埃和共产主义的祸害。"官僚主义是群众自我能动性的直接否定，因此任何人，只要他接受吸引群众积极参加管理公务这一原则，把它作为工人共和国新制度的基础，他就不能去寻找官僚主义的好的或坏的一面……。官僚主义，并不是像季诺维也夫同志所试图使我们相信的那样，是我们穷困的产物，也不是像其它人所断定的那样，是导源于军阀主义的对上级'盲目服从'的反映。这种现象有一个更深远的原因。这就是那说明我们对工会的两面兼顾的政策的同一原因的一种副产品：那些不仅在精神上敌视共产主义，而且同样也敌视工人群众基本愿望的分子在苏维埃机构里日益增长的影响。官僚主义是弥漫到我党以及苏维埃机构的骨髓里的一个祸害，不但工人反对派强调这一事实，而且许多不属于这个集团的善于思考的同志也认识到了这一点。"官僚主义对积极性的限制，不仅强加在关于非党群众的活动上，而且党员本身的积极性也受到了限制。每一种独立自主的努力，每一种新构想，一经由官僚主义组织审查就被认为是"异端"，是违反党纪，是企图侵犯中央的大权，因为中央应该"预见"一切，并对一切的一切发号施令。如果对某件事尚未发布命令，那么就必须等待，因为到时候中央腾出手来时，就会发布命令。然后在严格的限制条件下，人们才可以表现他们的"积极性"。如果某些俄国共产党员（例如那些非常喜爱鸟类的共产党员）决定设立一个保护鸟类协会，这种想法

---

① 〔苏〕柯伦泰：《工人反对派》，叶林、段为译，商务印书馆 1981 年版，第 52 页。

本身似乎是非常有益的，并且无论如何也不是挖"国家计划"的墙脚，但仅仅是似乎如此。出于偶然也许会出现某一个自称对那个特殊事业有管理权的官僚主义机构，那个机构会立即把这个协会"合并"到苏维埃机器里，从而扼杀了直接的积极性，并且会出现代替直接积极性的大量书面命令和规章，这些命令和规章将对其他千百名官员给以足够的工作，并且给邮递和交通带来麻烦。"官僚主义的危害，并不是象有些同志把整个争论局限于'怎样活跃苏维埃机构'时所想要使我们相信的那样，仅仅在于繁文缛节，而且也在于一切问题的解决方法上，即不是通过公开交换意见，或通过所有有关者的直接努力去解决，而是通过由中央下达的正式决定去解决。这种决定或者是由某一个人，或者是由某一个非常有局限性的集体做出的。在这种场合，当事者往往根本不在场。由某个第三者决定你的命运：官僚主义的全部实质就是这样的。"①

第三，消除官僚主义与自我能动性的发挥是一致的，这方面需要树立自由和民主的核心理念。"没有思想自由和发表意见的自由，就不能有任何自我能动性，因为自我能动性不仅表现在积极性、行动和工作上，而且也表现在独立思考上。我们对阶级能动性不给予任何自由，我们害怕批评，我们已停止依靠群众，因此我们染上了官僚主义。这就是为什么工人反对派认为，官僚主义是我们的大敌，是我们的灾难，是对共产党本身未来存在的最大危险。"②建立真正的党内民主，就必须消灭一切官僚主义，柯伦泰提出了三项基本原则：（一）使所有负责官员对群众负责，沿着全面清洗官僚主义的路线，回复到选举原则。（二）在党内，一般问题和涉及个人

---

① 〔苏〕柯伦泰：《工人反对派》，叶林、段为译，商务印书馆1981年版，第52—54页。
② 〔苏〕柯伦泰：《工人反对派》，叶林、段为译，商务印书馆1981年版，第52页。

的问题，都要广泛地公开；对党员群众的呼声要给予更大的注意（由党员群众广泛讨论一切问题，由领导加以总结；准许任何一个党员参加党的核心会议，但所讨论的问题要求特别保密时例外）；规定发表意见和表达的自由（不仅在讨论期间给予自由批评的权利，而且对于由不同派系提出的文件，给予动用出版基金的权利）。（三）使党成为一个工人的党，对那些在党内，同时也在苏维埃机关内担任职务的人，加以严格的限制。①

柯伦泰的分析基本上是正确的。一百多年以前，马克思和恩格斯写道，工人阶级的解放是工人阶级自己的事，无产阶级运动是广大群众自觉的、独立的运动。在1921年，柯伦泰和工人反对派通过官僚主义反革命的可怕经验教训，领悟了这个基本真理的主要方面。在（苏共）第二十次和第二十二次党代表大会之后，在匈牙利事件之后，革命者的任务在于对现实作不偏不倚的观察，吸取所有的教训并毫无顾虑地把它们公之于世。1921年3月，列宁在第十次党代表大会上对于工人反对派的种种主张作了分析和答复，指出工人反对派的纲领带有明显的工团主义倾向。在第十次和第十一次党代表大会上，列宁对柯伦泰提出了尖锐的批评，大会对她做出了留党察看的处分。柯伦泰在接受了列宁的批判后承认了错误，脱离了工人反对派，继续为苏维埃国家做了大量的工作。

3. 道德的普遍性与阶级性观点之争

1920—1930年代，苏联发生了两次规模巨大的思想论战。在第一次论战中，阿克雪里罗德代表的正统派（"机械论派"）与德波林代表的非正统派（"辩证法派"）进行了论战，论战的结果是

---

① 〔苏〕柯伦泰：《工人反对派》，叶林、段为译，商务印书馆1981年版，第55页。

"辩证法派"(非正统派)取得了对"机械论派"(正统派)的胜利。在第二次论战中,带有浓重政治色彩的、以米丁为首的官方"正统派"在对"德波林派"的批判中最终获胜。在论战期间,学者们就马克思主义哲学的诸多理论问题展开讨论,开启了使马克思主义理论体系化的著书立说活动,将马克思主义彻底推上了苏联国家和全民族唯一的世界观与方法论的位置,确立了马克思主义主流意识形态的地位,同时在思想论战中哲学伦理学上突出了道德的普遍性和阶级性之争,从而影响了马克思主义伦理思想的历史发展。

阿克雪里罗德生于切尔尼哥夫省一个旅店主家庭,在涅仁学院学习期间阅读了大量革命书籍并成为民粹派,曾经是普列汉诺夫的追随者。19世纪70年代初参加民粹主义运动,是土地与自由社的成员。1872年曾领导一个手工业主秘密小组,组织遭破坏后逃往国外。在这期间与巴枯宁主义接近,曾任巴枯宁派的《村社》杂志编辑,并同德国社会民主党交往密切。1879年回国,阿克雪里罗德参加了南俄工人协会,后至彼得堡与普列汉诺夫等人重建"土地平分社"。1881年,阿克雪里罗德代表该社出席瑞士库尔国际社会主义者代表大会。1883年在日内瓦参加劳动解放社,是最初的五名成员之一。1887年侨居法国,后移居瑞士,并加入俄国社会民主主义者国外联合会。1900年在伯尔尼大学毕业后,开始发表论著,在《科学评论》杂志上发表《对批判主义的试批判》一文。1900年参加《火星报》和《曙光》的编辑工作。1903年支持孟什维克的立场。1905年革命期间,他提出召开"广泛的工人代表大会",把无产阶级政党溶化于群众之中。在党的第四次(统一)代表大会上阿克雪里罗德发言主张同资产阶级进行政治合作。后来成为取消派领导人,编辑该派机关报《社会民主党人呼声报》。1912年参加八月联盟,领导孟什维克的指挥中心"组织委员会"。一次大战期间持沙文主义立场，在齐美尔瓦尔德会议和昆塔尔会议上居于右派。二月革命后当选彼得格勒苏维埃执行委员会委员，极力支持资产阶级临时政府。十月革命后敌视苏维埃政权，鼓吹对苏维埃进行武装干涉，后逃往国外，担任伯尔尼国际的国际社会局委员。1906年起，发表了许多反对经验批判主义、捍卫唯物主义哲学的文章。在阐述马克思主义哲学时，对反映论和作为认识论的辩证法认识不足，重复了普列汉诺夫的象形文字论错误。1921—1923年在红色教授学院任教，后来在俄罗斯社会科学研究所协会哲学研究所和国立艺术学院工作。阿克雪里罗德是20年代以机械论修正马克思主义哲学的代表之一，晚年主要从事艺术社会学研究，主要著作有《哲学概论》、《论俄国社会民主主义者的当前任务和策略问题》、《哲学家卡尔·马克思》、《资产阶级社会学原理批判和唯物主义历史观》（第一分册）、《保卫辩证唯物主义，反对经院哲学》、《黑格尔的唯心主义辩证法和马克思的唯物主义辩证法》等。

正统派的其他成员还有哲学家 А. И. 伊格纳捷维奇、左翼领导人 Л. 马尔托夫、М. О. 弗尔希克、哲学家 М. Б. 米季恩、Б. Ф. 拉里采维奇、П. Ф. 尤金等。正统派的代表性著作有阿克雪里罗德的《哲学和社会生活：道德和法律的普遍准则》（《事业》1916年第1期）、《我的回复》（《自然辩证法》1926年第2期）、《对德波林〈我们的分歧〉的回复》（《红色处女地》1927年5月）、《无可救药的混乱还是辩证的运动》(1928)；伊格纳捷维奇的《德波林的报告、就报告的争论和结语》中的论文《马克思主义的当代问题》(1929)；马尔托夫发表于正统派选集《马克思主义和伦理学》第二版中的文章；弗尔希克的《自由主义和马克思主义的伦理学理解》（《布尔什维克》1930年第6期）等。"辩证法派"即德波林派，主要成员包括 А. М. 德波林、Н. А. 卡列夫、哲学家和科学院院士

И. К. 卢波尔、С. 诺维克夫、И. П. 拉祖莫夫斯基等。"辩证法派"的主要著作有德波林的《马克思主义在康德哲学思想中的发展》、《我们的分歧》(《马克思主义编年史》1927 年第 2 期)、《从帝国主义通向实证主义的阿克雪里罗德》、《正统性观念——马克思主义旗帜伪装下的修正主义》(《马克思主义旗帜下》1927 年第 9 期—1928 年第 1 期),拉祖莫夫斯基的《马克思主义和折中主义的伦理学理解》(1930)、诺维克夫的《自由主义的孟什维克和马克思主义布尔什维克的伦理学理解》(1930)等。正统派与德波林派的论战中,道德是不具有任何全人类性质的纯粹的阶级现象的观点占了优势,并在苏联伦理思想史上长久确立下来。这场争论因而成为苏联马克思主义伦理学发展的指向标,并在相当大的程度上影响着后来马克思主义伦理学的研究方向和发展进程。

3.1 道德的普遍性观点

1916 年,阿克雪里罗德撰写了《哲学和社会生活:道德和法律的普遍准则》(《事业》1916 年第 1 期,第 44—55 页)一文,该文参与了普列汉诺夫与俄国社会运动参加者、第二半国际组织者之一的马尔托夫(1873—1923)有关日耳曼军阀行为正义性的争论。在数十年时间里这几乎是唯一涉及道德全人类性问题的论文。在 20 世纪末,这篇文章成为"德波林主义"和"机械主义"哲学争论的中心。А. М. 德波林认为,这篇文章是以康德思想对马克思主义的修正。[1]

1926 年,Е. М. 雅罗斯拉夫斯基在工科博物馆作了题为《过渡时期无产阶级的道德与日常生活》的报告,提出了全人类道德应当

---
[1] А. М. 德波林:《正统观念伪装下的马克思主义》,《马克思主义旗帜》1927 年第 9 期。

代替无产阶级道德的论题。阿克雪里罗德在争论中以类似于康德伦理学追求普遍理性主义的方式阐明了道德原则具有普遍性的观点。争论期间，普列汉诺夫宣称德国侵略集团1914年的行为还需要从道德和法律的普遍规律的角度来评价，阿克雪里罗德则给予普列汉诺夫这一观点以支持。阿克雪里罗德在《道德和法律的普遍原则》一文中认为，普遍道德规律是人类道德发展现实而有效的因素，道德具有普适性和全人类性，她承认普遍道德原则的存在。作为普遍道德标准，阿克雪里罗德指出如下方面例子：对某一国家、社会的归属，对某一社会物质利益的共同关注；家庭生活的共同特点，某一文化的影响；在反对保守制度的斗争中大部分社会成员利益的一致性以及其他一些标准。因为缩小了人类共同的道德特点同康德哲学的绝对命令之间的差距，阿克雪里罗德的伦理思想遭到了马克思主义者的严厉批判。阿克雪里罗德伦理思想的主要方面，有如下观点：

第一，普遍的道德原则是现实的产物。普遍性道德原则是在法律和道德范围内被认为是合法的原则，是所有人遵从的行动准则。关于普遍道德原则的认识被评价为康德式的绝对命令，以此为出发点，证明即使是绝对命令也是现实社会关系的产物。所有的意识形式都是社会生活的反映，康德的绝对命令也是社会发展的产物，而不是先验唯心主义的伦理原则。绝对命令存在着双重的现实基础：一是德国资产阶级想要登上历史舞台的意志因素；二是法国革命的实践因素。道德意志的绝对命令形式上虽然完全脱离全部社会历史现实，但同其相脱离的现实又是它的根源。因此阿克雪里罗德否认她的普遍道德原则和康德式的绝对命令完全是一回事，但是没有清楚地指出二者的区别。以至于跟阿克雪里罗德站在同一立场上的普列汉诺夫在谈及这一问题的时候也没有予以否认：大家知道我不是康德主义者，也不喜欢依靠康德的观点。但是当论及普遍的道德和法律原则时，有时就不能不回忆起《实践理性批判》。

阿克雪里罗德援引恩格斯批评杜林论的观点，认为在这里没有人怀疑，在道德方面也和人类知识的所有其他领域一样，总的来说是有进步的。阿克雪里罗德认为，在社会历史生活的进程中，尽管存在着阶级和阶级道德，但阶级斗争是社会进步发展的动力之一，因此由阶级斗争而形成的道德领域中的进步是主要的。在公共的、整体的条件下，人类社会的生产和生活等存在状况发生着道德的进步。她以古希腊的道德原则演变成为现代的道德文明、古希腊的哲学思想发展为现代的辩证唯物主义等事例来论证道德意识形态的不断发展和进步。普遍道德原则就是道德意识形态进步的结果。阿克雪里罗德从恩格斯关于阶级斗争引发的社会更替的观点中，总结出阶级和社会的更替会引起道德和认知上的进步的思想，从而就恩格斯对于道德阶级性的论证中归纳出恩格斯并没有否认道德原则的存在、人类历史中发生了道德进步以及社会主义条件下存在实现道德理想的可能等基本结论。

第二，历史上存在的道德理想和道德评价与普遍的道德原则不相分离，甚至本身属于普遍的道德原则的内容。道德理想和道德评价具有客观性，道德评价并不是对历史的主观解释，具体、历史的社会活动是道德评价的根源。合理即存在，存在即合理。人的道德理想和道德评价是客观存在的，是对事实存在之客观反映，它们作为规律性存在的产物同样也会成为现实。她的普遍的道德原则似乎又变成了主观范畴，可能是出于对阶级利益考虑，她又指出，这些共同的、普遍的道德原则原则上不能与无产阶级的阶级革命任务相悖。这正说明了普遍的道德原则的客观性和历史性，阿克雪里罗德也力图以此表明她和康德的绝对命令的区别。

普遍道德原则存在着条件性，无产阶级也必须履行普遍的道德原则。阿克雪里罗德承认，普遍的道德原则由相应的社会关系所引发并受其制约，只要还存在着相应的社会关系，普遍的道德原则就有存在的必要。它随着相应的社会关系的形成而产生，随着这些关系的消除而消亡。这种道德原则的破坏是由现存的社会制度向更高级的社会制度转变的社会发展的合理性所决定的。德波林派别坚决否认任何形式的普遍的道德原则，正统派被认为是用康德似的道德绝对命令来解释真正的马克思主义伦理学，是对恩格斯和列宁有关伦理思想的篡改。

第三，新的道德形式取决于更高级的社会制度，但是旧的道德原则会有不同程度的遗存，它的元素会包含在人类共同的文化进程中。阿克雪里罗德关于道德原则具有普遍性的思想实际上仍然一直是保留下来的关于马克思主义伦理学中的全人类问题的唯一源泉，她本人的实证主义影响了20世纪60年代苏联伦理学的发展。

3.2 道德的阶级性观点

德波林派因其道德观以自己所保卫的正统马克思主义自居。这种正统马克思主义实质可称为黑格尔主义化的马克思主义，其哲学体系的根源可以追溯到考茨基和卢卡奇，德波林和考茨基、卢卡奇同时在苏联发展了黑格尔主义化的马克思主义。德波林实质上成了黑格尔主义化的马克思哲学体系的一个先驱者。

德波林认为自己是在保卫和发展俄国的马克思主义，即普列汉诺夫主义。[1]德波林认为，马克思的辩证法是运动和能动的理论，一切存在的事物都是变化的，一切事物都走向它自己的反面。凝固的事物不是永恒地凝固，而是正在停止凝固，并且通过变化过程的

---

[1] 〔美〕R.D.拉克：《德波林的世界观及其在苏联哲学发展中的作用》，《苏联思想研究》1979年4月号。

形成走向它的反面。资产阶级旧文化通过革命将为无产阶级新文化所否定，但旧文化的精华将为无产阶级所继承。马克思主义的基本原则承认世界是持续不断地变化的。德波林在列宁阅读过并曾加以评论的发表于1909年的文章里，论证了辩证唯物主义是无产阶级的哲学，它的认识论和认识世界的方法。他探索唯物辩证法的哲学起源，认为在俄国唯物辩证法主要以普列汉诺夫为代表。德波林在阐释最终导致辩证唯物主义的现代哲学的逻辑发展时，就已在这篇文章里明确宣称，马克思主义是法国唯物主义的进一步发展，对苏联哲学随后的发展有深远影响，并且构成了后来以他的名字命名的哲学学派的要素。德波林在1916年到1922年之间并未发表任何论著，但是他仍然认为马克思主义体现了德国古典哲学也即黑格尔主义的"终结"。列宁在极力推荐他为教授的同时强调指出，对德波林必须加以注意，否则他将会使马克思主义孟什维克化。

德波林派坚决否认任何形式的普遍的道德原则，他们认为正统派是用康德似的道德绝对命令来解释真正的马克思主义伦理学，是对恩格斯和列宁有关道德思想的篡改。德波林派的主要观点可归纳为如下几点：(1) 不存在任何形式的普遍的道德原则。德波林大段援引恩格斯《反杜林论》的第七和第八章，指出恩格斯的这两段文字只是想证明"道德始终是阶级的道德"，道德即使发生着进步，也没有越出阶级的界限。恩格斯所指的"道德发生着进步"的情况恰好从逻辑上否定和排除了所有普遍的道德原则。(2) 普遍的道德原则和康德的绝对命令在本质上是相同的。德波林派将普遍的道德原则理解为所有民族和所有时代都应遵守的、完全脱离历史和现实生活的某种超验的东西。康德的绝对命令作为形式上绝对的道德原则也是脱离现实的，在任何情况下都不可能实现和运用于实践的。像康德一样，正统派先是给自己制定了关于法律与道德的原则，然后将这种原则再强加于人。这就是恩格斯在《反杜林论》中所否定的永恒的不变的道德原则。在德波林看来，具有社会和历史意义，同时又作为社会历史发展产物的现实的道德是无论如何也不可演变成绝对的形而上学的东西的。没有历史和现实基础的普遍的道德原则就是康德的绝对命令。（3）阶级的道德是真正的道德。德波林虽然没有直接指出阶级性是道德的本质，但是在他们的论述中已经包含了这一思想。他把否认这个思想的"马克思主义者"称之为"正统观念伪装下的修正主义"，他承认每一个阶级、每一个民族都有自己的道德，表现在人的日常行为中的实际的、阶级的道德是真正现实的道德。资产阶级的现实阶级道德，本质上就应该和无产阶级的阶级道德相对立，因为阶级的道德是阶级的物质利益的直接继续和表达。（4）界定道德的标准是内容，物质性是道德的内容。抽象的道德因为脱离实际、缺少现实内容，因而通常表现为纯粹的形式主义；现实的道德由于摒弃了空洞的形式主义，直接和内容、和多样的物质相连，所产生的就是形式多样的、阶级的道德。超阶级的道德是形式上的统一，而阶级的道德是内容上的统一。

4. 封闭组织的文化（道德）价值论

20世纪初，俄罗斯存在着对真正马克思主义伦理学的曲解，其中马赫主义的拥护者波格丹诺夫和H.瓦连津诺夫创建了特殊的自然主义流派伦理学，对道德作庸俗唯物主义理解并为道德相对主义进行辩护。这些对马克思主义学说的曲解是历史条件造成的，因此并非偶然，甚至可以说是符合历史发展规律的。

波格丹诺夫（真姓马林诺夫斯基）早年参加工人运动，1896年加入俄国社会民主工党。1903年俄国社会民主工党第二次代表大会后站在布尔什维克一边，曾当选为俄国社会民主工党第三、四届中央委员、第五届中央候补委员。1905年革命失败后政治上一度成为"召回派"的主要代表,1909年被开除出布尔什维克党,十月革命后担任"无产阶级文化协会"的领导职务。1926年起任莫斯科输血研究所所长,因进行输血实验失败而逝世。

波格丹诺夫是一个自然科学家、哲学家、经济学家和政治活动家,本人是一个百科全书式的人物,不仅在自然科学跨学科领域研究方面有着自己独到的见解,而且在哲学和社会学等方面同样有着个性鲜明的观点和主张。他的主要著作包括:《自然史观的基本要素》(1899)、《经验一元论》(共3卷,1904—1906)、《组织形态学》(共3卷,1913—1922)、《关于社会意识的科学》(1914)、《生动经验的哲学》(1923)、《无产阶级文化》(1925)等。

波格丹诺夫甚至把唯物主义同康德主义结合起来,提出道德是"在社会主义条件下应当被克服的虚幻的意识形式。"[①]1918年,波格丹诺夫在《社会主义问题》(莫斯科1918)一书中提出:社会主义建设的条件是无产阶级在"无产阶级文化"这一封闭组织内获得的在"文化组织上的成熟"。无产阶级文化组织的目的是在全盘否定过去的文化价值(包括道德价值)的基础上制订"社会组织经验的新形式"。这种认为革命阶级只有"文化组织上成熟"后才能改造世界的观点是和马克思主义关于人在改造世界的同时也改造其自身的理论相违背的,在这种"成熟"之下谈不上什么道德教育。因此波格丹诺夫是19世纪末至20世纪初的10年里俄罗斯道德虚无主义的重要代表。

4.1 组织形态学

波格丹诺夫创立了组织形态学,其根据在于"无产阶级文化"

[①] 〔俄〕A. A. 图西诺夫:《光学教学史》,莫斯科2003年,第851页。

的理论基础。这一理论认为，人的一切经验的综合就是真理；真理不是客观现实的反映，而是社会经验的组织；文化和艺术就是以"生动的形象"组织人们的社会经验。以前的文化反映的是奴隶主阶级、地主阶级和资产阶级的"阶级经验"。无产阶级文化反映的是无产阶级的"阶级经验"，因此它应该彻底否定过去的一切文化，同时也应与同时代一切别的任何阶级与阶层的文化隔离开来，从而在真空中创造一种特殊的"纯粹的无产阶级的阶级文化"。

组织形态学是波格丹诺夫于1912—1922年创立的系统理论。波格丹诺夫对"组织形态学"的解释是：关于自然界、行为和思维的一切要素的组织形式和组织规律的一般理论。组织形态学标志着"科学和进步的一元论"。①波格丹诺夫最初研究组织性问题是由于他对自己时代的科学和哲学深感不满，他认为哲学脱离现实，离人类生活的实际太远；科学由于最初不得不采用机械分析方法而高度分化并失去了统一性，也失去了对现实的广阔视野，无力处理现实这个整体。为了解决现实问题，把专业化和组织化结合起来，并统一组织世界，给新的社会建设制定经济模式，他提出了组织性问题。

组织形态学的基础是经验一元论，经验一元论一般被认为是马赫主义即经验批判主义的变种。波格丹诺夫虽然使用了"经验要素"作为统一的基础，但其实与经验批判主义还是有所区别的。"一步步地分解整体时，分析从最大部分转向越来越小的部分，并且最后达到某种界限，分解不能继续下去，这就是经验要素。"②波格丹诺夫受牛顿经典力学思想体系的影响，要想认识事物整体，首先就要认识它的基本组成部分。对还原分析思想的肯定，是"经验一元论"的科学思

①А. А. 波格丹诺夫、В. В. 巴普科夫、Г. Д. 格拉外里、В. Д. 米赫梁科夫：《构造地质学——一切普遍的组织科学》，莫斯科金融出版社2003年版，第24、25页。
②А. А. 波格丹诺夫：《经验一元论：哲学文章》，莫斯科共和国出版社2003年版，第6页。

想前提，但仅认识到部分是不够的，那样还不能很好地解释和说明事物整体。"阿芬那留斯和马赫的哲学以个人经验的心理要素系列和物理要素系列相互独立为基础，因而是二元论的，对这些经验必须给予一元论的解释。按照经验一元论的观点，一切事物都是这样或那样地组织起来的经验。……物理世界就是集体性或社会性地组织起来的经验，而心理的东西虽是集体的社会的经验之'不可分割的部分'，却是由个人组织起来的经验。"① 在分析还原方法指导下，更高的目的应该是研究统一，所以波格丹诺夫追求整体和谐一致的系统思想在"经验一元论"中表露无遗。经验一元论中重要的一个观点是对关系的表述，"被统一成一个'物体'的不同质的经验序列平行主义，是指关系的同质性，而不是要素的同质性"②。各种不同的经验序列所具有的关系同质性，才是物体统一的首要基础。

波格丹诺夫如此论证自己的观点。首先，关于"物理世界"和"心理世界"的关系，他认为，在一系列物体中的某物属于确定的物质系统，该物质是由系统的一定关系来说明，被称作"物理世界"或"外部世界"。对物体的知觉或者概念则属于另一个系统，在这个系统中有着与前者不同的关系，它被称作"心理世界"或者"内部世界"。无论是物理世界，还是心理世界，都是建立在一定关系基础之上的。其次，关于"社会组织起来的经验"和"个体组织起来的经验"的关系。"经验一元论"不承认物理世界和心理世界之间有超验的界限，心理世界的特征首先是认识主体的心理感受，对其他人来讲不具有普适性意义，其他人只是间接地获得了认识意义。只对个人也就是对谁在感受的主体有意义，对其他人而言没有

---

① 〔苏〕И. Т. 弗罗洛夫主编：《哲学辞典》，广东人民出版社1989年版，第348—349页。
② А. А. 波格丹诺夫：《经验一元论：哲学文章》，莫斯科共和国出版社2003年版，第9页。

客观特点，也就失去了物理世界本身所固有的那种社会的组织性。人与人之间可以交流，"个体组织起来的经验"能与其他人的感受相一致，能与其他人的经验协调和谐，也就能获得"社会组织起来的经验"，获得普适性意义。这样，借助活动主体的"经验感受"作为媒介，成功地将物理世界与心理世界联系起来。再次，关于主体经验要素物理序列与心理序列的关系。同类的经验要素复合体有时候表现为物理序列，有时候表现为心理序列的问题，而另一类只表现为心理序列。感情和意志复合体是心理序列，也就是那些随着社会和社会内部斗争条件的改变，感受在不同的人身上表现为不同的方向。在一些情况下可以观察到物理序列和心理序列相互的适应与和谐，而在另外一些情况下则观察到它们的相互竞争，甚至矛盾对立。认识活动主体之间要想拥有同质的经验，只能通过与其他人的交往和交流，也就是在不同人相互检查和一致交流的基础上去确立。集体经验的协调一致性就表现为所谓的"客观性"，是作为相互交流的不同人的经验协调一致的结果而出现的。所以，为了取代二元论式的观念，经验一元论以平行并列双方的关系为切入点，开始关注将不同形式的个体经验和社会经验、感性时空和抽象时空看成是同一现实过程。波格丹诺夫提出自己的一元论修正，对立双方的划界不再是不可逾越的鸿沟，而是彼此统一起来的纽带，从一元论的角度看待所有问题也就取得了实质上新的和独特的组织系统，经验一元论已经比"经验批判主义"更进一步。经验一元论体系精彩的概念就是"置换"方法的思想。对于认识而言，置换方法在于一个事物或现象被其他现实的或思想上的事物或现象所取代，"置换"是从已知向未知的人类认识运动，是已知的被认识过的客体"置换"到未被认识的客体的位置而实现的运动。

波格丹诺夫在《普遍组织起来的科学——组织形态学》一书中

将普适性的组织原则构建成具有"普遍观点"统一的学科，这是对"一元论"充满激情的总结性反映和延续。他坚持认为存在着普遍适用于一切领域的原则，自然科学与社会科学之间的鸿沟并不存在。想要确立这样的原则，标准就是允许抛弃不同学科各不相同的陈旧术语，力争确定一些隐藏于专业化术语形式深处的普适性含义。波格丹诺夫是从社会生活的现实出发研究组织性问题的，他不但接受了现实展示的组织性特征，更重要的是对组织性作了进一步解释。他认为："自然界的组织性归功于一个'组织者'，归功于为世界设计和创造事物的人。在宗教中这个'组织者'就是以人格神出现的造物主，显然是不科学的。"①波格丹诺夫用进化这个驱动因素解释自然界的组织性。

组织性和组织观点在组织形态学中贯穿始终，是波格丹诺夫研究问题的出发点。波格丹诺夫并没有给系统直接下定义，而是对复合体进行了定义及划分：有组织复合体，即组成复合体的各要素相互作用的主动性大于要素间相互作用的阻抗性；解组织（与"有组织""组织起来的""组织"相反的一种状态，即从有组织状态到该组织解体的状态）复合体即与有组织相反；中性复合体，即各要素间作用的主动性和阻抗性相等。复合体就是最简单、最普通的系统。有组织复合体才会产生部分所没有的新质，显示出很强的组织性。解组织复合体对于研究系统的保存、演化及消亡是必不可少的进程。可见，波格丹诺夫的有组织和解组织概念更强调过程、强调动态性和组织性。波格丹诺夫研究问题是以整体大于部分之和这一原理为基础的。波格丹诺夫提出了主动性和阻抗性这对矛盾概念来解释此原理，使这一原理生动而具体。"整体大于部分之和"是有

---

① 〔美〕R. 贝洛：《系统方式——A. 波格丹诺夫和 L. 冯·贝塔朗菲》，载《哲学译丛》1986 年第 1 期。

条件的，只有有组织复合体才满足这一原理，因为只有有组织复合体才会表现出很强的组织性，使整体表现出新质。

开放系统理论是一般系统论的基础和出发点，也是其理论的突破。开放系统最主要的特征在于同环境进行物质和能量交换，其物质成分有输入和输出，有组成与分解。这种系统虽然有不连续的不可逆过程，但其结构是不变的。显然开放系统理论的这些性质和特征在波格丹诺夫的移动平衡理论中都存在。在移动平衡理论中，波格丹诺夫用渐进选择机制解释系统的平衡。因为渐进选择包括两种相反的进程（肯定选择和否定选择），使得系统的保存和发展成为可能。波格丹诺夫的移动平衡理论不仅仅是瀑布式的动力学平衡。而且是结构的保持，是一种变化着的动态平衡。

波格丹诺夫很重视"调节"这一概念，调节是指系统为达到一定目标所必须具备的一种能力。显然，目标、终极概念是调节机制中最重要的概念之一。在组织形态学中，调节概念是借助生物学的进化概念表现出来的。生物学的进化概念通过波格丹诺夫的概括被普遍化了，并被应用于各个领域。他认为，万物的行为都趋向于自身的保存，而保存是通过选择来实现的。任何系统其各部分都持续地同环境进行交换活动，持续地经历"失去"、"得到"，保持着自身的结构而处于动态平衡状态中。但这种动态是通过渐进选择进程实现的，它必须随着环境的变化增加系统部分间的适应性。选择概念由稳定性概念补充，实现了对系统的调节，使系统达到最终目标——保存（组织形态学意义上的保存）。波格丹诺夫通过渐进选择概念的普遍化，使调节成为研究任何系统行为的普遍概念，但组织形态学的调节概念更宽泛些。

组织形态学还提出了一些控制论概念，如双重调节机构。更有研究价值的是分叉规律和会聚规律，波格丹诺夫并把这些规律运用于社会、经济系统的研究中。这一理论对研究复杂社会系统是十分有益的，波格丹诺夫认为，社会主义是最高职能的系统，它的各部分应该产生愈来愈新的分叉。系统的分叉既包括朝着补充关系方向发展的趋势，也包括在一定条件下系统不稳定发展的趋势——矛盾。两种趋势对立斗争的结果或是产生稳定的分叉或是系统解体。为了防止矛盾的尖锐化和系统的解体，为了经济系统的平衡发展，他认为应该依据生产力的性质建立相应的生产关系结构，因为合理的生产力—生产关系结构应该能够按照补充关系的方向调整系统的分叉。波格丹诺夫提出分叉理论是为了解决社会主义的经济矛盾，以预先防止经济矛盾的尖锐化。

波格丹诺夫以其先见之明对苏联社会主义经济进程进行了剖析，并做出了科学预测，其分叉理论是针对苏联社会主义经济发展进程提出的，对于打破传统的决定论观点起了积极作用。波格丹诺夫是一个注重行动的人，因而非常重视其理论的应用和推广。组织形态学理论和方法的应用是波格丹诺夫系统思想的一个重要方面，他不仅在自己的著作《关于社会意识的科学》及报告《统一的国民经济计划的组织原则》中援引了组织形态学的科学内容，而且用组织形态学方法研究了社会、经济等系统，并用组织形态学的相对阻抗原理及平衡理论系统地研究了经济系统和国民经济平衡问题。他的"组织科学与经济的计划性"的报告于1921年揭开了首届全俄科学组织生产劳动倡议者代表会议的序幕，并对制订国民经济平衡模式做出了贡献。这都是组织形态学理论运用的结果。波格丹诺夫认为，所有组织形式平衡的巩固取决于最薄弱环节的稳定性（相对阻抗原理），而这种稳定性对保障国民经济各部门、各环节的比例性和平衡性具有特别的意义。波格丹诺夫以先见之明在苏联国民经济初期形成了经济系统平衡发展的重要原则。组织形态学理论应用得出的这些结论对人们处理实际问题有直接的指导作用。

波格丹诺夫的组织形态学当时没有被公开采纳，而事实上作为组织形态学内容之一的关于社会进程的思想在苏联社会主义建设中已经存在着。苏联第一个也是最著名的自由平衡方案是1923—1924年由中央统计局研究制订的，并于1926年发表了"生产与分配如何统一"的方案，而这些方案和计划实际上是以波格丹诺夫对国民经济平衡的研究为基础的。1926年，著名经济学家V. A.巴扎罗夫把波格丹诺夫的平衡理论纳入到了他的关于国民经济平衡问题的研究中，并与经济学家格罗曼诺夫一起提出了国民经济平衡理论的方法论基础和数学模型问题。可见波格丹诺夫组织形态学理论应用产生的一些结论对于研究现实问题是十分有益的，其应用范围之广也是一般系统论无法比拟的。

波格丹诺夫哲学方法论方面有自己的特征。众所周知，工业革命使科学迅猛发展，使科学走向分化。而科学发展的最新倾向要求把完全不同和看起来相距遥远的专门学科统一起来，同社会经济的发展趋向一体化，但以分析方法为主的传统的思维方式由于缺乏统一综合的思想，阻碍了科学的统一和经济的一体化。组织观点可以克服专门科学养成的思维方式，能够统一组织人类的经验，统一组织物质、人和人的思想，也就是说组织观点不仅能联合自然、人类社会及思维中的不同要素，而且能掌握这些要素协调统一的各种方法。

波格丹诺夫一再声明，组织形态学不是哲学，而是一般性质的科学理论，但它吸收了哲学中有价值的东西。按照波格丹诺夫的观点，在人类开始用智能进行思索时，哲学是"用天真纯朴的假想连接起来的科学知识的整体"。[①]在科学走向专门化之后，哲学也分化

---

① 〔俄〕A. A. 波格丹诺夫：《组织形态学》（第一卷），莫斯科1989年版，第141页。

为实践哲学（道德哲学）和理论哲学。无论是实践哲学还是理论哲学，都不能像组织形态学那样发挥实际作用，因为实践哲学被组织形态学包容进来并成为其有机组成部分。对组织形态学而言，人们之间的道德关系就如同有机体中的细胞间的关系、机器中部件间的关系。换言之，组织形态学以同样的观点看待这些问题。理论哲学试图解释世界、建立完整的世界图景，而波格丹诺夫认为问题在于改造世界。这正是组织形态学的目的所在。

哲学渴望对现象做出普遍解释，尽管这是普遍问题，但波格丹诺夫认为这并不包括所有总结性的方法。在哲学得到方法论的称号时，这种思想还不可能产生。黑格尔的辩证法虽然显示出自我发展的能力，但对方法的概括也只是一种模糊的倾向。"不论是黑格尔还是黑格尔的信徒都没有在辩证法中找到解决实际问题的直接方法，只有马克思的辩证法有粗略的实践特点，但还不够完善"。[①]波格丹诺夫认为辩证法中对立的思想是科学之宝，为此他进一步指出："在科学专门化的时代，人类渴望科学的统一，理论哲学试图给出普遍的和谐的、清晰的世界图景。……的确在科学统一的工作中，哲学不止一次先作到了广阔的科学总结，最明显的例子是：物质和能量不灭的思想。从这个意义上讲哲学是组织形态学的先驱。"[②]组织形态学研究普遍类型和结构规律及结构统一的问题，显然这些问题是一般科学问题和一般科学方法论，是关于结构规律和各种组织形式和各种系统发展的普遍规律的科学。

就总体而论，波格丹诺夫的组织形态学贯彻了唯心主义哲学世界观，而在列宁看来，唯心主义哲学反对唯物主义世界观，把精神性

[①]〔俄〕A. A. 波格丹诺夫：《组织形态学》（第一卷），莫斯科1989年，第47页。

[②]〔俄〕A. A. 波格丹诺夫：《组织形态学》（第一卷），莫斯科1989年，第47页。

的东西说成是第一性的存在，把物理自然界说成派生的东西。这样终会导致从理论上肯定上帝的存在，为神创世界说提供了哲学上的论证。列宁剖析了这种唯心主义哲学的性质："凡是说物理自然界本身是派生的东西的哲学就是最纯粹的僧侣主义哲学。它的这种性质决不会因为波格丹诺夫本人极力否认一切宗教而有所改变。……如果自然界是派生的，那末不用说，它只能是由某种比自然界更巨大、更丰富、更广阔、更有力的东西派生出来的，只能是由某种存在着的东西派生出来的，因为要'派生'自然界，就必须有一个不依赖于自然界而存在的东西。这就是说，有某种存在于自然界以外并且能派生出自然界的东西。"①哲学史上诸如柏拉图的理念、莱布尼兹的单子、巴克莱的精神实体、黑格尔的绝对精神、叔本华的宇宙意志、人格主义的无限人格，事实上都是上帝的别名。在这个意义上，列宁认为："唯心主义不过是信仰主义的一种精巧圆滑的形态。"②它的客观的作用之一在于反对无神论，为宗教信仰主义服务。

4.2 无产阶级文化协会

1917年10月16—19日，以波格丹诺夫为首的一些学者和领导人在彼得格勒成立了俄国无产阶级文化协会，这是一个进行文学、戏剧、音乐、美术等活动的群众性团体，它在全国各地设有自己的分会。十月革命后，各地方协会多达1381个，会员由8万发展到40万。协会有自己的刊物《无产阶级文化》、《未来》、《熔矿炉》、《汽笛》等20余种和几个出版社。波格丹诺夫、列别杰夫—波梁斯基等协会理论家常在这个刊物上发表文章。协会的重要理论家还有普列特涅夫、卡里宁、别萨里柯和捷尔仁采夫。一些无产阶级诗人

---

① 《列宁选集》（第二卷），人民出版社1986年版，第233—234页。
② 《列宁选集》（第二卷），人民出版社1986年版，第365页。

同无产阶级文化协会有着密切的联系。这些诗人歌颂世界革命和工厂的集体劳动。他们的创作特征是革命浪漫主义的激情和抽象的宇宙精神。列宁同波格丹诺夫和无产阶级文化派的反马克思主义的文化艺术理论进行了长期斗争。1932年，俄共中央正式解散了无产阶级文化协会。无产阶级文化派的理论主要体现在以下几个方面：

在对待人类文化遗产的问题上，无产阶级文化派采取了全盘否定的态度。波格丹诺夫号召无产阶级对待文化遗产应该像信教的人对待异教一样。有的人提出"把资产阶级文化作为一堆废物扔掉"；有的人说："不需要继承联系，苏联读者不需要托尔斯泰和其他古典作家的小说，它们任何时候都不会再版。"无产阶级文化派的杂志《未来》声明："如果有人因为无产阶级的创作家没有填补把新的创作同旧的创作分离开来的那个空白，而感到惶惶不安的话，我们就对他们说：这样更好些——不需要继承联系。"

在如何创造社会主义的新文化和组成新文化大军的问题上，无产阶级文化派采取了异想天开的反历史唯物主义的态度。波格丹诺夫认为，"无产阶级"是直接同工业无产阶级的生产活动联系在一起的，它应该是"纯粹的和鲜明的"，"没有任何异己的杂质"。卡里宁声称：无产阶级文化协会是一个实验室，无产阶级应该在这个实验中创造新文化，这样就可以使无产阶级避免资产阶级影响的侵蚀。普列特涅夫还把经济基础、生产方法同观念形态混为一谈，同样主张在无产阶级文化协会的组织里建设"无产阶级文化"，并认为这就是无产阶级文化协会的"基本目的"。无产阶级文化派把广大农民和知识分子排除在新文化的建设大军之外，认为建设无产阶级文化的任务只有靠无产阶级出身的科学家、艺术家、工程师等才能够加以解决。

在社会主义文化事业要不要党的领导的问题上，无产阶级文化派公然主张"独立"和"自治"的立场。十月革命前，无产阶级文化协会成立的时候，曾宣布为"独立"的工人文化组织，不受克伦斯基的资产阶级临时政府的国民教育部的管辖，这在当时的历史条件下，是有积极意义的，十月革命后，继续提出无产阶级文化只有在无产阶级不受任何法令的约束，在充分主动的条件下才能发展，这就没有任何道理了。无产阶级文化协会的"独立"，现在已经是不受苏维埃政府管辖的"独立"了。无产阶级文化派在论证这种"独立"的必要性时，还错误地提出无产阶级文化协会是无产阶级文化创作的阶级组织，如同工人政党是政治组织、工会是经济组织一样，为此，他们反对将无产阶级文化协会置于教育人民委员部的管辖之下。

总之，革命大转折时代社会道德的混乱，理论家们的无经验和不成熟造成一系列对道德问题的庸俗的解释。波格丹诺夫的这种认为革命阶级只有"文化组织上成熟"后才能改造世界的观点是和马克思主义关于人在改造世界的同时也改造其自身的理论相违背的，这种观点与当时流行的对道德问题的庸俗理解一度造成了理论和认识上的混乱。列宁对各种道德的分析和批判以及在《青年团的任务》等讲演和著作中包含着共产主义道德的完整理论，既与资产阶级道德价值体系相对立，又反对了那些貌似革命的对道德文化及其规范人们行为的作用的否定态度，对于克服这种消极观点和庸俗理解起了关键作用。

二、В. И. 列宁的道德批判

1. 决定论及对资产阶级道德的批判

列宁是马克思主义理论家，马克思主义新阶段——列宁主义的奠基人，是共产党和国际工人运动的领铀、苏维埃国家的缔造者。马克思主义伦理学的各种问题在列宁早期活动及相关著作中都有研究。列宁关于道德问题的论述大多是在论述政治、哲学、经济、文化等问题时顺便论及的，分散在 113 篇文章中。这些问题包括，通过各种道德批判及对革命道德的辩护，阐明历史唯物主义伦理学的基本原则；通过领导苏维埃社会主义建设，阐述了政治道德观及共产主义道德理论等等。

马克思和恩格斯认为经济是道德的基础，例如，恩格斯在《反杜林论》里说："人们自觉地或不自觉地，归根到底总是从他们阶级地位所依据的实际关系中——从他们进行生产和交换的经济关系中，获得自己的伦理观念。"①列宁在论述 19 世纪 60 年代，俄国取消农奴制的经济改革对社会道德的影响时说："这一经济过程在社会方面的反映就是'人格普遍提高'。"②列宁在《民粹主义的经济内容及其在司徒卢威先生的书中受到的批评》一文中指出，既然农民变成商品生产者，他们的道德必然会建筑在卢布上，农奴制度必然树立农奴主道德，自由劳动制度树立资产阶级道德。这都说明，列宁是坚持了马克思和恩格斯的经济决定道德的这一历史唯物主义观点的。

列宁首先对民粹派道德观进行了批判。民粹派是在 19 世纪 60、70 年代随着俄国农奴制度的废除、资本主义的发展而产生的一种代表小生产者利益的空想社会主义派别，早期的主要代表人物有彼·拉·拉甫罗夫、尼·康·米海洛夫斯基等。从 80 年代起，随着俄国农村两极分化加剧、阶级矛盾尖锐化，民粹派从反对沙皇开始向沙皇政府妥协，从早期所标榜的"人民之友"变成宣扬国家代表一

---

① 《马克思恩格斯选集》（第三卷），人民出版社 1976 年版，第 434 页。
② 《列宁全集》（第一卷），人民出版社 1984 年版，第 376 页。

切阶级的利益、反对革命斗争的"人民之敌"了。这个时期主要代表有米海洛夫斯基、沃龙佐夫、尤沙柯夫和克利文柯等,他们否认社会发展的客观规律性,否认人民群众在历史上的作用,主张放弃革命斗争。列宁的批判主要包括如下两个方面:

首先,列宁分析了民粹派唯心主义世界观及其人性论的本质。民粹派遵循的世界观是唯心主义的主观社会学,其基本点在于主张以人性作为考察人类社会现象的基础。米海洛夫斯基就认为:"社会学的根本任务是阐明那些使人的本性的这种或那种需要得到满足的社会条件。"①从1882年起,米海洛夫斯基以"英雄"和"群氓"为主题写了一系列文章,建立了一个关于"英雄"和"群氓"的完整的理论体系,大肆宣扬英雄史观,攻击俄国马克思主义者只是"信奉抽象历史公式的不可变异性"。其要点是:(1)社会现象领域根本不同于自然历史现象领域。对于社会现象来说,规律是不存在的,因此研究社会现象的"社会学应从某种空想开始",研究社会现象领域必须采用"社会学中的主观方法";(2)社会发展的基本力量不是社会物质生活发展的真实要求,而是有"批判地思维的"英雄人物的"自由意志",个别英雄人物能够使历史过程走向他们愿意的方向。社会学家既然认为事物有合乎心愿的,有不合乎心愿的,他就应当找到实现合乎心愿的事物,消除不合乎心愿的事物的条件,即找到实现如此这般理想的条件。至于发展,甚至根本谈不上,而只能谈由于人们不聪明、不善于很好了解人的本性的要求,不善于找到实现这种合理制度的条件而在历史上发生过的种种违背"心愿"的偏向和"缺陷";(3)历史是个别英雄人物创造的。

列宁明确认为,"我们把民粹主义理解为一种观点体系"②。这

---

① 转引自《列宁全集》(第一卷),人民出版社1984年版,第107页。
② 《列宁全集》(第二卷),人民出版社1984年版,第404页。

里所说的"观点体系"意即民粹主义的经济和政治主张的总体。民粹派关于俄国发展的经济和政治主张可概括为三个特点:"(1)认为资本主义在俄国是一种衰落,退步……(2)认为整个俄国经济制度有独特性,特别是农民及其村社、劳动组合等等有独特性……(3)忽视'知识分子'和全国法律政治制度与一定社会阶级的物质利益有联系……"①第一个特点是民粹派对待资本主义在俄国发展的基本态度:民粹派看到了资本主义在俄国的发展并提出了这一问题,但却否定资本主义在俄国发展的进步意义。民粹派之所以持这一态度,主要在于他们"从自己浪漫主义的、小资产阶级的观点出发同资本主义作战,便把任何历史现实主义都抛弃了,总是把资本主义的现实同对前资本主义制度的虚构加以比较"②。第二个特点是从经济层面肯定农民村社,把农民村社看作是具有独特意义的经营方式,以此来诋毁西欧文化的成就。民粹派这一特点的实质就是"把工人理想化"③,"宁肯停滞,也不要资本主义的进步"④,"宁肯让农民继续停留在他们因循守旧的宗法式的生活方式中,也不要在农村中给资本主义扫清道路"⑤。第三个特点是从政治制度方面维护宗法制度的旧法规,力图把旧法规作为俄国社会进一步发展的基础。民粹派之所以持这一观点,就在于他们没有看到在新的经济发展面前,旧法规已经是不堪忍受了,却"以为'农民的灵魂(统一而不可分的灵魂)'正在向法规方面'进化'","确信'知识界'、'社会'或'领导阶级'已经具备或定将具备完美的道德"⑥。

---

① 《列宁全集》(第二卷),人民出版社1984年版,第404—405页。
② 《列宁全集》(第二卷),人民出版社1984年版,第408页。
③ 《列宁全集》(第二卷),人民出版社1984年版,第411页。
④ 《列宁全集》(第二卷),人民出版社1984年版,第409页。
⑤ 《列宁全集》(第二卷),人民出版社1984年版,第410页。
⑥ 《列宁全集》(第二卷),人民出版社1984年版,第413页。

列宁指出，民粹派的上述错误是与他们采取的一种特别的思维方式相联系的，"这种思维方式可说是知识分子狭隘的自以为是，或者甚至可说是官僚主义的思维"①。"人的本性的这种或那种需要"与"社会经济形态"是两个完全不同的概念，"人的本性的这种或那种需要"指的是人的意愿、人的自由意志和道德良心，是强调主观因素的概念，而"社会经济形态"指的是物质的生产关系与思想的社会关系的整体，其中物质的生产关系是最原始的社会关系，决定着思想的社会关系，这是强调历史的客观因素，强调历史整体的概念。由于这两个概念的本质区别，当人们用不同的概念去观察人类历史现象时，就会采用不同的方法，构造完全不同的历史图景：民粹派从"人的本性的这种或那种需要"出发考察俄国的历史现象，采用了一种形而上学的方法，即按照他们保存农民与土地的联系，竭力美化农民村社的愿望，"从各个不同的社会形态中毫无意识地抽出个别要素，从中世纪社会形态中抽出这个，从'新'社会形态中抽出那个，如此等等，然后用这些东西给我们臆造了一个乌托邦"②，这个乌托邦就是农民村社的共产主义；社会民主党人从"社会经济形态"出发考察俄国历史现象，采用了一种历史的辩证方法，即依据生产关系的性质及其变化分析现实的矛盾，分析整个社会形态的变化，把俄国社会的发展看作是一个自然的历史过程，从而揭示出俄国社会中存在的农民与资产阶级、资产阶级与无产阶级的矛盾，揭示出俄国社会发展的历史必然性和"铁的规律"。

其次，列宁通过对民粹派的批判阐述了马克思主义道德观的因果性即决定论问题。关于因果性在世界上的作用问题，伦理史上存在过截然相反的两种观点。决定论认为，在自然界、社会上和意识

---

① 《列宁全集》（第二卷），人民出版社1984年版，第414页。
② 《列宁全集》（第一卷），人民出版社1984年版，第159页。

中所发生的一切现象和过程无不受着因果性的制约；而非决定论总是以某种方式对此加以否定。适用于道德的因果性问题同下列主要问题的解决有着联系：第一，道德要求的客观基础是否存在，它们的内容是由处于道德意识之外的条件决定，还是由道德意识本身决定；第二，如果承认人的行为是受因果性制约的，那么怎样使决定论同人进行道德选择的能力以及同人对他作出的行为所负的责任结合起来？在伦理学说史上有过各种各样形式的决定论，例如，道德要求内容是由宇宙规律（宇宙目的论伦理学）、生物进化规律（进化的伦理学）、超历史地理解人的本性、人固有的对享乐和幸福的渴望（快乐主义、幸福论）等所决定的。所有这些理论都没有抓住道德中因果性的独特性，它们机械式地解释因果性，以致有时导致了认识社会历史和人类行为的宿命论。同决定论相对立，它们不止一次地企图证明，历史似乎是按照人们的道德观念发展的，而道德观念本身的来源又常常被看作人们的倾向、欲望。这就经常引起道德上的唯意志论。

道德要求反映着社会历史的必然性，而不是作为人们的主观愿望同这种必然性对立起来，这丝毫不降低人们个人活动的作用。列宁认为："决定论思想确定人类行为的必然性，推翻所谓意志自由的荒唐的神话，但丝毫不消灭人的理性、人的良心及对人的行为的评价。恰恰相反，只有根据决定论的观点，才能作出严格正确的评价，而不致把一切都任意推到意志自由的身上。"①道德要求同实现道德要求的客观条件之间所发生的冲突是历史过程本身矛盾性的反映。历史过程中的每时每刻都产生着新的要求，而这些要求只有在其后的社会发展过程中才能得到解决。不过道德上的因果性有它自己的特点。社会必然性是作为关于应有的思想、作为人应该实现的

---

① 《列宁全集》（第一卷），人民出版社 1984 年版，第 139 页。

目的，而不是单纯的作为不经过人的意志就起作用的原因反映在道德意识中。正因为如此，个人要对自己的一举一动承担责任，并且他的行为可以被评价为善或恶。列宁在这里不仅批判了民粹派的绝对意志自由论的错误，即以为人的行为是可以为所欲为的，不受客观必然性支配；而且为理解人的行为有没有意志自由、人对自己的行为是否应当承担道德责任等问题提出了科学的论据。

2. 宗教论及对宗教道德观的批判

1905年革命后一些哲学家甚至革命者对宗教道德极力吹捧，宗教学家C.弗兰克认为："俄罗斯思维和精神生活不仅就内在本质而言是宗教性的（因为可以断定每一种创作均是如此），而且宗教性还交织渗透于精神生活的一切外部领域。"①这种宗教文化还始终制约着文化的亚形态——道德——的整体构造。一些宗教学家主张取消革命道德，要求建立以神的信仰为核心的社会道德。这一点与俄国无产阶级文化协会对道德的看法是不谋而合的，十月革命后俄罗斯无产阶级文化协会的领导人波格丹诺夫等人对传统道德、旧社会文化持全面否定的态度，这致使革命内部和人民群众内部某种程度上虚无主义的盛行。针对时代问题，列宁在《社会主义与宗教》（1905）等著作中阐述了历史唯物主义在宗教道德上的基本观点。

对于宗教与道德问题，列宁针对十月革命后建设新社会的任务及旧社会的影响指出，工人和旧社会之间从来没有一道万里长城，工人同样保留着许多资本主义社会的传统心理。工人在建设新社会，但他们还没有变成新人。"人人为自己，上帝为大家"的旧口号仍然在作怪。②我们将努力消灭"人人为自己，上帝为大家"这

---

① 〔俄〕C.弗兰克：《俄罗斯人的世界观》，圣彼得堡1996年版，第184页。
② 《列宁全集》（第三十五卷），人民出版社1985年版，第438—439页。

个准则,努力把"大家为一人,一人为大家"的准则渗透到群众的意识中去,渗透到他们的习惯中去。①列宁反对从上帝的意旨中引申道德,认为僧侣、地主和资产阶级都假借上帝的名义说话,为的是谋求他们这些剥削阶级自身的利益。超人类社会的道德是没有的。从超人类和超阶级的概念中引出的道德是为了地主和资本家的利益来愚弄工农,禁锢工农的头脑。我们不相信有永恒的道德,道德是为人类社会上升到更高的水平,为人类社会摆脱对劳动的剥削服务的。我们的道德完全服从无产阶级斗争的利益,我们的道德是从无产阶级斗争的利益中引申出来的。②列宁鼓励和要求青年团应该使培养、教育和训练现代青年的全部事业,成为培养青年的共产主义的事业。列宁在十月革命后对待和处理宗教问题的态度和做法,是在共产党已经取得政权的初期对马克思主义宗教观的实践。

列宁批判了宗教探寻中的道德观,指出"寻神说"和"造神说"在本质上没有差别。对社会民主党人来说,任何神的观念、任何对神的谄媚,都是错误的。反对"寻神说"绝不是为了要用"造神说"来代替它。寻神说同造神说的差别,丝毫不比黄鬼同蓝鬼的差别大。列宁在《唯物主义和经验批判主义》中对唯物主义认识路线、真理、实践在认识中的作用等进行了研究,批判了企图从神的启示中寻求真理的错误行为。列宁认为,"造神说"故意歪曲德国社会民主党爱尔福特纲领关于"宣布宗教为私人的事情"的原则,说对于社会民主党而言,"宗教是私人的事情"。列宁在《社会主义与宗教》一文中指出,无产阶级要求国家把宗教宣布为私人的事情,给予人民以宗教信仰的自由,但决不认为社会民主党人对待宗教信仰问题是"私人的事情",恰恰相反,这是关系全党的事情。

---

① 《列宁全集》(第三十九卷),人民出版社1986年版,第100—101页。
② 《列宁全集》(第四卷),人民出版社1995年版,第288—292页。

"造神派"把"对国家来说宗教是私人的事情"歪曲成为似乎社会民主党认为宗教是私人的事情,必将危害社会民主党的科学世界观,其观点实质上就是离开社会主义而转到宗教方面去。

"寻神说"宣称要经过道德宗教的洗礼才能接近农民,列宁指出,神的观念不过是统治阶级束缚被压迫阶级的工具,从来不会使人民联合。革命者只有领导人民在推翻旧制度的斗争中,才能真正同人民接近,实现同人民群众的结合。列宁对文学家高尔基小说中的造神说进行了批判。1908年初,高尔基把《个人的毁灭》的初稿寄给了《无产者报》,该报编辑部讨论时,列宁与波格丹诺夫发生了激烈的争论。1913下半年,高尔基在《再论"卡拉马佐夫气质"》一文中说了一段话:"至于'寻神说',应当暂时搁下,那是一种徒劳无益的事:没放东西的地方,没有什么可找。没有播种,就不会有收获。你们没有神,你们还没有把它创造出来。神,不是找出来的,而是创造出来的;生活不能虚构,而是创造的。"①列宁看到后立即写信给高尔基,对他提出严厉的批评,指出:"任何宗教观念,任何神的观念,甚至任何对神的谄媚,都是民主派资产阶级能特别容忍地(甚至往往是心甘情愿地)予以接受的无法形容的下流货色,正因为如此,这是最危险的下流货色,是最可恶的'传染病'。"他责备高尔基说:"您知道小市民的灵魂的'脆弱性和可悲的动摇性',但您却拿最甜蜜的、用糖衣和各种彩色纸巧妙地包裹着的毒药来诱惑这种灵魂!!""我一边读您的文章,一边反复思索为什么您竟会出现这种笔误,然而不得其解。怎么回事呢?是您自己也不赞成的那篇《忏悔》的残余表现??是它的余波??或者是由于另外的原因,例如是您想离开无产阶级的观点而去迁就一般民

---

① 这原为《再论"卡拉马佐夫气质"》一文最后的一段话,后来作者把它删掉了。

主派的观点这种不成功的尝试？"

列宁指出高尔基继续宣扬造神说的两种可能的原因，"无论从哪种意义和哪个方面来说，这种作法都是不正确的"①。高尔基为神和造神说的思想进行辩护，列宁亲自写长信指出高尔基的一个矛盾，即他尽管同"前进派分子"决裂了（或者说好像是决裂了），但并没有注意到"前进派"的思想基础。高尔基所宣扬的神是部落、民族和人类所形成的一些观念的复合，这些观念在激发和组织社会感情，以使个人同社会相联系，约束动物性个人主义的理论，显然同波格丹诺夫和卢那察尔斯基的理论有联系。列宁认为高尔基对神所下的定义"完全是反动的和资产阶级的"。他解释道："为什么这是反动的呢？因为它为那种'约束'动物本能的僧侣主义——农奴制的观念涂脂抹粉……您的定义是资产阶级的（而且是不科学的、反历史的），因为它所依据的是笼统的、泛泛的、'鲁滨逊式的'概念，而不是一定历史时代的一定的阶级。"②列宁再一次指出高尔基离开了阶级观点，批判了关于"造神说是社会原则在个体和社会中进一步发展和积累的过程"的说法，指出高尔基之所以犯错误，原因在于他虽然与波格丹诺夫等人分手了，但是思想上并未与他们划清界限，在于他离开了无产阶级的观点去迎合自由派的观点，或者在于他的小资产阶级偏见。③

列宁在批判"宗教探寻"思潮时还阐明了从时代的条件出发确定有神论的态度。20世纪初，西方的社会民主党由于特殊的历史条件而对有神论问题采取过分冷漠的态度。这是因为在当时的历史情况下，反对有神论是资产阶级革命的任务，西方的资产阶级民主派

---

① 《列宁全集》（第四十六卷），人民出版社1990年版，第360—362页。
② 《列宁全集》（第四十六卷），人民出版社1990年版，第366—368页。
③ 《列宁全集》（第二十九卷），人民出版社1985年版，第67页。

在与封建制度作斗争的过程中已经在相当程度上完成了这个任务。西欧资产阶级革命结束以后，资产阶级统治者反对社会主义运动的斗争成为资产阶级的主要任务，反对有神论的斗争已经被挤到了次要的地位。但是俄国情况却不一样，俄国资产阶级民主革命还没有完成。无产阶级政党应当成为反对一切中世纪制度的斗争的思想领袖，这一斗争还包括反对维护统治阶级官方的宗教有神论，反对任何革新宗教、重新建立或用另一种方式建立宗教的尝试等。列宁强调，反对有神论不应当立足于抽象的、纯粹理论的、始终不变的宣传，不能像过去的无神论者那样，简单地宣布宗教有神论有害，而应该更加进一步，就是必须善于用唯物主义观点来说明群众中的宗教信仰的根源，并且立足于当前实际上所进行的阶级斗争，这样才能对广大人民群众进行最广泛最有效的教育。列宁对有神论的批判对于苏维埃国家在党内开展无神论教育显然具有一定的指导意义。

3. 虚无主义道德观批判

俄国十月革命后出现的道德虚无主义是猛烈摧毁旧社会的一切政治的、经济的、文化的社会关系的革命暴风雨时期的副产品。正像18世纪末、19世纪初的法国大革命时期的新生资产阶级曾极端鄙视并坚决抛弃封建贵族的生活方式和伪善的封建道德一样，20世纪初期俄国十月革命后的工人阶级也抱绝对否定一切同旧世界有联系的生活方式和道德的态度。革命陶醉时期的虚无主义伦理道德观，部分地是阶级对抗时期的思想斗争的产物。

在十月革命初期，俄国的资产阶级思想家和基督教神父曾经以资产阶级伦理学和基督教的道德观来批判十月革命，反对社会主义。其代表人物有弗朗克、别尔嘉耶夫、谢思托夫、普尔卡科夫等人。弗郎克在1917年出版的《俄国革命的道德分水岭》一书中写道，俄国出现的道德堕落是革命造成的。他说社会上划分为两种对立的力量，一边是尊重法律、自由和个人尊严，尊重文化及彼此尊重的人们，而另一边是暴力、任意妄为、肆无忌惮的利己主义、蔑视文化、对全民族的财富漠不关心的人们。而布尔什维克就是造成社会黑暗和道德堕落的元凶。别尔嘉耶夫在1918年出版的《社会主义革命是可能的吗?》和《俄国革命中的人民和阶级》两本书，对革命的马克思主义作了伦理的批判。虽然别尔嘉耶夫承认十月革命在政治上的必然性，但是否定它在精神上的合理性。他认为，阶级的、革命的社会主义是同科学和道德观无缘的。这个革命不仅不符合实际和阻碍了历史的进程，而且同人类个性的道德本质相矛盾，同人类的宗教感情相冲突等等。十月革命后逃往国外的思想家、作家，也在国外出版书籍，以宗教的或唯心主义的伦理观来批判十月革命和社会主义。当时，年轻的俄罗斯工人阶级，很自然地坚决抵制和批判这种观点，认为它是对十月革命和社会主义的恶毒攻击，并把攻击十月革命和社会主义的精神武器，也自然看作是奴役自己的精神枷锁。80年代苏联改革时期，伦理学家总结历史教训时普遍认为俄罗斯知识分子用道德来否定革命、否定工人阶级，同俄罗斯工人阶级对道德的革命否定，是两个极端的伦理观，在理论上都是错误的。革命暴风雨时期的俄罗斯工人阶级不能辩证地、一分为二地对待道德和伦理学，是有其特殊的历史原因的。

20年代后半期，在苏联的马克思主义理论内部发生了一场延续数年的大论战即德波林派（也称辩证法派）和机械论派的论战。19世纪中叶出现的哲学流派实证主义，曾在国际上广为流传，实证主义突出强调知识的实证性。他们认为，实证哲学是科学的综合，它同科学一样是"实证"的，只研究具体的事实和现象，而不追求事实和现象的本质、规律性。"实证哲学"与"实证科学"是同等的东西。对于实证主义来说，包括马克思主义哲学在内的传统意义上的哲学，无论是唯物主义还是唯心主义，都是非实证的，因而都是"形而上学"，都是伪科学，根本没有存在的权利。由此导致20年代出现了哲学虚无主义。十月革命后苏联的自然科学家中就有不少人坚持实证主义贬低和取消传统哲学的观点。当时革命队伍内有不少人在政治上是坚定的布尔什维克，与资产阶级作了坚决的斗争，但他们把哲学当成剥削阶级的专用品，认为哲学和宗教一样，只是一种脱离生活、脱离科学的思辨教条，因此在无产阶级革命中应当把哲学与剥削者一道送进坟墓。否认资本主义社会的科学、哲学、伦理学、艺术等包含有客观真理，对剥削阶级的全部文化遗产持虚无主义态度，在当时的俄国社会中产生了广泛的影响。

波格丹诺夫是俄国的自然科学家、哲学家、经济学家和政治活动家。1918年，波格丹诺夫提出：社会主义建设的条件是无产阶级在"无产阶级文化"这一封闭组织内获得的在"文化组织上的成熟"。革命阶级只有"文化组织上成熟"后才能改造世界，这种观点是和马克思主义关于人在改造世界的同时也改造其自身的理论相违背的。

列宁对无产阶级文化派中的虚无主义道德观也予以批判分析，在《政论家的短评》（1910年3月）一文中，列宁指出："所谓'无产阶级的哲学'其实指的就是马赫主义"，"'无产阶级的科学'这个说法在这里也是不合适和不恰当的"；"无产阶级的艺术""无产阶级的文化"的词句"正是用来掩饰同马克思主义的斗争的"。1919年5月6日，列宁在给全俄社会教育第一次代表大会的贺词里，批评无产阶级文化派"把按照新方式建立起来的工农教育机关看作自己在哲学方面或文化方面进行个人臆造的最方便的场所"，"并且在纯粹的无产阶级艺术和无产阶级文化的幌子下，抬出某种超自然的和荒谬的东西"。1920年9月，列宁在《唯物主义与经验批判主义》第二版的序言中指出："波格丹诺夫在'无产阶级文化'的幌子下偷贩着资产阶级的反动观点。"新的共产主义文化的产生尽管是文化史上的一次革命，但是共产主义文化并不是在空地上，而是在掌握和发展人类先前文化成就的基础上产生的。新文化吸取旧的、包括资产阶级的文化中的一般人类价值。不继承资本主义文化，我们就无法建成社会主义。人的发展首先是同社会生产的进步，同社会主义民主和管理的完善相联系的。新人形成的物质基础蕴藏在人的活动的经济条件和解放革命之中，建立新的共产主义的关系和形成共产主义的个人是一个漫长的历史过程。从20年代初直到逝世，列宁领导苏维埃政权对无产阶级文化派中的虚无主义道德观进行了激烈的批判，最终导致该派解体。

三、人民主体论的政治伦理思想

1. 革命道德的辩护

列宁对政治伦理问题的思考是围绕着人民主体这一重大问题展开的。为了实现劳动人民当家作主，建立民主、平等的新社会，无产阶级必须锻造一个强有力的革命政党，始终坚持无产阶级政党是时代的光荣和良知的根本原则。列宁提出：对于无产阶级政党来说，"政治应该是人民的事，应该是无产阶级的事"[①]。这里包含着政治应该以人民为主体的思想，无产阶级领导人民群众建立政党，实行无产阶级革命，建立新型的国家政治体系。

列宁在革命和建设时期，围绕革命与道德、党性与良心的关系

[①]《列宁全集》（第四卷），三联书店1974年版，第308页。

问题，坚持批判性、实践性、综合性、创新性的原则，阐述了革命道德思想，为俄国党和人民的伟大实践提供了坚实的理论支撑和强大的道德动力。

首先，对革命结果的辩护。在19世纪下半叶和20世纪初的俄国，围绕"革命还是改良"的问题，社会各界存在着激烈争论，列宁积极介入到了这些争论之中并为革命提供了坚实的理论支撑。

围绕革命的结果问题，以列夫·托尔斯泰、米海洛夫斯基和"路标派"思想家为代表的自由主义知识分子，坚持道德的抽象性原则，以人之德性的增进作为判断社会进步的根本标准。他们认为革命将摧毁俄国的民族美德和宗教传统，损害公众良心，使俄国不断滑向暴力和专制的深渊。其中，托尔斯泰提出了"不以暴力抗恶"的原则，强调诉诸良心的发现和道德的救赎；米海洛夫斯基则具体分析了俄国的农奴制改革，认为它损害了俄国农村村社体制所特有的温情主义的道德传统，使道德败坏、人伦丧失；以别尔嘉耶夫等人为代表的"路标派"更是把当时的俄国看作是一个政治激进主义狂飙突进，以革命取代道德，以暴力代替爱心，抹煞神圣人性的反道德时代。第二国际内部也有人对革命持以否定态度，如考茨基于1918年发表《无产阶级专政》一书，论述了列宁在《国家与革命》中所提的主张，指出列宁关于暴力革命的观点的极端危险性。对于考茨基的批判，列宁于1918年10月发表《无产阶级革命与叛徒考茨基》长文，指斥考茨基的错误。为了回击列宁，同时也为了表明第二国际（社会民主党）对布尔什维克所作所为的态度，1919年6月考茨基发表《恐怖主义和共产主义》一文，对列宁主张的无产阶级专政将要产生的严重后果进行了分析和批评。考茨基认为，维护人权，弘扬人道主义，是马克思主义的出发点和贯穿始终的基本精神；马克思所追求的共产主义社会，是一个以每个人的全面而自由的发展为基本原则的社会形式。考茨基不仅对法国18世纪以来历次革命运动中的恐怖主义行为进行了考察,而且从分析时代特点的角度来看布尔什维克。他指出:我们看到了一个世界正沉沦于经济破产和自相残杀之中;布尔什维克迷信暴力,把单纯的权力看作是世界上决定一切的因素,无产阶级中最缺少修养的分子被放到运动的最前列;所谓苏维埃,只不过是独裁和专制的一种组织形式,苏维埃制度表现出来的革命黩武性质,使俄国成了兵营社会主义。

列宁指出了上述责难的荒谬性,并指出这些理论将马克思主义的社会革命理论简单等同于民粹主义者和无政府主义者的革命理论。后者片面崇拜暴力,信奉政治激进主义,提倡"为革命而革命"。民粹主义者是经济主义者,"经济主义者与现代恐怖主义者有一个共同的根源,即崇拜自发性的态度。……经济主义者和恐怖主义者各自崇拜自发性潮流中的两个极端:经济主义者崇拜着自发的'纯粹工人运动',而恐怖主义者崇拜着那些不善于或没有可能把革命工作同工人运动联成一气的知识分子自发表示的极热烈的愤慨"[1]。针对德雷福斯案件[2],列宁认为:"在共和制的法国发生的德雷福斯案件,在自由民主的美利坚共和国发生的资本家的雇佣军队对罢工者的血腥屠杀,这些事实和几千件类似的事实都证明了资产阶级费尽心机企图掩盖这样一个真理:即使在最民主的共和国内,实际上也是资产阶级的恐怖和专政居统治地位,每当剥削者开始感觉到资本的权力动摇时,这种恐怖和专政就公开表现出来。"[3]

---

[1]《列宁文选》(第一卷),人民出版社1953年版,第242页。

[2] 1894年法国陆军参谋部犹太籍的上尉军官德雷福斯被诬陷犯有叛国罪,被革职并处终身流放,法国右翼势力乘机掀起反犹浪潮。此后不久即真相大白,但法国政府却坚持不愿承认错误,1906年德雷福斯被判无罪。

[3]《列宁全集》(第八卷),人民出版社1956年版,第435—443页。

俄国马克思主义者虽然在一定程度上继承了民粹主义的革命理论，但他们倡导的是涵盖经济、政治、文化革命等在内的社会革命，这种革命无论就其内容还是形式而言都具有其他革命所不具备的道德意义。

托尔斯泰等人将革命与道德简单对立起来，用抽象的道德标准否定革命的道德合理性。列宁认为，任何革命在一定程度上都会破坏既有的道德规范，但衡量革命的道德合理性要看它是否符合大多数人的根本利益。革命不是唯一的也不是最高的目的，革命是历史的火车头。列宁在批评托尔斯泰文学中的非暴力思想时说："俄国无产阶级要向劳动群众和被剥削群众阐明托尔斯泰对国家、教会、土地私有制的批判的意义，但是目的不在于使群众局限于自我修身和对圣洁生活的憧憬，而在于使他们振奋起来对沙皇君主政体和地主土地占有制进行新的打击……俄国无产阶级要向群众阐明托尔斯泰对资本主义的批判，但是目的不在于使群众局限于诅咒资本和金钱势力，而在于使他们学会在自己的生活和斗争中处处依靠资本主义的技术成就和社会成就，把自己团结成一支社会主义战士的百万大军，去推翻资本主义，去创造一个人民不再贫困、没有人剥削人的现象的新社会。"①俄国的民主主义革命是要推翻沙皇专制统治，实现政治民主、社会自由、人民平等；俄国的社会主义革命目的是为了实现人的自由全面发展。这是符合绝大多数人的长远和根本利益的，具有伟大的道德意义。

列宁还批评他们无视革命的历史必然性，在条件具备的情况下放弃革命，这恰恰是不道德的。列宁认为，分析革命的道德价值不能离开对革命基础或条件的考察。当时俄国在政治上越来越难以为继，因而沙皇的专制统治也变本加厉；经济上是越来越多的人民，

---

① 《列宁论文学与艺术》，人民文学出版社1983年版，第215页。

包括大批小农和小资产阶级陷入极度贫困之中；文化上是长期的专制统治和愚民政策带来的愚昧、封闭、落后的精神状态。俄国下层群众无法再生存下去，有强烈的变革愿望，上层统治者也难以进行有效管理。在这种情况下，像自由主义知识分子那样奢谈所谓的"道德救赎""爱的教义""个人良心"等，不仅因为远离现实而陷入空论，而且也是对人民的犯罪。俄国最需要解决的问题"不是满口仁义道德地进行谴责，而是从各方面忘我地促进革命，组织革命来推翻这个君主制"①，这就是最大的道德。

列宁对来自考茨基的批评进行了专门分析。他指出："'恐怖主义'问题看来是考茨基书②中的主要问题。这一点可以从该书的标题看出来，也可以从施坦普费尔下面的话看出来：'考茨基断言，公社的基本原则不是恐怖主义而是普选权，这无疑是正确的。'我曾在我的'无产阶级革命和叛徒考茨基'一书中引用了充分的材料来证明这一类关于'基本原则'的议论对马克思主义是一种多么大的嘲笑。现在我的任务不同了。……全世界的资产阶级都支持曼纳新之流和高尔察克之流，企图扼杀苏维埃政权，诬蔑它实行恐怖主义和不民主。事实就是这样。因此，当考茨基、马尔托夫、切尔诺夫及其同伙们唱着他们关于恐怖主义和民主主义的歌曲时，他们只不过在给资产阶级当应声虫……"③无产阶级专政的反对者们无视无产阶级专政在道德进步方面的积极意义。无产阶级专政的积极含义在于唯有通过它才能达到与资本主义相比更高的社会组织和生产率，社会主义国家的组织和建设功能就显示在这里。镇压和暴力职能并不是无产阶级专政的主要功能。镇压职能与组织建设职能相比

---

① 《列宁全集》（第二十卷），人民出版社1989年版，第327页。
② 考茨基书，指《恐怖主义和共产主义》。
③ 《列宁全集》（第三十七卷），人民出版社1985年版，第179页。

只起较为次要的作用。在俄国取得胜利的无产阶级专政是一种本质上全新的国家，苏维埃形式的社会主义国家就其民主主义来说是国家的最高类型。劳动人民的这种政权形式能够胜任解决对社会进行社会主义改造的所有迫切任务。无产阶级专政作为走向国家消亡面历史的必经道路，并非是社会主义国家的最后一种形式。在达到共产主义"无国家"和普遍自治之前，可能出现许多接近于社会自治的中间形式。

无产阶级专政意味着对剥削阶级国家机器的革命摧毁，对资产阶级民主的摧毁，但同时通过无产阶级专政而在社会主义民主的发展中取得巨大进步。有关在无产阶级专政范围内的无产阶级专政与民主问题是社会伦理理论的一个新问题。

2. 革命的目的与手段的辩护

自由主义思想家反对革命，起因在于当时的俄国社会弥漫着政治激进主义、道德虚无主义、无政府主义，这些思潮赞成革命，把革命当成目的，鄙视和抛弃道德。早期民粹派的代表人物 П. Н. 特卡乔夫（П. Н. Ткачёв，1844—1886）、S. 涅恰耶夫（Sergey Nechayev，1847—1882）认为好的目的可以证明手段的正确，特别是 S. 涅恰耶夫在《革命者教义问答》中提出为了崇高目标可以使用最不道德的手段，为了社会进步可以不计个人的任何得失，为了神圣的革命可以不讲任何道德；革命者与文明世界的公民秩序绝交，与这个世界的道德情感绝交。在这里，真诚、相爱、善良、仁慈、温情都被扫进了历史的垃圾堆。

一些自由主义者把列宁与早期民粹派混同一起，认为列宁跟从 П. Н. 特卡乔夫、S. 涅恰耶夫并继承了他们的学说，即认为好的革命目的预先证明了无论何种手段的正当性，而不论从通常的或传统的伦理学观点来看，这样的手段是怎样的"不道德"。他们认为，列宁在1904年就把自己看作"雅各宾派"成员，因此也是Π.Н.特卡乔夫的追随者，列宁把"雅各宾主义"定义为为实现目的而进行坚定的斗争，这种斗争不是带着小山羊皮手套而进行的，他不怕求助于断头台。

列宁与Π.Н.特卡乔夫和雅各宾派成员有着本质的不同。列宁明确指出，俄国马克思主义者反对为了革命而摒弃道德的做法，反对迷信暴力和恐怖，为了革命而在一定条件下把暴力和恐怖作为军事手段是适用的，但绝"不要醉心于恐怖行动，不要把恐怖行为当作主要的和基本的斗争手段"[①]。为了革命，应该而且必须要作必要的妥协，但这并不意味着为了目的可以牺牲原则，以策略取代道德。针对有人把政治和革命理解为欺骗的错误倾向，列宁指出："有些人把政治理解为略施小计，有时甚至看作和欺骗差不多，这种人在我们当中应当受到最坚决的斥责。"[②]他具体分析了政治妥协的不同情况："有各种各样的妥协。应当善于分析每一个妥协或每一种妥协的环境和具体条件。"[③]要区分一种人把钱和武器交给强盗，为的是要减少强盗所能加于的祸害和便于后来捕捉；另一种人则把钱和武器交给强盗，为的是要入伙分赃。一个政治家"应当把对共产主义思想的无限忠诚同善于进行一切必要的实际的妥协、机动、通融、迂回、退却等的才干结合起来"[④]。在这种意义上，无产阶级革命不仅具有崇高的道德属性，而且也非常重视道德建设。革命者绝不应是一个不讲道德的恐怖主义、无政府主义者，而是如车尔尼雪夫斯基所说的那样是一个真正正派的人。革命性决不抹煞个

---

① 《列宁全集》（第五卷），人民出版社1986年版，第5页。
② 《列宁全集》（第四卷），三联书店1974年版，第445页。
③ 《列宁全集》（第四卷），三联书店1974年版，第148页。
④ 《列宁全集》（第四卷），三联书店1974年版，第203页。

性，恰恰相反它使个性变得丰富多彩。革命者应该学会欣赏和享受大自然和亲人、朋友、战友带给自己的友谊、情感，学会把革命与道德有机统一起来。

列宁关于目的与手段关系的论证与 Л. Д. 托洛茨基（Лев Давидович Троцкий，1879—1940）的反考茨基的论战性著作《恐怖主义和共产主义》（1920）中的观点是有差别的。一些学者往往把列宁的观点和考茨基的观点混为一谈，这是需要注意的。考茨基对革命无产阶级专政的暴力等行为的正当性论证，可以归纳为4个论点：①目的和手段是可分的，一个好的目的可证明任何手段的正当，而且不同的社会经济阶级可以使用同样的手段（例如恐怖行为）去达到极不相同甚而对立的目的。②没有革命的暴力和镇压就不可能实现社会主义。无论何人，只要想达到社会主义这一目的，就必须接受恐怖主义手段。③一切政府都使用暴力来维护政权，而历史上的一切革命总是使用暴力去打碎这种政权。④在俄国发起恐怖统治的并非布尔什维克，而是反革命势力。托洛茨基坦率地承认正在使用恐怖方法。对于"康德主义的牧师或素食主义的贵格会教徒所喋喋不休谈论的'人的生活的圣洁'……"，他只是予以蔑视，并断言，无论什么地方，只要必要，个人都被而且应当被仅仅当作手段。①这里自然产生了两个问题。第一是关于以恐怖行为作为手段来达到社会主义这一目的的有效性问题。对此问题的争论属于科学上的争论，大概需求助于论据和逻辑才能解决，终极的论据是实用主义的：恐怖正在起作用，而且它曾经起过作用。第二个并且是更重要的问题在于当发现手段和其他某种价值或原则（如尊重人的生命和自由的原则）存在根本冲突时，道德上能否允许这样的手段。一个人若感到恐怖行为有效力，在道德上也不可接受，那么他

---

① 〔苏〕L. D. 托洛茨基：《恐怖主义和共产主义》，莫斯科1920年，第61页。

可以接着做些什么呢？他或者（A）寻求可替换的、并且对于实现既定目的来说效力可能不大的手段（这是考茨基和欧洲社会主义者所做的，他们求助于宪法的、议会的改革）；或者（B）如果能够证明（正像托洛茨基设法所做的）恐怖、暴力和欺诈是唯一可能的手段，承认它们不道德，但同时肯定好的目的能证明它们是正当的，要么（C）连同这个目的一块放弃。

托洛茨基认为考茨基实质上采取了康德的或者类似康德的立场，不符合马克思主义的道德观。他明确坚持认为有这样一些确定的道德原则和价值，它们对于为实现既定的社会—政治目的所要求的手段的选择规定了绝对的限界。这个观点是把考茨基、杜威及大多数俄国孟什维克和列宁、托洛茨基及布尔什维克区别开来的分水岭。

对于目的、手段、恐怖行为和无产阶级专政等问题，马克思和恩格斯两人都作了许多论述，列宁的基本观点与此是一致的。值得注意的是，目的和手段问题在道德观中的产生反映了阶级社会的矛盾。按照恩格斯的话说，在阶级社会中"许多预期的目的在大多数场合都彼此冲突，互相矛盾，或者是这些目的本身一开始就是实现不了的或者是缺乏实现的手段的"[①]。过去的人道主义者尤其是启蒙学派的人（卢梭、席勒等），不止一次地指出物质文明和精神文明的一切进步归根结底是反对人的。社会道德意识按照自己的方式理解这个事实，所以指出善良的目的，崇高的理想，在试图付诸实现时常常导致道德上恶的结果。道德意识往往把目的和手段的矛盾，把为了实现善良的理想而采取不道德的方法认为是对这种奇谈怪论的解答。从这种观点看，本来道德、最终目的的学说不能同政治、同达到它们的实际方法混为一谈（道德与政治）。道德理论家们常常由此作出结论，为了实现"善良的目的"采取任何手段（伪

---

① 《马克思恩格斯全集》（第二十一卷），人民出版社2003年版，第341页。

善的原则、马基雅弗利主义）都是正确的。另一些思想家则导出相反的结论，认为善良的目的应当同样以道德的手段作补充。道德的任务仅仅在于解决达到所提出的目的的途径、方法和手段问题，而这些目的本身基本上是在道德范围以外被确定的。马克思主义道德观把道德问题的这种理解当作根据不足的东西加以抛弃。它的出发点是这样一种原理，即历史已向人们提出了实际上他们能够实现的目的。如果过去的历史运动的结果是反人道的，那么，这个原因不单纯在于手段不适当，而在于目的本身。资产阶级自由和平等的理想，实际上变成了不平等和剥削制度的新形式，这是因为资本主义社会的客观历史使命就是如此。共产主义在自己的活动中的出发点是，它的最终目的，即建成真正人道的社会，应当伴以相适应的手段来实现。在争取共产主义胜利的斗争中所采用的手段，对于纯洁的最终目的和共产主义理想具有最直接的关系。

3. 执政党伦理建设论

无产阶级政党应实现时代性与人民性的统一，不断代表和实现广大人民群众的根本利益。列宁提出：对于无产阶级政党来说，"政治应该是人民的事，应该是无产阶级的事"[①]。这里包含着政治应该以人民为主体的思想，在革命时期，要坚决反对沙皇专制、追求民主自由，反对无限权力以实现责任和权利的统一，反对暴政奴役以至力于人民的政治解放；在革命胜利以后，人民当家作主，参与管理国家，实现民主自由。

列宁以大量言论阐述了反对专制、实现政治民主和自由的思想。在他看来，"专制就是不受限制；专制制度就是政府有无限权

---

① 《列宁全集》（第四卷），三联书店 1974 年版，第 308 页。

力"①。因此,俄国工人阶级争取自身解放斗争的首要任务是争得政治自由,以实现俄国公民不分宗教信仰和民族,拥有普遍的、直接的选举权;集会、结社、罢工自由;出版自由;消灭等级、全体公民在法律面前完全平等;宗教信仰自由,所有民族一律平等;流动和迁徙自由等。"因为没有政治自由,工人对国家事务就没有也不可能有任何影响,从而必然仍旧是一个毫无权利的、受屈辱的、不能发表意见的阶级。"②"整个俄国社会主义的历史,决定了社会主义的最迫切任务是反对专制政府,争取政治自由。"③

官僚主义与民主政治是相对立的,因此要反对官僚主义,切实反映和真正实现群众的根本利益。列宁指出:"没有民主,就不可能有社会主义,这包括两个意思:(1)无产阶级如果不通过争取民主的斗争为社会主义革命作好准备,它就不能实现这个革命;(2)胜利了的社会主义如果不实行充分的民主,就不能保持它所取得的胜利,并且引导人类走向国家的消亡。"④但是,在俄国的特殊情况下,社会主义民主政治建设又面临着一些共产党员的狂妄自大、文盲的大量存在和贪污受贿等现实问题。一些人满足于做官当老爷,官僚主义严重。官僚不仅在苏维埃机关有,而且在党的机关里也有。列宁甚至提出了"苏维埃官僚""党官僚"这样的概念。官僚是专干行政事务并在人民面前处于特权地位的特殊阶层,它根源于小生产者的分散性和涣散性,他们的贫困、不开化、交通的闭塞,文盲现象的存在,是由于缺乏农工业之间的流转特别是专制制度的长期影响。正因为如此,反对官僚主义不仅是一项政治任务,也是一项经济和文化任务,需要在制度安排上作出周密考虑,让广大人

---

① 《列宁全集》(第二卷),人民出版社1984年版,第91页。
② 《列宁全集》(第二卷),人民出版社1984年版,第90页。
③ 《列宁全集》(第四卷),三联书店1974年版,第335页。
④ 《列宁全集》(第二十八卷),人民出版社1990年版,第168页。

民参与管理，这样才能把反官僚主义的斗争进行到底。作为时代的光荣和良知，无产阶级政党、党的干部、每个党员都必须体现出良好的思想道德，切实体现政治以人民为主体的宗旨和思想。

4. 制度伦理建设论

制度伦理包括制度的伦理（即对制度的正当、合理与否的伦理评价）和制度中的伦理（即制度本身内蕴着一定的伦理追求、道德原则和价值判断）。制度伦理主要是执政党把执政的理念和道德要求提升、规定为制度和规范，依靠政治制度和法律制度的强制手段转换成执政党必须遵守的硬约束。列宁不仅非常重视执政党伦理建设，而且极端注重完善政治制度和法律制度，以制度伦理建设来保证执政党伦理建设。

列宁制度伦理建设思想的依据来源于马克思主义关于自由的实现必须依靠国家和法律的思想。马克思主义从国家、政治法律制度存在的合理性、基础、本质和功能等方面，指出建设现实的国家和现实的政治法律制度、理想的国家和理想的政治法律制度的必要性和重要性。"国家是一个庞大的机构，在这里，必须实现法律的、伦理的、政治的自由，同时，个别公民服从国家的法律也就是服从他自己的理性即人类理性的自然规律。"[①]不是所有的国家、法律制度都能给人以自由，对于真正的自由主义，"它应该争取实现一种同更深刻、更完善和更自由的人民意识相适应的崭新的国家形式"[②]。国家应该是合乎理性的公共的存在，是自由人的联合体。[③]马克思恩格斯在批判现实的不合理的国家的同时，对理性的国家作

---

① 《马克思恩格斯全集》（第一卷），人民出版社 1995 年版，第 228 页。
② 《马克思恩格斯全集》（第一卷），人民出版社 1995 年版，第 307 页。
③ 《马克思恩格斯全集》（第一卷），人民出版社 1995 年版，第 217 页。

为一种实现人民自由的形式给予了确认，他们指出："法的关系正像国家的形式一样，既不能从它们本身来理解，也不能从所谓人类精神的一般发展来理解，相反，它们根源于物质的生活关系，这种物质的生活关系的总和，黑格尔按照 18 世纪的英国人和法国人的先例，概括为'市民社会'，而对市民社会的解剖应该到政治经济学中去寻求。"①"每种生产形式都产生出它所特有的法的关系、统治形式等等。"②马克思通过分析政治、法律的状态与性质，找到了理解政治、法律合理性的基本思路，得出了生产方式、经济关系对政治法律制度具有决定影响的基本看法，强调建立国家、政治法律制度的主体和动力应是人民，国家、政治法律制度要依据人民的意志而存在，要依据人民的利益而变革，而不是相反。"正如同不是宗教创造人，而是人创造宗教一样，不是国家制度创造人民，而是人民创造国家制度。""必须使国家制度的实际承担者——人民成为国家制度的原则。"③马克思表明民主的国家、政治法律制度既是人民利益、意志的反映，又是实现人民利益、意志的基本途径。在现实社会里，政治压迫源于经济剥削，经济异化造成了政治异化。因而，消除政治压迫、经济剥削，从根本上要消除经济异化，实现经济平等。而实现经济平等的有效途径，就是建立平等的经济制度。扬弃私有财产从而消除异化劳动，就是通过工人阶级不断的阶级斗争以至政治革命即工人的解放运动。"社会从私有财产等等解放出来，从奴役制解放出来，是通过工人解放这种政治形式来表现的，这并不是因为这里涉及的仅仅是工人的解放，而是因为工人的解放还包括普遍的人的解放；其所以如此，是因为整个的人类奴役制就

---

① 《马克思恩格斯全集》（第二卷），人民出版社 2009 年版，第 591 页。
② 《马克思恩格斯全集》（第八卷），人民出版社 2009 年版，第 12 页。
③ 《马克思恩格斯全集》（第三卷），人民出版社 2002 年版，第 72 页。

包含在工人对生产的关系中，而一切奴役关系只不过是这种关系的变形和后果罢了。"①对私有财产的扬弃，从而对异化劳动的扬弃与消除过程，就是共产主义运动。"对异化的扬弃只有通过付诸实行的共产主义才能完成。要扬弃私有财产的思想，有思想上的共产主义就完全够了。而要扬弃现实的私有财产，则必须有现实的共产主义行动。"②共产主义不仅是一种思想，更是在这种思想指导下的现实运动。共产主义作为实现目标的方式，也是一种社会制度，而且是一种每个人占有和支配生产生活资料的平等制度。共产主义是继资本主义政治初步获得解放之后社会又获得解放的新的社会形态，是政治民主之后的新的经济平等，是人类文明进步过程中的新的自由境界与远大理想。由于"市民社会任何一个阶级，如果不是由于自己的直接地位、由于物质需要、由于自己的锁链本身的强迫，是不会有普遍解放的需要和能力的"③，因而，共产主义运动的主体与动力则是"一个被戴上彻底的锁链的阶级"——以工人阶级为代表的无产阶级。共产主义不仅是思想的解放，更是现实的解放；共产主义作为对私有财产异化的扬弃，不是让一部分人占有财产而感觉到幸福，而是让所有人过上合乎人性的生活；共产主义作为一种制度，不是要束缚人，而是使人获得自由。

为了防止俄共（布）执政后脱离群众、个人专断，逐步由"社会公仆"变成社会的主人，列宁强调反对个人专断，坚持和健全党的民主集中制，要求通过发展党内民主，发挥党员的积极性和创造性；为了始终保持党员的先进性，他主张加强党组织对党员干部的监督，建立健全党的监督机制，自上而下地建立一整套规章制度和

---

① 《马克思恩格斯全集》（第一卷），人民出版社 2009 年版，第 167 页。
② 《马克思恩格斯全集》（第一卷），人民出版社 2009 年版，第 232 页。
③ 《马克思恩格斯全集》（第一卷），人民出版社 2009 年版，第 16 页。

监督体系，加强对党和国家机关的监督；为了真正发挥社会主义法制在国家管理中的作用，实现依法执政，他强调必须正确处理执政党与党领导人民制定的宪法和法律的关系，切实维护苏维埃国家的法律权威性，提出了执政党要依法执政，要在宪法和法律规定的范围内活动的重要思想。

列宁晚年病重病危，由他口授记录下来的文字，一部分是分六天口授的《给代表大会的信》；另一部分则是他多次口授记录下来后形成多篇文章，即《关于民族或"自治化"问题》《论合作社》《论我国革命》《我们怎样改组工农检查院》《宁肯少些，但要好些》等。这些文字内容涉及党的建设、党和国家政治制度改革、民族问题、合作社、革命道路、发展生产力、文化革命等问题。其中最重要的主题就是"党内民主是党的生命"。列宁认为在思想建设的基础上，抓好党的组织制度、工作制度方面的建设更为有效。只有将思想建设与制度建设结合起来，才能更好地防止腐败的产生。列宁把权力制约看作完善社会主义、克服官僚主义、防止腐败现象产生、维护政治稳定的重要举措。

（1）改革党政领导体制

苏维埃社会主义国家是新兴的国家制度，由于当时国际国内形势的决定和影响，面对国内外敌人的进攻，苏维埃必须强化国家政权的权力，采取集权的方式以调动力量来反对内部和外部的双重敌人。因此，苏维埃国家的一个重要特征就是权力高度集中。随着战争的结束，政权的巩固，国内矛盾的缓解，国外武装干涉的消除，党和国家的中心任务必然发生转移，经济建设取代了武装斗争。在以经济复苏与建设为核心的新形势下，战时的高度集权国家集权制、机关管理模式、政治法律制度不适应新的形势，妨碍了国家的民主建设与经济发展。列宁认为，建设新兴国家必须进行改革，坚决推进政治体制改革，改革党政领导体制。

第一，党政分开。党政分开是指党的机关和作为政府的苏维埃职能的明确划分。1918年苏共八大上，列宁意识到党与苏维埃国家机关在组织职能上应有所区别，认为党的领导不能代替苏维埃的工作。1922年苏共十一大上，列宁又提出党和政府进行明确分工的要求。他认为，党的中央机关应摆脱国务性质的事务，要把战时共产主义时期一度集中到党的机关上的那一部分立法权和执法权重新归还给苏维埃，要"十分明确地划分党（及其中央）和苏维埃政权的职责"；"党的任务则是对所有国家机关的工作进行总的领导，不是像目前那样进行过分频繁的、不正常的、往往是琐碎的干预"[①]。党只有摆脱了日常行政事务的干扰，才能集中力量实现其政治思想上的领导权。

第二，政务公开。政务公开是指政府在行使行政管理权力的过程中在一定范围内依法将有关行政事务向社会公众或特定的人公开，接受民众监督的原则或制度，以克服行政的神秘化倾向，产生公共权力运作的公正机制，形成强大的促使公共权力行为主体自我约束的力量。公开性是民主的形式和要求，列宁认为党组织的"广泛民主制""完全的公开性"在黑暗的专制制度下"只是一种毫无意思而且有害的儿戏"，之所以"说它是一种毫无意思的儿戏，是因为实际上任何一个革命组织从来也没有实行过什么广泛民主制，而且无论它自己多么愿意这样做，也是做不到的。说它是一种有害的儿戏，是因为贯彻'广泛民主原则'的尝试，只会便于警察进行广泛的破坏……"[②]列宁在这里是针对特殊的历史条件（在黑暗的专制制度下遭受警察广泛破坏的情况）而言的，而不是从原则上否定广泛民主制和完全公开性。列宁明确作了一般性的论述："每一个人大概都会同意'广泛民

---

① 《列宁全集》（第四十三卷），人民出版社1985年版，第64页。
② 《列宁全集》（第六卷），人民出版社1959年版，第132—133页。

主原则'要包含以下两个必要条件：第一，完全的公开性；第二，一切职务经过选举。没有公开性而谈民主制是很可笑的，并且这种公开性还要不仅限于对本组织的成员。我们称德国社会党组织为民主的组织，因为在德国社会党内一切都是公开进行的，甚至党代表大会的会议也是公开的；然而一个对所有非组织以内的人严守秘密的组织，谁也不会称之为民主的组织。"①完全的公开性，是对普遍平等原则的最起码的体现；选举制和普遍监督的作用，进一步保证了对公开性所体现的平等原则的实践，使一切愿意参与国家管理活动的人最大限度地发挥自己才能，并为自己行为担责。政务公开应该包括法律禁止公开以外的一切政务活动情况，包括决策要公开、办事制度和办事程序要公开、办事结果要公开、监督措施要公开。政务公开意味着把"整个政治舞台都公开摆在大家面前，就像戏台摆在观众面前一样"，便于全体党员了解某一个政治活动家各方面的情况，很有把握地决定是否选举这个活动家担任党的某种职务，也便于人们对党员在政治舞台上的一举一动作真正普遍的监督。如前所说，"广泛民主原则"对所有的人来说同样重要，它从所有的人出发提出"完全的公开性""一切职务经过选举"等要求，并且这对于全体社会成员来说，都是适用的，而不只限于本组织成员。②完全公开与选举制和普遍监督是党内民主的基本内容，列宁指出："对于党员在政治舞台上的一举一动进行普遍的（真正普遍的）监督，就可以造成一种能起生物学上所谓'适者生存'的作用的自动机制。完全公开、选举制和普遍监督的'自然选择'作用，能保证每个活动家最后都'各得其所'，担负最适合他的能力的工作，亲身尝到自己的错误的一切后果，并在

---

① 《列宁全集》（第六卷），人民出版社1959年版，第131页。
② 《列宁文稿》（第一卷），人民出版社1972年版，第347页。

大家面前证明自己能够认识错误和避免错误。"①政务公开原则体现在挑选国家公职人员方面，就是把公开性原则引入干部选举过程，改变内定制、任命制等做法，克服"暗箱操作"、跑官要官等腐败现象；政务公开原则体现在工作报告制度方面，就是要求由负责的公职人员向群众报告工作，让群众知道机关工作，加强监督和检查；政务公开原则体现在刊印国家管理机关的工作通讯报告方面，就是要建立专门制度，让群众及时了解国家机关工作简况和相关工作进展，增强机关工作的透明度，便于群众更好地行使监督权利。

第三，近亲分离。制止和避免苏维埃机关中任人唯亲、裙带关系，不容许亲属在同一苏维埃机关中任职。1918年7月27日，人民委员会专门颁布了由列宁亲自修订的《关于不准亲属同在一个苏维埃机关中工作的法令》，法令规定："三亲等以内的血亲和姻亲不能在同一中央机关或地方苏维埃机关中任职"②，要求苏维埃机关的所有领导人都应从他们所负责的部门中解除违反这一法令的职员的职务。

(2) 建立健全监督机制

监督机制是指特定的国家机关依据特定的程序，审查和裁决法律、法规和行政命令等宪法行为是否符合宪法，以维护宪法权威，保证宪法实施和保障公民宪法权利。监督机制的建设包括增强监督者和被监督者的监督意识，各级领导干部自觉接受各方面的监督，对权力进行分解和制约以杜绝利用手中的权力为个人谋取私利的行为，增加权力运行透明度，对重大事项决策权进行监督，从严执纪执法。

第一，建立党的监督机构。1920年9月俄共（布）第九次全国代表会议决定改变检查委员会的性质，赋予检查委员会检查各级组织的工作实质，检查中央委员会指示和代表会议决议的执行情况，

---

① 《列宁全集》（第六卷），人民出版社1959年版，第132页。
② 《列宁全集》（第六十卷），人民出版社1990年版，第238页。

检查各级党委员会是否迅速地处理事务以及办事机关是否正常地进行工作等的权力。这次会议还决定成立一个同中央委员会平行的监察委员会，规定监察委员会由党内最有修养、最有经验、最大公无私并能严格执行党的监察的同志组成。党的代表大会选出的监察委员会有权接受和协同中央委员会审理一切控诉，必要时可以同中央委员会举行联席会议或把问题提交党的代表大会。九大建立了专门的党的监督机构——中央监察委员会，明确规定监察委员会要"同侵入党内的官僚主义和升官发财思想，同党员滥用自己在党和苏维埃中的职权的行为"做斗争。①根据九大精神，1921年3月召开的俄共（布）第十次代表大会做出了《关于监察委员会》的决议，决议对监察委员会的任务、职权以及与中央委员会的关系等做出了明确规定，其主要内容是将监察委员会的职能、机构、权力运作具体化。②1922年3月，十一大通过了监察委员会条例，基本上肯定了

---

① 《苏共决议汇编》（第2分册），人民出版社1964年版，第70页。
② 会议规定：监察委员会的任务是同侵入党内的官僚主义和升官发财思想，同党员滥用自己在党内和苏维埃中的职权的行为，同破坏党内的同志关系，散布毫无根据的侮辱党或个别党员的谣言以及其他诸如此类的破坏党的统一和威信的流言蜚语的现象斗争。监察委员会不但应当仔细审查向它提出的申诉，而且应当成为主动消除那些造成或促成第一条中所提出的各种不能容忍的现象的原因的机关，同时监察委员会要注意进行监督，使对党员的罪行和过失提出的一切控诉和申诉都得到适当的处理和解决。各级检察委员会的编制是中央、区域和省的监察委员会分别由代表大会、区域代表会议和省代表会议选举产生。中央监察委员会由委员7人和候补委员3人组成。区域监察委员会——委员3—5人，候补委员2—3人。省监察委员会——委员3人，候补委员2人。中央监委委员须有十年以上党龄，区域的五年以上党龄，省的在1917年2月革命前入党。监察委员不得兼任党委会委员，也不得兼任负责的行政职务，监察委员会和党委会平行地行使职权，并向本级代表大会会议和代表大会报告工作。监察委员会委员有权出席本级党委会和苏维埃委员会的一切会议以及本级党组织的其他各种会议并有发言权。监察委员会的决议，本级委员会必须执行。监察委员会可以利用本级党委会的机构展开工作，并有权给所有的党员同志和党组织委托任务。如果监委和党委意见不统一，可以把问题提交联席会议解决，如果同党委员会不能取得协议，可以把问题提交代表大会或本级代表会议解决。

十大的关于监察委员会的决议。按照列宁的构想,中央监察委员会不仅享有与中央委员会同等的地位和权力,而且可以监察包括中央委员会在内的各级党组织和苏维埃机关的各项工作,享有最高的政治监察权——对中央委员会、政治局的政治决策有权监督。列宁认为,"应该形成一个紧密的集体,这个集体应该'不顾情面',应该注意不让任何人的威信,不管是总书记,还是某个其他中央委员的威信,来妨碍他们提出质询、检查文件,以至做到绝对了解情况并使各项事务严格按照规定办事"①。甚至经常检查政治局的一切文件和机关(从最小的分支机关到最大的国家机关)的办公制度。但是,俄共1922年8月第十二次全国代表大会上通过的新党章变相地否定了监察委员会及其工作。党章是党的最高法律,十大、十一大通过的监察委员会条例规定了中央监察委员会同中央委员会平行,地方各级监委与同级党委员会平行,但是在1922年党章中不仅没有载上十大、十一大通过的决议、条例中关于监委与同级党委平权等规定,而且把两次代表大会都申明的监察委员会的决议本级党委员会必须执行不得加以撤销的规定改为:各级监察委员会的决议,本级党委员会不得加以撤销,但须经过党委员会同意后才能发生效力,并由后者付诸实施。这显然降低了监委的地位,削弱了监委的权力和独立性。

列宁特别重视检查实际执行情况的重要性,他指出:"考查人员和检查实际执行情况——现在全部工作、全部政策的关键就在于此。"②"要亲自检查两遍、三遍乃至许多遍","不经过三次检查就什么也搞不好。"③为检查党政干部是否廉洁自律,是否有腐败行

---

① 《列宁全集》(第四十三卷),人民出版社1987年版,第377页。
② 《列宁全集》(第四十三卷),人民出版社1987年版,第15页。
③ 《列宁文稿》(第九卷),人民出版社1979年版,第660页。

为，列宁倡议成立了工农检查院，该组织协同党的监察委员会，对党政干部进行经常性的检查。列宁要求"每位副主席每周不少于两小时'下到底层'，亲自对机构中上层和基层的、五花八门的，而且是最意想不到的各个部分进行考查"，以此"激励我们国家机关中所有人员"①。列宁代表人民委员会制定了一项重要的法规："为了更有效地揭发营私舞弊行为，为了揭露和消除混入苏维埃机关负责人中的坏人，特作如下规定：每个苏维埃机关，都要张贴接待群众来访日期和时间的告示……每个苏维埃机关都要设登记簿，要有简要的记载，记下来访者的姓名、申诉要点，交谁办理。……国家监察部的负责人员有权参加所有的接待，并有责任随时视察接待工作，检查登记簿，把视察检查登记簿和询问群众的情况作成记录。劳动、国家监察、司法等人民委员部必须在各地设立星期日也保证接待的问事处。"②列宁会同办公厅的同志定期接待来访群众，"根据公民的控诉实行流动检查。"③列宁规定办公厅的接待日为每星期二和星期四，列宁的接待日为每星期五。每当这一天到来，列宁都要接待成批的群众，了解党政干部的情况。④列宁要求各级党政机关都要仿效中央的做法，对实际工作进行检查。

第二，建立国家机关监督机制。1920 年 2 月，苏俄在原国家监察部的基础上成立了有大批工农群众参加的工农检察院，其主要职责是对一切国家机关和工作人员守法与执法情况进行检查和监督。1923 年，根据社会发展的需要以及工农检察院在人员配置，履行职能等方面表现出的明显不适应，列宁建议党的十二大将工农检察院与中央监察委员会合并，合并以后的检察院成为党和国家的最高权

---

① 《列宁文稿》（第四卷），人民出版社 1978 年版，第 412 页。
② 《列宁全集》（第三十五卷），人民出版社 1960 年版，第 360 页。
③ 《列宁全集》（第三十五卷），人民出版社 1960 年版，第 518 页。
④ 《列宁文稿》（第四卷），人民出版社 1978 年版，第 520 页。

力机关的一个组成部分,可以有效地把国家最高行政机关人民委员会的工作纳入自己的监督范围之内。检察院不仅地位提高了,职权也扩大了,反对贪污受贿、挥霍浪费、特殊化等腐败现象已经作为工农检察院经常性的重要任务之一。列宁指出要从实质上评价和审查国家机关和经济机关的领导人和工作机关的工作,对公职人员的官僚主义和舞弊行为进行斗争;要无情地惩办那些对工人和农民的,特别是对文盲和半文盲的,其中包括对其他民族的劳动人民的需求表现出任何一点老爷派头和轻视态度的苏维埃官吏。[1] 全国检察组织系统应实行垂直领导,行使职权不受任何地方机关的干涉,其目的是保证监督检察工作落到实处。

第三,加强人民群众和社会团体的监督。腐败行为不仅损害党和国家的形象,而且直接损害劳动群众的利益,所以广大群众对腐败现象是极端厌恶的。列宁指出:"劳动群众非常敏感,很会识别谁是忠诚老实的共产党员和国家干部,谁是腐败的党员、干部。"[2] 因此,惩治腐败需要人民群众的帮助。列宁提出:各苏维埃机关都要把自己竭诚欢迎、支持群众上访和举报的意愿及接待群众来访的时间、地点告知群众,使家喻户晓,并为群众上访、举报提供一切便利条件。对于来访者要热情接待,耐心询问,作好记录。凡对来访者冷若冰霜或态度蛮横的机关人员,应当予以极严厉的处罚,交由最严格的革命法庭审判。对举报者要关心、保护,凡对举报者寻衅报复的机关和个人,都要给予严厉制裁。对群众举报的情况要高度重视,迅速查处,绝不能相互推、愚弄人民。

第四,建立舆论监督制度。人民是社会主义国家一切权力的所有者,人民将权力委托给少数人组成的国家机关代为行使,自己则

---

[1]《苏共决议汇编》(第2分册),人民出版社1964年版,第295—296页。
[2]《列宁全集》(第四十二卷),人民出版社1982年版,第146页。

通过对国家机关及其工作人员的有效监督来保证国家权力按照所有者的意志运行。个体形式上的主体自由在于人们对国家的事务具有自己的个人判断、意见与建议，也能表达自己的个人判断、意见与建议。这种自由集体地表现为公共舆论。发挥舆论监督可以促进行政权力正常合法运行的有效性，符合人民的根本利益。舆论具有强大影响力，因此列宁重视发挥舆论的监督作用，指出要"使党的舆论对领导机关的工作进行经常的监督"①。1924年4月，列宁在俄共（布）十二大上指出："工农检察院和中央监察委员会应当有系统地有计划利用苏维埃的和党的报刊来揭发各种犯罪行为（懈怠、受贿等等）。"②曝光不会损害党和政府的形象和威信，相反，只有这样，我们才能向群众表明，党和政府是同人民在一起的，是坚决反对腐败的。基于这样的考虑，列宁曾三令五申，对一切违法腐败犯罪分子要"在报刊上申斥，又要严加惩办"③。"必须安排一批示范性的（就镇压的迅速和严厉来说，就通过法庭和报刊向人民群众说明这些案件的意义来说）审判"，"这一切都要经常地、坚持不懈地进行"④。针对许多人担心案件公开经法庭审判会有损党的威信和干部形象的情况，列宁指出："不要怕法庭审判和把案件公开，只有这样，我们才能治这种病。"⑤

（3）健全法律体系

法律体系是指由一国现行的全部法律规范按照不同的法律部门分类组合而形成的一个呈体系化的有机联系的统一整体。列宁特别重视法律的作用，他主张健全法律体系，加强约束引导，对腐败分

---

① 《苏共决议汇编》（第2分册），人民出版社1964年版，第57页。
② 《苏共决议汇编》（第2分册），人民出版社1964年版，第286页。
③ 《列宁全集》（第五十一卷），人民出版社1988年版，第275页。
④ 《列宁文稿》（第四卷），人民出版社1978年版，第221页。
⑤ 《列宁文稿》（第九卷），人民出版社1979年版，第761页。

子从严惩处,绝不任何姑息迁就。

第一,加强反腐立法。列宁对腐败的危害有深刻的认识,他指出我们"面前的三大敌人就是:(1)共产党员的狂妄自大。(2)文盲。(3)贪污受贿"。列宁颇具预见性地警告全党,"在容许贪污受贿和此风盛行的条件下","一切措施都会落空"。①"我们所有经济机关的一切工作中最大的毛病是官僚主义,共产党员成了官僚主义者。如果说有什么东西会把我们毁掉的话,那就是这个。"②因此,要防止和消除各种腐败现象,就必须加强反腐立法,把各种防范和治理腐败现象的措施"详细地记载下来","并且定为法规"③。1918年8月,民政人民委员部的工作人员违反规定向德国和奥地利俘房索取卢布,向这些人发放进入莫斯科的许可证。列宁得知此事后立即命令有关部门马上逮捕受贿者予以严惩。④1918年5月,列宁在给德·伊·库尔斯基的便条中提出"必须神速地提出一项关于惩治贿赂行为(受贿、行贿以及诸如此类的行为)的法案,贪污者起码要判10年徒刑,并强迫劳动10年"⑤。1918年5月8日,在列宁的建议下,苏维埃政府通过了《对惩治贪污的法令草案的修改》规定,对各级干部和职员利用其职权范围内的协助进行其他部门公务人员职权内的活动而受贿犯罪者至少要判处5年徒刑,服刑期间强迫劳动(并没收其全部财产);⑥情节严重者,交法院严惩。随后,苏俄制定和通过了《关于贿赂行为》《关于肃清贿赂行为》等一系列反腐的法律、法规。这些法律法规是反腐的利器,利用这

---

① 《列宁全集》(第四十二卷),人民出版社1987年版,第199—200页。
② 《列宁全集》(第三十五卷),人民出版社1960年版,第552页。
③ 《列宁全集》(第三十四卷),人民出版社1985年版,第184页。
④ 《列宁全集》(第四十八卷),人民出版社1987年版,第266页。
⑤ 《列宁全集》(第三十四卷),人民出版社1985年版,第138页。
⑥ 《列宁全集》(第六十卷),人民出版社1990年版,第227页。

些利器，苏维埃政府严厉打击各种腐败行为，为加强廉政建设提供了有力的法律保障。

第二，坚决从严执法。列宁主张不仅要加强反腐立法，更要坚决、严厉地执法，对腐败分子更要从严惩处，施以严刑峻法。首先，列宁主张对贪污受贿等腐败行为实施严厉的法律制裁。公职人员私欲膨胀、以权谋私，腐蚀了党和国家的肌体，侵犯了人民群众的利益。例如，挥霍浪费相当多的资金用于布置机关办公室，甚至是修建干部别墅，这严重损害了党的形象和威信，这种"掠夺"行为使苏维埃政权更丢脸。①针对莫斯科革命法庭关于莫斯科审讯委员会干部受贿案件仅判了半年徒刑的情况，列宁指出："不枪毙这样的受贿者，而判以轻得令人发笑的刑罚，这对共产党员和革命者来说是可耻的行为。"②针对阿斯特拉罕苏维埃机关工作人员有受贿行为的报告，列宁指示："要竭尽全力拿获并枪毙阿斯特拉罕的投机商和受贿者。……让所有的人长久记住他们的下场。"③针对某些粮食征购队受贿赂的现象，列宁严厉指示：对"接受粮贩的贿赂而玷污苏维埃共和国声誉"的人"必须立即加以逮捕，押送莫斯科，交革命法庭严加惩处"。④列宁得知库尔斯克中央采购局相关工作人员玩忽职守，面对120名饥饿工人漠然处之而不予帮助的事实，便电告肃反委员会："立即逮捕库尔斯克中央采购局办事处人员科甘，因为他没有帮助莫斯科120名饥饿的工人，而是让他们空手离去。应当在报纸上和传单中公布这则消息让各中央采购办事处和粮食机关的全体工作人员都知道，以形式主义和官僚主义的态度对待工

---

① 《列宁全集》（第三十四卷），人民出版社1985年版，第422页。
② 《列宁全集》（第三十四卷），人民出版社1985年版，第263页。
③ 《列宁全集》（第四十八卷），人民出版社1987年版，第424页。
④ 《列宁全集》（第四十八卷），人民出版社1987年版，第221页。

作，对饥饿的工人帮助不力，将受到严厉制裁，直至枪决。"①这些罪犯者后来都受到了应有的惩处。其次，列宁提出对共产党员应该有更严格的要求，"对共产党员应比对非共产党员三倍严厉地惩办"，这是"起码的常识"②。列宁要求"加重法庭对共产党员的审判"③，要求人民委员会"通令司法人员委员部，法庭对党员的惩处必须严于非党员。凡不执行此项规定的人民审判员和司法人民委员部部务委员应予撤销职务"④。再次，为了贯彻惩治腐败、严刑峻法的原则，列宁强调对袒护或从轻发落腐败分子的领导机关要严肃处理，多次告诫各级领导机关不许袒护腐败行为或从轻处理有腐败行为的党政干部，因为他们已经成了苏维埃政权最危险的敌人和最可憎的罪犯。列宁一再呼吁，应"消除任何利用执政党地位从轻判罪的可能性"⑤。对于当时苏维埃政权中确实存在袒护腐败分子的问题，列宁认为应该给予严肃处理。1922年3月，群众检举莫斯科住宅管理处的负责人伙同公用事业局长滥用职权，经查属实，然而俄共莫斯科市委常委却加以包庇，阻止查处。列宁了解了此事后立即写信给苏共中央政治局，尖锐地指出，执政党庇护自己的坏蛋，这"可耻和荒唐到了极点"，指示有关部门"要将罪犯送交法庭审判，给予莫斯科委员会严重警告处分"；同时他告诫各级领导机关：今后"凡有一丝一毫试图对法庭施加影响以减轻共产党员罪责的人，中央都将开除出党"⑥。可见，列宁十分重视运用法律武器来同腐败现象作斗争。

列宁的制度伦理建设在十月革命以后相当长的一段时期内有效

---

① 《列宁全集》（第四十八卷），人民出版社1987年版，第455页。
② 《列宁文稿》（第四卷），人民出版社1978年版，第222页。
③ 《列宁文稿》（第四卷），人民出版社1978年版，第158页。
④ 《列宁文稿》（第四卷），人民出版社1978年版，第342页。
⑤ 《列宁文稿》（第四卷），人民出版社1978年版，第157页。
⑥ 《列宁文稿》（第四卷），人民出版社1978年版，第342页。

地防止了苏维埃国家机构臃肿、拖拉扯皮、办事效率低下、人浮于事、贪污受贿、官僚主义、搞特权、严重脱离群众等种种弊端，对于以后共产党政权进行制度伦理建设具有积极的意义和重要的思想启示。首先，以制度伦理建设促进党风廉政建设，始终是一项长期的重要任务。在社会主义建设过程中，增强党员及党员干部的去腐防变的能力，切实改进党的作风，着力加强反腐倡廉建设显得尤为重要。其次，制度伦理建设是一个系统的工程。制度伦理建设必须注重根本制度本身的设置或建设，从国家机关、法律法规等方面齐抓共进。制度环境对党风廉政建设有大的影响作用，必须常抓不懈。可以说，注重制度建设，拓展从源头上防治腐败工作领域，这是党风廉政建设的根本与预防腐败现象产生的一条有效途径。坚持深化改革和创新体制，加强廉政文化建设，形成拒腐防变教育长效机制、反腐倡廉制度体系、权力运行监控机制。健全纪检监察机构统一管理，有助于建设党风廉政建设的长效机制。第三，民主制度和反腐倡廉是相辅相成的，两者的结合是执政党事业健康发展的基本保障。列宁执政时期，把推动民主制度建设和反腐倡廉工作提升到党的整个事业发展的战略高度来考虑，认为实现民主是实现社会主义的重要条件；清正廉洁是对社会主义社会执政的共产党和共产党员的基本要求。列宁在建设党内民主制度的同时十分关注党内和苏维埃机关人员中的官僚主义和腐化现象，指出享有特权是官僚主义的实质，以权可以谋私，有特权危害更大。历史证明，只有建立健全民主制度，使广大党员有强烈的反腐倡廉的使命感和责任感，就能在反腐倡廉的斗争中取得节节胜利。第四，无产阶级执政党伦理建设与制度伦理建设需要有效的监察机制。苏联共产党监察机制的变迁可以说就是苏联共产党历史的缩影，它反映了苏联共产党由小到大、由大到强、由强到衰、由衰而亡的整个过程。设立结构合理、程序严密、制约有力的党的监察制度，实行严格的检查制度，才可以防止独断专行、官僚主义和政治腐败现象的孳生，才能有效地改善党和群众的关系，从而巩固无产阶级政权，促进社会主义的发展。由革命党变为执政党，由领导人民革命变为团结和率领人民建设富裕幸福的新生活，马克思主义政党在坚持全心全意为人民、坚持历史唯物主义基本原理和方法的基础上，就一定要勇于创新、善于创新，创新的关键是理论创新，核心是制度的创新。这一切的出发点就是权为民用、情为民系、利为民谋，执政的共产党的领导干部心中想着的就是人民，就是一个个具体而鲜活的百姓。执政的共产党如果不能与时俱进、大胆创新，不能对变化的世界作出新的准确的分析概括，而是沿袭传统的体制、制度，拒绝顺应时代变化去改革和发展，结果就会亡国亡党。因此，落实民主、加强监督不能作花样文章，而应落在实处，这种监督有党内监督、社会监督、法律监督。加强党内民主制度，充分发扬党内民主，无论是党内的监督和党外的监督，其关键在于发展党和国家的民主生活。党内缺乏民主的空气、民主的机制，人们就会有种种顾虑，党内监督也就会大打折扣，甚至会流于形式。

四、共产主义道德的必然性与合理性论证

1. 道德自由与共产主义道德理论

20世纪20年代初，列宁在反对道德虚无主义思潮中提出了"共产主义道德"。他自问自答道："究竟有没有共产主义道德呢？有没有共产主义品德呢？当然是有的。"[1]他把从无产阶级阶级斗争

---

① 《列宁选集》（第四卷），三联书店1974年版，第288页。

的利益中引申出来的道德称为共产主义道德,①并认为共产主义道德就是为了把劳动者团结起来反对为一切剥削和小私有制服务的道德。列宁强调共产主义道德同无产阶级斗争利益的联系是必要的,有其正当的历史理由和历史意义。

列宁的《国家与革命》在对未来共产主义社会形态进行唯物辩证的考察中,"阐明了真正实现高度的道德自由的经济前提、社会前提和政治前提"②。马克思主义伦理学具体地历史地考察人的自由,把它看作只是在一定条件下才能达到的、人的一种状态,看作人的社会发展和精神发展的一种结果。列宁从方法论上强调,"马克思的全部理论,就是运用最彻底、最完整、最周密、内容最丰富的发展论去考察现代资本主义。自然,他也就要运用这个理论去考察资本主义的即将到来的崩溃和未来共产主义的未来的发展。"③就是说,马克思运用唯物辩证法的发展论,通过分析资本主义的矛盾和在资本主义内部成熟的新社会形态的前提,使他有可能以科学的准确性预见历史上从未有过的新的社会形态的基本特点。列宁关于未来社会形态性质、特点的预见,是建立在全面研究过去和现在的基础之上的。

共产主义道德是共产主义社会的意识形态。列宁对马克思关于共产主义社会形态和道德理论的学说做了发展。

第一,从资本主义向共产主义过渡必须经过无产阶级的革命专政。马克思认为,在资本主义社会和共产主义社会之间,有一个从前者变为后者的革命转变时期,同这个时期相适应的也有一个政治上的过渡时期,这个时期的国家只能是无产阶级的革命专政。列宁

---

① 《列宁选集》(第四卷),三联书店1974年版,第289页。
② 伊·谢·康主编:《伦理学词典》,王荫庭等译,甘肃人民出版社1983年版,第174页。
③ 《列宁全集》(第三十一卷),人民出版社1985年版,第80页。

认为，马克思这里所说的"革命转变时期"和"政治上的过渡时期"，指的就是共产主义的低级阶段，即通常说的社会主义社会，并得出结论说：国家的存在将"直到胜利了的社会主义转变为完全的共产主义为止"①。从资本主义向前发展，"即向共产主义发展，必须经过无产阶级专政，不可能走别的道路。因为再没有其他人也没有其他道路能够粉碎剥削者资本家的反抗"②。无产阶级的专政在实质上就是不与任何人分掌而直接依靠群众的武装力量的政权，因此不能把无产阶级专政简单地理解为"仅仅只是扩大民主"，因为无产阶级专政"除了把民主制度大规模地扩大，使它第一次成为穷人的、人民的而不是富人的民主制度之外"，为了保障大多数人享受民主，无产阶级专政还要对压迫者、剥削者、资本家采取一系列剥夺自由的措施，把他们排斥于民主之外。③

第二，共产主义是从资本主义中发展出来的，按照其"经济上的成熟程度"可以"明显地、清楚地、准确地"区分为两个不同阶段，即"共产主义社会的第一阶段"和"共产主义社会的高级阶段"。共产主义的第一阶段或低级阶段即"通常称为社会主义"，列宁强调它的过渡性特点，一是实行按劳分配制度，二是在社会主义社会中还存在国家。"国家"之所以存在，除了为镇压被推翻了的资产阶级的反抗而外，还为了迫使人们遵守法权风范。在共产主义的第一阶段经济上还不可能完全成熟，因此在一定的时期内，不仅会保留资产阶级权利，甚至还会保留资产阶级国家，但没有资产阶级。④过渡时期产品"按劳分配"还只是实现了"形式上的平等"，没有实现"事实上的平等"。这是由于在共产生义的第一阶段经济

---

① 《列宁全集》（第二十八卷），人民出版社1991年版，第19页。
② 《列宁全集》（第三十一卷），人民出版社1985年版，第84、85页。
③ 《列宁全集》（第三十一卷），人民出版社1985年版，第84、85页。
④ 《列宁全集》（第三十一卷），人民出版社1985年版，第95页。

上还不可能完全成熟，人们还不能完全摆脱资本主义的传统或痕迹，还没有完全超出"冷酷地斤斤计较"，"不愿比别人多做半个小时工作，不愿比别人少得一点报酬"的资产阶级权利的狭隘眼界。①出现这种过渡性的"弊病"是"不可避免的"。由于"分配的不平等还很严重，'狭隘的资产阶级的权利眼界'还没有完全被超出"②，因此跟这种"（半资产阶级）权利一起，（半资产阶级）国家也还不能完全消失"。③在共产主义的高级阶段，当社会内部不仅完全消灭了阶级的对立和差别，而且"资产阶级权利"没有了，即"从形式上的平等转到事实上的平等"，实现了"各尽所能，按需分配"的原则，人们已经十分习惯于遵守公共生活的基本规则，劳动生产率极大地提高，以至人们都能够自愿地各尽所能来劳动的时候到来时，国家便将变得没有必要而完全消亡。

国家完全消亡的经济基础就是共产主义的高度发展，此阶段脑力劳动和体力劳动的对立已经消失，现代社会不平等的最重要的根源之一也就消失。从根本上消除这个根源需要三个条件："（1）脑力劳动和体力劳动的对立消失了；（2）劳动成了生活的第一需要（注意，劳动的习惯成了常规，不用强制！！）；（3）生产力高度发展了，等等。"④剥夺资本家之后，在现代技术基础上定会使人类社会的生产力蓬勃发展，但是生产力发展的进程如何在当时是不可能具体知道的。列宁从唯物辩证法的发展论出发，阐明了国家既然有它的产生和发展过程，当然也有它逐渐消亡的过程。国家消亡的迟早，取决于共产主义经济基础的发展速度，归根到底要大力发展物质生产力，这显然是一个相当长期而又逐渐接近的过程。

---

① 《列宁全集》（第三十一卷），人民出版社1985年版，第92页。
② 《列宁全集》（第三十一卷），人民出版社1985年版，第164页。
③ 《列宁全集》（第三十一卷），人民出版社1985年版，第164页。
④ 《列宁全集》（第三十一卷），人民出版社1985年版，第164页。

社会实践的种种历史需要通过善的概念在人们的道德意识中被认识到,并且以要求现实符合这种德行观念的形式表现出来。在人们的共产主义德行中,"善"的概念同现代历史条件下人们的实际利益联系在一起。而这些利益归根结底同社会主义社会战胜资本主义社会的历史必然性,同共产主义建设是相一致的。这样,"善"的概念在共产主义道德中以概况的形式反映着社会主义社会对人、对他的行动和动机、对各种社会现象所提出的一切多种多样的要求。因此,这个总概念的内容就只有通过社会主义社会比较具体的道德概念的全部总和,通过共产主义建设者道德法典中作了基本表述的、共产主义社会的和道德的理想和原则、道德品质、道德规范,才能确定下来。

2. 必然与自由的阐释

必然与自由是伦理学的一对基本范畴,反映了人对道德发展规律的认识和把握。恩格斯在《反杜林论》一文中从批判杜林有关于道德和法、平等的观念出发,阐述了自由和必然的辩证关系,进而论述了科学的自由观。这首先集中反映在他给自由下的定义中:"自由是在于根据对自然界的必然性的认识来支配我们自己和外部自然。"[①]这个定义包含了几个方面的丰富内容:第一,自由不是一种想象或者抽象的东西,而是人的一种生活,是和已被认识的自然规律相协调的生活;第二,人对必然性和规律的认识,是自由的前提和出发点;第三,自由的根本标志在于人合乎目的的支配对象和自己;第四,自由是历史的产物,随着社会物质基础不断发展而发展的。恩格斯强调的自由是建立在特定历史条件下的必然性认识基础上的,只有认识了客观规律,按照规律办事,才能在行动上获得

---

① 《马克思恩格斯选集》(第三卷),人民出版社1972年版,第154页。

自由；只有利用客观规律，实现对客观世界和主观世界的改造，才是真正的自由。

列宁高度评价了恩格斯关于自由和必然的思想，认为它是"19世纪哲学的真正的进步"，并指出在《反杜林论》中恩格斯关于自由和必然问题的论述"几乎每一句话，每一个论点，都完全是而且纯粹是建立在辩证唯物主义的认识论上的"[①]。列宁1908年完成的《唯物主义和经验批判主义》是一部和经验批判主义进行论战的巨著，其宗旨是批判主观主义和唯我论，巩固捍卫辩证唯物主义和历史唯物主义，发展马克思主义基本理论。列宁在"自由和必然"一节中着重批判了马赫主义的唯意志论，深刻阐述并发挥了恩格斯关于自由和必然关系的理论点。

列宁对恩格斯自由和必然的论述进行了分析，指出了这些论述都是以辩证唯物主义认识论的基本前提为根据的。列宁的论述主要包括这样几个方面：一是恩格斯的论述一开始就强调了必然性、规律性的客观性。这是恩格斯整个论述的出发点，也是唯物主义同唯心主义、不可知论在自由和必然关系问题上的根本分歧。二是恩格斯的论述强调了"自然界的必然性是第一性的，而人的意志和意识是第二性的。后者不可避免地、必然地要适应前者"。三是恩格斯的论述承认了自然界还存在着尚未被认识的"盲目的必然性"，但是它终归会转化为已被认识的"为我的必然性"，这种观点与承认物质世界的客观性及其可知性是完全一致的。四是恩格斯的论述强调了人类的社会实践是"盲目的必然性"转化为"为我的必然性"的基础。

列宁的论述表面上是对恩格斯"自由和必然"思想的诠释，实际上他的理解当中蕴涵其本人对"自由和必然"新的认识，由此进

[①]《列宁选集》（第二卷），人民出版社1960年版，第192页。

一步发展了恩格斯有关于自由和必然的观点。首先，列宁对必然的根本属性进行了界定。要说明自由和必然的关系，首先应该搞清楚自由和必然的本质特征。很多哲学家都曾经论述过有关于自由和必然的关系问题，但大多都搞不清什么是真正的必然，对自由更没有一个科学的认识。列宁在这里强调了必然性的客观性，可以说对于正确地认识自由和必然已经打下了坚实的基础。正像列宁所说，这是恩格斯整个论述的起点，也是人类整个认识过程的起点。其次，列宁深刻揭示了自然界必然性和人的意识和意志的辩证关系。这实际上是唯物主义的基本观点的反映。列宁将其用在这里无非就是要说明人们的认识是对自然界必然性的反映，而对于还没认识的必然性进行认识就是要依赖于这些已经认识的必然性去认识和支配。列宁的论述，已经从单纯的必然性延伸到了必然性和认识的关系。第三，列宁谈到自然界的必然性都是从尚未被认识的"盲目的必然性"转化为已被认识的"为我的必然性"。这既是自由的前提条件，又是自由的内容之一。人们所从事的所有认识活动都是在完成这项任务。很显然，到了这里已经不难发现，怎么才能让那些自然界中尚未被认识的"盲目必然性"转化为已被认识的"为我的必然性"，列宁紧接着道出了最后的关键要素。第四，列宁特别强调了只有人类的社会实践才是这种转化的基础。前面三个方面的论述都是为第四个方面作铺垫，都是为了最终揭示出实践的特质。认识上的自由体现在思维对于客观事物必然性的反映，并且在思维的领域里不断扩展与深化人类关于必然的认识。实践上的自由才是真正的自由之所在，体现在顺应客观必然规律的自觉性、从事实践活动的明确目的性以及最终在经过数次"飞跃"之后，在实践中取得预期的成果。

对于列宁的论述，如果必然的客观性是其出发点，那么实践就是其落脚点和最根本的基础。对于人们的认识活动，对于认识论问题，实践总是作为最根本的基础将一切联系在一起。而在自由和必然的关系当中，列宁最终的目的就是要深刻地强调实践的伟大意义。在实践的基础之上，自由和必然得到了具体和历史的统一。只有作了"从理论到实践的跳跃"，人们才能根据对必然的把握去自由地认识新的必然，从而在不断实践当中达到真正的自由。

恩格斯和列宁都在各自的哲学著作中对"自由和必然"思想作了精辟的论述。二者论述的角度有所不同，恩格斯在论述二者的关系时，侧重于对自由的论述和分析，而列宁在继承恩格斯思想的基础上则更侧重对必然性的阐述。当然，《反杜林论》和《唯物主义和经验批判主义》关于必然与自由的论述是相关的，前者是基础，后者是在前者阐述的条件下的发展和深化。自由与必然不能分立，讲其中的一个，必然离不开另外一个，因为自由和必然这一对范畴本身就是相互依存、相互影响的。

共产主义道德是人的全面发展即人的道德上的自由的真正实现。道德上的自由是在一定条件下才能达到的、人的一种理想的道德状态，是人的社会发展、精神发展的最高境界和理想结果。列宁认为，在社会主义社会中，在社会利益和个人利益根本一致的基础上，的确会创造出种种客观条件，使得个人履行自己的道德义务，而不违反自己的合乎人道精神的利益，他考虑所有人共同的需要时归根结底也就是考虑自己本身的需要。А. Ф. 施什金（А. Ф. Шишкин，1902—1977）在《列宁著作中的伦理学问题》一文中对列宁的道德价值理论加以梳理，指出人是最伟大的价值，他说："共产主义——正如马克思主义的创始人教给我们的那样——是为了达到个体充分发展、人的情感和个性真正得到发展的手段。争取共产主义的斗争就是为了人的斗争，为了将人作为世界上最伟大的价值的斗争。"这说明列宁对人的价值及其实现的重视。

列宁坚持实现共产主义的过程中坚持个人利益与集体利益相统一的原则，他认为在建设共产主义社会的过程中，个人利益和社会利益的统一变得愈充分愈全面，在很大程度上个人就更自主地实现自己的道德活动。道德自由的主观方面是发展人的个人自觉性。人有了自觉性，就能够独立地、没有外在强制地遵循自己的义务感和根据个人的意向去做那样一些他认为对社会最适宜的行为。在这种场合，外在的道德需要就变成内在的、主观的需要了，服从道德命令就变成根据个人的决定创造性地实现道德原则。但是，这样的道德自由还是不充分的，因为它不排除自我强制。当认识了的必然性变成个人的道德欲望，变成人的内在需要，当认识到对人来说社会利益同他的个人利益不可分割时，完全自由的状态才会出现。对于单个的人说来，完全自由的状态是在个人的全面的道德教育和自我教育过程中达到的。作为说明广大人民群众活动特征的典型的社会现象，这种完全自由的状态是在共产主义社会关系建立过程中形成的。

3. 共产主义品德论

共产主义品德是在信仰和实践共产主义思想过程中形成的品质和德性。共产党人的品德修养是共产主义品德的现实体现。共产党人是无产阶级的代表，其品德修养好坏直接关系到党的形象和执政党道德建设。因此，列宁非常重视共产党人的品德修养。

首先，严格要求自己，公正无私、襟怀坦白、谦逊质朴、作风民主，模范地遵守集体领导原则。列宁多次拒绝艺术家为他绘制和塑造肖像，反对人们为他祝寿。他十分注意发挥党员的模范作用和防止执政党脱离群众。1919年，在给上前线的共产党员的动员手册中有这样一句在俄罗斯大地上广泛流传的话:"共产党员的称号要担负很多义务,但是只给他一项特权——最先为革命而战。"1922年召开的俄共第十一次代表大会特别做出规定,要求对党的干部"个人发财企图必须无情地加以制止",不允许把入党看作向人民谋取地位、待遇的手段。

高级干部的待人处事、修身立德、品性操守关乎党的事业成败,列宁对此提出了许多具体的建议和要求。例如,针对1922年发生的"格鲁吉亚事件",列宁强调指出,作为一个领导人在处理重大问题尤其是民族关系问题时,要学会克制、不偏不倚,特别是在民族问题上不能有不信任、猜忌、侮辱等行为。"愤恨通常在政治上总是起极坏的作用"[1]。担任总书记的人,应该"较为耐心、较为谦恭、较有礼貌、较能关心同志,而较少任性等等。这一点看来可能是微不足道的小事。但是我想,从防止分裂来看……这不是小事,或者说,这是一种可能具有决定意义的小事"[2]。这些论述集中反映了列宁对执政党及其领导人的伦理要求。

其次,崇尚诚实、实践。列宁指出,"我们应当说真话,因为这是我们的力量所在"[3],而"吹牛撒谎是道义上的灭亡,也势必引向政治上的灭亡"[4]。宣传工作必须讲真话,只有向全世界的工人和农民说真话,才能取得世界性的成就。列宁对空谈深恶痛绝,崇尚实践。1918年2月,他写了《论革命空谈》一文,认为革命空谈就是不顾客观形势而一味重复革命口号。一个月后,又写下了《脚踏实地》一文,要求党员干部少唱些政治高调,多注意些极平凡的但是生动的来自生活的建设方面的事情,并强调要从实际出

---

[1]《列宁全集》(第四卷),人民出版社1984年版,第756页。
[2]《列宁全集》(第四卷),人民出版社1984年版,第746页。
[3]《列宁全集》(第十一卷),人民出版社1987年版,第333页。
[4]《列宁全集》(第十一卷),人民出版社1987年版,第331页。

发,实事求是,发扬"求实精神"。他认为在社会主义建设时期,一切都在于实践,"目前我们踏上了实干的道路,我们必须走向社会主义,但不是把它当作用庄严的色彩画成的圣像。我们必须采取正确的方针,必须使一切都经过检验,让广大群众,全体居民都来检验我们的道路"①。

第三,强调爱国主义。列宁认为:"爱国主义是千百年来固定起来的对自己的祖国的一种最深厚的感情"②。对祖国的热爱包括关心国家利益和国家的历史命运,准备为之献身;忠于正在同敌人斗争的祖国;为祖国的社会成就和文化成就而自豪;同情人民的疾苦,为社会上的社会恶习而感到难过;尊重祖国历史和历史上继承下来的传统;对居住地(城市、乡村、省、整个国家而言)怀着依恋之情。爱国主义的一切表现反映在人类的道德意识中,也反映在阶级社会的各种道德要求里。

爱国主义因时代和条件不同而有不同的要求和表现。过去的革命活动家的爱国主义总是同仇恨压制人民创造力的统治秩序,同仇恨过着寄生生活的社会上层分子紧密联系在一起。在社会主义社会中,人民的爱国主义情感得到了自由发展;爱国主义第一次成为全民性的东西。对祖国的热爱和对共产主义事业的忠诚有机地结合起来,这是社会主义的爱国主义所固有的特征。由于社会主义祖国的真正利益同国际工人阶级运动的利益是一致的,因而,社会主义的爱国主义也同无产阶级的国际主义有着紧密联系。在社会主义社会中,人民群众的爱国主义不是消极的,而是带有积极活动的性质,不仅战争时期如此,而且在为祖国福利而进行的日常劳动中亦如此,社会主义的爱国主义是共产主义道德的最

---

① 《列宁全集》(第四卷),人民出版社1984年版,第736—737页。
② 《列宁全集》(第二十八卷),人民出版社1990年版,第168—169页。

重要原则之一。

第四，倡导参加和开展工作竞赛。竞赛是在人们的共同活动过程中所形成的一种关系，这种关系表现为相互之间积极性的促进，和最终增加一些人和另一些人综合行动的有益成果。竞赛可能产生于把某些人的行动联合和融合为共同的群众性活动的各种不同的社会方式。竞赛的社会本质往往是不同的，它取决于该社会制度所固有的社会关系。在生产资料私有制的条件下，竞争是竞赛的主要形式。尽管它对资本主义条件下劳动生产率的提高具有巨大的历史意义，但与此同时也限制了人的社会积极性，使这种社会积极性带有畸形的片面的性质，这类竞赛超越了道德关系的范围，相反它往往会导致反人道的行为。竞争会使企业主降低劳动生产率，甚至毁灭物质财富，这类例子在资本主义历史上屡见不鲜。在道德方面，竞争会促使人与人之间敌对和仇视关系的发展，因而就养成人的自私自利和其他不道德的品质。

在社会主义社会条件下，竞赛在原则上具有另一种性质。列宁认为，"社会主义不仅不窒息竞赛，反而破天荒第一次造成真正广泛地、真正大规模地运用竞赛的可能……他们千百年来都是为别人劳动，为剥削者做苦工，现在第一次有可能为自己工作了……"①同每个人追求自私自利为目的的竞争不同，在社会主义劳动中，竞赛归根结底指的是全体参加者的共同目的，即增加整个社会的物质财富。社会主义竞赛领域内的社会活动真正具有为人们服务的道德意义。所以，虽然参加竞赛的每个人都努力超过其他人，但共同事业的参加者之间的关系却是在相互帮助和在集体主义基础上形成的。社会主义竞赛要求相互交流经验，普及个人的首创精神，帮助后进，仿效先进榜样，以及其他各种形式的同志式的

---

① 《列宁全集》（第二十六卷），人民出版社1990年版，第378、381页。

合作。

第五，首创精神。首创精神是一种具有开拓性的创造意识和活动。列宁看来，体现在党员群众身上的首创精神，就是战胜他们自身的保守、涣散和小资产阶级利己主义遗留下来的习惯，自愿提高劳动生产率，自觉创造并遵守新的劳动纪律，革新社会主义经济条件和生活条件，重建人与人之间社会联系的新形式的一种英雄主义精神。

首创精神在很多关键时刻往往能发挥决定性的作用。列宁在《伟大的创举》（1919年6月28日）一文里高度评价广大工人、党员自愿开展的共产主义星期六义务劳动，认为这是破除利己主义旧道德、建立"人人为我、我为人人"新道德的一种英雄主义壮举，是人民首创精神的集中体现，是一项需要许多年甚至几十年才能完成的工作。群众生气勃勃的创造力正是新的社会生活的基本因素。

第六，善于学习、善于总结。十月革命胜利后，列宁在总结布尔什维克胜利的基本经验时指出："俄国在半个世纪里，经受了闻所未闻的痛苦和牺牲，表现了空前未有的革命英雄气概，以难以置信的毅力和舍身忘我的精神去探索、学习和实验，经受了失望，进行了验证，参照了欧洲的经验，真是饱经苦难才找到了马克思主义这个唯一正确的革命理论。"①善于学习、善于总结经验，这是革命取得胜利的重要因素。

社会主义建设时期，列宁更加重视对文化、管理、经商知识和经验的学习。他认为："我们今天最重要的任务就是学习再学习。""我们必须学习读、写和理解读过的东西，这对我们还是需要

---

① 《列宁全集》（第四卷），人民出版社1984年版，第136—137页。

的。"①学习要注重总结经验,列宁主张从错误中学习,认为"一个政党对自己的错误所抱的态度,是衡量这个党是否郑重,是否真正履行它对本阶级和劳动群众所负义务的一个最重要最可靠的尺度。公开承认错误,揭露犯错误的原因,分析产生错误的环境,仔细讨论改正错误的方法——这才是一个郑重的党的标志,这才是党履行自己的义务"②。新经济政策就是从错误中学习而得来的宝贵经验。

4. 道德教育方法论

在共产主义低级阶段即社会主义社会,也要进行共产主义道德建设。首先,共产主义道德教育的任务,一是克服旧社会遗留下来的、在群众中根深蒂固的私有者的习惯和风气,二是向广大群众和青年一代灌输共产主义道德意识,逐步养成新的道德习惯,树立起新的社会风气。老一代人的任务是推翻资产阶级,新一代人的任务是建成共产主义社会,青年一代要完成建设共产主义的任务,不但必须学习现代的科学、技术和文化,还必须把自己培养成为具有共产主义道德品质的新人。列宁认为:"应该使培养、教育和训练现代青年的全部事业,成为培养青年的共产主义道德的事业"。③

共产主义道德教育的任务是艰巨的、长期的。列宁认为,赶走沙皇并不困难,总共用了几天工夫;赶走地主也不困难,在几个月之内就做到了;赶走资本家同样也不是很困难的事情。但是,要消灭阶级,建成共产主义就无比困难了,主要困难在于改变私有制社会里人们从吃奶的时候起就染上的小私有的心理、习惯和观点,只关心自己而不顾别人。要改变人们的旧观念、旧习惯,把广大青年

---

① 《列宁全集》(第四卷),人民出版社1984年版,第728页。
② 《列宁全集》(第四卷),人民出版社1984年版,第167页。
③ 《列宁选集》(第四卷),三联书店1974年版,第288页。

培养成具有共产主义道德觉悟，社会主义条件下的工人阶级和劳动人民不可能不受到旧社会的思想影响，不可能一下子克服掉自己身上的弱点和毛病，他们必须在为共产主义而斗争的实践中，不断改造自己，逐步提高自己的共产主义觉悟。列宁研究了开展共产主义道德教育的方法，这些方法有如下方面：

第一，社会实践。列宁反对理论脱离实践的说教式的道德教育方法，要求把握规律性、富于创造性。善的观念的更替中表现出一定的客观规律性（道德），列宁认为："'善'被理解为人的实践"。①即"世界不会满足人，人决心以自己的行动来改变世界"②。这就是善的概念的本质和特点，社会实践的种种历史需要通过善的概念在人们的道德意识中被认识到，并且以要求现实符合这种德行观念的形式表现出来。

在共产主义道德建设中，"善"的概念同现代历史条件下人们的实际利益联系在一起。而这些利益归根结底同社会主义社会战胜资本主义社会的历史必然性，同共产主义建设是相一致的。这样，"善"的概念在共产主义道德中以概况的形式反映着社会主义社会对人、对他的行动和动机、对各种社会现象所提出的一切多种多样的要求。因此，这个总概念的内容就只有通过社会主义社会比较具体的道德概念的全部总和，通过共产主义建设者道德法典中作了基本表述的、共产主义社会的和道德的理想原则、道德品质、道德规范，才能确定下来。列宁认为，"如果学习、教育和训练只限于学校以内，而与沸腾的实际生活脱离，这样的教育方式我们是不会相信的。""教育共产主义青年，决不是向他们灌输关于道德的各种美丽动听的言词和条例。"无产阶级不能用神术，不能遵照圣母的旨

---

① 《列宁全集》（第三十八卷），人民出版社 1986 年版，第 229 页。
② 《列宁全集》（第三十八卷），人民出版社 1986 年版，第 229 页。

意，也不能靠口号、决议或法令，就一下子摆脱资产阶级的偏见。"青年们只有把自己的训练、培养和教育中的每一步骤同无产者和劳动者不断进行的反对剥削者的旧社会的斗争联系起来，才能学习共产主义。""为巩固和完成共产主义事业而斗争，这就是共产主义道德的基础。这也就是共产主义培养、教育和训练的基础。这也就是对应该怎样学习共产主义的回答。"①在社会主义的初期，"还远不能广泛而真正普遍地实行这种劳动"。列宁的真意是把组织共产主义星期六义务劳动当作进行共产主义道德教育的方法，因为他认为：(1) 共产主义星期六义务劳动打破了"做事就是为了拿钱"这个资本主义世界的道德原则。(2) 在共产主义星期六义务劳动中，人们的劳动新产品不归劳动者本人及近亲所有，而归他们的"远亲"即全社会所有，因此，参加这种劳动必然产生为公共的、为全社会而劳动的道德动机。(3) 共产主义星期六义务劳动，是一种自觉自愿的劳动，是不计报酬、没有定额的劳动，因为，它是完全凭劳动者的道德觉悟参加的，因而是具有高度道德价值的劳动。(4) 列宁曾指出"用动员人们上前线和参加星期六义务劳动的办法，来清洗党内那些只图'享受'当一个执政党党员的好处而不愿为共产主义忘我工作的人"。可见，他是把是否参加星期六义务劳动作为衡量是否具有共产主义觉悟，是否符合共产党员的标准来看的。所以，列宁把组织星期六义务劳动当作道德教育的主要形式和方法，他是提倡一种精神，一种新的劳动态度。

第二，榜样教育。在资本主义私有制条件下，卓越典范的示范力量是不可能发挥作用的。在社会主义建设事业中，那些模范会"成为道义上的榜样"，可以在广大范围内起示范作用，"榜样的力量是无穷的"就是一句影响深远的名言。列宁在《致全俄社会教育

---

① 以上引文见《列宁选集》（第四卷），三联书店 1974 年版，第 292 页。

第一次代表大会的贺词》中,谈到"十分艰巨的工作是重新教育群众,组织和训练群众,同我们接受下来的愚昧、不文明、粗野等遗产作斗争"。对群众进行道德教育,"只有靠长期的有成效的工作和先进阶层的持久不绝的影响"。[①]可见,列宁重视先进阶层的道德影响这种榜样道德教育的方法。

第三,纪律教育。社会主义的法庭应当是教育人民遵守纪律的工具,因为法律上的惩罚手段并不只是消极的惩罚,惩罚本身也有积极的教育作用。列宁把法庭惩罚的教育作用运用到劳动纪律方面,提出在工厂企业中设立劳动纪律裁判会。劳动纪律裁判会是在工会领导下,以道德法庭的形式,对违反劳动纪律等有过失的同志采取讯问的方式来进行道德教育。列宁倡导的劳动纪律裁判会后来发展为"同志审判会"。施什金发挥了列宁的观点,他认为:"同志式地谴责反社会行为,是将逐渐根除资产阶级观点、风尚和习俗的表现的主要方法。比如,为遵守公共生活和社会秩序的准则而斗争的社会裁判和同志裁判就起着巨大教育作用。在许多企业中,同志审判会的威信是如此之高,以至于为犯过失而'站到大伙面前'来回答同志们的讯问的场面,对于犯过失的人来说,比起在法庭上受审更加难堪。"[②]

第四,利益引导。利益是道德的基础,列宁认为在战争时期可以依靠人民群众的勇敢和热情,在经济建设中就不可过高地依靠热情,不能把推动经济社会发展的动因主要归结为精神因索,而应归结为物质因索,归结为"同个人利益结合"的原则和"个人责任"的原则。列宁对这个原则的"发现"对逐步培养共产主义道德品质

[①]《列宁选集》(第三卷),三联书店1974年版,第816页。
[②] А. Ф. 施什金:《马克思主义伦理学原理》,参阅《哲学研究》编辑部:《苏联哲学资料选辑》第21辑,上海人民出版社1966年版,第422页。

具有非常重要的理论和实践意义。他认为,"由于不善于实行这个原则,我们每走一步都吃到苦头",这是"许许多多社会主义者碰到的绊脚石"。由于这个原则的实施,俄国农民精力充沛地、废寝忘食地重整自己的耕地,修复自己的农具、房舍、各种设施,积极投入到生产活动中去,小生产者的生产积极性也由于利益原因而被调动起来了。1921年同以往相比粮食大幅度增产,有效地缓解了社会危机,维护了苏维埃政权的稳固。列宁提出,分配不仅要坚持同个人利益相结合,还要坚持向劳动者倾斜的原则,按照劳动者的劳动成果发放工资,提出对在工作中作出贡献的人必须给予奖励,要求把奖励制度包括到全体苏维埃职员的整个工资制度里去。这些措施都是鼓励个人通过辛勤劳动的方式获取个人利益,从而激励人们建设社会主义的有效方法。

第五,灌输教育。通过各种方法,不断地向工人和广大群众灌输马克思主义理论与党的路线、方针和政策,灌输共产主义思想道德。灌输理论最早由普列汉诺夫提出,考茨基等人作了发展。列宁在领导俄国革命的过程中,结合新的实际,把蕴含在马克思、恩格斯的有关文献中的思想阐发出来,把考茨基等人对"灌输"的论述进一步系统化、理论化,并进行了新的理论创造。1897年,列宁提出"没有革命的理论,就不会有革命的行动"的论点,[①]在1901—1902年所写的《怎么办?》中列宁直接引述了考茨基的一段话:"……社会民主党的任务就是把认清无产阶级的地位及其任务的这种意识灌输到无产阶级中去(直译就是:充实无产阶级)。假使这种意识会自然而然地从阶级斗争产生出来,那就没有必要这样做

---

① 《列宁全集》(第二卷),人民出版社1984年版,第443页。

了。"①列宁称其是"一段十分正确而重要的话"。②列宁十分强调无产阶级需要科学社会主义理论的指导。在无产阶级革命运动中，工人群众自己并没有能力获得科学社会主义理论。"我们已经说过，工人本来也不可能有社会民主主义的意识，这种意识只能从外面灌输进去。……"③共产主义道德也不能自发产生，需要灌输教育。

第六，发动群众参加建设。发动群众建设社会主义首先必须让群众知道什么是社会主义，这必须依靠思想宣传和理论教育。列宁指出："什么是共产主义？整个共产主义宣传归根到底要落实到实际指导国家建设。应该使工人群众把共产主义理解为自己的事业。"④其次要战胜小资产阶级的散漫性对无产阶级和广大群众的影响，增强其参加社会主义建设的积极性、主动性，也必须依靠思想理论工作。俄国普遍存在着小资产阶级意识，这是一种"千百万人的习惯势力是最可怕的势力"。⑤"要战胜起瓦解作用的小资产阶级的散漫性是一件极其困难的事情，这比镇压地主暴徒或资本家暴徒困难千万倍，但这对于建立没有剥削的新组织来说，又有益千万倍。当无产阶级的组织解决了这个任务的时候，社会主义就会获得最终胜利了"。⑥如何战胜呢？列宁认为思想理论教育就是一条重要的途径，"我们教育工作者的任务就是要完成这一改造群众的工作。我们所看到的群众对共产主义教育和共产主义知识的兴趣和向往，是我们在这方面取得胜利的保证，胜利也许不会像前线上那么快，也许要碰到很大的困难，有时还会遭到挫折，但是最后我们总是会

---

① 《列宁全集》（第六卷），人民出版社1986年版，第37页。
② 《列宁全集》（第六卷），人民出版社1986年版，第37页。
③ 《列宁文稿》（第一卷），人民出版社1995年版，第247页。
④ 《列宁选集》（第三十九卷），人民出版社1986年版，第407页。
⑤ 《列宁选集》（第三十九卷），人民出版社1986年版，第24页。
⑥ 《列宁全集》（第三十六卷），人民出版社1985年版，第358页。

胜利的。"①人民群众只有在思想上认识到了建设社会主义是自己利益发展的事业，才会接受动员，参加到社会实践中来。

第七，培养人才。社会主义、共产主义建设离不开新人的培养，积极培养社会主义新人是推动社会主义建设和将来共产主义建设的可靠保障。列宁曾分别用"将来要建设共产主义社会的新一代人""最终实现共产主义的一代人""青年一代的共产主义者"等提法来讲"社会主义新人"。从列宁的用语和相关论述来看，"新一代人"是相对于"老一代人"而言的，区分两者的主要根据在于其所面临的不同任务。列宁认为："老一代人的任务是推翻资产阶级。那时的主要任务是批判资产阶级，激发起群众对资产阶级的仇恨，提高阶级觉悟，提高团结自己力量的本领。新一代人面临的任务就比较复杂了。你们不只是应当团结自己的一切力量来支持工农政权抗击资本家的侵犯。这一点你们应当做到。这一点你们完全了解，每个共产主义者都非常清楚。但是这还不够。你们应当建成共产主义社会。前一半工作在许多方面已经完成了。"②"新一代人"应该是什么样的人呢？列宁给青年提出了具体的要求和建议：其一，"青年团和所有想走向共产主义的青年都应该学习共产主义"；③其二，"应该使培养、教育和训练现代青年的全部事业，成为培养青年的共产主义道德的事业"④；其三，"每个青年必须懂得，只有受了现代教育，他才能建立共产主义社会"；⑤其四，"我们已经废除了旧学校里的旧的强迫纪律，代之以自觉的纪律"。⑥"全体青年的

---

① 《列宁选集》（第三十九卷），人民出版社1986年版，第406页。
② 《列宁选集》（第三十九卷），人民出版社1986年版，第302页。
③ 《列宁选集》（第三十九卷），人民出版社1986年版，第294页。
④ 《列宁选集》（第三十九卷），人民出版社1986年版，第302—303页。
⑤ 《列宁选集》（第三十九卷），人民出版社1986年版，第301页。
⑥ 《列宁选集》（第三十九卷），人民出版社1986年版，第310页。

任务，尤其是共产主义青年团及其他一切组织的任务，可以用一句话来表达：就是学习。"学习什么？列宁说："我们应当指出，看来首先的和理所当然的回答是：青年团和所有想走向共产主义的青年都应该学习共产主义。"①这里的共产主义，就其理论形式而言，就是马克思主义理论。

加强对青年一代的共产主义道德教育，是造就社会主义新人的一条根本途径。换言之，道德教育应该以培养社会主义新人为重要目的，应该为此发挥重要作用。"在无产阶级专政时期，即为使共产主义的完全实现成为可能而准备条件的时期，学校不仅应当传播一般共产主义原则，而且应当对劳动群众中的半无产者和非无产者阶层传播无产阶级在思想、组织、教育等方面的影响，以培养能够最终实现共产主义的一代人。"②列宁倡导的共产主义道德教育对改变苏联社会道德风貌确实起到了巨大作用，在发展和实践马克思主义伦理思想的基本观念方面发挥了积极作用。

---

① 《列宁选集》（第三十九卷），人民出版社1986年版，第294页。
② 《列宁选集》（第三十九卷），人民出版社1986年版，第370页。

第三章
探索与阐释：布哈林、托洛茨基和斯大林伦理思想

与俄苏马克思主义伦理思想发展的争鸣与奠基时代部分地相重合，20年代中期到50年代中期，俄苏马克思主义伦理思想表现为社会主义建设时期居主流政治和道德意识形态的列宁主义伦理思想。在此期间，苏联历史上发生了激烈的理论论争，而如何建设社会主义则是这场争论的焦点之一，这个问题的争论比较成型的理论方案有三个，即布哈林方案、托洛茨基方案和斯大林方案。在列宁去世后至30年代初的这段时间里，在各种政治力量的反复较量、各种思想的复杂斗争中，斯大林的思想成为苏联工业化和现代化道路的建设方案，在一国建设社会主义的指引下，苏联社会主义建设取得了历史性成就。数以百万计的普通群众承受着巨大的牺牲，真诚地相信他们自己是共产主义未来的真正的创造者和建设者，相信他们的忘我献身不仅对于他们自身的命运，而且对于世界无产阶级的命运和全人类的命运都起着决定性的作用。但是依靠强制的办法，以人民群众付出较大牺牲和代价的办法进行工业化，时间越久，斯大林方案的弊病便越明显。这个时期马克思主义伦理思想不仅在内部相关、相近的世界观基础上产生了广泛的争鸣，在与异质思想并行发展中更有复杂而深刻的对立和争论。列宁去世以后的20

年代中期到50年代中期伦理思想的探索与阐释中，俄苏伦理思想在持续发展中分化为继承并发展了宗教伦理思想传统的侨民伦理思想和居主流地位的道德意识形态，斯大林对道德观与历史唯物主义原理、苏维埃社会主义制度伦理、社会道德规范和原则体系、初级阶段的共产主义思想道德教育、无产阶级政治伦理，以及阶级利益、国家利益与民族利益、社会和谐论、群众与领袖的关系等的论述，构成了苏联道德意识形态的主要内容之一。Г. П. 费多托夫曾精准地描述道，俄罗斯学界的全部道德资本都投入了政治，像是进行了一场赌博，然后输了。只是30年之后，当人们对被放逐的民族精神加以抚今追昔并因而产生道德价值论神域化和宗教绝对主义倾向时，伦理学领域中的体系化著作才得以出现。

一、Н. И. 布哈林伦理思想

1. 个人主义效用价值观和方法论批判

布哈林是苏联马克思主义经济学家、理论家，一位忘我的无产阶级革命家。他具有善于团结人并激励他们去斗争的才能，无私地忠于青年时代就接受而一生都忠贞不渝的革命思想。然而在20世纪30—80年代，布哈林思想长期被作为苏共党内的一种"右倾机会主义"受到批判。布哈林犯过错误，但在与党内错误做斗争的过程中捍卫了列宁主义，发展了马克思列宁主义。布哈林生前出版著作20余部，主要有：《世界经济和帝国主义》（1915）、《关于帝国主义国家理论》（1916）、《共产主义入门》（又译为《共产主义ABC》）（1919）、《过渡时期经济学》（1920）、《历史唯物主义理论》（1921）等。

布哈林在早期的政治经济学思想中阐述了马克思主义的经济理

论，同时也阐述了历史唯物主义道德观的方法论原则。《食利者政治经济学》(1914)是布哈林的一部评论性经济理论著作，该书概述了马克思以后资产阶级政治经济学各流派的理论体系，批判了庞巴维克、司徒卢威、杜冈·巴拉诺夫斯基等的经济学在价值论、利润论及其所涉及的有关论点。布哈林认为，世界历史在20世纪初表现为资本主义向帝国主义阶段的过渡，与此同时，以靠"剪息票"(即吃利息或股息)为生的"食利者阶层"人数迅速增长起来，不劳而获成为帝国主义的本质性的东西，这充分表现了帝国主义的寄生性和腐朽性。布哈林通过对奥地利学派主观主义和个人主义边际效用论的批判性认识，阐明了其客观主义的、历史主义的方法论和价值论。

边际效用价值论产生于19世纪70年代初，是作为与马克思主义劳动价值论的对立物而出现的一种以主观心理解释价值形成过程的庸俗经济理论，它是由英国的杰文斯、奥地利的门格尔和法国的瓦尔拉几乎同时提出的。80年代，门格尔的继承者维塞尔，特别是庞巴维克又作了系统的发挥，从而使其成为了一套完整的体系。

边际效用价值论以商品的稀缺性以及人的欲望及其满足为出发点，以效用为中心，认为商品的价值决定于其边际效用。"边际"是新增的意思，"效用"表示满足，"边际效用"指消费者新增一单位商品时所带来的新增效用，它决定着商品的价值。商品的价值由此就变成了人的一种主观感受、主观评价。而在马克思的经济理论中，商品"效用"是侧重于商品本身，指的是商品的使用价值。对于使用价值而言，"物的有用性使物成为使用价值"。具体的有用的劳动可以创造使用价值，但它是不可进行量的比较的。而边际效用理论的"效用"，表示的是消费者主观的满足程度，是有可进行量的比较单位的，可以进行效用量的加总和量的比较的。卡尔·门格尔在《国民经济学原理》中认为，与人类欲望满足有因果关系的物叫做有用物，我们认识了这个因果关系并事实上具有获得此物以满足我们欲望的力量时，就称此物为财货。一物要获得财货的性质，必须具备四个前提：（1）人类对此物的欲望；（2）使此物能与人类欲望的满足保持着因果关系的物的本身属性；（3）人类对此因果关系的认识；（4）人类对于此物的支配，即人类事实上能够获得此物以满足其欲望。可见，物品的效用是对于人们欲望的一种满足，是人们的主观感受。边际效用理论必然从研究消费者心理这一主观事物出发，进而把其理论建立在唯心主义方法论基础上。

庞巴维克《资本实证论》第一章即名为"人与自然"，他认为科学的统一性要求经济学建立在某些较多的和自然科学有关的基本真理上，一切在自然科学或心理学中是错误的东西在全部科学和各种科学中也是错误的。他将人的主观心理因素包括到经济现象的解释和论述中，从人的角度阐述幸福、需要、满足、物品、使用、生产的相互关系，并将一切的生产活动归结为"人为幸福而奋斗"，即满足个人的需要。庞巴维克这里所提出的主观主义的思考角度是其经济理论乃至是整个奥地利学派的方法论的一个集中体现。米塞斯在《人类行为》一书中将其表述为：在人类行为中除了各种为获取目标而产生的个人欲望之外，别无他物。对于这些目标的选择，不存在真理的问题，只有价值。而价值判断必然总是主观的。奥地利学派不遗余力地为经济学赋予主观主义的价值色彩，认为决策者对各种不同方法的主观评价就构成了社会科学所依据的事实。这样的方法论也就使得奥地利学派的经济学家拒绝使用数学模型来讨论经济问题，认为主流经济学整齐优美的模型和对统计检验的应用不能解决主观性问题，也就不能说明社会的复杂性。

边际效用价值论则认为决定商品与服务这一客观世界的不是物质的客观规律，而是其满足人类需要的潜在能力即效用。价值是一件财货对物主福利所具有的重要性，由边际效用来衡量。物品具有价值的必要条件是有用性和稀缺性。庞巴维克把价值区分为主观价值和客观价值。主观价值是人们对物品的主观评价，是以财货和一类财货对于物主福利所具有的重要性，它能给与我一种没有它就得不到的喜悦或愉快感，或者能使我免除一种没有它就必须忍受的痛苦，那么，我得说这一特定财货对我有价值。财货的价值取决于人的主观感受，显然这是一种带有浓厚唯心主义色彩的解释。客观价值指的是财货获得某种客观成果的力量或能力，是货物本身的效用、物理原理或使用价值。可是这种客观价值与人的福利或损失无关，所以庞巴维克说客观价值是用它来换得一定量其他经济财货的可能性，即货物的"交换能力"。因此，主观价值是客观价值的原因或基础，客观价值是主观价值的产物或表现，主观价值是解决价值论的根本问题。边际效用理论的提出回避了价值的本质是抽象劳动的创造，回避了剩余价值。边际效用理论的产生不仅仅具备了资本主义经济政治发展的客观要求，还受到伦理学、哲学和心理学的深刻影响，并且被巧妙地引入到经济学领域。

19世纪后半期，西方人本主义思想发展并流行起来。人的需要和欲望，就是哲学家思考的重要问题，如英国功利主义思想家边沁认为，追求幸福是人的天性，每个有理性的人都会为自身谋求最大幸福。这一功利主义思想为西方经济学的效用理论奠定了重要的基础，由此西方经济学自然地把对社会财富本质及其如何增长财富的研究转为对消费者的主观愿望和消费行为的研究，并且把价值表述为人们的一种主观心理现象，说价值并不是商品内在的客观属性，它不过是表示人的欲望同物品满足这种欲望的能力的关系，即人对物品效用的感觉和评价。效用是价值的源泉，效用大则价值大，反之，价值则小。这种主观价值论显然认为价值是存在于人们的意识之中的。

主观主义的价值方法论将人类的行为作为研究经济现象的出发点，并在此基础上构建了主观价值论，既背离了西方经济学的传统教条，又反对马克思主义政治经济学价值论。布哈林认为，马克思主义是客观主义的，因为马克思"把社会运动看作受一定规律支配的自然历史过程，这些规律不仅不以人的意志、意识和意图为转移，反而决定人的意志、意识和意图"①。而奥地利学派的庞巴维克则认为："社会规律（研究社会规律是政治经济学的任务）是相互协调一致的动机的变化结果——既然如此，解释社会规律时就必须弄清决定个人行为的主导动机或将这些动机作为出发点。"②客观方法和主观方法的对立就是社会方法和个人主义方法的对立，但是要清楚地确定马克思所说的不以人的意志为转移的那种"独立性"和作为奥地利学派出发点的那个"经营个体"的内涵区别。对于现代社会经济组织典型的情况而言，社会现象"独立于"人的意志、意识和意图，但这种"独立性"全然不是与个人毫无联系的现象的绝对存在。把历史唯物主义丑化为人类历史是不通过人的意志、不经过人的活动而创造出来的，那是荒唐的。相反，个人行为和社会现象这两类现象在形成过程中是紧密相连的。

在庞巴维克的分配理论中，分配的实质即在按市场要素或者生产要素的分配中，工人要素是容易找到替代物的，因而在分配中所占的比例、重要程度都会小于其他因素。劳动力具有商品的一切特征，在这里边际效用的理论正好发挥出作用，劳动力这种水平的价值正是由其边际效用的大小所决定的，这也与庞巴维克的替代效益学说前后一致，它决定了工人阶级在资本主义社会中的真正地位。布哈林说：

---

① 〔德〕马克思：《资本论》（第一卷），郭大力、王亚南译，人民出版社1975年版，第20页。

② 〔苏〕布哈林：《食利者政治经济学》，郭连成译，商务印书馆2002年版，第30页。

  分配过程是以价值表现进行的。资本家与工人之间的"社会"关系具有"经济"表现形式,因为劳动力成为商品,既然成为商品并进入商品流通的轨道,因而就服从于价格和价值的自发规律。正如在一般商品流通领域一样,没有价值规律的调节作用,资本主义制度也就不可能存在,正像如果没有作为劳动力本身的再生产内在固有的规律,资本就不能经常再生产自己的统治一样。由于消耗掉的劳动力比劳动力社会再生产所必需的社会劳动能量更多,所以不断推向劳动力的购买者即生产资料所有者的商品流通规律提供了剩余价值的可能。[1]

资本主义社会借助于竞争机制实现生产力的发展,所采取的是资本积累的形式,劳动力的增减变化就取决于这种资本积累,而且生产力的发展经常伴随着商品的单个劳动价值超过商品的社会劳动价值的全部生产集团的被排挤和消亡。

布哈林认为,马克思主义是历史主义的,"每个历史时期都有它自己的规律。一旦生活经过了一定的发展时期,由一定阶段进入另一阶段时,它就开始受另外的规律的支配。"[2]布哈林比较了马克思与庞巴维克在历史观上的对立,他认为凡马克思作为基本特征划分出来的符合历史事实的范畴,庞巴维克都将其视为历史因素的抽象;凡马克思作为人们一定历史关系看待的现象,庞巴维克都认为这不过是简单的人对物的普遍联系。布哈林还对比了马克思和庞巴

---

[1]〔苏〕布哈林:《食利者政治经济学》,郭连成译,商务印书馆2002年版,第180—181页。

[2]〔德〕马克思:《资本论》(第一卷),郭大力、王亚南译,人民出版社1975年版,第23页。

维克关于"资本"这个经济学范畴的本质区别,马克思这样认为:"资本不是物,而是一定的、社会的、属于一定历史社会形态的生产关系,它体现在一个物上,并赋予这个物以特有的社会性质。资本不是物质的和生产出来的生产资料的总和……这种生产资料本身不是资本,就像金和银本身不是货币一样。"①而庞巴维克则认为:"我们把那些作为财富获取手段的产品总和统称为资本。从资本的这个总概念中产生更狭义的社会资本概念。我们将作为财富的社会经济获取手段的产品的总和,或简要地说是中间产品的总和,称为社会资本。"②布哈林评价道,劳动过程、财富获取及其分配过程总是在只能引起一定社会经济现象的一定的不同历史形态下进行,不会看到像"托伦斯上校"以及庞巴维克认为的那种情况,即"资本起源于野人的石头上"③,而资本家则产生于野人本身。只有在商品生产的基础上,生产资料成为一个阶级的垄断财产,并以此与唯一归工人支配的商品即劳动力的所有权相对立时,才能产生叫做资本的那种独特关系,因而,也只有那时才产生"资本家的利润"。

2. 道德概念及其意识形态

运用马克思主义关于上层建筑结构的理论具体阐述和捍卫历史唯物主义道德理论,是布哈林伦理思想的基本特色之一。《历史唯物主义理论》一书的序言表明布哈林说明自己的新观点,"无时不

---

① 〔德〕马克思:《资本论》(第三集),郭大力、王亚南译,人民出版社1975年版,第920页。

② 〔苏〕布哈林:《食利者政治经济学》,郭连成译,商务印书馆2002年版,第48页。

③ 〔德〕马克思:《资本论》(第三集),郭大力、王亚南译,人民出版社1975年版,第209页脚注。

是继承了马克思的最正统的、唯物主义和革命的观点的传统"①。

首先，布哈林阐述了道德概念的总体性和一般性。布哈林认为，社会是"人们的集合体"，包括物质技术装备，社会不仅生产物质财富，也生产精神财富及观念并形成观念体系；社会的经济结构即人的劳动机构是社会的"现实的基础"。②"所谓'上层建筑'，我们将理解为位于经济基础之上的任何形式的社会现象。"③布哈林专门研究论述了上层建筑的结构系统问题，提出在考察社会生活的其他方面时，"……我们面前出现各种社会现象的系列：社会的社会政治制度（它的国家政权结构，阶级、政党的组织等等）；习惯、法和道德（社会规范，也就是人们的行为准则）；科学与哲学、宗教、艺术，最后还有语言——人们的行为交际的工具。通常所有这些现象，除开社会的社会政治制度以外，统称'精神文化'"④。可见，上层建筑系统包括三个序列，即社会政治制度；习惯、法和道德；科学、宗教、哲学等。

三个序列赋予道德概念以总体性和一般性。第一个序列中的"国家政权是社会的社会政治构造的最鲜明的表现"，"国家是囊括全国并统治千百万人的最庞大的组织。它本身需要为数众多的公务员、官吏、士兵、军官、立法者、律师、部长、法官、统帅，等

---

① 〔苏〕布哈林：《历史唯物主义理论》，李光谟等译，人民出版社1983年版，第146页。
② 〔苏〕布哈林：《历史唯物主义理论》，李光谟等译，人民出版社1983年版，第149—167页。
③ 〔苏〕布哈林：《历史唯物主义理论》，李光谟等译，人民出版社1983年版，第243页。
④ 〔苏〕布哈林：《历史唯物主义理论》，李光谟等译，人民出版社1983年版，第169页。

等，等等"。①第二个序列是社会规范（行为准则），包括习惯、道德、法和一系列形形色色的其他规范（礼仪、礼节、典礼等等，还包括各种团体、组织、联合会的规章等等）。它们产生的原因是繁荣发达、极端复杂的社会中各种生活矛盾的增长，而最尖锐的社会矛盾即阶级矛盾要求最强有力的调节者不时地抑制这种矛盾，国家政权及其命令即所谓法的规范是社会阶级矛盾的调节者，它使社会中各集团存在下来并使社会具有相对稳定的性质。此外还存在其他调节人们之间的矛盾的规范，这些规范（行为准则）在人们头脑中生根，从内部起作用并被人们视为具有神圣不可侵犯的本性。第三个序列是科学、宗教、哲学等。科学有自己的技术装备、物的机构、人的机构及观念体系，即经过整理的思想体系，也就是本来意义上的科学。宗教的实质则是信仰超自然力量、神灵，它是从崇拜（祭祀）祖先、氏族酋长、管理者、组织者开始的。哲学表现为关于最一般问题的思考，一切知识的概括，即"科学的科学"。艺术是把生活着的人的感情系统化，用形象或言词、音响、动作等来表达它们。上层建筑包含社会精神文化，精神文化又可区分为社会意识形态和社会心理两部分。"所谓社会意识形态，我们将理解为思想、感情或行为准则（规范）的体系。"②其中包括有社会规范（习惯、道德、法以及礼仪、礼节和各种团体、组织的规章等）、科学、宗教、哲学、艺术、语言和思维等等。"所谓社会心理，我们将理解为存在于一个社会、阶级、集团、职业等等中的不系统化的或不

---

① 〔苏〕布哈林：《历史唯物主义理论》，李光谟等译，人民出版社1983年版，第171页。
② 〔苏〕布哈林：《历史唯物主义理论》，李光谟等译，人民出版社1983年版，第243页。

够系统化的感情、思想和情绪"①，包括思想、感情、愿望、趣味、生活习惯、意向和念头、快乐与悲哀、不满与愤怒的情绪、模糊的希望与理想、满足感、走运感、倒霉感、对生活的忧虑、对未来的担心等。可见，道德与社会心理和意识形态有联系，心理层次的道德属前者，规范层次的道德属后者。社会心理和意识形态的区别仅仅在于系统化的程度，因此，社会心理也包含有道德的内容。

布哈林对上层建筑系统中的道德进行了总体性概括："道德"从它的内在构造即从它的"结构"来看是复杂的，既包括观念和系统化的规范，也包括不明确的、不系统化的思想和感情。总之，道德属于上层建筑这个"最一般的概念"②的精神范畴。

其次，布哈林对道德内涵做了理论阐释。"道德"在上层建筑结构系统中有着明确的内涵，布哈林提出"道德是一些有内在说服力的行为准则；而这些准则又是有着比较准确的配合的"。③布哈林是在同一意义上使用道德与伦理这两个词的，在一段关于伦理规范功能的论述里，布哈林认为"……伦理规范就是维护一个社会、一个阶级或一个职业集团等等所必需的行为准则。它们具有必要的、社会的、服务的意义"。然而，这种社会作用在拜物教的社会中得不到承认。相反，这些规范也就是说技术性的行为准则，被看成是一种"天职"，它好像某种外在的强制性的神圣力量凌驾于人们之上。"这种不可避免的伦理学拜物教，在资产阶级哲学天才伊·康德的'绝对命令'学说中得到最好的表现。无产阶级对此则应采取

---

① 〔苏〕布哈林：《历史唯物主义理论》，李光谟等译，人民出版社1983年版，第283页。

② 〔苏〕布哈林：《历史唯物主义理论》，李光谟等译，人民出版社1983年版，第242—243页。

③ 〔苏〕布哈林：《历史唯物主义理论》，李光谟等译，人民出版社1983年版，第244页。

截然不同的看法。无产阶级不可能是资本主义拜物教的鼓吹者。对于无产阶级说来，它的行为规范就像是做小凳子的细木工的那种技术规则。……在无产阶级那里，'伦理学'逐渐变成共产主义所需要的简明易懂的技术性行为准则，因此，实质上不再成其为伦理学。因为伦理学的实质本身就在于这是具有拜物教外壳的规范。拜物教就是伦理学的实质。凡是这种拜物教消失的地方，伦理学也就消失。……无产阶级需要行为规范，而且是非常明确的行为规范，但根本不需要'伦理学'，也就是说，不需要拜物教的酱油来给有益的食品调味。"[①]布哈林在这里认为伦理规范是维护一个社会、一个阶级或一个职业集团所必需的行为准则，他同时批评了资本主义世界的拜物教异常突出地表现在博学的教授们最爱谈论的所谓道德规范或"伦理学"领域内。由于资本主义世界是拜物教的社会，人的行为准则被看成是凌驾于人们之上的强制性的神圣力量。

布哈林从个人利益要服从整体利益的高度，论述了共产党人的行为准则必须要有不要偷窃的戒律的理由。他认为："共产党人的准则是：不要偷窃，否则将成为坏蛋。这不是维护私有财产的规范，而是维护阶级的完整性，防止它'堕落'、涣散，预防它误入歧途的手段，把来自无产阶级的人们引向完全不同的道路的手段。这是无产阶级的阶级的规范。"[②]这说明无产阶级的道德理论也需要伦理规范。布哈林不仅研究了道德定义，论述了伦理规范的功用和必要性，还阐述了道德的基本特征、道德的社会作用以及道德与社会经济、政治和物质存在的关系等问题。

首先，道德属于意识形态，包含社会心理的内容。社会意识形

[①]〔苏〕布哈林：《历史唯物主义理论》，李光谟等译，人民出版社1983年版，第281—282页。

[②]〔苏〕布哈林：《历史唯物主义理论》，李光谟等译，人民出版社1983年版，第180页。

态"包括科学的内容(但不包括例如望远镜或是化学实验室内部的人的组织)、艺术的内容、全部习惯或道德规范等等现象"①。社会意识形态是科学、艺术、法和道德等等某种连贯的体系,而社会心理是科学、艺术、法和道德等不系统化的或不够系统化的感情、思想和情绪。"人们相互关系领域内的感情与愿望,趣味,思考方式,关于'好'与'坏'、'公平'与'不公平'、'美'与'丑'等没有经过深思熟虑的、'半自觉的'模糊概念;种种日常生活习惯与观点;有关社会生活进程的意向和念头,快乐或悲哀,不满和愤怒,渴望斗争或没有一线光明的绝望情绪,形形色色的评论和模糊的希望和理想;对现存秩序的批判与讽刺的思想,或认为'在这个最美好的世界上一切都好极了'的知足常乐感;不走运、倒霉的感觉,对艰难日子的忧虑和过荒唐生活的意愿,对未来的幻想和期待以及对未来的担心,如此等等,不胜枚举。"②这里谈到的日常善恶观念和情感以及价值观、人生观等属于道德意识的社会心理,布哈林对道德范围的理解以及对道德现象所包含内容的理解,具体细化了马克思主义的道德观。

其次,道德具有内在说服力、规范性。布哈林把道德与科学、艺术等意识形态作了比较:科学是对某种认识对象加以条理化概括的,相互联系、配合的系统化的思想。艺术是感觉、感情、形象的体系。道德是一些有内在说服力的、比较准确的配合的行为准则。布哈林准确地概括了道德的主要特征,认为行为规范不只是道德,还包括习惯、道德、法和礼仪等其他规范。道德这种行为准则是从人的内部起作用的,而不是出于对强者的恐惧。这是对注重道德内在性、自律性本质的正确阐释。

---

① 〔苏〕布哈林:《历史唯物主义理论》,李光谟等译,人民出版社1983年版,第243页。
② 〔苏〕布哈林:《历史唯物主义理论》,李光谟等译,人民出版社1983年版,第244页。

第三，道德的基础及其与经济关系的适应性。道德是一定社会关系的反映、是适应人们交往的需要而产生的。马克思、恩格斯认为，道德是伴随人们的物质社会关系的变化发展而变化发展的，"人们自觉或不自觉地，归根到底总是从他们阶级地位所依据的实际关系中——从他们进行生产和交换的经济关系中，吸取自己的道德观念。"①而"每一既定社会的经济关系首先表现为利益"②。在现代社会，利益"被升格为普遍原则"，"被升格为人类的纽带"，甚至"被升格为对人的统治"③。利益关系成为一切社会关系的内核和本质，因而，利益也必然成为道德观念的现实基础。这是历史唯物主义关于经济关系决定道德的决定论原则，布哈林进一步阐释了这一思想。他认为，道德准则必然要和社会经济制度或多或少地相协调，如果占统治地位的一切习惯和道德跟它的经济结构发生尖锐矛盾，就会缺乏社会平衡的一项基本条件。道德准则指出了一个社会、或阶级或集团赖以存在的行为方针，是制约社会内部矛盾的平衡条件；如果占统治地位的习惯和道德长期跟它的基本结构即经济结构相抵触，那么这个社会就不可能长久维持下去。布哈林以私有制社会为例，说明资本主义社会里资本家支配着生产资料，资本主义的法律和道德都是要维护资本家的财产的，所以其道德宣称偷窃不好，诚实守信等。如果这种道德约束在人们的头脑里没有扎下根来，资本主义社会就会迅速瓦解。"事实上，在一个社会中占统治地位的法律、习惯、道德，总是和经济关系相适应的，它们在经济关系的基础上产生，随着经济关系而变化，而消逝。"④在封建社会和资本主义社会里，宗教神学把道德神圣

---

① 《马克思恩格斯全集》（第二十卷），人民出版社1975年版，第102页。
② 《马克思恩格斯选集》（第三卷），人民出版社1995年版，第209页。
③ 《马克思恩格斯选集》（第一卷），人民出版社1995年版，第24—35页。
④ 〔苏〕布哈林：《历史唯物主义理论》，李光谟等译，人民出版社1983年版，第179页。

化，道德准则的绝对崇拜者由此感到怕神谴而战栗不安。布哈林认为，神圣的道德准则貌似超凡入圣，却不难探到它们的世俗根源。以唯物主义的经济关系决定论原则为基础进行探讨，我们就会发现"道德意识是反映和表现这个社会的物质存在的"。"我们终将看到，它们'归根到底'也是取决于生产力的发展。"①从根源上说，道德准则同阶级、集团、职业等有着密切的联系，由此说明道德准则不是永恒的、不可动摇的。

第四，道德心理是相应的社会经济关系及其联系的反映。布哈林运用经济关系决定道德的观点分析了封建社会和资本主义社会的道德心理。封建社会的经济基础是世袭的大土地不动产，经济联系是稳定静止的地主与农奴之间的联系，一切人被固定、安置在等级制体系中应处的地位上，人人都要安守本分。封建的古俄罗斯的经济风格是等级制的，政治的风格也是等级制的，意识形态的风格也是一样，门第观念在一切方面都占支配地位，因此古代俄罗斯占统治地位的道德和习惯讲求封建忠心和贵族尊严、恪守祖先遗训、崇尚高贵风度和高贵门第的道德。在资本主义社会，资本主义意识形态的拜物教与门第原则结合在一起成为资本主义生活方式的核心，社会道德心理由此表现了资本主义精神。他引用德国经济学家和社会学家桑巴特的话说，资本主义精神的特征是对黄金的贪婪、厚颜无耻的冒险性，创造精神与筹算、审慎、冷静沉着结合于一身。在前资本主义社会，贵族的基本经济观念是过与等级相称的体面生活的观念，提供金钱是为了花销金钱。他们不善经营，没有正确的筹划，传统和成规占优势，生活步调缓慢，缺乏主动精神。取代贵族道德心理的资本家道德心理则建立在主动精神、毅力、速度、排斥

---

① 〔苏〕布哈林：《历史唯物主义理论》，李光谟等译，人民出版社1983年版，第178—179页。

成规惯例、合理地筹划与核算、热衷于积累等的基础上。这说明道德心理的变革也是随着生产关系的彻底变革而来的。

第五，道德意识、道德心理在阶级社会里具有阶级性和共同性。马克思和恩格斯从历史唯物主义和批判流行于欧洲社会的基督教神学伦理学与资产阶级伦理学鼓吹超阶级的永恒道德论的需要出发，强调阶级社会道德的阶级性，认为各个阶级都有自己的道德。布哈林明确而详细地论述了道德的阶级性和共同性问题，他认为："时代精神"、"国民精神"和"民族精神"是在每个特定时期存在着的某种占统治地位的思想、感情、情绪的潮流，既是社会所有各阶级都可能有的共同心理特征，也是统治阶级的心理特征；既具有共同性，也具有阶级性。如封建时代的地主和农民有着共同的心理特征：崇尚古风、因循守旧、讲求传统、崇拜权威、畏惧神灵、思想停滞、不喜欢一切新事物等；而封建贵族和受奴役的农民的保守性，也是封建社会发展阶段的"时代精神"。"'从原则上'否认同一民族的不同阶级可能有一些共同特征，这不是马克思主义者的态度。"[①]在占统治地位的社会心理中也表现出仅仅为封建主所特有的，只是由于封建贵族的统治地位才传播开来的其他因素，因为占统治地位的社会心理就是统治阶级的心理。所以，阶级社会的社会心理又具有阶级性，如罗马帝国衰落时期出现的厌世求死的心理，就是根源于统治阶级寄生生活的没落阶级的心理。当对立阶级之间进行你死我活的斗争的时候，他们的情感、愿望、希望、期待、宿愿、幻想等心理的内容是迥然不同的，而对立阶级的阶级心理形式又可能相当近似，表现为异常的激情、急躁性、斗争狂热、英雄心理等。

布哈林在系统而通俗地解释历史唯物主义思想的基础上，以唯

[①]〔苏〕布哈林：《历史唯物主义理论》，李光谟等译，人民出版社1983年版，第248页。

物辩证法为方法论,首次阐述了马克思主义关于上层建筑结构系统中的道德理论。其在苏俄马克思主义伦理思想发展史上的意义或贡献至少有三个方面:第一,布哈林把道德看作是精神文化,看作是社会意识形态的内容之一,坚持并发展了马克思主义道德观。布哈林对上层建筑所作的解释比普列汉诺夫、斯大林的解释都要细致,虽然他的解释有背离马克思原意的地方,但在总体上要胜出斯大林的解释。第二,布哈林以马克思主义关于经济决定论理论和阶级的观点为出发点,阐述了阶级心理、职业心理、集团心理等道德心理理论。布哈林把道德心理与阶级心理结合起来具体讨论,认为阶级心理建立在相应的阶级的生活条件的总和之上,而这些生活条件又决定于阶级在经济、政治、社会环境中的地位。第三,布哈林阐述了社会与个人的关系。社会包含物、人、观念三种要素,布哈林提出"社会"的定义,揭示了社会的本质及个人与社会的关系。他认为,社会是一个现实的集合体,因为它的各个组成部分之间有着经常不断的相互作用过程。人们通过各种方式、途径而互相联系,从而形成了一个有机的集合体或体系。在这个体系中,人们之间相互作用的方式多种多样,最基本的联系是劳动联系。劳动不仅是社会和自然界之间的接触过程,也是社会的基本生活过程。个人始终是作为社会的人,作为集团、阶级、社会的一员而进行活动的,个人从环境中得到自己的动因,其活动受社会环境及其发展条件限制,社会条件决定着个人的作用。所以,"社会优先于个人。"①布哈林一方面强调社会优先于个人,另一方面又承认个人在历史中的重大作用,这一分析是正确的。

布哈林的伦理思想产生于特定时代,服务于当时苏联的社会主义文化建设,其中也存在着一定的局限性。第一,布哈林在论述经

---

① 〔苏〕布哈林:《历史唯物主义理论》,李光谟等译,人民出版社1983年版,第109页。

济关系决定道德的马克思主义道德观时,过分强调经济关系的决定作用,忽视了意识形态、上层建筑中其他因素,例如政治、法律、宗教、艺术等因素与道德的相互影响和相互作用。第二,道德应该有一门科学来研究,但布哈林不愿意把这门科学称为伦理学。他从批判资产阶级伦理学出发,认为伦理学与拜物教有关联,康德的"绝对命令"学说是伦理学拜物教的最好表现,这种伦理学的实质就是拜物教。无产阶级需要行为规范,但不需要带有拜物教烟雾的伦理学,无产阶级所需要的行为规范要像细木工做小板凳的技术规则那样简明易懂,是非常明确的行为规范。布哈林伦理思想的局限性导致了他对道德科学的不重视,这或许也是导致他一度被视为道德虚无主义而受到批评的一个原因。

3. 平衡论伦理观与"长入"社会主义思想

上述关于上层建筑结构系统中的道德理论,是布哈林运用平衡论哲学方法,全面分析各种社会现象的性质、特点和相互关系,以及它们在社会历史发展中的地位和作用后得出的。平衡论是一种哲学世界观、方法论,其中还蕴涵着一种社会发展伦理思想。

平衡论是布哈林在《过渡时期经济学》(1920)一书中首次提出的,之后成为贯穿于《历史唯物主义理论》(1921)一书的核心理论。关于"平衡"的含义,布哈林认为:"平衡的较为确切的概念是这样的:某种体系如果不能自动地(automatically),即没有从外面加给它的能,改变本身的状态,人们就说它处于平衡的状态。"[1]布哈林从辩证唯物主义的运动观出发开始阐述他的平衡论。他指出,"运动着的

---

[1] 〔苏〕布哈林:《历史唯物主义理论》,李光谟等译,人民出版社1983年版,第76页。

物质——这就是世界"①,"变化的规律、不断运动的规律是一切的基础"②。自然界和社会的一切都在发展和变化、产生和消灭之中,一切都处于不稳定的变化的不平衡状态。这丝毫不意味着不存在平衡状态。世界上存在着各种作用不同的互相反对的力量,它们总会在某些场合的某一时刻相互平衡的,这时就出现"静止"状态、"稳定状态"或称之为"适应"。问题不在于平衡的有无,而在于平衡只能是不平衡中的平衡,没有不平衡就不可能有平衡。

平衡是相对的、有条件的。自然界和社会的平衡不是绝对的、静的平衡,而是动的平衡,一切平衡都是在绝对的永恒的物质运动过程中存在着相对的静止和平衡。没有绝对静止、绝对平衡的发展。"在现实中'一切皆动,一切皆流'。静止即绝对的稳定在现实中是不存在的。"③"我们这里所指的是动的平衡,也就是说,平衡经常受到破坏,又在已不同的基础上重新恢复,又受到破坏,如此循环往复。换言之,我们面临的是一种矛盾的过程,看到的不是静止的状态,也不是绝对适应的状态,而是对立面的斗争,辩证的运动过程。"④唯物辩证法的运动观是平衡论的,运动就是辩证法的物质灵魂及其客观基础。⑤

平衡具有普遍性和多样性。平衡在有机科学如生物学中的表现

---

① 〔苏〕布哈林:《历史唯物主义理论》,李光谟等译,人民出版社 1983 年版,第 64 页。
② 〔苏〕布哈林:《历史唯物主义理论》,李光谟等译,人民出版社 1983 年版,第 74 页。
③ 〔苏〕布哈林:《历史唯物主义理论》,李光谟等译,人民出版社 1983 年版,第 75 页。
④ 〔苏〕布哈林:《历史唯物主义理论》,李光谟等译,人民出版社 1983 年版,第 283 页。
⑤ 中央编译局资料室编:《布哈林言论》,李光谟等译,三联书店 1976 年版,第 159 页。

形式是"适应",在无机自然界中的表现形式是不同体系之间的协调或者一致性,在社会生活中的表现形式是社会现象间的"适应""统一""一致"等。这些"实质上所谈的都是一回事,就是'平衡'"①。布哈林指出:"社会内部在它的各种要素之间、各个组成部分之间、不同种类的社会现象之间存在某种平衡,是毫无疑义的。"②布哈林详细阐述了平衡的类型:平衡可区分为"稳定的平衡"和"不稳定的平衡","要是平衡的破坏很快停止,物体恢复到原来的状态,这种平衡就称为稳定的(stable)平衡;否则就称为不稳定的(labile)平衡。"③在稳定的平衡中,体系处于不变的状态,即使遭到破坏也能重新回到原来的状态。稳定的平衡并不总是不动的,可能有运动,但在平衡破坏之后又在原来的基础上恢复平衡。绝对的稳定的平衡只是一种想象、理想的状态。恢复的平衡也称之为"动的平衡"。

"动的平衡"呈现为各种具体样态。布哈林对此作了进一步的区分:(1)积极的带正号的动的平衡和消极的带负号的动的平衡。前者是环境和体系之间不是丝毫不差地在同先前一样的基础上恢复的平衡,而是在新的基础上造成的新的平衡,特点是旧矛盾为新矛盾所代替,而矛盾在数量上发生了变化,平衡有了更高级的基础,是体系的前进和发展(例如,社会生产发展了,与自然界在新的基础上确立了新的平衡等);后者是在低级的基础上确立的新的平衡,特点是环境和体系之间的平衡每一次都是在这种体系的一部分消灭的基础上确立起来,矛盾是在另一种消极的基础上重现,因此表现

---

① 〔苏〕布哈林:《历史唯物主义理论》,李光谟等译,人民出版社1983年版,第5页。
② 〔苏〕布哈林:《历史唯物主义理论》,李光谟等译,人民出版社1983年版,第148页。
③ 〔苏〕布哈林:《历史唯物主义理论》,李光谟等译,人民出版社1983年版,第81—82页。

为体系的消极的运动,是对体系的破坏,最终将导致体系的灭亡(如社会生产下降等)。(2)内部平衡和外部平衡。前者是体系(事物)内部各种要素之间的关系及其矛盾,后者是体系(事物)与外部环境之间的关系及其矛盾。这两种平衡是互相联系不可分割的,"体系内部构造(内部平衡)的变化,应当取决于体系和环境之间存在的关系。体系和环境之间的关系是决定因素。""内部(结构)平衡是依赖于外部平衡的因素(是这种外部平衡的'函数')。"① 体系的整个状态、运动的基本形式(衰落、发展、停滞)都是由体系和环境之间的外部平衡关系所决定的。例如,社会与自然界之间的平衡的性质决定着社会运动的基本路线,社会的内部结构必须适应社会与自然之间这种外部平衡的性质。

布哈林从社会平衡的破坏和恢复,分析了社会革命的原因及其发生发展的过程。他认为,社会变化的过程是与生产力状况的变化相联系的,这种生产力的运动以及与之相联系的各种社会要素的运动和重新组合,不外就是社会平衡的不断破坏及其恢复的过程。社会平衡可以通过社会整体的各种要素缓慢地以进化方式相互适应的形式来恢复,也可以通过急剧变革的形式来恢复。每当社会生产力和生产关系之间的平衡遭到破坏的时候,变革、革命就要到来。革命的原因在于生产力和生产关系之间的冲突,这种冲突表现为人与人之间的冲突、阶级与阶级之间的冲突。革命的发展要经历四个阶段,即意识形态革命(革命阶级整个心理和意识形态的革命化,思想理论的准备和形成,这是政治革命的前提);政治革命(革命阶级发动力量进行夺取国家政权的行动);经济革命(执政的革命阶级利用国家政权这一杠杆,破坏旧的生产关系,建立新的生产关

---

① 〔苏〕布哈林:《历史唯物主义理论》,李光谟等译,人民出版社1983年版,第81—82页。

系）；技术革命（在新的生产关系中，采用新工具、新技术发展生产力）。这四个发展阶段表明，革命发展的起点是生产力和生产关系之间平衡的破坏，表明生产关系不同部分之间的平衡的破坏，引起阶级之间平衡的破坏，首先出现的是国内和平心理的破坏及其在新的基础上的恢复，其后是经济结构平衡的急剧破坏，随后发生政治平衡的急剧破坏及其在新的基础上的恢复，然后是新的技术基础的建立。这样社会开始在新的生活基础上发展。

如何把小生产的私人利益与社会主义建设的整个利益正确结合起来，全面推动苏联社会主义建设事业的发展，这是布哈林时代面临的一个最重大的社会问题。布哈林以平衡论为依据，探讨了社会主义建设的规律。十月革命胜利后，布哈林是最早提出把马克思主义关于社会主义建设的基本原理同俄国具体实际相结合的思想家之一，对于俄国的社会主义建设问题作了许多可贵的探索，提出了一些独特的见解。平衡论发展伦理观丰富了马克思主义社会主义建设理论。发展意味着旧的平衡的破坏和新的平衡的建立。1929年，斯大林在联共（布）中央批判布哈林的"右倾机会主义"运动中批评布哈林的"平衡论"否认事物发展的内部矛盾，否认内部矛盾的斗争是事物发展的源泉，是典型的机械论和外因论。斯大林认为，布哈林的平衡论同马克思主义的扩大再生产理论是根本对立的，并且布哈林把社会主义经济和资本主义经济比作两个箱子，它们和平共处，互不相撞，永远沿着不同的轨道并排向前移动。斯大林的最终结论是布哈林的平衡论背离了辩证唯物主义和历史唯物主义，否定和取消阶级斗争和无产阶级专政的学说，从而制造了"阶级斗争熄灭论"。

实质上布哈林的平衡论强调社会发展的改革、和平、渐进、平等，也没有否认合作化过程中存在的阶级斗争。相反，他明确地指出这种斗争。"在无产阶级专政的条件下，合作社的发展按其实质来说就是社会主义的发展,那绝不是说,这一过程将完全顺利地、没有内部磨擦地进行。相反地可以说,通过合作社向社会主义的发展,尤其在最初时期,也就是当国家工业不能使整个农业建立在电力的基础上的时候,将伴随着对工人阶级抱不同态度的不同的农民集团和阶层之间的阶级斗争。"[1]在这个过程中,富农也会成立合作社组织,并使其成为他们反对合作化的据点。在这种情况下,无产阶级国家"不能对劳动者的合作社和对富农的合作社抱一视同仁的态度。上面已经提到,它将用一切办法支持贫农和中农的合作社。这里也就表现出阶级斗争:无产阶级在最接近自己的阶层反对富农和农村资产阶级的斗争中给予这些阶层以阶级援助"[2]。可见,布哈林从来没有否认过社会主义最初时期存在着的阶级斗争,他只是探索辩证法在分析社会、环境诸条件关系中具体的表述方式。从平衡论出发,布哈林没有得出取消阶级斗争和无产阶级专政的结论,他的平衡论显然不是"阶级斗争熄灭论"。在《历史唯物主义理论》一书中,布哈林专门阐述了阶级和阶级斗争问题,认为在无产阶级夺取政权前,统治阶级和被统治阶级每天都在进行你死我活的阶级斗争;在无产阶级夺取政权后,社会主义过渡时期存在着社会主义和资本主义的两大经济成分,此外还有其他的经济成分,这样就不可避免地存在不同的阶级和阶级之间的斗争。与此相适应,在政治上,就必然要存在着无产阶级专政的国家。

布哈林的"长入"社会主义理论与平衡论的发展伦理观是相辅相成的。转入新经济政策之后,布哈林在认真分析俄国国情的基础上明确提出,俄国"正在建设的社会主义不可避免地是一种社会主

---

[1] 〔苏〕布哈林:《历史唯物主义理论》,李光谟等译,人民出版社1983年版,第208页。

[2] 〔苏〕布哈林:《历史唯物主义理论》,李光谟等译,人民出版社1983年版,第211页。

义建设的落后的形式"，这种"落后型社会主义"的显著特点之一是发展速度缓慢、过渡时期较长，因此急于求成是有害的。在苏联这样一个落后的国家里实现向社会主义过渡将会面临许多复杂、新颖、独特和困难的建设任务，企图沿袭过去战争的经验、阶级斗争的经验，企图仅仅通过法令、通过纯粹的暴力措施不可能完成自己的任务。这是一个长时期的有机的过程，严格地说，是真正长入社会主义的过程，向社会主义的进一步发展是通过进化的道路而不可能通过其他的道路，"我们不会由于国内的阶级差距和我们的技术落后而灭亡，甚至在低下的技术基础上我们也能够建设社会主义，社会主义的这种发展将非常缓慢，我们将以乌龟速度爬行，但我们终究在建设社会主义，并且我们定将建成它。"[1]苏联社会主义在其发展的长时期内将是一种落后的社会主义。布哈林使用"初级阶段的社会主义"和"发达的社会主义"[2]"完全的社会主义"[3]这些概念指出俄国社会主义发展的阶段性。这些论断对于一切落后国家的社会主义建设事业都具有重要意义。

布哈林发挥了列宁晚年的思想，突出市场机制的作用并把市场关系的存在看成是新经济政策的决定性因素以及确定新经济政策实质的最重要的标准，认为依靠市场关系可以把过渡时期存在着的各种经济成分的积极性调动起来从而使它们相互促进、协调发展、共同繁荣。布哈林认为，在市场机制下向社会主义的过渡应当通过"进化"和"改良"的办法，和平长入社会主义。"私人资本不能用一道命令予以没收，也不能用革命的宝剑机械地一挥来砍倒。只有在我们的国

---

[1] 中共中央编译局：《布哈林文选》上册，人民出版社1981年版，第474—476、63页。

[2] 中共中央编译局：《布哈林文选》上册，人民出版社1981年版，第43页。

[3] 中共中央编译局：《布哈林文选》上册，人民出版社1981年版，第43、16页。

家机构和合作社成长壮大的基础上，在经济斗争的过程中才能战胜它"。①在落后的农民占人口绝大多数的国家里把广大的农民群众吸引到社会主义建设中来是一个根本性的问题，而要吸引农民，首要的任务是把新经济政策推广到农村去，鼓励农民富裕起来，因为农业积累就意味着对我国工业品的需求日益增长。这种需求能引起我国工业的巨大发展，而这种发展反过来又能使我国工业对农业起到良好的促进作用。布哈林阐述并发展了列宁的合作社思想，认为合作社道路是引导农民走向社会主义的康庄大道，强调列宁遗嘱中的重要之点是可以不再对农民使用暴力而达到社会主义。②列宁曾评价布哈林时说："布哈林不仅是党的最宝贵的和最大的理论家，他也理所当然被认为是全党喜欢的人物。"③在苏俄由战时共产主义向新经济政策过渡的实践探索中，在对战时共产主义深刻的理论反思中，布哈林逐渐把握了列宁关于社会主义建设的思想脉络，最终成为列宁新经济政策思想的忠实捍卫者和最接近列宁本人想法的理论阐释者，在列宁之后布哈林推动了新经济政策战略的进一步发展和完善，从而凸显出了一条完全不同于战时共产主义模式的建设社会主义的新路的雏形。在列宁去世前后激烈的政治斗争中，布哈林积极参与了理论方面的论争，对"左"倾反对派的观点给予合理的抨击。

从俄国现实出发，布哈林强调新经济政策的长期性和必要性，提出了"落后型社会主义"的发展模式：无产阶级夺取政权之后，应当把工作重心从阶级斗争转向文化经济建设，把发展经济放在第一位，向社会主义的过渡应当是一种有机的长入过程；大力发展农村经济，以经济利益吸引农民参加合作社，走上社会主义道路；发展的高

---

① 中共中央编译局：《布哈林文选》下册，人民出版社1983年版，第392页。
② 中共中央编译局：《布哈林文选》上册，人民出版社1981年版，第368—369、349—350页。
③《列宁全集》（第四十三卷），人民出版社1985年版，第339页。

速度关键不是牺牲农民的利益,强制推进工业化首先是加速农民经济的发展,迅速扩大国内农民市场的容量,为工业的持续、高速和健康发展创造前提条件;保持国民经济的平衡发展,发挥多种经济成分的互相繁荣、互相促进作用,运用价值规律、市场机制实施经济管理,通过市场关系走向社会主义。布哈林所阐述的社会发展方案是朝着市场经济方向发展的方案,也是国民经济较为均衡发展的方案。

20世纪20年代,苏维埃政权的各级干部大多数来自国内战争前线,他们对于行政命令和军事方式习以为常,而对新经济政策所要求的经济管理方法却极端地陌生和不适应。布哈林曾援引一位德国教授评论布尔什维克的话说:"他们是最优秀的第一流的政治家,卓越的政治战略家,出色的鼓动家,卓越的改造人的教师,但是他们缺乏经济训练,缺乏经济修养。别看经济战线上一两万布尔什维克在埋头工作,弄得疲惫不堪,但他们缺乏足够的经济上和文化上的训练……这种说法离真实情况并不远。"[①]面临着一支文化水平不高、经济管理素质较差的干部队伍,布哈林更忠实于列宁要求干部学习商业、管理及学会做生意的贯彻新经济政策的管理思路。

十月革命胜利之初,革命中所爆发出的英雄主义和浪漫主义一时尚难完全消退,激情和幻想在很大程度上依然支配着人们的思维和行动,冷静地思索往往不受到重视。激进政策就是这种革命惯性力和革命英雄主义、革命浪漫主义激情在政治决策上的一种反映。布哈林方案试图在一个尚处于革命狂热的社会氛围里高扬起理智和科学的旗帜,而理智和科学的力量在这里显得极其渺小和微不足道,于是布哈林成了"革命意志衰退"的象征。在由革命时代向经济建设转折的时期,布哈林的思想本来预示了社会发展的方向,但是在激烈的政治斗争中,他成了他所代表的那种社会发展道路的先驱者和殉道者。

---

① 引自郑异凡:《布哈林论稿》,中央编译出版社1997年版,第348—349页。

4. 现实人道主义与政治伦理

布哈林在其晚年的著作中探索了社会主义的民主、自由等"现实人道主义"和政治伦理问题。社会主义的任务是要建立全新的最高的文明社会，他在《两个世界的文化》一文中指出，在社会主义社会里，人们的需要和发展，为人们生活的美好和丰裕成为社会主义经济的目的。衡量一切的标准是为了大多数人的最大限度的自由。布哈林对社会主义的认识是非常正确的。恩格斯指出，未来新社会"通过社会生产，不仅可能保证一切社会成员有富足的和一天比一天充裕的物质生活，而且还可能保证他们的体力和智力获得充分的自由的发展和运用"[①]。布哈林虽然吸收了托洛茨基派反对政府官僚化的思想，但他反对有其他党派存在于政权中，反对党内存在反对派，他忠实地捍卫一党专政。但是在一党专政的条件下，防止官僚化、防止腐败的制约因素是脆弱的。[②]

无产阶级掌权以后面临着各种复杂形势和严峻挑战，布哈林看到自苏联开始实行大规模的社会主义工业化以来，社会政治生活中出现的新问题和日益暴露出各种弊端，其中最为严重的是党政合一、以党代政、权力过分集中，使领导机关变成官僚机构，滋生了特殊的官僚阶层，布哈林由此强调应注意和防止无产阶级政权蜕变为"官僚集

[①]《马克思恩格斯全集》（第十九卷），人民出版社1963年版，第130页。

[②] 美国苏联问题专家斯蒂芬·F.科恩指出："布哈林不是一个民主主义者。他和其他原来的布尔什维克一样，对1929年以后出现的斯大林统治，负有某些责任。他对其他一些问题，如一党专政的原则，甚至在共产党内禁止派别，从来没有提出过异议。"他评论道："布哈林主义是俄国共产主义的一个比较开明、比较人道的变种，具有土生土长的独裁主义的传统。因此，今天布哈林主义的真正潜力是在苏联本土。"参阅斯蒂芬·F.科恩：《布哈林的幽灵为什么还在莫斯科游荡》，上海师范学院历史系资料室编《布哈林问题论文资料汇编》上册，1982年4月内部交流本，第249—250页。

权"的危险。早在新经济政策实行的年代，布哈林就从经济合理性的角度分析了苏维埃经济机构的官僚化问题，他认为如果夺取政权后把一切都包揽在政府手里，就需要一个拥有无数服务人员的官吏机构代替农民等阶层来履行经济职能，如此庞大机构的开支将超过小生产在无政府状态下的全部费用，由此而使国家的整个经济机构成为束缚生产力发展的桎梏。布哈林在《一个经济学家的札记》一文中指出："由于许多领域过分集中化，我们使自己丧失了过多的力量、资金和潜力，而且由于许多官僚主义的障碍不能利用一整批这些潜力。如果我们从个别的国营企业开始，能够使我们更适应实际的具体条件，而不干成千上万的大小蠢事，我们就会灵活得多，筹划得好得多，取得的成果大得多。"在1927—1928年发生的苏联粮食危机中，布哈林认为固然有复杂的因素，但是国家机关存在官僚主义蜕化分子，不关心群众的生活、物质利益和文化利益，也是其中的一个原因。

布哈林在1928年召开的全苏第四次工农通讯员会议上，猛烈地抨击官僚主义的僵化现象，认为官僚主义是无产阶级国家的"巨大的祸害"和"赘瘤"，他号召大张旗鼓地动用一切宣传舆论工具，发动千百万群众同官僚主义进行无情的斗争，使群众痛恨官僚主义、制止官僚主义蔓延。他认为，一个国家科学文化落后必将阻碍社会经济发展，因此，必须把大力发展文化纳入经济建设的重要环节。他坚持贯彻列宁提出的把"文化革命"作为社会主义国家的一项"划时代的主要任务"的主张，指出"文化革命"的中心任务是提高广大工农群众的文化水平，培养工人阶级的科学技术专家，即要"造就出身于劳动人民的拥有高度技能的干部"，"使工人阶级和劳动人民成为有效的管理社会的阶级"。[1]他号召党政各级领导干部必须紧跟工作重心转移到经济文化建设上的新形势，努力提高文化

---

[1] 中共中央编译局：《布哈林文选》上册，人民出版社1981年版，第368页。

水平、钻研业务，成为各行各业的专家，"他们不仅是政治家，而且是行政管理人员或经济管理家；他们不仅应该掌握已有的科学技术和文化知识，而且要吸收越来越多的各种新知识，了解科学技术的新成就"①。唯有这样，无产阶级才能真正掌握科学文化的领导权，推进经济建设的跃进。文化科学战线中的某些项目如文学、艺术、自然科学、科技等，都有其自身特点和风格，要创造条件给予自由的、富于创造性的发展。对于文化领域中各种矛盾应以自由竞争、学术讨论、批评的方法解决，绝不用行政命令手段横加干预，更不能用"骑兵突袭"的方式无情干涉，要防止"共产党人的自大狂"。

无产阶级专政的领导作用要求它自身必须是一个健康的肌体，而要保持党自身的健康发展就必须实行党内民主。要实行党内民主，就必须改变过去所实行的由上面委派长官来担任党的领导职务的做法。布哈林认为，在委派书记的情况下，"要实行党内民主是极其困难的，因为这种方法必然造成机构的严重'硬化'"，因此"必须恢复选举书记的旧方法"。②苏维埃俄国出现官僚机构，这对无产阶级的社会主义事业会带来极大的不利。

官僚机构出现有其复杂的原因及严重的弊端。"任何一国的执政的无产阶级都面临着一个极其重要的经济组织问题，即如何安排两种生产形式之间的比例：一种生产形式无产阶级能够使之实现合理化，加以组织、有计划地进行管理；另一种生产形式无产阶级在自己的发展初期不能使之实现合理化和有计划地进行管理。"如果无产阶级没有正确地把握这个比例，如果手中掌握的东西太多，就不可避免地要造成如下两个方面的后果：在经济上，生产力不会得到发展而会受到束缚，因为无产阶级不可能组织一切，不可能强制

---

① 中共中央编译局：《布哈林文选》上册，人民出版社1981年版，第101页。
② 中共中央编译局：《布哈林文选》中册，人民出版社1983年版，第60页。

地用自己的计划去代替拥有自己的个体经济的小生产者、小农。结果，周转就会被堵塞。在政治上，如果无产阶级竭力把过多的东西抓到自己手中，那么它就需要一个庞大的行政管理机构。这就需要有许多职员和工作人员来代替小生产者、小农来履行其经济职能。用国家的职员和国家官吏来代替所有小生产者职能的办法，必然会造成如此巨大的官僚机构，以至它的开支比由于小生产领域中的无政府状态而产生的耗费还要大得多。苏维埃国家的庞大的官僚机构，是由于苏维埃国家曾实行企图把一切都组织起来，甚至把农民和数百万小生产者都组织起来的战时共产主义政策所造成的。

庞大的官僚机构是无产阶级专政的"对立物"，因此它以铁的必然性要被摧毁。摧毁这种官僚机构有两种可能的途径：其一是由某种反革命势力或小资产阶级来摧毁它；其二是"由党自己来对这种机构实行精简和改组（在我们这里就是这样做的）"。"如果无产阶级自己不做这件事，那么机构就要被其他的力量所摧毁"。①布哈林认为，官僚主义不会随着机构的精简和改组而消失，它作为一种危险将长期存在，构成对无产阶级专政的威胁。要防止这种危险，只能靠吸收群众参加工作的办法，而最主要的是要普遍提高工人和农民群众文化水平，但与此同时，还必须采取一系列的具体有效的措施。第一，必须吸收苏维埃的每一个成员来完成国家管理方面的一定工作。苏维埃组织的每一个成员不但应该参加一切国家和社会事务的讨论，而且自己应该担任一项社会职务，参加一项社会事业，实现真正的议行合一。第二，要经常不断地变换工作。每一个负责的同志都不应该成年累月地呆在一个地方，因为那样他就可能培植一股势力，变成一个官僚。他应该在熟悉一个地方之后，再转到另一个地方，过一段时间变换一个工作。这样，他就可能熟悉所

---

① 中共中央编译局：《布哈林文选》上册，人民出版社 1981 年版，第 467 页。

有的主要管理部门的工作,从而有利于克服官僚主义。第三,"不断吸收全体劳动居民人人参加国家管理的工作"。①

布哈林认为历史的最本质的因素是"人本身的历史性变化",因此他甚至提出社会主义就是现实人道主义。在 30 年代初,布哈林的文章中就出现了"社会主义人道主义"的题目,而这个题目曾被一些政治家和学者看作是"腐朽的资产阶级自由主义"的表现。布哈林这一观点集中反映在他于 1936 年 4 月 3 日在巴黎左翼知识分子会议上所作的《当代文化的基本问题》②报告和《哲学彩屏》手稿中。

与极权主义和法西斯主义相反,布哈林把人道主义看成是"我们时代的思想中心"③,并且强调"社会主义和个人的全面发展不但不是对立的,恰恰相反,社会主义肯定这是从某一历史时期开始的必然前提……我们所要的恰恰是社会主义人道主义"④。他在《哲学彩屏》的最后几页提出了一个与斯大林主张的社会主义模式不同的纲领,这个纲领植根于社会主义人道主义思想。布哈林把他所处的时代称为"社会主义实际发展和堕落为乌托邦的垂死的资本主义必然灭亡的时代",他是这样描绘社会主义的:

> 社会主义在前进,其生产力增长,其阶级组织性提高,物质文化发展,城乡之间鸿沟被填平,其他差别,如

---

① 〔苏〕布哈林、普列奥布拉任斯基:《共产主义 ABC》,三联书店 1982 年版,第 192 页。
② 关于这个报告,1936 年巴黎的苏联文化研究协会出过法文本,第一次发表在 1988 年苏联《近代史和现代史》杂志上的这个报告是从法文转译的,由布哈林的第二个妻子经济学博士古尔维奇翻译,他们的女儿古尔维奇·布哈林娜校订。这是布哈林生前所作的最后一次公开的报告,被称之为"布哈林的政治遗嘱"。
③ 〔苏〕布哈林手稿《哲学彩屏》,第 20 页,转引自奥古尔佐夫《鲜为人知的布哈林哲学》,载《哲学问题》1993 年第 6 期。
④ 〔苏〕布哈林手稿《哲学彩屏》,第 21 页。

脑力劳动和体力劳动之间的差别也被消灭；千百万人在提高自己的技术修养，扩大自己的精神视野；人们身上蕴藏的才干在发展；在掌握和创造科学艺术；在培养意志、性格和创造激情，在锻炼身体，增强体质；在建立新的家庭，在工作，在思想；民族合作在发展，劳动者个人及其个性在发展；同时整体即社会主义社会的组织性也在提高；每天都在为更进一步的丰富和发展创造着各种条件。发展的自由是最可宝贵的自由，它在历史上第一次成了亿万人的事实。①

布哈林针对他的论敌，用华丽的辞藻对社会主义作了夸耀，说明了自己的思想纲领的实质。列宁逝世以后，特别是30、40年代，苏联盛行官僚机构高于一切、领袖崇拜等热潮，在30年代布哈林发表的文章和讲话中，批判了把无限权力的"总体国家"置于一切机构之上的做法以及非人化、使民众失去个性、对"领袖"的吹捧等现象，在其发言和文章中明确无误地谈到，有必要在国内实行改革和民主。20世纪30、40年代，欧洲盛行法西斯主义，在巴黎所作的讲演中，布哈林批判了法西斯主义：

不论在理论上还是在实践上，法西斯都把反个人的倾向引向了极端。它把有无限权力的"总体国家"置于一切机构之上。这个国家使一切都非人化，只有领袖和最高领袖们除外。在这里，使民众失去个性和对"领袖"的吹捧是成正比的……这样就使芸芸众生成了单纯受纪律约束的执行者；纪律控制着各个生活领域——生产、日常生活、家庭、生理和

---

① 〔苏〕布哈林手稿《哲学彩屏》，第382页。

思想，等等。国家用一些惩治办法维护这种纪律。①

布哈林在《当代文化的基本问题》一文中指出："毫无疑问，我们现在正经历着一场历史上前所未有的危机，这是整个精神文明的危机，既包括物质文明，也包括精神文明。这是整个资本主义制度的危机，它不可避免地要导致把资本主义社会改造成社会主义社会。"他总结了作为布尔什维克党的理论家的全部活动，他在谈到法西斯主义的丑恶现象时是隐蔽的，而在谈到社会主义的希望、预测纲领目标时是开诚布公的。布哈林把"警察社会主义反动思想的复活"、"对群众先锋队的枪杀"、"建立具有无限权威和无上权力的极权国家"、"使群众丧失个性而对领袖进行颂扬"等归结为社会主义社会所根本不能接受的丑恶现象。使大批人变成为简单地执行和服从在生活的各个领域——在生产中，在日常生活中，在家庭、生理行为、思想中强加于人的统一纪律，服从于国家依靠惩罚来维持的纪律，是同社会主义不相容的。把占统治地位的道德规范归结为对"民族"或"国家"的忠诚，对"领袖的忠诚"和"士兵精神"也是不能接受的。布哈林把所有这一切看作是垄断资本主义的某种封建化。布哈林列举与社会主义格格不入的法西斯政策的具体表现并坚定不移地认为两种制度是截然对立的，在欧洲左翼知识分子面前挽救了苏联社会主义的名誉，并试图从国际舞台上用理智来开导某些社会主义者。

巴黎报告的纲领性部分是作为新型文明的社会主义的目的和内容以及社会主义社会中的人。布哈林从当代文化的主要问题中分析出了两个最主要的问题：资本主义体系的危机及其广义上的整个文化的危机，即作为文明的文化和时代的深刻矛盾——建立统一人类

---

① 〔苏〕布哈林手稿《哲学彩屏》，第23页。

的过程必然伴随着威胁人类文化生存本身的战争。布哈林确认只有社会主义才能提供摆脱这一危机的真正出路，因此社会主义的历史使命就是拯救人类文化。社会主义就是新的文明；社会主义面临的任务就是摆脱危机、战争和剥削，使生活非机械化，建立社会、国家和个人之间的新型关系，使个性自由、培养新人和向人类统一发展成为生活的主题。

最后，布哈林分析了诸如社会与个性、社会主义下的自由，这正是民主的基本问题。他认为，集体、组织等问题只能从个性本身的内容的观点来提出，即个性是空虚还是丰富、个性的生活职能是多样还是单调，也就是说只能从个性或个性社会的内在内容的观点来提出。社会主义不仅不阻碍个性的发展，相反，从一定的历史发展阶段起，个性将成为社会主义的必然前提。社会主义制度创造着富有价值的人的多样性。而"我们所向往的就是社会主义的人道主义"。

自由问题是核心问题，也是最困难的问题。布哈林所解释的资产阶级的自由是在资本主义条件下在缺乏物质自由的情况下以民主的形式给予工人群众的形式上的自由，这种解释曾形成了苏联思想政治教育和宣传工作当中十分流行和通俗的观点。继列宁之后，布哈林把无产阶级专政解释为对于社会底层来说的无产阶级民主，这种民主从物质上保证一切自由，但布哈林也承认存在着自法国大革命以来就人所共知的"压制自由的专制主义"。伟大的发展的自由，是由许许多多的自由——在劳动、日常生活、国家机制、城市、乡村、家庭、各民族之间的关系、学校中的自由构成的。社会主义的有组织的和合理的经济将保证这种自由的发展。

社会主义道德乃至新的文明的建立必须培养新人，使人有较高质量的生活方式为追求目标。在社会主义制度下的人们将一代接一代地，从一个问题过渡到另一个问题，走向越来越自觉和越来越高尚的生活。进步和最高社会形态的客观标准在物质领域中就是劳动生产率和劳动的提高，因为此决定着剩余劳动的数量，而整个精神文化都有赖于此。在人与人之间的直接相互关系领域中，这样的标准就是挑选创造性才能的广阔视野。正是在劳动生产率很高和挑选才能的视野很广的时候，才产生对于最大限度的人们——即不是数学上的总和，而是作为人的整体，作为社会集体——来说最大限度的内在丰富的生活。这里所描绘的社会主义的主要特征，实质上也就是布哈林的社会主义人道主义。

二、Л. Д. 托洛茨基的伦理思想

1. 不断革命论及其政治和道德辩护

Л. Д. 托洛茨基，原姓勃朗施坦，全名列夫·达维多维奇·勃朗施坦，1879年11月7日生于南俄乌克兰赫尔松县扬诺夫卡村一个富裕农民家庭，祖上是犹太人。托洛茨基其人备受争议，但他无疑是个革命家，在苏俄历史上发挥过重要作用。[1]托洛茨基参与领导了俄国1905年革命和1917年的十月革命，建立红军并取得国内战争的胜利。苏俄内战时期（1918—1920），托洛茨基任军事

---

[1] 人民出版社1999年版《毛泽东文集》第六卷《在中国共产党全国代表会议上的讲话》、第七卷《在莫斯科共产党和工人党代表会议上的讲话》，均有对托洛茨基的注释："托洛茨基（一八七九——一九四〇），十月革命时，任俄国社会民主工党（布尔什维克）中央政治局委员、彼得格勒苏维埃主席，十月革命后，曾任外交人民委员、陆海军人民委员、革命军事委员会主席、共产国际执行委员会委员等职。一九二六年十月联共（布）中央全会决定，撤销他的中央政治局委员职务。一九二七年一月共产国际执行委员会决定，撤销他的执行委员职务，同年十一月被开除出党。一九二九年一月被驱逐出苏联。一九四〇年八月在墨西哥遭暗杀。"

委员会主席，在反对外国武装干涉和国内战争期间，在建设红军和指挥作战方面发挥了积极的作用。托洛茨基在1920年11—12月和1921年俄共（布）第十次代表大会以后，在俄共（布）党内关于工会问题、如何对待党内民主问题的争论中一直处于焦点地位。

托洛茨基的一些评论颇值得注意，例如他在《他们的道德与我们的道德》一文中对苏联时期的道德评价与政治评价提出如此见解："道德的评价，与政治的评价一样，都是从斗争之内在需要上发生出来的。""工人们的解放，只能由工人们自己来取得。因此，世界上的罪恶，无有大过于欺骗群众，把失败说做胜利，把朋友当成敌人，贿赂工人领袖，……这些手段只能替一个目的服务，即延长那个已被历史惩处了的小集团的统治。但它们不能用以解放群众。这就是新的国际要对斯大林主义进行生死斗争的缘故。"托洛茨基著述丰富，主要有《总结与前瞻》（1906）、《恐怖主义和共产主义》（1920）、《文学与革命》（1923）、《被背叛的革命》（1936）、《俄国革命史》（1930）、《列宁以后的第三国际》（又名《共产国际纲领批判》）（1928）、《斯大林与中国革命》（1930）、《他们的道德与我们的道德——纪念里昂·西道夫》（1938）等。其中《恐怖主义和共产主义》《他们的道德与我们的道德——纪念里昂·西道夫》等文对革命、政治道德等伦理问题进行了分析和阐述，对列宁关于道德本质论、革命道德论既给予了辩护，也进行了一定程度的修正。

托洛茨基在十月革命前提出要超越历史阶段，提前进行一次性革命，后来他将这一理论系统化，扩展为适用一切落后国家革命的理论。托洛茨基于1906年在彼得堡狱中写了《总结与展望》一文，首次提出"不断革命论"，这一思想包括三个互相联系的不断革命思想，即民主革命过渡到社会主义革命的不断性，社会主义革命的不断性，国际革命的不断性。托洛茨基从其一开始就把社会主义革命绝对化成了一种世界革命，完全抹杀了一国革命的独立性，主张不惜以牺牲俄国革命去唤起西方革命。在革命对象上，托洛茨基坚决反对与民族资产阶级搞联合阵线，不论何时何地，不论民主革命还是社会主义革命，不论是发达国家，还是落后国家，把资产阶级统统看成是革命的对象，完全忘记和抛弃了具体情况具体分析这一马克思主义活的灵魂。在革命依靠力量上，托洛茨基不顾当年俄国的实际情况，贬低农民的革命作用，强调和夸大工农间的矛盾，借否定农民的革命作用，否定俄国革命的前途。托洛茨基主张的革命是越快（一次完成）、越大（世界革命）、越彻底（不仅革一切资产阶级的命，在社会主义国家还要搞政治革命）、革命队伍越纯洁（纯粹工人阶级化，先锋队的先锋队）越好。

托洛茨基的不断革命论是关于社会主义国家的政治革命理论。托洛茨基对苏联社会中的官僚主义、干部特权等的批评是有一些道理的。但他提出的解决办法，却是一种脱离现实的极左的空想。干部特权要加以反对和限制，对官僚主义及一些腐败现象，更应该严加惩处。但在社会主义社会，只能实行按劳分配，分配上的差别是不可避免的，也是完全必要的。托洛茨基却要求在社会主义国家进行取消这种差别、实行绝对平均主义的政治革命。托洛茨基的另一个解决办法更是不能让人接受的。他主张实行派别活动自由和多党制，他自己曾身体力行，不顾俄国共产党的三令五申，进行派别活动。这种所谓的自由可能听起来是诱人的，实际上也是一种"左"的空想。托洛茨基本人的实践证明，这种自由只能在党内造成混乱，使党陷入毫无意义的争论之中而无力完成更为现实和重要的工作，使革命群众失去一个可靠而稳定的领导核心。

托洛茨基理论和政策基础是从不断革命的立场出发,强调限制和消灭私有经济,从根本上否定新经济政策所确定的社会发展道路。对于以新经济政策取代战时共产主义,托洛茨基是赞成和支持的,即使在同斯大林和布哈林发生严重分歧时,他也没有否定新经济政策的必要性。但是,在新经济政策的探索逐步深化之后,新经济政策已明显地由一种策略手段发展为一种社会发展战略,托洛茨基却没有跟上时代的步伐。他始终认为新经济政策是暂时地退却,是一种权宜之计。他更多地看到的是新经济政策的消极后果,把新经济政策时期成长起来的较富裕的农民等同于富农,提出要在农村展开一场新的阶级斗争,进行所谓的"第三次革命"。

国营工业的利益在托洛茨基的思想中具有中心地位。发展国营工业和超高速实现工业化,是托洛茨基利益论的一个重要思想。托洛茨基强调,在社会主义建设中必须一切以工业为中心,严格服从国营工业的利益,实行所谓的"工业专政"。他把高速发展工业同战胜资本主义相联系,反复强调工业落后的危险性,要求坚决实行国民收入的再分配,以保障工业化的高速度。他认为,只有当工业化的发展速度不是落后于整个经济运动,而是带动其他经济部门,并不断地使国家技术水平更加接近于先进的资本主义国家时,向社会主义发展才有保障。为了得到这个保障,一切都必须服从这个无论对无产阶级还是对农民来说都是至关重要的目标。只有在工业获得了很大发展的情况下,才能使工人得到较高的工资,使农民得到廉价的工业品。苏联之所以总是出现粮食收购危机,归根结底还是工业化实行得不够,从而浪费了时间,因此,最终的解决办法不在农业本身,而是必须进一步加强工业化,在超过现在所做的一切基础上加强工业、解决超工业化的资金来源,每年最大限度地把资金从农业抽调到工业能保证整个工业的最大发展速度。这种思维模式广泛地存在于从革命战争年代刚刚转入建设年代的一大批人的头脑中,托洛茨基的超工业化理论不过是这种思维惯性的一种极端形态罢了。但是,这种思维模式对于建设事业是有害的,它往往不能对社会的当前发展阶段、当前的现实作出客观分析,往往急于跨越当前的状态而进到理想的社会中去,它往往借用一种极为简单的在某种程度上甚至是粗暴的手段去处理所面临的复杂的建设问题。而欲速则不达,当革命的思维惯性遇到繁杂的建设课题的时候,常常会遭遇挫折。

在革命时期基本结束,建设时期已经来临的关键的转折点,列宁曾经这样提醒他的战友们:"对于一个真正的革命者来说,最大的危险,甚至也许是唯一的危险,就是夸大革命作用,忘记了恰当地和有效地使用革命的方法的限度和条件。真正的革命者如果开始把'革命'大写,把革命几乎奉为神明,丧失理智,不能极其冷静、极其清醒地考虑、权衡在什么时候、什么情况下、什么活动领域要善于采取革命的行动,而在什么时候、什么情况下、什么活动领域要善于改用改良主义的行动,那他们就最容易为此而碰得头破血流……就会毁灭,而且一定会毁灭。"[①]革命胜利后,列宁及时指出必须用另一种方式进行更加艰苦的社会建设,而不可能再用高举红旗前进的方式、用高喊"乌拉"的方式达到目的了。新经济政策实际上是一种社会发展战略的转变。从整体上说,托洛茨基没能完成这一思想的转变和观念的更新,因此,在心理上难以适应从疾风骤雨式的革命进攻向和平渐进的经济建设的转轨。托洛茨基的社会主义建设方案没有被公开地、全面接受,除了他在政治上和组织上的失势这一重要原因之外,不容忽视的因素之一是,他完全无视社会已经处于革命时期向建设时期转轨的事实,他不仅不希望已经开

[①]《列宁选集》(第四卷),人民出版社1960年版,第612页。

足马力运转的革命机器停下来,甚至还要使这架机器再次加速高度运转。这很可能是一条走向毁灭的路。

人们在斯大林全盘集体化中不难看出普列奥布拉任斯基"社会主义原始积累规律"的影子,他的方案是托洛茨基所谓的农村进行第三次革命理论的再版,而高速度工业化理论也不过是"超工业化"计划的翻新。就个性而言,斯大林与托洛茨基都"喜欢采取行政措施",对他们的这种"癖好",列宁是不满意的。① 斯大林与托洛茨基坚持的都是一种激进的工业化路线,都希望用国家强力加速工业化和现代化,所不同的只是在于托洛茨基的强制更带有军营化的色彩,而斯大林的强制则更具有行政命令的特征。

2. 对目的与手段的辩护

目的与手段、道德与政治的关系很早为俄苏学者所关注。为了推翻帝俄专制,建设民主制度,是否可以利用欺骗、杀人、谎骗等等手段以达到革命的目的?这些问题尖锐地摆在革命党人和一切布尔什维克面前。十月革命之后,由契卡(秘密警察)委员会成员拉茨作了最为直率的陈述,他认为:"屠杀、谎骗、背信弃义,如果有害于无产阶级革命事业,那么就是不道德的,可耻的;这些同样的谎骗、背信弃义和屠杀,如果服务于这个革命,那么就是道德,可称赞的。"②1912年,社会革命党领袖切尔诺夫在其发表的纲领性文章《伦理学和政治纲要》(《扎韦特》1912年第2期)中集中论述了道德在政治斗争中的重要作用。

列宁在政治斗争中阐释了他的基本伦理观点,同时非常关注目

---

① 《列宁全集》(第四十三卷),人民出版社1987年版,第339、350页。
② 《武力》1918年第1号。引自V.S.格列奇科:《苏联共产主义教育》,慕尼黑1951年版,第6页。

的和手段、道德与政治的关系。他在读黑格尔《逻辑学》时摘录了这样的话:"目的通过手段和客观性相结合,并且在客观性中和自身相结合";"手段是比外在的合目的性的有限目的更高的东西;——锄头比由锄头所造成的、作为目的的、直接的享受更尊贵些。"①黑格尔把人的活动的最终目的与手段纳入了逻辑推理,列宁把"行动的推理"作了逻辑上的区分:第一个前提是主观目的对外部现实的关系,就像制定适合国情的长远目标和发展规划一样;第二个前提是实现目的的手段和工具,就像在社会政治生活中为贯彻落实政策所采取的方式、方法和步骤;第三个前提是由目的与手段的有机结合,达到了主体和客体的一致,检验了主观观念的正确性,成为检验客观真理的标准。同时列宁还批判了"最终目的算不了什么,运动就是一切"的伯恩施坦修正主义。列宁关于目的与手段关系的思想在托洛茨基的思想中得到了回应,托洛茨基在其反考茨基的论战性著作《恐怖主义和共产主义》(1920)一书中,对目的与手段做了阐述。

托洛茨基对革命和无产阶级专政的暴力等行为的正当性论证有专门的分析和论证。他的主要思想可以归纳为4个论点:(1)目的和手段是可分的,一个好的目的可证明任何手段的正当,而且不同的社会经济阶级可以使用同样的手段(例如恐怖行为)去达到极不相同甚而对立的目的。(2)没有革命的暴力和镇压就不可能实现社会主义。无论何人,只要想达到社会主义这一目的,就必须接受恐怖主义手段。(3)一切政府都使用暴力来维护政权,而历史上的一切革命总是使用暴力去打碎这种政权。(4)在俄国发起恐怖统治的并非布尔什维克,而是反革命势力。托洛茨基坦率地承认正在使用恐怖方法。对于康德主义的牧师或素食主义的贵格会教徒所喋喋不

---

① 列宁:《哲学笔记》,人民出版社1973年版,第159页。

休谈论的"人的生活的圣洁",他只是予以蔑视,并断言,无论什么地方,只要必要,个人都被而且应当被仅仅当作手段。①这里自然产生了两个问题。第一是关于以恐怖行为作为手段来达到社会主义这一目的的有效性问题。对此问题的争论属于科学上的争论,大概需求助于论据和逻辑才能解决,终极的论据是实用主义的:恐怖正在起作用,而且它曾经起过作用。第二是当发现手段和其他某种价值或原则(如尊重人的生命和自由的原则)存在根本冲突时,道德上能否允许这样的手段。一个人若感到即使恐怖行为有效力,在道德上也不可接受,那么他可以接着做些什么呢?他或者(A)寻求可替换的、并且对于实现既定目的来说效力可能不大的手段(这是考茨基和欧洲社会主义者所做的,他们求助于宪法的、议会的改革);或者(B)如果能够证明(正像托洛茨基设法所做的)恐怖、暴力和欺诈是唯一可能的手段,承认它们不道德,但同时肯定好的目的能证明它们是正当的,要么(C)连同这个目的一块放弃。

托洛茨基认为考茨基实质上采取了康德的或者类似康德的立场,不符合马克思主义的道德观。他明确坚持认为有这样一些确定的道德原则和价值,它们对于为实现既定的社会—政治目的所要求的手段的选择规定了绝对的限界。这个观点是把考茨基、杜威及大多数俄国孟什维克和列宁、托洛茨基及布尔什维克区别开来的分水岭。

托洛茨基于20世纪30年代末在《反对派通报》杂志发表了长文《他们的道德与我们的道德——纪念里昂·西道夫》(1938年2月16日),其中再次肯定了"目的与手段之辩证式的相互依存"并对之进行了全面论证。针对某些俗士如此讥刺"凡能达到这个目的的任何手段都是允许的了?"托洛茨基认为,凡是真正趋向于人类

---

① 〔苏〕L.D.托洛茨基:《恐怖主义和共产主义》,莫斯科1920年,第61页。

之解放的手段，都是允许的。既然这目的只有经过革命才能达到，那么无产阶级解放的道德必然是赋有革命性的。它不仅反对着宗教的独断教义，而且还反对统治阶级之哲学上的宪兵——各式各样的唯心论的拜物教。无产阶级解放的道德是从社会发展的法则中从一切法则的法则——阶级斗争中，抽绎出行为的规则的。

针对某些道德家关于"在反对资本家的阶级斗争中一切手段如说谎、罗织、背叛、凶杀等都是允许的吗？"的质问，托洛茨基认为：凡能使革命的无产阶级联合起来的，能在他们的心里注入对压迫之不可调和的敌意的，能教他们对官方的道德及其民主主义的应声虫表示鄙视的，能使他们觉悟到自己的历史使命的，能提高他们在战斗中之勇气与牺牲精神的，这些手段，而且只有这些手段，都是允许的与必不可少的。恰恰从这一点出发，所以并不是一切手段都允许的。所以当我们说目的使手段成为正当之时，在我们看来，一定会有这样的一个结论：伟大的革命的目的，鄙弃下列这些卑劣的手段与方法：使工人阶级的一部分反对另一部分，或企图不让群众参加而替群众谋取幸福；或者减低群众对于自身及其组织的信心，代之对于"领袖"的崇拜。革命的道德之最起码与最不可调和的一种，就是要鄙弃那对于资产阶级的奴属与对于劳动者的傲慢，而小资产阶级的腐儒与道德家，却正是完全沉湎在这些特点中的。当然，这些道德标准对于在每一个单独的场合究竟什么是可以做的、什么是不可以做的这样的问题，并不能给以一个现成的答案，世界上也不能有如此机械的答案。革命道德的问题是与革命的战略问题混合起来的。革命运动之活的经验经过理论阐明之后提供给人们以这些问题之正确的答案。辩证法的唯物论，绝不主张目的与手段之间的两元论。目的自然而然地从历史的运动中发生出来，手段是有机地从属于目的的。较近的目的，变成为较远目的的手段；为要收获麦穗，必须撒播麦种。

个人恐怖从"纯粹道德"的观点来看"究竟是允许的还是不允许的？"托洛茨基认为，在这样抽象的形式中此问题绝对不能存在。瑞士资产阶级甚至在现在还对恐怖主义者威廉·退尔作正式的颂扬，爱尔兰、俄国、波兰或印度的恐怖主义者从事于反对民族的与政治的压迫时，我们的同情完全置于他们的一面。被暗杀的基洛夫——一个粗暴的小霸王，引不起任何的同情。对凶手的态度应是中立的，因为我们不知道使他去实行暗杀的动机。假使我们知道尼古拉也夫之行刺基洛夫是自觉的为了工人权利之被基洛夫蹂躏复仇，我们的同情将完全置于凶手的一方面。具有决定意义的不是主观的动机，而是客观的益处。对个人恐怖而言，理论或经验都证明不了手段真能达到目的。个人恐怖是不能替代群众的：只有在群众的运动中，才能为你的英雄气概找到有益的表示机会。内战的条件下暗杀某几个压迫者却不再是个人的恐怖。假使一个革命者从空中炸死了佛朗哥将军和他的参谋团，在民主主义的阉人中间也不会引起道德愤慨的。内战的情形下同样的事件在政治上是完全有益的。在最尖锐的问题中，道德绝对论者是无用的。托洛茨基由此论证了这样一个基本结论：一个手段只能由它的目的来使其成为正当，但是目的自己也得有东西使其成为正当的。由马克思主义的观点看来，因为马克思主义表示着无产阶级的历史利益，所以能成为正当的目的，只是它是趋向于增加人征服自然的力量，并趋向于消灭那人压迫人的权力的。

3. 阶级分析与革命道德本质论

托洛茨基的长文《他们的道德与我们的道德——纪念里昂·西道夫》，包括 15 个部分，即"道德的腐臭""马克思主义的无道德论与永恒真"" '为目的不择手段' ""耶稣会派主义与功利主义"" '约束一切人的道德戒律' ""民主主义道德的危机"" '常识' ""道德家与格柏乌""政治棋子的分布""斯大林主义——旧社会的一种产物""革命与人质制度""加非尔人（Kaffirs）的道德""列宁的'无道德论' ""一个颇有教益的插话""目的与手段之辩证式的相互依存"，全文旨在抨击"知识分子"说教者的"全人类"的道德，论述了道德与阶级、革命政治之间的关系，声明自己支持马克思和列宁对阶级、革命的道德本质的传统理解，同时表明自己不接受"斯大林主义伦理学"。因为在托洛茨基看来，"斯大林主义伦理学"是对俄罗斯专制爱国主义绝对价值的复归。

第一，对布尔什维克"无道德论"的反驳。所谓的布尔什维克"无道德论"，其核心论点之一，在于批判革命"为达目的而不择手段"，即目的使手段成为正当。H. A. 别尔嘉耶夫就是革命的"无道德论"阐述者之一。别尔嘉耶夫在 1920 年被莫斯科大学历史系和哲学系推举为教授，之后两年因"策略中心案"两次被捕。1922 年 8 月，别尔嘉耶夫认为"我无法站在阶级的角度来看问题，而且，我反而认为无论贵族的意识形态还是农民的意识形态，无论无产阶级的意识形态还是资产阶级的意识形态，都是狭隘、有局限性且自私自利的。我站在人和人类的角度看问题，任何阶级和政党都应该上升到这一高度。我认为我自己的意识形态是贵族的，这个贵族不是指社会阶层，而是指最优秀、最睿智、最具天才、最有教养和最高尚的人"①。1924年别尔嘉耶夫迁居巴黎后完成的《人的奴役与自由——人格主义哲学的体认》一书认为，"革命是部分的死，是以部分的死换取全新的生。……全新的生绝不是革命者们所构想的那种，它需要人和人民遍历痛苦的深渊。……阶级所利用的那种幸福和繁荣，垒筑在相对的不幸和牺牲之上。无限幸福和无限繁荣的幻象是最虚幻的幻象之一，特别当它置于不正义的基石上时。在这个世界中没有人性的正义，有的仅是残酷的非人性的正义和命运的正义。"这里说明以理性和道德的观点审视革命，未免天真，因为革命总显示非理性和无道德。这里存有革命的悖异：革命是非理性的，受非理性的本能的支配；但同时革命又隶属于理性的意识形态，于其中发生理性化的过程。革命中的忧虑和恐惧扭曲人的本性，遮蔽人的良心，把人降格为兽类。人一旦被纯粹的负面价值所支配，被恶的意识钳制，以为唯一的共相由此显现，那么后果定将不堪设想。

托洛茨基认为道德这个观念的本身只有在矛盾性的场合，即在阶级社会中才能发生。依据阶级分析论，托洛茨基对反动派虚伪说教的阶级基础、心理基础和说教方法进行了分析。他认为在一切反动胜利的时代里，民主主义者、社会民主党人、无政府主义者以及其他"左"翼营垒的代表先生们开始发散出比他们平常加倍的道德的臭气，这犹之于一个处在恐惧中的人发散出加倍的汗水一样。这些道德家述解着摩西的十诫或山上说教，可是他们的对象，与其说是那日益胜利的反动，毋宁说是这些受反动逼害的革命者。因为革命者的"过火行为"与"无道德"的理论，"引起"了反动，同时使反动倒成为道德的了。此种虚伪与夸张的说教之阶级基础乃是知

---

① 〔俄〕别尔嘉耶夫等：《哲学船事件》，伍宇星编译，花城出版社2009年版，第88页。

识分子的小资产阶级,其政治基础则是他们在那行将到来的反动之前的无力与混乱,心理基础则是他们想装着先知者的假须,以图克服他们自己处境卑劣的感觉。

第二,对阶级斗争的肯定。托洛茨基认为,历史的过程首先表示出阶级斗争,况且,不同的阶级,为了不同的目的在某些场合是可以应用同样的手段的。事实上也不能不如此,从事于战斗的两方军队时常有一些对称的,如果他们战斗方法中绝无相同之点,那他们相互间就不能予以打击了。道德家们所最希望的,就是愿历史让他们抱着他们的小书、小杂志、定户、常识与道德的抄本和平地生活着。但历史并不让他们生活于和平之中,它有时从左边踢他们一脚,有时又从右边给他们一掌。托洛茨基批评了认为马克思主义是无道德论的永恒真理论,他认为反对布尔什维克"无道德论"的最通俗与最动人的一种指责,根据于那布尔什维克主义的所谓耶稣会派的格言:"为目的不择手段"(目的使手段成为正当)。从这里就不难得到更进一步的结论:因为托洛茨基主义者与一切布尔什维克(或马克思主义者)一样,也不承认道德的原则,因此,在托洛茨基主义与反对托洛茨基的人之间,并没有原则上的分别。让我们暂时假定:无论个人的或社会的目的,都不能为手段作辩护。那么显然要寻找历史社会之外的原则,与在这些原则中生长起来的目的了。教士们在很久以前,就已在天启中发见了无过的道德原理。那些小小的尘世间的教士们,说及永恒的道德真理时,并不说出它们的来源。不过我们现在却有理由做出这样的结论:因为这些真理是永恒的,它们一定不仅在半猴半人出现于地上之前,而且应该在太阳系进化之前就已存在。因此可以说永恒道德的学说,如果没有上帝是不能成立的。

第三,对各种唯心主义道德论的批评。托洛茨基对19世纪之末俄国"马克思主义的"学派(司徒卢威、倍尔及也夫、布尔格可夫等)超阶级道德论进行了批判。托洛茨基认为,唯心主义道德论想用一种自足的,即是超阶级的道德原理来补充马克思的学说。这班人,当然从康德及其无上命令开始,他们的结局就是意外地蜕变为宗教徒,此种蜕变的基本趋向主要是国际性的。对于古典唯心哲学道德论而言,只当它的目的在于将道德世俗化的时候,即当它要把道德从宗教的认可中解放出来的时候,它才是代表着前进的一大步(如黑格尔)。

在"为目的不择手段"部分,托洛茨基批判了神学关于手段与目的的理论。托洛茨基认为,在16世纪前半期,为与新教斗争而组织起来的耶稣会派,并不曾主张过——但人家都说它主张——任何手段,即令它从天主教的道德观点看来是罪恶的手段,只要它能达到"目的",即能达到天主教之胜利的,都可允许。这一种内部矛盾而心理上荒谬的学说,乃是与耶稣会派反对的新教徒,还有一部分与他们相反的天主教徒,恶意地硬派给耶稣会派的,正是这班新教徒与那一部分天主教徒,才是为达目的不择手段的。耶稣会派的神学家们,一似其他会派的神学家们,专心致志于个人责任的赞可或谴责问题,他们实际上主张手段的本身可以是无所谓善或恶的,而对于某一手段之道德的,都得由目的里发生出来。托洛茨基认为,把布尔什维克主义与耶稣会派主义并举是完全片面的与肤浅的,这种并举与其说它是历史性的,毋宁说是文学性的。依他们所根据的各个阶级的性质与利益来说,耶稣会派代表反动的,新教徒代表进步的。而此种"进步"之有限性,则直接表现于新教徒的道德中。因此,被他们所"净化了"的基督的教义,决不能阻止那个城市的资产者路德称这些叛乱的农民为"疯狗",并号召将他们处死。早在那"为目的不择手段"这个格言被编派给耶稣会派以前,马丁博士早已认可它了。讲到耶稣会派呢，则它与新教相竞争，更求适应于资产阶级的精神，在其三誓——贫苦、贞洁、服从之中，只保存着三者了，而且服从的形式，又是极度轻淡的。从基督教理想来看，耶稣会派的精神，愈加堕落，则他们就不成其为耶稣会派了。教会的战士，变成为官僚，更像所有的官僚一样，变成为随风倒的骗子。

第四，揭露了基督教耶稣会派的功利主义本质。"耶稣会派"的原理是"为目的不择手段"，这实质上与功利主义是一致的。盎格鲁·撒克逊俗士的常识对耶稣会派的原理既颇感愤慨，而同时却在功利主义的道德（英国哲学的显著特点）中寻找灵感。边沁与约翰·密尔的原则是"最大多数的最大幸福"，就是说凡手段是道德的，则以谋取公共福利为其较高的目的。盎格鲁·撒克逊功利主义之一般的哲学公式完全与"耶稣会派"的"目的使手段成为正当"的原理相符合。斯宾塞的"进化的"功利主义信从达尔文企图把具体的历史的道德，溶解在生物学的需要中或溶解在群居动物的特征即"社会本能"之中，认为在道德的范围中进化的过程是从"感觉"进到"思想"。感觉符合于片时快乐的原则，而思想则能使人为未来的、永续的与较高的快乐所引导。可见此地的道德标准也是"快乐"与"幸福"。这个标准的内容又依"进化"的水准而取得它的宽度与深度。由此斯宾塞用他自己"进化的"功利主义方法，表示"为目的不择手段"这一个原则并不含有任何不道德的东西在内。

历史社会进化中的动力是阶级斗争，资产阶级的进化主义在历史社会的门限之前无力地停止了，因为它不愿意承认阶级斗争这一社会形式进化之动力。道德乃是这种斗争中各种意识职能之一。统治阶级强使社会承认它的目的并使人们的思想养成一种习惯，以为凡是与这目的相悖的手段都是不道德的。这是官家道德的主要职能，它所追逐的思想是不为大多数人而为愈来愈少的人之"最大幸福"。单凭暴力，这样的制度是甚至连一个星期都不能延续的。它需要道德的水门汀，而混合水门汀这一件事情即构成了小资产阶级理论家们的职业，他们虽然染上虹的一切颜色，但最终还是宣传奴役与顺从的说教者。

第五，批评了所谓"约束一切人的道德戒律"。托洛茨基认为：道德是社会发展的一个产物，它绝不是一成不变的；它为社会的利益服务；这些利益是相互冲突的；而且道德比之于任何其他种类的意识形态，更具有阶级的性质。基本的道德戒律存在着，而且在人类的发展中成为每一集体生活所必需的一个组成分子。这些戒律存在是没有疑问的，但它们起作用的范围却是极其有限与不稳定的。阶级斗争所具的性质愈激烈，则"约束一切人的"标准也就愈无力量。阶级斗争的最高点是内战，它把敌对阶级间的一切道德纽带，爆炸到半空中去了。在"常"态下面的"常"人，遵守着"你不可杀人！"的戒律，但假使他在非常的情形之下，为了自卫而杀人，那法官将宽恕他的行为。假使他为谋杀者所杀，法庭将处凶手以死刑。法庭行为之所以像自卫行为一样的成为必要，即由于阶级利益的矛盾。

第六，揭示了民主主义道德的危机以及民主主义"公认的"道德本质。统治阶级为要保证他们的利益在大问题上的胜利，乃勉强在次要的问题上让些步，当然这些让步是以在簿记上合算的为限。当资本主义的勃兴时期，尤其在世界大战前最后的几十年中，这些让步，至少对于无产阶级的最上层，是具有完全的真实性的。随着阶级之间的关系的缓和，至少在外表是如此，社会关系中的某些基本的道德戒律是依照着民主主义的标准与阶级合作的习惯建立起来的。人们所得的印象是：社会愈加自由，愈加公正，愈加人道了。进步的上升线在"常识"看来彷佛是无有穷尽的。然而与此种印象相反，战争发生了，与之俱来的是一连串的震动、危机、灾难、瘟疫与野蛮。人类的经济生活搁浅在死港里了。阶级矛盾变成为尖锐与赤裸裸的了。民主主义的保险活塞一个接一个地开始爆炸了。基本的道德戒律似乎比民主主义的机关与改良主义的幻想更加脆弱。谎骗、诬蔑、贿赂、腐败、暴力、谋杀等情形，多得前所未有。它们是而且现在仍旧是帝国主义衰颓的表现。资本主义腐败表现于现代社会及其法律与道德之腐败。

第七，为革命与人质制度进行了辩护。对于1919年革命期间托洛茨基发令反对压迫者甚至杀死背信军官们等事件，托洛茨基做了辩护。他认为，如果革命能从一开始起就少做一点表面上的宽宏大量，那么有几十万的生命是可以保全的。不过无论这样或那样，他总是为1919年的命令负担完全的责任。这在反对压迫者的斗争中，乃是一个必需的方法。只有斗争之历史的内容，才能替命令的正当作辩解，这正好像整个内战之是否正当，不得不视斗争之历史的内容而定一样，否则，内战也颇有理由被称为"可恶的野蛮主义"的。即使是林肯在他发现了为要完成一个伟大的历史目的时，也毫不犹豫采取了最严厉的手段，至于这个伟大的历史目的，那是由一个年青国家的发展所立下来的。历史对于内战中北人的残暴与南人的残暴是用不同的尺度来衡量的，一个奴隶主用狡计与暴力把一个奴隶锁上了铁链，而这奴隶用狡计与暴力破坏了这铁链。当巴黎公社被淹没在血泊中之后，全世界的反动恶棍，把它的旗帜在毁谤与诬蔑的污泥里拖曳，那时也有不少的民主主义的俗子们自己适应着反动，诬蔑公社中人枪杀了64名以巴黎大主教为首的人质。马克思毫不犹豫地起来为公社的这一件血案辩护。当十月革命在延长五千英里的前线上,抵御帝国主义联军的进攻时,全世界的工人都以这样热烈的一种同情注视着斗争的过程,这时在他们的集会上如果有人称人质制度为"可恶的野蛮主义",则是极其冒险的。保障新贵族的特权所用的高压手段与解放斗争中所用的革命办法不具有同样的道德价值。

托洛茨基在30年代末不遗余力地辩护列宁关于阶级和革命道德本质理论,不仅基于他被迫流亡国外的特殊境遇,更是由于十月革命后各种反对派如民主主义者、社会民主党人、无政府主义者等纷纷指责革命并认为革命以善良的目的证明手段的正确,从而普遍地引发无序与混乱的特殊历史背景。托洛茨基在主观上试图努力坚持列宁的某些伦理学方法原则,如道德的阶级性原则、决定论原则,通过对道德的本质、道德的反映与革命的关系、手段与目的的关系、个人与社会的关系等问题的分析,对特殊历史条件下无产阶级的基本原则、立场的解释,阐述自己的基本观点,但是他的这种坚持并非完全合乎列宁的基本思想。

托洛茨基关于革命与道德的某些观点,对反对"革命"造反派的道德虚无主义所认为的革命道德造成对文化优秀传统的抗议和破坏、否认道德的调节作用的思想具有重要意义,与后来苏联伦理学的相关思想有一定的关联性。А.И.季塔连科(А.И.Титаренко,1932—1993)教授在1976年主编出版了《马克思主义伦理学》一书,该书在"道德中的革命和革命中的道德"的论辩中提出:20世纪是社会革命和解放运动的时期,道德同社会政治发展的联系特别密切,离开革命来考察道德是行不通的,正如离开对社会和人的道德革新来考察革命是行不通的一样。懂得革命乃是社会革命的组成部分,马克思主义伦理学把社会革命本身看作是内心的革命因素,能推动人民大众去改善他们生活的客观条件和生活本身,改善他们的激情、感情、意图、动机、理想。如果对社会和人缺乏精神上的革新，任何社会革命都是不可思议的，而社会革命反过来又为人们的活动揭示新的天地、价值和目的，体现出他们的创造力量，体现出他们想更好地、更公正地、更纯洁地和更愉快地生活的渴望，想使个人之间关系良好、和谐的愿望，也即为社会和个人的道德进步创造条件。革命的道德通过社会革命，通过社会革命的成功和胜利而确立起来，然后革命的成就又通过道德而得到阐明和捍卫。革命的道德不仅是触发抗议和破坏等激情的导火线，它本身就带有社会和个人新的、更高的道德发展的种子。这些种子是否生根发芽，取决于革命所引发的社会经济改革的性质如何。一种革命如果具备无限地创造和改进道德生活的能力，它才能产生出足以激励和阐释这种改造的彻底革命的道德来，这种道德能够经常向人们揭示其精神完善的新天地。革命的道德不仅表达了社会斗争的一定状况和进行革命的客观条件，它还作为一种在群众行动中物质化的力量而出现，能在一定程度上改变斗争的现状，形成新的状况，预先考虑好如何去创造那些由于事件自发地发展而不能自行产生的有利的斗争条件。革命不仅奠定新的、更公正的社会关系制度的基础，而且也是千百万人民群众道德高涨的动力，通过道德创造性使他们达到高度的自觉性和人道性。

三、И.В.斯大林对历史唯物主义道德观的阐述

1. 道德观与历史唯物主义原理

И.В.斯大林原名约瑟夫·维萨里奥诺维奇·朱加什维里，1924年列宁逝世，斯大林成为苏联共产党和苏联政府的核心领导人。斯

大林对历史唯物主义道德观的阐述，贯穿在斯大林主导的苏联社会主义革命和建设的实践中，而斯大林的社会主义建设方案则是这一切的基础。在 20 年代以来的社会主义建设争论中，托洛茨基的"超工业化"方案把革命奉若神明，从不断革命的立场出发强调限制和消灭私有经济，从根本上否定新经济政策所确定的社会发展道路是托洛茨基的理论和政策基础，明显地带有冒险主义的急进色彩。运用国家政权的力量强制推行加速工业化战略实际上是托洛茨基当初所提出的、受到列宁批判的"兵营式共产主义"思想的一个翻版。布哈林的"长入"社会主义方案强调正在建设的社会主义不可避免地是一种社会主义建设的落后的形式，其显著特点是发展速度缓慢，"以乌龟速度爬行"，过渡时期较长。在苏联这样一个落后的国家里实现向社会主义过渡，将会面临许多复杂、新颖、独特和困难的建设任务，沿袭过去战争的经验、阶级斗争的经验，仅仅通过法令、通过纯粹的暴力措施不可能完成自己的任务。在市场机制下向社会主义的过渡应当通过"进化"和"改良"的办法——和平长入社会主义。斯大林的社会主义建设方案是在同托洛茨基等"左"倾反对派和布哈林派的论战和斗争中逐渐形成的，斯大林的方案更接近于托洛茨基而不是列宁，布哈林方案更忠实于列宁的新经济政策思路。斯大林抓住了苏联社会必须由革命转向建设这个纲，成功地利用了他出色的组织才能，较好地驾驭了布尔什维克革命的惯性力，把人民群众的革命热情、牺牲精神、急于摆脱贫困和落后的心理引导到了工业化建设的轨道。斯大林鼓舞和再次激发了苏联人民的革命英雄主义，唤起了深深扎根于俄国人历史中的民族自豪感和宗教救世主义的使命感。斯大林在苏联社会主义建设实践中对马克思主义伦理思想做了通俗易懂的概括与阐述，在一定意义上推动了马克思主义道德意识形态在苏联社会主义社会的确立。不容否认，斯大林是苏联的缔造者和领导者之一，在斯大林时代，苏联官方正式的道德宣传和教育极大地激发了人民的自豪感和建设社会主义国家的热情，使社会主义苏联迅速发展壮大，马克思主义伦理思想无论在内涵还是在形式上，都发生了新的变化。

斯大林在马克思主义伦理思想发展中的首要贡献是通过对历史唯物主义基本原理的阐发，推进了对道德的本质和社会作用的认识。他指出，道德是一种历史范畴，本质上是由社会物质生活条件决定的，社会存在决定社会意识，经济基础决定上层建筑；在物质生活条件体系中，人口、地理环境虽然对社会发展有影响，但都不是社会发展的决定性因素，只有物质资料的生产方式才对社会发展起着决定性影响。斯大林对历史唯物主义道德观的阐述主要反映在《论列宁主义的基础》《马克思主义和语言学问题》《和英国作家赫·乔·威尔斯的谈话》《无政府主义还是社会主义？》《苏联社会主义经济问题》等论著中。《辩证唯物主义与历史唯物主义》（1938）是一本系统阐发马克思主义哲学基本观点的著作，斯大林虽然在其中主要是阐述哲学问题，但其中也包含着他对历史唯物主义原理基础上的马克思主义道德观的论说。

斯大林在阐述"世界是处在不断的运动和发展中""旧东西衰亡和新东西生长是发展的规律"这一辩证法的观点时，指出了制度、观念的历史性以及道德观念的历史性："没有什么'不可动摇的'社会秩序，没有什么私有制和剥削的'永恒原则'，没有什么农民服从地主、工人服从资本家的'永恒观念'。"[①]《马克思主义哲学唯物主义的基本特征》部分在论述"物质第一性、认识第二性，社会存在是第一性的、社会的精神生活是第二性"的这一观点时，他指出道德作为一种意识形态归根到底由社会物质生活条件产

[①]《斯大林选集》下卷，人民出版社1979年版，第430页。

生,并由其决定。"形成社会的精神生活的源泉。产生社会思想、社会理论、政治观点和政治设施的源泉,不应当到思想、理论、观点和政治设施本身中去寻求,而要到社会的物质生活条件、社会存在中去寻求。因为这些思想、理论和观点等等是社会存在的反映。"①"社会存在怎样,社会物质生活条件怎样,社会思想、理论、政治观点和政治设施也就怎样。"②因此,无产阶级政党的实际活动不应当从抽象的"人类理性原则"和伟大人物的善良愿望出发,不应该以"理性""普遍道德"等要求为基础,而应当从社会物质生活条件这一社会发展的决定性力量出发,从社会物质生活发展的现实需要出发。在阐明这种"决定论"观点的同时,斯大林指出了上层建筑在社会生活中的重大意义,它对社会存在、社会物质生活条件具有反作用,否认这一点就陷入了庸俗唯物主义。上层建筑虽然是由经济基础产生的,但它并不是消极的、中立的、对于自己的基础的命运漠不关心的。"相反地,上层建筑一出现,就成为极大的积极力量,积极促进自己基础的形成和巩固。采取一切办法帮助新制度去根除和消灭旧基础和旧阶级"③。他指出,只是从"起源""产生"这个角度,才可说社会精神生活是社会物质生活条件的反映,并且被物质生活条件决定。马克思主义绝不否认社会思想、理论、观点和政治设施的意义、作用,而是着重指出它们在社会生活和社会历史中的重大作用;有各种各样的思想理论,旧的思想理论为社会颓废势力服务,阻碍社会的发展,新的先进的思想理论为先进势力服务,促进社会发展,而且它们愈是确切反映社会物质生活发展的需要,意义就愈大;新的思想理论只有在社会物质生

---

① 《斯大林选集》下卷,人民出版社1979年版,第436页。
② 《斯大林选集》下卷,人民出版社1979年版,第437页。
③ 《斯大林选集》下卷,人民出版社1979年版,第502—503页。

活的发展向社会提出新的任务以后才会产生，但一经产生，它就成为促进解决社会物质生活的发展所提出的新任务、促进社会前进的最重大的力量，表现出新的思想理论观点和政治设施的极其伟大的组织动员作用和改造作用。

斯大林在《历史唯物主义》部分进一步分析了"社会物质生活条件概念"，指出在社会物质生活条件体系中，地理环境、人口都不是社会发展的决定性力量，只有物质资料的生产方式是"决定社会面貌、决定社会制度性质、决定社会从这一制度发展到另一制度的主要力量"[①]。"社会的生产方式怎样，社会本身基本上也就怎样，社会的思想和理论、政治观点和政治设施也就怎样"，"或者说得粗浅一些：人们的生活方式怎样，人们的思想方式也就怎样"；"生产方式的变化又必然引起全部社会制度、社会思想、政治观点和政治设施的变化，即引起全部社会结构和政治结构的改造"[②]。

生产方式有生产力、生产关系两个方面，生产方式是两者的统一。生产力是最活跃、最革命的决定性因素，生产力的变化和发展决定生产关系、经济关系发生相应变化。生产关系反过来又影响生产力的发展，生产关系必须适合生产力的性质和发展水平，否则生产力就会遭到破坏；生产关系的变化以及从旧生产关系到新生产关系的过渡不是一帆风顺的，通常要通过革命手段来实现，通过新兴阶级的自觉的革命暴力行动来推翻旧的生产关系及其代表者，建立新的生产关系。"在这方面特别明显地表现出新的社会思想、新政治设施和新政权的巨大作用"，"在社会新的经济需要的基础上产生新的社会思想。新思想组织和动员群众，群众团结成为新的政治大军，建立起新的革命政权，并运用这个政权，以便用暴力消灭生产

---

① 《斯大林选集》下卷，人民出版社 1979 年版，第 441 页。
② 《斯大林选集》下卷，人民出版社 1979 年版，第 443 页。

关系方面的旧秩序，建立新秩序"。①

不同社会的生产力状况和物质生活条件决定了该社会的道德状况。原始社会、奴隶社会、封建社会、资本主义社会、社会主义社会人与人关系的道德状况是与这种社会的生产力状况和物质生活条件相适应的。在《历史唯物主义》部分，斯大林对原始公社制、奴隶占有制、封建制、资本主义和社会主义这五大生产关系类型做了论述，指出："随着社会生产力的发展，人们的生产关系、经济关系发生的相应变化，我们可以从中了解到这五种社会经济形态之下人与人之间关系的道德状况。"他指出，原始公社制度下，生产力十分低下，生产资料与产品实行原始公有制，人们共同劳作、共同劳动，没有阶级，没有剥削；奴隶占有制度下，奴隶主占有生产资料和生产者奴隶，可以把奴隶当作牲畜来买卖与屠杀，少数人压迫大多数人。"这里社会一切成员在生产过程中的那种共同的自由的劳动没有了，占主要地位的是受不劳动的奴隶主剥削的奴隶的强迫劳动"，"富人和穷人，剥削者和被剥削者，享有完全权利的人和毫无权利的人，他们彼此间的残酷的阶级斗争。这就是奴隶占有制度的情景"②。封建制度下，封建主占有生产资料和不完全占有生产者农奴，封建主不能屠杀但可以买卖农奴，"剥削几乎同奴隶制度下的剥削一样残酷，不过是稍许减轻些罢了"③。资本主义制度下，资本家占有生产资料，雇佣工人摆脱了人身依附，资本家既不能屠杀也不能买卖，工人为了生存必须向资本家出卖自己的劳动力，受其剥削；社会主义制度下，生产资料公有制，没有了剥削者与被剥削者，产品按劳分配，"人们在生产过程中的相互关系，是不受剥

---

① 《斯大林选集》下卷，人民出版社1979年版，第452页。
② 《斯大林选集》下卷，人民出版社1979年版，第446、447页。
③ 《斯大林选集》下卷，人民出版社1979年版，第447页。

削的工作者之间同志合作和社会主义互助的关系"①。总之，道德的本质、社会作用和历史发展必须通过辩证法和历史唯物主义才能获得可信的解释。

2. 苏维埃社会主义制度伦理

"苏维埃"一词是俄文"Совет"的汉语音译，意即"代表会议"或"会议"。苏维埃是苏联的政治基础，是俄国劳动人民在革命斗争过程中创造出来的政权组织形式。1905年3月，乌拉尔的阿拉帕耶夫斯克工厂的工人首先建立了工人代表苏维埃，作为领导罢工的机关。随后，伊万诺沃-沃兹涅先斯克市的工人建立了俄国第一个全市性的工人代表苏维埃，圣彼得堡、莫斯科等大城市也相继建立了工人代表苏维埃，有的地方还建立了士兵代表苏维埃、农民代表苏维埃。随着革命形势的发展，苏维埃由领导罢工的机关转变为领导武装起义的机关，成为革命政权的萌芽形式。1905年俄国革命失败，苏维埃被沙皇专制政府取缔。1917年俄国二月革命时期，各地又重新建立了苏维埃。1917年6月召开了全俄苏维埃第一次代表大会。十月革命胜利后，苏维埃成为俄国无产阶级的政权组织。1917年11月—1918年1月，苏维埃的名称为工兵农代表苏维埃。1918年1月改称工农和红军代表苏维埃。1936年改称劳动者代表苏维埃。1922年底苏联建立后，苏联苏维埃代表大会成为国家最高权力机关。在代表大会闭会期间，由联盟苏维埃和民族苏维埃组成的苏联中央执行委员会为国家最高权力机关。在苏联中央执行委员会闭会期间，苏联中央执行委员会主席团为苏联的最高立法、执行和指挥机关。

斯大林时期是苏维埃发展史上的一个重要阶段。苏联在这一时

---

① 《斯大林选集》下卷，人民出版社1979年版，第449页。

期制定了新宪法，确立了最高苏维埃体制，同时还进一步完善了民主选举制度。斯大林时期是苏维埃体制的框架基本定型的时期，后来的所谓改革实质上不过是一种修补和完善，直至戈尔巴乔夫后期，总体上并未超出这个框架。苏维埃社会主义制度伦理体现在斯大林对苏维埃制度的改造和完善的工作之中，主要有如下方面：

第一，确立最高苏维埃体制。苏维埃是工农群众实现民主的形式，为了更好的实现这种民主，就必须加强苏维埃体制建设。苏维埃政权建设之初，法出多门，常常出现相互矛盾的现象。1922年苏联成立时，全国苏维埃代表大会体制沿袭了全俄工兵农代表大会的体制结构，立法权仍不统一，实际行使立法职能的有苏维埃代表大会、苏联中央执行委员会、苏联中央执行委员会主席团、苏联人民委员会乃至苏联劳动与国防委员会等。1936年宪法确立了最高苏维埃及其主席团两级体制，对最高苏维埃及其各派生机构的职能和相互关系都作了明确的界定，由此取消了先前的各级苏维埃代表大会，代之以选举产生的区、市、州、共和国各级苏维埃和全苏联最高苏维埃；最高苏维埃是拥有全权的国家最高权力机关和立法机关；国家的最高行政机关、审判机关和检察机关都由它产生并对它负责；法官只服从法律；各检察机关独立行使职权，只服从苏联总检察长。按照宪法，由最高苏维埃选举产生的行政、审判与检察机关之间不存在隶属关系，而是相互独立、相互制约的，它们都只对最高苏维埃负责。最高苏维埃主席团是国家的集体元首，有权监督政府、有权召集并在特定条件下解散最高苏维埃，它由最高苏维埃选出，向其报告工作并对其负责、受其制约。

苏联的立法权只能由苏联最高苏维埃行使。斯大林认为："终究必须铲除不由某一个机关而由许多机关立法的情形了。这种情形同法律的稳定性的原则相抵触。而我们现在比任何时候都更需要法律的稳定性。立法权在苏联应该由最高苏维埃一个机关行使。"①最高苏维埃由平等的两院组成,斯大林认为苏联需要一个反映各民族各自特有的特别利益的专门最高机关第二院即民族院的思想。因为苏联不是个单一民族的国家,而是个多民族的国家,苏联有一个不分民族而代表一切劳动者共同利益的最高机关即联盟院,可是,苏联各民族除了共同利益以外,还有与民族特点有关的各自特有的特别利益。不能忽视这些特殊利益,绝对需要一个正是反映这些特别利益的专门最高机关。没有这样一个机关,就无法管理苏联这样一个多民族的国家。这样的机关就是第二院,即苏联民族院。两院制思想为1936年宪法所继承并在最高苏维埃体制下有所发展。最高苏维埃由两院组成,两院权力平等,同等创制法律。凡遇两院彼此意见分歧时,问题交由两院协商委员会解决,如果协商委员会不能通过一致决定或其决定不能使某一院满意,问题提交两院重审,如仍不能达成一致,最高苏维埃主席团得解散最高苏维埃并宣布实行新的选举。设置民族院是试图在国家最高权力机关中反映民族平等、处理民族矛盾、解决民族纠纷的一个尝试。

第二,完善选举制度,保障公民平等参加选举。苏维埃民主制度并未能沿着理想的轨道发展,而是出现了执政党的权力迅速朝着绝对的权力方向膨胀,而作为国家权力机关的苏维埃的权力却急剧萎缩,导致苏维埃活力的消减,引起工农群众的不满。"现在问题是这样摆着的:或者是我们全党让非党的农民和工人来批评我们,或者是他们用暴动的方式来批评我们。……二者必居其一:或者是我们不官僚主义地谈顺利,处理问题不采取官僚主义态度,不害怕批评并让非党的工人和农民(要知道他们亲身体验着我们所犯错误的后果)来批评我们,或者是我们不这样做,让不满情绪逐渐积累

---

① 《斯大林文集》,人民出版社1985年版,第125页。

逐渐增长起来，到那时批评就会采取暴动的形式。"①为了避免这后一种情况的再次发生，就"必须使苏维埃活跃起来"②，其中一个重要方法是吸收更多的工农群众参加苏维埃工作，而现实情况则是一方面管理者的独断专行甚至任意横行，另一方面则是广大群众的不满和抱怨。③斯大林呼吁"采取一切办法，把农民吸引到苏维埃里来，使苏维埃活跃起来，使它站起来，使农民的政治积极性在切实参加国家管理的工作中找到出路"④。为此，就要在农村实际工作中，在农村广泛的苏维埃建设过程中，大量吸收农民参加管理乡、区、县、省的工作，把农民中的一切优秀分子都吸引到苏维埃中来，同时要改善与非党群众、非党工人的关系。正是在这个基础上，苏维埃选举制度在形式上向前迈出了一大步：1936年宪法规定了普遍、平等、直接、秘密的选举原则，各级苏维埃即从村苏维埃到最高苏维埃都由选民直接投票产生。

斯大林不承认苏联有多党制存在的社会基础，因为"既然没有阶级，既然阶级和阶级之间的界限正在消失，既然社会主义社会的各阶层之间只留下了某些非根本性的差别，那就不会有形成互相斗争的政党的土壤，没有几个阶级的地方，就不会有几个政党，因为政党是阶级的一部分"⑤。但他也承认在苏联还存在着工人、农民和知识分子阶层，"这些阶层中的每一阶层会有自己的特殊利益，而且经过现存的很多社会团体反映这种利益"，因此，在只有一个政党活动的情况下也会有竞选，"很明显，将来在选举中提出候选

---

① 《斯大林全集》（第七卷），人民出版社1958年版，第30页。
② 《斯大林全集》（第六卷），人民出版社1956年版，第276页。
③ 《斯大林全集》（第七卷），人民出版社1958年版，第153页。
④ 《斯大林全集》（第六卷），人民出版社1956年版，第265—266页。
⑤ 《斯大林文集》，人民出版社1985年版，第94页。

人名单的，将不仅是共产党，而且是各种非党的社会团体"。①这里提出了一个重要的理论问题，即在一党执政的社会主义国家，仍然有利益差别，而这些利益差别可以通过各种社会团体的形式表达出来，社会团体可以行使政党的部分功能，监督执政党的行为，提出代表自己利益的候选人参与竞选。1936年宪法规定，选民有权监督和罢免自己的代表。斯大林认为，这是苏维埃民主的一个表现。在苏维埃制度下，"选民的职能并不因选举的结束而结束。他们的职能在该届最高苏维埃存在的整个时期，一直有效"；"选民的义务和权利就在于，始终要监督自己的代表"。也就是说，"如果代表开始耍滑头，如果他们离开正路，如果他们忘记自己应当从属于人民，从属于选民，那么选民就有权在任期未满前撤回自己的代表。"②但是监督要有监督的权力和有效的监督手段，当选举权流于形式的时候，所谓的监督权也必然会大打折扣，甚至仅仅是做做样子。

第三，干部制度伦理。20年代中期以后，斯大林掌握权力，逐步在苏联形成了一个高度集中的集权制的经济、政治模式，同时也形成了一个以高度集中为基本特征的思想文化模式。在这一模式中，苏维埃国家管理要求加强制度建设，以干部制度为核心的制度伦理的作用和意义受到高度重视。

其一，制度建设的核心是干部队伍建设。干部制度是政治体制的重要组成部分，在俄共十二大上，斯大林指出，提出好的政治路线"只是事情的一半"，还必须挑选并配置干部，否则政策就会失去意义，就会变成空谈。③1935年5月，斯大林在红军学院学员毕业典礼上的讲话中，提出了"干部决定一切"的口号。当时苏联的

---

① 《斯大林文集》，人民出版社1985年版，第93—94页。
② 《斯大林文集》，人民出版社1985年版，第185、187页。
③ 《斯大林全集》（第五卷），人民出版社1956年版，第171页。

第一个五年计划提前完成，农业集体化业已实现，国家建立起了强大的工业和机械化的农业，基本上度过了技术缺乏时期。而社会主义建设新时期所面临的又一重大考验就是国家缺乏具有足够的必要的经验来最大限度地利用技术的人才。"为了把技术运用起来并得到充分利用，就需要有掌握技术的人才，就需要有能够精通并十分内行地运用这种技术的干部。没有掌握技术的人才，技术就是死的东西。有了掌握技术的人才，技术就能够而且一定创造出奇迹来。如果在我们的头等工厂里，在我们的国营农场和集体农庄里，在我们的运输部门里，在我们的红军里，有足够数量的能够驾驭这种技术的干部，那么我们国家所得到的效果，就会比现有的要多两三倍。"[①]斯大林强调："人才、干部是世界上所有宝贵的资本中最宝贵最有决定意义的资本。"[②]在正确的路线提出以后，事情的成功就"取决于正确地挑选人才"。[③]"在制定了经过实践检验的正确的政治路线以后，党的干部就成为党的领导和国家领导的决定力量。"[④]斯大林所说的"干部决定一切"中的"干部"不只包括党政领导，还包括精通科学技术的人才。

其二，建设干部选拔任用的制度。斯大林认为，决不能把选拔干部简单地理解成为自己找几个副手和助理，成立某个办公室，从那里发出各种指令。也不是说要滥用自己的职权，毫无道理地把几十个人、几百个人调来调去，进行无休止地"改组"。正确地选拔干部，应该包括以下几层含义："第一，要重视干部，把他们看作是党和国家最宝贵的财富，爱护他们，尊重他们。第二，要了解干部，细心考察每个干部的优点和缺点，了解每一个干部究竟在什么

---

① 《斯大林文选》，人民出版社1962年版，第34—35页。
② 《斯大林文选》，人民出版社1962年版，第36页。
③ 《斯大林全集》（第十三卷），人民出版社1956年版，第322页。
④ 《斯大林全集》（第十三卷），人民出版社1956年版，第243页。

岗位上才最能施展自己的才能。第三，要用心培养干部，帮助每个进步很快的工作人员不断提高，不惜花费时间耐心地'照料'这样的工作人员，加速他们的进步。第四，要及时而大胆地提拔年轻新干部，不让他们老在一个地方停滞不前，不让他们消沉下去。第五，在安排工作人员的岗位时要做到使每个工作人员都各得其所，使每个工作人员都能为我们的共同事业最大限度地发挥他的才能，使干部配备工作的总方向完全适应于它所属的那个政治路线的要求。"①

其三，重视对干部的培养和培训。斯大林很重视在职干部的培训工作。斯大林曾向党中央建议："在每一个州中心为我们的基层干部设立一年制的进修班"；"在我国许多中心城市为我们的中级干部设立两年制的列宁主义学校"；"在联共（布）中央下面设立三年制的马克思列宁主义高等学校，以培养党的具有高度理论水平的干部"；"在我国许多中心城市设立一年制的宣传员和报纸工作人员进修班"；"在马克思列宁主义高等学校下面为各高等学校的马克思列宁主义教员设立半年制的进修班"。②1939年，苏联成立苏共中央高级党校，培训中央各部门的党政领导干部和高级理论工作者。到1946年后，苏联广泛地建立了党和苏维埃的教育网，对党和苏维埃的大批干部进行轮训。到1947年末，一共创办了177所二年制的党校和9个月的讲习所，学员约有3万人。这些学员在校不仅学习马克思主义理论，而且还学习科学技术知识，使党的干部成为各行各业的专家。通过采取上述各项措施，苏联形成了一套干部管理制度，建立起一支庞大的知识化和专业化的干部队伍。这是斯大林政治体制建设的一项重要成就。当然，斯大林时期干部制度也存在着

---

① 《斯大林选集》下卷，人民出版社1979年版，第459页。
② 《斯大林选集》下卷，人民出版社1979年版，第463—464页。

问题。这些问题集中体现为选举制流于形式，委任制盛行；事实上的终身制；监督机制不健全，使许多党政干部不受制约和监督，难以保证党政机关正确地制定和执行政策，难以杜绝干部以权谋私、违法乱纪等种种腐败现象。

第四，反对国家官僚主义。苏维埃国家作为人类历史上新型的国家，实现了由"社会主人"到"社会公仆"的转变，国家机关的一切工作人员都是人民的勤务员，滋生官僚者阶层的温床已经从根本上消除，但是，这并不意味着无产阶级国家机关就不再有官僚主义了。十月革命后不久，随着国内战争的结束及和平建设时期的到来，官僚主义在苏维埃党和国家机关中相当严重地泛滥开来。1925年斯大林在党的第十四次代表大会上指出，随着工业化的加速进行也开始了农业集体化和文化革命，艰巨的历史任务迫切要求提高国家机关的工作效率。但是，当时国家机关"机构臃肿、开支浩大、十分之九官僚主义化"。①

苏维埃国家机构的官僚主义有各种表现形式，例如长官意志、独断专行、压制民主、形式主义、文牍主义、做表面文章、推诿塞责、敷衍了事、拖拉作风，甚至滥用职权、腐化堕落、挥霍和盗窃国家财产等。斯大林不仅认识到了党和国家机关中种种官僚主义的表现及其危害性，而且还提出了一套预防和克服官僚主义的措施，以提高党和政府在人民群众中的威信。斯大林反对官僚主义的主要措施主要包括以下几个方面：

（一）裁减冗员，改善队伍。斯大林提出要"整顿国家机关，使它精简廉洁"②；"要尽可能地精简国家机关，陆续把官僚主义分

---

① 《斯大林全集》（第六卷），人民出版社1956年版，第127页。
② 《斯大林全集》（第八卷），人民出版社1956年版，第127页。

子和资产阶级腐化分子从国家机关中驱逐出去"①。干部素质低下是苏维埃机关产生官僚主义的重要原因。为此，斯大林强调要选拔和造就一批朝气蓬勃的干部，充实到国家机关的各个枢纽点上去。他强调指出："人才、干部是世界上所有宝贵的资本中最宝贵最有决定意义的资本。""如果我们在工业、农业、运输业和军队中拥有大量的优秀干部，那么我们的国家就将是不可战胜的。如果我们没有这样的干部，那我们就会寸步难移。"②

（二）深入基层，组织检查。为查明党的路线执行情况，避免歪曲党的路线的官僚主义现象，斯大林认为最好的办法是上级领导深入基层，熟悉下情，了解情况。"派我们的领导同志暂时到地方去工作，不是去做指挥员而是去做听从地方组织指挥的普通工作人员。……如果中央委员会、中央监察委员会主席团委员、正副人民委员、全苏工会中央理事会主席团委员、各工会中央委员会主席团委员等经常到地方上去，去那里进行工作，以便了解工作情况，研究一切困难，一切缺点和优点，那么你们可以确信，这将是对执行情况的最切实有效的检查。这将是丰富我们可敬的领导者经验的最好方法。"③

（三）依靠群众，开展监督。发动群众对国家机关进行监督，是防止官僚主义的有效手段。斯大林指出："党的当前任务就是：展开无情的反官僚主义的斗争，组织来自下面的群众性的批评"④。"要消除这种祸害，除了组织党员群众的来自下面的监督以外……没有而且不可能有其他任何办法"⑤。"掀起极广泛的来自下面的批

---

① 《斯大林选集》上卷，人民出版社 1979 年版，第 392 页。
② 《斯大林文选》，人民出版社 1962 年版，第 36 页。
③ 《斯大林选集》下卷，人民出版社 1979 年版，第 31 页。
④ 《斯大林选集》下卷，人民出版社 1979 年版，第 39 页。
⑤ 《斯大林选集》下卷，人民出版社 1979 年版，第 37 页。

评浪潮来反对官僚主义，特别是反对我们工作中的缺点。只有从上下两方面施加压力，只有把重点移到来自下面的批评，才能指望顺利进行斗争并根绝官僚主义"。①

（四）划分职权，明确责任。要使国家干部真正代表国家和人民行使权力，真正做到有职、有权、有责，防止他们变成高居于人民头上的官老爷，必须明确划分开干部职权，建立干部的岗位责任制，加强国家机关中的一长制。为此，1934年苏联把各人民委员部的部务委员会撤销，同时规定了每个苏维埃机关及其工作人员的任务和责任。这样就有效地克服了多头领导，无人负责，遇事相互推诿的现象，加强了国家机关干部的责任感，提高了工作效率。

3. 社会道德规范和原则体系

苏联社会主义改造完成以后，斯大林根据经济结构、阶级关系的变化和社会主义文化的发展，认为苏联社会成员之间的关系也发生了根本变化。这一切造成了社会主义道德的新变化，确立了与资本主义社会本质上不同的社会主义的道德体系。

斯大林及苏维埃国家提出了世界上第一个社会主义社会全体公民必须遵守的基本道德规范，内容包括诚实劳动（即社会主义社会是建立在社会成员诚实劳动的基础之上的，以诚实自由劳动创造价值）、掌握科学（社会主义的工人、农民、干部和知识分子必须掌握社会建设所需要的科学文化知识）、爱惜公共财产（社会主义的公有制决定了全体公民必须爱护国家公共财务）、维护职业荣誉（每种职业应具有各种职业特殊的道德要求，履行这种道德要求就会产生这种职业的荣誉感）、自我批评（一种对党、对工人阶级、对群众的教育方法，也是一种道德教育的方法、道德品质或道德

---

① 《斯大林选集》下卷，人民出版社1979年版，第38页。

要求)。

1934年，斯大林在接见英国作家威尔斯的一次谈话中，阐述了社会主义社会的集体主义原则。斯大林的原话是："个人和集体之间，个人利益和集体利益之间没有而且也不应当有不可调和的对立。不应当有这种对立，是因为集体主义、社会主义并不否认个人利益，而是把个人利益和集体利益结合起来。社会主义是不能撇开个人利益的。只有社会主义才能给这种个人利益以最充分的满足。此外，社会主义社会是保护个人利益的唯一可靠的保证。"[1]斯大林结合苏联布尔什维克党和人民进行社会主义革命和建设的道德实践，明确系统地论述了社会主义社会的基本道德原则。这一原则是由其客观的经济基础和社会条件决定的。斯大林认为，生产力发展状况决定经济关系（所有制形式），社会主义经济关系决定个人和集体、个人利益和社会利益的关系，也决定了人们关于这种关系的观念。原始共产主义社会中，个人利益和集体利益、社会利益具有一致性。私有制的产生，造成了个人与集体的对立，道德上也必然产生个人主义观念。在资本主义社会，资本家为了自己的利润，从不服从集体的意志，工人为了维护生存不能不出卖劳动力给资本家。无产阶级和资产阶级之间的利益对立是必不可免的。资产阶级所处的经济地位决定了这个阶级的成员必定奉行个人主义，力求使集体意志服从其个人意志。在社会主义社会，公有制经济成为主体经济，剥削阶级逐渐被消灭，使个人和集体、个人利益和集体利益结合起来，或者统一起来。在道德上，也必然出现集体主义的道德要求。社会主义社会之所以不出现个人和集体的对立，是由于社会主义不但不否认个人的利益，而且只有社会主义才给予个人利益以真正的关心，这是由社会主义社会的基本经济规律所决定的。社会

---

[1]《斯大林全集》（下卷），人民出版社1979年版，第354—355页。

主义基本经济规律的主要特点和要求,是用在高技术基础上使社会主义生产不断发展的办法,来保证最大限度地满足整个社会经常增长的物质和文化的需要。这种基本经济规律,使社会生产的目的与人民的个人利益联系起来。同时,由于共产主义的目标是每个人都获得真正的自由发展,所以社会主义也必然创造使个人能够自由发展的条件,因此,社会主义不是要缩减个人需要,而是要竭力扩大和发展这种需要。这就使社会发展与个人发展相一致,社会利益与个人利益相一致。当然,这并不等于实行粗陋的平均主义。平均主义的根源是个体农民的思想方式,是平分一切财富的心理,它和社会主义毫无共同之处。

个人利益的唯一可靠的保证是社会主义社会,个人只有通过社会主义社会才能获得个人利益。局部利益要服从全国的共同利益或整体利益。为了集体,个人需要作出一些暂时的牺牲,然而这种服从和暂时牺牲归根到底是有利于自己的。斯大林认为,必须以集体主义教育农民,使他们逐渐克服个人主义心理,这必须以发展社会主义物质经济基础为条件或前提。集体主义教育不只是一个纯粹的道德过程或纯粹的思想领域的问题,更为根本的是一个发展社会主义物质生产的过程。

斯大林论述的集体主义原则思想是对马克思恩格斯等人开创的集体主义思想的继承和发展。马克思、恩格斯并没有在其著作中明确使用"集体主义"这一术语,但在其思想中却明确体现出对集体主义与社会主义、共产主义的关系以及集体主义原则关于处理集体利益与个人利益关系的思想。集体主义是社会主义道德的基本原则,这一道德原则发端于马克思主义的创始人马克思和恩格斯。当共产主义作为一种思想体系出现时,一些资产阶级思想家攻击说共产党人要"废除道德",要毁坏人类的文明成果;"要实行共妻制",

"消灭家庭","要消灭人们最亲密的关系"。马克思、恩格斯对此进行了批驳,他们指出共产党人并不要完全消灭道德,而是要建立一种全新的道德。首先,共产主义道德是与阶级社会的道德相决裂的道德,是摈弃了道德的阶级性的道德。《共产党宣言》认为:"共产主义革命就是同传统的所有制关系实行最彻底的决裂;毫不奇怪,它在自己的发展进程中要同传统的观念实行最彻底的决裂。"[1]共产主义道德是超越阶级社会的一种道德。其次,共产主义道德是共产主义社会的道德基础。恩格斯在谈到共产主义时曾说,到那时整个人类社会就会是"建立在人类道德生活关系基础之上的新世界"。个人让渡于社会,社会优先于个人,集体主义是调节个人利益与集体利益关系的基本准则。最先对集体主义进行论述与分析的是19世纪法国马克思主义者拉法格的《集体主义——共产主义》一文,拉法格认为,只有在共产主义的意义上来理解集体主义,即把集体主义理解为共产主义的同义词,集体主义在政治上才是可以接受的。这种看法虽然绝对,但却点出了问题的根本。拉法格看来,集体主义即共产主义,只有将共产主义与集体主义视为同义词,集体主义才能为马克思主义者所接受;无产阶级的集体主义和资产阶级的个人主义是对立的。列宁作为世界上第一个社会主义国家的缔造者,清晰认识到集体主义在建设与发展社会主义方面的重要作用,并将马克思主义理论与现实相结合,倡议将"我们要努力把'大家为一人,一人为大家'和'各尽所能,按需分配'的准则渗透到群众的意识中去,渗透到他们的习惯中去,渗透到他们的生活常规中去"[2],也就是说将集体主义原则作为共产主义道德的基本原则,

---

[1]《马克思恩格斯选集》(第三卷),人民出版社1972年版,第271—272页。
[2]《列宁全集》(第三十九卷),人民出版社1986年版,第100页。

贯彻到群众生活、意识等层面，为社会主义建设与发展提供正确价值导向。

苏联学者在理论界对集体主义进行了深入探索和理论阐释，伴随社会主义建设的不断成熟，在处理个人和集体关系时也较为辩证与客观，更深刻地阐释集体主义的内涵。20世纪40年代，苏联教育家 A. C. 马卡连柯（Антон Семёнович Макаренко，1888—1939）重视集体教育理论，他曾说过："我在自己从事苏维埃教育工作的16年中，把主要的力量都用在解决集体和集体机构的建立、解决权力的制度和责任的制度等问题上了。"①马卡连柯认为集体是教育的基础和目的，集体是教育的对象和手段，集体利益应高于个人利益。学校教育在集体教育中的重要作用，是让学生在理论学习中认识到集体利益的重要性，个人、社会与国家的利益是一致的，突出集体主义教育的重要作用。М. И. 加里宁（Михаи́л Ива́нович Кали́нин，1875—1946）强调在共产主义教育中，集体主义精神的重要性，他说："我认为还必须讲到集体主义精神问题。用不着特别证明，在共产主义教育中，培养集体主义精神这点应占很重要的地位。我在这里所指的，并不是集体主义的理论基础，而是要在生产中和生活上养成公共习惯，要造成一种条件，使集体精神能够在那里成为我们习惯和品行规范中不可分割的组成部分，要使这种行动不仅出于自觉，不仅经过深思熟虑，而且还是不知不觉、自然而然的。"②加里宁所强调的集体主义不仅仅是将其作为一种道德教育手段，而且是将其内化成为人们的生活习惯。这些论述成为在处理社会主义经济建设、道德建设中所遇到的集体利益与个人利益的矛

---

① 《马卡连柯教育文集》（上卷），人民教育出版社1985年版，第106页。
② 转引自于钦波、刘民：《外国德育思想史》，四川教育出版社2000年版，第475页。

盾时的重要精神坐标与价值指引。

20世纪50年代初苏联科学院哲学所编写的马克思—列宁伦理学专业教学大纲草案中指出集体主义是共产主义道德的最重要特征。苏联马克思主义伦理学奠基人施什金在1955年出版的著作《共产主义道德概论》（一译《共产主义道德原理》）与1961年出版的《马克思主义伦理学原理》两书中均对集体主义道德原则进行了阐述。《共产主义道德概论》一书提出"集体主义，同志互助，大家为一人、一人为大家，都是相同含义的道德原则，其基本含义是：社会利益是个人的主要利益，同时也不能压制个人利益，而是力图使个人利益充分满足，使个人利益和社会利益正确地结合，使个人利益适应于社会利益"。这里明确诠释了集体主义的内涵及其特点，并将集体主义作为正确处理个人与集体的关系、辩证地看待个人利益与集体利益的重要价值准绳，克服了以往片面强调集体利益忽视个人利益的价值导向，在学术上完善了集体主义的理论构成。

斯大林时期集体主义是共产主义道德教育的基本原则，同时也作为社会主义主流价值而存在，在处理个人利益与集体利益的正确关系中发挥过重大作用。斯大林在进行社会主义建设探索的过程中也曾走过弯路，起初并没有认识到个人正当利益得到满足的重要性，过分强调集体的地位，忽视个人是集体的有机组成部分，但斯大林也意识到如何协调个人利益与社会利益、广大群众根本利益的关系，这使得工人阶级与农民阶级紧密地团结在一起进行革命和建设。

苏联政府在实际工作中片面强调个人对社会的责任，而无视社会也要对个人承担责任，他们在报刊舆论上所宣扬的"不要忘记个人利益""要使个人利益得到充分满足"等观点，与他们的经济政策和实际工作存在着脱节。斯大林在实践上处理社会利益和个人利益的关系是有失误的，他的失误主要表现在经济建设的指导方针和经济政策上。苏联从20世纪30年代的第一个五年计划开始，长期执行优先发展重工业的方针，导致长期忽视农业和轻工业。重工业优先发展为轻工业和农业的发展提供了先进的机器设备，带动了整个经济的发展，也有利于国防工业的发展，它为第二次世界大战战胜法西斯军队提供了物质保证。但是，由于苏联领导人思想僵化，没有随着情况的变化而改变自己的指导方针，导致国民经济的结构长期畸形，同人民生活密切相关的轻工业和农业长期滞后，引起人民群众不满，挫伤了人民群众的积极性。

4. 共产主义思想道德教育理论

社会主义社会最主要、最根本的任务不仅是要发展社会生产力，从事经济建设，而且还要努力提高人民群众的文化水平和思想道德境界。但是，在经济文化不发达的条件下，如何进行社会主义思想理论教育的问题，是一个高难度的历史性课题。1920年4月，在俄共（布）"九大"上，列宁首次用了"共产主义教育"的术语，郑重告诫全党："要学会进行政治教育，这就是问题的所在，可是我们还没有学会，而且我们还没有正确解决这个问题的办法。"[①]列宁没有解决这个问题，斯大林执政后继续探索，适应苏联社会经济发展模式，阐述了苏联社会主义初级阶段共产主义思想道德教育的一系列基本理论问题。他的贡献主要体现在如下方面：

第一，对共产主义思想道德教育的地位和意义进行了概括。斯大林把高度重视以共产主义精神教育群众，作为社会主义文化教育工作的基本目的。他认为，无产阶级在政治上、经济上战胜资产阶级，并不意味着劳动者在思想领域里取得最后胜利，资产阶级曾利

---

① 《列宁全集》（第四十二卷），人民出版社1987年版，第199页。

用一切思想影响工具来腐化劳动人民的意识，竭力使他们服从于资产阶级的思想影响。在社会主义建设的整个时期，剥削阶级虽然在革命中已被打倒，但是阻碍人民群众参加文化财富的创造、压制群众创造才能的力量仍然存在。因此，斯大林没有把文化革命的任务限定为纯粹教育界的问题，为了建成社会主义，必须以共产主义思想来教育人民群众。

建设社会主义和共产主义的过程，同时也是对劳动群众进行共产主义道德教育的过程。对劳动者进行共产主义教育，吸引群众到社会生活中来，参与管理国家和社会主义建设，这是苏维埃国家和党的主要任务。"这个历史时期之所以必要，不仅是为了创造社会主义完全胜利的经济上和文化上的前提，而且是为了使无产阶级有可能：第一，把自己教育并锻炼成为能够管理国家的力量；第二，按照保证组织社会主义生产的方向来重新教育并改造小资产阶层。"①斯大林反复强调对人民进行共产主义教育和重新教育的重要性，"以无产阶级社会主义的精神来教育新一代——这是我们党的当前任务，不执行这些任务，就不能取得社会主义的胜利。"②总之，以共产主义思想教育群众是社会主义国家的重要任务，为了建设社会主义就必须对广大人民群众开展以共产主义思想为内容的教育活动，培养出具有共产主义道德的新人。

第二，对马克思主义进行了新的概括。从共产主义思想教育的基本内容来看，马克思主义理论是其基础和核心。列宁关于无产阶级革命和社会主义建设的理论体系，是马克思主义在帝国主义和无产阶级革命时代的继续和发展，或是帝国主义和无产阶级革命时代的马克思主义，因此常把列宁主义同马克思主义并称为马克思列宁

---

① 《斯大林全集》（第六卷），人民出版社1956年版，第99页。
② 《斯大林全集》（第七卷），人民出版社1958年版，第217页。

主义。斯大林的概括是:"列宁主义是帝国主义和无产阶级革命时代的马克思主义,或者说列宁主义一般是指无产阶级革命的理论和策略,特别是无产阶级专政的理论和策略。"①斯大林将列宁主义作为马克思主义理论,作为共产主义思想教育的重点内容予以特别的强调,为此亲自撰写了《论列宁主义基础》《论列宁主义的几个问题》等著作以阐释列宁主义,充分肯定列宁主义的历史地位。斯大林指出:"列宁主义并不是列宁的学说减去马克思主义。列宁主义是帝国主义和无产阶级革命时代的马克思主义。"②在现实情况下,"特别应该强调列宁主义的宣传,因为这种宣传在共产主义教育方面具有决定意义。"③列宁主义关于共产主义教育的内容包括:使所有社会成员形成科学的世界观,提高共产主义的自觉性;进行劳动教育,并在这个基础上发挥人民群众的社会积极性、主动性和创造性;根据共产主义道德原则确立人与人之间真正人道的关系;开展体育教育,培养健康的、体格完善的人。

共产主义教育过程必须把马克思列宁主义教育放在首位。因为这是社会主义文化的核心内容和思想基础,是关于社会和社会发展规律、无产阶级革命发展规律的科学,是社会主义建设发展规律以及共产主义胜利的科学。斯大林把高举列宁主义的旗帜和坚持列宁的新型无产阶级政党学说,看成是做好党的思想教育工作的灵魂。他说:"巩固党及其领导机关的另一件很要紧很重大的工作,就是党的口头上和刊物上的宣传鼓动工作,用马克思列宁主义精神教育党员和党的干部的工作,提高党及其工作人员的政治和理论水平的工作。"④要把党的思想教育工作提到应有的高度,把党的、苏维埃

---

① 《斯大林选集》上卷,人民出版社1958年版,第185页。
② 《斯大林全集》(第七卷),人民出版社1958年版,第205页。
③ 《斯大林全集》(第六卷),人民出版社1958年版,第183页。
④ 《斯大林文集》,人民出版社1985年版,第246页。

的和经济工作的干部的政治教育和布尔什维克锻炼作为首要任务。

第三,对列宁的道德品质进行了全面的概括和总结。列宁是共产主义道德品质的卓越体现者,斯大林对列宁的道德品质进行了概括和总结,号召全体苏维埃人民以列宁为榜样和典范,加强自己的共产主义道德品质修养。

首先,列宁工作作风的特点是把俄国人的革命胆略和美国人的求实精神结合起来,革命胆略就是要消除因循守旧、保守主义、思想停滞以及对古老传统的盲从态度,激发人们的思想,振奋人心,破坏旧事物,开辟新前途。这种革命胆略必须与美国人在工作中的求实精神结合起来,多做日常平凡的事情,不然就会陷入空弹高调的可笑境地。而求实精神又必须同革命胆略相结合,否则会堕落为狭隘的无原则的事务主义,列宁辛辣地讥笑、鄙视这种事务主义。其次,列宁得到工人的信任和有崇高的威信,是因为他一贯言行一致,这"……是列宁用以教育工人的方法,这就是他使工人信任领袖的方法"。①他严厉批评言行相悖的做法,认为凡是玩弄两面手法,诺言不去兑现,工人就不可能信任领袖。其三,列宁具有相信群众、质朴谦逊的品质。斯大林说:"我不知道还有第二个革命者像列宁这样深信无产阶级的创造力,深信无产阶级的阶级本能适合于革命。"②列宁不倦地教诲说,要向群众学习,理解群众的行动,细心研究群众斗争的实际经验。列宁相信群众的创造力,"……这样质朴谦逊,这样不愿表现自己、至少是不想惹人注目、不摆架子的特点,正是他的最大长处,正是他这种新群众的新式领袖,即人类最'下层'普通群众的新式领袖所具有的最大长处。"③其四,坚

---

① 《斯大林全集》(第八卷),人民出版社1958年版,第107页。
② 《斯大林选集》上卷,人民出版社1958年版,第180页。
③ 《斯大林选集》上卷,人民出版社1958年版,第176页。

信自己从事的事业是正确的，坚信真理必胜。列宁在革命斗争的历程中虽然屡遭失败，但从不灰心，"恰恰相反，失败使列宁更加精神百倍，鼓舞自己的拥护者去作新的战斗，争取未来的胜利。"①胜利了，也不骄傲。"'不因胜利而骄傲'，——这就是列宁性格中的一个特点，这个特点使他能够冷静地估计对手的力量，保证党不遭可能发生的意外。"②在胜利以后，列宁特别警惕和戒备，一心告诫全党不要骄傲，要巩固自己的胜利，要彻底击溃对手。其五，勇于承认错误。"列宁同志是不怕承认自己的错误的"③。列宁只要发现自己错了，就不怕公开承认自己的错误并纠正自己的错误。例如，1905年12月在芬兰举行的全俄布尔什维克代表会议上，当时列宁反对抵制杜马，有的代表主张抵制杜马。会上代表们经过激烈的争论，列宁后来说，他原来反对抵制杜马，现在发现他自己错了，因此同意各地代表的意见即抵制杜马。

第四，对思想教育与实践的关系进行了概括。十月革命初期，苏联将综合技术教育及教学与生产劳动相结合的方针写进了1919年的《党纲》中，但这一方针没有得到很好地贯彻。1928—1931年，苏联开展了一场全国性的教育大辩论，其中涉及综合技术教育的内容、途径和方法问题，不同主张各持己见，无法形成定论。斯大林强调应该把学校由资产阶级的阶级统治工具变为破坏这一统治的工具，变为教育新一代、实现共产主义的工具。

斯大林通过联共（布）中央文件《关于小学和中学的决定》表达教育与生产劳动相结合的思想，强调"由于综合技术教育是共产主义教育的组成部分，它应当授给学生'科学基本知识'，使学生

---

① 《斯大林选集》上卷，人民出版社1958年版，第177页。
② 《斯大林选集》上卷，人民出版社1958年版，第178页。
③ 《斯大林选集》上卷，人民出版社1958年版，第138页。

'从理论上和实践上了解一切主要的生产部门',并使'教学跟生产劳动紧密结合起来'"①。斯大林强调教育与生产实践不相结合会给社会主义建设事业带来重大的失误和损失,"那些没有见过矿井也不愿意下矿井的年轻专家,那些没有见过工厂也不愿意在工厂里弄脏自己的年轻专家,是永远不能战胜旧的、经过实际工作锻炼的、但是仇视我们事业的专家的。因此,很容易理解,为什么不仅旧的专家,不仅我们的经济工作人员,就连工人也往往很不欢迎这种年轻专家"②。理论和实际、教育和生产劳动的关系是涉及能否培养出合格的红色专家的一个根本问题。斯大林强调:"必须改变对他们的教育,并且必须这样改变:使年轻专家从进入高等技术学校学习的头两年起就和生产、工厂、矿井等有密切的联系。"③在斯大林的领导下,联共(布)中央做出了"教学工作同生产的联系"的决议,根据这个决议,原有教学制度、教育计划和教学大纲要进行改革,使各高等和中等技术学校的课程设置与生产实际紧密联系起来。斯大林关于教育同生产劳动相结合的指示,明确规定了这种结合应该是与所学专业相对口,有利于培养理论与生产实践相结合的红色专家。

第五,对劳动道德和纪律教育及共产主义的劳动态度进行了新概括。社会主义劳动道德培养了人民群众热爱和尊重劳动、掌握技能、严守劳动纪律、自觉劳动的习惯。斯大林批评了那种认为社会主义不需要劳动的荒谬观点,强调社会主义是建筑在劳动上的,社会主义和劳动是彼此分不开的。工人和农民是真正的英雄和社会主义新生活的创造者,社会主义需要的正是所有的人诚实地劳动,为

---

① 《苏联普通教育法令选译》,人民教育出版社1956年版,第21页。
② 《斯大林选集》下卷,人民出版社1979年版,第29页。
③ 《斯大林选集》下卷,人民出版社1979年版,第29页。

自己、为社会劳动。只有通过全体人民的热忱而辛勤的社会主义劳动，大力发展物质生产和精神生产，才能提高到享有丰富的产品并过着完全文明生活的人的水平。

斯大林对社会主义竞赛予以充分的肯定和高度赞扬，指出社会主义劳动竞赛的重大道德意义在于它表现了千百万劳动群众的创造主动性，因为劳动群众是为自己而工作，因而能够表现出进取心和大胆的创造精神。"社会主义竞赛的任务在于粉碎这些官僚主义的束缚，为发挥群众的活力和创造主动性开辟广阔的场所，发掘蕴藏在我们制度内部的巨大的后备力量，并把这些后备力量投入天平盘去同我们国内外的阶级敌人作斗争。"[1]劳动"竞赛使人们对劳动的看法发生了根本的转变，它使过去被认为是可耻而沉重的负担的劳动变成光荣的事情、荣耀的事情、英勇豪迈的事情……在我们的苏联，为社会所称道的最合心愿的事情是能够成为备受千百万劳动者尊敬的劳动英雄，突击英雄"。[2]劳动竞赛开辟了培养社会主义一代新人的途径，培养了一批又一批有文化、有技术、有高度积极性和创造性的新人，提高了工人阶级的技术和思想道德水平，为社会主义向共产主义过渡准备了思想和道德条件。

第六，对思想教育中划清资产阶级思想体系和无产阶级思想体系两种关系进行了新概括。划清资产阶级思想体系与无产阶级思想体系有利于有效地同个人主义、利己主义思想作斗争。在对广大干部和群众进行共产主义思想教育的同时，斯大林要求必须对资产阶级的意识形态开展批判，认为在现实社会生活中，既存在着无产阶级思想体系即社会主义、共产主义思想体系，也存在着资产阶级思想体系即个人主义、利己主义思想体系。"在我们这个时代只能是

---

[1]《斯大林全集》（第十二卷），人民出版社1955年版，第98、99页。
[2]《斯大林全集》（第十二卷），人民出版社1955年版，第275页。

存在着两种思想体系：资产阶级思想体系和社会主义思想体系。"①"旧社会遗留下来的旧的习气、习惯、传统和偏见是社会主义最危险的敌人。"②要用共产主义思想武装广大干部群众就必须有效地同资本主义思想作斗争。

斯大林在谈到肃清人们意识中的资本主义残余的必要性时认为："不仅因为人们意识的发展落后于人们的经济地位，而且因为资本主义的包围仍然存在，这种资本主义包围力图复活和支持苏联经济中和人们意识中的资本主义残余，我们布尔什维克对这种资本主义的包围必须时刻戒备。"③为了有效地同资产阶级思想、同个人主义、利己主义进行斗争，斯大林要求理论工作者、文学艺术工作者，努力提高群众的政治水平和文化水平，克服资产阶级思想倾向，帮助工人阶级及其政党以社会主义、共产主义精神教育劳动者，组织群众为社会主义而斗争，防止敌人"力图复活和支持苏联经济中和人们意识中的资本主义残余"。④

第七，对社会主义社会开展科学无神论教育的内涵和要求进行了新概括。科学无神论教育有助于树立科学世界观。十月革命后，列宁在俄共（布）党纲草案中就指出，俄共对宗教的政策是不满足于已经颁布过教会同国家分离、学校同教会分离的法令，党力求完全摧毁剥削阶级和宗教宣传组织之间的联系，组织最广泛的科学教育和反宗教宣传工作。斯大林关于无神论教育的思想是对列宁思想的延续，他认为应该让人民群众了解辩证唯物主义关于自然、自然规律和新的科学成就的最起码知识，从而掌握自然发展规律和社会发展规律。编写社会科学各学科的教科书，普及马克思主义理论教

---

① 《斯大林全集》（第一卷），人民出版社 1953 年版，第 86 页。
② 《斯大林全集》（第六卷），人民出版社 1956 年版，第 217 页。
③ 《斯大林选集》下卷，人民出版社 1979 年版，第 331 页。
④ 《斯大林选集》下卷，人民出版社 1979 年版，第 331 页。

育,是开展无神论教育的最重要的工作之一。斯大林亲自撰写了《辩证唯物主义和历史唯物主义》,作为《联共(布)历史简明教程》教科书的一节。1938年11月14日,联共(布)中央委员会通过《关于〈联共(布)历史简明教程〉出版后党的宣传工作》的决议,阐述了教程的意义,规定在全国范围内立即停止使用其他版本的党史教科书,凡是党史方面、马列主义基本理论方面的正式解释,一律要以教程的提法为准,进行修正和澄清,杜绝任意解释的现象。决议还具体规定学习教程的方法,在高等学校普遍开设"马列主义基础"课,以教程为基本教材,作为每个大学生的必修课。

斯大林采取强有力的措施强化共产主义思想教育,不仅适应了政治斗争复杂的时代的客观要求,而且反映了无产阶级革命家勇于争创时代导向的政治气魄。苏联的共产主义教育发挥了强有力的作用:苏维埃政权经受住了国外敌人颠覆和国内敌人叛乱的严峻考验,政权很快得以巩固;同时,极大地动员了全国的人力、财力、物力,加速了社会主义的进程。对于斯大林时期苏联人民热烈拥护社会主义事业的精神风貌,就连对苏联颇有微词的法国作家纪德也曾这样描述:"俄国民众表现快乐。……没有一个地方能像在苏联一样,人民本身、街上所遇见的人、所参观工厂的工人,以及拥挤在休息、文化或娱乐场所的那些群众,是如此的笑容满面的。"①"不能设想,苏联以外其它地方,人们能够那般深切那般强烈感觉到人类的感情。"②法国学者亚历山大·阿德勒等在所著的《苏联和我们》一书中曾惊叹道:"教育的迅速发展很快改变了原先受损害的阶级即工人和农民的地位,但更多地改变了受封建主义和殖民主义的国家双重排斥的各种人的地位:妇女以及从愚昧无知的隔离状

---

① [法]纪德:《从苏联归来》,辽宁教育出版社1999年版,第119页。
② [法]纪德:《从苏联归来》,辽宁教育出版社1999年版,第23页。

态中走出来的异族人民；使他们在精神上和在民权上得到充分的尊严。一个国家，一方面迅速发展资本主义，同时又心安理得地让人民群众停留在中世纪的不发达状态，对于这样的国家，只有社会主义革命才能够有意志和手段来紧急地、迅猛地发动这样一场大变革，其解放力量之大，不论过去还是将来都是不可估量的。"①

共产主义思想教育工作是苏联人民取得社会主义建设历史成就的重要精神武器。但是，斯大林时期共产主义思想教育形成了僵化模式，存在着诸如教育内容上的教条主义、教育方式方法上的命令主义等消极因素的影响。其主要表现：一是斯大林在苏联共产主义教育实践中长期照搬马克思、恩格斯、列宁的一些理论，使马克思列宁主义教条化，造成了教育内容上的缺陷；二是用行政命令的、强制的方法，甚至阶级斗争的方法干预思想教育工作；三是斯大林始终强调要对资产阶级腐朽思想展开无情的斗争，以及全盘否定现代资本主义文化，使苏联社会主义在某些重要领域偏离了世界发展的共同道路，苏联的经济、政治、文化长期陷于不可解决的矛盾和困难之中。

四、И. В. 斯大林的政治伦理思想

1. 阶级利益、国家利益与民族利益

政治伦理的基本主题之一是以何种原则和立场处理阶级利益、国家利益和民族利益的关系。马克思和恩格斯曾经认为随着无产阶级革命的胜利和无产阶级专政的建立，民族问题所存在的经济基础

---

① 〔法〕亚历山大·阿德勒等：《苏联和我们》，王林尽等译，湖南人民出版社1982年版，第180页。

——私有制已经被消灭，民族问题必将在社会主义社会得到一劳永逸的解决。但马克思和恩格斯所设想的社会主义社会是建立在发达资本主义基础之上，而当时的苏（俄）联是建立在落后的资本主义基础之上，各民族除了具有无产阶级共同利益外，还有本民族的民族利益。因此，如何处理阶级利益、国家利益、民族利益就是一个重大的政治伦理问题。

民族问题曾经是俄国历史上的痼疾，在十月革命前俄国民族矛盾已经到了非解决不可的地步，列宁称当时的俄国社会是各族人民的牢狱。十月革命胜利后，列宁十分重视解决俄国历史上所遗留下来的民族问题。斯大林是苏联所有领导人中在位时间最长的，而他所领导的时期又处于苏联的早期。斯大林高度关注阶级利益、国家利益与民族利益，其政治伦理思想的核心之一在于强调阶级利益和国家利益高于一切。

以阶级利益取代民族利益是斯大林在处理民族问题时的一贯思想和做法。斯大林出身于格鲁吉亚的一个农奴家庭，俄国沙皇依靠格鲁吉亚贵族对格鲁吉亚人民进行统治，那里的阶级矛盾和民族矛盾异常复杂和尖锐，处于被统治地位的弱小民族下层的势力同处于统治者地位的本民族和外民族的联合势力悬殊，仅仅依靠本民族自身的力量难以获得解放。因此对于弱小民族来说它必须跨过民族界限联合其他民族的下层人民才能使自身获得解放。早年的家庭生活和格鲁吉亚社会状况使得斯大林非常注重民族联合和阶级联合。斯大林从参加革命的那一天起，他就不再是一位格鲁吉亚的民族主义者，而是一位抛弃了民族观念，以无产阶级利益原则和国际主义精神来衡量其民族归属和民族意识的革命者了。斯大林站在无产阶级革命立场进行革命活动，作为党的一位少数民族出身的领导者，斯大林一方面以无产阶级利益来打击各种民族利己主义，同时还要使少数民族不怀疑俄罗斯人在平等、真诚地关怀和帮助他们发展；另一方面少数民族出身的他又必须远离少数民族随时可能出现的狭隘民族思想，使俄罗斯人不再怀疑曾是被压迫的少数民族没有民族分离或复仇意识。当然，俄罗斯族作为苏联的主体民族，其在苏联政治、经济生活中所具有的主导地位和决定作用是毫无疑问的，但是，斯大林的"非俄罗斯"身份使他的"俄罗斯化"思想和政策具有纯粹的无产阶级性，对民族联合具有相当的说服力。这样就使他在民族问题方面所具有的思想和所做的一切都表现为是为了捍卫无产阶级利益和无产阶级国家利益。

斯大林关于无产阶级利益高于各民族自己利益的思想在革命时期无疑有利于团结各民族被压迫者的力量，共同推翻各民族的统治者和压迫民族的统治者，从而求得各民族的共同解放，这是任何一个民族的被压迫者或者各民族被压迫者的分散力量都难以实现的。1904年，斯大林在《社会民主党怎样理解民族问题》一文中，提出"党是俄国的党，是俄国各民族无产阶级的党，而不是俄罗斯的党"的思想，文章严肃批判了在俄国党二大上有人提出来的那种鼓吹在组织上按民族建党的联邦主义谬论。斯大林坚定地主张，为了无产阶级的胜利，必须不分民族地把一切工人联合起来。很明显，打破民族间的壁垒而把俄罗斯、格鲁吉亚、阿尔巴尼亚、波兰、犹太和其他民族的无产阶级紧密地团结起来，乃是无产阶级革命胜利的必要条件。在《列宁主义的基础》一文中，斯大林谈到民族问题时认为，必须反对各被压迫国家社会党人的民族闭关自守、狭隘观点和各自为政，这些社会党人不愿意超出自己的民族狭隘眼界，不了解民族解放运动和统治国无产阶级运动之间的联系。不进行这样的斗争，就不能保持被压迫民族无产阶级的独立政策，就不能保持它和统治国无产阶级在推翻共同的敌人、推翻帝国主义的斗争中的阶级团结。斯大林关于各民族无产阶级团结的观点受到了列宁的高度赞扬，特别是他写的《马克思主义和民族问题》被列宁誉为当时马克思主义文献中阐述俄国党的民族纲领原则首屈一指的文章。这些观点对于俄国各民族无产阶级团结起来共同取得十月革命的胜利起到了巨大的宣传、发动和指导作用。

斯大林是党的少数民族出身的领导人，又撰写过一系列有关民族问题的文章，被认为是民族问题的行家里手。因此，列宁任命他为民族事务人民委员部委员，以期加强非俄罗斯人对人民委员会的信任。列宁患病期间，斯大林按他自己对民族问题的理解来处理当时俄国社会所存在的民族问题。此时他的一些民族思想越来越具有超前意识，脱离了俄国社会实际以及社会发展规律。斯大林只注重无产阶级和无产阶级国家的共同利益，忽视了各民族的民族利益，所以遭到了少数民族的反对，突出的事件便是格鲁吉亚事件。1922年8月，以斯大林为首的专门委员会在拟定俄罗斯联邦和独立共和国的相互关系草案时，规定乌克兰、白俄罗斯、格鲁吉亚、亚美尼亚、阿塞拜疆五个共和国降低一格作为自治共和国加入俄罗斯联邦，并由俄罗斯联邦领导和管理，这就是所谓的斯大林"自治化"方案。这种处理方式从根本上违背了党的民族纲领，使俄罗斯联邦处于比其他共和国高出一头的地位，也使已经形成的俄罗斯联邦与各民族苏维埃共和国之间的友好关系倒退。这个自治化方案遭到各民族共和国的强烈反对。由于列宁的干预，斯大林的自治化方案在当时没能实现，但在列宁逝世后，斯大林很快使整个联盟徒具形式，实现了他想达到的中央集权的目的，以整个国家的利益取代了各个少数民族和各加盟共和国的利益。

斯大林认为无产阶级国家的利益高于一切，他在党的十二大上就反复强调苏联的民族问题是一个俄罗斯无产阶级和过去被压迫的各民族的农民之间的相互关系问题。30年代中期,斯大林宣布苏联已建成社会主义,认为苏联各民族的民族差异已经消失,民族矛盾已不存在。因为造成民族纠纷、民族互不信任心理和民族主义狂热的基础已被消灭,苏联各民族和各种族,在全国经济、政治、社会和文化各方面都享有同等的权利。所以根本谈不上民族权利受到伤害。然而,在高度集权下的苏联,非俄罗斯族的权利能否得到实现,在很大程度上取决于苏联最高领导人的意志,形式上的保证并不等于实际的政策,而且两者之间经常是完全相悖的。在俄罗斯族占各方面优势的苏联,否认民族问题和民族矛盾,否认少数民族的经济利益,以国家利益取代各民族共和国的发展要求,是无助于实现民族平等和团结的,也无助于统一的多民族国家的巩固。在斯大林的绝对权力和一些错误政策下,非俄罗斯民族受到了很多的压制甚至迫害。斯大林在世的最后一年,苏联的民族关系非常紧张。这时的苏联是一个名副其实的帝国。联盟各民族之间并不平等,远不像官方所宣传的那样友好。总之,由于斯大林过分强调各民族的共同阶级利益和国家利益,造成了一些新的民族问题的产生,损害了党对各民族的凝聚力和党在少数民族中的形象。

2. 社会和谐论

斯大林关于社会和谐论伦理源于苏联工业化和农业集体化的经济工作实践,这一实践的特殊形式和内涵决定了其社会伦理的形式和内涵。苏联国家工业化和农业集体化的过程,既是对城乡资本主义经济成分实行排挤和消灭的过程,也是斯大林模式形成的过程。社会主义社会的建立是苏联历史进程中重大的转折点,标志着苏联党和人民经过艰苦的奋斗进入了一个全新的时期。这样一个时期使苏联创造了不同于欧美资本主义工农业发展模式的经济形式,提出了立于这一经济形式之上的社会伦理理论。斯大林作为亲身经历这一历史变迁的国家领袖，根据苏联社会主义改造完成后的经济结构、阶级结构变动情况，初步探索和分析了社会主义社会内部的矛盾关系，提出了社会主义社会生产关系和生产力之间、社会主义社会成员之间、各民族之间，在根本利益上结成了一种团结、友爱、和谐的关系。斯大林的社会主义和谐思想主要包括三个方面，即生产力和生产关系的和谐、阶级关系和谐、民族关系和谐。

第一，生产力与生产关系的和谐。十月革命胜利后，列宁在评论布哈林的《过渡时期的经济》一书中明确指出："在社会主义制度下，对抗将消灭，矛盾还会存在。"[①]20年代中期，斯大林认为，苏联社会存在两种矛盾：一是内部矛盾，即无产阶级和农民之间的矛盾；二是外部矛盾，即苏联和其他一切资本主义国家之间的矛盾。[②]在生产资料所有制社会主义改造基本完成以后，斯大林在1938年9月发表《论辩证唯物主义和历史唯物主义》一文，首次提出了社会主义制度下生产关系完全适合生产力的观点。他说："苏联的社会主义国民经济是生产关系完全适合生产力性质的例子，这里的生产资料的公有制同生产过程的社会性完全适合，因此在苏联没有经济危机，也没有生产力破坏的情形。"[③]"在社会主义制度下，……人们在生产过程中的相互关系，是不受剥削的工作者之间同志合作和社会主义互助的关系。这里生产关系同生产力状况完全适合，因为生产过程的社会性是由生产资料的公有制所巩固的。"[④]1940年，苏联的《在马克思主义旗帜下》杂志编辑部在总结关于生

---

① 〔苏〕列宁：《对布哈林〈过渡时期的经济〉一书的评论》，中共中央马克思恩格斯列宁斯大林著作编译局译，人民出版社1976年版，第13页。
② 《斯大林选集》上，人民出版社1979年版，第336页。
③ 《斯大林选集》下，人民出版社1979年版，第445页。
④ 《斯大林选集》下，人民出版社1979年版，第449页。

产方式两个基本方面的关系问题的讨论时,把"完全适合"解释为"无矛盾"论,认为"在社会主义社会,没有也不可能有生产关系与生产力之间的矛盾",并且强调这是一条规律。50年代初,斯大林在《苏联社会主义经济问题》一书中对自己的"完全适合"论作了进一步补充说明。虽然他在这本书中承认生产力和生产关系之间的矛盾"无疑是有的,而且将来也会有的",但是他同时继续坚持"完全适合"的论点,他认为应把"完全适合"的说法"理解为在社会主义制度下,通常不会弄到生产关系和生产力发生冲突,社会有可能及时使落后了的生产关系去适合生产力的性质"。①落后的生产关系仿佛可以自动适合生产力的发展水平。这样"完全适合"论就演变成"自动适合"论。这是对社会主义社会生产力和生产关系之适应的急于求成的认识。

第二,阶级关系和谐。阶级关系问题是十月革命后贯穿苏联社会伦理建设的核心问题之一。苏联的社会主义社会仍然存在着阶级,但这种阶级与过渡时期的阶级有所不同。斯大林对社会主义社会的阶级结构和阶级特征作了具体的阐述:"地主阶级已经因国内战争胜利结束而完全消灭了。其他剥削阶级也遭到了与地主阶级同样的命运。在工业方面已经没有资本家阶级了。在农业方面已经没有富农阶级了。在商品流转方面已经没有商人和投机者了。"②苏联社会主义国家内部只存在工人阶级、农民阶级和知识分子。斯大林反对那种将社会主义社会中的工人阶级同剥削阶级社会例如资本主义社会中的相应社会集团混为一谈的观点,认为"苏联无产阶级已经变成完全新的阶级,已经变成消灭了资本主义经济制度、确立了生产工具和生产资料的社会主义所有制、引导着苏联社会向共产主

---

① 《斯大林选集》下,人民出版社1979年版,第577页。
② 《斯大林选集》下,人民出版社1979年版,第394页。

义前进的苏联工人阶级"①。苏联的农民也与以前不同了,"他们的工作和财产不是建立在个体劳动和落后技术的基础上,而是建立在集体劳动和现代技术的基础上……农民的经济基础不是私人所有制,而是在集体劳动基础上成长起来的集体所有制"②。苏联的知识分子已成为新型知识分子,旧的顽固的知识分子,那种企图使自己超脱各阶级,而实际上大多数都是为地主资本家服务的知识分子在苏联已经不存在。由于苏联社会主义制度的确立和苏联社会阶级关系的变化,苏联的工人阶级、农民阶级和知识分子之间,其根本利益是一致的,因而他们之间没有相互对抗、彼此冲突的矛盾,而是在友爱合作的基础上生活和工作。斯大林在此基础上进一步提出了社会主义社会发展的"和谐动力论"。1939年3月,斯大林在联共(布)十八大的报告中指出:"与任何资本主义社会不同,现在的苏联社会的特点就在于,在苏联社会中再也没有对抗的敌对阶级了,剥削阶级已经消灭了,而构成苏联社会的工人、农民和知识分子是在友好合作的基础上生活和工作的……在这种共同性的基础上,像苏联社会在道义上和政治上的一致、苏联各民族人民的友谊以及苏维埃爱国主义这样一些动力也得到了发展。"③然而,这个观点与实践上抓阶级斗争的做法是不一致的。

第三,民族关系和谐。1936年,斯大林在《关于苏联宪法草案》的报告中,总结了从1924年到1936年发生在苏联经济生活和社会生活方面的各种变化,揭示了当时苏联民族问题的实质性变化:制造民族纠纷的主要势力即剥削阶级已不存在,反对一切奴役而忠实地实现国际主义思想的工人阶级已经掌握了政权,各族人民

---

① 《斯大林选集》下,人民出版社1979年版,第395页。
② 《斯大林选集》下,人民出版社1979年版,第395页。
③ 《斯大林文选》,人民出版社1962年版,第237页。

在经济和社会生活一切方面已经切实实行互助，苏联各族人民的民族文化，即民族形式和社会主义内容的文化已经有了蓬勃的发展。所有这些因素以及诸如此类的因素，导致苏联各族人民的面貌发生根本变化，他们中间互不信任的心理已经消失，而相互友爱的感情已经发展，因而建立了各族人民在统一的联盟国家体系中真正兄弟合作的关系。1952年10月，苏共十九大政治报告进而认为，苏联各民族"已经在完全平等的基础上，以一种坚固的友谊紧紧地联系在一起了"，苏联"已经成为全世界真正民族平等与合作的榜样和典范"①。

斯大林认为社会主义社会内部的关系基本上是和谐的，这种认识在一定程度上符合当时改造后苏维埃社会主义民族关系事实的一面，但他把和谐看成是无矛盾甚至"完全一致"，这就使得他的认识不仅离开了唯物主义辩证法的观点，在很大程度上陷入了形而上学，而且也不符合当时苏联的实际。

生产力与生产关系的矛盾仍然是社会主义社会的基本矛盾。由于社会主义制度的建立，苏联社会中的生产关系，从总体上和长远意义上来说，进一步适应了生产力的发展。但在社会主义社会中，生产关系和生产力之间仍然存在着矛盾的一面。尤其是因为苏联的社会主义改造搞得十分粗糙，这种矛盾表现得十分明显。可是斯大林却认为，苏联社会中"生产关系完全适合生产力的性质"。苏联在完成社会主义改造后的很长时期内，对生产关系各个方面存在的问题，没有给予充分重视和认真研究，更没有进行必要的调整和改革，和这种"完全适合"论无疑有着直接的关系。"完全适合"论从理论根源上讲是由于他对马克思关于生产关系和生产力之间的相

---

① 赵常庆、陈联璧：《苏联民族问题文献选编》，社会科学文献出版社1987年版，第175页。

互关系的论述做了绝对化的理解。马克思在1859年曾说，人们在社会生产中所结成的一定的生产关系，是同生产力的一定发展阶段"相适合"的；而当生产力发展到新的阶段，便和现存的生产关系"发生矛盾"。①这里的"适合"绝不是无矛盾的"完全适合"。马克思在讲到某种生产关系适合生产力的发展时，绝不是否定这二者之间的矛盾，而是指这种矛盾还处在隐蔽的量变阶段。而他所说的生产力和生产关系"发生矛盾"，则是指这二者之间的矛盾的激化，但斯大林却认为生产关系和生产力的"适合"就是无矛盾的"完全适合"。由于社会主义生产关系基本适合生产力的性质，这二者之间的矛盾通常不会发展到激化的程度，斯大林就据此断言，社会主义生产关系完全适合生产力的性质。任何社会都存在着矛盾，人类社会是在矛盾运动中发展进步的。马克思指出："按照我们的观点，一切历史冲突都根源于生产力和交往形式之间的矛盾。"②由生产力与生产关系所构成的社会基本矛盾的运动，不仅从纵向维度推动着社会形态由低级向高级不断发展，同时也从横向维度决定着社会冲突的范围、内容及形式。在不同的社会，由于社会基本矛盾的性质不同，决定了各种冲突与问题的性质与解决方式的不同。在社会主义社会形态中，基本矛盾依然是生产关系与生产力之间的矛盾。社会主义生产关系，如生产资料公有制、人们在生产过程中的相互合作关系、按劳分配等，在本质上与生产力的发展是相适应的。但在现阶段，生产关系的某些方面和环节，如生产资料公有制及按劳分配的实现形式，经济管理体制和运行机制等，还很不完善。这些不完善方面与生产力的发展存在着明显的矛盾，在一定程度上延缓和阻碍着生产力的顺利发展。

---

① 《马克思恩格斯选集》（第二卷），人民出版社1995年版，第32页。
② 《马克思恩格斯文稿》（第一卷），人民出版社1995年版，第115页。

社会主义社会的基本矛盾与以往社会的基本矛盾具有根本不同的性质，社会基本矛盾不再具有对抗的性质。这种矛盾本质上可以通过社会伦理、法律等的调节，通过社会主义内部的力量进行自我调整和完善来解决，即通过适时、适度地调整生产关系的某些方面和环节，逐步达到生产关系与生产力的统一和适应，从而促进社会生产力的顺利发展和整个社会的全面进步。构建和谐社会必须正确认识和处理人民内部矛盾。斯大林宣布苏联建成社会主义社会以后，曾在《关于苏联宪法草案》和党的第十八次代表大会的报告中先后明确指出，苏联社会主义社会中的人民内部关系，是一种友爱合作的新型社会关系，他们之间存在着道义上和政治上的一致。这些论述深刻说明了社会主义社会同资本主义社会在人们社会关系上的本质区别，但是斯大林没有认识到人民内部矛盾的方面。1924年1月列宁逝世，5月俄共（布）十三大政治报告在谈到民族关系问题时就认为，关于各民族权利平等、各民族经济和文化平等问题已基本上解决了。这种估计显然不符合当时苏联民族关系的实际情况。在斯大林提出"一国可以建成社会主义"的思想指导下，从1928年起苏联推行加速社会主义工业化和农业集体化的政策，对国民经济进行全面改造，使社会和经济结构发生很大变化。伴随1936年11月宣布"苏联社会已经做到基本上实现了社会主义，建立了社会主义制度"，斯大林在民族关系上也宣告各民族之间的"互不信任的心理已经消失"[①]。"苏联各民族和种族，在全国经济、政治、社会和文化各方面都享有同等的权利。所以，根本谈不到民族权利会受到损害"的问题。[②]这样估计民族关系状况，显然是不符合客观实际的。20世纪30年代初期至二战结束前发生的一系列严

[①]《斯大林文选》，人民出版社1962年版，第89页。
[②]《斯大林文选》，人民出版社1962年版，第103页。

重侵害非俄罗斯族人民利益的事件，反映出斯大林对建设和谐民族关系问题认识上的严重失误。

3. 群众与领袖的关系

十月革命胜利后，面对帝国主义武装干涉和国内战争爆发，列宁采取了一系列非常措施，强化新生的革命政权，实行组织上的极端集中制和工作上的战争命令制，把决策权高度集中于少数人组成的政治局。1921年起，苏维埃俄国国内战争结束，国家开始和平建设，苏维埃初期建立起来的高度集权的政治体制出现弊端，如何正确处理群众、领袖与个人崇拜之间的关系提上了日程。

列宁强调领袖产生于群众，贯彻马克思主义群众路线，苏维埃国家不能搞个人崇拜。这个观点曾经得到斯大林的支持。斯大林指出："把领袖看作唯一的历史创造者，而不把工人和农民放在眼里的时代已经过去了。现在民族和国家的命运不仅仅是由领袖决定的，而首先和主要是由千百万劳动群众决定的……这才是真正的英雄和新生活的创造者。"[①]当然，"马克思主义一点也不否认卓越人物的作用"，"马克思主义从来没有否认过英雄的作用"，"恰恰相反，马克思主义认为这种作用是相当大的"。[②]真正做到尊重群众的经验，就要求"领导者不应当骄傲"，而"要细心倾听群众的呼声、普通党员的呼声、所谓'小人物'的呼声、人民的呼声"。"这就是说，一分钟也不能削弱我们同群众的联系，更不用说断绝我们同群众的联系了。"[③]群众路线不仅是检验领导干部的试金石，也是培养领导干部的学校，因为"只有不仅善于教导工农，而且善于向工农

[①]《斯大林全集》(第十三卷)，人民出版社1956年版，第228页。
[②]《斯大林全集》(第十三卷)，人民出版社1956年版，第94—96页。
[③]《斯大林文选》，人民出版社1962年版，第145页。

学习的领导者，才是真正布尔什维克的领导者"①。"只有在公开和诚恳的自我批评环境中，才能培养出真正布尔什维克的干部，才能培养出真正布尔什维克的领袖。"②相反，"用掩饰干部错误的办法来体谅和爱护干部，就一定会毁掉这些干部本人"③。"布尔什维克只要一脱离群众和失去同群众的联系，只要染上官僚主义的毛病，他们就会丧失任何力量，而变成空架子。"④"领导者可以上台下台，而人民还是人民。只有人民是永存的。其他一切都是暂时的。所以，应该善于珍视人民的信任。"⑤斯大林的这些理论对于苏维埃建立和谐的伦理关系，推动社会主义道德实践仍起着重要的指导意义。

斯大林执政后，通过几次党内政治斗争，逐步在政治上建立了高度集权的体制，确立了自己的绝对权威，在经济上建立起了高度集权的中央计划经济体制。1936年苏联颁布了被称为"斯大林宪法"的新宪法，苏联政治体制向权力更为集中的方向发展，由中央集权逐步走到了个人集权，对斯大林的个人崇拜和"国家崇拜"也产生了。斯大林认为，随着国家职权的加强，作为国家政治工具的政统压制要增加，作为社会主义特殊利益保证的法律要受到控制。"个人崇拜"和"国家崇拜"与国家统制型经济体制结合在一起，使苏联最终在20世纪30年代中期形成了个人与中央集权的政体和等级分明的官僚式国家管理机构。

斯大林时期个人集权的表现是多方面的，主要有党内民主集中制名存实亡、党政不分、以党代政、国家最高权力机关（全国苏维

---

① 《斯大林文选》，人民出版社1962年版，第59页。
② 《斯大林文选》，人民出版社1962年版，第143页。
③ 《斯大林文选》，人民出版社1962年版，第140页。
④ 《斯大林文选》，人民出版社1962年版，第147—148页。
⑤ 《斯大林文选》，人民出版社1962年版，第157页。

埃代表大会）形同虚设等。个人崇拜盛行是个人集权制的突出表现。对斯大林的个人崇拜比较明显的时期始于1929年，当时苏联工业化和农业集体化取得了一定的成绩。到20世纪30年代末期，按照当时苏联的说法，苏联的经济实力已居欧洲第一，世界第二，基本实现了工业化，对各个反对派的斗争也取得了一定的胜利。为了庆祝斯大林五十大寿，全国各报刊载满了歌颂斯大林的文章和诗篇，各地隆重举行庆祝活动，加里宁、古比雪夫等新的党政领导人不同程度地夸大了斯大林的功绩和作用，称赞他是"列宁唯一可靠的助手"，"是苏维埃共和国的救星"。这次祝寿活动后，个人崇拜渗入到社会意识形态领域。1934年党的十七大上，随着工业化和农业集体化的完成，个人崇拜获得了淋漓尽致的表现，并被看成是党内合法的意识和观念。"斯大林宪法"通过后，各报刊把党和苏联人民进行社会主义革命和建设的成就都归功于斯大林个人。苏联卫国战争胜利后，对斯大林的个人崇拜达到登峰造极的地步。斯大林被歌颂为"人类最伟大的天才""最伟大的领袖"，斯大林的指示是社会主义建设事业所有各个部门中的行动指南。斯大林成了神，他本人不仅接受而且制造对自己的个人崇拜，甚至心安理得地在自己的传略上加上"斯大林是今天的列宁"等语，并签署命令为自己建立大型纪念碑。从1929年底全国为之祝寿开始至斯大林去世，在长达20多年的时间里，对斯大林的个人崇拜成了党和国家政治生活的重要准则。

斯大林没有完整地继承、发展列宁的党建思想，而是把一些特殊形势下的临时性措施固定下来，甚至在某些方面走向极端。他既是党的总书记，又是部长会议主席、武装力量总司令。斯大林晚年以一人之权囊括了全党、全军、全国的权力，个人控制一切、处理一切、垄断一切、制裁一切。斯大林时期个人集权制和个人崇拜对苏联党和国家的政治伦理建设产生相当大的影响：

第一，权力过分集中，党和国家的一切最高权力都由斯大林一人垄断，从而在体制上失去了制约权力的手段，为滥用权力提供了机会和条件。在20世纪20年代后期，斯大林凌驾于政治局和中央委员会之上，凌驾于人民委员会和最高苏维埃之上，他可不经政治局和人民委员会讨论，自行决定党和国家的重大问题。随着斯大林个人权力的膨胀，无视宪法、甚至违反法律的行为日益严重。

第二，个人集权和个人崇拜使民主成为一种形式，因而人民不能真正成为社会的主人。作为执政的苏联共产党没有能成为苏联社会主义民主制度建设的领导者。在斯大林时期，联共（布）不仅在党内建立起反民主的个人集权制，而且还把个人集权制强行扩大和渗入到苏联社会政治、经济和思想文化体制中去。党政职能不分、以党代政被当作是体现党的领导的正确原则肯定下来并得到全面的推广和贯彻。斯大林为首的联共（布）中央的一些领导人直接掌握和直接行使苏维埃的日常行政权力，直接处理纯属苏维埃各方面的具体事务，使政权完全从属于党权，完全从属斯大林的个人集权，从而由苏联人民代表团组成的苏维埃代表大会，不能像苏联各个宪法所规定的那样，真正成为国家最高的权力机关。它既不能真正行使立法权和重大问题的决定权，又不能依法组织对它负责、受它监督的国家行政机关（政府）、审判机关和监察机关。它的实际职权日益萎缩，形同虚设。

个人崇拜的模式在斯大林去世之后，苏共党以批评斯大林的形式奇怪地延续下来。Н. С. 赫鲁晓夫（Никита Сергеевич Хрущёв，1894—1971）发起了对斯大林个人崇拜的批判并进行了某些改革和调整，但并没有真正触及这种体制的弊病。Л. И. 勃列日涅夫（Леонид Ильич Брежнев，1906—1982）上台后，便取消了赫鲁晓夫的种种改革措施。1977年，勃列日涅夫以总书记兼任最高苏维埃主席团主席和国防委员会主席。后来苏联的最高领导人也都实行这一体制，就连 M. C. 戈尔巴乔夫（Михаил Сергеевич Горбачев，1931— ）对个人权力的追求，所维持的官位等级制甚至连其传统作风等，都带有这种体制的深刻烙印。过度集权和僵化的体制，使"人民公仆"发生蜕变，导致了一个特殊的社会群体的形成，即官僚特权阶层。这必然增强人民的逆反心理，以致认为其所有说教都是虚伪的，直至后来危及人们对社会主义的信仰。由列宁和布尔什维克党建立起来的党和人民的血肉联系，随着社会各种不满的积累，苏联人民对党和政府的感情由亲到疏、由热到冷。人民没有切实感到自己是国家的主人，因而同党的距离越来越远，党群关系的巨大裂痕，使苏共渐失民心。决策上的不民主化和不科学化，领袖的指导思想失误，使苏联共产党在一些重大问题上犯了许多错误，更进一步失去了人民对党的信任。日益庞大的官僚特权阶层脱离了广大群众，与人民大众的矛盾越来越深，丧失了苏联共产党人往昔的革命形象。

4. 政治伦理之优势

斯大林抓住了苏联社会必须由革命转向建设这个纲领，但他没有像布哈林那样走得那样远，以至于忽视了社会的革命狂热氛围。他成功地利用了他出色的组织才能，较好地驾驭了布尔什维克革命的惯性力，把人民群众的革命热情、牺牲精神、急于摆脱贫困和落后的心理引导到了工业化建设的轨道。

在一国建成社会主义这个总前提下，斯大林激励苏联人民相信他们是自己命运的主人，他们不必依靠外国力量，而是依靠自身的成就，就可以向西方和全世界指明人类前进的道路。斯大林不仅鼓舞和再次激发了苏联人民的革命英雄主义，而且也唤起了深深扎根于俄国人历史中的民族自豪感和宗教救世主义的使命感。他使苏联人民相信，美好生活的远景在向他们招手，为了这个远景，他们还得忍受相当大的苦难和牺牲，他们的苦干和发奋一定会给他们带来胜利、安全和福祉。

在列宁去世后至 30 年代初的这段时间里，在党内各种政治力量的反复较量中，在各种思想、设计的斗争中，斯大林成了胜利者，斯大林的建设方案也随之成了苏联工业化和现代化道路。在斯大林的旗帜下，苏联人民以前所未有的热忱、献身精神和群众英雄主义展开了一场气势恢宏、规模浩大的工业化建设运动。在这场建设热潮中，数以百万计的普通群众承受着巨大的牺牲，却真诚地相信他们自己是共产主义未来真正的创造者和建设者，相信他们的忘我献身不仅对于他们自身的命运，而且对于世界无产阶级的命运和全人类的命运都起着决定性的作用。苏联的工业化运动第一个社会主义国家由一个经济落后国家变成了工业强国，取得了不依附于帝国主义的经济上的独立地位；工业化建立了苏联强大的国防力量，为打败法西斯入侵准备了物质条件；工业化为苏联社会科学技术进步创立了强大基地，使苏联高科技方面得以站在世界的前列；工业化成为苏联社会进步的基础和推动力，它不仅是苏联社会物质和文化生活改善所依赖的力量，而且也是苏联在世界上发挥作用的坚强后盾。这些成就主要来自于苏联人民的创造力，但不是说斯大林的方案就是绝对合理的。

斯大林依靠其出色的组织能力把苏联人民的革命热情再次激发起来，用于宏大的社会主义建设工程，但是用直接进攻的办法、短促突击的办法搞建设，毕竟不是一种正常的和健康的途径。群众的热情不可能持久，人民对牺牲的承受力也是有限的。依靠强制的办法，以人民群众付出较大牺牲和代价的办法进行工业化，可是一个社会的整体生产力水平的提高是不可能依靠短促突击的方法完成的，而各生产部类的增长长期失调和国民经济的发展长期失衡的状态终于无法持久地维持下去。因此，时间越久斯大林方案的弊病便越明显，这种弊病持续的时间越长，其危害性也就越大。

苏联最终选择了斯大林方案，这是各种历史合力作用的结果。但是，即便是选择了斯大林方案，更多地吸收布哈林方案中的合理成分，而不是简单地抛弃它，并不是不可能的。列宁时期，党内曾不止一次地发生过激烈的争论，结果总是得到一个相对较好的、大家都比较能够接受的方案。斯大林没有列宁的胸襟和胆识，他用组织的手段把反对自己的人一个个地清除掉，对他们的思想也采取了一棍子打死的办法。从社会发展的角度看，历史的选择不是也不可能是一劳永逸的。囿于一时一地的条件，人们在作出某种选择的时候往往不一定能够得到一种最佳的方案，但是更重要的可能是如何建立起一种机制来保证及时地、不断地校正自己的选择。要保证苏联社会主义沿着列宁开辟的道路继续走下去，在当时的环境中是一件极为困难的事情。在比较好的情况下，它不仅需要能够保证这一方案得以贯彻的相对健全的制度，还需要能够保证这一方案得以贯彻的领袖或领袖群体，同时还需要保证这一方案得以顺利贯彻的干部基础或者更广泛的群众基础。在不太好的情况下，至少也应该拥有能够在剧烈的社会转型时期娴熟地驾驭社会主义这艘巨型航船的领袖和一批能够保驾护航的干部队伍。

第四章
发展与转向：后斯大林时代苏俄伦理思想主流

20世纪60年代初到80年代末，这一阶段是苏联伦理学时期，它表明了马克思主义世界观体系内具体道德理论知识成就的统一过程。这一时期的标志性事件是出现了有关伦理学范畴问题的第一次伦理学大讨论（1961—1965），第一本伦理学教科书（施什金于1961年出版《马克思主义伦理学原理》）、第一部伦理学学术专著（阿尔汉格尔斯基于1963年出版《马克思主义伦理学的范畴》），第一部持不同见解的伦理学著作（米利涅尔-伊里宁的《伦理还是真正的人性原则》）。这一时期还出现了向伦理形式化和体系化的康德原则的转向即伦理康德主义。马克思主义伦理学领域对于道德加以理解和阐述的类型学方法的确立是其产生的原因（参见论文集《何谓道德》，1988）。这一方法的确立证明了苏联伦理学思想多元化已初露端倪。

与此相应的还有非主流地位的俄罗斯传统伦理思想。宗教与伦理的一体关系是俄罗斯传统伦理思想的特点。宗教教义里的道德劝诫在俄罗斯人的价值观中被根深蒂固地接受，人们头脑中所有的思想都归结于对神的信仰。在某种意义上，宗教就是伦理。而宗教神学在俄罗斯博大精深，多神崇拜在形式上一直持续到公元988年，但泛灵论和泛伦理观却又一直存留于人们的意识当中。多样的世界观披了同一件外衣——宗教。但随着西方各种新的伦理思想的涌入，随着对各种伦理学理论的深入研究，尤其是对于道德本质的剖析和后来对马克思主义伦理思想的宣传，马克思主义伦理思想主流地位确定，伦理学思想和流派逐渐化繁为简、化零为整，最终统一于马克思主义的伦理道德观，并一直持续到20世纪90年代初。

俄苏伦理思想总体演变史贯穿于其中的是马克思主义伦理思想在俄罗斯的萌芽、产生、发展、全盛和衰落的全过程。从19世纪80年代起，普列汉诺夫、考茨基等开始将马克思、恩格斯、拉法格、梅林、倍倍尔的马克思主义伦理思想逐渐引入俄国，使俄罗斯伦理思想第一次接触到科学的理论依据，并逐渐离开伦理唯心主义的认识论。经列宁、卢那察尔斯基、柯伦泰等人的进一步发展，马克思主义伦理思想普及开来。又经布哈林、托洛茨基、斯大林、马卡连柯、加里宁、施什金等人的系统研究，马克思主义伦理学的主体地位逐渐确立。马克思主义伦理学在20世纪60—80年代取得了长足的进展，理论化和科学化日臻完善，但是人道主义、非理性主义、新的教条主义也随之蔓延开来，从一个极端逐渐走向另一个极端，最终由新思维倡导的所谓新伦理学代替了马克思主义伦理学，宗教伦理思想重回主流地位。

20世纪90年代初的俄罗斯社会和思想文化发生了巨变，伦理思想呈无定势、多元化、多样性发展态势，到90年代末，伦理思想主流已与斯大林时代有明显不同，历史唯物主义传统中的马克思主义伦理思想已不占主流，但仍有发展，同时"侨民伦理学"回归俄罗斯以俄罗斯民族传统伦理思想持续发展，主要流派不断重生。这些方面的相互影响、相互渗透，导致了伦理知识、方法和思想的新的综合,形成了 21 世纪新俄罗斯伦理思想的基础和前提。

一、历史唯物主义伦理思想传统的发展

1. 20 世纪 60 年代:解释和探索

20 年代末产生的道德上"虚无主义的态度"在苏联思想界一直延续到 60 年代初。苏联教育先驱者马卡连柯 1927 年在谈到向苏联青年人灌输阶级责任感的必要性时曾受到告诫说,"责任"是一种"资产阶级的范畴",不应作为苏联教育的一个组成部分。加里宁在 1928 年说,无论任何时候,无论任何人,只要一开始谈论社会的道德准则,我们就应该马上制止他:不要说教了,道德是资产阶级的东西。斯大林在 1950 年关于语言学问题的信中提出的上层建筑具有相对独立性的学说,虽然对于澄清这种广为流行的观点起了十分重要的作用,但是道德虚无主义的观点还是有一定的延续性。

斯大林时代的苏联唯物主义伦理思想特别强调道德对经济,尤其是道德对社会阶级结构的依赖性,走到极端,结果把研究普遍道德标准的旧伦理观当作以往阶级时代的无足轻重的遗产而完全抛弃。两位早期马克思主义哲学家、伦理学家普列汉诺夫和阿克雪里罗德因对传统的道德哲学深表赞同,而被人斥责为伦理学的康德主义者甚至反马克思主义者。

斯大林于 1953 年去世,20 世纪 50 年代中期以后至 60 年代,苏联马克思主义伦理思想发展进入了一个具有重大创造性、探索性的时代。1955 年,施什金出版了《共产主义道德概论》一书,极大地影响了苏联伦理学界,成为伦理学主要学术发言人之一。次年,赫鲁晓夫在苏共二十大上谴责了斯大林,之后,伦理学也同苏联的

其他许多学科一道从凋零中复苏了。

1959年,苏联学术界在列宁格勒召开了第一次伦理学问题会议,莫斯科国家政治出版社于第二年出版了这次会议的成果论文集——《马克思主义伦理学问题学术会议材料》。1960年,莫斯科大学和列宁格勒大学哲学系创办伦理学和美学教研室,М.Ф.奥弗夏尼克夫任教研室主任,同时开设"马克思—列宁主义伦理学原理"课程。苏联主要的几所高等院校首次把马克思主义伦理学列为一门课程,苏共中央指示要求师范、医学和农学各院校要像综合性大学一样,把"马列主义伦理学原理"作为一门必修课。1960年,图加里诺夫出版了《论生活和文化的价值》一书,这是研究"价值"的第一部著作。

1961年,苏共二十二大通过了党纲,确立了伦理学在马克思列宁主义理论体系中的地位,放弃了长期坚持的关于道德纯粹是一种阶级现象的看法,有利于促进对共产主义道德原则系统研究的"共产主义建设者道德法典"被写入新党纲。党纲确认了"共产主义道德"这一概念,并且对《共产主义建设者的道德规范》中的道德原则作了详细的说明。党纲还恢复了长期以来遭人漠视的普列汉诺夫和阿克雪里罗德的思想,承认"基本的道德标准和正义标准"是存在的。党纲认为,共产主义道德包括几千年来人民群众在反对压迫和道德败坏的斗争中树立起来的全人类的基本道德标准。党纲解释了官方恢复伦理学的政治原因是伦理学是吸引人们继续广泛和深入地探讨当代苏联哲学和意识形态问题的兴趣的关键。党纲认为,在向共产主义过渡的过程中,道德原则在社会生活中的作用日益增长,道德因素的作用范围日益扩大,而以行政方式调整人们之间的相互关系的意义则相应地日益减少。党将鼓励公民建立各种形式的能够巩固和发展共产主义生活方式基本准则的自觉的自我纪律。党将尽可能地以道义上的劝告作为苏联社会的行为调节器，以取代法律上的强制措施。道德是管理社会主义社会秩序的有效手段，因此，党必须竭尽全力增强道德的影响力。

苏联共产党领导人已经认识到"责任"之类的概念作用是如此之大，以至于不应把它们拒斥为"资产阶级的"。道德观念的这种变化为20世纪60年代和70年代初期苏联道德哲学相对活跃和富有成效的发展提供了动力并且创造了机会。莫斯科大学设立了马列主义伦理学教研室，苏联科学院哲学研究所设立了伦理学研究室，为创建一个在这一领域进行工作的研究机构打下了基础。当时苏联伦理学界首先不得不把主要的注意力放在确定这门新的分支学科在马克思主义哲学体系中的地位问题上，尤其注意把作为"哲学科学"的伦理学与普通道德区分开来。伦理学家的相关研究在这种区分中发挥了重要作用。1960年，伦理学家德罗伯尼茨基在《哲学科学》1960年第3期上发表了《马克思主义伦理学中的义务范畴问题》一文。阿尔汉格尔斯基在《哲学科学》同一期上也发表了《伦理学范畴的本质》等一系列探讨伦理范畴本质的论文，这些论文开始探讨伦理学的基本概念，标志着有关伦理学范畴理论的讨论开始。阿尔汉格尔斯基的系列论文随后扩充为后来有广泛影响力的《马克思主义伦理学范畴》（1963）一书。1961年，施什金编写的高校伦理学教科书《马克思主义伦理学原理》由莫斯科国家政治出版社出版，同时 В. Т. 叶菲莫夫（В. Т. Ефимоб）也出版了自己的第一本著作选集《马克思主义伦理学》。1962年，鄂木斯克出版了 ф. А. 谢莉瓦诺娃的《伦理学概论》一书，在此书中道德不仅首次被看成是社会意识形式，而且被看作是包括道德意识、道德关系、行为品质、美德和恶习在内的复杂的社会构成。1965年，А. Г. 哈尔切夫于《哲学科学》第2期上发表了《关于伦理学范畴问题讨论的结果》一文，标志着伦理学范畴的讨论暂告一段落。这些论著标志着60年代初始于伦理学范畴问题讨论的学术研究确定了苏联伦理学的道德理论化基础。

1961年，由施什金主编，B.T.叶菲莫夫和Н.Г.彼的罗夫参编的《马克思主义伦理学文选》（苏联国际关系学院出版社）一书问世。这之前的几十年间，伦理学专门领域的文选十分鲜见，只有1925年由乌克兰国家政治出版社出版、Я.С.罗扎诺夫编纂的《马克思主义与伦理学》这类文献。但该书没有提到列宁的哲学和伦理学思想。所以，施什金主编的《马克思主义伦理学文选》被认为是苏联的第一本完整系统的伦理学文选。这本《马克思主义伦理学文选》有五百多页，从马克思、恩格斯、列宁等经典作家的著作中摘录了重要伦理思想片断，援引许多国内外著名马克思主义者的观点，如普列汉诺夫、梅林、A.拉布里奥拉、拉法格、A.倍倍尔、B.李卜克内西、Г.季米特洛夫、K.蔡特金、Э.台尔曼、A.B.卢那察尔斯基、Н.К.克鲁普斯卡娅、М.И.加里宁、С.М.基洛夫、Ф.Э.捷尔任斯基等人的伦理学观点。赫鲁晓夫的思想言论、苏共21大报告的若干论断以及根据其他代表的意见形成的《论现代条件下党的宣传任务》一文，在文选中占据了重要的位置。苏联的教育家、文学家马卡连柯和А.М.高尔基的伦理思想也见之于书。施什金为文选写了题为"马克思—列宁主义世界观当中的伦理学问题"的长篇序言。《马克思主义伦理学文选》前言指出这部文选是以苏联教育部委员会指定的高校《马克思伦理学原理》教学大纲草案为依据编纂的，大纲草案的结构决定了文选的整体结构。文选由"马克思主义对先前伦理学说的论述""唯物史观和道德""自由与必然问题和道德理想""共产主义道德原则和范畴""共产主义战士的道德品质和性格特征""婚姻和家庭的道德基础""群众道德教育的途径和方法"七章组成，资料翔实，内容丰富，较完整地显示出马克思主义伦理学关于伦理学的基础、道德原则规范、道德教育等基本问题的看法。

施什金著的《伦理学说史》一书第六章"马克思列宁主义世界观中的伦理学问题"部分内容放在七章之前。第一章以马克思主义的理论观点分析了享乐主义伦理学理论、中世纪的伦理学观点以及法国唯物主义，康德、黑格尔、费尔巴哈、车尔尼雪夫斯基等人的伦理观。这些分析和片段都对于解决伦理学在前马克思主义哲学体系中的地位问题，对于解决伦理科学中唯物主义和唯心主义的斗争问题，对于总结前马克思主义时期受唯心史观制约而形成的伦理学研究的不足具有重要的方法论意义。第二章探讨了经济与道德、宗教与道德的相互关系、"正义"与"善"的概念的起源；援引恩格斯的《英国工人阶级的状况》集中表达了在阶级社会里道德是具有阶级性的立场。第三章援引马克思恩格斯的《德意志意识形态》《反杜林论》，列宁的《什么是"人民之友"以及他们如何攻击社会民主党人》《我们应当拒绝什么样的遗产》《民粹主义的经济内容及其在司徒卢威先生书中受到的批评》中有关自由与必然关系的观点，来说明马克思主义不会不顾人的自由意志和行动自由，使人盲目服从历史。第四章对与共产主义道德法典相一致的道德原则和道德规范进行了归纳总结，内容包括集体主义及其特点、社会主义的人道主义及其本质、对待劳动和全民所有制的共产主义态度、国际主义和爱国主义的关系、个人利益和集体利益的关系、自由与平等、对人的关心与尊重等，其中所列举的材料能够给研究者对诸如义务、幸福、诚实和良心等伦理学范畴的研究提供很大的帮助。第五章摘引列宁、克鲁普斯卡娅、加里宁、季米特洛夫等人的著作，列举观点来总结包括共产主义信念的坚定性、相信群众、自我牺性、顽强勇敢、为共产主义事业献身、善于工作、注重实践、意志坚定、英雄主义等道德品质。第六章包含马恩列斯经典著作《家庭、私有制和国家的起源》《共产党宣言》《德意志意识形态》《离婚法草案》《工人阶级和新马尔萨斯主义》中对于婚姻家庭道德的经典论述。第七章主要包括人的形成与社会关系的依赖性、社会主义革命中的人的变化、党对群众的教育作用、劳动以及社会舆论的教育意义等内容。

60年代苏联社会科学界从各个角度对列宁的思想遗产开展了深入的分析和研究，关于列宁伦理思想的研究也取得了重要理论成果。在相当长的一段时期内，社会科学领域把相应的学科都称为马克思—列宁主义的（如马克思—列宁主义哲学、马克思—列宁主义伦理学、马克思—列宁主义美学等，或者将其直接称为马克思主义哲学、马克思主义伦理学、马克思主义美学等思想）。与列宁伦理思想相关的理论性文章大量出现，如施什金在1960年4月和1967年4月发表于《哲学问题》杂志上的《列宁著作中的伦理学问题》和《列宁著作中的社会决定论和道德问题》；Г.贡塔雷夫1967年2月发表于《哲学科学》杂志上的《论后十月革命时期列宁著作中的马克思主义伦理学问题》；Г.巴雷切娃1966年5月发表于《哲学科学》杂志上的《对伦理社会主义进行列宁式批判的当代意义》；Н.苏罗夫采瓦1962年1月发表于《苏联历史问题》杂志上的《В.И.列宁论共产主义道德》，乌克兰哈尔科夫大学哲学系的教师还出版了题为《列宁对马克思主义伦理学的发展》的文集。

施什金对列宁伦理思想的分析和阐述具有重要的代表性。他对于伦理学问题的所有研究都是以马克思主义的价值观和方法论为基础而展开的。他的相当多的文章也都以马恩列等经典作家的观点来为自己的论述提供佐证，同时对经典作家的思想给予进一步阐述。

部分的、分散式的对马恩列道德思想的运用几乎贯穿于他的全部作品，但集中对马恩列思想的论述比较鲜见，尤其是没有对马克思和恩格斯伦理思想的单独论述。施什金对于列宁伦理思想的概括是通过《列宁著作中的伦理学问题》和《列宁著作中的社会决定论和道德问题》两篇文章集中表述出来的。《列宁著作中的伦理学问题》比较正确集中地反映和概括了当时人们对于列宁伦理思想的理解程度。施什金对列宁伦理思想的研究，第一，体现在列宁对资产阶级道德的批判方面。施什金指出，列宁继承了马克思恩格斯对资产阶级道德虚伪性的揭露，并在新的历史条件下继续对资产阶级道德进行批判。他在批判俄国资产阶级立宪民主党对人民的道德说教，反对哲学唯心主义把道德引向宗教的迷途的同时，对反映社会先进力量的唯物主义思想给予了积极的评价。施什金总结到，列宁在费尔巴哈的合理利己主义中看到了历史唯物主义的萌芽。而马克思主义正是在唯物史观的基础上发展了旧唯物主义者对待道德问题的科学唯物主义态度的萌芽，创造了目的明确的科学的道德概念。其次，分析了列宁对共产主义道德的基础和原则的阐述。施什金概括了列宁对于马克思恩格斯伦理学说的理解：马克思恩格斯在伦理理论方面服从于"因果性原则"，给理论提供科学的依据，而在实践方面将其归结为阶级斗争。列宁认为马克思恩格斯并不是否认道德在社会历史中的作用，而是通过对经济基础和上层建筑之间的辩证关系的分析，揭示包括道德在内的上层建筑的真正意义。施什金发现了列宁对"自由意志"的否定，并把马克思主义的决定论同"自由意志"相比较，指出决定论思想对于确立人的行为必然性的作用。列宁反对"人人为自己，上帝为大家"的原则，倡议把"大家为一人，一人为大家"的道德原则贯彻到群众的意识、习惯和日常生活当中去。再次，研究了列宁关于人的价值问题的思想。施什金对列宁关于人的问题的研究总结是基于共产主义道德具有的人道主义性质而得出来的。施什金通过列宁的言论分析了列宁尊重和信任劳动人民的态度，得出了"人是最伟大的价值"的结论，他以"人是最高价值"为题专门论述了这一观点。施什金列举了列宁在社会实践当中对待普通非党工人、妇女儿童、青年人的切实关注，从而证明列宁把人当做最重要的价值来看待的论点。施什金总结了列宁对人应具有的道德品质的期望：为共产主义奉献的实际行动、平常心、谦虚、不虚荣和不妄自尊大等，指出列宁还反对社会建设中的个人主义，认为个人利益是真正的人道主义斗争的对象。复次，探讨了列宁关于经济决定论和道德的关系问题等理论。马克思主义的经济决定论完全排斥任何行为自由选择和任何道德评价，或者说道德评价在经济分析中不起任何作用的说法在19世纪末20世纪初广为流传。列宁在自己的著作中澄清了对这些说法的认识，并给予了明确的回答。施什金在新的社会条件下，重申列宁的观点，并把经济决定论和道德的关系进一步有针对性地细化，以服务于具体的现实。施什金首先把决定论和自由意志加以对比，援引列宁在《什么是"人民之友"以及他们如何攻击社会民主党人》中的辩论观点，说明决定论思想在确定人行为的必然性、否认关于自由意志的无稽之谈的同时，丝毫没有消除人的理智、良心以及对人的行为评价，并说明了只有坚持决定论的立场，才能对行为提出严格正确的评价。施什金通过列宁的论断再一次证明人的行为对于固定的客观条件的依赖性；决定论是对社会现象进行客观研究得出的结果，它本身是科学，而道德是对社会现象的评价。施什金认为，这表明了客观研究和党的观点、崇高的科学性和彻底的革命性、理论和实践、真理和善、知识和理智、意志和热情的统一。最后，施什金还研究了列宁对于社会进步和道德的关系问题的态度。施什金在承认社会生产力发展同时伴随着道德进步的观点的基础上指出,二者共同进步的现实条件和道德标准要满足人民群众既定的需要。

A.A.基谢列夫的专著《列宁和伦理学问题》(利沃夫大学出版社1969年版)也是一部比较全面系统研究列宁伦理思想的代表性论著。《列宁和伦理学问题》全书本着列宁坚持的历史主义原则、真理性原则、决定论原则和阶级性原则等伦理学原则对道德的本质、共产主义道德形成和发展的过程、社会义务、个人与社会的关系、爱国主义和国际主义等问题进行了分析,并揭示了这些原则的基本内涵。全书共分三章:在第一章"列宁对马克思主义伦理学方法原则的发展"中,基谢列夫首先指出了唯物史观是列宁解决道德理论问题的方法论基础,阐述了列宁对道德的起源和道德本质问题的观点,在道德的起源问题上。基谢列夫指出,列宁坚持道德是随着阶级的出现而产生的观点,道德的出现与阶级社会的产生、脑体劳动的分化、从事精神生产的特殊人群的出现联系在一起。相应地,对道德的起源问题进行研究,实际上就是研究人类社会历史本身。基谢列夫集中论述了列宁有关道德的历史性和阶级性的问题,把它们归结为道德的特点,并总结了道德的社会功能:影响其他社会意识的形式;以社会变革的力量表现历史发展的作用;以其对人的内部改造影响社会关系的发展;促进个体的发展。随后介绍了列宁对马克思主义伦理学领域内的决定论原则的论述。在说到自由与必然的关系时,基谢列夫借用列宁的论断强调,道德和决定论之间没有矛盾,决定论是道德本质的表现。基谢列夫还批判了伦理学的非决定论、形而上学和庸俗唯物主义理论,还论及了斗争手段的道德意义。第二章"列宁论共产主义道德的产生和发展",论述了共产主义道德的几个方面。首先是阶级斗争在共产主义道德形成和发展中的作用,以及列宁关于道德要服从于阶级斗争的思想,并给出了六点依据：（1）阶级斗争是道德历史类型变化的源泉；（2）道德原则反映阶级利益；（3）阶级斗争是衡量各个阶级道德的标尺；（4）阶级斗争促进道德由阶级性向全人类性转变；（5）道德对阶级斗争起积极作用，而不是消极作用；（6）道德对阶级利益的服从是有意识的，而不是被迫地服从。基谢列夫总结了列宁关于共产主义道德基本原则的观点，指出道德原则的内容是具体客观的，反映了社会发展和道德进步的方向。因此，在资本主义条件下无产阶级的基本道德原则就是争取社会主义的斗争，而在社会主义条件下就是献身于社会主义，它的具体内容包括忠诚于社会主义革命事业、共产主义理想、纪律性、无产阶级的爱国主义、国际主义、集体主义和人道主义等。基谢列夫对集体主义和国际主义作了单独的介绍，指出国际主义是无产阶级爱国主义的突出特点。基谢列夫还论述了列宁有关个人与社会的关系、劳动纪律的培养和自我约束以及对待劳动的新态度等问题。第三章以"马克思列宁主义伦理学在苏联党纲中的继续发展"为题介绍了新确立的道德原则，尤其是"共产主义建设者道德法典"中规定的原则，指出了它是列宁伦理学思想原则的体现。发现列宁的伦理思想是对马克思主义伦理学的发展，与时代的需要密切相连，有着清醒的目的性和现实性。列宁坚持实践高于理论认识的原则，工人运动革命性任务和工人运动本身的特点是他全部伦理思想的出发点。列宁把创造性地分析马克思主义理论作为他的任务，在他看来，与实践相结合的理论才是有生命力的，才能成为有力的思想武器。阶级斗争、社会主义革命和共产主义建设是列宁伦理思想的核心内容，在解决伦理学问题时，它坚持哲学性、阶级性、党性和社会性，这是不可能被掩盖住的。列宁不同时期作品特点也印证了这一特点，即十月革命之前的时期主要关注的是道德范畴体系道德原则，以便在其中发现和归纳出有利于准备和实现社会主义革命的道德；而十月革命之后，列宁的著作主要致力于新条件下新产生的道德问题研究。列宁虽然没有留下专门的伦理学著作，但是从伦理和道德视角阐发的理论论述却随处可见，其内容涵盖了道德基本理论和道德实践中的很多方面，并在这些论述中体现了自己的道德理想。实践的现实性和具体内容的全面性构成了列宁伦理思想体系的特点。

20世纪60年代的伦理学领域对道德和伦理学的范畴、价值、伦理学体系、道德判断和道德评价的真理等理论问题给予突出的重视，而对于这些问题重点研究的本身就意味着把伦理学是科学的研究导向加以确立。伦理学界同时也相当注意研究道德的特点问题。在开展伦理学研究初期，人们就试图揭示道德意识的特点与作为社会存在的产物的其他意识形态的特点有何不同。当苏联哲学家们探索着对这些新课题如何做出恰如其分的马克思列宁主义的分析时，他们就两个有关的问题即伦理学的本质和道德的本质问题展开了辩论。有些对康德哲学和马克思的早期著作感兴趣的学者认为，确认伦理学是一门独立的学科，这就为承认道德的自主要求和主张普遍的道德规范具有超越一切党派标准或社会所强加的其他标准之上的地位的观点创造了机会。

Г.班泽拉泽在苏联学术界对伦理学进行探索的早期对马克思主义伦理学体系的探索作出了重要贡献。Г.班泽拉泽在第比利斯大学从事伦理学研究，他的《试论马克思主义伦理学的体系》一书被当时的伦理学界称为"马克思主义伦理学的定位性著作"。Г.班泽拉泽最先对马克思伦理学的体系问题给予了重视，推翻了先前和同时期对于马克思主义伦理学研究的传统套路和既定模式，独辟蹊径，以独特的视角提出了一系列新的伦理学问题，并寻找最终的解决途径。《试论马克思主义伦理学的体系》一书的导论部分从一系列伦理学的学术概念出发，把研究人性的本质和特征归纳为伦理学的研究任务。Г. 班泽拉泽认为，马克思主义确定了伦理学体系对于社会条件的依赖性，同时也指出了伦理学对于社会生活的反作用。在第一篇里，Г. 班泽拉泽首先从马克思主义的立场出发阐述了道德的一些基本原理，试图弄清的第一个问题便是道德和其他社会意识形式的特点是由什么决定的。他认为，社会意识的不同内容决定了社会意识形式的不同：思想——科学体系、艺术表达方式——艺术体系、立场观点——政治体系、规范——道德体系、法律法规——法律体系、信仰——宗教体系。社会意识的形式差别取决于它反映的内容的差别，这一观点是正确的、富于创造性的。但是这一区分似乎简化了社会意识形式。Г. 班泽拉泽尝试着给道德结构和道德概念的体系下定义，他指出，伦理科学不是某种关于道德规范的概念的逻辑严密的思想体系，伦理学是规范性的科学，但它不能发明和确定新的规范，而只是研究那些形成于社会生活实践当中的规范。这事实上承认了道德发展和起源的社会历史性。第二篇的题目虽然是"共产主义道德理论"，但事实上论述的是伦理学的一些基本范畴。这似乎印证了俄罗斯人类学家 Л. И. 邦达连科后来对苏联伦理学特点的概括，他认为在苏联伦理学的框架之内存在着一个主干，在大量的理论争论当中形成了某种对道德概念、道德现象和伦理学本身的统一理解。苏联马克思主义伦理学的理论研究是作为"统一中的多样"而展现出来的。Г. 班泽拉泽重点阐述了幸福、义务和良心三个概念，其中"幸福"是和"义务"相连的伦理范畴，是马克思主义的最高理想，而"义务"则是幸福实现的起点，"良心"是个人道德面貌的中心点。他认为，如果把幸福理解成为个人的幸福，把义务理解成为对社会的义务，那么个人利益和社会利益的统一就表达为良心。"善"是"道德"的近义词，"善—恶"是全部道德问题的轴心。在第三篇里，Г. 班泽拉泽从理论角度详细解释了"共产主义建设者道德法典"当中所提出的具体道德原则。他把"热爱劳动"作为首要原则，从各个视角对劳动价值加以分析。对爱国主义、国际主义、社会主义、人道主义也都作了专门的论述。第四篇对婚姻和家庭给予特殊的重视。Г. 班泽拉泽认为，家庭是道德净化和人生幸福实现的条件。道德教育也是此篇的一部分。总体而言，Г. 班泽拉泽对马克思主义伦理学体系的研究是伦理学研究的创造性尝试，它以理论深度和论证角度的新颖区别于其他的伦理学研究。这一尝试使马克思主义伦理学理论研究向前迈进了显著的一步。

德罗伯尼茨基和 Т. А. 库兹明合著的《现代资产阶级伦理观批判》（莫斯科高校出版社 1967 年版）一书对 20 世纪西方伦理学的主要流派进行了完整而有创见的分析，并且将直觉主义、逻辑学和语言学的实证主义以及包括道德存在主义和新教主义在内的伦理非理性主义归结为伦理形式主义。季塔连科的《道德进步的标准》（莫斯科思想出版社 1967 年版）一书，发展了"个人和社会之间关系的人道主义化水平的提高是道德进步的主要指标"的思想，书中探讨了道德的起源、奴隶制时代、封建社会和资本主义社会的道德，论述了人类社会在阶级对抗条件下道德进步的基本特点和道德进步的标准。Г. К. 贡尼茨基于 1967 年发表了《生活的意义、幸福、道德》（见《哲学问题》第 5 期）一文，与 П. М. 耶吉杰斯在《马克思主义伦理学论生活的意义》一文（见《哲学问题》1963 年第 8 期）所阐述的观点进行了争论，其中确定了幸福的概念，指出幸福是人的满足感的不可分割的形式。这种满足感不仅包括个人和群体的满足指标，而且将不满足感的指标也包括在内。

1968 年，阿尔汉格尔斯基编写了教科书《马克思主义伦理学讲义》（1969 年斯维尔德洛夫斯克出版），德罗伯尼茨基在《哲学问题》1968年第2期上发表的《道德意识的本质》一文对常常与经验主义、与事件的因果关系相矛盾的道德应然机制进行了颇有创见的解释，正是这一矛盾促成了对建立在宽泛的历史框架中的和建立在社会批判基础上的道德意识逻辑的唯历史主义理解。1969年莫斯科思想出版社出版了由列宁格勒的伦理学专业人士集体编写、Б. А. 恰基恩为主要编纂者的《伦理学史纲要》一书，该书以充实的内容介绍和阐述了古代世界的、中世纪的、新时期的伦理学学说，对19世纪下半叶到20世纪初的俄罗斯的唯心主义伦理学和马克思列宁主义伦理学史进行了详细的研究，并对现代资产阶级伦理思想进行了批判。苏联学术界在新西伯利亚举办了关于马克思主义伦理学范畴问题的研讨会，讨论的中心是伦理学的范畴和以道德意识和道德关系形式呈现出来的实践道德之间的相互关系，研讨会材料最后被汇编成论文集《马克思列宁主义伦理学的范畴问题》（1969年新西伯利亚出版）。

20世纪60年代末，苏联伦理思想的发展出现了值得注意的两种既不相同而又互相交叉的倾向。一方面，随着一部分哲学家在伦理学领域的不断专业化，他们中间出现了比较高深的理论研究成果，一些学者在一般道德理论的探索上取得了重大进步；另一方面，苏联官方主流意识形态机构继续不断努力地把马列主义伦理学与《共产主义建设者的道德规范》中提出的社会服务道德的原则更密切地结合起来。苏联政府号召哲学家伦理学家们把更多的注意力放在道德实践方面，放在当代社会主义的社会生活中道德的作用方面。德罗伯尼茨基与这种实践精神不谋而合。按照正统派的说法，道德只不过是从社会存在派生出来的一种社会意识，德罗伯尼茨基则极力强调道德作为一种行为调节器的能动作用，他认为道德是规范地调节人的社会行为的基本手段之一，虽然他看到了人的本性中与任何特定的社会制度的现行标准无关的道德规范基础,他关于道德是一种调节力量的观点却受到了那些把道德作为苏联社会管理手段之一的人们的欢迎。

整个20世纪60年代,苏联马克思主义伦理思想在发展一般道德理论上取得了重大成果,原有的观念被加深和系统化,新的研究领域也有一定的拓展。在一般道德理论的核心范畴——道德概念方面,德罗伯尼茨基于70年代出版了《道德概念》,该书是当时道德理论研究方面具有代表性的理论著作。阿尔汉格尔斯基在《马克思主义伦理学的对象、结构、基本方面》一书中称之为一部有"重大价值的著作"。《道德概念》一书重点对道德意识的逻辑结构进行了研究,书中提出的任务就是考察一般的道德概念,这样的道德概念起着"一种理论'框架'的作用,或者确切些说,起着在对象的历史中认识对象的前景和认识对象的方法的作用,这种理论'框架'能使我们克服(当然不是消除)多种多样的经验性地罗列事实的缺点,并且在所有这些(完全合乎规律的)众多现象后面认出同一个对象'在本质中''在概念中'的表现"①。在最高概括水平上形成道德概念及道德的完整理论模式,既是历史地认识道德发展和现代道德文化态势变化的必要条件,也是展示多种多样的现代道德文化的统一规律的必要条件。马克思主义之前的一切伦理思想史都可以这样或那样地用于解决这一方法论任务。建立关于道德的完整观念的任务在马克思之前的伦理学中是没有得到解决的,而各种现代资产阶级伦理学流派也是无力解决的。马克思主义哲学为全面地界定道德概念奠定了科学的基础,辩证唯物主义道德思想是进一步理解道德的社会本质的方法论钥匙。60年代活跃起来的从理论上给道德下定义的兴趣产生了不少互相矛盾的观点和争论,这一点使德罗伯

---

① 〔苏〕O. Г. 德罗伯尼茨基:《道德概念》,莫斯科1974年版,第376页。

尼茨基有理由得出结论说，马克思主义伦理学还仅仅处在创立完备的科学道德理论的准备阶段，而他认为自己的工作是马克思主义伦理学家共同研究、创造性讨论和解决新问题的开端或继续。《道德概念》这一概括性著作在发展马克思主义伦理学的哲学基础上起了积极的作用，成了理解作为社会现象的道德的特性的支撑点。

与德罗伯尼茨基的著作同时和稍后，苏联还出版了 С. Ф. 阿尼西莫夫、В. Т. 叶菲莫夫、古谢伊诺夫、В. П. 科勃良科夫、Г. Г. 古姆尼茨基、季塔连科等学者的著作。这些著作继续讨论马克思主义伦理学的理论问题和一般道德问题，使马克思主义伦理学处在一个必须将已获得的成果系统化的发展阶段。这些著作的研究表明：首先，建立一般道德理论的必要性可用一系列理由来解释。道德不是单独的关系领域和单独的一种活动，虽然它无疑是独特的活动形式。以"纯粹的形式"将道德划分出来，是理论抽象的任务，而要实现这一理论抽象，既要考虑到道德与社会生活现象联系的特殊性，又要考虑到道德所固有的特性。对道德的外部联系和道德的特性的考虑也是必要的，因为道德意识的历史类型是适应社会需要而由历史情况决定的，但同时意识又反作用于社会生活。道德是与社会生活一切领域相联系，尽管它影响社会生活的这些或那些方面的力量要随着时代和阶级关系的变化而变化。过去存在不少的因素，它们限制或者借助它们企图限制道德因素的作用以及道德对政治、经济、精神文化等领域的影响。在现时代，道德因素的作用和意义有了巨大的增长。在发达社会主义社会里，明显地出现了扩大道德因素起作用的范围的趋势，由于消除了社会发展的政治、经济、文化目的和道德目的之间的矛盾而使道德因素的效用有增强的趋势。许多科学（社会学、政治理论、文化理论等）的代表者开始表现出研究道德的兴趣，由此加强了对伦理学的一个要求，即彻底贯彻自己研究道德的特有方法，展示道德的特点。这对伦理学本身是必要的，对以科学地理解道德的特点来武装其他与道德有关的科学也是必要的。其次，一般道德理论的基本问题是研究道德的社会本质和解释道德作为社会意识形式反映社会存在的特点，论证道德在社会生活中和在个人的生命活动中的作用，展示道德的结构和道德与实践相互关系的性质，以及其他更为局部的问题。这些基本问题构成伦理学的社会—哲学问题的主要范围，它们的解决直接依靠解决社会存在和社会意识相互关系问题的历史唯物主义方法，依靠关于社会是社会关系体系的学说，以及人的本质是社会关系总和这一马克思的定义。

2. 20世纪70年代：深化和整合

20 世纪 60 年代末至整个 70 年代，苏联伦理学者对马克思主义伦理学的一些重大的理论和实践问题进行了更深入的研究。70 年代初始，伦理学家把注意力主要集中在科学的个别方面和问题上，已不再能适应伦理知识面临的要求水平了。著名伦理学家施什金、德罗伯尼茨基、阿尔汉格尔斯基、季塔连科等从 60 年代以来持续发挥着重要的学术影响力。

与德罗伯尼茨基重于道德概念分析不同，阿尔汉格尔斯基重于伦理学结构体系的综合研究。阿尔汉格尔斯基于 1925 年 2 月 3 日生于赤塔州希洛克市，1941 年开始工作，1945 年加入苏联共产党，1982 年 10 月 22 日逝世。从 1953 年到 1965 年他在苏联乌拉尔大学工作，任哲学系主任。1965 年，阿尔汉格尔斯基获哲学博士学位，从 1976 年起任苏联科学院哲学研究所伦理学研究室主任，担任苏联哲学会伦理学会主席。阿尔汉格尔斯基从事伦理学领域的学术活动逾 20 年，长期从事伦理学的研究和教学工作，对苏联伦理科学的建设和道德教育都做出了重要的贡献，是苏联时期一位有国际影响的马克思主义学者。阿尔汉格尔斯基一生著述主要有：《马克思主义伦理学的范畴》(1963)、《个性论的社会伦理学问题》(1974)、《马克思列宁主义伦理学教程》(1974)、《当代苏联文艺作品中的伦理课题》(1980)、《马克思主义伦理学的对象、结构、基本方面》(1985)。他还主编了《伦理学研究方法论》(1982)、《辩证法和伦理学》(1983)、《伦理学与意识形态》(1980)等，参加了《道德结构与个人》(1977)、《道德：意识和行为》(1956)等著作的撰写，在报刊杂志上发表了很多有学术价值的文章，许多著作和文章被国外翻译出版。

与施什金、德罗伯尼茨基、阿尔汉格尔斯等一样具有重要影响力的伦理学家，是20世纪70年代苏联莫斯科大学哲学系马列主义伦理学教研室主任季塔连科教授。季塔连科毕业于莫斯科大学哲学系，曾在卡卢加州的师范学院担任过团委书记，做过塔斯社记者。36岁(1968)获博士学位，在博士论文工作中，他批评英美学者的唯心主义观点，同时深入细致地研究英美哲学与马克思主义相互影响的主要方面。他在学术上比较早地通过批判性研究在实际上构成了与实用主义哲学、与西方马克思主义哲学的"对话"关系，同时他在那个时代也较早地意识到西方科学主义、工具理性主义的偏颇。他善于在历史比较、哲学批判与对话中阐发自己的思想，最终确立起以价值范畴为核心的、成为了伦理学基本方法论的历史价值论。坚实的比较研究、历史研究以及方法论基础，使他论证道德进步标准的可能性、质疑历史发展中的道德缺失、剖析伦理思想史中的反人道主义思想以及鲜明地肯定道德的人类性等均清晰地体现出思维与价值倾向的连贯性、学理论证上历史与逻辑的一致性。季塔连科自38岁起升任莫斯科大学哲学系伦理学教研室教授，从1980

年一直担任莫斯科大学伦理学教研室主任。他在苏联时期即成为全国伦理学教学委员会主任，1976年组织编写了苏联国内第一本《马克思主义伦理学》，季塔连科教授除组织、指导《马克思主义伦理学》全书编写外，还亲自执笔撰写了"前言""结束语"以及第二、三、四、十一章。该书被翻译成中文、英文、德文等十几种文字，享有广泛的影响。季塔连科教授是研究人类社会道德史、马克思主义伦理学基本理论的著名学者，被认为是创立了具有发展前景的研究方向，在伦理学基本理论问题、伦理学理论的方法论问题上形成学派的重要伦理学家。

季塔连科提出要使道德有效地发生作用和得到发展，重要的是使它的所有功能自由地、不受限制地表现出来，使它们成为协调的整体。他预言一些具有全人类意义的规则和准则必随着社会的进步日益丰富和巩固起来。他在20世纪60年代发表的《道德进步》和《道德进步的标准》中，探讨了道德的起源、原始氏族制度的道德，奴隶制时代、封建社会和资本主义社会的道德，论述了人类社会在阶级对抗条件下道德进步的基本特点和道德进步的标准。在道德史研究的基础上，季塔连科于1974年出版了《道德意识的结构：伦理学—哲学研究的经验》一书，该书的学术价值得到苏联理论界的高度评价。这部著作力图从道德意识内部的矛盾运动揭示道德发展的图景和规律，全书阐述了道德意识结构概念，认为道德意识是完整的、多因素的结构体系，不仅包括道德准则——规则、戒律、要求、原则等起调节作用的道德意识因素，还包括价值目标即道德意识总评价——命令式意图，而且也包括个人行为的动机体系即个人心理上的行为调节机制。季塔连科对道德意识结构作了具体、历史的考察，论述了封建社会、资本主义社会和社会主义社会三种不同类型的道德意识结构的内容和特征，认为道德发展变化的过程就是道德意识结构因素发生增减、不同因素的地位发生升降的过程。

季塔连科特别注重对道德意识作历史的和人类学的分析，与德罗伯尼茨基重于道德概念的分析不同，季塔连科的研究集中于对历史的和人类学资料的分析。季塔连科强调黑格尔哲学的"逻辑与历史的统一"的后半部分，因此他有关道德进步方面的论著甚为丰富。关于道德的本质问题，季塔连科借用马克思在《政治经济学批判大纲（草稿）》一书中的一个表述，概括地把"道德"定义为一种实践的和精神的"立身处世"之道，并且强调指出：道德在人类社会中履行着许多功能，其中包括教育的功能、诱导的功能、交流思想感情的功能以及其他多种功能。不过，这些功能中最基本的是道德的规范作用。与以科学的和艺术的方式对待世界不同，道德是以善恶两者泾渭分明的观点来规范人的行为的一种价值判断的和约束性的处世方式。这种观点同时也被认为适用于实际的社会管理工作。

1971年，苏联第二十四次党的代表大会明确地注意到道德在"塑造新人"时负有的任务。苏联伦理学家在对人民进行道德教育的实际工作时，不仅运用了道德的概念而且还运用了伦理学本身的功能概念。苏联在70年代对伦理学提出"理论与实践统一"的要求，与斯大林时代的要求是没有什么区别的。就理论方面而言，这种状况意味着倒退到传统的、依靠阶级道德论和经济决定论的观点上去。普遍适用的道德规范的观点已不再强调了，季塔连科曾经批评班泽拉泽讨论道德的进步时过分注重共同的规范，而施什金随后发现甚至季塔连科本人的观点也是过于"抽象"的。70年代初，一些苏联科学家提出一种论点，认为在人类群体中存在着对人道型性格（如利他主义）的自然选择因素；同时他们又认为，犯罪型性格可能具有遗传的基因。这种理论引起了一场轩然大波，在1972年召开的一次意在压制这种观点的讨论会上，哲学家们对此做出了通常的教条主义回答，肯定道德的社会决定论是马克思主义提出且早已被证明了的一种理论。

这一时期的苏联伦理学家在实践中愈来愈多地把精力放在普及和推行《共产主义建设者的道德规范》提出的社会服务道德的作用方面。这种活动主要是进行传统形式的道德教育，即采取在大学内进行道德教育的形式。一部分苏维埃加盟共和国包括格鲁吉亚和白俄罗斯的高等院校中，"马列主义伦理学原理"成为一门必修课，甚至在全苏许多中等和初等学校中也已经开展了正规的道德教育的试点工作。苏联还十分注意把道德教育从学校扩大到其他部门，从少先队直到红军，从党员到普通劳动者。苏联特别要求劳动者尽心尽责地干好工作，希望道德的进步有助于增强劳动者的共产主义劳动态度。各行业的劳动者踊跃参加道德讲座的学习，苏联期望所有的哲学家都投身到提高劳动群众共产主义觉悟的工作中去。领导人极力强调把道德规范内化与个人品质的提升联系起来，伦理学家肩负有最艰巨的任务。自从1974年莫斯科大学哲学系在14个教研室首次开展课外讲座及其他的社会服务活动的"社会主义劳动竞赛"以来，马列主义伦理学教研室每年都能赢得竞赛的第一名（除在1975年落到了第二名）。

培养共产主义道德觉悟的实际工作毕竟不只是进行道德教育这一项。20世纪70年代，苏联伦理学家进一步发展了道德教育只是更广泛的道德"管理"或道德"调节"战略的组成部分的思想。当时的苏联伦理学家认为，道德作为社会调节器其自身是受社会因素制约的，要实现道德进步这一目的，社会必须自觉地科学地发挥一切能够为这种进步作出贡献的学校、团体和个人的作用。

整个70年代，苏联道德理论探索丰富多彩，显示出对伦理思想的系统深化。1970年，А.А.依维的《评价的逻辑学原理》一书出版，书中阐述了绝对评价（"好""无差别""坏"的概念逻辑）的第一逻辑学理论并在此基础上构建了实用主义的评价逻辑学。这种实用主义的评价逻辑学对于为达到所指定的目的而言是有价值的。《新世界》1971年第10期发表了苏联著名遗传学家В.П.埃夫洛伊姆索《家族的利他主义——从人的遗传进化角度进行研究的伦理学》（苏联科学院院士Б.А.阿斯塔乌罗夫为此文撰写了前言）一文，此文是对克鲁泡特金的进化伦理的主要问题"为什么只要不改变人自身形成的道德理想他就会饱受所有困苦"的直接继续和回答。依据В.П.埃夫洛伊姆索的见解，现代遗传学的成就能够回答这一问题，因为有理由认为某种使人趋向正义和自我牺牲的东西是根植于遗传而来的人的本性当中的。苏联伦理学在道德理论化和社会经验主义的条件下，利他主义的进化论观点是不可能对国内伦理思想的科学实证主义复兴产生影响的。1971年，政治文献出版社出版了由В.И.托尔斯泰主编的文集《科学与道德》，该文集的作者包括О.Г.德罗伯尼茨基、Э.В.伊利延科夫、索洛维约夫。

德罗伯尼茨基发表的《道德意识结构》（《哲学问题》1972年第2期和第6期）一文，对道德思维的概念体系、主要形式（形式纲要）和结构进行了研究。该文在统一的道德意识体系中确立了每一种概念形式的地位，包括它们之间的逻辑关系和联系、它们在体系内的级别和连续性，分析了道德意识结构的历史形成机制和道德意识概念的起源问题。С.Ф.阿尼西莫夫的教材《马克思列宁主义伦理学：课程讲义》（第1、2册，莫斯科大学出版社1972年版），对于在伦理学教学材料的提供过程中形式理论原则的确立，对于摆脱唯心主义的道德思辨起了良好的作用，对于道德教育亦有推动促进作用。А.Г.哈尔切夫、Б.Д.雅科夫列夫合著的《苏联马克思主义伦理学史纲要》（列宁格勒科学出版社1972年版）对统一的、内部存在着有机联系的苏联马克思主义伦理学发展的主要阶段进行了系统的研究。1973年，莫斯科索非亚出版社出版了苏联学者和保加利亚学者合著的《伦理学的对象和体系》一书，此书对伦理学在科学认知体系中的地位，伦理学和社会学、法律理论、社会心理学以及教育学的相互关系进行了研究，该书还确定了伦理学的哲学基础、方法论基础和概念体系，在理论方面该书将道德理解为人的行为的特殊调节器。同年莫斯科进步出版社首次用俄语出版了阿·施文依采尔的著作《文化和伦理学》一书，该书阐述了苏联伦理思想的演化，在阐述伦理学说史方面以及在避免对作为确定文化伦理范畴上层建筑的道德作简单化的社会学解释方面产生了重要的影响。这种"尊重生活"的伦理学实际上首次指出了通向"普遍人道主义"新规范的途径。

1974年是苏联伦理学发展史上成果丰硕的一年，一系列有分量的专著纷纷问世，其中有德罗伯尼茨基的《道德概念》、季塔连科的《道德意识的结构：伦理学—哲学研究的经验》、В.Т.叶菲莫夫的《社会决定论和道德》、阿尔汉格尔斯基的《个体理论的社会伦理问题》、古谢伊诺夫的《道德的社会本质》、Н.В.雷巴科娃雅的《道德关系和它的结构》、В.ф.泽布科维茨的《道德的起源》、В.А.勃鲁姆津的《个体道德品质》等。

1976年，苏共二十五大上采用了"个体生活的积极态度"这一概念并将其作为当时道德教育的现实任务，由此产生了文化评论热潮，成为很多科学—实践会议讨论的对象。1976年，苏联政治书籍出版社出版了季塔连科主编的教科书《马克思主义伦理学》，该书于1980年、1986年再版，并先后被译成英语、阿拉伯语、匈牙利语、西班牙语、德语、葡萄牙语、捷克语，获得了意想不到的广泛的国际反响。同年莫斯科科学出版社出版的《俄罗斯伦理思想史纲要》，使开始于古罗斯、结束于索洛维约夫、布尔加科夫和别尔嘉耶夫的俄罗斯伦理学首次成为专门的研究对象，同时还从批判的角度研究了索洛维约夫、布尔加科夫和别尔嘉耶夫的伦理思想。这一年在维尔纽斯举办了全俄"个体和道德进步"研讨会，随后出版了研讨会的专题论文集，莫斯科大学出版社还出版了 Б. О. 尼古拉契夫的专著《个体道德行为中的意识和无意识》，该书的出版表明了苏联伦理学首次对行为的"潜意识"和"后意识"之间的区别加以特别的分析，研究了个体的习惯性行为和感性行为的特点。1977年，科学出版社出版了纪念德罗波尼茨基的论文集《道德问题》，文集的中心主题是作为特殊的意识形式和人的行为调节方式的道德的特征问题。道德理论化现象在《道德的社会本质、结构和功能》和《个体和道德结构》两部集体编写的著作中得到了鲜明的体现。生物学家 С. В. 梅耶发表在论文集《未知之路》中的文章《同情原理》广受关注，该文从生物学角度描述了互相理解的情绪价值机制，提出了作为人道的行为必要条件的"同情他人"和"与他人共同体验"的道德律令。"文化纪念碑"系列丛书开始推出，其中出版的 А. А. 赛涅卡的学术评论《致卢奇利乌斯的道德信函》全文译文。1979 年，青年近卫军出版社出版了古谢伊诺夫的《道德金科玉律》（1982 年和 1988 年再版），该书从道德的起源到道德调节的特点方面生动地揭示了最能直观地表达道德本质特征的行为机制。列宁格勒大学出版社出版的 В. П. 科布拉廓夫著的《伦理意识：道德意识和伦理观念相互作用的历史理论概述》一书把"伦理意识"作为科学概念来理解，并在文化历史发展过程中揭示伦理意识，为道德和伦理的相互渗透和相互影响提供了必要的依据。莫斯科思想出版社还出版了 A.K. 乌列多夫负责编纂的《道德教育》一书，对道德教育的基本理论和关键问题进行了全面研究。

整个20世纪70年代，苏联学者对伦理学范畴及伦理学的体系结构的研究成果丰硕，代表了苏联马克思主义伦理学研究的一个重要阶段，主要成果集中在如下方面：

第一，伦理学范畴研究。伦理学范畴在马克思主义伦理学体系中的地位问题，在苏联伦理学界有不同的认识。20世纪60年代施什金出版的《马克思列宁主义伦理学概论》（1961）一书中，伦理学范畴设有专章，其中论述了"义务"、"良心"、"荣誉"和"幸福"四个范畴。20世纪70年代季塔连科主编的《马克思主义伦理学》（1976年初版）一书取消了伦理学范畴一章，把有关良心、义务、理想、幸福等内容穿插安排在其他章节中论述。阿尔汉格尔斯基在1974年出版的《马克思列宁主义伦理学教程》一书写了专篇《价值哲学问题和伦理学范畴》，以全书三分之一篇幅、分六章系统论述了财富、善与恶、公正、义务、良心、责任、荣誉、尊严、幸福、人生意义等十个范畴。阿尔汉格尔斯基对伦理学范畴的研究代表了70年代苏联学者在这个问题研究上的高水平，他的学术贡献主要在于四个方面：

一是分析了伦理学范畴在马克思主义伦理学体系中的重要地位和特殊本质。伦理学范畴是对道德关系的最高概括，也是体现道德意识的最普遍的形式。伦理范畴与一般的经验意识不同，一般的经验意识被固定在观念、概念、规范、原则、情感、评价等道德因素中，而善与恶、义务、良心等概念不同于日常的道德概念，它克服了不同历史时代使用道德语言意义上的片面性和环境的限制，是对道德的科学认识的重要总结、凝结，是道德价值的科学认识形式。伦理学作为理论的道德意识，集中注意的是道德关系的全部总和，是对自己研究对象的系统性反映。伦理学的诸范畴概括了许多世代人们的道德经验，正是关于道德科学的最一般的、中心的概念。因此，伦理学范畴在伦理学体系中应该具有十分重要的地位。

二是研究了伦理范畴的历史系统。伦理思想史上著名的伦理学家都重视伦理学范畴的研究，并提出了自己的伦理学范畴体系。善与恶、财富、义务、尊严、良心、幸福等范畴是历史上许多伦理学家都研究过的最一般的范畴，并获得了共同的、最一般的定义。例如，人们早已知道，善与恶是以区分道德与不道德为使命的范畴，义务是道德职责的总和，尊严是对个人价值的自我评定等等。这些伦理学范畴是历代伦理学家对许多世代人们的道德经验的概括。不同伦理学家由于世界观和阶级立场不同，在他们的伦理学理论体系中，把哪个原则提到首位，赋予哪个范畴以首要的意义，哪些范畴以从属的意义也是不相同的，由此形成了伦理学说的区别。享乐主义伦理学关于善的概念是通过幸福来论证的，而幸福被解释为生活的快乐，是人的动机和最终的目的；康德则把义务范畴放在首位，认为义务是绝对命令的体现形式，是对绝对命令的遵从，被视作道德（善）的唯一条件。在范畴体系上，那些把抽象个人作为道德主体的伦理学说，以幸福、品格等主观性概念作为主要范畴；而强调公共利益的伦理学说，则把义务、责任、公正范畴放在首位。

三是阐述了马克思主义伦理学范畴体系。马克思主义伦理学应由两个方面的范畴系列构成。一是构成道德成分的内在相互联系的、用以说明道德结构的概念系列有规范、原则、评价、理想、观点、知识、信念、情感、习惯、风俗、行为等。这些与道德结构有关的成分还不是价值。这些结构成分是相互联系的形式，它们只有在充满着一定内容、与它们体现的内容有机统一时，才能成为有价值的东西。二是表现道德质的规定性的概念系列有善恶、财富、公正、义务、良心、荣誉和尊严、幸福等。这些概念是从社会与个人之间的关系的内容特点来说明道德的，因此被称为本质范畴。伦理学范畴就是指这一类系列概念。这些范畴中的任何一个都不是独立的道德结构成分，它既可以纳入社会意识，也可以纳入个人意识；既可以归于感情方面，也可以归于理性方面；既可以归于意识方面，也可以归入实践方面的。这十个伦理学范畴可以归纳为三个方面，其中善与恶、财富、公正是最一般的道德评价的标准。这些范畴既可以应用于对个人道德现象（品行、动机）的评价，也可以用于对一切社会现象的评价。生活的意义和幸福是涉及人对自己的根本需要和利益的态度，是表明自己的长远生活目标的范畴，构成为人们价值目标的重要核心；而义务、良心、责任、荣誉和尊严都是说明制约人的行为方针及具体场合的行为选择的要求和动机的范畴。

四是解释了范畴体系的具体内涵。阿尔汉格尔斯基的伦理学范畴体系从财富（含福利、利益、善、财富之意）范畴开始，以幸福范畴结束。幸福又似乎重新回复到财富上。因为幸福是对生活满足的一种心情，是通过快乐感、满足感和兴奋感而感受到的财富。人们所期望的生活不仅有一般的财富，而且还有幸福。幸福可以看作是目的，而财富是实现这个目的的前提条件。康德把义务与幸福对立起来是错误的，履行义务与幸福并不矛盾，不是为义务而义务，为了人们幸福的义务才有价值。虽然履行义务会产生巨大的困难和损失，幸福总是伴随着革命者的自我牺牲和英勇斗争的。在实行义务和幸福之间的统一上没有任何禁欲主义、故意做出牺牲和放弃个人利益的道德说教的余地。开拓者的幸福总是同巨大的困难联系在一起的。但是，这种幸福才显得更为珍贵。真正的幸福是有崇高目的和意义的生活，因此，幸福与生活意义密切联系。经验表明，当一定目的使生活富有朝气时，生活才有意义。追求幸福就是追寻最高目的，因此，对幸福的追求是直接与生活的意义相联系的。真正的幸福和生活的意义总是同现实的、可以达到的、正确反映了人的发展客观必然性的目的联系在一起的。阿尔汉格尔斯基把财富概念引入伦理学范畴体系并对它作了详细的论述。财富不是本义上的伦理学范畴，而是一个伦理社会学范畴。这个范畴可以判断道德对社会关系体系的依赖关系和表现外部世界的最一般的道德评价。在伦理学范畴体系中，财富和善恶的概念处于同等地位，并和善、恶一起起着根本和标准的作用。一切伦理学范畴都是价值概念，财富正是反映客体与主体之间的现实关系的最一般的价值概念。财富作为价值，一方面要求有外部世界的现象客观上所固有的、能够用来满足人的需要的一定特性，而另一方面又要求主体有认识和评价客观有益于人们的作用的能力。因此，财富范畴是在人们的实践活动的基础上产生的。财富概念与有用性概念是既有联系又有区别的。财富与善、美等其他价值概念的区别就在于，客体因其一定的属性而具有某种有益于主体的作用，但不能把财富与有用性等同起来。财富作为伦理学术语，借助它可以论证社会需要和利益在道德关系体系和道德意识体系中的基本意义。需要和利益只有以财富概念为中介才具有价值意义。

马克思主义伦理学通过社会财富和个人财富的概念具体说明了财富范畴。社会财富是完善的社会生活的一般物质条件和精神条件的总和，是保证社会及其成员得到全面发展的最好条件。个人财富是完善的个人生活和个性发展的条件的总和，它归根到底依赖于共同的社会条件。通过财富范畴可以揭示道德关系和道德意识的社会历史制约性，使道德这一相对独立的体系同整个社会体系联系起来，并使它从属于整个社会体系。在道德体系本身范围内，财富和善一起，都是客观道德标准的反映。阿尔汉格尔斯基在论述财富、善与恶、公正、义务、良心、责任、荣誉和尊严、生活意义和幸福这十个范畴的内容、特征、起源和作用等问题的同时，特别注意揭示这些范畴之间的内在联系，从而使伦理学范畴体系较为完整、系统且富有理论色彩。

第二，道德本质、结构和功能研究。道德本质、结构和功能等基本理论问题是20世纪70年代苏联马克思主义伦理学研究的特点之一，它是在20世纪60年代对相关问题的争论基础上展开的。对于道德问题的具体理论认识的发展是伴随着不同阶段对道德本质不同理解而变化的。20世纪60年代，道德是社会意识的形态和协调个人与社会利益的手段的观点是对道德本质问题的代表性论断。70年代，随着道德理论化科学化的进一步深入，对道德本质的认识有了新的变化。很多学者专门探讨了相关问题，并取得了丰硕的理论成果。研究道德本质、特征和结构的代表人物和著作有德罗伯尼茨基的《道德概念》（1974）、季塔连科的《道德意识的结构：伦理学—哲学研究的经验》（1974）和《马克思主义伦理学》（1976）、古谢伊诺夫的《道德的社会本质》（1974）和《道德金科玉律》（1979）、雷巴科娃的《道德关系及其结构》（1974）、В. П. 科勃梁科夫的《伦理意识》（1979），还有苏联学者和保加利亚学者合著的《伦理学的对象和体系》（1973）等。

道德本质的定义方式多种多样，伦理学家德罗伯尼茨基、季塔连科、古谢伊诺夫等人都提出了不同看法，而把道德看成是反映社会现实的意识形式、把道德界定为掌握世界的实践—精神方式，则是最有影响的观点。季塔连科明确指出道德不仅是反映社会意识的形式，而且是从实践—精神上把握世界的一种特殊方式。他是从肯定道德的特殊功能和特点出发来解释道德本质的，或者说，他对于道德的本质、特点和功能的认识是一致的，认为三者的关系是一体的。他之所以认为道德是"特殊的"，是因为道德具有使人理解社会环境的超越科学的手段，人类的道德经验是独一无二的历史"实验室"，道德对于人来说起着不可代替的行为指南作用。作为社会现实的一部分的道德既被看做是人类的日常活动实践，又被看成是人类意识诸因素综合作用的结果，因而道德既是实践的，又是精神的。这一理论认识同苏联伦理学从唯物史观对道德进行理解的方法论基础是密不可分的，它完整地表达了道德是特定历史时期特定的生产关系的产物并能反过来指导实践的思想。20世纪70年代在对道德本质问题的讨论和研究中，季塔连科的结论得到了伦理学界的公认，同60年代相比较而言，无论是哪一种基本认识，都加强了伦理学内部的道德理论元素和道德实践元素的相互关系，并不断地使之结合在一起。

关于道德结构问题的研究，季塔连科在《道德意识的结构：伦理学—哲学研究的经验》一书中对历史中存在的、有关道德关系的特殊体系和道德意识的特殊结构的思想进行了仔细分析，突出强调这一结构的重要标志：价值目标、自我意识的特殊心理监督机制、特殊的行为调节方法、构成道德的特殊元素、体现在道德基本元素当中的道德经验的特点。在对封建主义和资本主义进行比较的基础上，可以实现对这些结构的分解。而德罗伯尼茨基则把道德看成是包括道德活动概念、道德关系概念、道德意识概念三方面因素在内的系统结构，并且对每一种概念的结构，尤其是道德意识的结构进行了深入的研究，确立了道德意识体系内的层次性和联系性，以及每一种概念之间的逻辑关系。

阿尔汉格尔斯基不仅对马克思主义伦理学的一些重大的理论和实践问题进行了卓有成效的研究，而且对马克思主义伦理科学关于道德本质、结构和功能等问题都提出了自己的理论观点，为苏联伦理科学的发展和道德教育做出了重要贡献。阿尔汉格尔斯基还实际参与、组织和领导了苏联伦理学界对当时社会生活中发生的迫切、重要的道德理论和道德教育问题，以及伦理科学发展中的重大问题的研究工作，是一位具有国际影响的哲学家伦理学家。

3. 20 世纪 80 年代：发展和变化

苏联伦理学者在 20 世纪 80 年代对马克思主义伦理学的一些重大的理论和实践问题进行了卓有成效的研究，对马克思主义道德科学的性质、对象、结构、基本方面以及伦理学研究方法论、道德的本质、结构和功能，道德的起源、发展规律，道德的进步标准，道德价值的性质及其变化发展的规律，道德和伦理学范畴，个人的道德发展规律，道德教育的理论、方法论和实践原则，职业伦理学的理论等问题，都提出了自己的理论观点，为苏联道德科学的发展和道德教育作出了重要贡献。

20 世纪 80 年代初，莫斯科大学出版社出版了集体著作《道德选择》，该书对道德选择问题进行了第一次系统尝试，这一尝试是为达到道德选择的主客观统一。该书具体研究了行为的风险、社会鼓励和惩罚的存在、良心和义务的道德自我检查机制、理性和感性的选择动力—道德内省和道德情感、道德预测等问题。列宁格勒大学出版社出版了 В. Г. 伊万诺夫的《古代世界伦理学史》，首次在国内对古代印度、中国、希腊和罗马的伦理学说作了专门的介绍。1981 年，莫斯科进步出版社出版了著名波兰哲学家塔塔尔克维奇著的《论人的完善和幸福》俄译本，此书在世界伦理学传统的范围内提供了对幸福进行系统的百科全书式研究的独特样式。

阿尔汉格尔斯基在 1981 年号召"扩大道德知识在当代的应用

范围"。他认为，推动和支持把伦理学作为新重点的是由于政治的发展，并非由于理论本身的发展。政府越来越迫切地希望运用道德手段来支持国家的政策和鼓励生产劳动。党的代表大会文件提到了更为敏感的社会政治思想领域的问题，决定苏联社会科学发展的基本目标已经成为一种传统，这种做法也完全适用于伦理学科学。

20世纪80年代初出现了具有一定影响的关于"伦理学和道德学"的学术讨论。1982年苏联《哲学问题》杂志在二月号上发表了В.Т.叶菲莫夫的《伦理学和道德学》一文，引发了对道德理论的哲学地位、将"道德学"作为一个具体科学的知识领域从哲学中分离出来的可能性等问题的讨论。该文提出要建立一门新的道德学科——道德学，并阐述了伦理学和道德学的研究对象、内容、性质及其相互关系等问题。В.Т.叶菲莫夫的核心思想是：

第一，伦理学作为一门哲学科学，目前既不适应社会和"共产主义道德教育实践"的需要，也不适应道德知识发展的需要。改变伦理学当前发展的状况，必须建立一门脱离伦理学的道德学科即道德学，在道德学里应该集中一切非哲学性道德知识的体系，即具体理论性的知识。伦理学是道德哲学，并且作为哲学知识领域，无疑地和把道德这样非单一意义的现象作为研究对象的一切具体科学有着联系。没有哲学的论证，伦理学注定会陷入对道德作直观—伦理的描述，最多只能够成为道德的科学—伦理学研究的前提。道德的伦理—哲学研究的特殊性要求采取切合实际的研究手段。伦理学知识的抽象—理论性质，使得借助机械的使用从具体—科学知识方面得到的手段来获取伦理学知识的可能性成为有限的。多年来在伦理学界争论着关于把"道德知识领域"作为独立的科学从哲学中分离出来的问题，但是真正应该讲的不是伦理学从哲学中"分离出来"，而是使道德理论——道德学——作为独立的科学知识形式形成起来。

第二，伦理学作为道德哲学在辩证唯物主义基础上研究人类活动中道德性的普遍原则。伦理学是哲学和道德理论即道德学的联系环节。伦理学在作为哲学科学时，在辩证唯物主义基础上研究人类活动中道德性的普遍原则，因而表现为哲学和道德理论即道德学的联系环节。如同物理学、化学、生物学、天文学等的哲学问题是哲学认识自然科学的专门领域一样，伦理学对道德理论履行着世界观和方法论的职能。伦理学家和道德学家之间的关系应该成为物理学、化学、生物学哲学问题领域的专家和专业物理学家、化学家、生物学家之间的那样关系。所以，在道德学里应该集中关于非哲学性道德知识即具体理论知识的一切体系。这种知识能够成为真正的道德理论——研究道德的起源、结构、职能，道德发展的规律性，社会道德和个体道德互相作用的科学。

第三，伦理学只研究道德的哲学性问题，改变了关于伦理学研究对象的传统看法，由此还涉及伦理学对象、特点、结构等一系列问题。"道德学"研究许多综合性的、科际性的问题。这类问题是需要社会科学各领域的专家即经济学家、法学家、艺术理论家、社会学家等（特别是为了研究社会道德职能的问题）和关于人的科学领域的专家即人类起源学家、心理学家、生理学家、医生等（首先在研究个体道德职能的问题上）共同努力去研究的。伦理学实际上研究的是社会道德的表现形式，而对个体道德及其特点、活动机制的专门研究，是明显不足的。如果讲个体道德问题研究的现代水平，那么，将问题的研究、放在同人的科学的"接合部上"来进行，已成为时代的必然命令。这些研究的综合性质要求制定整体化的范畴结构，这种结构反映着各种不同的、具有质上差别的过程的概括特征，而这些过程构成为研究对象的系统性。道德学必须和各门生物科学的综合相接合,还因为道德是社会化个体的第一个特征,有时还能感觉到社会因素和生物因素的直接联系,因为在这里人的生物性质和社会性质最紧密地关联着。所以,正是在这里产生出个体道德起源的科际问题,在个体道德中生物因素和社会因素的相互关系的科际问题,以及这些结构的互相过渡和互相转化的科际问题。不对伦理学与生物学、遗传学、生理学、人类学、心理学等关于人的科学的相互关系做深刻的、科学的分析,并综合地研究这些"边缘"的科学问题,注定就会陷入空洞无结果的争论。

第四,道德学研究的问题应包括三个基本的互相联系着的水平。第一水平即一般理论水平,包括对道德理论的一般社会学问题,对道德的起源、结构、发展的规律性、社会道德和个体道德互相作用的研究。第二水平研究各个不同社会集团和共同体(阶级、民族、职业集团、年龄集团和性别集团、地方和集体等)所固有的道德表现的特有形式。第三水平是作为精神—实践活动形态的道德教育理论,是对有道德的人、对集体生活的道德风气和道德教育提法的有效性,以及管理这一过程的有效性的标准体系的形成过程的理论研究和实用研究。从这一立场出发去规定道德学的方向,可以试着给作为科学的道德学的对象提出如下公式:道德学作为科学,依据以辩证唯物主义哲学为基础的伦理学知识,研究社会道德和个体道德的起源、结构和职能、发展规律性,研究道德在不同社会集团和共同体中的特有表现形式以及共产主义道德教育的问题"。道德学对象的这一定义以及由于许多研究的综合性质,会产生许多要求。例如,对道德学来说,具体—理论知识应该占优势。这种知识不论是道德学家从自己的研究工作中获得的,还是从相应的学科那里取来的,在内容和专业文化上都应该是有机统一的。由于道德学具有研究的综合性质,在不同边缘科学领域的"接合部上"进行研究的专家必须是内行的。这里不仅指的是社会的内行,而且指的恰恰是科学的内行,善于在邻近学科中进行研究工作。

В. Т. 叶菲莫夫的观点在苏联伦理学界引起了强烈的反响,阿尔汉格尔斯基、季塔连科、古谢伊诺夫、Ю. В. 索果莫诺夫、В. Н. 谢尔达廓夫等人也加入了讨论,这表明苏联主要伦理学家对伦理学基本理论的多元化看法。《哲学问题》二月号上同时还发表了阿尔汉格尔斯基的《伦理学还是道德学?》、古谢伊诺夫的《伦理学是关于道德的科学》、В. Н. 谢尔达廓夫的《伦理学和规范》、Ю. В. 萨格莫诺夫的《伦理学和道德教育理论》、季塔连科的《伦理学的对象:讨论的根据和研究的前景》等文章。这些文章不赞成在伦理学之外"形成"道德知识的独立形式——"道德学"。现在道德的科学认识的分化,对马克思主义伦理学来说,还是作为内部过程展开的(阿尔汉格尔斯基);甚至认为不可能有不是道德理论的哲学伦理学,也不可能有不是哲学伦理学理论的道德理论(古谢伊诺夫)。他们对"道德学"这一概念的提出及其具体内容、相关问题持有不同的见解,这样以讨论 В. Т. 叶菲莫夫提出的问题为契机,苏联伦理学界就伦理学的对象、性质、结构、伦理学和其他科学的关系、伦理学的理论与实践联系的方式等问题展开了深入讨论。

首先,伦理学的对象问题。В. Т. 叶菲莫夫对"伦理学是道德的理论"这一传统认识提出质疑。他认为这种观点实际上有意或无意地使道德失去自身的理论。伦理学若被理解成为道德哲学和道德理论,会导致抹杀道德研究在哲学问题上的特点,会导致企图把道德的所有各种各样的表现都塞进伦理学范畴体系里去,因而只依靠伦理学范畴来获得道德的任何具体理论知识。这种观点遭到了阿尔汉格尔斯基等人的反对,他们认为伦理学就是关于道德的理论,不需要建立一门独立的学科"道德学"来取代伦理学。季塔连科认为,

"道德学"这一术语反映着最近十年伦理学及其方法论的重要发展趋势。"道德学"作为独立的学科虽然为时尚早,但是在伦理学范围内作为它的特殊部分和具有特殊方法论的方面不仅是可能的,而且对解决尖锐的实践任务和发展整个伦理科学都是绝对必要的。"道德学"应该是伦理学结构的一个不可缺少的层次。阿尔汉格尔斯基则认为,"道德学"不是伦理学的一个独立组成部分,它可以理解为同研究道德过程有关的学科的集合标记。他们一致肯定 B.T. 叶菲莫夫文章的积极意义,认为围绕 B.T. 叶菲莫夫文章展开的讨论有助于推动苏联伦理科学的发展。伦理学界的讨论并不是只就建立"道德学"的问题而展开的争论,而是一次关于伦理学的一系列重大理论问题的讨论。围绕伦理学的对象及其内容问题的讨论,涉及了伦理学的性质、特点,伦理学的结构、伦理学与其他学科的关系,以及实现伦理学理论和实践的联系方式等重要的伦理学理论问题。

古谢伊诺夫从伦理学对象发展史的角度,论证了伦理学就是关于道德理论的科学。在早期奴隶制时代,伦理学和本体论及认识论是融合在一起的。存在和认识的原则,同时就是义务性的原则。社会—道德生活被看作是统一世界规律的局部场合和简单的投射。伦理学形成为相对独立的哲学知识的分支,是随着人的存在的特殊性的显现,即随着在人身上由他自己创造的第二性质的存在的显现而发生的。人的存在本身开始被解释成道德的问题,并且在古代时期,伦理学主要是关于美德的学说。这里讲的是人的特殊种类的特性。这些特性表现着人控制本身的程度(节制、勇敢等),评定一个人和他人交往的品质(友谊、正义、诚实等)。所以,伦理学和人的行为发生关系并且依照这一行为依存于当事者本身的程度和人的行为发生关系。伦理学研究富有道德修养的人的性质,努力再造完人的形象。在中世纪时代，伦理学知识的基本方向，从道德的个人主观的表现转移到对道德外在——客观化的形式的研究。伦理学论证区分善恶的超人标准的存在，描述仿佛是人的行为的绝对基础的道德律则并使规范体系化。遵守这些规范被认为是有道德性的保证。人的主观道德世界主要是从遵守道德律则（它们同时表现为神的训诫）的必要性角度来研究的。在中世纪，伦理学在其合理的内容上主要是关于道德律则和规范的学说。在近代伦理学中，人格的严整性思想与承认人格的严整性对他人和整个社会的全面依赖结合在一起。近代伦理学以研究规范的个人主观根据（斯宾诺莎）的同样程度来研究人人必须遵守的道德行为规范（霍布斯），其中试图既把社会关系、个人行为的公共意义，也把个人的主观定向和严整性的表现结合在道德观的统一概念图式里（布鲁诺、蒙台涅、康德）。新时代各种不同的伦理学非常富有成果的探索，以在哲学知识范围内相当明确地把伦理学作为道德理论分离出来而告成。道德同时不仅从其抽象本质的角度被思考着，而且在其经验具体性上被认识着。伦理学积极地把自己确立为规范性的科学。总之，在伦理学史上，处理问题的角度、深入道德本质的程度都是历史地变化着的，但总的来说，伦理学的研究对象始终是道德。把伦理学理解成为关于道德的科学已经被马克思主义继承下来，这在世界哲学—伦理学著作中几乎是最不需要争议的原理。因此，伦理学就其历史上形成的形式来讲是关于道德的科学。要使道德理论越出伦理学的界限，伦理学就会成为空洞的无对象的东西。

阿尔汉格尔斯基从伦理学的分化应该有明确的基础的角度来证明伦理学就是关于道德理论的科学。他认为，在马克思以前所有著名的哲学学说在其体系里都包括伦理学观点。并且它们和哲学都是不可分的。只有在马克思主义出现之后，才发生了部门哲学科学的迅速发展，但是却是在哲学本身范围内的发展。同样的发展，在马克思主义之外也在进行着，不过是在另外的方法论基础上进行着。科学分化的过程不仅触动整个哲学，而且也触动部门哲学科学，其中包括伦理学。马克思主义伦理学不只是成为专门化的哲学科学，而且成为内部结构复杂的、分成为各种不同伦理学研究方面的哲学科学。伦理学始终是作为哲学方面和规范方面的统一而向前发展的，两方面的相互制约来源于关于道德理想、善和恶、生活的意义的理论观念转换成为具体建议的语言，转换成为义务性的语言的必要性。哲学理论始终是论证被实践着的道德规范的基础，或者提出特殊命令的基础。抽象理论知识必然和具体实践知识联系着。把哲学伦理学和规范伦理学分开，就是把伦理学对象即道德本身的两个方面分开。道德既作为精神的形式存在着，又作为实践的形式存在着。阿尔汉格尔斯基认为，B. T. 叶菲莫夫断定马克思列宁主义伦理学作为哲学科学，在唯物主义基础上研究道德性的普遍原则，而像道德的起源、结构、发展规律、实现其职能的方式这样的一般理论问题，总的都被移出伦理学的范围。这点之所以发生，是因为 B. T. 叶菲莫夫把抽象理论知识和具体理论知识，尤其实用知识对立起来之故。如今实际上到了更加积极地发展伦理学知识的具体和实用方面的时候了，但是这样做的前提是在运用与研究道德有关的人学学科的哲学（普遍）方法、一般科学方法和具体方法的基础上，不仅应该讲伦理学知识的分化，而且也要讲它们的整体化。

B. H. 谢尔达廓夫也对 B. T. 叶菲莫夫的论点提出了批评意见。他认为这个论点与把自己的对象当作某种现成的东西来研究的其他科学相类比，在原则上是不正确的。伦理学不只是研究自己对象——道德，它负有论证道德上应有的东西、价值、规范的使命。道德上应有的东西，对伦理学来说不只是研究的对象，伦理学的任务是引出应有的东西，解决道德存在的问题。所以，伦理学的事情只是研究现成的、存在于客体经验中的东西，这是不正确的。伦理学造成、创立自己的结果、结论，不能归结为简单的反映。伦理学的定义应该始于其任务，而不应该始于其对象。回答什么是善的问题才是主要任务。这里不仅指人们过去和现在认为什么是善，而且指应该认为什么是善。伦理学是关于道德的学说，并且是基于科学、哲学基础上的道德学说。"伦理学是关于道德的科学"的原理很狭隘，如果按照它，就该从伦理学史上排除许多东西，而这些东西按照传统是包括在伦理学中的。伦理哲学常常提出比研究良心、道德情感、善、义务等概念的范围更为广泛的问题，它从事探求回答关于获得幸福，避免痛苦、保证普遍福利、利益的途径的问题。如果仅从事情的现状——社会关系和人的当代状况出发，那么道德存在的问题、道德的永恒问题是不可能获得解决的，而这一解决却构成伦理学的基本任务。伦理学是从历史前景和社会改造的角度来研究道德的根本问题的，同时也就越出道德存在的独立范围。善和利益的划分、道德标准和社会进步标准的划分、幸福和美德的划分，在人类进入自己真正历史的时候将会消除掉。随着异化的物质根源的消灭，精神价值——真、善、美的独立自在的存在，它们和人的分离及彼此间的划分就会消灭。建立现代伦理学就像建立为生活所必需的美学和认识论，应该考虑到这一目的和历史发展的结果。

其次，伦理学的性质问题。В.Т.叶菲莫夫认为道德理论是非哲学性质的，阿尔汉格尔斯基等人则认为道德理论不可能不是哲学性的知识。古谢伊诺夫针对伦理学的性质问题，提出四个核心观念：一是道德的特点之一在于渗透于社会和人的各种各样的联系以及人的具有社会意义的一切活动形式中，我们实在难以用经验的方法从整体上描绘它。如果考虑到道德表现的极端个体性，简直排除了用经验的方法从整体上描述它的可能性。伦理学所能达到的准确程度不同于如天文学和数学所具有的准确程度。由于道德性质本身之故，除抽象力之外，没有别的手段能深入道德的本质并把其特殊性作为完整的现象展示出来。在这种情况下，抽象本身不可避免地具有哲学性质。在外部规定性的水平上，道德表现为社会意识的规范、评价判断和人的一定精神品质的某种总和。非马克思主义伦理学的基本的方法论局限性在于通常停留在表面的可见性上，把道德解释成规范和美德的总和。可是，实际上道德不是规范和美德，而是存在于规范和美德之外的东西，并在其中得到某些正确的反映。二是马克思主义伦理学最伟大的功绩和唯物主义实质的表现是把道德当作一定的社会关系并归结为经验个体的利益，具体阶级的社会力量的利益。在任何情况下，实际的道德生活都分成为两种水平：一是相对独立的道德意识王国；二是道德关系和人们间的社会联系实在形式的真正价值意义的世界。研究道德生活的理论家，愿意或者不愿意都会遇到一个问题：两种水平之间的关系如何，道德原则与道德行为的活生生的实践处于怎样的关系之中。回答这个问题是哲学基本问题的具体化，直接依赖于研究者的基本哲学立场。道德理论家努力解决的中心问题之一，是在道德和人类存在的其他因素相对比中认识道德。道德是作为美德和幸福、美德和利益、道德完美和生活成就、义务和爱好、绝对命令和条件命令等的相互关系而被表现出来的。问题并不总是以切合实际的形式被提出来的，然而在实际上讲的始终是要显示出道德对人和社会的经济、政治及其他具体目的的关系是怎样的。解决这一问题要直接依赖于一般哲学——历史理论，并且总是在客观上要引导到某种一般哲学社会观。这是不需要特别来证明的。三是道德理论性质的问题就像关于伦理学地位的问题一样，在逻辑推理的水平上是不能解决的，科学认识的活生生的经验才是最严肃的根据。这种经验说明，在认识史上未必可以找到哪怕是一个哲学—伦理学体系不曾是道德理论，或者找到一个发达的道德理论不曾是哲学—伦理学体系。作为道德理论的伦理学在哲学之外是不可能的，没有伦理学的哲学也是不可思议的。四是伦理学有机地成为哲学世界观并在哲学中起着不可代替的作用。道德不仅仅是和许多其他现象同时存在的一种现实现象，同时还是一种特殊的（实践—精神的、价值的）掌握世界的方式。如果说从理论上看世界（实现于科学中），是"不同于从艺术—宗教—实践精神上掌握这一世界"（马克思语）的掌握世界的方式，那么，由此不考虑任何一种掌握世界的方式，都不可能最充分地和有特点地认识人在世界中的地位，人和周围现实的相互关系的性质。在社会人的实际实践中，特别是在这一实践的最发达、最人道的形式里，掌握世界的方式彼此最紧密地交错在一起，组成有机的整体。马克思主义哲学是行动的哲学，革命地改造世界的哲学，这种改造的使命是要克服阶级文明所固有的各种精神文化形态间的分离，以及精神和物质活动形式间的分离，为个人的全面发展创造条件。我们只有用对现实的哲学—价值认识、人道主义理解，来补充和加深现实的哲学—理论分析，才能够使其成为行动的纲领、生活的立场。伦理学正是作为道德理论，作为理解人对世界的实践—精神、命令—价值的关系，而有机地成为哲学世界观。

В. Н. 谢尔达廓夫也提出不能把伦理学和哲学分开。伦理学是从关于世界和人在世界中的地位的哲学学说中得出的结论。同辩证逻辑和美学一样，伦理学是哲学思维的总结、内在的目的。创造人生观和伦理学是自己的主要任务，哲学家不仅应该传授真理，而且应该像哲人、贤人一样生活。伦理学在哲学知识体系中的情况，过去和现在都不同于那些从哲学知识体系中分离出来，而成为独立学科的科学的情况。

第三，伦理学的结构问题。伦理学是一个内部结构复杂，多水平、多层次的知识体系。针对 B.T.叶菲莫夫要从伦理学中分离出"道德学"的主张，阿尔汉格尔斯基认为，现代马克思主义伦理学是作为掌握自己对象的各种不同水平的体系而发展着的，并且从一种水平过渡到另一种水平，一方面是由道德认识的深化和具体化的任务决定的，服从认识从抽象到具体、使认识达到历史规定性的辩证运动规律。这一过渡是从更成熟更发达的形式的高度，来考察较早的道德历史类型的任务决定的，并且服从逻辑认识和历史认识一致的规律。另一方面，在伦理学知识的体系里划分出一些相对独立的结构是由作为科学的伦理学的一般任务的分化所决定的。伦理学结构包括伦理学的一般理论（哲学）和规范方面，社会学、心理学方面，还有更加局部的方面（如认识论、历史学、遗传学、逻辑学）。这些方面不是互相孤立的，它们的科学效果都直接依赖于这一科学部门的知识体系的完整性。上述各方面伦理学知识结合起来的唯一核心，是马克思主义对道德的社会本质及其在社会中的地位的论证。伦理学的哲学性质直接或间接地表现在伦理学知识的所有水平上，但是方式不同，程度就不同。

季塔连科从一般体系构造、哲学—伦理学研究的道德结构等方面，提出对伦理学结构的较为系统的看法。在一般体系构造上，伦理学可能有三个基本方面：道德学、哲学—理论伦理学、规范伦理学。所有这些部分之间的界限都是相对的，它们只有在抽象中才是严格的，每一方面和另一方面是互相渗透的。每一方面的相对独立性，首先是由所使用的方法论的特点决定的，是由研究对象（道德）及影响对象的不同目的制约的。为了使道德以其完整的多样性呈现出来，伦理学实在应该成为某种"奇妙的结晶体"，它的每一

第四章 发展与转向：后斯大林时代苏俄伦理思想主流

转动都会发现仿佛是新的道德"尺度"。道德每一次都在另外的角度下出现，显现出新的特点和特性，并且只有从整体上看，才作为统一的现象呈现出来。就伦理学的三个部分而言，道德学在其认识方面负有的使命是保证对存在于社会某个历史时期的实际风俗的了解。这里使用风俗概念比道德概念宽泛些，包括数代生活的许多客观和主观坐标。道德学不应该在孤立中研究道德，道德只有在抽象中才表现为孤立状态，而应该在和人们生活实在过程的实际融合中研究道德，而人们的生活又是由许多邻近学科研究的。整个伦理学所依据的各种历史科学的综合，对道德学具有特殊意义。道德学的最终任务正是对不同历史时代的道德体系的具体科学地、生气勃勃地描述。展示这些体系的发展和更替的因果制约性，展示它们的社会—经济的、阶级的决定因素，只有在具体历史材料和充分珍重地利用历史主义方法论的基础上才有可能。价值及其特有的等级的独特的历史网络、道德选择的典型情境、维持行为的道德调节的典型裁决（赞扬与不赞扬）、典型的道德冲突、道德—价值定向的一般辐射面、被宣扬的美德和被抨击的恶习的搜集。道德在其最重要的参数上的实际状态，就是道德学在其一般结果上所要科学地揭示的东西。道德学不仅是科学地分析道德的起始水平，而且是以后进行哲学—伦理学概括的富有内容的源泉。在哲学—伦理学研究方面，哲学—伦理学研究通常是在一般概念方面解决道德问题。作为完整体系的道德结构，是通过对道德关系（道德活动）体系的揭示和道德意识的结构—职能的建造，而被描述出来的。道德生活的大多数问题，是作为哲学理论问题（善和义务、动机和行动、目的和手段、存在的东西和应有的东西、过失和责任、权利和义务、理性作用和情绪作用等等）被提出和被解决的。具有规范—评价意义的道德概念（如善、恶、义务、集体主义等）是一起被运用的，这些概念同时似乎都是在理论上认识许多传统伦理学问题的工具。在哲学—伦理学研究中对传统伦理学问题的预计解决本身，内含有直接把伦理学家引入规范领域的某种规范—价值图式、偏向标度。道德选择问题的解决是伦理学研究的一个最重要的部分，这一部分能够从道德问题的理论解决过渡到规范伦理学（命令伦理学）。规范伦理学用人的评价—命令立场的语言和人说话。善、恶、义务、良心、诚实、荣誉等概念已（必然地）具有评价—命令的性质。在这种情况下，人生意义、理想、义务和良心、幸福和尊严的问题，已不是纯粹作为讲道德而显现出来的。这些问题通过道德学和一般哲学的考察，已经经历过预先的路程。因此，未必可以把规范伦理学建造成某种独立的领域。针对有人把从道德学到伦理—哲学研究的运动描绘成从具体到抽象的运动，而把从一般伦理—哲学的解决到规范伦理学的运动描绘成从抽象到具体，季塔连科认为，伦理学中存在着三个互相交错、互相渗透的层次，即道德学的、伦理—哲学的和命令—评价的层次。伦理学发展的基本前景存在于统一的综合的研究途径上。上述三方面或三个层次要互相结合在一起，否则会使研究工作者在理解伦理学对象及其结构上犯片面性和夸张的错误。

第四，伦理学和其他科学的关系问题。大多数伦理学家认为伦理学和其他科学主要是和有关人的科学有密切的联系，并且强调伦理学要与社会学、心理学、教育学、历史学、民族志学、人类学、遗传学、法医学、病原学等建立联系。В.Т.叶菲莫夫把伦理学和道德学的关系与美学和艺术学之间的关系加以类比，要求建立道德学研究的相应组织机构。和艺术学作某种比较，任何人都不想侵犯美学的哲学地位，然而艺术学作为把艺术当作社会现象来研究的艺术理论正在顺利地发展着。在艺术学范围内组成了研究具体艺术形式的各科学分支，如戏剧学、音乐学、电影学等。伦理学要想和有关人的这些学科建立密切的联系，就必须要建立一个非哲学性的道德学，作为哲学科学的伦理学不能利用这些材料和方法。阿尔汉格尔斯基等人则认为，伦理学范围内可以利用而且必须利用与伦理学相近学科的研究成果。在伦理学中解决的问题，日益成为综合性的问题；伦理学越深入地认识所研究的过程，就越会和邻近的学科发生相互影响。这一点可由道德（伦理学的对象）本身的特点来解释。"道德"不过是人的整个性质的表现之一，是"存在"于一切社会活动范围，一切社会关系形式中的社会生活特性。季塔连科认为，作为伦理学组成部分的道德学和积累了关于实际道德状态的大量信息的具体科学（例如，历史学、社会学、心理学、教育学、文学、比较法学、法医学等），进行整体的综合是不可避免的。所有邻近学科的材料的发展在伦理学的具体—历史的论证上起着特别推动作用的，应当是心理学、社会学和历史学。如果说在近年来的伦理学研究中，掌握和使用心理学材料的事情有点进步，那么，关于历史学、民族志学等的材料，就不能这样说了。但是正是和历史学的联系，赋予伦理学方法论以历史的眼光。从历史学、民族志学、社会学、心理学等具体科学里，不能像某些作者想象的那样，简单地获取关于道德真正状况的材料，即不能作为"现成"的东西拿来。这些材料须善于在自己伦理—道德学的方法论的基础上加以分解。这个方法论能够从大量的经验材料中分出价值—命令的内容，这一点甚至在分析的开始阶段在从邻近学科的研究结果中选择具有道德特性的事实时就是清楚的。

第五，伦理学的理论与实践联系的方式问题。伦理学如何适应社会发展、文化建设的需要以实现其理论与实践相联系之追求，这也是苏联伦理学家讨论的一个重要方面。B.T.叶菲莫夫认为：道德学作为独立科学之确立首先应该组织研究具有"科学—实践意义的"问题，属于这类问题的有劳动道德和职业道德教育的问题。这些问题在道德学中一开始就应该占据主要地位，研究的目的在于加强道德因素在发展社会生产、提高劳动强度和质量、刺激社会主义劳动者的劳动和社会—政治积极性中的作用。B.T.叶菲莫夫对职业道德问题的意义、职业道德教育的内容等问题都做了比较细致的研究。他认为：职业道德问题具有特殊的实践意义，因为它和形成工作者个人的职业道德完整性最紧密地联系在一起。在道德教育中存在着两种互相联系的方面：一般的道德教育和职业道德教育。一般道德教育的目的，是要培养人的道德品质，其内容是共产主义道德原则。这种道德教育对任何人都是必需的，不管他们的职业以及其他特性如何。职业道德教育是要使一般道德教育的目的在应用于某种劳动活动的特点时、在完成某种职业功能时具体化。职业道德可以包括调节具体劳动过程的工作者和其他参加者之间的劳动关系的规范，评定劳动者本身对由他所完成的具体劳动活动形式的态度的规范。阿尔汉格尔斯基等人与B.T.叶菲莫夫一样强调当前为加强伦理学理论与实践的联系，要更加积极努力地发展伦理学知识的具体方面和实用方面，但阿尔汉格尔斯基等人不同意脱离伦理学的哲学理论而建立一种独立的具体和实用的道德知识体系，不应该把实用伦理学理解成只是最接近实践的道德研究的经验水平。这是为适应有目的地利用伦理学理论于实践的社会需要，而开展的伦理学研究的一个方面。这方面的伦理学研究主要包括职业伦理学、道德教育理论、道德教育的管理方面等。每一个研究方面自身都有一些理论层次，这些理论层次是在估计到客观—主观关系的特点的情况下，通过实现道德规范和共产主义道德教育的实践任务而折射出来的。Ю.В.萨格莫诺夫讨论了伦理学理论与教育实践的关系问题，他批评旧的哲学、伦理学是以某种轻视的态度对待像教育这样的实践活动的形式的，伦理学不关心道德教育问题。伦理学已没有理由在道德教育上，只局限于履行世界观和方法论的职能，或者局限于简单地把关于道德的一般知识移植到教育问题的领域，但是它也不能停留在描述教育实践的某些阶段上，也不能停留在搜集来自这一实践的有教育意义的事件的水平上。在伦理学中，建立道德教育的专门理论是必要的，这可称之为教育伦理学，它不仅研究道德教育的一般原则和管理道德教育的一般原则，而且论证教育大纲、教育的合理组织，研究影响个人和集团的形式和方法，建立职业和非职业道德教育活动的规范—价值的尺度。这样的道德教育理论起着实用的综合的知识的作用，而对活跃的、经常变化的活生生的教育实践来说，它将作为研究教育的因素、态势、制度和制定最适宜的办法的理论知识而出现。

苏联学者重视情感在道德中具有特殊的作用和价值。季塔连科在80年代完成的《情感在道德中的作用和感觉论原则在伦理学中的作用》一文，集中阐述情感在道德中的特殊价值，在伦理学中独立开拓了新的研究方向。《道德价值体系中的情感因素》（1993）作为季塔连科未及发表的珍贵遗稿，其中贯穿着他的全部伦理思想的旨趣和特色。遗稿分析了道德的起源、道德进步及继承、道德的功能、道德倾向与选择、个人道德面貌水平的内在机制等，无一不直接或间接地与人的情感相联、相关。情感在道德及伦理学中具有重要价值，道德感在生活中起着使人高尚的作用。"没有它们，任何真正伟大的东西都是不可能有的。"[1]情感不仅指道德情感，也包括人的直观感觉、情绪、各种感受体验、情绪情感性认知等，是一个较为宽泛的情感范畴。个人内心生活是一种复杂的多层次的过程，

---

[1]〔苏〕А. И. 季塔连科：《情感在道德中的作用和感觉论原则在伦理学中的作用》，《哲学译丛》1986年第2期。

包括感觉和知觉；情绪、激情、心境、热情；赞成和谴责；共同感受、同情、爱情、友谊、忠诚和许多许多其他的东西。这是充满热情的深刻的道德—心理的机制，人的道德积极性和伦理上的自我发展正是通过这一心理机制表现出来的。①道德不是只与规范相关，也不是只与现成的道德感相关，道德是人的全部心理财富。现代心理学新知识可以论证情感的重要性。现代心理学从人的基本需要中划分出交往的需要、在交往者的激情中定向的需要、共同感受的需要、特殊的价值信息的需要。这既是维持生命的、基本生活的需要，又是社会最高的人道主义的需要。因此，情感不仅是获得生活和文化价值信息的唯一直接渠道（经过感觉、知觉等），是找到这些价值和在价值起伏变化的世界里的方向的复杂工具，而且也是内在主观的利益动因本身，是认识和行为动机的道德意义。心理学强调这样的事实，即童年时期缺少情感道德温暖的儿童，长大后会冷酷无情、精神道德空虚，会有意外的残忍行为。这种情感缺失会与冷漠、空虚、自私功利的交往形式并存，引发社会危险和攻击性、暴力、嘲讽挖苦他人等不道德形式出现，甚至会仇视整个世界。季塔连科没有否定理智，特别是道德反思的作用，他把道德反思比喻为"最高抽象"的神秘力量，比喻为赐予个体的某种"美好之光"。但他反对片面夸大反思的作用。"道德意识作为一个结构—功能的整体，它的许多机制绝不是根据反思的反照而起作用的，它们只在各种特殊的、一般说来是在冲突的情境里才会受到自我观察的控制。"②因此绝不能低估、简化人的道德生活的全部丰富性和深度。近代西方伦理学出现的过分看重理性、强调道德反思而忽略情感，

---

① 〔苏〕А. И. 季塔连科：《情感在道德中的作用和感觉论原则在伦理学中的作用》，《哲学译丛》1986 年第 2 期。
② 〔苏〕А. И. 季塔连科：《情感在道德中的作用和感觉论原则在伦理学中的作用》，《哲学译丛》1986 年第 2 期。

其原因在于不了解道德情感在人生命活动中的作用，总是与片面地、夸大地理解内省（自我反思）联系着的。过分夸大道德反思的作用，人的道德情感、激情、表现意志的动机就仅仅被看做某种反思的"噪音"，而且反思本身也被片面地、简单地呈现为抽象的、算术的程序。这种程序在其逻辑完成的形态上必然表现为功利主义的谋算。在心理学中，为摆脱将内省绝对化及其具有的将心理因素和自我反思相等同的情况，花去了好几个世纪的时间。哲学界恰恰受到实证心理学的消极影响，夸大道德反思的作用是18—20世纪初伦理学特有的特征。这对那个时代来说，是完全可以理解的。然而，重复这种夸大，不仅有碍于正确地理解理论（伦理学）中的道德，而且有碍于有效地安排好教育和自我教育的事情[①]。这一判断不仅是他对马克思主义的捍卫，对哲学感觉论的捍卫，其实也完全可以看做他对唯理性主义、唯科学和技术至上主义的西方现代化思潮的批评与抗衡。季塔连科自觉地从伟大教育家的作品中吸取思想资源，数次提及伟大的教育家苏霍姆林斯基、科尔恰克等，说他们的全部志向、希望和感情都服从一个崇高的目的——教育青年一代。他引用教育家马卡连柯的话，说正是价值目标帮助人们选择他们的"生活计划"。他的情感学说逻辑地体现出历史的、人类的生活经验与道德意识的制约及其辩证关系，以及具有主体性的个人对于生活经验的选择与超越的可能；信服在任何历史时期，不同的活动领域里人的道德主体性的真实存在、优秀的道德人物历代辈出的可能。情感是全部伦理大厦的基石，是道德中的本体地位。情感是复杂的、多级的、深刻的道德心理机制，人的积极性、自我发展正是通过这一机制表现出来。

[①]〔苏〕А. И. 季塔连科：《情感在道德中的作用和感觉论原则在伦理学中的作用》，《哲学译丛》1986年第2期。

季塔连科提出需要发挥情感在道德教育中的作用，因为"情感是人的社会活动中的复杂的探索机制，而这种机制是获得道德观念的根据和最初的渊源"。[①]其一，重视道德情感的修养。"情绪-道德生活的修养、道德感发达的程度是个人自我完善和修养的最重要的基础。"[②]早在童年和道德情感自我培养时，这一迫切必要性就产生了。人经历的每个生长阶段对其发展一定种类的情感都具有自己的作用。其二，使人的全部情感（其中包括无意识的、意志的和其他的心理领域的情感），都为使人的一切生活和行为路线高尚起来服务，不断增长发展个人的道德力量。情感世界的一切都不是自发产生的，这是与意识和实际技能同样复杂、同样繁重的内心的工作，是全部情感的工作。其三，提升交往的情绪-道德氛围，改善情感道德的社会微环境，保障交往中的人道主义。个体精神价值的道德内容总是从属于与他人交往的性质，取决于道德强弱、道德影响的情感紧张度，因此要通过相互尊重、相互帮助、同情、容忍等扩展人际互动中道德心理的信任范围，增强交往中深刻而友善的共同感受。个人要重视与其他个体情绪道德的统一性、道德同感、结构性道德想象（通常所说的形象性道德想象）、对周围人的价值取向直观的理解，这些所谓社会微环境是价值世界主观方面最重要的完善方向。从他的为学为人中渐渐体会到他的伦理学研究之使命与志趣所在。情感问题、情感和理性的相互关系问题在伦理学史中一向占据着中心的地位，大多数的感觉论者难以跨越区分情感与理性的界线，难以说明理论思维的认识力量，而忽略了情感，又很难回答思维的认识究竟来自哪里。从直观感觉活动和实践的立场出发的态度

[①]〔苏〕А. И. 季塔连科：《情感在道德中的作用和感觉论原则在伦理学中的作用》，《哲学译丛》1986年第2期。

[②]〔苏〕А. И. 季塔连科：《情感在道德中的作用和感觉论原则在伦理学中的作用》，《哲学译丛》1986年第2期。

可以保证解决这一问题，才有可能实质性地解决情感与理性的相互关系问题。季塔连科不仅坚守马克思主义的感觉论原则，更是马克思主义实践唯物主义的直接信仰者。他认为哲学是活的理论，主张将感觉主义原则提升到新的方法论层次，即以历史实践活动的范畴透过直观物质理解情感世界，价值作为对象本身也被纳入到人的情感认知世界。这正是他以历史—价值的方法学对于哲学—伦理学攻克情感与理性相互关系的理论难题所作的卓越创造性贡献。他反复强调情感反应的选择性，强调情感是获取对生活价值的道德认识的基础和基本来源，认为情感对调节行为、对认知的选择性、对掌握道德信息有最直接的关系，反对将人的道德选择机制归结为准则和原则而对情感的意义避而不谈或视为形式。情感的选择性是确定人在社会环境中行为价值的机制，道德不是价值世界和价值关系中进行定位的绝对方式，这些问题与教育的道德因素有最直接的关系。

1982年，莫斯科青年近卫军出版社出版了 Ю. Н. 达维多夫的《爱的伦理和自我意志的形而上学：道德哲学问题》一书，这是苏联伦理学界把俄罗斯伦理传统作为"爱的伦理"同西方以"自我意志的形而上学"呈现出来的道德哲学进行比较的尝试。这是一种摆脱马克思主义历史哲学常规要求的绝对创新的观念。1983年，莫斯科大学出版社出版的《道德的理性和感性》一书对建立在情感和理智基础上的道德功能的伦理问题进行了分析，研究了道德价值内化的情绪心理机制和克服道德冲突的合理方法，对道德选择关键时危机情况的情绪预测也给予了注意。1984年，Н. В. 布拉金斯基翻译的亚里士多德的《尼各马可伦理学》一书出版，此书与 Э. Л. 拉德罗夫所译1908年版的《尼各马可伦理学》的不同之处在于这本书的翻译是建立在新的词汇学方法基础上的，避免了使用外来术语和外来伦理学新词，将古希腊的术语成功转化为同根的俄语术语，形成了自己的特色术语。Т. А. 米列尔首次翻译并出版了亚里士多德的《大伦理学》。莫斯科进步出版社首次出版了由 Л. В. 廓诺瓦洛夫翻译的摩尔著的《伦理学原理》。1984年，苏联政治书籍出版社出版了季塔连科的《反意识：社会伦理分析尝试》一书，该书指出了反人道主义性质的道德思想的价值现象。

20世纪80年代中期苏联最重要的系统的伦理学著作，当属阿尔汉格尔斯基的《马克思主义伦理学的对象、结构、基本方面》（1985年思想出版社）。该书思想深邃、内容丰富，在苏联马克思主义伦理学发展史中具有独特的里程碑意义。该书提出，"伦理学不能满足于在抽象理论框架内的封闭性探索，它必须使理论接触实践，而且还要置于新的生活环境中"①，因而伦理学知识结构应有相应的变化。全书系统提出了关于马克思主义伦理学的对象、结构、基本方面的理论观点，贯穿着伦理学研究必须理论联系实际的原则。阿尔汉格尔斯基在这本书中涉及的道德、伦理学问题很多，全书贯彻了从抽象到具体、理论与实际相结合的学术原则，系统地提出了关于马克思主义伦理学的对象、结构、基本方面的理论观点。阿尔汉格尔斯基提出的伦理学结构是一系列问题和它们解决方案的组合。

第一篇分析了伦理学具有哲学世界观方面。阿尔汉格尔斯基认为，善和恶、生活意义范畴是伦理科学的根本范畴，也是最能表达道德意识特性的范畴，因为它们为哲学伦理学和规范伦理学以及伦理学的其他构成方面规定了方向。讲清这个问题再进到道德的社会本质、结构、功能问题。阐述了道德的一般概念之后，该书论述了道德的起源、发展规律、道德的历史类型及进步标准。善和恶的辩

---

① 〔苏〕阿尔汉格尔斯基：《马克思主义伦理学的对象、结构、基本方面》，思想出版社1985年版，第197页。

证法是哲学—伦理学知识的关键问题，这两个最一般的范畴贯穿全部伦理学问题，规定着理论伦理学、规范伦理学的方向。善和恶、生活意义范畴决定着伦理学的世界观性质。阿尔汉格尔斯基如此确定伦理科学中的善和恶这一对范畴的地位和意义的：在一切情况下，在现象学水平上科学地认识道德的本质的历史前提和逻辑前提。善和恶是最一般的伦理学范畴，它们为哲学伦理学和规范伦理学的基本问题指示方向。伦理学的哲学—世界观问题善和恶的辩证法是哲学-伦理学知识的关键问题。当代科学著作对善的解释是各种各样的，善或者被看作道德性活动的模式（在最高层次上——理想），或者被看作最一般的道德要求或者最一般的道德评价，最后被看作实际规范，即体现在道德经验中的要求，而道德经验是道德行动中的客观因素和主观因素的统一。伦理思想史对善做出如此广泛而又包罗万象的理解，是逐渐达到的，因为在掌握蕴涵于范畴中的内容上，有时注意到善的这一方面，有时注意到它的另一方面。因此，将善作为道德性的同义语的最一般的解释（如果能考虑到善的具体历史含义的变化），在伦理思想史的不同阶段上不是同义的。善像其他伦理范畴一样在不同的伦理学体系中其内容是不同的。直到近代也不存在用以表示整个道德的统一术语。如同德罗伯尼茨基指出的那样，人们常常认为用道德这一概念不如用"善和恶""正义""美德""习俗"等词好，因为上述每一个词不仅指的是道德中的某些特殊现象，而且也是指整个道德领域。这个意见之所以重要，是因为有时在伦理学基本问题上产生的分歧（认为善和恶是基本问题，或者认为道德本质及其一般定义是基本问题）并没有自己的历史根据。在这里没有非此即彼的抉择，两个问题是互相联系互相制约的，并且对伦理学解决其全部初始问题具有意义。

伦理学知识划分为世界观方面的、一般理论性的和历史方面的三个层次。道德观主要是一种意识,"道德是人们在实际交往中起定向作用的价值观的总和,是对丑与美、生活意义、荣誉与自卑、个人和社会交往系统的原则准则、理想和观念的集合"[①]。伦理学对象还有其更为广泛的范围,其中包括道德意识、人们相互关系中的精神方面、道德调节规律、精神个性的形成。阿尔汉格尔斯基建议以"道德活动"和"德道实践"取代道德范畴内的品行概念。"道德实践"可从一般物质活动和精神活动中提取出来,作为论证人们精神状态的品行。精神交往作为社会交往的一种特殊方式,表现个体与社会、个体与个体、个体与群体之间相互关系的意识。

马克思主义伦理学的哲学基础是对善与恶、生活意义等课题的探索,"分析善与恶的一般伦理学范畴的本质是科学地认识道德本质的历史与逻辑前提"[②]。伦理学不应以缄默回避道德的"永恒问题",在这方面,阿尔汉格尔斯基的态度是极其鲜明并且高度现代化的。近代以来,理论界提出建立道德理论的任务,这类理论着重于道德的社会本质、道德如何反映人们的日常生活,以及道德的社会功能、结构与特征,道德与实践的一致性等问题。这种实践方向的研究与"活动""精神生产""精神实践活动"等概念相联系。作为社会意识形态的道德概念不足以反映道德的特征,因为道德不仅是一种社会意识形态,而且还是人们行为的社会调节和价值定向的方式。"从理论上重建道德的普遍性概念是道德意识历史形态定型化和实际反映精神联系的必要条件"[③],阿尔汉格尔斯基由此就把

[①]〔苏〕阿尔汉格尔斯基:《马克思主义伦理学的对象、结构、基本方面》,思想出版社1985年版,第43页。

[②]〔苏〕阿尔汉格尔斯基:《马克思主义伦理学的对象、结构、基本方面》,思想出版社1985年版,第19页。

[③]〔苏〕阿尔汉格尔斯基:《马克思主义伦理学的对象、结构、基本方面》,思想出版社1985年版,第46页。

道德的历史发展问题纳入伦理学结构中。

阿尔汉格尔斯基指出了苏联伦理学界从前给道德下定义的缺欠,即把道德只看成是社会意识形式,近几年来伦理学界的观点有了重要的改变。在阿尔汉格尔斯基看来,只把道德看作社会意识形式,不能充分地反映道德的特性。道德不仅是社会意识形式,而且是人们实践活动、行为的价值定向方式。因此,他在探讨意识的这种价值形式的实践定向性时,把它和"精神—实践活动""精神生产"等概念联系起来,这样就把道德的精神—实践定向的特性突出出来了。作者特别强调从"活动"范畴出发理解道德本质的重要意义,运用了"道德活动""道德实践""精神活动"等概念。由这个问题该书进展到道德的社会本质、结构、功能等问题。弄清了道德的一般概念,该书论述了道德的起源、发展规律、道德的历史类型及进步标准。从伦理学的这一最抽象的部分进入道德心理学部分。

第二篇说明理解道德必须研究道德的心理方面问题,个人道德意识的功能、结构,分析个人道德行为的伦理—心理方面。从道德心理学进一步理解道德,研究道德的心理方面问题,个人道德意识的功能、结构,个人道德行为的伦理—心理方面的问题。道德心理学是伦理学的下一个层次,意识与活动的统一、精神需求、感觉与反省、意识与非意识、知识、动机、矛盾冲突、选择、个体文化等现象是道德调节因素。上述各因素的综合应表现为个体道德意识及其动态特征。伦理学应当依据个体心理学和社会心理学资料,这种考虑不会引起异议,这两门学科的方法加以综合运用已迫在眉睫。伦理道德观念的心理学阐释是可能的,例如,"心理责任感是与其他精神关系主体有内在联系的一种状态"[1]。这种感觉过程要增添

---

[1] 〔苏〕阿尔汉格尔斯基:《马克思主义伦理学的对象、结构、基本方面》,思想出版社1985年版,第103页。

哪些知识，与哲学辩证方法相比较，动态心理意识的反映能揭示出新的内容。当然还需要精确地确定心理学与伦理学两者整体化的形式和目标。阿尔汉格尔斯基用四章篇幅来阐述道德心理学问题。伦理学在研究道德意识、人类相互关系的道德方面、道德调节的规律、形成道德个人的规律时，不仅与哲学直接联系着，而且与心理学联系着。伦理学为了解释道德意识发展和起作用的特点，使用反映个人主观表现特点的心理学术语和概念是必要的。人的行为依靠道德规范的内化（主观化）和道德规范在实际行动和关系中的现实化（客观化）。因此，道德通过个人意识和行为得以表现出来，必然要通过和伴随种种心理活动。道德就其性质而言虽不全是心理现象，但若不和人的心理和社会心理联系起来，则无法完全弄清道德性质。

第三篇具体研究了伦理学的规范问题。阿尔汉格尔斯基说明了道德规范的性质，并从社会学和认识论两个方面对道德规范进行了阐述，重点分析了道德规范的性质，并从社会学和认识论两个方面对道德规范进行了论述，深化和扩展了这方面的内容。

规范伦理学属于马克思主义伦理学范畴，广义的规范伦理学具有整个伦理学知识性质，甚至有人认为规范伦理学与理论研究相平行。阿尔汉格尔斯基指出，伦理学各章节的规范方面比重可大可小：“理论方法主要处于道德的哲学、心理学和社会学研究水平上；规范研究则主要着眼于对伦理的价值定向方面，并且处于应用伦理学水平”[①]。狭义的规范伦理学被理解为道德规范问题及其本性、结构和实施方式以及对它们的规定问题。道德规范的历史发展表明，它们的必要性和正确性依据曾经历了功利的和经济的过程，而

[①]〔苏〕阿尔汉格尔斯基：《马克思主义伦理学的对象、结构、基本方面》，思想出版社 1985 年版，第 115 页。

道德原则的规定则是在另一种较高的水平上进行的，它与世界观和善与恶的观念相联系。道德行为类型有神学的、享乐主义的、功利主义的和抽象人道主义的。历史上曾经有过上述道德规定方式，并且以后还可能继续出现。把道德标准看作反映社会需求和利益的独立形式，而正常的行为调节正是根据这些需求和利益发生的，在这种情况下，可以对道德标准做出科学的规定。如此规定并不等于证明价值上是正确的，后者与伦理学中真的范畴的运用相联系。道德上真的范畴的使用含义比认识论中更为广泛。欧洲科学真的价值论传统是尽人皆知的，完美的知识或真被用作社会精神进步的依据，用作绝对价值。因而忽视道德的特征和它的社会特点。真也是历史性的，并且有各种不同的道德类型、不同的应用范围，历史上形成的道德标准各不相同。

阿尔汉格尔斯基运用"真"的概念有两个目的，一方面是为了说明在重要的目标、善、规范概念之间存在着原则上的区别；另一方面则是为了说明在幻想、错误概念之间，也有巨大差异。应当承认存在这种矛盾，否则便会陷入多元论。阿尔汉格尔斯基在道德知识的定向性方面，以规范体系信息基础的形式，把真作为反映与被反映的一致性加以研究，他关于道德中真的范畴的一般应用特征的见解是"真正的道德在一定历史发展阶段能够最充分地展示自己的实质"，因而在个人利益和社会利益的结合方面能最有效地执行基本调节功能。[①]

第四篇论述了伦理学的社会学问题。阿尔汉格尔斯基认为，"道德社会学是马克思主义伦理学结构中的一个新分支，目前只是

[①]〔苏〕阿尔汉格尔斯基：《马克思主义伦理学的对象、结构、基本方面》，思想出版社1985年版，第143页。

提出这方面的研究课题"①。这一篇阐述的伦理学的社会学问题是：第一，道德社会学的重要性、任务、性质。伦理学的社会学问题是伦理学研究的重要方面。把道德社会学分立成伦理学研究的特殊方面是由研究社会生活道德过程的专门任务决定的。伦理学的社会学问题仅限于其当代方面，这既为被考察的伦理学研究方面的专门任务所证实，也为社会学对象的特点所证实。道德社会学是综合性的方面，它与伦理学和社会学都有直接的关系，这两门科学代表人物一方面以对道德特点的伦理学研究为基础，另一方面以吸收社会学分析社会现象的方法为基础。研究社会学问题是马克思主义伦理学研究最重要的方面之一，因为它能使人展示共产主义道德形成和发展的规律性，能透过道德生活的内在矛盾去考察社会主义社会的道德生活。道德社会学的基本任务还包括分析风俗领域中的消极现象的性质、确定克服它们的途径和手段、论证发达社会主义社会道德的特点。第二，道德社会学研究对象。А.Г.哈尔切夫在1965年提出了他的理论模式：任何一个道德历史模式，最低限度包括三个基本方面，即由舆论维护的和对个人的要求和公共生活规范；个人对这些要求的理解和掌握及他对这些要求的态度；人们的实际行为和他们之间体现道德目的和规范的相互关系。阿尔汉格尔斯基认为，社会学的研究对象与其说是上述三个独立自在的方面，不如说是它们之间的关系。专门的道德社会学研究从各种活动和社会关系中分离出道德问题来，展示道德规范和价值形成及起作用的规律性，展示人们在一定的社会条件影响下，在与现实的道德关系（它们表现在各种具体的活动和人们之间的交往中）的联系中对这些道德规范和价值的掌握。第三，道德社会学的研究方法。制定具体的道德社

---

① 〔苏〕阿尔汉格尔斯基：《马克思主义伦理学的对象、结构、基本方面》，思想出版社1985年版，第196页。

会学研究方法，要符合研究对象的内容和结构特点，获得关于一定数量的人们的道德意识状况程度和对社会中占统治地位的道德价值认定程度的手段，包括社会学调查以及形式化的询问、访问。社会主义社会精神过程的研究是一项远非简单的任务，需要采用一般社会学范畴，需要解释矛盾的特征和起源及各种消极现象，还要研究道德与人的其他生活领域的联系。

第五篇阐述了应用伦理学问题。阿尔汉格尔斯基不同意把应用伦理学看作"事务伦理学""管理伦理学"。"关于把一般精神过程的控制与精神交往的实际主体相分裂的见解，在一定程度上把问题简单化了，或者只是用一种名词——管理伦理学取代另一种名词"①。应用伦理学的实质并不表现在相互关系的"控制"或"调节"方面，它的目的是要建立个性的精神世界："可以把应用伦理学适当地规定为这样的研究方向：它致力于提出精神教育和自我教育的实际建议"②。应用伦理学就是精神教育学。为了完善伦理学的教育职能，必须既发展普通教育概念，又要使各类教育概念具体化。伦理学中一项十分紧迫的课题是，建立适应于当代关于人的知识水平的精神教育的哲学理论。从最一般的意义上说，这意味着人除了精神需要外，还要形成精神能力。总之，阿尔汉格尔斯基通过《马克思主义伦理学的对象、结构、基本方面》一书表达了自己关于建立新水平伦理学的积极思想。

20世纪80年代中期以后，戈尔巴乔夫（Михаил Сергеевич Горбачев，1931—　）在担任苏联共产党中央委员会总书记期间（1985—1991年），批评了苏联社会科学研究中存在着严重的教条主

---

①〔苏〕阿尔汉格尔斯基：《科学技术革命和社会—伦理问题》（俄文版），莫斯科1977年，第203页。

②〔苏〕阿尔汉格尔斯基：《科学技术革命和社会—伦理问题》（俄文版），莫斯科1977年，第202页。

义。苏联伦理学家重新审视自己的道德观，向传统的道德定义展开挑战。乌尼茨基多次呼吁重新给道德下定义，认为没有正确和准确的道德定义，伦理学不可能得到成功的发展。1985年，А.А.古谢伊诺夫出版了《伦理学导论》（莫斯科大学出版社），该书对伦理学基本理论和道德基本问题进行了初步概括并使之系统化。1986年，В.И.巴克施塔诺夫斯基和Ю.В.索果莫诺夫出版合著《道德教育活动管理理论引论》（明斯克），该书对道德教育活动中的管理问题及其基本理论进行了系统研究；苏联政治书籍出版社出版了В.М.索科洛夫的《个体道德发展的社会学》一书提供了研究道德现象的社会学方法。次年苏联思想出版社出版了А.А.古谢伊诺夫和Г.伊尔利托茨合著的《伦理学简史》，书中节选了亚里士多德的《论美德》、奥古斯丁的《论自由意志》和康德的《伦理学讲义》。历史-伦理过程的特殊体系化是此书的主要思想，在这个过程中古希腊伦理学是讨论美德的学说，中世纪伦理学是讨论幸福的学说，而新时期伦理学则是意志自由和普济主义两种道德基本特征的综合体。1988年，苏联科学院科技史研究所出版了В.С.比布列尔著的《道德·文化·现代性——关于生活问题的哲学思考》一书，该书通过对文化危机现象和它对知识分子道德情感的影响及对М.М.巴赫金"行为哲学"的传统分析，认为在真正的生活行为中看到了摆脱现代道德异化的出路。1988年，苏联社科院哲学所伦理学基地成立了独立的社会联盟——"非暴力伦理学"学术教育协会，它把在社会中普及非暴力思想和对非暴力行为进行尝试作为自己的目标。协会出版的论文集《何谓道德》，在很多方面指出了苏联伦理学发展的理论成就，证明了马克思主义伦理学的研究在统一的世界观体系中对理解道德本质的方法和思想的多元化。1989年，莫斯科大学出版社出版了Ю.М.斯莫列采夫所著的《道德和习俗：相互作用的辩证法》以及 Е. Л. 杜博科和 В. А. 季托夫合著的《理想·正义·幸福》，前者是苏联伦理学中不多见的探讨道德和现实习俗之间相互关系问题的著作，后者则在广泛的社会历史和文化背景中对伦理思想的范畴进行了分析。А. А. 古谢伊诺夫和 И. С. 科恩主持编纂修订的《伦理学词典》（第五版）一书也于同年由苏联政治书籍出版社出版。

1989 年，在"非暴力伦理学"学术教育协会的倡导下，莫斯科举行了"非暴力伦理学"国际学术会议，会议成为西方和苏联学者在理论和实践伦理学领域的第一次合作尝试。随后苏联科学院哲学研究所将学术会议的材料编纂成《非暴力伦理学》论文集出版，同时 Т. В. 萨姆索诺夫德语版的《改革的伦理学和伦理学的改革：学术研究》也在德国波恩出版。1989 年莫斯科国家政治文献出版社出版了 В. Н. 纳扎洛夫的《心灵的理性：名言和格言中的道德世界》一书，此书对著名的智者、哲学家、作家的名言和格言以及充满智慧思想的话语伦理进行了系统的阐述，由此在苏联伦理学中首次产生了经典的道德箴言学流派。苏联国内传统伦理学中，托尔斯泰的智慧思想尤其具有代表性。

4. 20 世纪 90 年代后：多元化趋向

伦理思想以道德为对象和关切，而道德是具有相对独立性的上层建筑意识形态，政治、经济的变化影响甚至在某种程度上决定道德的变化。政治制度、经济关系的变革、道德的变化由此必然引起伦理思想的纷争与变迁。

苏联解体后，Б. Н. 叶利钦（Борис Никола́евич Ельцин，1931—2007）实行"休克疗法"和新自由主义经济政策，使俄罗斯处于一个转型和困难时期。私有化使"经济中心主义"盛行，直接表现之一就是公民全部社会行为的现实化和自私化。"有用即合理"成为确定行动价值的标准和对成功的理解。这一价值标准的确立改变了人们的工作态度、人际关系和生活目的等行为方式。在经济私有化加快及社会政治、经济和文化发展步入重大转折的环境下,俄罗斯同时也步入各种社会伦理思潮冲突、融合和互动的历史时期。这个时期的显著特点是:传统道德的复兴、主流思想的沉沦、新价值观的传播,伦理思想发展呈现混合主义,社会并存着俄罗斯本有的传统、亲西方的价值观、支持社会主义的价值观、秉持民族主义的价值观。俄罗斯社会进入了一个各种思潮都存在和争论、新的道德观在形成、马克思主义伦理思想受到激烈挑战的新时代。

20世纪90年代初苏联出现了大力批判马克思主义伦理学、建立新道德观的声音,尤其是1990年苏联社会科学院哲学所和《哲学问题》杂志编辑部举办的题为"改革与道德"的圆桌会议①,被认为标志着道德观的根本性转变。参加这次会议的人有 A. A. 古谢伊诺夫、季塔连科、Л. Н. 米特罗欣、Г. С. 巴谢列夫、В. С. 比布列尔、Ю. В. 索果莫诺夫、И. М. 柯良姆金等,他们多是伦理学研究中卓有声望的学者。会议初衷是对社会意识和社会实践过程中形成的新道德概念和道德现象进行分析,讨论伦理学在当时社会生活中的作用,研究伦理学对于认识新的社会现实、克服旧道德的意义,讨论伦理与政治、经济的关系等。不少学者批判了社会主义国家道德意识形态的操纵,将道德危机、道德堕落归咎于马克思主义伦理思想不能解决实践问题。A. A. 古谢伊诺夫在报告中认为苏联的改革犹如一场道德宣言,苏联的马克思主义伦理学如何领导已经成为全部社会精神文化的根本和基础的道德。"道德还是不是由经济基础决定的社会上层建筑?"等问题,对马克思主义提出了严肃的挑战。

---

① 参阅《哲学问题》1990年第7期。

报告激烈地批判了马克思主义的历史唯物主义,对苏联马克思主义伦理学进行了根本的否定。季塔连科剖析了当前社会面临的道德危机,他认为伦理学在此种危急中无能为力,其根本的失误在于忽视了对基本理论问题尤其是方法问题的创造性研究,而忽视对历史—价值方法、伦理学和道德结构价值、道德心理现象学进行分析研究。伦理学面临的巨大任务即是为了巩固人存在的基本价值,来论证伦理学的新作用。ΙΟ. B.索果莫诺夫的发言试图为后苏联时代改革时期多元道德意识和价值寻找立足根基,而对苏联时期的道德意识形态采取了全面否定和批判的态度。这次会议似乎标志着新道德观将道德作为文化的精神价值基础。这一年由 B.扎姆季斯主编的伦理学年谱在维尔纽斯出版,书中对苏联伦理学进行了介绍并提供了1976—1985 年间苏联伦理学发展的整个编年表。苏联政治书籍出版社于同年出版了 A. A.古谢伊诺夫主编的《伦理思想:学术政论读本》,这本书被认为标志着伦理学研究向以全人类道德为主导思想的新伦理学的转变,它的主导思想力图将全人类道德价值变成政治、经济、文化和实践行为的语言。

原苏联电影工作协会所属的"自由言论"俱乐部与科学院哲学所在 1990 年联合举行了题为"马克思主义死亡了吗?"的学术讨论会。其中一位发言者引用另一位作者的一段话来说明马克思主义在当时苏联的处境:"(对马克思主义的)审判还没有开始,指控还没有提出。眼下,马克思主义还只是不再成为时髦,谈论和引证马克思主义已经成为愚蠢的做法。马克思主义被沉默之墙包围,经典的斯大林风格的社会舆论正在一步一步地准备批准对自己昔日的偶像的摧残……"[①]马克思主义伦理思想的巨大变化是在道德生活的巨变中进行的,而道德生活的巨变最为关键的因素则是对苏联共产

---

① 《哲学问题》1990 年第 10 期,第 19 页。

党、社会主义制度和马克思主义的批判,全盘西化的思潮在俄罗斯学术界和政治界悄然兴起,不仅政治上继续积极推行西方式的民主,经济上也急于私有化,实行对俄罗斯经济的休克疗法。1993年12月议会选举,以盖达尔为代表的西化派、民主派出人意料地遭到失败,相反,以狂热的民族主义言论惊世骇俗的日里诺夫斯基出场了,他领导的人数甚少的自由民主党取得胜利。

全盘西化思潮和民族主义狂热是新思潮的一个方面,另一个方面则是爱国主义的唤起,它成为俄罗斯人最具号召力的思想旗帜。怀旧成为俄罗斯人的新的爱好,对西方国家及其资本主义制度的批评也开始出现。1994年上半年,俄罗斯社会明显左倾。如果说,20世纪80年代末90年代初反共、反马克思主义思潮的兴起和苏联解体是俄罗斯社会20世纪90年代以来的第一次转折,那么1992年以来出现并日益强大的爱国主义倾向及与此相应的俄罗斯政府的政策调整,则是20世纪90年代俄罗斯社会的第二次转折。两次转折构成20世纪90年代俄罗斯马克思主义伦理思想传统发展的总的社会背景。

经济体制的变化、政治生活领域中的去意识形态化运动的结果,导致了20世纪90年代对马克思主义和共产主义意识形态的批判和抛弃,致使主流伦理学研究中动摇了共产主义道德的根基。在变幻莫测的社会现实当中,各种伦理思潮不断碰撞交手,马克思主义伦理思想的经济基础在动摇,哲学理论基础也受到根本的冲击。

俄罗斯伦理学界对马克思主义伦理思想的态度,一种是积极批判马克思主义和社会主义伦理思想,以达到洗清自己、表明自己与当局立场的目的;另一种是对现状沉默不语,困惑不解。一些坚持社会主义和马克思主义、列宁主义的学者,组织了一个学会性质的组织——"PYCO",即"坚持社会主义方针的俄罗斯学者"协会。

他们参加现在的"俄罗斯联邦共产党",在《对话》杂志上发表论文,先后出版了《社会主义:昨天、今天、明天》(1997),《对歪曲十月革命者的回答(纪念伟大的十月社会主义革命80周)》(1997),《共产主义运动:历史与现实》(PYCO 为纪念《共产党宣言》150周年、俄国社会民主工党第一次代表大会100周年等发表的文章)(1998)。积极参与活动的著名学者有普列特尼科夫和科索拉波夫等,许多声称自己仍是"共产党员"的学者明确表态:他们不参加以久加诺夫为首的共产党,也不参加现在的任何共产党,但声称自己仍忠于马克思列宁主义,他们宁肯"独善其身""静观其变"。这种"旁观"的态度,与他们信奉的重要的在于"改变世界"的理论,显然是相互矛盾的。

继续坚持马克思主义伦理思想的学者也是大有人在,这一类学者大体包括 A. A. 古谢伊诺夫、C. Ф. 阿尼西莫夫、季塔连科、A. B. 拉津等等,少数学者还继续保持着与中国马克思主义伦理学研究的交流。1991年底和1992年,俄罗斯社会科学院研究员斯卡尔任斯卡娅、莫斯科大学哲学系伦理学教授季塔连科,先后到中国人民大学访问。两人同80、90年代中国最具影响的马克思主义伦理学家罗国杰教授进行了长谈。原苏联老一辈伦理学家对马克思主义的信念犹存,季塔连科"仍然坚持马克思主义的基本观点,仍然坚持道德原则应当是社会主义的集体主义,仍然坚持反对个人主义"。[①]斯卡尔任斯卡娅曾于1952年在中国人民大学讲授"马克思主义伦理学"。季塔连科是曾经负责主持制定苏联"马克思主义伦理学教学大纲"、担任苏联《哲学问题》杂志伦理学编委的伦理学家施什金的研究生。季塔连科曾主编原苏联国家伦理学教科

---

① 罗国杰:《罗国杰文集》(第六卷),中国人民大学出版社2016年版,第156页。

书《马克思主义伦理学》，基本学术思想体现于他亲自执笔撰写的该书"前言""结束语"以及第二、三、四、十一章。该书曾多次再版并翻译成中、英、德、波、捷、保、蒙等十几种文字，是具有广泛影响力的马克思主义伦理学著作。季塔连科教授早在1990年7月来中国访问和讲学，多次提出加强同中国伦理学界的学术交流与合作，并热心帮助中国学者对苏联和俄罗斯的哲学和伦理学的研究。

与伦理思想领域变化相关的是爱国主义教育。2001年2月，按俄罗斯国家杜马、俄联邦政府、各联邦组织、俄联邦各主体、社会各界的共同建议，俄罗斯联邦政府制定了《俄罗斯联邦2001—2005年公民爱国主义教育纲要》，其中指出："最近一个时期的事实表明，经济的分散化和社会分离化倾向，各种精神价值的贬值，对国内居民大多数社会集团和年龄层次的人都产生了消极的影响，使作为形成爱国主义最重要因素的俄罗斯文化、艺术和教育在对人的培养方面的意义急剧下降。我国社会正在失去传统的俄罗斯爱国主义意识，这已经越来越明显。各种客观的和主观的过程使民族问题变得十分尖锐。在某些地方爱国主义开始演变为民族主义。人们在很大程度上失去了对国际主义的真实意义的认识与理解。冷漠无情、利己主义、个人主义、不知羞耻、无端的攻击性行为、对国家和各种社会机构的不尊重，正在社会意识中广为扩散。在军队中和国家事务中为祖国服务越来越得不到人们的尊重。"①开展爱国主义教育的目的是，在社会思想方面保证社会在精神和道德上的统一，减缓思想上的对立，恢复俄罗斯民族真正的精神价值，巩固俄罗斯联邦各民族的统一与友谊；在社会经济方面，保证社会对国民经济发展

---

① 《俄罗斯联邦2001—2005年公民爱国主义教育纲要》，来源于http://www.ed.gov.ru/junior/new_version/gragd_patr_vogrspit_molod/gosprog.

的兴趣并在此基础上降低社会紧张程度,支持社会和经济的稳定;在国防领域,提高年轻人在军队中服务的热情,做好保卫祖国的准备,保持和发展我国战斗和劳动的光荣传统。实施本纲要的最终结果应当是社会在经济、精神和文化方面热情的高涨,巩固国家和国家的国防能力,实现社会稳定和经济稳定。俄罗斯人的高尚精神境界、公民立场、爱国主义意识将极大地促进克服危机并决定俄罗斯的未来。①2005年,俄罗斯政府又颁布了《俄罗斯联邦2006—2010年公民爱国主义教育纲要》,其中认为爱国主义为社会团结提供了精神道德基础,是它最重要的前提。20世纪90年代后俄罗斯刻意培养出来的爱国主义情感往往带有民族主义情绪。与任何一种情绪一样,民族主义情绪也是非理性的。爱国主义教育在许多俄罗斯人那里唤醒的是强国梦。

与爱国主义思潮并存的还有苏联时期思想政治教育体系中的共产主义道德。长达74年的苏联历史在俄罗斯人的灵魂深处打上了深刻的印记,依靠无处不在的思想政治教育体系,经过70多年的建设,共产主义道德一度深入人心。苏联解体以后,共产主义道德没有彻底被清除,因为其与俄罗斯的传统道德在深层相互吻合而具有顽强的生命力。共产主义道德的基础是生产资料公有制,道德原则的核心是集体主义。十月革命前,大多数俄罗斯人生活在村社之中,共同掌握和使用土地。集体主义、互助合作是俄罗斯传统思想和道德的特色,它们与共产主义道德的吻合之处使共产主义道德很快为广大民众所接受,根深蒂固。苏联时期的一些道德观念至今仍在俄罗斯被很多人所认同。在莫斯科、圣彼得堡以外的中小城市和广大农村地区,受市场经济和西方文化影响较小,与传统道德融为

---

① 《俄罗斯联邦2001—2005年公民爱国主义教育纲要》,来源于http://www.ed.gov.ru/junior/new_version/gragd_patr_vogrspit_molod/gosprog.

一体的共产主义道德仍然在道德生活中占有重要地位。但是，总体上来看，无论是俄罗斯传统道德还是苏联时期形成的道德观念，在20世纪90年代后，都在经受市场经济的有力冲击。经济基础发生变化，道德意识形态必然随之改变。市场经济建设包含由生产资料公有制向生产资料私有制的转变，俄罗斯人生产方式、生活方式、价值目标和整个人生观必将改变。这种转变伴随着来自西方资本主义文化的入侵，由此引发的直接变化是追求物质利益、物质享受成为越来越多的俄罗斯人的主要价值目标。例如许多俄罗斯人（尤其是年轻人），越来越"务实"，"社会精英形成这样一种道德，其实质可以简要地概括为：个人在物质上的成功就是一切，谈论别人获取成功的手段是不道德的好奇心（'不要看别人的钱包'）。以'民族''祖国''国家''秩序''公正'等观念看世界的做法，被起着主导作用的社会精英称为'红棕色意识形态'的表现而抛弃了。"[1]社会出现了以金钱和物质价值作为评价生活成功唯一尺度的倾向。苏联时代为人们提供精神营养的剧院、博物馆是人们经常光顾的地方，20世纪90年代后则门前冷落车马稀。据有关调查，在俄罗斯25个地区，2004年53.6%的人没有去过电影院，62%的人没有进过博物馆，69.8%的人没有看过展览。这在苏联时期是不可思议的。在俄罗斯，明确把追求物质富裕作为目的的人，1990年为30%，1994年36.2%，1998年48.3%，2002年达到50.8%。[2]市场经济影响道德生活的最直接的后果就是出现了为达目的而不择手段的观念。16%～18%的接受访问的年轻姑娘认可把卖淫作为走出贫困的补充手段；32.5%的青年认为参加犯罪团伙也是可以接受的获

---

[1] 〔俄〕B. 薇琳：《消费社会：理论模型和俄罗斯社会》，载《俄罗斯世界》，2005年第2期，第31页。

[2] 〔俄〕B. 薇琳：《消费社会：理论模型和俄罗斯社会》，载《俄罗斯世界》，2005年第2期，第31页。

取金钱的途径；24.5%的居民同意"不论以何种手段获得收入都是可以允许的"（这一比例在富人中为42.2%，在穷人中为23.4%）。人们把物质享受作为自己的追求目标，道德面临重大灾难。一方面，以失去理想和对未来的信心、文化品位低级化、日常行为随意不羁为特征的犬儒主义盛行；另一方面，公有制基础上全体苏联人民拥有的财产在90年代后逐渐失去保护，不少人一夜暴富，财富高度集中，掌握少数寡头手里。寡头们几乎每人都有一部巧取豪夺、化公为私的犯罪历史。改革的失败则导致腐败恶疾难愈，2002—2008年的6年间，在世界上180个国家和地区中，俄罗斯的腐败指数排名从71位跌至147位，每年的总金额达2500亿～3000亿美元。以"民主""公开"为幌子的改革，不但没有改变从前的官僚主义和低效作风，反而加剧了社会的贪污腐败，使社会更不"民主"，更不"公开"了。负面榜样人物对俄罗斯人的道德产生了极坏的影响，一些学者把俄罗斯社会称为犯罪社会，教育家库德里亚夫采夫院士说："至于说到当今的俄罗斯，我们可以清楚地看到，盗窃、腐败、犯罪率增长、官员不受惩罚的特权、酗酒、吸毒以及社会的精神不健康现象，从来没有达到今天这样的规模。这些现象使社会陷入危险之中，更准确地说，是灾难之中。"①总之，苏联时期形成的主流道德观念逐渐退出舞台，集体主义、共产主义道德总体上让位于个人主义和享乐主义，这是俄罗斯社会道德生活领域的明显趋势。

学术界对俄罗斯道德变化的认识大体是一致的，各学科有代表确认了道德恶化这一事实。例如，心理学家认为，俄罗斯社会长久地处于一种"自然实验室状态"，公民的道德和法律意识要经受严峻的考验；社会学家指出，20世纪末到21世纪初的俄罗斯社

---

① 〔俄〕Л.Д.库德里亚采夫：《现代社会与道德》，莫斯科2000年，第63页。

会先是被国家拖入"改革",然后经历一系列"根本的变革",不仅在经济和政治领域,而且在道德价值观和行为方式领域都陷入了全面的道德退化和真空状态;政治学家则强调了因为各种经济指标而被排挤掉的道德价值和世界观的退化;经济学家认为,忽视人的心理和道德世界是俄罗斯彻底性的经济改革所付出的惨重代价,并同时强调加快道德伦理观建设的必要性;艺术家们证实:总体上的"非道德体系"正在俄罗斯国内形成;哲学家们观察了当代俄罗斯社会正在发生的事件和现象,认为自由不仅导致人向善的方向的解放,同时也导致了人向恶的方向解放的结论。政治自由并非人们理解的为所欲为,否则这样的自由会成为真正自由的敌人。

俄罗斯伦理学界流行有马克思主义伦理学、宗教伦理学、西方伦理学等思潮。俄罗斯伦理学对考茨基、普列汉诺夫、布哈林、伦理社会主义、阿克雪里罗德、卢那察尔斯基等一系列对苏联马克思主义伦理学的萌芽和产生有过重大影响的流派或人物表现出极大的研究热情。作为马克思主义伦理学产生的一个重要阶段的考茨基主义得到特别的重视,他的社会主义民主自由观以及广受争议的对马克思主义、康德主义、达尔文主义相糅合的伦理学说,对苏联马克思主义伦理学的形成和发展起到了重大的推进作用,受到研究和关注。考茨基作为第二国际理论家,对马克思主义的理解尤其是唯物史观的理解,开启了马克思主义阐释路径的趋向,对于理解整个马克思主义哲学也是有重要意义的。俄罗斯研究者多从全面角度认识考茨基并对其进行基本定位,他们依赖于研究考茨基与其曾经的信徒卢森堡、列宁、托洛茨基的关系,特别是与导师马克思、恩格斯的关系来对考茨基进行定位。考茨基的《伦理与唯物史观》(1906)在90年代在莫斯科再次出版,在学术界引起广泛的关注,反映出唯物主义伦理学传统在俄罗斯思想界的传承。

历史唯物主义的伦理学不占学术和意识形态主流，但其传统在俄罗斯思想界依然存在并持续发展着。20世纪80年代之前伦理学界广泛关注的道德价值、道德本质、个体道德和社会道德评价等问题，仍然是当代俄罗斯伦理学研究的热点。2004年莫斯科教学规划出版社出版、莫斯科大学哲学系伦理学教授 A. B. 拉津主编的《伦理学》对"道德"本质的界定继承了季塔连科主编的《马克思主义伦理学》一书的认识，认为"道德是掌握世界的实践—精神方式"。该书对道德价值和道德认识范畴的表达也基本延续了马克思主义伦理学的内容体系，正义、幸福、生活的意义、社会理想等问题则是20世纪70年代苏联马克思主义伦理学研究的核心内容。全部伦理学研究清楚地延续和保留了规范伦理学的痕迹。莫斯科大学哲学系伦理学教研室教授 C. Ф. 阿尼西莫夫仍然在从事规范伦理学的专门研究，并主讲伦理学课程。大部分教科书是对苏联时期版本的改写和转化，某些教科书实际上就是对当年季塔连科编撰的《马克思主义伦理学》的再生产模式。

英国伦理学家爱德华·约翰·摩尔的《伦理学原理》于1905年在坎布里奇出版，开创了元伦理学研究的思想流派，但摩尔著作的俄译本在1984年才得以问世，并未对20世纪俄罗斯伦理传统产生什么重要影响。俄罗斯新版伦理学教科书把规范伦理学与元伦理学等理论糅合到一起，将部分伦理学观点融入对伦理学史的介绍当中。这一点在俄罗斯当代伦理学教科书中无疑是独具特色的。例如，A. B. 拉津的《伦理学》教科书共两篇十一章，第一篇是《伦理学的研究对象、伦理学史》，分别以伦理学的对象、道德的产生、古希腊阶级社会的个体道德自觉、希腊化时代的道德发展、中世纪的个体道德自觉和资本主义产生和发展过程中的个体道德自觉为各章标题；第二篇是《伦理学理论》，分别以理论伦理学的道德论证、道德论证方法、把握行动的精神—实践方式、道德价值和道德意识范畴、当代伦理学理论流派为各章标题。在全部论述当中，相当多的理论认识延续了苏联时代的观点。

伦理学研究传承了先前的理论沉淀，学术研究成员也基本原样保留下来，仍然保持着同独联体国家（如乌克兰、立陶宛、格鲁吉亚等国）之间密切的科研合作关系。一些苏联时代从事马克思主义伦理学研究的学者，如 А. А. 古谢伊诺夫、С. Ф. 阿尼西莫夫、Р. Г. 阿普列夏、В. А. 瓦久林、А. А. 季诺维耶夫、Е. Л. 杜布科、А. Я. 伊瓦纽什金、А. В. 拉津等等，仍然是当今俄罗斯伦理学领域富有影响的旗帜性人物。苏联时代的一些伦理学学术成果，如 О. Г. 德罗伯尼茨基的《道德概念》（1974）、季塔连科的《马克思主义伦理学》（1976）、Н. В. 雷巴科夫的《道德关系及其结构》（1974）、А. А. 古谢伊诺夫的《道德的起源》（1970）和《道德金科玉律》（1976）是伦理学论证和理论发展的基础性素材。德罗伯尼茨基把应然解释成为人对形成于道德规范历史发展进程中现存的社会道德秩序不满的反映，实然则被看成是习惯、传统的、约定俗成的行为方式。在实然的框架范围内，人的实际活动得以实现。道德上的应当是人的主观情感反应。实然-应然问题的起源就在这里。苏联伦理学也赞同道德要求本身所具有的应然形式更表明，道德要求要通过人的存在的、更为深刻的历史决定性来论证，而不是通过习俗关系、日常社会生活的相互影响和外部环境的影响来论证。道德实然是特定历史条件下日常生活的意义，而应然是未来社会的道德前景。可以说，苏联马克思主义伦理学在某种意义上实现了对自由与必然、外部行为和内部行为及对它们道德评价的辩证统一。以 А. А. 古谢伊诺夫、Л. И. 邦达连科、В. Ю. 彼得罗夫为代表的俄罗斯伦理学学者保留了对经典作家文本研究、学习的习惯，产生了诸如 А. А. 古谢伊诺夫的《马克思和马克思主义传统》（2004）、《伦理学说史》（2003）、《马克思主义和伦理学》（2004），Л. И. 邦达连科、В. Ю. 彼得罗夫的《历史理论视野中的苏联马克思主义伦理学》（2000）等一系列马克思主义的伦理思想研究学术成果。苏联时期那些具有较强的时事针对性、意识形态色彩浓厚的政治家和一些伦理学家，如 А. Г. 哈尔切夫、М. Г. 茹拉夫科夫、施什金等，他们的作品已少有人提及。

20 世纪 90 年代以后俄罗斯伦理学家普遍认为无论是价值还是规范，都不是科学，并以此怀疑和抨击道德实然和应然的一致性。对于道德判断真理性的否认并未从根本上帮助其厘清道德实然与应然的关系；有关道德对社会生活的依赖、反映及促进作用的解释显现出理论上的模糊，全部论证还是在 70 年代伦理学是不是科学的分歧上纠缠。

"人"和"人道主义"问题几乎得到了整个苏联伦理学和俄罗斯伦理学者们从始至终的关怀。在人道主义化过程中，道德的全人类价值占据了核心位置，其作用被论证到无以复加的程度，从而导致传统马克思主义伦理学在苏联的终结。在去意识形态化的背景下，全人类道德价值转变为人类活动的内部尺度和最高准则，"存在主义就是人道主义"等论断成为道德本质观的理论基调。社会制度的转变并未把人们对于人的自由、权利、公正的理想变为现实，而是与人们所期望的相矛盾。人道主义走向极致的结果是整个社会群体精神价值的失落，道德世界混乱无序的态势不断蔓延。意料之外的是：全人类价值和自由主义到头来却成为改革者们用来掩盖政策消极后果的意识形态工具。亲历社会现实的一些人（包括学者）在辗转思考之后逐渐意识到：社会的价值危机实际上是制度危机导致的；极端的人道主义既换不来面包，也换不来真正的自由。

伦理学研究领域的相应变化是人道主义问题研究的降温。较20世纪90年代而言，道德的全人类价值议题在各类学术成果中的比重大为减少，道德价值研究现实主义转向悄然发生。走向极致的全人类价值逐渐让位于俄罗斯国家利益、传统主义和爱国主义。有关爱国主义、民族主义、社会道德、公民道德的研究题材逐渐增多，而这些恰好是苏联时代常被提及的。俄罗斯科学院教授 М. И. 沃洛维克瓦从社会道德的理论和研究方法角度出发对新时期俄罗斯人的道德理想观念加以分析的著作《俄罗斯人的道德观念》，在伦理学、心理学、哲学、教育学和社会学领域引起重大反响，从社会现实出发并能从历史角度研究问题是该著作的亮点。2000年后的新政府大力加强中央的地位和作用，推行爱国主义宣传。莫斯科大学哲学系 В. Ф. 沙波瓦洛夫教授发表于《社会科学与当代》杂志2008年第1期的《俄罗斯的爱国主义和反爱国主义》一文，回溯了俄罗斯的爱国主义思想传承，把唤醒爱国主义作为重建俄罗斯人健康道德情感的契机，产生了较大的影响。

这一时期俄罗斯伦理学界关注的中心问题之一是俄罗斯的现代化问题，主流是对西化思想的批评，目的是寻找符合俄罗斯特点的特殊的俄国现代化道路，其中体现出马克思主义伦理思想哲学基础的延续。俄罗斯伦理学发展的这一走向在许多方面都有表现，择其要者有：（1）共产主义理论。由于日益严重的全球性问题使整个人类的生存受到威胁，人类历史正在走向"后经济社会"。因此众多的左派理论家、马克思主义者认为共产主义依然是俄罗斯历史发展的必由之路。在"后经济社会"里，人的尺度将取代物的尺度，教育将取代经济作为社会发展的决定性因素。这将是真正的世界大同，人类将对全世界的经济生活、政治生活、文化生活加以自觉的控制。他们认为这正是马克思所说的共产主义社会，它是历史发展的必然，虽然不再以阶级斗争为动力。这种理论在《自由思想》《真理报》等左派出版物中有大量的论述，其集中体现是1995年1月通过的俄共新党纲。(2) 自由主义批判。俄罗斯的自由主义是与保守主义相对应的概念，其基本精神是鼓吹个人自由和不要任何控制干涉的市场经济。由于盖达尔自由主义改革的失败，20世纪90年代俄罗斯学者从各个方面对自由主义展开了批判，深入分析了自由主义的由来、演化、危害。对俄罗斯特色现代化道路的探寻至今仍是俄罗斯哲学、伦理学关注的主要问题之一，哲学家伦理学家们普遍强调俄罗斯文化中集体主义精神的重要意义，主张发挥国家特别是民主国家在社会生活中的调节作用，认为强有力的国家的存在和以国家作为社会生活的中心是俄罗斯的传统与优势，盖达尔等西化派的主要罪过是以其自由主义破坏了俄罗斯的这一传统。A. B. 祖波夫（Andrei Borisovich Zubov）甚至说：戈尔巴乔夫只打掉苏维埃体制中的一块砖，整个苏联大厦便倒塌了，这就是他用自由言论、公开性打掉了国家这块砖。① (3) 历史唯物主义基础。M. 里夫施茨（Михаил Лифшиц）是最重要的马克思主义者之一，他是G. 卢卡奇（G. Лукач）和B. Г. 伊里因科夫（В. Г. Ильинков）的朋友，"自由言论"俱乐部对其创作进行了讨论，他被形象地称为"马克思主义最后一位战士"。他的文章《为什么我不是一个现代主义者》从民主主义立场出发批判了现代主义者，其中认为共产主义是完善的、理想的社会，完全符合自己的概念，即是真正人性的、人道的社会，每个人的自由发展是所有人自由发展的条件。现代主义世界里占主导地位的是个人主观意志、个人自由，这种自由不受理性以及所有人都共同遵循的立场和价值的限制。Б. 卡加尔利茨基（Борис

---

① 参见〔俄〕《独立报》1997年2月13日。

Кагарлицкий）于2001年出版了著作《未在教材中得到推介的马克思主义》，其中以教科书的形式考察了经典马克思主义、东欧"修正主义"、1968年事件、作为世界体系的资本主义、马克思主义和自由主义理论中的民主、苏联、新俄国资本主义、知识分子与革命、私有财产与社会主义、马克思主义与民族问题诸如此类的许多问题。书末附录《共产党宣言》表明对马克思主义的尊崇。一些学者坚持正统马克思主义的观点，部分人围绕"马克思读书会"理论研讨会组成小组，其组织者是Д. В. 焦哈泽（Д. В. Джохадзе）。马克思学说著名的研究者Г. А. 巴加图里亚（Г. А. БагатуриЯ）的文章是个例外。这是一个非常严肃的学术作品，但就实质而言，它具有史料学特征，而不是理论特征。坚持正统马克思主义观点的作者们在各种刊物中发表作品，如定期出版《共产党人》和《对话》。Ю. И. 谢苗诺夫（Ю. И. Семенов）于2000年出版《20世纪的教训和21世纪之路：社会哲学分析和预测》一书，详细考察了马克思主义在20世纪的发展过程，马克思主义新思想的提出过程，这些新思想使我们能够谈论"马克思主义的现代科学理论"和"现代马克思主义"。马克思主义方法原则，Ю. И. 谢苗诺夫将其本质概括为五个基本特征，即：唯物辩证法，历史的和具体历史的立场，分析的广度与深度的辩证统一，批判性和革命性，对社会、人和认识中矛盾现象的综合认识的完整性和统一性。

　　20世纪90年代后俄罗斯社会主义、共产主义道德的蜕变与马克思主义伦理思想从主流到支流的演变，说明了转型时期的社会主义道德建设、伦理学理论研究的任务异常艰巨。第一，马克思主义是社会主义、共产主义道德的理论基础和思想根源，是指引社会主义国家道德建设和伦理思想发展的一面旗帜；否定了马克思主义，就意味着放弃了社会主义国家道德建设、伦理思想发展的指引。90

年代后俄罗斯社会主义、共产主义道德的蜕变，在很大程度上是由于苏共领导人及思想理论界对马克思主义的动摇和放弃。以教条主义的态度对待马克思主义，凡事都要用权威和政治标准为准则对马克思主义的解释和论断作为判断是非的标准，这种做法不仅使人们的思想受到严重的束缚和禁锢，而且给社会主义、共产主义道德的发展和理论研究带来诸多的问题。道德方面的著作只是歌颂领导人的威望和人民的崇高、伟大方面，而不注意分析和批评生活中消极、落后、腐化堕落的不良道德风气；思想理论界的专家学者只是俯首听命于政治领导人的宣教，大写特写脱离实际的道德法典和伦理范畴，却不对现实生活中人们的道德关系进行深入、真实的分析研究；宣传教育方面只是采取简单的灌输和行政命令手段，缺乏使广大人民真正掌握马克思主义的具体有效方法。如此等等，都大大影响了马克思主义伦理思想的发展。20世纪80年代末的新思维和90年代后的新自由主义经济改革，背离了马克思主义的基本原则，使苏联社会主义、共产主义道德遭遇终结的命运。第二，政治标准与道德准则相混同，既有害于政治，又有害于道德。道德意识形态与政治意识形态二者虽关系密切，但其性质和功能却不同。混淆或抹煞道德与政治的功能界线，导致不良的社会后果。苏联在其道德的转型发展过程中长期不能处理好道德与政治的关系，将道德政治化和把政治伦理化，因此在社会主义、共产主义道德建设和理论研究过程中，不能摆正道德的社会位置和学术理论，从而妨碍了道德社会作用的有效发挥。第三，社会主义是共产主义发展的低级阶段，代表着人类社会发展的先进阶段，马克思主义伦理思想是社会主义的道德意识形态。在经济、文化不发达的条件下建设社会主义，在私有观念盛行、私有制仍然顽强存在的条件下发展社会主义，全面开展社会主义文化和道德建设，是一项长期的艰巨的任务。俄罗斯道德现代转型的历程充分表明社会主义社会的道德进步、道德建设是一项长期而艰巨的工程。认识到这一点有助于理解社会主义道德建设的长期性和艰巨性，也有助于社会主义国家更好地进行思想道德和精神文化建设。

从上可见，从19世纪80年代起，普列汉诺夫等人开始将马克思主义伦理思想逐渐引入俄国，使俄罗斯伦理思想第一次接触到科学的理论依据并逐渐离开伦理唯心主义的认识论，后来经列宁等人的进一步发展使马克思主义伦理思想普及开来，又经布哈林、施什金等人的研究，马克思主义伦理学的主体地位逐渐确立。马克思主义伦理学在20世纪60—80年代取得了长足的进展，但是人道主义、新的教条主义也随之蔓延开来，90年代以后俄罗斯马克思主义伦理思想的发展来到了一个巨大的转折点，最终由新思维倡导的所谓新伦理学代替了马克思主义伦理学，宗教伦理学重新回到了主流地位。另一方面，在传统主流的马克思主义理论土壤中生长起来的俄罗斯伦理学，一定程度上依然保留了马克思主义传统。20世纪90年代后俄罗斯伦理学在研究内容、模式、基础、学术团体构成等方面与苏联马克思主义伦理学保持着一定的继承关系。当然苏联时期伦理话语内部的统一性也在一定意义上导致了90年代后伦理学研究的理论困境。马克思主义最根本的、最富有理论成果的伦理学思想不仅在正统的马克思主义传统中、而且在它的范围之外也有所发展。

二、政治道德传统的演变

1. "恐怖"的合法论辩与道德优先性

社会政治意识形态、阶级斗争和社会制度过度影响，甚至完全左右伦理思想的发展，这是俄罗斯、苏联马克思主义伦理思想演变的一个基本特点。早在1968年，季塔连科在他的《道德和政治》一书中对西方马基雅弗利主义进行了批判，同时对马克思主义的政治矛盾（例如暴力问题、目的和手段的关系以及其他问题）进行了人道主义的辩护。整个70、80年代，苏联政治始终是影响道德和伦理学发展的重要因素之一。后斯大林时代对政治与道德的关系同样存在着辩护，其中的一个核心是目的与手段关系的论证。俄苏政治道德历史上有"为达目的不择手段"的传统，有"目的证明手段正确"的理念，历史上那些有作为的统治者们，无不秉承和发展了"为达目的不择手段"的传统。在长达几个世纪独占主导地位的管理模式（其实质是管制模式）范围内，民众充当的角色不是公民即政治管理主体，而是行政管理对象，这就决定了民众要被排挤出政治（权力）关系的范围。这种管制方法必须以广泛使用经济以外的强制手段甚至人身暴力为前提。80年代的改革主导下的政治、社会道德观，反思了传统政治道德观及斯大林模式，强调人道主义及为达到理想政治而选择合适手段的必要性，伦理思想的发展亦出现了新动向。

俄罗斯政治道德在特殊的历史条件下的确有着"为达目的不择手段"的传统。知识分子作为近代俄国一个特殊的社会群体，社会革命党是近代俄国主要的民粹主义团体，代表广大农民的利益，在策略上继承了民意党的恐怖主义手段。政治恐怖是社会革命党政治策略的主要特征。1907年2月，社会革命党召开第二次临时会议，格尔舒尼在阐释社会革命党的恐怖观时公开宣称"'杀人犯'就是民族英雄"[①]。在《我们纲领中的恐怖因素》中，В.М.切尔诺夫论证了政治恐怖与群众运动的关系："恐怖不是一种能独立存在的斗争体系，并非借助自己内部的力量就会必然冲破敌人的阻抗，使其投降……对我们而言，恐怖只是我们的部分革命武装所掌握的众多斗争方式之一。……恐怖应该与所有爱国主义群众斗争方式重新组织成一个体系，自然而合理地对政府施加压力。恐怖只是一种手段形式，只是一种斗争的技术方法，只有和其他斗争方式相互配合、协同运作发挥效用，才能产生我们所期望的影响"[②]。恐怖与其他斗争方式相互配合、协同运作，但"绝对不是替代，我们只是想通过战斗先锋队的勇敢出击和对敌人心腹的有力打击补充和强化群众斗争……我们反对一切片面的恐怖主义特殊论"[③]。恐怖行动应该与群众运动联系得更加紧密，以群众运动的需要为基础并对其进行补充，在群众中唤起革命情绪，从而推动群众斗争。1905年革命爆发之后，社会革命党理论家们重新审视新的革命形势，提出了新形势下政治恐怖的新任务，即全面开展群众性的恐怖主义游击战。1905年10月出版的《革命俄罗斯》（第59期）社论《战斗时刻》明确指出，集合大批手中有武器的民众发动进攻，调动勇士对反动势力的台柱进行恐怖袭击，开展全线的群众性的恐怖主义游击战。

---

① 〔俄〕О.В.布德尼茨基：《俄罗斯解放运动中的恐怖主义》，莫斯科政治书籍出版社2000年版，第167页。

② 〔俄〕В.М.切尔诺夫：《我们纲领中的恐怖因素》，载《革命俄国报》，1902年6月第7号。

③ 〔俄〕В.М.切尔诺夫：《我们纲领中的恐怖因素》，载《革命俄国报》，1902年6月第7号。

在激进主义知识分子的大力鼓吹和动员之下,"个人恐怖"成为社会革命党策略的主要特征。社会革命党继承了民意党的恐怖主义手段,1902年4月末,恐怖策略被正式列入党纲。在1902—1907年间,社会革命党以暗杀、爆炸、政治性剥夺、武装进攻和敲诈勒索为手段,制造了大量恐怖事件。[①]20世纪20年代,以捍卫列宁的立场出现的托洛茨基在反考茨基的论战性著作《恐怖主义和共产主义》(1920)一书中,对革命无产阶级专政的暴力等行为进行了正当性论证。

苏联社会主义建设时期出现斯大林模式一度变形,在某种意义上使政治意识形态过分影响甚至在某种程度上扭曲了道德观念,延续了"为达目的不择手段"的传统。这一方面与斯大林自身的道德认知有着一定的联系,正如 Д. А. 沃尔科戈诺夫（Дмитрий Антонович Волкогонов）在《胜利与悲剧:斯大林政治肖像》一书中对斯大林的评价:"在斯大林道德信仰的深层结构中是存在若干缺损与断痕的。他对周围人们及亲属的行为与态度表明:对于所谓恩惠、怜悯、宽容、同情、容忍、人性、追悔以及赎罪感,斯大林是不甚了了的。……问题在于,斯大林本人是以十分藐视的态度来看待道德说教这类事物的:在他看来,与政治相比较,道德太为微不足道。……在斯大林式的政治建构中,从不为道德价值留下地盘。"另一方面这在很大程度上也与当时对社会主义发展理论的认识失误有关系。斯大林在社会主义的认识上固然有合乎历史发展的一方面,但也存在着失误,主要表现为急于求成地坚持向共产主义过渡,坚持社会主义时期阶级斗争越来越尖锐的观点以及坚持片面

[①] 据统计,1905—1907年间发生的恐怖行动中有78.2%是由社会革命党完成的,政治恐怖活动的涉及面之广、死伤人数之多,达到了前所未有的规模。社会革命党1911年公布的统计数据显示,从1902年到1911年(包括1911年),共实施了213次恐怖活动。参阅曾媛媛:《俄国知识分子与社会革命党政治恐怖主义路线》,《俄罗斯研究》2009年第4期。

发展重工业、社会主义计划经济与商品市场经济相对立的观点。

戈尔巴乔夫当选苏共中央总书记之时（1985年3月11日），苏联社会亟须变革，"人道主义"价值观浮出水面。戈尔巴乔夫在苏共中央四月全会上提出了需要"继续变化和改革"的问题，这次全会后来被看作是改革的起点。1987年，在苏共中央一月全会上，戈尔巴乔夫对改革的内容作了比较具体的说明，在同年六月全会上则着重讲了改革经济管理的问题。在这期间的多次讲话中，他反复宣扬人道主义思想，提出要把人的利益和人道主义价值放在首位，大讲民主化的重要性和多元论，提出"新思维"和"全人类价值优先论"。1987年底，他在《改革与新思维》一书中对"改革"作了比较全面的论述。在酝酿和实施改革的整个过程中，戈尔巴乔夫特别强调道德原则、人道主义以及为达到理想政治而选择合适手段的必要性，他想重新塑造社会主义的形象，让社会主义为人服务。在决定改革的原因中，戈尔巴乔夫认为"其中主要的是决定政治气候的社会心理态势，在战后时期国内的实际情况与大多数公民期望之间出现巨大差距，而且这一差距在持续扩大。苏联政权几十年来的政治信用建立在居民的一种意识形态的固定信念上，即相信他们目前日复一日经历的严重困难是暂时的，好日子为期不远。这种信念依据的不仅是许诺和纲领性文件公开宣布的目标，还有社会政策上某些实际行动，它们被视为按既定方向前进的证明。然而人们越来越清楚地看到，预示着情况必将好转的未来渐行渐远，于是便产生失望，然后是疏远政权，逐渐又转化为敌视政权"。①戈尔巴乔夫这一代苏联领袖选择了走改革之路，政治家的良心与道德无疑起了很大作用。

---

① 〔俄〕戈尔巴乔夫基金会编：《奔向自由——戈尔巴乔夫改革二十年后的评说》，李京洲译，中央编译出版社2007年版，第59页。

改革时期的苏共领导人反思了斯大林模式的社会主义把人只当成工具,背离了社会主义为人创造幸福的宗旨,力图予以纠正。"具体来讲就是要把苏联社会变成自由的人的社会,这种社会建立在人道主义、人民政权和社会公正的原则之上,以能够人人当家作主并无限发挥主动性的多种所有制形式为基础,保障一切民族的实际平等和人的充分权利,并容纳人类最优秀的民主成果。"①戈尔巴乔夫要纠正社会主义的某种变形。戈尔巴乔夫似乎对苏联体制的问题看得很清楚,认识到这个体制存在着致命的缺陷。他说:"现在在许多事情变得清楚明了之后,我对斯大林的看法自然改变了。如果我的看法不改变的话,我就不会开始改革。走向改革,这首先就意味着我在自己身上克服了斯大林。但不仅是斯大林,还有以后的停滞的经验。"②斯大林虽然把苏联变成了一个强国,但斯大林所使用的手段是俄国式的,在连续不断的镇压和清洗中,许多无辜者失去了生命与自由,给民众的心灵留下了难以抚平的创伤。"在体验过斯大林主义的悲惨与恐怖之后,在仔细地端详那些无罪的人们的苦恼和悲伤,经历和忍受过战后饥饿时代的人们——如我以及与我同龄的人,所追求的几乎是一种本能的、立志于自由的精神,也就是要摆脱斯大林主义的沉重遗产,完全获得解放。"③戈尔巴乔夫在谈到苏联模式时坚持认为:"我的观点是:在苏联占上风的是僵硬的,甚至是残酷的极权主义制度。这种制度当然是在演变的,在斯大林死后,它的残酷性略有削弱,变得缓和了些,但实质仍然故

---

① 〔俄〕戈尔巴乔夫基金会编:《奔向自由——戈尔巴乔夫改革二十年后的评说》,李京洲译,中央编译出版社2007年版,第65页。

② 〔俄〕米哈伊尔·戈尔巴乔夫:《对过去与未来的思考》,徐葵等译,新华出版社2002年版,第43页。

③ 〔俄〕戈尔巴乔夫、〔日〕池田大作:《20世纪的精神教训:戈尔巴乔夫与池田大作对话录》,孙立川译,社会科学文献出版社2005年版,第11页。

我。"①因此，戈尔巴乔夫在改革中首先强调要改变思维方式，强调人的地位与作用。他把人当作社会主义思想的核心，认为社会主义是真正的、现实的人道主义制度，提出要关心人，不要把人当作手段。这种政治理念突出了道德原则，旨在纠正斯大林模式对人的漠视。

针对传统体制在人道与民主方面的某些弊端，戈尔巴乔夫把人作为社会的核心，强调"通过改革，社会主义能够，而且必定能够充分发挥自己作为一个为人谋利和使人变得更高尚的现实人道主义制度的一切可能性。它是个一切为了人的社会——为了使人的劳动富有创造性，为了他的幸福、健康、心身发育。在这个社会里，人人有主人翁感，而且实际上是主人翁"②。对此有切身体会的俄罗斯政论家鲍里斯·斯拉文说："把戈尔巴乔夫改革看作苏联社会彻底摆脱斯大林威权主义的任何表现和坚决向人道的、民主的社会主义过渡的过程，是最客观最符合历史事实的。社会主义的这些特点成了苏共中央向党的第二十八次代表大会提出的纲领的基础也就不足为奇了。这样看待戈尔巴乔夫改革的观点与当今新自由主义和强权共产主义的解释是截然相反的。按照我们的观点，戈尔巴乔夫改革既不是资产阶级-自由主义革命，也不是反社会主义的反革命。这一改革就其实质来说是对苏联社会的革命革新，它要实现自由、公正、团结和人道的民主和社会主义理想。简言之，戈尔巴乔夫改革是世界上建设社会主义的社会中的第一次反极权主义政治革命。"③戈尔巴乔夫的改革和社会主义理论有着强烈的道德色彩。

---

① 〔俄〕米哈伊尔·戈尔巴乔夫：《对过去与未来的思考》，徐葵等译，新华出版社2002年版，第19页。
② 〔俄〕米哈伊尔·戈尔巴乔夫：《十月与改革：革命在继续》，莫斯科新闻社出版社1987年版，第29页。
③ 〔俄〕戈尔巴乔夫基金会编：《奔向自由——戈尔巴乔夫改革二十年后的评说》，李京洲译，中央编译出版社2007年版，第120页。

道德优先是戈尔巴乔夫的政治理念。他认为真正的政治家应该永远把国家利益置于个人利益之上，知道用什么手段去实现自己的目标。然而，改革的结果之一是，苏共民族主义化了，不再是统一的力量。这使苏联走上了四分五裂之路，而不用武装力量来维护国家统一。道德优先的政治理念阻止了戈尔巴乔夫用武力去维护国家的统一。戈尔巴乔夫在与池田大作的对话中说："权力和政治总是与正义相互矛盾的，当存在着不道德行为的时候，权力对我来说是很难接受的。"①戈尔巴乔夫拒绝把暴力作为实施国家政策的基本手段，他不愿用暴力对付民族分离主义者。俄罗斯学者维克多·库瓦尔金认为："戈尔巴乔夫不使用暴力不仅是因为道德的绝对指令，而且是出于政治上的考虑。鉴于俄罗斯的沉重遗产，当时任何诉诸强力的做法都可能迅速葬送改革的民主理想以及对自由的希望和憧憬。戈尔巴乔夫断然拒绝用强力把人民驱赶到改革的自由王国中，而少了强力成分就无法走向那里。不仅如此，不受约束的改革自发势力有可能把失去自卫能力的国家打得粉碎。"②针对20世纪80年代末的国内部分地区的混乱和示威，戈尔巴乔夫说："……从今以后没有国家最高领导人的决定，军队不得干预类似事项。"③"不得动用武力。在对外政策中已经放弃使用武力，那么在对待本国人民时就压根儿不能容许……"④他希望通过法律手段和政治协商解决民族问题，即使这种手段不起作用，他也不准备使用武力，这就无

---

① 〔俄〕戈尔巴乔夫、〔日〕池田大作：《20世纪的精神教训：戈尔巴乔夫与池田大作对话录》，孙立川译，社会科学文献出版社2005年版，第9页。

② 〔俄〕戈尔巴乔夫基金会编：《奔向自由——戈尔巴乔夫改革二十年后的评说》，李京洲译，中央编译出版社2007年版，第11页。

③ 〔俄〕米哈伊尔·戈尔巴乔夫：《对过去与未来的思考》，徐葵等译，新华出版社2002年版，第117—118页。

④ 〔俄〕米哈伊尔·戈尔巴乔夫：《对过去与未来的思考》，徐葵等译，新华出版社2002年版，第121页。

异于告诉极端主义分子中央绝对不会使用武力。

在道德优先的行事原则下,苏联领导人没有充分使用强力手段阻止破坏联盟进程的人。武力手段不用,法律手段又不起作用,只好顺其自然,结果苏联一分为十五个国家。俄罗斯学者梅茹耶夫在谈到评价政治家的标准时认为,"我们形成的意识是,对我们而言伟大的政治家一定是为了取得政权、巩固政权和扩大政权不择手段的枭雄:伊凡雷帝、彼得一世、斯大林。""戈尔巴乔夫是俄国历史上唯一一个在拥有完全权力的情况下,为了思想和道德价值自觉地限制权力并且甘冒丧失权力风险的政治家。他有着另外的成功标准,他根据另外的,甚至大多数人都不理解的规则做游戏,根据人的道德准则做政治游戏。所以应该根据这些规则评价他是否成功。"①道德优先的行事原则不同于俄国历史上的领导者们,他没有为了目的不择手段,他把目的与手段看得都很重要,不仅注重目的合理性,而且注重手段的合理性。戈尔巴乔夫改变了为达目的不择手段的政治传统。在他看来,政治行为首先得符合人类的道德规范,"对我来说,最重要的一点是,当我做重大决定时,我最注重的是道德考量。……设法达成目标时,无论目标是否达成,都要注重过程的参与。"②戈尔巴乔夫生活的时代与彼得大帝、斯大林等人所处的时代已经大不相同了,政治文明、协商民主已经深入人心,时代也不允许他不择手段地实现自己的目标。纵观人类历史长河,政治如果遵循"目的证明手段正当"的信条,在政治生活中必然充斥狡诈、伪善、背信弃义、残暴等恶行。历史证明,这是民众的灾难。实际上政治也需要道德的正当,伴随着选举文化的发展与政治

---

① 〔俄〕戈尔巴乔夫基金会编:《奔向自由——戈尔巴乔夫改革二十年后的评说》,李京洲译,中央编译出版社2007年版,第302页。

② 〔俄〕米哈伊尔·戈尔巴乔夫:《政治应是洁净无私》,凤凰卫视记者赵一力采访,中新网,2003年8月19日。

生活的文明化，道德的正当性与历史发展的必然性越来越紧密地结合在一起了。戈尔巴乔夫的改革旨在纠正苏联政治文明中与人类政治文明背道而驰的方面，在自己的政治行为中强调人道、和平、民主、法制，他把遵循道德的原则，坚持不使用暴力、不流血的原则放在了维护国家统一之上。社会主义没有了，资本主义还没有建成。这就是俄罗斯的基本现实。俄罗斯社会中的许多问题均由此而来。

"改革"时期和"改革以后"的道德说教——拜物教（金钱崇拜）在俄罗斯成了有效的政治。20世纪90年代在俄罗斯政治中的肤浅的、不令人信服的道德说教，使得俄罗斯人对一切的政治动员和道德说教都变得极为反感，其结果则是俄罗斯国家地缘政治上的失败和经济社会价值观的全面崩溃。俄罗斯政治产生了越来越多的道德问题，甚至疯狂到对一切外国人不加区分地排挤和对法西斯头子的盲目崇拜，转型时代成长的年轻一代则逐渐习惯于传统的政治与文化，而这一切又不曾亲身经历，历史的虚无主义与毫无理智的极端民族主义造就了俄罗斯"光头党"这一政治怪胎。在俄罗斯，由于政治作为一种独立的社会现象相对比较年轻，而"私人"道德又起着调节一般社会关系的作用，因此，政治所固有的特殊规范和机制往往不知不觉地换成了在公认的"私人"道德框架内的那些规范和机制。因此，受道德调节的社会生活范围正在缩小，因为运用"私人"道德来调节政治关系的做法受到限制，而这一过程是合理和适当的，也起到了良好的作用。这得益于当今俄罗斯的群众意识正在逐渐摆脱多余的道德说教，变得更加实用，并逐渐接受合乎情理的利己主义。

2. 社会主义的新人道主义

苏联解体前后，俄罗斯的哲学、伦理学进入了一个以"人道化"为核心问题的新阶段。"新人道主义"一度成为一股具有很大影响力的社会伦理思潮，强有力地影响着俄罗斯伦理学学术研究。

倡导新人道主义的标志性人物是苏联科学院通讯院士、哲学家弗罗洛夫和苏共中央总书记戈尔巴乔夫。弗罗洛夫在出任《哲学问题》杂志主编长达10年的时间里经常组织"圆桌会议"，对前沿的重大哲学问题进行讨论。其中关于科学技术革命及其后果的讨论、关于生态问题的讨论、关于全球性问题的讨论以及对"罗马俱乐部"的思想的介绍，将苏联哲学引入了一片新天地。他还把人的问题作为重要的问题提出来并组织了与其相关的"新人"培养问题的讨论。这一系列有关社会发展的前沿问题的讨论也为苏联改革奠定了思想理论基础。1983年，弗罗洛夫兼任《科学技术的哲学和社会科学年鉴》的责任编辑，坚持不懈地潜心研究现代生物学哲学方法论问题、全球性问题、人道主义和对人的综合研究的社会哲学问题等。1986年，他被选为苏共中央委员，次年担任戈尔巴乔夫总书记助理。1989—1991年，任苏共中央书记处书记，接任《真理报》总编辑，1990—1991年，弗罗洛夫担任苏共中央政治局委员。弗罗洛夫于1999年病逝于中国杭州。2002—2003年，俄罗斯出版了三卷本的《弗罗洛夫院士著作选集》。

弗罗洛夫盛年时期是戈尔巴乔夫在意识形态方面重要的顾问，他的人道主义思想极大地影响了戈尔巴乔夫。弗罗洛夫的研究领域涉及生物哲学方法论、科学伦理学到全球性问题，从人道主义研究到人的跨学科综合研究，内容深刻、范围广泛、创新能力巨大，享誉盛名。弗罗洛夫出版个人专著30余部，各种刊物发表论文500

多篇。其中,《遗传学与辩证法》(1968)、《科学进步与人类未来》(1975)、《现代科学与人道主义》(1975)、《生命科学的辩证法与伦理学》(1978)、《人的前景》(1979)、《全球性问题的实质和意义》(1981)、《生命与认识——关于现代生物学的辩证法》(1981)、《生命的意义——关于人的死亡与不朽》(1985)、《论人和人道主义》(1989)等比较著名。弗罗洛夫还主编过多部哲学专业书,如《哲学辞典》、《哲学导论》、哲学百科辞典《人》等。

弗罗洛夫在1997年首先使用了"新人道主义"概念,当时他只是从几个不同的角度对新人道主义做过说明,例如他说"当谈论马克思主义人道主义的时候,我们所说的不仅仅是在19世纪就得到确认的思想,而主要是指带着现代世界的特点、随着全球性问题的产生和尖锐化、随着人类共同价值优先地位的确立,出现在我们面前的思想。这要求对现实人道主义观点中人类共同的因素和阶级因素的辩证法加以重新思考。这些新的态度、新的方法丰富了现实的人道主义,因此我们可以把它称做新的人道主义"。[①]这种人道主义与现代人类和人本身因建构新文明进行的社会经济、科学技术及文化的深刻改造而进步的普遍规律紧密相关。全球性问题需要全人类共同努力才能解决,这些问题主要包括大规模杀伤性武器的使用、资源枯竭、生态环境恶化、人口、粮食等。[②]核战争和生物基因技术发展带来的危险则是其中最大的问题。"新人道主义"是弗罗洛夫对自己哲学思想的概括,它是后苏联时代哲学、伦理学人道主义化的集中体现。弗罗洛夫强调新人道主义思想是对《罗素爱因斯坦宣言》的回应。1955年7月,罗素、爱因斯坦等学者就核武器的出现对人类生存构成的潜在危

[①]〔俄〕И.Т.弗罗洛夫:《弗罗洛夫院士著作选集》,科学出版社2001年版,第563页。

[②]〔俄〕И.Т.弗罗洛夫:《弗罗洛夫院士著作选集》,科学出版社2001年版,第566页。

险发表宣言，称面对核战争的危险，"我们应该给自己提出这样的问题：我们能够采取什么样的步骤以防止对所有参加者都只能是悲剧的军事冲突？……我们作为人向人们呼吁：要记住你们是属于人类的，把其他的一切都忘记吧。如果你们能做到这一点，你们的面前就会展开通往新的天堂之路；否则，你们就将面临集体毁灭的危险"[1]。20世纪50年代，生物遗传密码和基因技术有了重大发展，人们把它用于医学研究已成为现实的可能。科学技术的革新和应用使人们认识到环境对人的"作用是如此的深刻：它已经触及包括人的基因结构在内的许多问题，也就是说，已经威胁到人的遗传，而这意味着人类的未来受到了威胁"[2]。弗罗洛夫在苏联全力推动对人进行全面、深入的综合性研究，强调要从人的利益出发对技术加以控制，呼吁把全人类利益置于阶级利益和民族利益之上。弗罗洛夫认为："在很多情况下更应该强调的不是阶级的因素和全人类的因素哪一个具有优先地位，而是它们的相互吻合。"[3]他的新人道主义主要有两方面的含义，一是马克思主义的、社会主义和共产主义的人道主义；二是在全球性问题的凸显和人类的生存受到威胁的情况下，新人道主义具有面向未来的、全人类的、普世性的全球性意义。人道主义新的内涵和意义，就是具有马克思主义特质的、面向未来的、具有全球性意义的人道主义。这是在新时代条件下对马克思主义相关思想的创造性解释。人们把马克思主义人道主义看成是新的人道主义，因为正是它取代了旧的资产阶级人道主义。我们把它看成现实的人道主义，因为它有经过社

---

[1]〔俄〕И.Т.弗罗洛夫：《关于人与人道主义作品精选集》，科学出版社2003年版，第565—566页。

[2]〔俄〕И.Т.弗罗洛夫：《关于人与人道主义作品精选集》，科学出版社2003年版，第514页。

[3]〔俄〕И.Т.弗罗洛夫：《关于人与人道主义作品精选集》，科学出版社2003年版，第472页。

会主义和共产主义经验论证的实践性和能动性。

弗罗洛夫认为，落实新人道主义对人类命运的深切关怀，首先必须使科学技术伦理学化，从人的精神需要和道德需要出发对科学技术的发展及其成果的使用加以自觉调控，实现科学与人道主义的统一。这是弗罗洛夫新人道主义思想的基本诉求。他认为："我们的出发点是确立社会—伦理价值的优先地位。这就是说，我们要从对科学研究进行某种调控的可能性和必要性出发。"①"如果假定科学技术在以算术级数进步和发展，那么为了一切都沿着对人有利的方向进行，科学家的道德自觉就应当以几何级数发展。"②在这一领域应该与哪怕是最微小的与伦理道德和人道主义规范不一致的决定做斗争。为此，他还研究了科学伦理学，认为科学伦理学能够成立是由科学的本质决定的。科学的真正本质在于其深刻的人道主义性质。弗罗洛夫始终认为人的发展水平是社会进步程度的根本标志，整个社会历史的发展就是形成和实现人的本质的过程。科学的使命在于为人、人的各种物质需要和精神需要服务，促进人的发展，人是衡量一切科学的尺度。科学人道化是科学伦理学得以产生的前提，科学活动是有道德根据的。弗罗洛夫认为人"总是追求美德。因而知识被认为是合乎道德的生活的条件，并且是必要条件，但是同时探求知识本身是一种活动，毫无疑问是一种幸福"③。所以，以增长知识为目的的科学活动，其本身在道德上是有根据的活动形式。科学作为人类的客观性的活动，它的前提、发展条件、结果和

---

① 〔俄〕И. Т. 弗罗洛夫：《弗罗洛夫院士著作选集》，科学出版社 2001 年版，第 514 页。

② 〔俄〕И. Т. 弗罗洛夫：《弗罗洛夫院士著作选集》，科学出版社 2001 年版，第 516 页。

③ 〔苏〕弗罗洛夫、П. Y. 尤金：《科学伦理学》，辽宁大学出版社 1989 年版，第 251 页。

影响都具有社会性。马克思曾说,"甚至当我从事科学之类的活动,即从事一种我只是在很少情况下才能通过别人进行直接的活动的时候,我也是社会的,因为我是作为人活动的"①。因此,科学作为社会活动需要受到社会伦理的调节和制约。

其次,落实新人道主义必须使社会生活民主化。弗罗洛夫说:"民主和自由本身就是一种巨大的价值,没有它们就没有人类的进步。与新人道主义密切相关的,还有实现普遍和平和国际合作的努力,以及就各种紧迫问题和历史问题进行对话的能力。"②科学技术的伦理学化要求为了全人类的生存而调控、限制科学技术与物质生产,必然触犯原有思路中的既得利益者。没有广泛民主和国际合作,这种努力将注定沦为空想。

正是基于这样的认识,弗罗洛夫在国内问题上大力呼吁建设民主的人道的社会主义,在国际问题上竭力宣传新思维,推动核裁军,缓和国际局势。戈尔巴乔夫改革可以视为落实这些思想的实际行动。弗罗洛夫认为人道主义不是一种一成不变的理论教条,它要随着现实生活的变化不断发展。"我们的新人道主义是从这样一种认识出发的,即人道主义是因社会发展不同阶段的特点,因文化、科学、道德历史背景的特点,而不断地发展着的。"③弗罗洛夫的新人道主义是全球性问题出现以后的人道主义,而全球性问题,涉及的不是某些社会成员的苦难,而是涉及整个人类,涉及人类的生死存亡,而且这种危险不可能通过进一步发展物质生产增加物质财富而缓解。要走出全球性问题带来的人类生存危机,以一种新的人道主义取代已有的人道主义是

---

① 《马克思恩格斯全集》第四十五卷,人民出版社 1995 年版,第 102 页。

② 〔俄〕И.Т.弗罗洛夫:《弗罗洛夫院士著作选集》,科学出版社 2001 年版,第 567 页。

③ 〔俄〕И.Т.弗罗洛夫:《弗罗洛夫院士著作选集》,科学出版社 2001 年版,第 564 页。

唯一的途径。这种新人道主义就是一次重要的尝试。弗罗洛夫的新人道主义主张科学伦理学化，颠倒了社会生活的上述逻辑：以往一切要服从科学技术的需要，现在科学技术自身的发展与使用要服从人的需要，主要是人的生存与全面发展的需要，凡与此不一致的，尽管可能是改造自然的有力手段，但它是不道德的；以往认为人是物质的肉体的人，追求物质财富以满足物质欲望是人的本性，现在认为对物质财富的追求必须有所限制，物质欲望必须受到精神需要和道德规范的制约，否则人类就会毁灭。就此而言，这种新人道主义与文艺复兴以来的人道主义有着根本的不同，甚至是对后者的否定。弗罗洛夫的新人道主义体现了人的物质因素与精神因素的结合，是对中世纪和文艺复兴在人的问题上的两种片面性的克服，是对它们合理成分的继承综合，是对它们的扬弃，是人道主义辩证法的完成。

弗罗洛夫新人道主义远远不是一种成熟完善的理论，它遇到了许多挑战。其中最突出的是它的尴尬处境。就全人类而言，它对人类命运的关怀，强调把道德和精神需要摆在物质享受之上，力求解决各种威胁全人类生存的全球性问题，因此它是人类的宝贵精神财富，具有很强的现实意义。但是，俄罗斯本身在工业文明和现代化道路上是后来者，落在西方发达国家的后面。各种全球性问题是资本主义工业文明也即文艺复兴以来兴起的现代化运动过度发展的产物。俄罗斯自己不是苦于现代化程度过高，而是苦于现代化尚未真正完成，加速现代化进程是俄罗斯的当务之急。弗罗洛夫的新人道主义对于俄罗斯显得过于奢侈，它不利于经济增长和国家现代化。即使对全人类而言，西方发达国家在全球性问题的形成与解决方面都负有主要责任，但是怎样才能使它们接受新人道主义，为人类的未来发挥自己应该发挥的作用，人们看不到可靠途径。

戈尔巴乔夫所倡导的人道的、民主的社会主义理论，民主化、公开性方针，以及"新思维"外交政策，都是以 И. Т. 弗罗洛夫的人道主义思想为理论基础的。弗罗洛夫从哲学角度宣传和论证戈尔巴乔夫的这些主张，在维护他的威望的同时，也在现实的政治实践中实现其人道主义的理想诉求。弗罗洛夫担任《真理报》总编辑期间，为引导苏联舆论导向起到了重要的作用。

苏联改革的最终目标就是要把苏联社会改建成为"人道的民主的社会主义"。在1988年6—7月间召开的苏共第十九次代表会议上，戈尔巴乔夫指出这样的社会具有以下七个特征：一是"真正的、现实的人道主义制度"；二是"有效益的和活跃的经济制度"；三是"社会公正的制度"；四是"具有高度文化素养和道德的制度"；五是"真正民主的政治制度"；六是"各民族真正平等的制度"；七是渴望和平，渴望加强与社会主义兄弟国家的合作和协作，渴望与各国人民和各个国家建立正常的和文明的关系的制度。

戈尔巴乔夫在实施改革计划过程中不断加以说明和补充，最后主持制定了一个题为《走向人道的民主的社会主义》的行动纲领草案，交由1990年7月召开的苏共二十八大审议。草案提出要"坚决抛弃对不同观点和思想的意识形态限制、教条和不容忍态度"，抛弃与全民和全人类价值观相抵触的简单化的阶级观点。草案强调"党的政策的中心是人"，主张采用有效的计划-市场经济，全面实行"社会主义民主制和人民自治制度"，"建立新的联邦制"，实行以"新思维"为基础的对外政策等。二十八大通过这个文件并将其称为"纲领性声明"，其"人道的民主的社会主义"包括如下内容：

第一，"人道的民主的社会主义"的基础是抽象人道主义，它宣扬"人是万物的尺度"，社会主义是符合"人性"和"一切人"的利益的"人道的"制度，否认社会主义社会还存在着阶级、阶级矛盾和阶级斗争，否定无产阶级专政的必要性，反对在任何情况下使用任何暴力。这就从根本上背离了马克思列宁主义。

第二,"人道的民主的社会主义"从人道主义的观点出发,提出"多元化"理论作为其重要的思想原则。这种人道主义认为,人的本性是独立不羁和不受任何社会关系制约的,他们向往绝对的自由和民主,因此作为理想的社会主义社会应该符合人的这一本性,尊重人的多元性的思想,满足人的多元性的需要和利益。"人道的民主的社会主义"首先提出实行意识形态的多元化,反对意识形态的垄断,否定马克思列宁主义作为指导思想。

第三,"人道的民主的社会主义"根据人道主义得出的一个重要观点是"全人类价值优先论"。根据这个理论,在核武器时代,人类争取活下去的问题是一个应当优先考虑的问题,其他利益应当服从于这一全人类利益。"全人类价值优先论"是"新思维"的核心内容和处理国际关系的最高准则,要求在它的指导下"逐步实现非军事化和使国际关系人道主义化"。

第四,"人道的民主的社会主义"与第一国际修正主义者的社会民主主义和现代修正主义的思想观点有着继承性联系。19世纪和20世纪之交,伯恩施坦、考茨基等人修正和篡改马克思主义的基本原理,宣扬自由派人道主义和超阶级的民主观,反对无产阶级革命和无产阶级专政,鼓吹改良主义,提出通过议会道路来改良资本主义的主张。"人道的民主的社会主义"把这些观点都继承下来了,只是根据新的历史条件作了一些变动。两者之间的区别主要在于生活在资本主义条件下的第一国际修正主义者已不认为社会主义代替资本主义是社会发展规律,他们只把社会主义当作价值追求,否定通过革命建立社会主义的必要性。

戈尔巴乔夫在《过去和未来的思考》(1998)一书中反对马克思提出的"革命是历史的火车头"的口号,在谈到苏联的社会主义模式时，戈尔巴乔夫像考茨基一样，用轻蔑的语气把"阶级专政"说成一个词，认为这个词"被用到荒谬的程度"，同时对第一国际的代表人物（如阿德勒、考茨基、鲍威尔等人）作出肯定，认为在对苏维埃政权的评价中发现自己与他们在主要问题上有相同的认识，其中还特别提到考茨基在十月革命后与布尔什维克的分手是正确的。

戈尔巴乔夫曾多次谈到自己是"二十大的产儿"，说他这一代人的政治活动发端于苏共二十大，开展于六十年代，因而也称为"六十年代人"。他钦佩赫鲁晓夫的"胆略和勇气"，接受了他的这位先驱的思想和观点。赫鲁晓夫曾鼓吹人道主义，将其作为指导思想，提出"一切为了人，为了人的幸福"的口号。戈尔巴乔夫1985年在他的就职演说中就重复了这个口号，认为"这个纲领原则应当以越来越深刻而具体的内容加以充实"。他宣扬"人是万物的尺度"，"党的政策的中心是人"，未来的社会是切实实施的人道主义等。戈尔巴乔夫也像赫鲁晓夫一样，否定阶级斗争和无产阶级专政，接过了"全民党"和"全民国家"的口号并加以进一步发展，宣布苏联共产党是"按自愿原则联合苏联公民的政治组织"，代表"苏联人的共同利益"。戈尔巴乔夫把所谓的"全人类价值优先论"作为指导思想之一，认为在核武器时代人类的生存是第一位的，高于任何阶级利益、民族利益和国家利益。像赫鲁晓夫一样，戈尔巴乔夫在国际舞台上不再进行对抗，转而实行合作。

90年代末期苏俄的"没有资产阶级的资产阶级革命"，与西方资产阶级思想对俄罗斯知识分子的影响有着极大的关系。戈尔巴乔夫本人通过他的哲学教师的夫人接受了人道主义化了的苏联哲学的影响，进而对当了十几年苏联驻加拿大大使并早已彻底西化的雅科夫列夫的思想大加赏识，把他奉为苏联改革的总设计师。Б. Н. 叶利钦本人身边有一批以盖达尔为代表的被西方世界俘虏的知识分子。有人这样批评盖达尔：Б. Н. 叶利钦之所以选择盖达尔作总理，是因为盖达尔是国际货币基金组织安插的人，西方保证向他及他的一伙人贷款，盖达尔手中握有国际货币基金组织制定的俄罗斯经济改革方案。盖达尔表达的是一种新自由主义思想，这是与俄罗斯强国主义和俄罗斯国家思想论战的产物。盖达尔在自觉地削弱国家。[1]一些毫无政治经验的知识分子，在接受了西方思想宣传的影响后在俄罗斯鼓吹新自由主义并被政治家所采纳，由此产生了激进的新自由主义西方化改革，试图把某种西方式的资本主义制度强加在俄罗斯身上。

20世纪90年代，俄共官方意识形态中的俄罗斯社会主义有几次大的重要变化，其中所包含的观念与马克思主义的已有了明显的差距，而且已经越来越明显。官方意识形态中的俄罗斯社会主义基本价值有如下方面观点的变化：

首先，社会民主主义与伦理社会主义。俄共党的第一批纲领性文件（1993年2—3月）特别注重实用主义和中庸思想同左派社会民主主义相结合。库普佐夫在第二次代表大会上的报告中反复阐述了社会主义与市场可以并存的论题，同时他坚持要求结束社会主义者、社会民主主义者和共产党人之间的对立。在纲领性声明中，俄共着重强调的不是直接的社会主义任务，而是社会民主主义的任务。俄共还表示，党并不排斥政治民主的原则，并且准备在自己的思想库中增加"市场""多种经济结构"等范畴的内容。纲领性声明中缺乏经典马克思主义关于国家的阶级性和阶级斗争的不可避免性、关于消灭私人所有制的必要性、关于劳动和资本矛盾的基本性质等的论述。

---

[1] 参见：A. 齐普科：《演讲》，载《独立报》，1997年2月13日。直到2004年，盖达尔仍在极力宣传新自由主义。参见《经济问题》（俄文）2004年第5、6期。

其次,国家爱国主义。俄共意识形态中的俄罗斯民族主义和国家主义观念从1993年开始逐步加强,1994年已占据优势。1994年4月,俄共提出了《从危机走向稳定发展、人民政权和社会主义》的纲领提纲,提出了作为俄共思想基础的"国家爱国主义"理论,强调国家作为俄罗斯历史的指南和祖国发展的关键因素的作用,确认国家利益对于个人、社会、团体和民族群体利益的优先地位(特别是在国家出现危机的时刻);把俄罗斯民族学术动态理解为国家爱国主义观念的主要体现、俄罗斯和苏维埃国家生存的中坚与凝合剂;放弃阶级观念,赞成俄罗斯民族的有机统一;肯定革命前和十月革命后本国历史的继承性;主张"红色的"思想和"白色的"思想的综合。国家爱国主义观点在党内引起了不同意见和争论,左翼学者斯拉温批评"国家爱国主义"的提法:"国家爱国主义"指的是热爱祖国,还是热爱国家?如果是前者,那么"国家"一词有何用处?如果是后者,那么请问热爱什么样的国家?是热爱叶利钦的国家,还是热爱被叶利钦解散的苏维埃国家?斯拉温认为如果不作这种分析,那么可以给"国家爱国主义"思想随便添上任何内容。而目前执政当局正是这样做的,他主张坚持使用国际主义的提法,因为一个热爱自己祖国、自己的人民和文化的真正爱国者,不能不是国际主义者,而一个彻底的国际主义者,不能不是爱国者。俄罗斯共产党主席 Г. А. 久加诺夫(Генна́дий Андре́евич Зюга́нов,1944—)解释说,俄共不应该因为自己某些提法同政敌的提法相吻合而放弃自己的观点。俄共纲领指出,今天,捍卫俄罗斯的民族国家利益同反对殖民奴役和反革命、争取社会主义和苏维埃形式的政权制度的斗争有机地结合在一起。国家爱国主义乃是俄共为团结群众和其他同盟者去完成上述任务而提出的口号。久加诺夫认为:当局利用反对派的口号本身就表明它思想上的崩溃,它不敢再继续打自己真正的旗帜，被迫进行语言伪装；其次，不排除一种情况，某些执政集团也在一定程度上认识到国家面临的客观任务，他们毕竟不是生活在真空世界。根本问题在于，虽然反对派和当局在对民族国家要求的理解上有共同点，但是在满足这些要求和认识摆脱危机的出路方面他们之间仍然有明确的分水岭。不过在新通过的俄共纲领中，还是取消了"国家爱国主义"的提法，仍然使用传统的"爱国主义"和"国际主义"提法。俄共认为，摆脱危机的根本出路在于彻底改变政府的现行政策，走社会主义发展道路。目前危机使各方面社会生活都陷入严重困境。要使国家摆脱系统危机和振兴经济，靠野蛮资本主义发展道路是不可能的，不论是用"休克疗法"，还是比较温和的办法，"合理的"资本主义生产关系、公民（资产阶级）社会和"中产阶级"的形成过程比社会和国家物质的精神基础的崩溃过程要慢得多。这里的问题不仅在于"野蛮资本主义"已经寿终正寝，问题在于西方资产阶级文明和俄罗斯文明是不能兼容的。资本主义与俄国社会的生活、习惯和心理是不相容的，它曾在俄国社会中造成一次国内战争，现在仍旧不能在俄罗斯土壤上生根，它只会破坏这土壤，长出刑事犯罪——殖民主义"民主"的毒草。这个理论显然不是马克思主义的，而是久加诺夫本人的思想理论信仰。俄共还提出一个新的原则性政策——"战略妥协"的构想，认为共产党的目标在于通过同国内主要政治力量——首先是同权力党缔结战略性的协议来共同掌握统治权。俄共接受竞选的民主规则，又采取实用主义的指导方针，要求组成共产党人以平等伙伴的资格参加的"民族拯救、人民信赖"的政府。

第三，某些传统马克思主义与稳定发展理论。在1995年1月最后定稿的党纲中，某些俄罗斯主义与国家主义思想的传统马克思主义的适合现代要求的提法占据主导地位，这个文件与党纲充实了传统马克思主义范畴的内容。纲领规定经过三个政治阶段达到党的主要目标。第一阶段，共产党人同自己的同盟者一起争取建立民族拯救政府，这个政府当前要消除"改革"的灾难性后果，制止生产下降，保证劳动者基本的社会经济权利，它的使命是把化公为私的财产归还人民并置于国家监督之下。为商品生产者创造条件，使之能在法律范围内有成效地进行生产。组织好劳动集体的自治和对国家财富的生产和分配的监督。在这个阶段仍然保持着受生产力水平制约的多种经济结构。权力代表机构和政府将保证国家安全和独立的条件，保证不让"世界新秩序"的创造者实现攫取俄罗斯的自然资源和生产基地的企图。第二阶段，在政治和经济相对稳定之后，劳动者将能够通过苏维埃、工会、工人自治和其他现实生活中产生的直接的民权机构越来越积极地和广泛地参加国家事务的管理。在经济上，社会主义经营方式的主导作用将明显地表现出来，这种形式在社会性上、结构上和组织技术上最能保证人民的福利。这将是过渡时期、恢复时期。第三阶段，在符合最佳的社会主义发展模式要求的经济基础上最终形成社会主义关系。生产资料的公有制形式将占优势。随着劳动的实际社会化水平的提高，这些公有制形式在经济中的统治地位将逐步确立。俄共纲领中给社会主义下的定义是：没有人剥削人的，按劳动数量、质量和成果分配生活资料的无阶级社会，这是在科学计划和管理、采用节约劳动力和节约资源的后工业化工艺的基础上达到的具有高度劳动生产率和生产效益的社会。这是具有真正民主和发达的精神文明、鼓励个人的创造积极性和劳动者自治的社会。在社会主义制度下，未来共产主义联合体的必要前提逐步形成并得到发展，在共产主义联合体里，每个人的自由发展是所有人自由发展的条件。新党纲最低纲领中再一次肯定了议会内外斗争的方法：党过去曾利用并将继续利用各种形式的议会内外斗争，包括罢工和国际人权公约规定的公民反对当局反人民行动的其他反抗形式。共产党人利用议会讲坛同当局斗争，宣传自己的纲领，使更多的人了解自己。1995年12月第二届国家杜马选举中俄共赢得了遥遥领先的选票。俄共在纲领中列入"稳定发展"的理论，这个理论原则上是超越意识形态的，不可能确定为左的或右的政治思维的特殊所有物。俄共思想观念的变化三个基本因素交互作用的结果，即党的高层内的各种思想派别、一般党员的普遍情绪以及俄罗斯政治和社会经济形势的恶化。

久加诺夫提出了"俄罗斯社会主义"。"俄罗斯社会主义"可解释为"把俄罗斯的民族特性、我们许多世纪的历史经验与苏联社会主义制度的优秀成果和谐结合起来的道路"①。久加诺夫不仅不否定马克思主义、列宁主义，而且公开宣称自己是马克思主义者或马克思列宁主义者。"俄罗斯社会主义"试图把马克思主义与俄罗斯国情结合起来，试图寻找在新的历史条件下俄国走向社会主义之路。

3. 全人类价值及传统道德价值的复兴

苏联后期开始对70年的苏联社会主义发展的反思的基础之一，是"全人类的利益高于一切"。根据这一命题，戈尔巴乔夫提出了"全人类的价值至高无上"的理论。在俄文中，"全人类价值"与"全人类价值观"其实是同一个词。这也是要引导人们把"全人类价值"作为判断一切事物的价值尺度。这样的价值观的来源被理解为"占主导地位的全人类的观念和准则"，也就是在国际社会的政治经济生活中占据了主导地位的西方国家认为应该遵守的准则和观念。

---

① Г. А. 久加诺夫：《力量的创造者——纪念斯大林诞辰125周年》，http://www.cprf.ru/08.12.2004.

全人类价值的复兴存在于苏联马克思主义内部，也存在于马克思主义外部。在马克思主义内部，80、90年代仍然坚信社会主义和马克思主义的伦理学家古谢伊诺夫和哲学家 И. Т. 弗罗洛夫等人，他们也是倡导全人类价值最具代表性的人物。在他们看来，与新思维相适应的新伦理学基本主题之一就是探索全人类道德。全人类价值包含在全人类道德之中，对于所有人而言，无论他属于哪一阶级，无论他坚持什么样的世界观，无论存在什么样的其他差别，某种比这种差别更为重要、更基本的共同利益即保护人类存在的可能性本身正在出现，这种利益可以在最高程度上得以实现。这种新伦理学的出现不是凭空的，它的起源有各种形式，其中包括：任何社会文明都承认的人类相互关系的普遍准则，新时期欧洲文化的抽象的人道主义宗旨，有诸如托尔斯泰、甘地主义、施韦泽"敬畏生命"的伦理学、费奥多罗夫的共同事业哲学、齐奥尔克夫斯基的宇宙伦理学等等。古谢伊诺夫也承认社会主义道德是它最基本、最主要的决定性源泉，它的主要原则——集体主义、人道主义、对世界的积极态度。就其阶级起源而言，新伦理学也具有全人类内容。

И. Т. 弗罗洛夫的全人类价值观体现在他的新人道主义思想体系之中。他的新人道主义是在肯定马克思主义哲学的前提下，结合苏联改革的实际和新技术革命条件，应用马克思主义人道主义对科学技术理性——尤其是生物学的革命性发展的主宰地位的挑战。弗罗洛夫认为，要把科学技术进步放在人的需要这一大背景下来看，要克服科学技术的异化，实现科学技术与人道主义的综合，建立针对科学本身的伦理学，对科学认识的发展加以人道主义调控。B. A. 列克托尔斯基院士这样评价弗罗洛夫的工作：弗罗洛夫认为"还应当对科学进行伦理学上的调控与思考。如果没有这种思考，科学不仅不能解决人的问题，而且会造成一些威胁到人类文明的问题。价值问题现在不是科学探索之外的某种东西，而是科学探索本身必然地产生出来的问题。实质上，这是建立了一个新的问题域，甚至是引入了一个新的学科。在此之前，我国谁都没有从事过这些问题的研究。"①对科学加以人道主义调控，涉及的已经不是某一个或某一些具体观点，而是站在人类历史的高度对近代以来形成的科学崇拜的批评否定。人道主义不仅是哲学伦理学，而且也是苏联改革的指导思想。这表明当时人道主义在苏联社会影响广泛、深入人心，成为改变现实的物质力量。弗罗洛夫几次指出，"人道的民主的社会主义"这一提法就是他首先提出并提交戈尔巴乔夫的。

在马克思主义外部，宗教不仅是全人类价值复兴的担纲者，也是传统价值的维护者和倡导者。俄苏社会历史上有着浓厚的宗教传统，"人们多次指出，俄国知识阶层精神面貌中包含着宗教的特性"②。索罗金认为："从9世纪俄罗斯民族形成的那一刻起，直到18世纪，它的主导意识和首要系统（意识、行为和物质形态的科学、宗教、哲学、伦理、法律、艺术、政治和经济）都是唯心的或宗教的，并建立于这样一种基本原则之上，即，真实的现实与最高的价值乃是在《圣经》（特别是《新约》）中所'启示'的、由基督教信条所确定并在那些伟大的（特别是东方的）教父学说中得到阐释的上帝和天国。俄罗斯意识的基本特征和俄罗斯文化、社会组织以及整个基本价值体系的全部要素，都是这一主要前提（即基督的宗教）在意识、行为和物质上的体现。"③托尔斯泰在小说《世上无罪人》中认为，罪人是环境的产物，所以必须根据人性来进行自

---

① 〔俄〕И.Т.弗罗洛夫：《弗罗洛夫院士著作选集》，科学出版社2001年版，第100—101页。
② 〔俄〕基斯嘉柯夫斯基：《路标集》，云南人民出版社1999年版，第25页。
③ 〔美〕索罗金：《二十世纪俄罗斯民族的基本特征》，《论俄罗斯与俄罗斯哲学文化》，莫斯科1990年版，第483页。

我修养。他在《阅读园地》里引用孟子的"牛山之木"并解释说："山的光秃不是山的本性，就像灵魂的堕落不是灵魂的本性一样。如果我们放纵了情欲来噬食我们心中的仁慈、廉耻和憎恨恶习的情感萌芽，难道我们能由此而说，在人的心里本没有这些情感吗？认识天道，这就是发展我们天下之中最高的本性。"托尔斯泰认为，拯救世界的事业虽然也靠外部的政治及社会工作，但是更重要的是个人的内心自我修行及感化别人。在世界上建立新的共同秩序、新的人与人之间关系及生活方式，从而由内到外达到神人一致，世界将因而得到拯救。

俄国历史上每一次革命都会引发人们对精神世界的思考。尤其是"每次革命的失败，随着都有一次精神的抑闷和一般的失望，表现为宗教与道德的颠倒混乱。神秘之流趋于极端的宗教个人主义和神秘主义；另一些则变为冷酷的愤嫉、藐视世界及他们自己的精神意识。道德的颓废，和一般社会的崩溃，就是这类沉闷期中的特征"①。赫克对于革命失望，又脱离了俄国正教，充满了怀疑，但又急于要得到可以支持自己的信仰。他们拼命地想给"人生的目的和意义"这问题找到一个满意的答复。这辈人中，最出色的是托尔斯泰和陀思妥耶夫斯基，自1905年大革命失败后，一般人更逃入宗教，更想找出一个由智力方面说来比较满意的宗教。在这时候，甚至于有些马克思主义者都支持不住了，都往宗教跑，都向教会投降。这种"马克思主义者"就是S.布尔加科夫（Sergius Bulgakov）和H. A.别尔嘉耶夫。还有些马克思主义者和革命行动者，如卢那察尔斯基和高尔基，都想把宗教和革命的目标联合起来。于是他们变成了"上帝制造者"，因为他们不愿复归于旧日那模糊的正教，

---

① 〔俄〕赫克：《俄国革命前后的宗教》，高骅、杨缤译，学林出版社1999年版，第291页。

但想造出一个新的社会主义宗教，可以保存宗教价值，而不需要接受教会的信条。①Д. С. 梅列日科夫斯基、别尔嘉耶夫等都是个人主义倾向的卓越代表。在某种程度上，С. Н. 布尔加科夫、卢那察尔斯基等都是宗教的社会主义者。②

自上而下的思想领域的改革，令长期以来占据着人民思想领域的共产主义信仰的地位被摇动了，曾经在70年中起着凝聚、团结人民作用的精神力量发生了根本性的颠覆，人们的思想意识顿时陷入了一片混乱的状态。对于非我系统的思想观念和文化的长期排斥压制，对于一贯将宗教与精神鸦片、洪水猛兽相提并论的苏共政策，戈尔巴乔夫代表的苏共中央的反思、反省是真诚的、必要的，然而在西方的政治、经济的双重压力下，他采取的措施却是导向了另一个极端。一种思想信仰的消失，取而代之的只能是另一种思想信仰。由于东正教在俄罗斯历史上的特殊地位，它一直隐伏在俄罗斯民族内心深处，与整个俄罗斯民族血脉相通。在被禁止、被扼杀的年代里，宗教情结在这个民族的灵魂深处仍然是半隐半现。

利用东正教的精神统治力量控制人民的思想，利用封建皇权的职能规范世俗社会的秩序，一直是沙皇俄国采用的政治模式。宗教与整个国家、民族共同成长的过程中，也造就了俄罗斯民族的普世意识、理想主义。正是某种对于公正、对于公平、对于拯救的接受心理，为共产主义在俄国人民中的传播提供了牢固的思想基础。透过经济改革看到政治体制弊端的苏共中央想到了利用这种曾经在俄国历史上起过巨大作用的模式，利用宗教教会的支持来完成改革目标。

---

① 〔俄〕赫克：《俄国革命前后的宗教》，高骅、杨缤译，学林出版社1999年版，第293页。

② 〔俄〕赫克：《俄国革命前后的宗教》，高骅、杨缤译，学林出版社1999年版，第293、150页。

实际上，列宁曾经不仅批判了宗教，还阐明必须从时代的条件出发确定无产阶级及其政党对待宗教有神论的态度。20世纪初，西方的社会民主党由于特殊的历史条件而对有神论问题采取过分冷漠的态度。因为在当时的历史情况下，反对有神论是资产阶级革命的任务，西方的资产阶级民主派在与封建制度作斗争的过程中已经在相当程度上完成了这个任务。在西欧，资产阶级革命结束以后，资产阶级统治者反对社会主义运动的斗争成为资产阶级的主要任务，反对有神论的斗争已经被挤到了次要的地位。但是，俄国资产阶级民主革命还没有完成，无产阶级政党应当成为反对一切中世纪制度的斗争的思想领袖，这一斗争还包括反对维护统治阶级官方的宗教有神论和任何革新宗教、重新建立或用另一种方式建立宗教的尝试等等。在俄国以及其他东方国家，无产阶级政党担负着领导民主革命和反对封建主义的任务，所以必须把反对有神论放在重要地位。无产阶级政党的重要任务之一就是要对无产者和广大人民群众进行唯物论和无神论教育，使他们认识到悲惨命运的真正根源，认识到信奉上帝和神是他们遭受的种种精神压迫之一。列宁强调反对宗教有神论，不应当立足于抽象的、纯粹理论的、始终不变的宣传，不能简单地宣布宗教有神论有害，而应该善于用唯物主义观点来说明群众中的宗教信仰的根源，并且立足于当前实际上所进行的阶级斗争，才能对广大人民群众进行最广泛最有效的教育。

在勃列日涅夫之后，苏共中央逐步承认在宗教问题上犯了错误，现在需要改正，充分肯定俄罗斯东正教在历史上和在苏联社会中的积极作用，表示全力支持东正教传俄一千周年的活动并付诸实施、制定新的联盟宗教法律。1990年10月，苏联颁布了《信仰自由和宗教组织法》，这项新的法律与过去的法律和政策有着非常大的区别，可以说是苏联共产党和政府对待宗教问题的一次重大转折。该法体现的主要变化是：(1) 明确规定了宗教团体的法人地位，该法规定"宗教组织自其章程（或条例）登记在册之时即被确认为法人"。这不仅与1918年和1929年的法律完全相反，而且与1975年的法律也不相同，也就是说只要具备上述条件就是法人，不受其他条件的限制。这样一来，宗教和教会从此结束了不具法人地位的历史，在一般社会交往中有了自主地位，可以独立地举办各种事业。(2) 结束了剥夺教牧人员可选为苏维埃代表权利的历史。该法规定"宗教组织之工作人员与所有公民一样，有权参加政治生活"。(3) 新法规定教会可拥有财产，改变了过去历次法律都规定教会财产属于国家的提法。规定"宗教组织可拥有建筑物、崇拜用品、用于生产、社会和慈善事业之设施、货币资金"等财产，也可以"拥有国外产业"。不仅如此，宗教组织还可以进行经济活动与举办宗教事业活动，"有权建立出版、印刷、生产、修缮、农业与其他企业以及具有法人之慈善机构。"(4) 传教活动过去被局限在宗教场所内，新法规定公民有权传播宗教观念，父母有权对子女进行宗教教育，宗教组织有权利用其建筑物举办儿童与成人之宗教教育学校，有权进口、出口与传播宗教相关的书刊与材料，有权利用群众性新闻手段等等。除教堂外，举行礼拜与宗教仪式的场所也大大放开了。(5) 新法将宗教活动与无神论宣传等量齐观，规定"国家不资助宗教组织的活动与无神论宣传的活动"。新法取消苏联部长会议宗教事务委员会，把苏联国家宗教事务机关变成"信息与评审中心"，而评审委员会由"宗教学家、宗教组织的代表和人权问题专家组成"。新法允许部队官兵可参加宗教仪式，教士可到监狱感化犯人。社会主流伦理思想重心的转移，倾向于肯定俄罗斯传统的基本价值观与东正教的天然联系，东正教的价值观应该成为俄罗斯伦理的核心。去教堂的人数增加了，相当多自称是教徒的人，事实上越来越不信教。东正教以及俄罗斯的其他宗教,并没有实现政府在思想和社会道德方面寄予它的厚望。

三、时代精神的伦理反思

1. 暴力革命的道德评价

暴力革命的道德评价不仅是俄苏马克思主义伦理思想关注的一个议题,而且也是整个俄罗斯文化经常出现的热门议题。这个议题在俄罗斯有其存在的必然土壤。以暴力革命取得社会的根本性变革起源于1789年的法国大革命,它一直存在于F. N. 巴贝夫(François Noël Babeyf)和布朗基主义(Blanquism)的社会主义思想传统中,在1848年的欧洲革命中再度恢复说服力。为保证防止工人阶级公民权的革命的普遍失败以及工人阶级生活水平明显地愈加恶化,包括马克思在内的许多人都认为,只有革命的暴力才能完成劳动的解放。马克思断定,寻求资本主义和平过渡是空想社会主义的特征,他同时也承认(1872年9月海牙演讲)在那些官僚和常备军还没占统治地位的国家,"工人可以用和平手段达到自己的目的",但是"在大陆上的大多数国家中,暴力应当是我们革命的杠杆"①。

暴力革命的认识和评价在俄苏经历了一个充满变异与纷争的复杂的历史发展过程。马克思和恩格斯关于暴力革命的思想在列宁关于俄国革命的讨论中坚持了下来,在1817年的《国家与革命》中,列宁把暴力革命概括为无产阶级的手段,指出"无产阶级国家代替资产阶级国家,非通过暴力革命不可。无产阶级国家的消灭,即任

---

① 《马克思恩格斯全集》(第十八卷),人民出版社1964年版,第179页。

何国家的消灭,只能通过'自行消亡'"①。继列宁之后苏联政治家和伦理学家一直坚持用革命暴力打碎资产阶级国家机器,实行无产阶级专政的道德正义性的原则立场。随着社会的和平发展和物质精神生活的相对富足,人们对于暴力革命论的关注度降低了。

帝俄晚期的一些俄罗斯自由主义知识分子普遍主张通过和平渐进的社会改革而非激烈变革来改变国家政体。例如生活和创作于19世纪中晚期而思想大多着眼于20世纪乃至更遥远时代的齐切林,是俄国古典自由主义的创立者。他不仅是以革命方式摧毁现存制度的坚定反对者,而且是固守传统不思改变的保守派的反对者。齐切林认为,要使社会能运转自如,发展和节制都是必要的。如果没有发展,社会就会陷入停滞状态并引致动荡与革命;而如果不加节制,片面发展,也会破坏传统,造成社会的断裂。齐切林否定革命,认为社会和国家发展的进化道路并非革命道路是唯一合法的,文明的社会和政治发展的主线毫无疑义地与自由主义相连,而自由主义因素最终必然会进化为政治传统和制度的历史内容,其实现方式只能是改革而不是革命。改革可以尽量避免革命所带来的动荡、血腥和嗜杀,革命是以暴力推翻法律,如果它经常在历史过程中得到反映,那就根本谈不上实现普遍的规则。在国家问题上,应该承认法的统治是全体居民的要求之一,因此要把国家机构的合法发展视为政治生活的准则,在此基础上,实行新秩序的权利只能属于唯一合法的政权。如果政府沿着旧轨道继续走下去,革命就将成为这一政策的必然结果。90年代后,在"俄罗斯向何处去"的争论再次成为俄罗斯的热门话题及传统思想强势回归形势下,齐切林自然备受到保守主义和自由主义两大阵营的特别青睐。

受20世纪初俄国社会政治情绪高涨的影响,一些自由主义知

---

① 《列宁选集》(第三卷),人民出版社1972年版,第185页。

识分子背离了他们原初的自由主义立场而参加了1905年革命，甚至经历了1917年十月革命。特别是十月革命的暴力行为引发的旧秩序解体后一时的无序和动荡，在思想层面引发了知识分子关于"革命是否适宜""革命与文化"以及共产主义思潮的思考，知识界普遍认为俄国此后告别了革命。正如别尔嘉耶夫所指出的，"我和俄国或共产主义进行了不是政治的，而是精神的斗争，这是反对它的精神的斗争，反对它对精神的敌视的斗争"。①在苏维埃制度下生活了五年后经历了1922年驱逐事件而流亡欧洲的别尔嘉耶夫，对俄苏"革命"更有系统的反思："我所经历的俄国革命乃我个人命运中的一刻，而不是什么从外部强加的东西，这一革命发生在我的身上，尽管我激烈地批判它，并且对它表现出来的恶很愤怒。……我是反集体主义者，因为我不允许把个人良知外向化，把它搬到集体中。良知是个体深藏不露的地方，人在那里与上帝打交道。集体主义的良知是一种隐喻，一个人盲目膜拜什么，他的认识也就完全变样了。共产主义作为一种宗教（它也想成为一种宗教），就形成集体的偶像。集体的偶像，和与之相关的国家、民族、种族、阶级的偶像一样，是非常糟糕的。"②"革命"意味着精神的荒芜、人格的扭曲、传统的中断，造成良知的丧失及与自由的疏离。对革命进行精神层面上的批判，并提出建立自由、平等、法制国家的政治主张，这是经历了白银时代的自由主义知识分子的一种思想特征。在弗兰克看来，革命包含着对自由理想和独立的个人价值因素的否定，"革命总是纵容罪恶、暴行和贪欲的狂风暴雨，肆意横行"，而"俄国革命发展了残酷至极的和闻所未闻的专制，使国家对个人生

---

① 〔俄〕别尔嘉耶夫：《自我认识——思想自传》，雷永生译，广西师范大学出版社2001年版，第215页。

② 〔俄〕别尔嘉耶夫等：《哲学船事件》，伍宇星译，花城出版社2009年版，第84—107页。

活的干预达到极限,但却未曾表现出丝毫对自由的爱"①。他认为,一切企图以暴力形式实现某种绝对的社会精神理想的社会运动,都将带来悲剧,其中不仅包括布尔什维克的革命,也包括"白色"反革命运动。

20 世纪 50 年代以后,人和人道主义问题作为新的研究视角在伦理学领域引起讨论和关注。这为以后非暴力伦理观的广泛兴起提供了现实的理论基础。随着社会的变迁、科学教育的不断发展,人的认识水平得到显著提高;人性、生命的意义等问题成为哲学界关注的焦点,而非暴力伦理观正是从尊重人的生命、尊重人的生存权这一人本关怀出发的,突出地弘扬了人的主体性。赫鲁晓夫坚决主张,由于苏联已经消灭了对抗的社会集团,国家不再需要强制的专政。他坚持认为,在国际范围内,社会主义和资本主义之间力量的平衡,已经转变得有利于社会主义,因而社会主义能够通过竞争和和平共处取得胜利。而原子武器的摧毁力所具有的量的增长,使这成为唯一可行的道路。20 世纪 60—70 年代经典的马克思主义伦理学著作中对暴力革命正义性的论述,俄罗斯学者已少有提及。80 年代苏联宪法明确禁止任何形式的战争宣传,禁止军备竞赛以及核武器试验,将人道主义作为处理战争问题的基本原则。

80 年代末,俄罗斯一些马克思主义学者以道德的眼光评价暴力革命,对暴力革命问题的态度再度发生转变,不仅把批评的矛头指向斯大林以及国内人为地将阶级斗争扩大化造成的各种灾难和悲剧,而且把分析引向历次的俄国社会民主运动对暴力的运用。俄罗斯思想评论家、哲学家 A. 齐普科(Александр Зипко,1941—)指出:"今天俄罗斯……试图重新评价历史,是俄罗斯现实存在深

---

① 〔俄〕索洛维约夫等著:《俄罗斯思想》,贾泽林、李树柏译,浙江人民出版社 2000 年版,第 293—294 页。

刻的社会危机的反映。可以说500年来俄罗斯从来没有像今天这样衰弱。"①A.齐普科在1988年底至1989年初发表长篇连载文章《斯大林主义的根源》，认为斯大林主义的根源在于马克思列宁主义，如果不研究斯大林主义的马克思主义根源，在研究方法上就"不是从头开始，而是从末尾开始"。A.齐普科特别分析了革命与道德的冲突，追溯了苏联马克思主义在这个问题上的基本理论观点："早在斯大林之前很久，在俄国的社会民主运动中，捍卫革命的利益已被置于法律和民主的传统观念之上，被置于道德规范之上。……革命的成功就是最高的法律。假如为了革命的成功而需要暂时限制一下某一条民主原则的作用，那么遇到这种限制就停滞不前便是犯罪……革命的无产阶级可以限制上等阶级的政治权利，就像上等阶级曾经限制无产阶级的政治权利一样。……远在20世纪初就宣布了一条特殊的革命法规，即特殊的道德，它把'革命的成功'置于一切之上。托洛茨基只不过向前多迈了一步，……革命不可能发挥道德功能，相反，只有当革命是道德的继续，只有当它捍卫道德的利益、人道主义和人性的利益时，它才是正当的。"②这里明确提出革命"只有当它捍卫道德的利益、人道主义和人性的利益时，它才是正当的"③。A.齐普科认为斯大林主义的革命极端主义和利己主义，是革命超越、凌驾道德的产物，其合理性自然是值得怀疑的。

20世纪90年代初的马克思主义者在暴力问题认识上的差别，与他们对马克思主义个人和阶级理论的理解的差异有关。一般来

---

① 参看2003年3月5日俄文网站"俄罗斯杂志"。
② 〔苏〕A.齐普科：《斯大林主义的根源》，安启念主编：《当代学者视野中的马克思主义哲学》（俄罗斯学者卷），北京师范大学出版社2008年版，第88—91页。
③ 〔苏〕A.齐普科：《斯大林主义的根源》，安启念主编：《当代学者视野中的马克思主义哲学》（俄罗斯学者卷），北京师范大学出版社2008年版，第91页。

说，想要贬低暴力作用的马克思主义者强调的是历史作为一种受规律支配的过程，具有使资本主义崩溃的内在必然趋势；而人作为有理智的动物，能够领会、表达和宣传这些历史发展的规律，证明社会主义的合理性和优越性。他们进一步认为，和无政府主义不同，马克思主义提出的是改造而不是摧毁资本主义所创造的生产体系；管理现代经济和创建更和谐的社会团结的建设任务，同群众性的暴力专横及其所灌输的习惯是格格不入的。总之，社会主义的目的不能用暴力手段来实现。另一些宣称是马克思主义者的学者则证明，人们只有对世界起作用，才能认识这一世界。在历史上，集团和阶级只有通过同其他群体的斗争才能获得自我意识，这种行为的最高的形式（即阶级斗争是其极点）就是内战中的暴力对抗。就揭示国家的阶级偏向及其暴力实质而言以及就有助于加速阶级意识和阶级组织的发展而言，暴力本身能成为一种创造力。列宁和卢森堡影响着一种进步理论的发展，在这种理论中，社会经济对立本身，在对抗的政治集团中得到表现，反过来，这些对抗的政治集团又成为内战的组织上的中心。

这些对立解释的相对普及和流行，在很大程度上决定于马克思主义政党在其制度的稳定、繁荣和安全的程度，决定于它们脱离革命活动的时间的长短以及它们采取非暴力手段来实现其目标的成效。

2. 非暴力抗恶伦理传统的复归

在对暴力问题的反思中，20世纪80年代后俄罗斯思想文化中逐渐出现了一股向陀思妥耶夫斯基、别尔嘉耶夫、托尔斯泰等人主张的非暴力抗恶传统复归的思潮。这股思潮以俄罗斯伦理学家、俄罗斯科学院哲学所伦理学研究室主任A. A.古谢伊诺夫博士为代表。

А. А.古谢伊诺夫是《非暴力伦理学》辑刊、伦理学百科词典的主编，是《新哲学百科全书》副主编，当今俄罗斯非暴力伦理学学派创始人，他的主要著作有《道德的社会本质》（1972）、《道德的黄金法则》（1979）、《伦理学导论》（1985）、《伦理学简史》（1987）、《斯多葛学派的伦理学：传统和现代》（1991）、《语言与良心》（1996）、《哲学、道德与政治》（2003）、《道德中的绝对观念》（2004）、《哲学：思想与行为》（2012）等。在伦理学史方面，古谢伊诺夫提出了伦理学说发展的五个阶段的理论和关于前马克思主义伦理学说分类标准的新观点，受到各方面关注和高度的评价。古谢伊诺夫在《伦理思想史问题》、《伦理学说发展的基本阶段》、《伦理学的对象》、《伦理学是关于道德的科学》、《伦理学和道德》和《前马克思主义伦理学说的分类经验》等论著中集中表达自己在研究伦理学说史方面的观点和方法。在戈尔巴乔夫改革时期，古谢伊诺夫担任苏联哲学协会伦理学分会主席，积极贯彻公开性方针和新思维原则，主持召开了"什么是道德""非暴力伦理学"等讨论会，编著了《党的伦理》，撰写了《新思维与伦理学》《改革——道德的新形式》等论文，提出了一系列新观点。例如关于抽象人道主义，古谢伊诺夫认为苏联社会发展的惨痛教训之一，就在于对抽象人道主义的批判和否定，取而代之以具体人道主义。恢复抽象人道主义准则不仅是简单的理论确认，而且是自由发展的重要阶段，是人与社会的新发现。今天不转向抽象人道主义，那么人道主义将全部不复存在。关于非暴力主义，古谢伊诺夫认为马克思把暴力看作是帮助新社会降生的旧社会的助产婆的观点，夸大了暴力的作用，对非暴力斗争的实际意义估计不足，在人类面临核战争危险的今天，这个观点完全过时了。今天人类面临着自我选择是或者放弃暴力和敌视的伦理，或者自我灭亡。在核时代只有选择非暴力主义、建立彼此信任和合作的伦理，才是反映人性要求的合理的正确选择。关于新伦理原则，古谢伊诺夫认为戈尔巴乔夫提出的新思维意味着深刻的革新和新伦理学的形成。新思维承认全人类的价值高于一切，全人类的利益高于民族的、国家的、阶级的、社会主义的利益。与新思维相适应，新的伦理原则就是人的生存权高于一切，新伦理学正是以生存权为人的最重要特权和价值的实践意识为基础的。关于市场经济道德观，古谢伊诺夫针对经济学家 Н. Л. 施苗列夫（H. Л. Semenovich）提出的"效益就是道德"、最好的道德就是以市场经济为目标的观点，认为正确的选择就是确立与市场经济相一致的道德观，市场经济的目标是与伤害人的道德情感的后果相伴而生的，市场经济的选择是好的，但不是理想的，因此必须对市场经济本身采取道德上的警觉和批判态度。

俄罗斯民族勿抗恶的传统对 A. A. 古谢伊诺夫具有很大的吸引力，暴力在俄罗斯传统道德上没有可行性，在俄罗斯社会早期社会主义以强制手段（包括社会革命）改造社会的思想传入后，一度受到非暴力抗恶论的激烈批评。陀思妥耶夫斯基早年曾经是彼得拉舍夫斯基社会主义小组的成员，他是社会主义的激烈批判者。在他看来，社会主义者以为自己力图以强迫的手段改造社会是要给人类带来幸福，是从善出发，但并非只要选择了善就一定会有善的自由，人们也可能用强迫的手段行善，但这本身已经是恶，是一种恶的必然性。社会主义是从善的目的出发，无视实际条件，试图用暴力把某种所谓能给人带来幸福的方案强行变为现实（其实他所批判的不仅仅是社会主义，而且是把资本主义包括在内的整个工业文明）。这一点集中体现在他的著名的"关于宗教大法官的传说"中。他在《卡拉马佐夫兄弟》一书中精心设计了耶稣基督与中世纪西班牙某地宗教裁判所一位宗教大法官的对话。耶稣基督把自由给了人，认为自由高于一切；宗教大法官则为了人们的所谓幸福而剥夺了人的自由，强迫他们按照他设计的方式生活。大法官对基督说："你看见这不毛的、炙人的沙漠上的石头么？你只要把那些石头变成面包，人类就会像羊群一样跟着你跑，感激而且驯顺"。①为了面包，"他们一定会把他们的自由送到我们的脚下，对我们说：'你们尽管奴役我们吧，只要给我们食物吃。'他们终于自己会明白，自由和充分饱餐地上的面包是二者不可兼得的。"②没有自由的最根本原因是人们总是把物质满足放在第一位，为此可以牺牲自由。这里极力反对的不是哪一种具体的制度，而是打着人的幸福的旗号从外部把一种秩序、制度强加在人的头上，从而扼杀人的自由的做法。

别尔嘉耶夫被陀思妥耶夫斯基关于宗教大法官的表述深深感动了，他认为："人们认为面包问题并非那么紧迫，以为世间生存着不需要面包的自由；其实人沦为奴隶常常就因为失去面包。面包，是一个重大的象征。社会主义、和平问题与面包戚戚相关。人不应该沦为面包的奴隶，也不应该为着面包出售自己的自由……，集体主义的社会主义……意味着获取面包须以自由和良心为代价。"③别尔嘉耶夫以道德与理性来认识革命，反思法国和俄国两次大革命，他认为"以理性和道德的观点审视革命，未免天真，因为革命总显示非理性和无道德"。④革命不可避免地导向恐怖，而恐怖意味着失

---

① 〔苏〕A. 齐普科：《斯大林主义的根源》，安启念主编：《当代学者视野中的马克思主义哲学》（俄罗斯学者卷），北京师范大学出版社2008年版，第378页。

② 〔苏〕A. 齐普科：《斯大林主义的根源》，安启念主编：《当代学者视野中的马克思主义哲学》（俄罗斯学者卷），北京师范大学出版社2008年版，第378—379页。

③ 〔苏〕别尔嘉耶夫：《人的奴役与自由——人格主义哲学的体认》，徐黎明译，贵州人民出版社1989年版，第184页。

④ 〔俄〕别尔嘉耶夫：《人的奴役与自由——人格主义哲学的体认》，徐黎明译，贵州人民出版社1989年版，第168—169页。

去一切人的自由和为着一切人的自由；于是，一方面革命遏制反革命恐惧，另一方面革命又使人从理智堕入恐惧。恐惧在革命胜利时酿出，在革命胜利后则趋达极限。

托尔斯泰的创造思想和伦理学说与陀思妥耶夫斯基、别尔嘉耶夫的思想具有天然的承接性。20世纪初俄罗斯学者普遍认为托尔斯泰的伦理学说内容包括道德传记资料、宗教道德演化阶段、基督教道德逻辑、"勿抗恶"、"非暴力准则"和"爱的准则"以及托尔斯泰主义的伦理实践。1908，托尔斯泰发表了纲领性文章《暴力法则和爱的法则》（自由社），他的非暴力抗恶伦理学在文章中最终得以形成。1909年，俄国成立以教育家、作家和出版家 И. И. 戈尔布诺夫（И. И. Горбунови，1864—1940）为主席的莫斯科素食者协会，其目的是宣布确立建立在非暴力和爱之原则基础上的社会关系。1910年，纽带出版社出版了由 Л. Н. 托尔斯泰主编、卡拉梅科娃选编的《古代世界的启蒙者、古希腊智者苏格拉底》（第4版）以及 Л. Н. 托尔斯泰选编的《中国智者老子名言》。1911年，М. В. 别佐布拉佐娃创立了俄罗斯历史上第一个伦理学协会，其前身是"俄罗斯妇女慈善互助协会"（1895）及其领导下的"伦理学小组"（1899）。Л. Н. 托尔斯泰的总结性著作《生活之路》于同年由纽带出版社出版，此书每章探讨一个专门问题，其中包括了"信仰""灵魂""上帝""爱""不平等""暴力""国家迷信""真""恶""死""幸福"等主题，内容庞杂但是文字简洁和朴实。这部阅读笔记、警句格言、寓言故事和思想札记等的集成性著作在智者思想的基础上，全面展现了宗教-哲学的统一以及托尔斯泰道德学说的体系化。1916年，托尔斯泰主办的杂志《团结一致：在理智和爱之光芒下论证生活》第1期出版。从1917年开始，由 В. Г. 切尔科特夫主编的杂志被冠名为《托尔斯泰之声与团结一致》。在托尔斯泰宗教道德观普及之时，该杂志以专栏形式开始记录并刊载善行和因反抗暴力而牺牲的人员名单。1917年，"真实的自由"协会在莫斯科组建，以纪念Л.Н.托尔斯泰，解散于1922年。1919年，托尔斯泰的秘书В.Ф.布尔加科夫编纂出版了《宗教伦理学：Л.Н.托尔斯泰世界观的体系》，此书在系统引证托尔斯泰作品的基础上完整地阐述了托尔斯泰的道德哲学。1920年，在托尔斯泰"真实的自由协会"活动的大背景下，托尔斯泰道德科学院在基辅创建，一年间出版了8期《真实的自由》，这是了解托尔斯泰在俄国运动史的高潮时期的基本资料。1925年，Н.А.伊利因的著作《论以暴力抗恶》在柏林（新闻协会印刷厂）出版，此书对托尔斯泰式的"非暴力抗恶"学说进行了严厉的批判，由于考虑到"恶"的新特点（比如腐蚀性、欺骗性、多面性等），Н.А.伊利因试图将自己的批判建立在对"恶"的问题的客观的、术语性的核对分析基础上，提出积极的防止"恶"产生的措施，但这种防止只有与"宗教道德净化"结合在一起才会被认同。

А.А.古谢伊诺夫在20世纪80年代后注重并重新评价了Л.Н.托尔斯泰的伦理学说，尤其重视引申发挥其信仰和非暴力思想。Л.Н.托尔斯泰的非暴力思想、相关伦理学说及实践，构成了俄罗斯向非暴力抗恶伦理传统复归的基本背景。А.А.古谢伊诺夫认为，Л.Н.托尔斯泰把信仰理解为人的存在的基本范畴，从而确立了一种独特的信仰观。这一信仰观认为，信仰不是人的某种特征而是人的存在本身，理解人就意味着把人理解为有信仰的存在物，因为信仰不是与知识、理性相矛盾的。人只有在作为有信仰的存在物的时候才表现出自己的理性。在信仰的全部定义中，最不可接受的和最令人气愤的是把信仰说成是荒诞、荒谬。真正的信仰永远也不可能是非理性的，与现有知识不符合的，信仰的属性不可能是超自然性和无意义性。信仰作为生命意识，只有用积极活动的术语才能表现自身，与那些无法纳入到经验和逻辑范围、不可能通过观察和严格的理性推论而得到确证的奇迹、空洞的心愿、幻想的期待、荒诞的梦想和其他口头的或心理的思辨毫无共同之处。信仰完全不可能是人的特殊状态，不是智力状态、心理状态，也不是身体状态。信仰是人的明确存在本身，也就是人如何生活。所以，我们不应当把信仰的对象（也就是人做什么和怎么做）与信仰本身分割开来。信仰表现在人的生活与活动中，人之所以有这些活动正是因为它们是信仰的活动。信仰先于认识论上的主客体划分，因为信仰本身不是认识论范畴。

古谢伊诺夫认为我们所使用的、托尔斯泰曾使用的"我信仰"这个说法是同语反复，因为"我"本身是通过信仰而得到认同的。信仰是把人的"自我"确立为具体生命的东西。当一个人说"我信仰"的时候，这个重要的论断及其真理性，只有靠它对说这句话的人的绝对道德要求力量，才可能得到检验。信仰作为生活意识，作为对人的全部自觉生命活动的整体描述，可以被理解为关于如何生活的知识。每一个人无可回避的关于生命意义问题的知识导致信仰。信仰是从关于世界无限性的知识出发的，用超出人的易朽生命界限之外的意义来充实人的生命。信仰的真理虽然不可能用严格的科学知识来证明，但具有比理性知识的真理性更高级的主观的可靠性和道德必要性。理性不仅导致信仰的必要性，而且是决定某一信仰较之其他信仰是否具有真理性的重要手段。

信仰和理性在托尔斯泰学说中是同一类东西，它们都是知识的不同变种。信仰是内在于个体自觉生命中的直接知识，理性代表着认识世界的间接知识。信仰和理性彼此连接，组成一个圆环：信仰构成理性的基础和界限，理性导致信仰并证明信仰。理性要依靠信仰来检验，而信仰也要依靠理性来检验。

　　以信仰的分析为前提和基础，A. A. 古谢伊诺夫从暴力和非暴力转向建立了从陀思妥耶夫斯基、别尔嘉耶夫、Л. Н. 托尔斯泰等人的传统出发的非暴力抗恶伦理学。从伦理视角分析暴力，暴力受关注首先是因为它是一种主体的意识的行为，在自由的、有意识的个体行为空间中占据着特殊的位置，它表现为一些个体或群体以力量强制甚至以死亡或死亡相威胁，将自己的意志强加给别人。古谢伊诺夫将暴力和社会强制力、人的生物本能以及政治权利进行了区分。暴力与社会强制力的区别在于：社会强制力的实现是可以得到遭受这种强制的人直接认可的，而暴力却不能从被强制一方获得共识，所以是不公正的。暴力和人的进攻本能存在着质的差别：人作为一种生物体本质上具有一定的侵略性和攻击本能，暴力同这种自然行为的区别在于它是被周密思考出来的，竭力为自己寻找合法的力量，以武力强迫，使其公开的行为得到合理论证的社会关系。很多人狭隘地把暴力等同于政权，这使前者会经常被后者利用。当政权依靠暴力时通常是它不被人接受，失去了民众的支持，暴力的本质在于破坏政权。总之，暴力无论是在人本能的生物活动框架内还是人类语言的公共空间内都无立足之地，它在自然个体和文化思维个体（尤其是人类的生存方式）中处于过渡地位。

　　对于暴力是一种工具和手段这一说法，古谢伊诺夫认为，这种说法只说对了一半。暴力是包含了目的的手段。传统的目的与手段的相互关系在于手段是通向目的的途径，手段产生目的，目的随后已经以独立的生命开始存在，而在暴力作为手段的情况下，它不仅能产生目的，而且能不断支持这一目的，促成目标的实现。暴力是预先指定为实现一些人违反另一些人的意志对后者实行控制和统治，以便长久地保持这种控制状态。产生于手段的目的脱离手段不能独立存在,即暴力手段就失去了达到对另一些人的控制的意义。古谢伊诺夫否认"为暴力寻求道德的依据",他反驳了经验主义的观点。经验主义认为只有当所有的人都认为暴力是正义的和应当的,暴力才可以在道德上成立。如果所有人都有了这种共识,就不需要暴力了,因为暴力和道德就定义而言就是互相排斥的。他也表明了自己的人道主义伦理观和道德无阶级性观点,即公共人道主义和暴力两者势不两立。至于说到无法为暴力寻求道德辩护的原因,他指出,首先无法弄清在矛盾冲突中到底哪一方面代表正义,哪一方代表邪恶,这也是非暴力理论和实践的途径。我们没有人能够以道德的名义权威地判断什么是善、什么是恶,美德教师是不存在的。美德教师大概只有那些品德高尚的人才能担当,但品德高尚的人的特殊之处在于他们并不承认自己的这一高贵品质,甚至有时认为自己是有罪的,并且品德无法像具体知识那样传授,这样在任何情况下都没有真正成为道德真理载体的人。再说善恶本身也并不是黑白分明的,在实际生活中绝少有纯粹意义的善和纯粹意义的恶。因此,在道德上寻求暴力的合理性这一提法的矛盾性在于:矛盾方总是将道德标准置于自己的对立面,每一方都同样认为自己的立场在道德上是公正的,而敌对方的立场在道德上是绝不可容忍的。

对于"以恶治恶的不可行性"的讨论,古谢伊诺夫认为,以恶治恶之所以行不通,首先在于在实施以恶治恶时,我们会把低程度的、小数量的恶提高和增加,因为要想对恶加以回复,就要使用更强大的恶。暴力"恶"不能成为道德选择的对象,还因为恶在内容上总与各种诸如痛苦、伤害联系在一起,在此之中,尤其是杀害是最极端的方式,它使所有选择都失去意义。恶在功能上就是人想逃避的,即人不选择的。其次,暴力更不能导致无暴力的社会。以暴力无法克服暴力,唯一的办法就是远离它。暴力被认为在道德上合理的观点是不可行的，并不意味着伦理学要远离暴力世界的复杂和具体多样性，而是要避免让人利用伦理学为暴力作辩护。

古谢伊诺夫代表的非暴力伦理观主要特点首先在于他将人性放在首位，非暴力本身就意味着对人性的尊重，对人的尊严的至高无上地位的肯定。其次，他在公共人道主义道德的框架内、在排除了阶级道德、民族道德的前提下来讨论非暴力这一问题。阶级和民族界限内允许甚至拥有暴力，而在公共人道主义伦理领域，暴力无立足之地。因为人的生命是神圣的。非暴力伦理观的倡导者否认"最低限度的恶""以暴力克服暴力""以暴力寻求无暴力社会"，除了他们所做的与社会强制力、人的生物本能、政权之间的区分外，所有条件下都要拒绝暴力，因为暴力就是恶。非暴力伦理固然有其抽象性和消极性的局限，但它所提倡的以非暴力方法达到社会公正的伦理和道德的观念，非暴力以暴力是恶为前提，以爱善为根本，以及把非暴力思想应用于实际的社会生活和解决争端的具体行动中的观点，还是有着积极的意义。尽管用道德方法拒绝暴力暂时行不通，但社会发展的数千年历史仍然证明了非暴力对于暴力的优势，更重要的是非暴力伦理观为伦理学提出了"在限制暴力的实践中，伦理道德能提供什么样的可行性"这一重大课题，这也是人类所共同关注的问题。

总之，当代俄罗斯伦理学家对托尔斯泰的信仰和非暴力观评价很高，认为它是未来的思想。通过对托尔斯泰思想的分析，古谢伊诺夫的伦理观与俄罗斯思想的某种传统产生了某种遥相呼应。

3. 伦理教条主义的反思

伦理教条主义是俄苏意识形态领域里"左"的教条主义在伦理学和社会道德上的实际表现形式之一，与共产主义运动中的"左"

派幼稚病有着一脉相承的联系。俄罗斯马克思主义者所反思的伦理教条主义，是苏联特殊历史条件下的产物。苏共党内长期盛行的"左"的思想以维护列宁为名，泛化甚至神化列宁主义，一度大搞领袖崇拜，实行严格的思想文化控制制度，绝对禁止一切与共产主义不同的任何思想，在学术研究中倾向于把领导人对马列主义的理解和解释以及他们的论断作为判断是非的唯一标准和根据。这种教条主义之风影响及于各个领域，一些学者研究伦理问题不从实际出发，固守教条、权威自居、压制新思想新观念，不注意社会现实中出现的新情况、新问题，思想方法简单化，由此反而助长了教条主义风气。

苏联《哲学问题》杂志编辑部于1987年4月14—16日主持召开了以"哲学与生活"为题的讨论会。此次会议是在苏联社会生活和精神生活以及包括哲学在内的社会科学各个领域实行改革的重大时刻召开的。会上有来自苏联各地的六十多位专家学者发言，会议集中反映了苏联马克思主义学者在这一时期对马克思主义的认识，特别集中反思了伦理教条主义，探讨了教条主义的本质、根源。

《哲学问题》杂志主编Ю.И.谢苗诺夫博士认为：哲学和社会科学其他领域在其发展中存在的"以权威自居"的状况。这种尽人皆知的局面实际上是斯大林开始一个人替所有人思考和讲话时形成的，而其他人主要就是听他讲和为他讲的东西作注释。从这一时期起，注释之风开始盛行，教条式的引经据典占了上风，息事宁人的态度加重了，结果是"……阐述上的某种规范主义、应付差事和教条主义性质不断增强，这对哲学现状产生了严重影响。人们不是不偏不倚地和有根有据地研究现实生活本身及其中发生的变化，而是越来越经常地为官方关于现实生活的立场单纯地作注释"。[①]拉宾教

[①] 引自《哲学问题》1987年第7期至1988年第2期。

授认为:"教条主义占优势导致在哲学内部形成问题的惰性综合征,这些问题具有基本的性质,长期得不到解决,并且相当尖锐。马克思主义哲学原理和范畴曾被教条化;在解决从哲学上综合和概括世界(自然和社会)图景的任务时,哲学家们缺乏积极性;辩证唯物主义和历史唯物主义被毫无根据地肢解为'两种唯物主义';对人的哲学问题的研究没有给予应有的注意,这个问题在哲学知识结构中的地位本身是不明确的。"①因此,哲学目前的任务之一,就是"揭露教条主义思维的认识论根源和社会政治根源。这种思维乃是那些官僚主义化和以权威自居的居民阶层(首先是管理领域)的切身利益和思想趋向的表现。要揭露这种类型的思维,以证明其在方法论上是没有根据的,要把它清除到受人尊敬的哲学范围之外。"②托尔斯蒂赫教授认为,教条主义和官僚主义结成了同盟,"从本性、血统和其使命来看,它们的确是一对双胞胎。它们不愿有发展、变化和进步,它们对此毫无准备、无能为力,正是这些使它们结成了亲兄弟。它们之所以'坚持自己的立场',并不是像它们在社会舆论中喜欢标榜的那样,因为它们具有原则性或代表正统观点,而是因为它们不知道,也推测不出,要想使生活变得更美好,今后将何去何从,该如何行动。官僚主义,这个社会的'头号'敌人,只有进行简单再生产的能力,不管生产什么,但是它根本(出自它的本性)不打算发展、改革、自我改造和更新,官僚主义对这些东西闻风丧胆、怕得要命。"③凯列教授认为:"官僚主义者们不需要任何创造和任何新思想,对他们来说,最重要的是维持原状,因此助长了教条主义的滋生。而当教条主义形成一种思维方法时,它已经不

---

①引自《哲学问题》1987年第7期至1988年第2期。
②引自《哲学问题》1987年第7期至1988年第2期。
③引自《哲学问题》1987年第7期至1988年第2期。

允许再正视社会生活，以便发现其中的问题。这种思维方法的目的正是为了压制新事物。"①

H.B.莫特罗什洛娃博士认为精神道德蜕化、个人崇拜、践踏法制等产生了教条主义，这些现象都有为它们自己论证、辩护的意识形态，这种意识形态自称为"真正的"马克思列宁主义。"如果认为教条主义哲学是脱离生活的，这种看法是不对的；恰恰相反，它是根深蒂固的，如个人崇拜、践踏法制、经济停滞、精神道德蜕化等便是它的生命之根。这些社会现象都有自己的意识形态，这种意识形态为它们进行论证、辩护，甚至歌功颂德，这种意识形态还把自己说成是'真正的'马克思列宁主义。"②教条主义曾经"热烈地支持"，有时甚至积极促成这种团伙，这伙人肆无忌惮地攻击他人，说他们是唯心主义者、资产阶级分子和孟什维克式的唯心主义者，妄图扼杀哲学中的任何独创性思想；他们曾为捍卫马克思主义的纯洁性而同物理学家、化学家、心理学家等进行过斗争；后来又把扼杀遗传学当作自己进行不可调和的思想斗争的主要靶子；他们积极地帮助政治教条主义者和艺术领域中的教条主义者在艺术创作中推行秩序；他们不断地揭露哲学家和非哲学家是什么"人民的敌人"。莫特罗什洛娃博士在《反对教条主义辩护功能的复活》的发言中指出：苏共二十大以后，教条主义起初处于守势，但他们并没有失掉自己的职称、职务和重要岗位。从上到下，谁都没有追问他们为什么鼓吹对斯大林的个人崇拜，没有追查他们对人们、对科学和文化进行的思想上的摧残，没有追查他们应对哲学多年停滞所负的责任。教条主义者由此而得出结论，他们需要韬晦忍耐，以待时机。几年之后，对教条主义辩护职能的政治需要重新高涨起来。"哲学

---

①引自《哲学问题》1987年第7期至1988年第2期。
②引自《哲学问题》1987年第7期至1988年第2期。

专家"来吹捧某个个人的需要重新变得急切起来，而他们则毫不迟疑地走上了前台。哲学教条主义者积极地鼓吹对赫鲁晓夫的个人崇拜，此后又作了最大、最有害的辩护性的"预言"：许诺"现在"一代人（20世纪七八十年代）将生活在共产主义，他们兴高采烈地宣称这是马克思主义的"最新发展"，后来对勃列日涅夫崇拜的鼓吹对他们来说已是驾轻就熟、毫不费力的事。①可见，伦理教条主义与政治上的教条主义在本质上具有一致性。

A.齐普科在《斯大林主义的根源》一文中分析了斯大林主义的产生和来源，评析了反对改革的世界观的实质，分析了阶级道德与全人类道德对立的教条主义根源及其危害。教条主义反对改革，问题在于我国传统的对立，即社会利益与个人利益、明天利益与今天和昨天的利益、有意识的要求与自发的要求、科学思维与日常思维和宗教思维、集体因素与个人因素、政治立场与道德意识和经济意识、人类道德与阶级道德之对立。归根结底，问题在于教条主义者历来把产业工人阶级及其核心的社会政治美德，同其他所有非无产阶级，首先是农民阶级和知识分子的社会政治缺点对立起来。斯大林主义提供的教条与改革是对立的。"斯大林时代的教条要求一定要'抛弃'资产阶级文化，简直无法理解，拥护改革的人会接受这种教条。持这种态度，怎能找到论据来维护人民和个人掌握全部民族文化的权利？又怎能反驳有人提出的这种观点——仅仅运用'无产阶级这半边的'文化，就能造就精神充实的、善于思考的个性？"②"左"的教条主义者"从来就不是集体主义者，即是说，他们从来不是共产党人，即是不关心普遍幸福的人。其利己主义动机

---

① 引自《哲学问题》1987年第7期至1988年第2期。
② 安启念主编：《当代学者视野中的马克思主义哲学》（俄罗斯学者卷），北京师范大学出版社2008年版，第82页。

当然各有不同，但他们从来没有帮助人和改善人的命运的愿望"。
"革命的教条主义和超革命性的基础，是人类史上已知的各种利己
主义和人的兽性表现中最为危险的一种，这正是知识分子伪善的利
己主义，即'力图把自己的偏好强加于世界'，强使世界接受他们
关于人的价值观。这种利己主义的表现是，力图使革命和社会生活
保持在对他这位'左'倾教条主义者适宜的状态，使之符合他的性
格特征，使他能扬长避短。在这种情况下，利己主义和个人利益绝
不在于追求获取更多的好处和生活的舒适。尽管所有一般共产主义
生活观念的鼓吹者在革命后，都不无满足地享用着白银堆中供个人
用的国家别墅。其动机首先是希望用自己的'左'的标准改造别人
的生活，把自己的价值、善恶观和关于历史规律的观点强加
于人。"①

伦理教条主义与发展观相矛盾，是披着马克思主义外衣的形而
上学。恩格斯指出，我们是不断发展论者，"在将来某个特定的时
刻应该做些什么，应该马上做些什么，这当然完全取决于人们将不
得不在其中活动的那个特定的历史环境"②。将来应当采取哪些方
法措施，"现在提出这个问题是虚无飘渺的。因而实际上是一个幻
想的问题"③。科学预测解决一般规律，具体道路和方法只能由实
践做出回答。教条主义试图提供不变的、永恒的真理，这与马克思
主义是相悖的。俄罗斯学者也有分析不到位的地方。实际上，"左"
与教条主义产生的思想理论根源是同一的。"左"倾机会主义急于
求成，表现为思想超越客观过程的一定阶段。根据政治领导人的指
示和意识形态规则，离开当时大多数人的实践和当时的现实，堕入

---

① 安启念主编：《当代学者视野中的马克思主义哲学》（俄罗斯学者卷），北京师范大学出版社 2008 年版，第 128 页。
② 《马克思恩格斯选集》（第九卷），人民出版社 1972 年版，第 921 页。
③ 《马克思恩格斯选集》（第九卷），人民出版社 1972 年版，第 921 页。

空想、盲动。教条主义亦称本本主义，是一种把理论当教义，视书本为圣经的思想作风。其主要特点是一切从定义、公式出发，反对理论与实践相结合；只要死记硬背，生搬硬套。其次，"左"与教条主义的表现形式是一致的。教条主义具有唯书、唯上、照搬他人经验三种表现形式，这也是持"左"倾观点的人所奉行的三条基本原则。

伦理教条主义是一种主观主义，它机械地理解理论与实践的关系，割裂了理论与实践的辩证联系。伦理教条主义者办事情不是从客观实际情况出发，而是从原则、书本、条文和权威出发。他们把马克思主义理论当作不变的公式和包治百病的药方，到处乱搬乱套。在苏联马克思主义伦理思想中，出现伦理教条主义倾向，其原因是多方面的。第一，伦理教条主义产生的认识根源。伦理认识活动是人类认识活动的一部分，因此它首先服从人类认识的一般规律。人的认识过程是在实践的基础上，由感性认识上升到理性认识，再由理性认识回到实践的过程。在这一过程中，始终存在如下两对矛盾：一是实践的变动性与主体思维结构的相对稳定性之间的矛盾；二是理论的普遍性与特定实践的具体性之间的矛盾。如果人们不能正确地处理这两对矛盾，那么就有可能导致出现伦理教条主义。苏联伦理学界争论中始终没有处理好这两对矛盾。第二，伦理教条主义产生的体制根源。伦理学研究受政治意识形态的影响，甚至蜕变为政治辩护的工具。由于受苏联共产党从事的政治实践活动的某些特点的影响，从而在党内产生了一些体制方面的因素，这些因素很容易导致伦理教条主义的产生。这方面因素主要涉及无产阶级政党在实践中如何正确处理民主与集中、群众与领袖的关系等问题。苏联共产党在贯彻执行党的根本组织制度和领导制度——民主集中制的过程中，往往过于强调集中的一面，而忽视民主的一面，忽视了没有充分的民主为基础，就不可能有正确的集中。结果导致政治生活中经常出现"集中容易，民主难"的现象，一些领导班子内部经常是书记、班长"说了算"，下级经常要看上级领导的眼色办事。这样就影响了党的民主集中制的正确贯彻，从而也使"个人服从组织，少数服从多数，下级服从上级，全党服从中央"的纪律难以真正得到实行，结果就有可能出现"唯上面的旨意是从"的"唯上、唯书"的倾向。这种倾向反映到伦理学研究中，唯权威之马首是瞻的现象极为普遍。第三，伦理教条主义产生的文化根源。俄罗斯传统文化是一种大一统文化，它来源于农奴制社会的高度集中的一体化的社会结构。在这样的结构中，个体的多样性和独特性受到了压抑，独立的主体意识和独立思考的能力受到限制。民族的成员倾向于遵从同一的思维方式，在思考问题时自觉不自觉地从既定论断出发，使得单一化、趋同化成为民族成员思维方式的重要特征。这都有可能导向伦理教条主义。

4. 伦理唯心主义体系与侨民伦理思想

俄罗斯的伦理唯心主义体系主要是东正教伦理学或东正教神学伦理体系，它是东正教神学的主要组成部分。东正教神学由希腊语的拜占庭神学和俄罗斯语的俄罗斯东正教神学构成。俄罗斯东正教来自拜占庭，其许多方面既保留着拜占庭的特色，也形成了自己独特的传统，其中包括伦理神学传统。俄罗斯民族的精神本质与东正教融合在了一起，东正教改变并塑造了俄罗斯民族精神，俄罗斯民族本性也在东正教里留下了深刻印记。这一点突出地表现在俄罗斯东正教神学里。俄罗斯东正教神学从总体上包括两大系统，教会神学系统和世俗神学系统。俄罗斯民族的传统神学在19世纪初产生，十月革命前，教会神学在教义学、教父学、礼拜学、教会史、灵修神学等方面都进行了大量而深入的研究，这些成果是俄罗斯神学传统的基础。1922年后，这个传统在俄国被迫中断而被保留在流亡的俄罗斯侨民中间，主要基地是法国圣谢尔基神学院（所谓的巴黎学派）和美国圣弗拉基米尔神学院。俄罗斯教会神学的主体是十月革命前的神学和流亡神学，特殊的发展道路、与基督教神学不同的视角和研究方法、独特的研究主题，决定了俄罗斯教会神学具有神秘主义、存在主义、末世论、伦理学、回归传统的倾向。在俄罗斯思想中，神学与哲学、伦理学、文学密切地联系在一起。陀思妥耶夫斯基的作品表达的主题之一就是，丧失信仰后俄罗斯民族将走向毁灭，作为唯一"体现上帝意志"的民族，俄罗斯的希望是抛弃无神论，坚持东正教信仰。

侨民伦理思想的核心之一，是对俄罗斯传统伦理唯心主义体系即宗教神学伦理学及其信仰的坚守。东正教神学伦理学是东正教用神学方法论证的、与教义和说教紧密相关的、坚持道德依赖于神的思想的价值观念、规范体系和修行方法系统。自公元988年弗拉基米尔宣布东正教为国教以来，"东正教伦理道德思想便以神秘化了的、不可思议的方式介入到个人家庭、社会和国家政权的关系之中"①，成为俄罗斯传统道德之核心部分。其内容包括：第一，信主唯一。东正教伦理主张道德的基础在于上帝，只有信仰上帝，才能在道德上体现出善；若是违背上帝的意志，便是罪恶、不道德。信主唯一是道德的根本。第二，敬畏上帝。要满怀对上帝的敬意，在思想上、感情上、语言上和做事上使上帝满意。东正教伦理认为最重要的道德要求是敬畏上帝，敬是因爱而尊重，畏是因敬而惧怕违逆。上帝不仅是道德的源泉，更是道德的化身，是至公、至义、

---

① 〔俄〕H.克拉斯尼科夫：《东正教伦理学》，莫斯科政治书籍出版社1981年版，第14页。

至高和至上者。只有敬畏、崇拜和感恩上帝，罪恶、错误才会得到赦免。第三，服从上帝。东正教伦理认为教徒的基本德性是顺从上帝的旨意、服从上帝的召唤。第四，禁欲修行。教徒进修道院过修道生活，修道生活的内容是绝财、绝色和绝意，过隐居、静默、冥想、祈祷、苦行、与外界隔绝的生活，过清淡、寡欲、斋戒、禁欲主义的生活。这种修道生活是拯救人们灵魂的最好方式，是最有意义的德行。帝俄时代坚持政教合一，东正教会最高领导由沙皇直接任命，因此，东正教伦理与帝俄政治道德主流保持着某种一致性。帝俄政治道德主流是一种专制主义的道德。1547年莫斯科大公伊凡四世加冕称"沙皇"，标志着这种专制主义道德在俄国的确立，随着专制君主政权的发展以专制思想为核心的封建道德意识形态在俄罗斯日趋完善。专制主义道德主要表现：第一，忠于并崇拜沙皇。东正教成为俄罗斯国教后，俄罗斯民族的宗教情绪更为浓厚。帝俄通过赋予沙皇以神的特性，使人们对上帝的虔诚同对沙皇的崇拜联系在一起。例如，在伊凡四世加冕沙皇的典礼上，东正教大主教玛卡里郑重宣布，莫斯科沙皇的权力来自上帝，其权威至高无上。此后，东正教会控制文化教育机构，宣扬君权至上、皇权神圣，认为沙皇就是上帝在人间的代理人，是人民的保护者，沙皇和上帝是等同的。第二，温顺、驯服以及对权威的敬畏。俄罗斯民族对专制制度的顺从形成于俄罗斯民族反抗蒙古鞑靼统治的过程，以及民族国家走向统一之历史背景。东正教会及其思想家、政治家们都积极从理论方面为专制制造根据，如"莫斯科即第三罗马"的理论，为政治权力披上了神圣的外衣；政治学家塔季切夫通过阐述君主即一家之长，而"家长的自然利益，要求在家庭中保持良好的秩序"，告诫人们应该绝对服从家长（君主）的领导。在19世纪之前，东正教神学伦理学主要是以多卷本的宗教经典文献《爱善》（拜占庭教父著作集）为基础的道德说教，没有形成俄罗斯自己的独特思想，独创性的神学伦理思想在 19 世纪末才开始出现。从 1547 年伊凡四世称沙皇到 1917 年二月革命，370 年之久的沙皇制度长期影响着俄罗斯民族。教会向人民灌输《圣经》的顺从、忍耐、信仰的思想，与帝俄政治道德相配合，形成了俄罗斯传统最主要的道德意识形态。

20 世纪以来的俄罗斯神学宗教伦理学是一个复杂的综合性体系，其中也包含着对资本主义制度物欲横流、道德沦丧、理性崇拜等弊端的深刻批评。苏联解体以来俄罗斯传统伦理、哲学成为学术理论研究的热点，许多人强调俄罗斯与西方的区别，有的还把它作为在下一世纪拯救人类的希望所在，俄罗斯救世论再次出现。哲学家 B. M. 麦茹耶夫说："今天要明白的重要一点是，俄罗斯这一伟大的国家不是为了某种经济合理性而建立起来的，而是作为一种重大的文化的、文明的思想而存在着。19 世纪的人对此都有极好的理解。……仅仅依照纯粹的经济合理性而生活的俄罗斯，世界上谁都不需要，包括俄罗斯自己。"[1]A. C. 巴纳林则指出，能够把人类从当前困境中解救出来的思想革命，"最为可能的将是以俄罗斯作为自己的思想中心。真善美的统一这一俄罗斯哲学的伟大遗训给了我们对现代性作总体评价的标准，这一标准是我们今天非常需要的。……如果不回归俄罗斯文明传统，无论是俄罗斯还是俄罗斯知识分子，都不能得到拯救，现在难道还不明白这一点吗？"[2]

宗教性和伦理学倾向是传统意义上的俄罗斯伦理思想和文化的基本特征，人和上帝的关系、道德和宗教的关系、科学和信仰的关

---

[1] 〔俄〕《独立报》1997 年 1 月 16 日。
[2] 〔俄〕《独立报》1997 年 5 月 15 日。

系等,是俄罗斯哲学的永恒主题。著名俄国哲学家们都论述过宗教伦理学问题,其中有许多人写出了专门的伦理学著作,如索洛维约夫的《爱的意义》(1892—1894)、《善的证明》(1897),托尔斯泰的《论生命》(1888)和《宗教与道德》(1893—1894),Р.雷里赫的14卷巨著《活生生的伦理学》(1924—1937),И. А.伊里因的《论以暴力抗恶》(1925),别尔嘉耶夫的《论人的生命:悖论伦理学体验》(1931),П.维舍斯拉夫采夫的《圣化的性爱伦理学:律法与恩赐问题》(1931),Н. О.洛斯基的伦理学著作《绝对善的条件:伦理学原理》(1949),弗兰克的《黑暗中的光明:论基督教伦理学和社会哲学》(1949)等。以宗教伦理问题为主要探讨对象的著作,还有Е.特鲁别茨科伊和弗兰克的同名著作《生命的意义》(1918、1926)等等,它们从不同角度对宗教伦理学问题进行了独到的阐释。

东正教伦理学的地位和意义在20世纪80年代悄然复活的东正教思想中受到高度重视。别尔嘉耶夫、索洛维约夫、托尔斯泰等宗教伦理思想家的作品被大量再版。戈尔巴乔夫当政后,将东正教说成是俄罗斯社会发展的动力,在道德理论方面宗教伦理学逐渐占据了主流的地位。

苏俄20世纪二三十年代的伦理学说中存在着非正统伦理学和侨民伦理学。非正统伦理学的代表人物和学说有:①К. Э.齐奥尔科夫斯基的宇宙伦理学;②Л. С.别尔克的作为"善良目的论"的生物伦理学;③智力圈伦理学;④А. А.乌赫托姆斯基的"优性"(生理学词汇)伦理学;⑤М. М.巴赫金的对话伦理学;⑥М. М.鲁宾斯坦的生命伦理学;⑦А. А.迈尔的"牺牲行为"神秘伦理学;⑧К. Н.文策尔的伦理自由主义体系。苏联道德意识形态下的非正统的伦理学方案中包含了一些理解伦理学任务的独创见解,如К. Э.齐奥尔科夫斯基的《宇宙伦理学》、M. M. 巴赫金的《陀思妥耶夫斯基的创作问题》，有一些是在作者逝世后才得以问世的，有的则是在国外问世，如 A. A. 梅伊耶尔的论文集，还有一些著作至今还保留于档案馆，如 K. H. 文特采利的《道德理想的演化》。这些学说事实上都是苏联道德意识形态框架下的产物。

侨民伦理学是苏联时期（特别是 20 世纪 20 年代后）一些因流亡而侨居于国外的知识精英的伦理思想体系。内战结束后，部分"不与新政权妥协"的知识分子精英们被认为是布尔什维克统一意识形态、建立专政的障碍，他们播下的思想种子被认为很可能会突破红色专政的意识形态。1922 年初，列宁在《论战斗的唯物主义》一文首次提到驱逐知识分子问题："俄国工人阶级有本领夺取政权，但是还没有学会利用这个政权，否则它早就把这类教员和学术团体的成员客客气气地送到'民主'国家里去了。那里才是这类农奴主最合适的地方。"5 月 19 日，列宁在给斯大林的信件中批评这些"资产阶级及其帮凶，那些知识分子和资本家的走狗，他们自以为是国家的大脑，实际上，不是大脑而是臭狗屎"。列宁点名批评彼得格勒最活跃的杂志《经济学家》《思想》，其编辑和作者都上了黑名单。别尔嘉耶夫等人出版的文集《奥斯瓦尔德·斯宾格勒与"欧洲的没落"》被称为"像是'用写作为白卫组织打掩护'"，文集作者连同出版它的海岸出版社都受到牵连。1922 年 5 月开始，苏联相关会议商量布置"把那些帮助反革命的作家和教授驱逐出境的问题"事宜，半个月左右后，捷尔任斯基向俄共（布）中央政治局提交了关于"知识分子中的反苏团体"的报告。该报告认为，知识分子在高等院校、各种协会、私人出版社、行业代表大会、合作社、托拉斯和商业机构中以及在宗教问题上进行各种反苏活动，政治局于 6 月 8 日通过了这一报告的决议，决定由职业技术教育管理局、国家政治保卫局和中央组织局的代表组成委员会以研究对策，同时责成加米涅夫、库尔斯基、温什利赫特组成专门小组以最终审查"敌对知识分子团体中应予流放的上层人物名单"。8月10日，俄共（布）中央政治局确认了莫斯科和彼得格勒的驱逐名单，包括"莫斯科积极反苏知识分子（教员）名单""彼得格勒反苏知识分子名单""乌克兰反苏教员与社会活动家名单""基辅名单"等，并建议对名单上的所有人进行搜查并逮捕有隐匿危险者，其余的则监禁在家中，全俄中央执行委员会在同一天通过了关于行政流放的决议。被列入黑名单流放的知识分子来自各个不同领域，其中"莫斯科积极反苏知识分子（教员）名单"上的成员分别是莫斯科大学、莫斯科高等技术学校、农业学院、喀山大学等高校的教授，以及在3月至5月期间擅自聚会的考古学院等三个小组、文学家小组、"海岸出版社"相关人员、农艺师、合作社业主、医生小组；"彼得格勒反苏知识分子名单"上的成员包括列宁在信函中提到的各杂志的编辑作者16人，其余的分别编入教授联合会、文学家小组；"乌克兰反苏教员与社会活动家名单"的成员是来自哈里科夫和奥德萨几所高等院校的教授、助教以及哈里科夫理工学院校长、人民教育学院两任校长和医学院两位副校长；基辅名单上的成员主要是医生、工程师、律师等专业人员。这些被驱逐的知识分子名单中人数最多的是高校教师和数名大学校长，国家政治保卫局对他们的指控是：大学生和反苏教授在高等院校进行反革命活动主要有两个方面：要求高校"自治"及改善教授和学生的物质条件。最终，近120名"最积极的反革命分子"或"最积极的资产阶级思想家"（大多是知名学者、文学家、科学家、哲学家、农艺师、医生、教授），分乘两只德国大轮船（"哈肯船长号"和"普鲁士号"）被流放欧洲。哲学家别尔嘉耶夫、C.H.布尔加科夫、H.O.洛斯基、费·奥·斯捷蓬以及语言学家谢·叶·特鲁别茨科伊、历史学家阿·基泽维特尔等都在被流放之列。被驱逐的知识分子的共同点之一就是他们多是文化保守主义者和宗教信仰者,坚持认为如果一个国家进行激进的社会改革,完全摈弃传统道德和宗教价值观,那么这个社会必将走向歧途。这些"反苏知识分子"中的大部分当时都属于某一党派——立宪民主党、社会革命党、孟什维克或人民社会党。没有参加过任何党派的人被指出具有某党倾向或同情某党,如别尔嘉耶夫的"政治鉴定"中如是写道:"君主主义者,后来是立宪民主党";哲学家斯捷蓬则被"鉴定"为具有"社会革命党倾向"。完全的无党派人士、彼得格勒大学教授卡尔萨文的"政治鉴定"中如是写道:"完全陷入神秘主义,不做任何工作。"哲学教授伊里因的"政治鉴定"里只是笼统地说他"反苏情绪明确"。对此,别尔嘉耶夫认为,(知识精英)不是因为政治原因,而是出于意识形态的原因被驱逐。[①]这些"不与新政权妥协"的知识分子精英们被认为是布尔什维克统一意识形态、建立专政的最大障碍,其观点与意见被认为与当时的马克思主义观念相冲突。布尔什维克先后查封了《经济学家》《经济复兴》《文学之家年鉴》《思想》等一大批具有自由主义倾向的杂志,将这些"与共产主义格格不入"的教授和学生清除高校,强制使用新的教育课本,采取初步措施创建一个新的激进的阶层,以实现意识形态的大统一。

  侨居于欧洲的知识分子于 20 世纪 20 年代中期开始提出伦理思想并逐步形成系列著作,20 世纪 50 年代趋于鼎盛。1925 年,别尔嘉耶夫在巴黎创办宗教哲学杂志《道路》(1925—1940),第 1 期于 9 月出版,确定了俄罗斯侨民的精神和道德任务;И. А. 伊利

[①] 〔俄〕别尔嘉耶夫等著:《哲学船事件》,伍宇星编译,花城出版社 2009 年版,第 86 页。

因在柏林出版的《论以暴力抗恶》则表明了思想道德观上的某种对立情绪。20世纪50年代的侨民思想家著作如 И. А. 伊利因的《歌唱的心灵》(1958)、П. С 博拉涅茨基的《论重中之重：人的最终意义》(1956)、С. А. 列维茨基的《自由的悲剧》(1958) 和 Л. А. 赞杰尔德的《善良的秘密：陀思妥耶夫斯基创作中的善》(1958) 等被看作是典范性著作。可以说，20—50年代，俄罗斯侨民伦理学范畴内形成了独特的道德宗教概念体系，代表是 Г. Д. 古尔维奇的《自主通神术伦理学》、С. Н. 布尔加科夫的《神人伦理学》、А. А. 梅伊耶尔的《牺牲行为伦理》、Б. П. 维舍斯拉夫采夫的《绝对精神制约下的升华伦理学》、С. И. 格斯涅的《最高的善之伦理》、Н. О. 洛斯基的《爱的神学伦理学》。侨民伦理学并未对苏联本土的马克思主义伦理学产生任何影响，就其内容而言，都可将其归结为"内部的侨民伦理学"。侨民伦理学的主要代表人物和学说包括：(1) 别尔嘉耶夫的悖论伦理学——作为至善学说的创造伦理学；(2) Б. П. 维舍斯拉夫采夫的幸福伦理学——绝对纯粹伦理学；(3) С. И. 盖辛的"善的上升阶段"伦理学；(4) Н. Н. 阿列克谢耶夫、Н. А. 列伊米尔斯的法律伦理学体系；(5) 布尔加科夫的神人伦理学；(6) Н. О. 洛斯基的爱的神域论伦理学——作为世界观基础的绝对善的理想；(7) С. Л. 弗兰克的基督教现实主义伦理学；(8) П. С. 博拉涅茨基的英雄主义伦理学；(9) И. А. 伊利因的"歌唱的心灵"伦理学。[①]

20世纪80年代末，大批侨民伦理学著作逐步在苏联本土出版，宗教道德的地位和意义受到关注，马克思主义伦理学受到学者的普遍反思。这种反思有深刻的历史背景，在20世纪的革命巨变中，

[①] 参阅〔俄〕В. Н. 纳扎洛夫：《20世纪俄罗斯伦理学编年史》，《伦理思想》2001—2003年，莫斯科。

宗教道德的命运与东正教在俄罗斯和苏联的地位是息息相关的。十月革命初期，俄国的资产阶级思想家和基督教神父曾经以资产阶级伦理学和基督教的道德观来批判十月革命，反对社会主义，其代表人物有弗兰克、别尔嘉耶夫、舍斯托夫等人。弗兰克在《俄国革命的道德分水岭》（1917）一书中认为俄国出现的道德堕落是革命造成的，他说社会上划分为两种对立的力量，一边是尊重法律、自由和个人尊严，尊重文化及彼此尊重的人们，而另一边是暴力、任意妄为、肆无忌惮的利己主义、蔑视文化、对全民族的财富漠不关心的人们。布尔什维克就是造成社会黑暗和道德堕落的元凶。别尔嘉耶夫在《社会主义革命是可能的吗？》和《俄国革命中的人民和阶级》（1918）两本书中，对革命的马克思主义作了伦理的批判。别尔嘉耶夫承认十月革命在政治上的必然性，但是否定它在精神上的合理性。他认为阶级的、革命的社会主义是同科学和道德观无缘的。这个革命不仅不符合实际和阻碍了历史的进程，而且同人类个性的道德本质相矛盾，同人类的宗教感情相冲突。十月革命后移居国外的思想家在国外出版书籍，以宗教的或唯心主义的伦理观来批判十月革命和社会主义。当时，俄罗斯工人阶级很自然地坚决抵制和批判这种观点，认为它是对十月革命和社会主义的攻击，并把攻击十月革命和社会主义的精神武器，也自然看作是奴役自己的精神枷锁。所以，东正教作为"人民精神鸦片"备受打击，不仅丧失了国教地位，且成为被专政对象，教会在国家政治生活中被彻底边缘化。苏维埃联盟形成后，根据苏维埃政权颁布的一系列法令，东正教的国教地位被取消，教会占有的生产资料和其他财产被没收，成千上万的教堂被毁坏，很多教徒受到迫害或被驱逐，东正教的活动基本被终止，它只作为宗教团体被保留下来。苏维埃国家的反宗教运动一直持续到20世纪30年代后期。苏联不仅使东正教丧失了其在意识形态领域的至高无上的地位,而且被视为腐蚀人民意志的精神鸦片,遭到唾弃和打击,从此进入"政教对立"时期,教会领导人逐渐认识到与新政权对抗只能使教会继续受到压制,于是改变策略,要求教徒既听命于荣耀的上帝,又做热爱苏维埃国家的公民,从而使紧张的政教关系趋于缓和。卫国战争后期,东正教号召教民在敌后同法西斯入侵者开展各种形式的斗争。谢尔盖代理大牧首号召不要让敌人感到自己是这里的主人,要让他们感到在后方并不比在前方好。在前线,我们的红军在粉碎敌人,要尽快把他们驱逐出西部边界。许多教民为了祖国和信仰,参加游击队或帮助游击队,在敌后为反法西斯作出了重大贡献。赫鲁晓夫时期对宗教的迫害有所减轻,宗教意识有所抬头。

80年代末,人们对共产主义信仰的迷惘和对西方物质文明的崇拜,促进了意识形态的转变,为东正教道德的复兴提供了精神空间。苏联《哲学问题》杂志编辑部1987年4月14—16日主持召开了以"哲学与生活"为题的讨论会。此次会议是在苏联社会生活和精神生活以及包括哲学在内的社会科学各个领域实行改革的重大时刻召开的。米特罗欣在会上提出要关注研究宗教及宗教道德。

信仰自由法的通过、对"哲学船事件"的关注及对相关政治受害者平反,标志着侨民伦理思想的再次回归。1990年10月,苏联通过《信仰自由和宗教组织法》与《宗教自由法》,在法律上保障宗教信仰自由,使东正教重登历史舞台。戈尔巴乔夫对苏联时期的宗教政策进行反思和重新评价,实行宽容、开放和民主的宗教政策;赞扬东正教在俄国历史上起过积极作用,认为它是俄国社会发展的动力。苏联解体后,俄当局认真吸取苏联在宗教方面的教训,肯定东正教的历史作用,继续奉行鼓励东正教发展的政策。Б. Н. 叶利钦在接受《消息报》采访时说:"我对东正教及其历史、道德、仁慈的传统,以及它对俄罗斯精神生活所作出的贡献表示敬意。今天,俄罗斯东正教会在这些领域所起的作用与日俱增。我们有责任使教会重新恢复其权利。"1990年开始,俄罗斯多个有影响的报刊连续发表了"哲学船事件"的相关文章,90年代末俄罗斯政府检察机关审核了当年的卷宗,认为没有证据显示被审讯人有触犯应予刑事处罚的行为,适用于俄罗斯联邦1991年10月18日通过的"为政治迫害受害者平反法案",发布了为他们平反的通告。2000年,V.V.普京强调要恢复那些称作是俄罗斯人自古以来就有的传统价值观;东正教在俄国历史上起着特殊作用,它不仅是每个信徒的道德准则,而且也是全体人民和国家不屈不挠的精神核心。以博爱思想、良好戒律、宽容和正义为本,东正教在很大程度上体现了俄国文明的特征,千百年来,他永恒的真理时刻支撑着人民,给他们以希望,帮他们获得信念。在进入第三个千年的今天,它也将为祖国的精神和道德的复活做出贡献。①

无论是 Б.Н.叶利钦掌权,还是普京执政,都支持传统宗教的复兴,希望东正教在俄社会政治生活中,再次发挥其社会整合与道德教化功能,起到团结社会、凝聚民心的作用。普京突出强调"爱国主义、强国意识、国家作用和社会团结",倡导以"统一的俄罗斯思想"填充意识形态领域的空白。他认为:"一个国家必须要有一些基本的、极为重要的价值观,即我们的爱国主义,我们的文化,我们的宗教。"②在庆祝耶稣诞生2000年之际,普京向俄罗斯东正教会发出贺信,指出"东正教在新世纪将有助于俄社会的稳定

---

① 〔俄〕V.V.普京:《临近新千年的俄罗斯》,《独立报》1999年12月30日。
② 《俄东正教会呼吁要避免使用武力》,俄通社—塔斯社莫斯科电,1993年10月2日。

与和谐，有助于国家精神道德的复苏"，因而"东正教应当成为国家和全体人民的道德准则和精神支柱"，这与转型期俄罗斯争取社会稳定和民族复兴的要求相符合。普京执政期间，东正教积极支持并主动配合当局的政策，尤其表现在维护国家统一的车臣战争中。在对外政策上，教会与政府保持一致，支持当局维护国家主权和尊严，如强烈反对北约东扩，谴责以美国为首的北约对南联盟的军事打击等。俄罗斯大牧首阿列克西二世还在电视上号召教徒们支持政府政策，维护国家的和平与稳定，为实现俄罗斯的伟大复兴而努力。2002年，彼得堡市政府确认了纪念"哲学船"80周年而建造纪念碑的建议。由彼得堡哲学学会所立的大理石纪念碑就静静地守望在"哲学船"当年出发的码头上。值"哲学船"事件80周年，一批档案资料公开，专著《哲学船：1922年》于此时面世。2003年，俄罗斯联邦档案馆专门举办了一次展览，展出事件中列宁的信函以及相关部门的会议记录和决议等。2005年，《以驱逐代替枪决——驱逐知识分子（1921—1923年肃反委与国家政保局文件）》出版，有关事件的档案多达400件。2003年8月8日，150名来自俄国、白俄罗斯、乌克兰等地的哲学家从黑海港口新罗西斯克出发前往伊斯坦布尔参加第二十一届世界哲学大会，他们把乘坐的"玛利亚·叶尔莫洛瓦号"命名为"哲学船"，俄国哲学学会特别安排的这次航行旨在表达迎接当年被驱逐出境的民族文化精英"归来"之象征意义。

转型的俄罗斯社会道德处于探索未成型时期，各种价值观念纷至沓来。共产主义道德体系的被否定和思想意识层面的混乱造成公民的道德水平迅速滑坡，从而导致社会的不稳定和社会风气的败坏。著名社会学家哈扎诺夫指出，"当社会陷于深深的矛盾，民众在迷茫中辨不清方向时，上帝就是他们的最好伴侣"。俄国社会发生重大转折前后出现宗教道德热潮是一种规律性的现象，是社会转型期的产物。1997年5月，在莫斯科圣丹尼尔修道院举行了第四届全世界俄罗斯人民宗教会议，会议认为，俄国人的道德教育问题必须尽快提到议事日程。俄东正教会有义务和责任承担起这一重任，并制定一系列保护民族精神健康和身体健康的措施和办法，用基督教义和基督教伦理观去培养教育俄国人民，尤其是青少年一代。此次会议进一步说明俄国东正教会对俄国社会精神道德问题的关注，"她以国家精神领袖的面目出现在人民面前"。

近年来一些学者（包括一些仍然信仰马克思主义的人）主张，东正教应在社会上努力恢复其传统的道德教化功能。虔敬上帝，热爱和平，博爱、宽容与随和，东正教的这些道德观正浸润着俄罗斯国民的心灵。各地林立的教堂和各级神职学校也兼有培养俄罗斯国民道德情操的使命。2000年出台的《俄罗斯东正教会的社会建构理论》明确谴责离婚、放纵和酗酒等不良行为，谴责现代生物学给人类带来的道德沦丧，反对一切反人道的行为。东正教对俄国社会的吸毒、卖淫等丑恶现象极为鄙视和唾弃，提醒人们远离这些"罪恶行为"，以东正教的道德准则净化心灵，避免堕落。这对遏制俄罗斯社会犯罪现象和道德秩序混乱现象具有一定的积极作用。

四、社会道德体系核心观念的变化

1. 道德概念观

社会道德体系是由道德的基础和根据、道德原则和基本规范以及具体实践方式和方法等因素构成的有机整体。俄苏在马克思主义伦理思想指导下建立了以国家伦理为中心的社会道德体系，它的主要特点是强调道德的社会主义、共产主义物质基础和公有制经济条件，以及马克思主义的绝对指导意义，并从国家意识形态、上层建筑、阶级关系的整体角度理解道德概念、道德本质、道德原则和基本规范以及人的本质等问题，将由此形成的基本道德体系应用于建设伦理生活及指导相关实践问题。这种以贯彻国家伦理为中心的社会道德体系核心观念，在斯大林前后，苏联马克思主义学者做出了不同的解释。

苏联时期的社会道德体系，以统一的公有制经济关系、人民民主的政治制度以及苏联工农联盟为基础的社会主义文化等因素为基础。长期以来，苏联伦理学界对"道德是什么"的解释受政治意识形态、宣传教育和时局变化等因素的影响，表面上获得了一致的看法或达到某种共识，实际上未能达成一个统一的看法。他们一方面未能严格区分"道德的内容"和"道德的概念"，另一方面对"道德的概念"的认识也常常含混不清。20世纪30—40年代，苏联学者把列宁在《青年团的任务》（1920年10月2日在俄国共产主义青年团第三次全国代表大全上的演说）一文中阐述的观点作为道德的定义。列宁认为，不同阶级的人们总是从自己的阶级地位和阶级利益中引申出自己的道德观念，道德是有阶级性的，"超人类社会的道德是没有的"。资产阶级为了他们的阶级利益，总是宣扬道德是"从上帝的意旨中引申出来的"，"我们摈弃从超人类和超阶级的概念中引来的这一切道德。我们说这是欺骗，这是为了地主和资本家利益来愚弄工农、禁锢工农的头脑"。[①]"究竟有没有共产主义道德呢？有没有共产主义品德呢？当然是有的。"[②]无产阶级在资本主义

---

① 《列宁选集》第四卷，三联书店1974年版，第351—352页。
② 《列宁选集》第四卷，三联书店1974年版，第351页。

大工业生产中负担着全部紧张而繁重的体力劳动，同时又受着资产阶级的经济剥削和政治压迫。在社会大生产和反对资产阶级斗争的过程中，无产阶级逐渐形成了与资产阶级相对立的道德，即无产阶级道德。"我们的道德是从无产阶级斗争的利益中引申出来的。"①无产阶级幼年时期所奉行的道德还不能称为共产主义道德，只有在马克思主义产生以后，在无产阶级政党领导下，经过学习马克思主义理论并经过长期的斗争实践，无产阶级认识到资本主义本质和自己的阶级地位，认识到社会发展的规律和本阶级的历史使命，把自己的斗争同共产主义事业联系起来，从一个自在的阶级变为一个自为的阶级，这时无产阶级道德才上升为自觉的科学的共产主义道德。共产主义道德是相对于人类道德的历史类型而言的一种新的道德体系，它代表了无产阶级和人民群众的利益和要求，继承和吸取了历史上劳动人民的优秀道德和进步人类的道德的积极因素，把人类道德提高到一个崭新阶段，是人类历史上最进步、最高尚的道德。"共产主义道德就是为了把劳动者团结起来，反对一切剥削和一切为私有制服务的道德"，"我们的道德是服从于无产阶级斗争的利益的"，"为巩固和完成共产主义事业而奋斗，这就是共产主义道德的基础"。②无产阶级要培养的道德是要把劳动者团结起来，消灭一切剥削阶级及其意识形态的崭新的道德，这种道德必须完全服从无产阶级斗争的利益。在社会主义条件下，巩固无产阶级专政，发扬共产主义精神，培养共产主义道德，是保证将来胜利地过渡到共产主义社会的重要条件之一。

在上述观念的影响下，苏联教育家马卡连柯如此定义"道德"："道德就是用来破坏旧时剥削者社会，并把全体劳动大众团

---

① 《列宁选集》第四卷，三联书店1974年版，第352页。
② 《列宁选集》第四卷，三联书店1974年版，第353—355页。

结到创立共产主义者新社会的无产阶级周围的工具。凡是服务于解放劳动者这个任务的、服务于革命任务的，都是道德的，不服务于这个任务的都是不道德的。"①严格来说，这实际上并不是道德概念的定义，而是道德内容的定义。将道德的内容视为是共产主义道德，并以此作为了区分道德与不道德的标准。苏联伦理学家认为，把道德界定为革命斗争的工具，这不是严格意义上的道德定义，它只是从揭示道德与阶级斗争的关系上、社会学意义上的对道德内容的说明。这个说明过分强调了道德与阶级斗争及经济基础的联系，而忽视了道德的全人类性和相对独立性，因而是不科学、不准确的。

施什金对"道德"的界定在马克思主义伦理学关于道德概念研究中有着广泛的影响。他提出："道德是道德意识（规范、原则、概念）、道德关系（对社会、阶级、集体以及相互之间的关系）和道德实践（行为、举止）的统一体。"②这个定义将道德的结构或包含的要素予以确定，但对于道德究竟是指什么并没有进行说明。他在《马克思主义伦理学原理》一书中认为："所谓道德，通常是指人们行为的原则或规范（规则）的总和，这些原则或规范调整人们彼此间的关系，以及他们对社会、对一定阶级、对国家、祖国、家庭等的关系，并且受到个人信念、传统、教育、整个社会或一定阶级的舆论力量的支持。""道德是与其他社会意识形态，如哲学、政治和法权思想、艺术、宗教等同时存在的一种特殊的社会意识形

---

① 〔苏〕А.С.马卡连柯：《论共产主义教育》，人民教育出版社1956年版，第90页。
② 〔苏〕А.Ф.施什金等：《伦理学原理》，蔡治平、魏英敏、金可溪等译，北京大学出版社1981年版，第1—2页。

态。"①施什金的道德定义在70年代受到一些伦理学家的批评，认为它只揭示了道德作为社会意识形态的一般本质，并未揭示道德的特殊本质，因而不能说明道德与法律、艺术、哲学等其他行为规范或意识形态的质的区别。

70年代，德洛勃尼茨基在《道德概念》一书里详细研究了道德概念史及其在道德史、伦理史和哲学史上的思想演变，阐述了道德的本质、结构、特征和功能。该书认为，道德渗入一切社会生活和私人生活的领域，无所不在、无处不及，没有限定的空间范围，因而不能把道德看作为区别于其他社会生活现象的特殊现象。道德可以概括为如下表现，包括：个人的举止、行为和群众团体、社会共同体、阶级的共同的品行（风尚），人们和社会集团之间具有正义的、人道的社会关系种类，人的意志、动机、意向现象，个人具有的道德性的个性心理特性，人们对道德现实的主观反映、评价和带有意志色彩的对道德现实的感受和态度，道德现实中包含有的、不同于其对象性具体内容的、带有"善"或"恶"特性的、作为道德世界现象的价值意义，规定和指导人的意志、体验和行为的决定者对人的特殊种类的要求（道德的必然性），特殊种类的概念、观念、观点，即道德思维、道德语言等等。《道德概念》一书无疑丰富和深化了人们对道德概念的认识。

季塔连科主编的《马克思主义伦理学》关于道德概念的定义指出：道德是"人从精神—实践上把握社会现实的一种特殊方式"。这是从马克思恩格斯著作中引申出来的道德定义，从"精神—实践"相结合的层面来理解道德。马克思在《1857—1858年经济学手稿》一书中有一段话，即理论思维是人的头脑掌握世界所专有的方

---

① 《哲学研究》编辑部：《苏联哲学资料选辑》第21辑，上海人民出版社1966年版，第1—2页。

式，而这种方式是不同于对世界的艺术的、宗教的、实践精神的掌握的。他们认为马克思在这里说的"实践精神的掌握的"，主要是道德，因为道德的本质特征正是以评价命令的方式把握现实，从善和恶对立的观点来调节人们的行为，这是道德区别于哲学、艺术、宗教、科学等其他意识形态的主要之点。正是在这个意义上，《马克思主义伦理学》把道德定义表述为"人从精神-实践上把握社会现实的一种特殊方式"。

20世纪70年代和80年代初，季塔连科的道德定义与施什金的道德定义是并行的，普遍认为这两个定义应当协调一致起来。当时担任全苏哲学协会伦理学分会主席的阿尔汉格尔斯基在《马克思主义伦理学的对象、结构、基本方面》一书中认为，从社会决定机制方面，必须把道德看作是对现实的一定形式的社会反映，同时从实践的"反馈"的角度出发，也必须把道德看作是一种积极有效的力量，这种力量正确地确定人类行为的目的在于改变自己的生活环境，并以此来改变现有的社会关系和形成有道德的个性。从认识论的角度，可以把道德解释为社会意识的形态，从社会学的角度，应该把道德解释为精神—实践掌握现实的方法。阿尔汉格尔斯基贯彻从抽象到具体的逻辑原则，反思和总结了此前学者给"道德"下定义的历史经验，指出苏联伦理学界从前给"道德"下定义的缺欠，即把道德只看成是社会意识形式。近几年来苏联伦理学界的观点有了重要的改变。只把道德看作社会意识形式，不能充分地反映道德的特性。道德不仅是社会意识形式，而且是人们实践活动、行为的价值定向方式。因此，他在探讨意识的这种价值形式的实践定向性时，把它和"精神—实践活动"、"精神生产"等概念联系起来，这样就把道德的精神—实践定向的特性突出出来了。作者特别强调从"活动"范畴出发理解道德本质的重要意义，运用了"道德活动"

"道德实践""精神活动"等概念。起初把道德的特性展示为社会意识形式，后来把道德的特性看作是精神-实践活动形式。这使我们能发现道德领域中的双重决定因素。阿尔汉格尔斯基的这个定义总结了苏联伦理学界关于道德概念的两种主要方式，在马克思主义伦理学研究中对理解道德产生了较大的影响。

20世纪80年代中期，戈尔巴乔夫批评了苏联社会科学研究中存在着严重的教条主义之后，苏联伦理学家重新审视自己的道德观，向传统的道德定义展开挑战。苏联学者乌尼茨基多次呼吁重新给道德下定义，认为没有正确和准确的道德定义，伦理学不可能得到成功的发展。1988年春天，苏联科学院伦理学研究室召开全苏伦理学研究工作协调会议，提出"在社会道德实践方面组织具体社会学的研究"，还要组织同文化学家、教育学家、历史学家进行对话，以便克服伦理学家的认识局限性，这次对话的中心问题是"道德是什么"。伦理学研究室制订的1988—1991年的研究计划是出四本专著、四本论文集。其中计划的专著是：(1)《人同环境的对立》；(2)《哲学和教育伦理学》；(3)《道德的生命力和软弱无为》；(4)《时代的道德呼唤》。计划的论文集是：(1)《道德的阶级性和全人类性》；(2)《伦理发展的辩证法》；(3)《生和死的伦理问题》；(4)《道德和教育》。苏联伦理学家一致认为最重要的是加强对社会主义世界的道德生活的历史特别是现状的研究，认为只有在这些研究的基础上才能够推进伦理学的科学研究。

20世纪80年代末，苏联科学院哲学所伦理学研究室召开会议讨论"道德是什么"问题，对传统道德定义提出了很多不同看法。苏联学者对道德本质问题的认识分歧很大，争论异常剧烈，对道德定义各有不同的见解。有学者认为，苏联伦理学文献中的教条主义表现在只写范畴和定义，不写人和真正的道德。道德是人的本质，是作为思维存在物的人的本质。苏联伦理学著作是反伦理的，因为不去写真实的人的道德，而只是繁琐哲学地推论那些生活中不曾有的、也永远不会有的东西。他自己准备研究真实的、人的道德，要研究作为文化现象、人的价值的道德。B. H. 谢尔巴柯夫教授提出道德的自我价值问题。苏联伦理学文献对道德规范合理性问题的论证，一切论据都没有谈到自我价值的道德，这就把道德变成为达到某种超出道德之外的目的的工具，而且论证道德的方法也是实用主义的、幸福主义的，毁坏了善的自我价值。传统的道德定义把道德解释成调节行为的方式，看成是社会提出的、得到社会舆论支持的个人要求的总和，基本上是把道德看作管理人们的工具或工具之一，看作是支持社会秩序的手段，忽视了道德的自我价值。他认为道德是人的精神的自我确立的方式和人的生活方式。P. B. 彼特罗巴甫洛夫斯基教授认为，对道德的解释迄今还没有任何理论比马克思主义更高明。关于道德自我价值的观点是非马克思主义的，他认为道德必须限制在社会范围——在个人、集体、社会的相互关系中，没有这个限制，就没有道德。道德同历史必然性密切相联，不能放弃道德阶级性的马克思主义命题。我们今天的任务是研究什么是共产主义道德、什么是无产阶级道德，这些概念应该有怎样的内容。

苏联伦理学界当时出现了很多伦理思想流派，不仅观点对立，而且论争激烈。1989年2月在莫斯科大学召开的关于《道德的革新和伦理学的前景》的讨论会上，B. H. 谢尔达廓夫教授向传统的马克思主义伦理学的道德定义挑战。他认为，把道德界定为社会意识形态的特殊形式和社会行为规范的总和，是把道德看成是达到某种超道德目的的工具，破坏了道德善的自我价值。道德具有自律性，是人的自我价值。马克思主义伦理学把道德看作是为一定的经济基础服务的上层建筑、意识形态的观点,是一种社会功利主义的观点。传统的马克思主义道德观把道德归结为社会利益,而不是归结为自我,否定了道德的自我价值。讲道德就应该强调它是人的生命的自我价值,而不应该强调它调节人们行为的工具价值。道德调节是人的自我调节,因此可把道德界定为人的精神自我确定的方式和人的生活方式。但也有学者认为,把道德仅仅看作是人类的社会意识是片面的,但也不主张把道德归结为自我,看作人的自我意识,而主张把道德看作是人类的活动或行为的特殊种类和属性。

莫斯科大学教授 C.ф.阿尼西莫夫认为,广义的道德是指人类的活动的属性即道德性。从价值哲学的视角来考察人类的活动、行为,许多活动、行为具有善或恶、公正或不公正属性,这就是具有道德性的人类活动、行为。狭义的道德是指由特殊的道德动机、观念、情感、规范和其他道德价值所激励的人类活动、行为,即道德活动。道德活动的特点是活动的动机是道德的,至少是主导动机是道德的,他把道德活动理解为精神理论的和精神实践的活动形式,看成是道德价值的生产和消费的过程,也就是专门为了生产道德产品的一种精神生产活动。C.ф.阿尼西莫夫教授对"道德"概念作如下界定:全部道德(如果把它看作是人类社会活动结构中的某种因素)可以认为是人类活动的特殊样式即"道德活动",它是由道德动机所激励的活动,或者是包含在精神理论和精神实践生产过程中的活动;或者是能够发展社会的道德意识、增强个人的道德观念、消费道德价值的活动。当然也有伦理学家坚持认为应把道德理解为精神现象、意识形式,因为这是全世界伦理学的传统观点,也是马克思列宁主义经典作家的基本观点。B.A.勃留金和 r.H.古姆尼茨基就坚持认为道德是道德意识,而活动、行为只是道德意识的外部表现和实现形式。道德意识才是伦理学领域的秘密和实质，它对于活动、行为是更原初的。道德活动和道德关系这两个概念阻碍了对道德本身、即道德意识的研究，使人觉得似乎还存在着不依赖于道德意识的道德。其实，不依赖人的意志和意识的活动、行为，就不能进行道德评价。道德的内容就表现在道德规范之中，不能把道德归结于自我、个人利益，反对把道德定义为人的精神自我确定的方式。道德的独特功能就在于它表达了个人利益和社会利益相结合、和谐发展的利益。道德的产生正是适应限制、压抑"动物个人主义"、利己主义，以保证共同体成员之间协调一致的需要。如果把道德归结为自我，道德是为了保证个人利益的需要、自我实现的需要，那么，自我保存的本能、私人利益的概念就足够了，因而人类就根本不需要产生道德观念。正是为了使个人的愿望服从别人的利益以及共同体的利益，才需要一种特殊的精神力量，人性、公正、良心、荣誉等道德观念就是这种精神力量。因此，道德是社会意识的调节形式，它反映了社会的公共利益和个人利益相结合是最高的和最终的目的的客观必然性，它旨在人们的行为中实现这个必然性；它表现在个人的自我调节活动和社会赞许的行为中，表现在社会舆论的调节活动中。在不同的社会历史条件下，虽然有不同形式和内容的道德，道德是历史地变化的意识形式，但是，各种道德有一个共同点，这就是团结精神和人道。团结就是要求个人对公共的服从，人道就是把人视作目的本身。

1989年出版的苏联"伦理学辞典"中如此界定"道德"的定义："道德是社会意识的一种形式和确认个人的自我价值、一切人在追求幸福的、应有的生活平等的目的的社会关系种类，这种社会关系是符合人性的理想和人道主义历史前景的表现。"这一规定并未结束苏联伦理学家对"道德是什么"问题的论争和探讨，但它无疑是当时苏联居主导地位的伦理学家的观点。1990年7月，苏联科学院哲学所伦理学研究室组织了以"道德是什么"为题目的讨论会。A. A. 古谢尹诺夫认为，从严格的形式逻辑上说，规定准确的道德定义是正确的，但许多学者实际上没有明确概括道德定义也照样在道德理论上作出了巨大贡献。重新规定道德定义并不影响伦理学的科学研究工作。"道德"应作更宽的理解，应把道德理解为精神生活的"以太"——全部人类文化的基质。我们不应把道德看作纯形式的东西，而要看作是经历了各种文化熏陶的人和社会生活的具体的、现实的状况。"道德"就是人对自己决定和行为的观点，它的出发点是：如果一切都依赖于他的意志，那么他希望这些决定和行为是什么样的、会是什么样的。我们在人的行为中找出一个理想化的自由决定领域，仅仅把这个领域中的行为看作道德行为，然后进一步分析行为背后的动机，把行为动机划分为外部经验动机和内在道德动机。如果从外部把行为看作世界的一部分，那么这个行为就被纳入到因果联系的体系里，行为就是必然的。如果从内部看行为，它就呈现为自由的。道德动机就是从内部看行为，完全由自己负责。道德动机见证的是人把自己看作是行为的原因，把行为看作他按照自己善良意志发出的，他发出这个行为不依赖于任何东西。

当代俄罗斯伦理学关于"道德"概念争论的明显分歧，一种认为道德是社会性的，存在于社会关系领域，是保障良性社会空间的价值规范；另一种观点认为道德是个体性的，道德的主要领域不在社会关系中，不是价值规范，而是活的道德主体的自由决定，"道德是个体—责任行为"（Мораль как индивидуально-ответственное поведение)①。对道德概念做出科学界定并非易事。不同的伦理学专著和教科书往往有不同的道德定义。道德是什么？怎样表述道德定义？这将是长期争论、不断探讨而难以获得一致认识的问题。

2. 道德本质观

俄苏马克思主义学者一般从道德的特殊本质（阶级本质）和一般本质、道德的社会本质、全人类本质几个层次讨论道德本质观。道德本质观的讨论大体上呈现出阶段性、历史性特点。在20世纪初反对沙皇统治和资本主义的斗争中，一些马克思主义的信奉者对道德本身持虚无的态度，对社会主义道德持模糊不清的态度。普列汉诺夫坚持唯物主义历史观，从经济基础的角度解释道德，并且把道德看成是社会生活的产物，认为道德在不同历史发展阶段与该社会的经济基础和社会意识形态相适应，在阶级社会里道德具有阶级性的特点。20—40年代，马克思主义阶级斗争理论影响深远，列宁把道德的本质同各阶级、集团的利益联系在一起，认为社会主义道德是服从于无产阶级斗争利益的。在列宁时代及斯大林时代，道德普遍地被理解为阶级斗争的工具。

20世纪50年代开始直到20世纪80年代末，苏联马克思主义伦理学系统分析和研究了道德本质，对道德本质特征基本观点的概括，内容大致包括：（1）道德是解决个人和社会之间非对抗性矛盾的手段；（2）道德是自主协调个人利益和社会利益的手段（Т. В. 萨姆索诺娃）；（3）道德是规范性的、非制度性的调节手段（О. Г. 德罗勃尼茨基）；（4）道德是掌握世界的精神实践方式（季塔连科）；（5）"道德金科玉律"是道德调节的特殊表达（古谢伊诺夫）。具体

---

① 〔苏〕А. А. 古谢伊诺夫主编：《伦理学》，尤赖特出版社2013年版，第53页。

说来，20世纪50—60年代，随着伦理学研究的深化，道德被作为社会意识形式和调节个人与群体利益关系的方式；20世纪70年代，随着伦理学学科的系统化、学理研究的加深，苏联学者突出强调道德是人们掌握世界的精神—实践方式；20世纪80年代以后，道德在本质上则变成人的精神自我确定的方式和文明的价值基础，忽视道德发展的历史条件以及道德与现实生活互为因果的关系，原则上否定了道德的阶级本质。

第一个层次，道德的特殊本质（即阶级本质）与普遍本质（即全人类本质）的关系。阶级性和全人类性的关系问题是直接指向道德本质的核心问题之一。在20世纪20年代后期至20世纪30年代初期进行的有关辩证唯物主义问题的哲学大讨论中，道德的阶级性和全人类性的关系问题以及普遍的道德原则是否存在的问题占据了一席之地。以普列汉诺夫的追随者阿克雪里罗德为代表的正统派和以哲学家德波林为代表的德波林派围绕着这一问题展开了激烈的争论。

阿克雪里罗德的《道德和法律的普遍原则》一文是这场争论的导火索。其间普列汉诺夫宣称德国侵略集团1914年的行为还需要从道德和法律的普遍规律的角度来评价。阿克雪里罗德给普列汉诺夫的观点以强有力的支持，其基本观点是：普遍道德规律是人类道德发展现实而有效的因素。她强调道德的全人类性，承认普遍道德原则的存在。作为普遍道德标准的具体事例，她指出一些标准：对某一国家、社会的归属，对某一社会物质利益的共同关注；家庭生活的共同特点，某一文化的影响；在反对保守制度的斗争中大部分社会成员利益的一致性以及其他一些标准。因为缩小了人类共同的道德特点同康德哲学的绝对命令之间的差距，阿克雪里罗德的伦理思想遭到了严厉的批判，她的文章实际上仍然一直是保留下来的关于马克思主义伦理学中的全人类问题的唯一源泉。在这一争论中，道德是不具有任何全人类性质的纯粹的阶级现象的观点占了优势，并在苏联伦理学思想史上长久地确立下来。这场产生于20世纪20年代末至30年代初的关于道德阶级性和全人类性的争论以德波林派的最终胜利而告终，它在苏联马克思主义伦理学的萌芽时期产生了深远的影响。

20世纪60年代，一些学者强调道德的全人类性的普遍本质。Г.班泽拉泽主编的《马克思主义伦理学的现实问题》（第比利斯1967年版）文集极力为普列汉诺夫和阿克雪里罗德的道德的全人类性观点辩护，同时也反击了贬损他们的人。文集收录了米利涅尔-伊里宁所著的《伦理还是真正的人性原则》（1963）一书中的《伦理学：关于应然的科学》《伦理学——真正的人性原则》两篇文章。该文以柏拉图式的口吻宣称：一个真正的聪明人是绝不可能昧着良心办事的。他认为对这十条原则要一视同仁，它们之间不存在从属关系。一个人违反其中任何一条原则，就会损害他的良心，以致违反构成良心的全部原则。Г.班泽拉泽称赞米利涅尔-伊里宁的著作"思想精深，学识渊博，阐释全面，逻辑严密"，在马克思主义伦理学文献中是无与伦比的。米利涅尔-伊里宁提出了一种康德主义的、道义论的良心伦理学，认为良心与人们行为的社会后果无关而与人们的动机的道德价值有关。他的第一条原则就是他所谓的"良心的原则"，其次还有"自我完善的原则""善的原则""高尚的原则"等。米利涅尔-伊里宁认为，伦理学体系应该是一个道德责任的体系或"原则的伦理学"，与"规范伦理学"或"消极的伦理学"有区别。该文的绝对形式主义和纯粹道德说教，遭到了В.Н.科尔巴诺夫斯基、В.Т.叶菲莫夫（合作评论发表于《共产主义者》1968年第14期）以及А.Г.哈尔切夫、В.Г.伊万诺夫（合作论文《伦理学中的历史主义》，发表于《哲学科学》1969年第1期）的批判。

1968年2月，莫斯科举行了一次为期两天的讨论会，会议批评了米利涅尔-伊里宁提出的康德主义的、道义论的良心伦理学观点。会议认为上述观点为异端邪说、具有宗教的倾向以及从《旧约·传道书》偷袭文风等错误。与会的大多数人赞成伦理学分会负责人祖拉夫科夫的说法：米利涅尔-伊里宁的观点是非马克思主义的，因此必须站在党的立场上，积极地跟这些观点作斗争。米利涅尔-伊里宁的观点被指责为谋求开创一个以米利涅尔-伊里宁的观点为基础的伦理学思想的"新方向"，批判主要集中在如下方面：第一，忽视了道德的阶级性。马克思主义认为无产阶级创造出了它自身的、历史上更高类型的道德，与此相反，米利涅尔-伊里宁却认为无产阶级仅仅是普遍的、无限的和永恒的道德的体现者而已，在他看来，道德是一切有理性的生物所必需的。这种幻想有百害而无一利。第二，背离马克思主义的历史主义。马克思主义的历史主义要求"历史地具体地"对待一切观念，例如只能在特定的历史关系中对待良心问题，世界上并不存在"独立于任何东西之外的良心"之类的东西。对于埃吉德斯关于人的异化和"程式化"的论点，施什金认为，这些论点可以被解释为暗示在社会主义社会中只要存在"纪律"，异化就会继续存在，但是纪律是须臾不可离的。因此，施什金断言：埃吉德斯的论点是对马克思主义异化观的歪曲，这只能造成使读者迷失方向的混乱局面。在当时的形势下，对于"普遍的道德"与马克思主义的阶级道德观念的关系问题，像Γ.班泽拉泽主编的文集中的一些作者那样自由地选择前者显然是行不通的。

季塔连科于1968年完成其博士论文《关于道德进步问题》，该文研究了道德进步的标准、道德与政治的关系、思想意识与道德的相互影响以及道德-继承性在不同历史时期的不同内容。季塔连科赞成道德具有历史性、阶级性和时代性。季塔连科在1980年再版的《马克思主义伦理学》一书中引证恩格斯的思想，认为在封建道德、资产阶级道德、无产阶级道德三种道德体系当中不可能不存在许多共同的东西，"全人类性表现在阶级性中"。"道德的全人类性和阶级性，不是平行存在、相互隔绝的道德成分。"①道德中的阶级性与全人类性的对立是相对的，它们复杂地交织在一起。全人类性的道德内容由三个组成部分构成：其一，最普通、基本的道德规则。它们作为一种道德文化，构成社会存在不能缺少的"黄金储备"，也成为人们交往所需要的共同的道德"背景"。其二，道德感受、激情和感情的某些共同心理形式。虽然道德在内容以及它们的社会意义上会因不同阶级、阶层而不同，但这些内心活动的心理形式是相似的，否则人们无法理解和感受别人的道德经验。因此，它们也是道德中的全人类因素。其三，有几千年历史根源的、普通但却十分宝贵的道德文化遗产，是人类历史上各种先进的道德成就。诸如同情、感激、诚实、谦虚、有礼、友善、真挚、豁达、温良，就是一些具有全人类意义的规则和准则，它们随着社会的进步日益丰富和巩固。这三个部分是"有决定意义的前景，而未来是属于它们的"②。

И. С. 科恩主编的《伦理学词典》在1975年出版，1989年苏联政治书籍出版社第5次修订出版《伦理学词典》（编纂者是 А. А. 古谢伊诺夫、И. С. 科恩），该书代表了当时学术界对马克思主义伦理学基本理论、概念、方法、范畴通俗的辩证的理解，其中对道德的全人类性和阶级性的理解具有相当的代表性。该书认为，马克思主

---

① 〔苏〕А. И. 季塔连科主编：《马克思主义伦理学》，黄其才等译，中国人民大学出版社1984年版，第41页。
② 〔苏〕А. И. 季塔连科主编：《马克思主义伦理学》，黄其才等译，中国人民大学出版社1984年版，第44页。

义伦理学是以道德的历史性和阶级性的原理为出发点的，它认为道德要求是由社会中占统治地位的社会关系决定的，是按照社会生活的变化而发生变化的。不同阶级对道德要求有着不同的理解，这取决于这些阶级在社会劳动分工中的地位，取决于他们同生产资料的关系。历史上产生的任何一种新的道德思想都要通过对普遍实现这种思想有利害关系的代表者的积极活动，才能在社会生活中被确定下来。这种道德意识的代表者往往是具有相当的物质利益和最理想的利益的、能够组织自己和能够有目的地去影响社会发展的某个阶级。登上历史舞台的阶级可能是进步的，也可能是反动的，可能是劳动阶级，也可能是剥削阶级。这是由他们信奉的和宣扬的道德的性质和特点决定的。因此在各种类型的道德之间经常发生冲突，这些冲突在一种结构取代另一种结构的过程中往往可以得到解决，但同时又会出现新的矛盾。这样一直要持续到共产主义结构建立起来为止。马克思主义伦理学在批判道德上的绝对主义的同时，也反对相对主义的观点，然而任何阶级的道德所反映的不单纯是某一阶级的特殊利益，同时也要反映该历史条件下社会生活的客观规律，与狭隘阶层的道德不同，阶级的道德具有普遍的性质，因为它表达出了对该社会所有人的要求，在该社会中或者成为占统治地位的道德，或者是处于相反的地位的道德（如对抗性社会中的革命的道德），它要求相应地消除现有的生活条件，而建立起新的社会秩序。在这两种场合，阶级的道德都以全人类道德的形式出现，但实际上阶级的道德是否具有这种性质，取决于它与历史进程的进一步发展相符合的程度。由于人类历史是各种社会经济结构的不断更替，因而它保留着各个历史时代所共有的人们生活的某些条件和人类共同生活的方式。因此也就保留着某些道德要求的传统性。这基本上都是一些与人们相互关系最普遍的形式有关的那些要求，例如，不盗窃、不杀人、解人之难、履行诺言、说老实话等等。在各个时代，残暴、贪婪、怯懦、虚伪、背信弃义、诽谤、嫉妒、高傲都要这样或那样地受到谴责，而勇敢、正直、自制力、宽宏大量、谦虚都要受到称赞。但同时人们对于这些要求的适用条件和界限以及对于这些道德品质的相对意义有着不同的理解。如果说这些要求的道德内容（它们要求什么行为）被大体相同地保留下来，那么在不同的时代这些要求的社会意义（实现这些要求时完成何种社会需要和社会任务）则截然不同。

道德中全人类的东西不仅是固定的普遍的道德要求的总和，而且是道德意识的逻辑结构和用来表示道德意识观念的形式。在一些比较复杂的道德观念中（例如"正义""仁爱""善行""恶行"等）只有抽象的形式和通过其他道德概念对这些比较复杂的道德概念下定义的方法是稳定的（如"仁爱"表示"对人之爱"、尊重人格等等）。但不同时代的不同阶级放进这些概念的内容总是不同的，因而这些概念有时要求完全不同的行为。在一切道德都共有的一些道德概念中，如道德规范、评价、品质、原则、道德理想、善等概念中，被相对稳定下来的只是它们的逻辑形式、它们在各种不同的道德体系中所占有的地位、它们在道德推理和道德论证中所起的作用（道德语言、道德语言逻辑）。共产主义道德保留了在它之前所创造的一切道德意识的形式（规范、评价、理想等），但在共产主义道德中具有首要意义的是一些更为复杂的形式，例如原则、社会理想，同时共产主义道德包括了"人类一切公共的简单的基本规则"①，包括了人民群众数千年来同各种社会恶习和不公正现象作斗争时所形成的全人类的基本的道德规范。公正、人道主义、平等、尊严等许多概念第一次饱含了真正合乎人道的内容，并普及于

---

① 《列宁全集》（第二十五卷），人民出版社1963年版，第461页。

人类生活的各个领域，开始运用于人们活动的一些有决定意义的条件中，即社会地位、生产资料所有制、物质需要和精神需要的满足、劳动条件。共产主义道德按其来源属于无产阶级的道德，但它的目的归根到底是为了满足全人类的利益，也考虑到人类历史继续发展的需要。从这个意义上讲，共产主义道德是真正全人类的道德。80年代中期出版的 Л. M. 阿尔汉格尔斯基遗作《马克思主义伦理学的对象、结构、基本方面》在第一篇结束指出："在漫长的历史时期，人类（首先在人民传统的基础上）创造了这样一些永不会消失的价值，如友谊、光明正大、不自私、热爱劳动、尊重人的尊严等。不同的阶级把不同的内容纳入这些价值里，但是这些价值的全人类含义却起源于全民的、民主的习俗和传统。当然，道德的进步不能归结为简单地积累道德的全人类因素。在继承过程中最人道的和社会肯定的价值会适应人们生命活动的新条件而得到丰富。"①《伦理学词典》和阿尔汉格基斯基的观点，代表了苏联伦理学界在80年代对道德的特殊本质和普遍本质的典型看法。

第二个层次，道德的一般本质。60年代，苏联学者把道德主要定义为指导人们行动的社会意识形式、规范和原则的总和，这些规范和原则是由社会舆论和人们本身的信念予以核准的。这样的看法无论从认识论观点还是从社会学观点看都只是从一个方面而不是从整体方面充分地反映了道德的本质特性。

70年代，苏联伦理学倾向于把道德看作是一种活动，是精神-实践活动方式，一种掌握社会现实的实践精神方式，表明道德作为精神关系的实践定向形式的特点。德罗伯尼茨基、尤金、阿尔汉格尔斯基等作出了卓有成效的学术贡献。阿尔汉格尔斯基《马克思主

---

① 〔苏〕阿尔汉格尔斯基：《马克思主义伦理学的对象、结构、基本方面》，思想出版社1985年版，第57—58页。

义伦理学的对象、结构、基本方面》第一篇"马克思主义伦理学的哲学基础"对70年代的相关讨论进行了总结,其中关于道德一般本质的论述可以看作是这一阶段的代表性观点:"从道德的社会决定的机制方面把道德看作是对现实的社会反映的一定形式,又从道德与实践的'反向联系'的角度把道德看作旨在改变现存社会关系的积极而有效的力量,这种力量通过人的行为所采取的改造自己生活状况和形成道德的个人的相应方针表现出来。在这种情况下马克思主义哲学的方法论功能就在于它用科学原则武装伦理学。……伦理学首先关心的是:道德概念与活动范畴有什么关系,关于道德和实践的关系可以讲些什么:'实践'和'行为'两概念是等同的吗?行为是否包括在道德概念里?关于'道德活动'概念的合理性,早就在进行讨论。……在70年代,道德作为人活动的一定方面越来越大地吸引着苏联伦理学家的注意,形成了揭示问题本质的特殊角度。作为精神现象和掌握现实的观念形式的道德意识同作为实践活动和道德意识的观念构成物表现为实际行动的形式的行为之间的矛盾,成为分析的出发点。道德作为意识,是不同于道德的具体实践体现(行为)的。同时要承认,道德不仅说明人们意识的特性,而且说明人们行为的特性。不过这一点使我们难以把道德完全看作社会生活精神领域的现象。某些作者依据这一点甚至有意强调道德的实践表现优于精神表现。另外一些作者不热衷于类似的评定,而把注意力集中到研究道德影响具体人、个别人行为的规范性、机制和条件上。"[①]这一理解并不否定道德是一种社会意识形式,而是对道德本质认识的补充、丰富和深化。

道德作为一种社会意识形式,从认识论角度被看作是一种社会

[①] 参阅阿尔汉格尔斯基:《马克思主义伦理学的对象、结构、基本方面》第二章"一般道德理论在马克思主义伦理学中的发展",思想出版社1985年版。

反映形式，一种规范—评价的反映形式。这种反映概括人们的单个行动并把它们归入一般的准则和评价的概念，即从这些或者那些一般原则和社会价值的观点来评价这些行为举动。道德作为社会意识形式，通过其固有的善、恶、义务、良心、荣誉和尊严、生活意义等观念形式表现出来。道德是通过善恶等概念反映社会现实的。善恶这类道德评价不是自在目的，而是为了展示人们的实践定向的方向，并且是形成应该行为的观念的根据。道德意识具有规范性的特性，这表现在道德规范一方面是道德要求（应该的东西），另一方面是实践上已巩固了的道德经验的标志。因此，善和恶的辩证法、应该的东西和现有的东西的辩证法是社会存在的规范—评价反映，是道德意识积极反作用于人的行为和关系的道德特有形式。因此，不能离开人的实践活动，离开人掌握社会生活现实的精神—实践方式来考察道德。道德是实践精神活动的本质观，把道德作为人的活动的方面或特性来研究，揭示了道德本质的特殊角度。道德不仅说明人们的意识的特性，而且说明人们的行为的特性。

第三个层次，道德的社会本质。80年代，苏联伦理学界强调道德的社会本质。阿尔汉格斯基认为："弄清道德的本质总是同探明公共利益与个人利益的对立（出此产生出对道德调节的要求）相联系的。"[①]他坚持以社会决定论来研究道德的本质和职能，承认人作为道德主体的能动本质，并且从意识与活动的统一、道德精神成分与实践成分的统一原则出发，探讨道德关系的性质。

由道德的特殊本质历史地形成的体现道德社会本质的诸方面，包括调节、教育、命令、指导、激励、沟通（保障人们的交往）、预测等。苏联学者力图从诸功能中区分出主要的功能。阿尔汉格斯

---

① 〔苏〕Л. М. 阿尔汉格斯基：《用列宁的观点看伦理学认识的特点》，载《哲学科学》1980年第3期。

基举出了道德的三个主要功能：调节功能、教育功能和认识（反映）功能。大多数苏联学者认为调节功能是道德的主要功能。季塔连科认为，"道德的特殊本质，具体地表现在它在历史上形成的各种功能的相互作用中。这些功能是：调节、教育、认识、评价-命令、指导、激励、沟通（保证人们的交往）、预测，等等"①。与苏联伦理学界多数人把调节功能排在第一位相似，季塔连科特别指出道德的调节不同于法律调节之处是"超然于制度之外""适用于一切人""比较灵活多样"，而且表现为劝说和社会舆论的赞同，以及自我评价——问心无愧或问心有愧的道德情感、道德情绪。②作为认识功能的道德也具有特殊性，道德不像科学，它关心的不是知识本身，而是反映在价值中或能说明道德选择的条件的知识。道德要求中包括着这样的知识，它转化为内心的命令，它从情感上承认某种行为的必需性。道德与科学不同，它不是单纯地给人提供客体本身的知识，而是使人理解他周围的文化价值。"道德不可能不传递所积累的道德经验（由社会传递给集体，由集体传给个人，由个人传给个人，由上代传给下代等），所以，它取决于社会交往的条件、社会舆论发生作用的方法，取决于现有的以传播关于准则和价值的观念的沟通思想的手段。"③"道德也是人们交往的一种特殊形式"，交往是"人们之间的道德接触，共同感受某些信息，通过别人的探索而丰富自己的生活经验"。④在列举了上述种种特殊性后，他的结

---

① 〔苏〕А.И.季塔连科主编：《马克思主义伦理学》，黄其才等译，中国人民大学出版社1984年版，第103页。

② 〔苏〕А.И.季塔连科主编：《马克思主义伦理学》，黄其才等译，中国人民大学出版社1984年版，第104页。

③ 〔苏〕А.И.季塔连科主编：《马克思主义伦理学》，黄其才等译，中国人民大学出版社1984年版，第29页。

④ 〔苏〕А.И.季塔连科主编：《马克思主义伦理学》，黄其才等译，中国人民大学出版社1984年版，第105页。

论是：要使道德有效地发生作用和得到发展，重要的是使它的所有功能自由地、不受限制地表现出来，使它们成为协调的整体。[①]季塔连科详细探讨了社会主义条件下道德的调节职能和法律、行政的规则的辩证联系。他认为：调节行为的功能不仅要借助于道德要求，而且要借助于法律准则、行政规定、技术规则和社会-卫生规则等来实现。社会主义条件下在道德和法律中形成了统一的、同类型的社会阶级内容，反映了友好的社会大家庭的利益。大部分社会关系同时得到法律准则和道德准则的调节，但是，即使是在社会主义社会里，道德与法律也不会完全吻合。法律不能完全取代道德所具有的独特的社会调节功能。道德的调节作用是通过道德规范实现的。"规范性是道德的具有本质意义的（决定性的）性质。它保证了道德的基本职能——充当人们相互关系的调节者"[②]。道德规范的结构由三要素构成：制裁（保证道德规范功能的手段）、指令（道德要求本身）、假设（道德规范作用的范围和条件）。古谢伊诺夫认为，道德是被经济关系所制约的上层建筑的一部分的命题，与改革时代的道德观相矛盾。改革时代的道德观，一是道德是全人类的特殊现象，而不是被经济利益和阶级目的所决定的相对独立的精神现象；二是道德是不足与其他精神生活并列的文化表现之一，而是在所有其他文化的基础上生长出来的独特的文化根基。

第四个层次，道德的全人类本质。60年代以前，苏联学者注重强调道德的阶级性，否认道德的全人类性。苏共二十二大通过的苏共党纲提出了"共产主义道德包括全人类的基本道德规范"的论断，并将全人类道德写入《共产主义建设者道德法典》。但50—60

---

① 〔苏〕А. И. 季塔连科主编：《马克思主义伦理学》，黄其才等译，中国人民大学出版社1984年版，第105页。
② 〔苏〕Л. М. 阿尔汉格斯基：《道德规范的本质及其发展的辩证法》，《哲学问题》1978年版，第72页。

年代苏联伦理学家们还都强调道德的阶级性与全人类性的辩证统一，阶级性是道德的主要属性，而全人类性是次要的、非本质属性。

20世纪70年代，一些学者认为在阶级社会中道德包括全人类的因素，由此对全人类道德的关注越来越多，对全人类道德的规范、内容、形式、社会属性进行了系统的论述。阿尔汉格斯基指出：道德发展的标准应该包括道德中的全人类因素和阶级因素的辩证法，并考虑到这两种因素的历史形式。全人类因素和阶级因素不是道德的平行因素或者道德的孤立表现。阶级性是在阶级社会里对道德的基本评定。这使我们有可能区分这一或那一历史类型的道德在人类历史前进发展总链条中的进步作用和保守作用以及反动作用。每一个道德历史类型都具有其上升和没落的阶段，在这些阶段的范围内它的社会作用不是同一意义的，而是对立的。这一点说明在整个阶级社会里道德历史发展的矛盾性。进步概念仅仅包括道德的一般方向，没有考虑到倒退的、反动的运动。道德中的全人类因素反映道德概念以及实用规范的主要含义，反映它们不与阶级差别相联系的通行程度。简单的道德规范是全人类因素的另外一种形式，它符合巩固人类公共生活基础的需要，因此在一切历史阶段上，它们不仅调节阶级内部的交往，而且也调节阶级间的交往。道德的阶级性影响道德的全人类因素的表现，即加强、削弱或者破坏它们。基本的全人类道德规范是由人民群众在数千年内，在与社会压迫、道德恶习作斗争中创造出来的，它们有机地包括在共产主义道德内容里。

费多谢耶夫指出："对于马克思主义哲学来说，关于存在全人类财富（道德的和文化的）原理是个基本原理。"[①] 只有承认全人类

---

① 〔苏〕П. Н. 费多谢耶夫：《文化和道德》，载《哲学问题》1973年第4期。

道德范畴的存在，才能正确反映道德的发展的继承性。道德的全人类性因素可归纳为五个方面：（1）"道德范畴的历史继承性，如各阶级都可接受的大胆、勇敢、忠于职守、诚实等品德，所不同的是这些品德是为哪个阶级服务；（2）"简单的道德准则"，即马克思讲的"简单的道德和正义的准则"，列宁讲的"起码的公共生活规则"；（3）道德体系中包含的某些反映大多数人民利益的成分；（4）人民群众在社会生活中形成的高贵品质，如朴实、热爱劳动等，皆属于全人类的价值；（5）共产主义道德实质继承了人类道德实践中所积累的这些优秀品德并加以新的发展。[①]

20世纪80年代中期以后价值哲学成为伦理学研究的方法论，与马克思主义哲学、马克思主义科学世界观对立的非理性主义逐渐蔓延开来，道德的全人类本质受到普遍的关注。以多元化、公开性、民主化为特点的戈尔巴乔夫改革时代，道德的全人类性本质超越了阶级性，成为道德的主要本质。戈尔巴乔夫提出："在20世纪，在这个充满悲剧的百年之末，人类应当承认将全人类的优先权作为绝对命令的必然性"。苏联《哲学问题》杂志编辑部1987年4月14—16日主持召开了以"哲学与生活"为题的讨论会，全苏60多位专家参加了会议。莫斯科大学哲学博士、教授卡尔塔赫强对"阶级性"和"全人类性"提出了自己的看法，认为全人类性具有优先的地位。[②] A.齐普科分析了反对改革的世界观根源，分析了阶级道德与全人类道德对立的教条主义根源及其危害。[③]

[①] 参阅贾泽林等著：《苏联当代哲学》，人民出版社1985年版，第432—433页。

[②] 参阅安启念主编：《当代学者视野中的马克思主义哲学》（俄罗斯学者卷），北京师范大学出版社2008年版，第29页。

[③] 参阅安启念主编：《当代学者视野中的马克思主义哲学》（俄罗斯学者卷），北京师范大学出版社2008年版，第82页。

20世纪80年代末伦理学家普遍承认道德在本质上是全人类的,特别是新思维倡导下的新伦理学更将全人类性视作道德核心。车尔尼雪夫斯基的名言"社会利益高于民族利益,全民族的共同利益高于某一阶层的利益,多数阶层的利益高于少数阶层的利益"被广泛引用,古谢伊诺夫在《新思维和伦理学》一文中引述此语表达全人类道德的合理性,以此说明全人类的价值高于一切,全人类道德高于民族的、国家的、阶级的、社会主义的利益的观点。将道德的全人类性绝对化,全然否认道德的阶级性,最终只能导致理想主义、道德虚无主义。道德的全人类性的绝对化,是苏联伦理学研究非理性化的显著表现之一。20世纪90年代以后,道德的全人类性观点向现实有所回落,伦理学家大多逐步回归现实、结合现代道德发展状况来讨论道德本质。

3. 道德原则观

俄苏马克思主义伦理学理论问题的研究,大部分是在对与之相对立的学说、思想、观点的反驳和纠错的过程中展开的,无论是马克思伦理学体系之内,还是之外,对于道德原则的研究同样如此。学者们讨论的道德原则涉及集体主义、共产主义和人道主义等方面。20世纪20—70年代,马克思主义伦理思想主流里道德原则的主体是集体主义、共产主义。整个20世纪60年代,对人道主义进行专门论述的文献并不多,但是20世纪60年代伦理学研究的人道主义倾向却在各个问题研究领域都有表现。苏联马克思主义伦理学对人道主义问题展开全面研究是在20世纪70年代之后,与其说人道主义是伦理学研究的内容,倒不如说它是伦理学研究的思路和倾向。思路决定了内容,内容反映了思路。

人道主义是共产主义道德最重要的原则之一。人道主义作为共产主义道德最重要的道德原则之一的说法，是在施什金的《共产主义道德概论》中提出的。但对它的论述侧重了用社会主义的人道主义反对资产阶级道德的革命性，重点强调的是社会主义人道主义的特点，它与旧人道主义的区别和对立，对人道主义的具体内容未作详细解释。1961年，苏共二十二大提出"一切为了人，一切为了人的幸福"，"人道主义"一词开始成为很时髦的词。苏共二十二大颁布的《共产主义建设者道德法典》中，人道主义是约束共产主义建设者的行为准则，后来的进一步解释性研究中，人道主义再次和其他的道德原则（集体主义、社会义务、诚实劳动、爱国主义、国际主义等）一起被称为"共产主义道德最重要的原则"。"人道主义"被看成是实现共产主义的手段，正如马克思所说的"共产主义等于人道主义"，以这种方式论证目的（共产主义）和手段（人道主义）的统一。苏共二十二大后，学者们明确了人道主义的内容，即为社会的幸福创造性地劳动、保护和增加社会财富；不以暴力和强迫、不以政治和经济手段促进人的社会义务的完成；让集体主义、互相帮助和人与人之间人道关系走入日常生活。这一时期对人道主义原则的宣传（还说不上研究），的确具有明显的反斯大林主义的思想指向。

其一，集体主义原则。最早把集体主义作为道德原则来论述的是施什金的《共产主义道德概论》一书。施什金认为，集体主义，同志互助，大家为一人、一人为大家，都是相同含义的道德原则。其基本含义是：社会利益是个人的主要利益，同时也不能压制个人利益，而是力图使个人利益充分满足，使个人利益和社会利益正确地结合，使个人利益适应于社会利益。施什金驳斥了资产阶级批评家们所指责的社会主义似乎不重视人们的个人利益、压制和束缚人们主动性的发展等观点，系统论述了社会主义的社会利益与个人利益的辩证关系，强调"社会主义绝对不压制合理的个人利益，而是力求使他们得到最充分的满足。不是忘记个人利益，而是把它们同社会利益正确地结合起来，使它们符合于社会利益"①。

施什金承认集体主义原则是共产主义道德最重要的特点，指出不能遗忘个人利益，而是使个人利益和社会利益正确地结合。40、50年代，为了在社会主义建设中进一步激发人民的劳动热情，鼓励人民群众的主体性和创造性，个人利益的正当性被突出了出来。1955年6月，苏共中央召开全体会议，中心议题是工人劳动所得的个人物质利益的保护问题。会议要求各级党、工会、生产组织致力于消除劳动组织和规划过程中存在的不足，调整工资，改善工人的劳动和生活条件，在提高劳动生产力的基础上，保证工人实际工资的提高；党反对不重视劳动群众个人利益和要求的态度，要求领导善于挖掘和使用物质因素对工人进行奖励。哲学家Г.М.加克在《哲学问题》上发表题为《社会主义条件下公共利益和个人利益及其结合》一文，文章开篇点明："个人服从于社会条件下的公共利益和社会利益的结合是社会主义社会的特点。"共产党和苏联国家既关心社会的整体利益，也关心每一个个人的利益。社会主义不会疏离和藐视个人利益，而会考虑并承认充分满足个人利益。Г.М.加克从理论和实践的双重视角出发，探讨利益的内涵问题，指出人的利益首先受它所在的社会历史条件制约；利益是多样的，也是多方面的；个人利益通过自然、社会、民族、阶级、国家利益的实现而得到满足。公共利益是由社会生产力发展的要求所决定的；社会的阶级结构决定了公共利益和个人利益对于整个社会而言同样有利，同样适用。建立和发展社会主义条件下社会和个人之间正确关系的

---

① 〔苏〕А.Ф.施什金：《马克思主义伦理学原理》，载《哲学研究》编辑部：《苏联哲学资料选辑》第21辑，上海人民出版社1966年版，第202、194页。

途径,是在生产资料公有的基础上客观地将二者利益结合起来;挖掘个体的才能,使其充分自由地得到发展;社会生产和技术进步是社会利益和个人利益结合的媒介,应加快并改善社会生产和技术进步;提高人的文化素质,使其从根本上认识社会进步和个人利益的一致性;二者的结合涵盖社会生活的各个方面,包括经济领域的按劳分配的社会主义原则;个体正当的物质利益应得到保护。社会利益并不只是追求个人利益满足的结果。要在党的领导下,依靠社会主义的经济规律,寻找和使用现实合理的机会和手段才能实现二者真正的结合。

苏共中央的全体会议和Г.М.加克的文章为社会主义条件下集体利益和个人利益的初步结合、为个人利益的正当性提供了进一步的政策支持和理论依据。1958年4月,施什金撰文《共产主义建设和某些伦理学问题》,将"个人利益和社会利益的结合"作为建设共产主义的一个重要问题作了单独论述。施什金认为,具体的社会历史条件决定了社会主义条件下社会利益和个人利益的结合。社会主义条件下个人利益的满足取决于社会经济的增长,取决于工人劳动的数量和质量。社会主义用工资将个人利益和社会利益联系起来,创造了新型的劳动纪律。社会主义条件下个人利益具有新的内涵,个人利益不是私有者的利益,而是劳动者的利益,它是社会经济发展和社会劳动生产力提高的推动力。教育应发挥解决社会利益与个人利益之间对抗性关系的作用,创建真正促进个体道德发展的集体。社会主义应更加关注人的利益增长,关心人本身、人的生活和劳动条件、人的健康、才能和天赋的发展,致力于人的利益和要求的最大满足是社会主义社会发展的规律。党对工人物质利益的关心具有深刻的、不同于资本主义社会的人道主义意义。这一观点是针对苏共二十一大有关建设共产主义的物质技术基础、继续巩固经济和国防力量、满足苏联人民不断增长的物质和精神需求的要求而提出的,具有很强的时效性和现实意义。

季塔连科提出要正确理解集体主义,他甚至认为"为了理解集体主义的具体性质,就必须揭示作为集体利益基础的偏私性。社会总是实行对它有利的、符合于组成社会的各个个人的利益的那种集体主义形式"。社会主义的集体主义"符合工人阶级及其同盟者的利益:没有战斗性的团结,他们就不能战胜资产阶级,而没有同志式的合作互助,他们就不能建立一个新的社会主义社会;集体主义对他们来说,是自我发展的必要形式"①。因此,在理论上,苏联学者没有宣扬压制个人利益的整体至上思想。施什金认为要把社会利益看作自己的主要利益,马卡连柯认为集体利益高于个人利益的原则。施什金在《马克思主义伦理学原理》一书中讲要以忠于广大社会利益的精神,以为人民服务的精神教育人民,不但共产主义道德理论,历史上一切优秀的道德理论都主张社会利益高于个人利益。

苏联学者在关于集体主义原则的论述中过分强调社会主义社会的集体利益和个人利益的一致性而否认二者之间的矛盾和对立。对立统一规律是宇宙的普遍规律。资本主义社会中的集体利益与个人利益之间既存在着对立的一面,也存在着统一的一面,对立一面是主要的、基本的;社会主义社会中的社会利益和个人利益之间也是对立统一的关系,虽然统一的一面是主要的,但也有矛盾。在对社会主义社会中的集体利益与个人利益的关系的认识上,斯大林强调"个人和集体之间、个人利益和集体利益之间没有也不应当有不可调和的对立"②,施什金也称"社会主义不知道这种对立",他们强

---

① 〔苏〕А.И.季塔连科主编:《马克思主义伦理学》,黄其才等译,中国人民大学出版社1984年版,第205页。

② 《斯大林选集》下卷,人民出版社1979年版,第354—355页。

调社会主义条件下集体利益和个人利益的一致性是可以理解的，因为一致性正是社会主义制度优越性的表现，但是，他们为了宣传社会主义的优越性而否定集体利益和个人利益的矛盾则是错误的，因为理论上否认二者之间的矛盾势必导致实践上对矛盾的正确解决。他们把个人主义等同于利己主义。施什金批判了资产阶级个人主义，认为个人主义在人们的品行，即日常行为中，在人们的思想方式和感情方式中，以及在伦理学理论中，把单个个人的利益摆在首位，而所有其他人们和社会联系只是个人达到自私目的的手段。个人主义这种人与人之间的关系原则，必然导致利己主义，只顾自己，只关心个人幸福和个人安宁。"个人主义既然反映人对人的关系，所以是反人道主义的，作为反映人对社会的关系的原则，它是反社会的，是与社会利益相敌对的。"①总之，他不是对个人主义持肯定的赞美的立场，而是持否定和批判的态度。他在对个人主义进行批判时，没有严格区分个人主义与利己主义，没有对个人主义在现实生活中的积极作用和消极作用作具体分析。他认为个人主义和利己主义是有区别的，个人主义只有发展到一定程度才必然导致利己主义，但他对个人主义进行分析批判时把个人主义和利己主义等同起来，甚至把工人只是为了工资而劳动、把全部工余时间用在布置自己的住宅或别墅也作为十足的个人主义进行批判，就是说把合理的个人利益也当作个人主义或利己主义进行批判。

个人主义是以个人的利益、幸福、价值和自由为根本出发点和归宿的思想和行为。个人主义本来是小生产者的世界观和行为表现，其主要表现是自私狭性、自由散漫、狂热、灰心和自发的资本主义倾向等。利己主义是个人主义发展到极端的表现形式。当从个

---

① 〔苏〕А.Ф.施什金：《马克思主义伦理学原理》，载《哲学研究》编辑部：《苏联哲学资料选辑》第21辑，上海人民出版社1966年版，第82页。

人利益出发的言论和行动发展到坑害他人利益和社会利益时，个人主义变为利己主义。利己主义是将自己的利益立于他人利益和社会利益之上的一种剥削阶级的人生观和道德原则。个人主义与利己主义有共同之处，都以自己的个人利益作为行为的唯一动机和目的，都有以我为核心的思想倾向。两者的区别是阶级实质不同，个人主义是小生产者的世界观，而利己主义是剥削阶级的世界观；一般个人主义并不危害他人、危害社会，只有个人主义膨胀、发展为极端个人主义即利己主义时，才危害他人和社会利益。

苏联学者对个人主义与利己主义长期不作区分，把批判个人主义而不是利己主义即极端个人主义作为主要目标，这就容易伤害广大群众的积极性。一般个人主义和极端个人主义是有区别的，其社会作用也是不一样的。像计较个人的名利和地位、行动上的自由散漫、无组织无纪律的行为等都是个人主义的表现，而极端个人主义则是损人利己、损公肥私的言论和行动。可以说，不以损害他人利益为目的的所谓合理利己主义就是一般个人主义，而以损人利己、损公肥私为特点的利己主义就是极端个人主义。由于个人主义主张个人的利益、幸福、价值和自由，主张个性的解放和发展，它在历史上曾起过反对封建特权及其伴随物——奴化思想的积极作用，对此苏联学者也作过肯定的评价，但对个人主义在苏联现实社会生活中的作用则完全是否定的，认为现实生活中的个人主义不仅是反人道的，而且是反社会的。在社会主义的集体主义原则产生以后，个人主义作为集体主义的对立物已丧失其道德导向的积极作用，但在小生产大量存在、资本主义尚未得到充分发展的生产力落后的国家并未失去其经济和社会领域的价值导向作用，因为在生产力落后、封建主义的人身依附关系仍然存在的国家，个人主义尚有破除封建特权的束缚、破除奴化思想、促进生产力发展的作用。在苏联这样生产力落后的国家，小生产者的大量存在是不容忽视的客观现实，仍然需要发挥两个积极性：集体主义的积极性和个人主义的积极性。只要个人主义思想没有发展到损害他人利益和社会利益时，它的存在不仅是合理合法的，而且是有利于社会进步的，在社会主义初级阶段并不一定都是反人道的、反社会的。反人道、反社会的个人主义是有的，就是损人利己、坑害集体、危害社会的极端个人主义，即利己主义。但是应当指出，就是一般个人主义也已经丧失其道德价值，不应该把它作为社会主义的道德原则来提倡。

20世纪70年代末80年代初，集体主义作为社会主义的基本特征之一受到苏联学者的重视。学者们普遍认为社会主义在社会关系方面的特征是集体主义，社会主义的社会关系建立在公有制、劳动人民当家做主以及没有剥削阶级这样的基础之上，因而只能是自由劳动者之间进行同志式的合作与互助关系，由此决定着社会主义全部社会生活的重要特征即集体主义。社会主义经济乃是集体生产，其相应的分配则是个人分享一定的集体产品，即个人参与集体消费。社会生产与分配的性质决定了社会关系的集体主义本质，其中包括人们之间的关系，个人与社会之间的关系，各社会集团与共同体之间的关系；同时还在整个社会意识与精神生活中确立了集体主义。集体主义是整个共产主义形态的特征。①

80年代中期，集体主义原则在苏联道德原则体系中的地位发生

---

① 苏联对社会主义的基本特征概括为：社会主义生产方式的物质技术基础是大机器生产，公有制是决定社会主义上层建筑、制约法与伦理道德关系的有决定意义的特征，社会主义的经济特点是在实行国民经济计划化与利用商品经济杠杆并行，社会主义的基本原则是"各尽所能、按劳分配"，社会主义在社会结构方面是没有剥削阶级，社会主义政治制度的根本特征是真正的民主，社会主义精神生活的特征是马克思列宁主义占据统治地位，社会主义社会关系方面是集体主义，社会主义人道主义是社会主义生活中不可缺少的特征，等等。参阅〔苏〕П. Н. 费多谢耶夫主编：《马克思列宁主义的社会主义学说与现时代》，莫斯科1975年版，第108—144页。

了变化，集体主义与人道主义并列，同被列为共产主义道德原则体系的内容。阿尔汉格尔斯基在1985年出版的《马克思主义伦理学的对象、结构、基本方面》一书第三篇第四章"共产主义道德原则及其科学论证问题"部分，承接《共产主义建设者道德法典》对忠于共产主义事业、为造福社会而劳动、集体主义和同志互助等规定和基本精神，全面论证了集体主义作为共产主义道德原则体系内容的要求、本质、功能、意义等一系列问题。阿尔汉格尔斯基肯定社会主义社会的道德规范是在变化着的经济、政治和其他社会关系的影响下，在整个社会生活制度的影响下，客观地形成的。社会主义道德规范是现实社会主义道德发展在实践中已达到的水平的表现。同时，也是应该行为的要求的思想表现，是共产主义道德理想向应该的语言的转换。规范–要求是对所有社会主义成员提出来的。阿尔汉格尔斯基认为社会主义集体主义和人道主义在共产主义建设者的原则体系中占有特殊的地位，因为它们对所有其他的社会主义道德社会规范履行整体化的功能。集体主义概念的使用是多义的，它们被用来表示道德关系、道德要求、道德品质、社会主义道德一般方向的内容。集体主义和人道主义作为道德要求影响着人的意识并激励人自愿把社会利益视为主要的、决定行为总路线的利益（集体主义），激励人承认人的个性、人的自由和尊严为最高价值，而爱和尊重人是人们相互关系的最高动机（人道主义）。社会主义集体主义和人道主义表现着新道德的本质，正是集体主义把人提高为个人，能使人的优秀品质展现出来。集体主义规范要求承认集体作为社会的相对独立的有机组织的统一体的权威，承认服从它的意志。同时集体主义并不限于将个别集体的利益认作最后一级，它与集团利己主义不相容。个别集体的利益要由整个社会主义社会的利益来校正。从上可见，在阿尔汉格尔斯基的论述中集体主义与人道主义并列，同被列为共产主义道德原则体系内容。

其二，共产主义。列宁在提出共产主义道德标准时，已把共产主义道德说成是从资本主义向社会主义过渡时期的现实。这是因为共产主义道德要求的水平向来高于道德性已达到的中等水平。新道德从共产主义理想（高级的应该的东西）的高度看待现实（现有的东西）。如果不是这样，那么新道德对人们就不会有这样强烈的影响。任何一个历史类型的道德都没有像共产主义道德这样以长远的历史前景为方向。共产主义第一和第二阶段的道德的特点是推行统一的基本道德原则，即忠于共产主义事业、爱国主义、国际主义、集体主义、人道主义。这些原则是道德评价的基本标准（人的生活实践的尺度）——人自愿和自觉地将社会利益放在优先地位——的具体表现。因此共产主义道德拥护者的道德立场总是比个人利益更宽泛一些。不但如此，个人生活脱离社会利益是不可思议的。但是，也可以指出社会主义道德与共产主义本身的（共产主义高级阶段特有的）道德的重大区别。这些区别可以归结为如下几点：（1）实际实现共产主义两个阶段的统一道德原则的水平不同，人们掌握这些统一原则的程度不同；（2）在社会主义条件下存在着反映共产主义第一阶段现实的原则和规范，例如不仅赞许对劳动的道德鼓励，而且赞许对劳动的物质鼓励，并要求把它们统一起来；（3）在道德上保证社会平等，按劳分配的平等。同时，社会主义道德反映着具体劳动的物质报酬的事实上的不平等，人们物质状况上的差别，这些是由于受教育水平不同、职业技能水平不同，各种家庭状况不同造成的。并且社会主义道德要求坚定不移地遵守劳动物质鼓励原则，破坏它就会导致财富分配上不必要的混乱。

阿尔汉格尔斯基认为："共产主义道德的产生表明，国际主义、集体主义、人道主义原则对确立社会主义制度具有多么巨大的创造性意义，而在这些原则的背后，则是美德和恶习的对抗、人道的和反人道的、团结人和分裂人的社会关系的对抗的长久历史。社会及其道德发展得越高、越完善，它们给人们的实际团结、人们的互相理解和道德—心理接触及社会一致的保证就越大。如果说实现这一点的客观条件蕴含在社会发展的经济和政治条件中，那么反映它们的道德则起着整个社会进步的能动的主观因素的作用。依据上述观点，从道德进步的一般标准的角度，可以提出如下的道德进步的定义（考虑到马克思主义学者已经做过的研究工作）。道德进步这是从社会利益和个人利益一致的必要性的角度看的道德历史发展的肯定趋向，人道主义和集体主义价值的完善，这些价值变为个人道德选择的动机及其实际扩展的广度。"①

其三，人道主义。人道主义是关于人的本质、使命、地位、价值和个性发展等的哲学思潮和伦理学理论。俄罗斯白银时代哲学家们在对马克思主义理论的探索中，以弗兰克为代表的思想家们指出了马克思世界观根源于人道主义，并提出了要建构一个"人道主义的社会主义"的理论，实际上这种"人道主义的社会主义"是以东正教神学为理论底色的人道主义，偏重于把马克思主义理解为人道主义，并且认为"在当今，可以说社会主义是人道主义最有影响的变种"。②人道主义在20世纪20年代遭到全面批判。20世纪30年代，马卡连柯提出"我们的人道主义"说法；20世纪40年代，加里宁指出，应该培养青年的人道主义情感；20世纪50年代中期，施什金明确提出社会主义人道主义概念。1966年，Т.В.萨姆索诺娃雅在《伦理学的理论问题》一文中试图将马克思主义伦理学同人道

---

① 〔苏〕阿尔汉格尔斯基：《马克思主义伦理学的对象、结构、基本方面》，思想出版社1985年版，第60页。

② 〔俄〕С.Н.布尔加科夫：《基督教社会主义》，新西伯利亚出版社（科学）西伯利亚分社1991年版，第220页。

主义原则和自由意志相结合。1961年,苏共二十二大将人道主义作为共产主义道德法典的基本内容写入党纲;20世纪70年代,苏联展开了对人道主义的全面研究。20世纪80年代以后,苏联伦理学本着重视人的地位和价值,把一切人的自由和发展作为人类解放的目标的初衷,主张发展马克思主义的人道主义。

20世纪80年代前,大多数学者倾向于认为集体主义是苏联社会的道德原则,人道主义远没有被抬到最高原则的地位,只是被当作一般原则来对待。80年代以后,苏联学者从最初对资产阶级人道主义的批判中总结出社会主义人道主义原则,不断地将这一原则抬高。人道主义大致经历了如下演变:

(1) 20世纪20—40年代的人道主义

在十月革命后的相当长的时期内,苏联理论界对人道主义进行了批判,认为它是资本主义社会的道德原则,例如高尔基曾经认为:"我们这个时代,资产阶级的所谓的'人道主义'——就是仁爱主义的虚伪,完完全全,无可争议地,极其无耻地暴露了。"[①]20世纪20年代,俄共(布)中央监察委员会提出的共产主义道德法典中没有人道主义的条目。20世纪30年代,马卡连柯为苏联社会设计的道德法典中也没有人道主义的地位,但马卡连柯在其著作中提出了"我们的人道主义""最大的人道主义"这些术语,其意在表明与资产阶级人道主义的区别。

20世纪40年代,加里宁提出把培养人道主义感情作为对青年进行共产主义教育的一项内容,因为在第二次世界大战期间,希特勒法西斯对德国士兵进行反人道的兽性教育,鼓吹"人种特殊论",认为高等人种日尔曼人有权杀尽一切俄国人,"我有权消灭像昆虫

---

① 〔苏〕高尔基:《高尔基论文选集》,瞿秋白译,人民出版社1954年版,第224页。

一样繁殖的下等人种,谁又能反对我的这种权利呢?……首先要做到减少斯拉夫人的数量。斯拉夫人和东方各族人民的巨大繁殖力,对北方的白种人说来,是极大的危险。必须使统治民族去奴役大批大批的奴隶。"①加里宁愤怒地批判了这种反人道的兽性教育,提出必须抵制德国法西斯宣扬的仇恨人类思想对青年的恶劣影响,必须教育苏联青年要崇尚人道、教人行善和热爱祖国。我们"要教育青年,使他们具有高尚的、人性的、真正是人道主义的情感,是要培养青年,使他们养成一种深入肺腑的高尚情感"。②这里提出的对青年进行共产主义的教育中包括人道主义的内容,这个思想对第二次世界大战以后苏联的伦理学影响很大。当时,加里宁没有把人道主义作为共产主义道德的基本原则,也没有对人道主义的含义做出明确的概括和理论分析。

苏联在 20 世纪三四十年代兴起的人道主义讨论,与弗兰克、别尔嘉耶夫等人的宗教人道主义是并行发展的。宗教人道主义的持续发展和强势存在及对历史唯物主义的贬低,对苏联马克思主义伦理学家兴起对人道主义问题的重视和讨论客观上起到了某种刺激作用。对东正教人道主义思想表现得最详细的是诺夫哥罗德的涅列季查教堂的绘画,绘画描绘了关于富人和穷人拉扎尔的福音寓言,说明富人死后被判永远受苦和穷人拉扎尔的幸福。人们还加上了自己想象的富人在冥间受苦的传闻。画面中富人被表现为坐在火里,在他面前撒旦手持容器。富人指着自己的舌头,大声请求亚伯拉罕,画中的亚伯拉罕就在他对面,怀里抱着穷人拉扎尔的灵魂。富人说:"父亲亚伯拉罕啊,请怜悯我,把拉扎尔遣走,把手指在火中

---

① 转引自 М. И. 加里宁:《论共产主义教育》,陈昌浩译,中国青年出版社 1979 年版,第 249 页。

② 转引自 М. И. 加里宁:《论共产主义教育》,陈昌浩译,中国青年出版社 1979 年版,第 275 页。

浸湿。"听他这么一说,撒旦把装着火的容器递给他,笑着说道:"富人朋友,请喝点热的火焰。"①索洛维约夫认为东正教的人道主义的同情和怜悯是他社会学体系的根本原则,同情与怜悯制度化地组织起来就成为国家。在俄国,社会关系主要受自觉的怜悯感支配,格雷厄姆称它为"俄罗斯的理念"。俄国人喜欢痛苦和受苦的人,老百姓没有称呼罪犯的字眼,只是简单地称呼他们为"不幸的人(neschastny)"②。陀思妥耶夫斯基、托尔斯泰等都曾描写过罪犯,却没有谴责他们。赫尔岑和别林斯基虽然是公认的无神论者,但是"在这两位无神论者的社会政治和历史哲学言论的背后,隐藏着强烈的、典型的俄罗斯宗教意向和观念"③。别林斯基被认为是革命知识分子之父,他有一颗基督的心,却有异教徒的思想。他曾和屠格涅夫讨论一个哲学问题,忘记了吃饭,屠格涅夫提醒他该吃饭了,别林斯基惊叫起来:"什么,我们还没有决定上帝是否存在,你就想吃饭了!"别林斯基自称是一个唯物主义者,然而他却是俄国最注重精神的儿子之一。④别尔嘉耶夫在《俄国革命》中指出,当别林斯基把穷人和堕落者当做朋友的时候,他其实仍然保留了对上帝的崇拜。他所鼓吹的是一种宗教的情怀。С. Л. 弗兰克之所以提出这种人道主义的思想,某些方面是源于他认为马克思本人世界观的源头即是人道主义,这种人道主义中包含着对资本主义社会的深刻认知与强烈批判。他认为,资本主义制度压迫人的个性、扭曲人

---

① 〔俄〕别尔嘉耶夫:《自由的哲学》,董友译,广西师范大学出版社 2003 年版,第 117—118 页。

② 〔俄〕叶夫多基莫夫:《俄罗斯思想中的基督》,杨德友译,学林出版社 1999 年版,第 7 页。

③ 〔俄〕С. Л. 弗兰克:《俄国知识人与精神偶像》,徐凤林译,学林出版社 1999 年版,第 37 页。

④ 〔俄〕赫克:《俄国革命前后的宗教》,杨缤译,学林出版社 1998 年版,第 275 页。

的形象，使人丧失了他的本质。马克思就是要通过对资本主义社会的全面批判，将人丧失的本质归还给他自身。弗兰克不但指出马克思本人世界观的根源是人道主义，而且还同以萨特等为代表的存在主义的马克思主义、以霍克海默和阿多诺等为代表的法兰克福学派、以弗洛姆等为代表的弗洛伊德的马克思主义，还有以沙夫、赫勒、彼得洛维奇、科西克等为代表的东欧新马克思主义者一样，强调马克思主义早期著作的价值，认为"马克思青年时代的著作比晚年著作更有教益。人道主义也是他思想起源，他为人的解放而斗争。他的反对资本主义的斗争奠基于这种认识：在资本主义社会中产生出工人的人的本质的异化、他的人性的丧失、人性的物化。马克思主义的全部道德激情都以反对这种异化和非人化的斗争为基础，马克思主义要求充分恢复人的本质。马克思的青年时期著作预定了存在主义的社会哲学的可能性"。①马克思把僵化了的资产阶级古典政治经济学的范畴溶化了。弗兰克对马克思主义的理解中存在着误区，如认为"社会主义的灵魂是分配的理想，它的终极愿望的确是剥夺一些人的财产并将其分给另一些人。社会主义的道德热情集中于分配公正思想并仅限于此；这种道德的根源也在于机械的理性幸福论，即确信幸福的条件无须创造，只要把它们从那些利己的非法占有者中夺回即可"。②这种对马克思主义的简单理解，将马克思主义退回到空想社会主义的水平上。

弗兰克在俄罗斯第一个指出"人道主义"起源于古希腊罗马的观点，他发表这一观点的《上帝与我们同在》一书出版于1946年（海德格尔写于1946年、发表于1947年的《关于人道主义的书信》

---

① 〔俄〕H. A. 别尔嘉耶夫：《俄罗斯思想》，莫斯科法案出版社2004年版，第98—99页。

② 〔俄〕弗兰克：《俄国知识人与精神偶像》，徐凤林译，学林出版社1999年版，第65页。

中也有类似的观点），该书认为基督教是古希腊罗马人道主义的改进和发展，这种改进和发展特别突出"爱"的意义，基督教的人道主义才是真正的宗教人道主义。这种人道主义以"爱"将神与人紧密联系在一起，"上帝和人之间的联系就是爱的联系——上帝本身就是爱，这个上帝的本源便是人存在的基础"①。在此基础上建立起了上帝和人之间全新的、唯一公道的关系，这样的观念才是真正完满的宗教人道主义观念，它把自己融入上帝的崇高事业之中，从而实现人的崇高价值。文艺复兴时期新的人道主义的勃兴，"人开始意识到自己是一个专制君主、最高统治者和自己存在及整个世界的主人——天赋自由的、按照自己意图创造生活的、驾驭一切自然力量的、使它们服从和造福于人的人。人在这里感到自己是地上的一位神"。这种关于人的本质的观念"作为对将神绝对化的观念的反抗而产生和发展，被看作人反对奴役势力的光荣起义，是人的解放、独立意识觉醒的伟大运动。人的尊严被视为自豪的自我肯定，对一切奴役和压迫和非人上司的反抗"。它反对一切宗教，"把神只想象为主宰者、专制暴君，从而否定神的权利——神权政治，想用人权——人类政治取而代之。"②这种新的人道主义似乎是人的彻底胜利，是人的信仰战胜了神的信仰，在它胜利行进的同时内在地包含着不可克服的矛盾，表现于它与自然主义、唯物主义世界观的结合，这样就使原来的人道主义变为"世俗的人道主义"。"庸俗人道主义"在理论上包含着无法克服的矛盾，所以它在实践中必然走向反人道主义，不论是把人当作善和理性的唯一化身，还是把人看作自然本原的合理体现，最后都没有好结果：或者走向个人崇拜，或者走向自然主义、物质崇拜、物欲横流。人道主义所主张的平等、

---

① С. Л. 弗兰克：《上帝和我们在一起》，巴黎1964年版，第194—195页。
② С. Л. 弗兰克：《上帝和我们在一起》，巴黎1964年版，第189—190页。

自由、善行等等都荡然无存，人道主义走向了反人道主义。弗兰克认为，20世纪初欧洲和俄国所出现的极权政治、法西斯主义等即是人道主义走向反人道主义的明证。

(2) 20 世纪 50—60 年代的人道主义

20世纪50年代中期以后，对人和人道主义问题的研究成为苏联哲学和苏联伦理学研究的主要课题。1955年《哲学研究》第3期刊载了题为《马克思主义与人道主义》的文章，此后人性、个性、生活方式、生命伦理等成为伦理学研究的对象，其中具有代表性质的论著有施什金的《共产主义道德概论》《人性与道德》，阿尔汉格尔斯基的《人性的社会伦理学理论问题》等。

50年代中期至70年代初，所有与个人、人、人道主义、人的个性等问题有关的文献，几乎都有斯大林个人崇拜的内容。对斯大林及其主义予以反思，用"个人崇拜"这一项指称否定他对苏联国家和社会的功绩，几乎持续了半个多世纪。在20世纪50年代中期到70年代中期的20年里，这种认识不可能不影响哲学包括伦理学的研究立场和观点。反对斯大林的个人崇拜成为伦理学研究与"人"相关问题的绝对前提和大背景。在这个大背景之下，社会主义建设的实际需要也要求对人的尊重，对个人参加社会建设积极性的激发。从20世纪60年代中期开始，苏联马克思主义伦理学开始从马克思对人的异化进行批判的角度开始对人、人的价值进行研究，为人道主义原则找寻理论依据。这是一个令人耳目一新的变化。

施什金在1955年出版的《共产主义道德概论》一书里第一次提出了社会主义人道主义原则的概念，认为它是共产主义道德最重要的原则之一，"这一共产主义道德原则表示尊重人的尊严，关心人，憎恨一切压迫和侮辱人的形式"①。施什金在倡导社会主义人道主义的同时，揭露了剥削制度的反人道性质和资产阶级人道主义的虚伪性。剥削阶级对待被压迫、被剥削阶级没有也不可能有真正的人道主义。马克思在《资本论》里揭示了资本主义社会的反人道主义性质。基督教人道主义者关于博爱的道德说教和康德关于人是目的而不是手段的公式，成为掩盖帝国主义压迫、奴役和杀戮人民群众的遮羞布。施什金肯定评价俄国革命民主主义者别林斯基、赫尔岑、车尔尼雪夫斯基、杜勃留波夫的伦理学中的革命人道主义思想，认为它对于唤醒被压迫人民群众的自尊心，宣传农民革命起了积极作用。马克思主义政党继承和发展了过去的革命人道主义传统，指出无产阶级反对剥削阶级和剥削制度的集体斗争是人道主义最伟大的源泉。无产阶级运动的目的——共产主义，和人道主义是一致的。施什金论述了社会主义人道主义的特征是：第一，现实性的人道主义。社会主义人道主义是为全社会摆脱资本的压迫，摆脱战争对各族人民的奴役，为建立人们和各民族间的全世界友好关系而斗争的人道主义。第二，劳动者的人道主义。这种人道主义是为全社会的幸福，为最充分地满足每个人的物质和文化生活的需要而劳动的社会主义社会劳动者的人道主义。第三，反对和憎恨剥削者和压迫者的人道主义。这种人道主义要求极端憎恨那些阻碍社会进步，为了压迫劳动者而发财致富及其权力而使千百万人陷于贫困和灾难，遭受战争和法西斯恐怖的势力。施什金还明确提出憎恨敌人和警惕性是社会主义的人道主义不可分割的一方面，作为共产主义道德原则的人道主义对人的行为的主要要求是尊重人的尊严和对人的关怀；而对人的关怀是指满足世界上最宝贵的资本——劳动者日

---

① 〔苏〕А.Ф.施什金：《共产主义道德概论》，方琏、李渊庭译，三联书店1957年版，第218页。

益增长的物质和文化的需要。

　　法国哲学家罗杰·加罗蒂于1957年年末出版《马克思主义的人道主义》一书。针对法国当时意识形态领域中出现的伪马克思主义思潮和某些马克思主义者怀疑、动摇的情绪，加罗蒂反对对马克思主义进行教条主义和修正主义理解。1958年苏联《哲学问题》杂志对这本书刊了书评，此后关于本书的论文和著述多次被提及，成为苏联社会科学包括伦理学研究人道主义化的指向标。《马克思主义的人道主义》全书共五个部分，在绪论"我为什么会成为马克思主义者"中，罗杰·加罗蒂指出："终结使人非人的异化是哲学和社会革命的共同目的。"罗杰·加罗蒂认可马克思有关资本主义的非人本质以及资本主义制度必然消亡的历史结论，令人信服地解释了马克思主义的科学性。在题为"自然辩证法和唯物主义"的第二章里，罗杰·加罗蒂把马克思的辩证法与康德和黑格尔的思想体系作比较，总结出马克思对辩证法的科学理解，即辩证法不是思想世界的自我发展，而是能够在意识领域中得到反映的客观世界的辩证法。列宁对马克思的辩证法作了进一步的发展，把人的感觉看成是客观世界的主观形式。罗杰·加罗蒂认为马克思—列宁主义的辩证法思想能够使人摆脱奴役、走向真正的自由。第三章"自由和辩证"对自由的曲解尤其是对萨特的存在主义作了批判，罗杰·加罗蒂分析了两种自由的差别：萨特理解的自由是非理性主义的、脱离实践的；而马克思的自由概念是具体的、尊重客观必然性的。第四章"论知识分子"剖析了知识分子的主观主义和个人主义的根源，论证了知识分子只有站在工人阶级的立场上，才能在创造性活动中获得真正的自由。第五章"什么是革命的工人政党"是结束部分，阐明了工人政党在建设共产主义和实现人的自由中的作用。罗杰·加罗蒂主张的人道主义是有阶级性的，人道主义本身是阶级性和全人类性的统一。1958年《哲学问题》上的评论文章则对人道主义的全人类性因素给予了特别的强调,认为此书没有充分揭示人道主义概念本身的阶级性和全人类性的辩证性。作为阶级的马克思主义人道主义同时会实现所有人类的进步理想,马克思主义的人道主义因此会失去其阶级局限。此时苏联学者更注重人道主义的全人类性。

施什金在1961年出版的《马克思主义伦理学原理》一书中,概括了社会主义的人道主义和旧人道主义的主要区别:(1)旧人道主义一般地、不分阶级地谈论人,愿意帮助"所有的人"。社会主义人道主义看到的则是现实的历史的人,是属于不同的阶级的人,它愿意帮助被压迫的群众。(2)旧人道主义认为被压迫的劳动群众是值得怜悯和同情的人,而社会主义人道主义认为劳动者是能够而且应当成为争取新社会的建设者的人。(3)在旧人道主义中,言辞胜过内容,一个人只要具有好的意图,也可以算"好人"。社会主义人道主义不是根据人们的意图,而是根据他们的行为判断他们,认为内容胜过言辞。[①]施什金关于社会主义人道主义的特征和内容的论述带有时代的局限性,表达了20世纪60年代马克思主义伦理学者根据时代要求和阶级观点对人道主义最高水准的认识。

1956年苏共二十大,赫鲁晓夫提出"一切为了人、一切为了人的幸福",并以此作为苏共的纲领性目标、思想理论教育的指导原则。马克思主义并不否认作为伦理原则的人道主义,但作为社会历史观的人道主义,是唯心史观,是抽象的人道主义。赫鲁晓夫没有对人道主义进行马克思主义的分析。1964年苏共中央意识形态委员会的一次会议上,赫鲁晓夫明确提出要把"伟大的人道主义"作为"我们的意识形态"的要求。受其影响,人道主义价值观念统治了苏联思想理论

[①] 参看 А. Ф. 施什金:《马克思主义伦理学原理》第八章,载《哲学研究》编辑部:《苏联哲学资料选辑》第21辑,上海人民出版社1966年版。

教育阵地，人道主义就是一切，从而取代了阶级斗争。

20世纪50年代和60年代初，苏联理论界把人道主义作为社会主义的道德原则，而对人的问题并没有认真研究，对西方流行的人的哲学采取置之不理、全盘否定的态度。1961年10月召开的苏共二十二大通过的《苏共纲领》中明确写进了有关人道主义的内容，从而掀起了人道主义的宣传热潮。这个时期的人道主义宣传带有明显的反对斯大林个人迷信的色彩、粉饰苏联国内现实的色彩和反战宣传的色彩。

20世纪60年代前个体道德依附集体道德的，苏联学者对个体道德也少有论述。随着苏联伦理学人道化的加强，对个体道德关注也多了起来。1963年苏联伦理学家对个人、个体、个性三个概念加以了区别研究。一系列关于个体道德的文章相继发表，其中有如 С. Ф. 阿尼西莫夫的《道德是人活动的一个方面》、Т. Н. 什哈尔金娜的《道德对人行为的调节作用》、А. Г. 哈尔切夫的《教育和人的活动》、阿尔汉格尔斯基的《发达社会主义条件下个人的道德发展》，等等。

（3）70 年代的人道主义

苏联哲学界对人道主义问题开展比较认真的研究是在70年代。当时召开了一系列专题讨论会，哲学刊物开辟了讨论人的问题的专栏，出版了一大批从不同角度论述人的问题的专著，一度出现了人学热。苏联学者认为，对人的问题需要各门科学从不同角度进行深入的研究，也需要哲学对具体学科所提供的关于人的科学知识进行概括总结，进行综合的研究。哲学的重要使命是揭示人的本质，医学、法学等具体科学都只是把人当作客体来研究的，而人不仅是客体而且是主体，是主动的、自由创造的存在物，人是主体和客体的统一。哲学的探索应该深入到人的内心世界中去。人的本质问题必须包括人的内心；生活问题和人生意义问题。为此，他们探讨了人的社会性与生物性的关系；人的能力、需要和利益；社会决定论与人的能动性的辩证法；人的意识和活动的创造本质；新人的培养和人的全面发展；个人的行为方式；人和人的个性的类型学等等。这些问题的研究对苏联伦理学的发展有着重大的影响。

20世纪70年代对人的哲学问题的研究，使这个年代的苏联伦理学增添了关于人的本质、生活的意义、目的和价值的内容。而且对人道主义的认识也提高到一个新水平。季塔连科主编的《马克思主义伦理学》论述了人道主义的历史发展，对马克思主义人道主义的含义的论述更全面、更丰富了。季塔连科认为，人道主义产生于奴隶制时代阶级对抗、人压迫人最严重、最缺乏人性的时候，这是人道主义的第一阶段。最早的人道主义"用你所希望别人对待你的态度去对待别人"的伦理判断，也就是"己欲立而立人，己欲达而达人"。古代人道主义的产生是对"以眼还眼、以牙还牙"的原始风尚的否定，包含对人的尊重和仁爱，标志着人类的人道性程度的提高。它的产生也是人民群众对社会不平等、暴力、人们相互关系的剥削实质极度不满的表现。①人道主义发展的第二阶段是资产阶级的慈善事业。阶级对立社会的人道主义提倡个人的平等，对人的尊重、仁爱，但都没有得到名副其实的体现，是形式主义的、内容极其有限。这个阶段人道主义的最典型表现就是资产阶级的慈善事业。资产阶级的慈善事业可以减轻人们一些痛苦，有一定的积极意义，因为"慈善事业以特殊的形式反映了资本主义制度下人道主义化的水平"。②但是，慈善事业既不能改变劳动人民被压迫和被掠夺的处境，而且对接受施舍的人，甚至对施舍者都产生道德腐蚀作

---

① 〔苏〕А. И. 季塔连科主编：《马克思主义伦理学》，愚生、重耳译，上海译文出版社1981年版，第198页。

② 〔苏〕А. И. 季塔连科主编：《马克思主义伦理学》，愚生、重耳译，上海译文出版社1981年版，第198—199页。

用。70年代的苏联伦理学家不但认为慈善事业的社会作用极为有限，而且认为它的道德价值是令人怀疑的。在苏联70年代的哲学伦理学文献中，"马克思主义人道主义""革命的人道主义""无产阶级的人道主义""社会主义人道主义""共产主义人道主义"这几个术语一般不作严格区分，常常交互使用。共产主义人道主义的主要含义是：（1）马克思在《1844年经济学哲学手稿》中的"共产主义则是以扬弃私有财产作为自己中介的人道主义"这一著名论断是共产主义人道主义的理论依据。（2）共产主义人道主义是在批判和否定资产阶级人道主义的历史局限性的过程中形成的，它是人道主义道德准则和人们之间的人道主义关系的最高形式。（3）共产主义人道主义是有普遍性的、有积极作用的、真正的人道主义，要求对任何人都要尊重、积极帮助、热爱，承认人的生存权，它不是空话和善良的愿望，它在人们的实际的相互关系中建立真正的平等关系，并确实成为人人都应遵守的道德要求。（4）恩格斯说，马克思"他可能有许多敌人，但未必有一个私敌"。[①]这是因为共产主义人道主义反对的是旧制度及其剥削、暴力和战争，而不是反对某些具体人本身。它并不要求世界摆脱坏人，而是要求人摆脱坏世界——资本主义社会。（5）共产主义的人道主义不仅要求热爱人，也要求憎恨他的敌人，憎恨那些与共产主义、和平事业、各族人民的自由作对的敌人。它认为暴力绝对不是目的本身，而是斗争的手段之一。不赞同抽象人道主义的那种认为暴力与人道主义水火不相容的观点——为了解放全人类而对剥削者施加革命的暴力是正当的。

季塔连科的《道德意识的结构：伦理学-哲学研究的经验》一书论证了社会主义道德意识的前景，其中指出："在社会主义制度下，起始的道德立场就是自由、平等个人的立场。个人经过各种各

[①]《马克思恩格斯选集》（第三卷），人民出版社1972年版，第576页。

样的集体形式,实现着完善社会联系和自身的有计划的过程,也就是说,个人行为的道德选择是由社会利益和个人利益的客观一致性决定的。在这里既没有外在的、事先被视为正当的'地位'(在封建主义制度下个人的阶层——等级地位)上的道德不平等;也没有生活在资本主义剥削条件下人们的关系中的形式上的'道德平等'(实际上的社会不平等)。在共产主义社会经济形态中,个人的社会—道德地位客观上即在事实上不是口头上第一次使道德生活的人道主义基础有了保证。"① 上述观点和《马克思主义伦理学》一书关于共产主义人道主义的有关思想,丰富和发展了60年代的施什金的观点,坚持了马克思主义的理论原则。

(4)改革时期的人道主义

改革时期的人道主义在道德法典中的地位发生了变化。在苏联早期的道德伦理观中,认为人道主义是资产阶级的道德原则,完全是虚伪的假仁慈,是共产主义道德批判的对象。苏联马克思主义伦理学人道化发端于20世纪40年代,是指苏联马克思主义伦理学从拒斥人道主义到全面体现人道主义精神的深刻变化,它是苏联社会内外因素综合作用的结果。

在20世纪40年代,加里宁明确提出反对法西斯主义仇视人类的思想,提倡崇尚人道,教人行善,教育青年具有高尚的、人性的、真正人道主义的情感。他认识到,共产主义道德教育应该包含人道主义内容。但是,他还没有明确提出人道主义是共产主义道德的原则。施什金在1955年出版的《共产主义道德概论》里,明确提出把社会主义人道主义作为共产主义道德法典中的重要原则。他说:"社会主义人道主义原则既是由苏维埃社会制度和国家制度的

---

① 〔苏〕А. И. 季塔连科:《道德意识的结构:伦理学—哲学研究的经验》,莫斯科,1974年,第253页。

本质产生的，当然是共产主义道德最重要的原则之一。"[①]1961年苏共二十二大通过的《苏共党纲》中提出共产主义建设者道德法典把人道主义作为共产主义道德法典的十二条原则中的一条，这就是："人们之间的人道主义关系和互相尊重：人对人是朋友、同志和兄弟。"[②]在这以后的60—70年代，苏联学者对人道主义作了大量的研究，发表了大量的论述人道主义的论著。1976年出版的季塔连科主编的《马克思主义伦理学》教科书中建构的社会主义和共产主义的道德法典，最高的道德原则是忠于共产主义事业，认为它表达了共产主义道德的本质和它特殊的思想内容。而人道主义则是道德原则。直至1985年苏共二十六大上提出的共产主义道德法典，人道主义从属于忠于共产主义这条最高原则的一般道德原则。在80年代的戈尔巴乔夫改革时，特别是在"非暴力伦理学"的讨论中，苏联伦理学者改变了自己的观点。

在戈尔巴乔夫改革年代的伦理反思中，苏联学者对人道主义的认识发生了变化，人道主义在苏联道德法典中的地位也发生了变化，认为人道主义这个共产主义道德法典中一般的道德原则，应该成为最高的道德原则。

苏联改革时期担任全苏哲学协会伦理学分会主席的古谢伊诺夫在《新思维与伦理学》一文中指出，戈尔巴乔夫提出的新思维，意味着深刻的世界观革新，新伦理学的形式，而"人的生存权是新伦理学的最高原则"。因为承认全人类价值的优先权是当代最迫切需要的新思维的基本思想，它就是最主要的绝对命令。这个时期苏联学者对人道主义的认识变化主要体现在如下方面：

[①]〔苏〕А.Ф.施什金：《共产主义道德概论》，方珪、李渊庭译，三联书店1957年版，第219页。

[②]转引自А.Ф.施什金：《马克思主义伦理学原理》第181页，载《哲学研究》编辑部：《苏联哲学资料选辑》第21辑，上海人民出版社1966年版。

第一，人道主义不仅是道德原则，而且也是马克思主义世界观和实践基础的有机组成部分。从50—80年代初期的苏联学者，认为人道主义是道德原则，是共产主义道德法典中的一般道德准则。戈尔巴乔夫改革之初，人道主义不仅是道德原则，而且也是马克思主义世界观和实践基础的有机的一部分。70年代末80年代初，苏联学者普遍地把人道主义看作社会主义的基本特征之一。П. Н. 费多谢耶夫主编的《马克思列宁主义的社会主义学说与现时代》一书认为社会主义人道主义是社会主义生活中不可缺少的特征，这是因为社会主义制度的最高目的就是为了人，为了人的利益，为了人的和谐发展创造条件。社会主义人道主义原则不是靠宣布抽象的"绝对自由"，而是要实际消灭人间的社会不平等，消灭剥削和资本主义的其他种种罪恶。既然社会主义承认人是最高的社会价值，它就要使人的发展符合人道主义原则。社会主义的社会创造着日益广泛的现实可能性去发展个人，发挥每个人的内在力量及其各种才能和创造性的禀赋。只有社会主义才能真正体现人道主义，唯有高度组织起来的社会主义社会才能实现人道主义和真正的人权。[①]

П. Н. 费多谢耶夫在1988年发表的《社会主义的人道主义：理论和实践的迫切问题》一文认为，马克思和恩格斯合写的《共产党宣言》是现实人道主义的第一个宣言。虽然人道主义在马克思列宁主义学说中，没有像剩余价值论或社会主义革命论那样作为一种专门理论突出出来，其实人道主义思想是马克思、恩格斯、列宁的世界观和革命实践的基础的有机的一部分。[②]基于对人道主义的这样认识，苏联学者以人道主义为基本武器，认识和评价苏联历史上的

---

① 〔苏〕П. Н. 费多谢耶夫主编：《马克思列宁主义的社会主义学说与现时代》，莫斯科1975年版，第140—144页。
② 《哲学问题》1988年第3期，莫斯科。

各种问题。他们认为，在斯大林个人崇拜时期，排斥和忘记了人道主义原则而犯下了践踏人道主义理想的罪行，导致苏联社会主义的非人道主义化。在苏共二十大决议的基础上揭露和克服个人崇拜曾伴之以重建社会主义、人道主义的原则。然而，20世纪60年代恢复现实人道主义原则时所采取的步骤是同主观主义和唯意志论的表现、同管理经济和全部社会生活的过时的行政命令结合在一起的。结果，苏维埃社会生活一切领域的人道化方面的努力便逐渐被削弱了。70年代和80年代初的停滞现象在不小程度上是同歪曲理解人道主义、歪曲理解关心干部、关心人有关。一些苏联哲学家从人道主义角度去观察苏联历史，认为从斯大林到赫鲁晓夫，到勃列日涅夫，苏联历史上的一切重大错误都同排斥、忽视、歪曲或践踏人道主义原则有关。因此，苏联改革的指导思想就把人道主义原则作为评价历史和指导改革的首要原则，提出使发展中的社会主义社会成为真正的现实人道主义社会的总目标，并把实现国际关系的人道主义化，使非暴力成为人类大家庭的生活准则，作为对外政策总原则。

人道主义是道德原则，是在处理人际关系包括党内关系中必须遵循的基本准则。从总结历史经验教训的角度，分析苏联历史上在处理人际关系和党内关系方面存在的违背人道主义原则的错误，是有一定积极意义的。但是，如果认识和评价一个国家的历史，不是从一个国家在经济、政治、文化方面的全面情况出发，而把人道主义作为评价一个国家历史的首要，甚至唯一的依据，把苏联无产阶级专政的历史说成是犯罪的编年史，则是把复杂的历史问题简单化了。这样必然会歪曲历史。事实是，斯大林实行高度集权、集中管理，以巨大的代价实现了苏联的现代化，使苏联从一个农业国家变为一个具有高识字率和高科技的工业国家。无论从社会方面、经济方面还是从文化方面看，斯大林主义都成功地实现了其历史使命，事后假设这一切是否可以用更加规范、更加和平、更加渐进的方式实现，本身是没有意义的。

第二，由具体的人道主义转向抽象的人道主义。在苏联50年代—70年代中期的马克思主义伦理学中，一直坚持对人道主义作具体的历史的分析，认为人道主义有不同的历史形态，其含义和社会作用都是不相同的。1960年出版的《苏联哲学百科全书》把人道主义区分为文艺复兴时代的人道主义，资产阶级革命时代的人道主义，空想社会主义的人道主义和社会主义人道主义。在1976年出版的季塔连科主编的《马克思主义伦理学》一书中，则把人道主义区分为早期的人道主义，以慈善事业为典型表现形式的资产阶级人道主义和共产主义人道主义。无论是20世纪50—60年代的施什金的伦理学，或者是20世纪70—80年代的季塔连科主编的《马克思主义伦理学》，都主张批判抽象的人道主义，特别是批判以抽象人道主义否定暴力革命的观点。

季塔连科主编、古谢伊诺夫等人执笔撰写的《马克思主义伦理学》第六章认为：在资产阶级各国广泛传播的抽象的人道主义观念，如基督教的勿用暴力抗恶说，对生命顶礼膜拜的施韦泽式伦理学、和平主义等都认为，人道主义与暴力是不相容的，它们提出一个荒谬的二端论法——要么是人道主义，要么是暴力。而现实的二端论法却是这么一种样子：要么为了一小撮剥削者的利益而对劳动人民施加反动的暴力，要么为了解放全人类而对剥削者施加革命的暴力。[①]古谢伊诺夫在1990年出版的《伦理思想》的科学通俗读物上发表了《改革：道德的新模式》一文，该文批判了具体人道主义

[①]〔苏〕А. И. 季塔连科主编：《马克思主义伦理学》，愚生、重耳译，上海译文出版社1981年出版，第203页。

观，提出恢复抽象人道主义的主张。他提出逻辑推理似乎完全确信，抽象的人道主义概念脱离了符合社会实际的具体的人道主义内容。然而，需要着重指出的是，苏联社会发展的非常惨痛的教训就在于这个被称为具体的人道主义问题上。如果没有抽象的人道主义的存在，不纠正也不转向抽象人道主义，那么人道主义将会全部不复存在。人道主义就是人道主义，抽象性不过是它存在的一种形式而已。由于苏联学者改变了对人道主义作具体分析，转向了抽象人道主义，因此，他们颂扬托尔斯泰的勿抗恶和甘地的非暴力主义，而批判和否定马克思主义的无产阶级人道主义和革命学说，特别是谴责苏联的无产阶级专政的历史。A.齐普科认为，马克思关于阶级斗争、革命、无产阶级专政的学说是不科学、反人道的。正是该学说构成了斯大林时期的各种罪行的理论基础。

古谢伊诺夫在《非暴力和社会的前景》一文中认为：虽然在社会上也存在着没有暴力的支持就不能达到的目标，但是，对提高人和社会，对于达到社会公正的目标，暴力不仅是不必要的，而且是无效的。他以苏联在20世纪20—30年代用暴力手段消灭富农阶级，农业合作化为例，指出虽然斯大林的暴力也达到了近期的目的，强力实行利于国家工业化的实现，但是这个暴力的短期胜利导致民族的灾难，给农业生产造成了长期的破坏。斯大林以暴力手段实现农业合作化，当然是错误的，而且是违背了关于农业合作化必须坚持自愿原则的马克思主义观点的。可是，苏联学者从这里得出否定革命暴力甚至得出全盘否定马克思主义的错误结论。他们提出一个尖锐的问题，谁对？是马克思，还是甘地？有的学者直截了当地回答说："马克思主义是荒谬的理论。""马克思主义是乌托邦，不是科学。""社会精神的基础是基督教。"等等。这就不能不导致更为严重的理论错误。

在苏联改革时期人道化的过程中，弗罗洛夫是重要的推动者、组织者和思想领袖。早在1970年，他便在波兰发表题为《科学技术革命的人道主义意义》的文章。他于1972年组织了"增长的极限"的讨论会，相继出版了《现代科学与人道主义》（1975）、《科学进步与人的未来》（1975）、《人的前景》（1979）、《全球性问题与人类未来》（1982）、《科学与人道主义价值的相互作用》（1984）、《论生命的意义、人的死亡与永生》（1985）、《论人和人道主义》（1989）等专著。弗罗洛夫针对人道主义理想的意义，发表了大量著述。面对全球化的发展，纯科学理性对于研究活动中那些超出科学活动本身界限、与人道主义使命相连的最新研究成果不能作出全面的评价，而使纯科学理性不再具有充分性，显示出局限性。但是，这并不意味着科学和人道主义的对立。弗罗洛夫把科学视作一种力量，一种人道主义的、允许在其自身基础上发展人类本质的力量。科学能否表现出自身的人道主义力量，这取决于社会建设的特征、影响社会发展的社会理想和科学工作目标等等。"用科学来改造生产现在已成为生产发展的强大动力。"[1]现代科学发挥着强大职能，已经成为社会职能的组成部分，没有它，现代人类几乎是不可想象的。现代科学从根本上改造了生产的许多传统领域，在实验室中还诞生了一些工业。如原子能工业、无线电电子工业、宇航业、生物工程等。"今天，科学在实践上已经具备形成新形式的现实必要性，从自身的社会伦理基础及其价值上获得研究出路已不再可能，那么我们要做的就是要从研究成果和所有的研究方向中分析人的变化。"[2]显而易见，当今科学不是简单地研究那些综合性的问

---

[1]〔苏〕伊万·季莫费耶维奇·弗罗洛夫著：《人的前景》，王思斌译，中国社会科学出版社1989年版，第88页。

[2]〔苏〕伊万·季莫费耶维奇·弗罗洛夫著：《新人道主义：第二篇文章》，载《新时代》1989年第2期。

题，而是要建立广泛的、普遍性的研究纲领，把巨大的物质资源和人力资源集中起来，把科学和实践以及人本身密切地联系起来，把科学同整个文化结合起来。由此，我们所建构的关于未来的人道主义理想在科学认知的过程中应是一个调节者，这才是最为迫切的理想。

在苏联后期的改革期间，人道主义成为最主要的道德原则。戈尔巴乔夫说："我们把社会主义看作一种真正的、现实的人道主义制度，在社会主义制度下，'人在实际上成为一切事物的尺度'。社会的一切发展，从经济到精神意识形态，目的都在于满足人的需要，都在于促进人的全面发展……当谈到作为向共产主义迈进的一个重要阶段的我国社会的崭新状况时，我们所指的正是社会主义的这种民主的、人道的面貌。"①可以看出，戈尔巴乔夫在改革中对新人道主义充满了极大的热忱。他提出："通过改革赋予社会主义以新的活力，揭示社会主义制度的潜在力量，克服物质财产、生产资料、政治生活、政权、文化等对人的异化。我认为，这是真正的马克思主义的提法，它的中心是人。我们打算如何实现这一构想呢？答案就在上述构想本身之中，即：通过民主化和公开性，通过改造所有制关系和我国社会的政治结构，通过道德领域和全部精神生活的健康化。一句话，通过把人看作目的而不是手段。"②戈尔巴乔夫充满激情的豪情壮语对人道主义是无比推崇的，他认为通过民主和公开的原则可以使人道主义实现，并且新人道主义的实现会使社会中的不同因素消失殆尽，但改革的结果却是与此相悖的。失败的原因之一，就是戈尔巴乔夫把弗罗洛夫的新人道主义抽象化地使用在

---

① 《苏共第十九次全国代表会议资料》，莫斯科1988年，第87—88页。
② 〔苏〕弗罗洛夫、П. Y. 尤金：《科学伦理学》，齐戒译，辽宁大学出版社1989年版，第38页。

了改革实践的指导之中，脱离了苏联国情和实际。

综上所述，人道主义作为一个一般的道德原则，对于防止社会道德生活非人道主义化、建构新型的社会主义道德关系是有一定的指导意义的。但是，将人道主义当作马克思主义世界观和指导实践活动的基础和首要准则，当作苏联道德法典的最高道德原则，则是从根本上否认了道德的阶级本质，只能导致泛人道主义和抽象人道主义。苏联伦理学从最初对资产阶级人道主义的批判中总结出社会主义人道主义原则，并不断地将这一般道德原则无限夸大为最高道德原则。从某种意义上说，人道主义上升到最高的道德原则，是苏联伦理学边缘化直至终结的根源所在。

4. 道德发展观

俄苏马克思主义伦理学把研究道德发展看作理论伦理学最重要的方面之一。这方面的研究虽然不是独立的项目，但却被认为是马克思主义的历史伦理学的重要内容（阿尔汉格尔斯基）。苏联学者认为，马克思恩格斯在自己的著作中制定了道德历史发展的原则性的方法论问题，一般道德概念与道德的具体历史类型的相互关系问题，及由此产生的在伦理学中应用历史的东西和逻辑的东西一致的方法的特点问题，就是这样的原则之一。马克思恩格斯在解决道德起源问题的基础上，在展示道德观念和观点变化内容的社会基础上，将阶级评判引进道德的历史发展上，揭示了社会进步和道德进步的相互制约，而社会进步和道德进步则说明道德历史发展在其全部复杂性和矛盾性中整个方向的性质。

道德发展的核心之一是道德进步问题。道德进步是道德历史发展的肯定趋向，人道主义和集体主义价值的完善性程度。这方面的研究在60年代主要有季塔连科的《道德进步的标准》（1967）、《道德进步》(1969)、А. Г. 哈尔切夫的《道德是社会学研究的对象》(《哲学问题》1965年第1期)。

20世纪70年代是研究道德发展问题的一个重要时期,主要的著作有季塔连科的《道德意识的结构:伦理学—哲学研究的经验》(莫斯科1974)、季塔连科主编的《马克思主义伦理学》(1976),А. Г. 哈尔切夫、В. Г. 阿列克谢耶娃的《生活方式、道德、教育》(1977),Р. В. 彼特罗巴夫洛夫斯基的《进步的辩证法及其在道德中的表现》(1978),А. Г. 哈尔切夫的《苏联的婚姻与家庭》(1979),等等。

1976年,莫斯科出版了苏共中央社会科学学院集体著作《发达社会主义的道德》一书,该书阐述了共产主义道德和苏联社会生活实际的各个方面的联系以及和党所提出的道德任务的联系。Г. П. 斯米尔诺夫、Х. Н. 蒙疆、М. Т. 约夫楚克、А. Г. 哈尔切夫、Г. Г. 科瓦索夫、季塔连科等人在著作中研究了发达社会主义道德是无产阶级道德传统的发展,社会主义建设时代的工人阶级道德意识的发展,社会主义社会的道德的发展。发达的社会主义的道德特征反映苏联社会经济的成就,主要表现在由于道德评价领域中包括进新的对象(科技创新、文化、教育、政治、经济)而扩大了道德调节领域并进一步加强了这一调节功能;在现有道德中出现了具体体现关于新近进入这一领域的社会集团及个人生活各个方面的基本原则的规范。社会主义社会单质性的加强以及全面社会平等关系的发展促进了社会主义道德全民性的加强,社会主义社会政治思想道德一致性的深化,社会主义集体主义向深度及广度的发展。发达的社会主义道德的特征是劳动人民的社会政治及劳动积极性、爱国主义和国际主义意识的不断增长。社会主义人道主义原则得到进一步的发展,个人全面发展的前提得以建立。在研究发达的社会主义道德时要考虑到历史阶段的现实，以及由于一系列主客观因素而产生的道德发展的辩证矛盾性和复杂性。"生活最基本的现实告诉我们，在社会主义社会统一的道德范围内存在着个别人掌握社会道德规范的不同层次：从粗浅地知道存在道德规范这么一回事，到化为自己深刻的信念，违反规范等于是'违背自己的良心'。"①

季塔连科的《道德意识的结构：伦理学—哲学研究的经验》一书探讨了道德的历史发展，分析了封建的及资本主义的社会形态中道德意识的构成及功能，论证了社会主义道德的历史优越性。其中提出道德准则是道德意识的要素，在不同时代，不同人们社会意识中的准则、规则、原则有不同的并列或从属关系和等级次序，它们的变化会显现社会的道德状况，但规则和原则的总和仅是道德意识结构静态的"切片"。决定道德意识功能的还有一系列机制，其中最重要的是价值目标，价值目标才是道德意识更稳固、更深刻的表现。因为"在意识的总方向中它体现着个人所持的基本道德立场……表现在个人的整个行为方针和道德自我感觉上，表达着这种行为和自我感觉的一定的准则倾向性"②。个人的道德水平，在很多方面取决于以正面的生活价值为对象的坚定目标（并且是真正的和起决定作用的目标，而不是宣言式的形式的目标）在他心里深入的程度。季塔连科明确意识到，道德绝不仅是准则和原则的总和，而且最重要的是价值目标，是人对某些价值目标的偏爱、爱好、倾向性以及坚守。季塔连科对准则性的、道德说教式的伦理学一直持保留、消极的态度，因此他主编的《马克思主义伦理学》（1976）一书中多处论述关于道德中的主观—个人因素。在论及道德对社会经

---

①苏共中央社会科学学院：《发达社会主义的道德》，莫斯科1976年版，第27页。

②〔苏〕А. И. 季塔连科主编：《马克思主义伦理学》，董其才译，中国人民大学出版社1984年版，第119页。

济关系的反作用时，季塔连科强调指出："贬低道德中主观—个人因素的任何做法，都意味着使道德失去作用，变成软弱无力的空话。只有当社会关系中产生的价值被人们接受成为个人的财富时，它们才能成为道德动力，成为人的积极性的发生器。道德发生作用的这种心理特点，即道德的隐秘—个人因素，无论是用威信或解释或劝诫都是不能完全代替的"[①]。道德动机是道德主体——个人的独立性、自主性的表现，人要根据自己的意向并由自己负责加以选择。总之，对于道德中主观-个人因素，季塔连科的论说深刻地揭示了要使道德这样一种特殊的文明武器真正发挥功能，尤其是发挥其巨大的创造潜能，诉诸外部的、整体的、静态的力量显然不够；简单告知，甚至强制，更加无效。真正可靠的道德力量必须从人的内部生长起来。因而，道德中的主观-个人因素一定不能忽略。这一研究表明马克思列宁主义关于历史与逻辑统一的方法论原则在科研工作中所具有的普遍现实意义。

道德进步乃是创造者历史的人的意识和活动中人道主义原则不断增长的复杂的辩证过程。季塔连科主编的《马克思主义伦理学》一书关于道德发展的主要思想是：第一，道德发展是一个客观的前进过程。在这一点上，首先要坚持伦理学中的历史唯物主义原则，站在科学的历史主义的立场上，排除绝对主义（坚持只有一种道德是永恒的、真理的道德）和相对主义（每种道德只适用于一定的历史时期），因为绝对主义和相对主义都不可能对道德的进步变化作出比较的评价。第二，道德发展是一个统一的辩证的过程。为了弄清道德发展的客观意义，必须科学地解决一系列复杂的问题。风尚在历史中是如何变化的？这种变化由什么来决定？风尚有无继承

[①]〔苏〕А. И. 季塔连科主编：《马克思主义伦理学》，黄其才等译，中国人民大学出版社1984年版，第33页。

性？它是怎样同一定历史时期风尚的质的特质相适应的？道德的历史发展是否意味着从低级的风尚过渡到高级的风尚，接近于完善、道德进步，或者尽管有科技的发展，人类在道德关系中也不会超过远祖？道德进步的客观的历史的标准是什么？能否对不同时代的道德对人类经验的历史宝库作出贡献的价值观点出发加以比较？马克思主义承认道德发展的继承性和总趋势，发现社会经济形态、社会进步的这些历史阶段，从而把道德发展看作是一个统一的辩证的过程。道德的社会-阶级制约性原则为找出其变化的主要原因提供可能性。第三，道德在自己的发展中具有相对的独立性，具有自己历史发展的一定惰性、自我发展的内在逻辑、特殊矛盾、解决矛盾的方法和传统。道德依赖于自己的相对独立性，对历史过程产生反作用，加速或延期历史过程。道德有自己的起飞和下降、曲折和偏离，但是整个说来，道德的历史发展是沿着上升路线进行的，向人们揭示精神上升的道路，揭示最隐蔽的和谐发展的前景。第四，三种奴役形式、三种剥削形式依次递换，从而形成一些社会经济阶段，在这些阶段上完成着道德进步，实现着人类沿着社会解放、扩大个人发展可能性的途径不断运动。马克思主义伦理学把人类道德从氏族制向阶级社会的过渡、阶级道德从奴隶制道德向封建社会道德、封建社会道德向资本主义社会道德的过渡，整个地作为一种进步来评价。第五，道德进步的标志在于道德对社会解放过程和个人精神完善产生良好影响的可能性的不断增长，乃是道德进步的主要标志。在被剥削者同剥削者斗争的历史发展过程中，随着斗争形势和规模的扩大，道德上的抗议在这一斗争中的意义和可能性有了增长，是道德日益有力地激励着个人精神的完善。这不仅是社会进步，而且也是道德进步无可置疑的标志。给阶级对抗关系送终的社会主义革命，同时也是历史上最伟大的道德革命，它为个人的道德完善和社会关系人道化奠定新的基础，标志着向道德进步新的、更高阶段的过渡。道德的认识论内容的增多也是道德进步无可置疑的标志。随着道德的发展，个人道德意识的结构和功能也在不断完善。道德进步从而表现为个人完善的道德动力、道德需要的发展。伦理学学科的发展也是道德进步的重要的、间接的标志。

20世纪80年代，研究道德发展的论著主要有阿尔汉格尔斯基的《马克思主义伦理学的对象、结构、基本方面》，季塔连科主编的教科书《马克思主义伦理学》于1980年和1986年再版，等等。阿尔汉格尔斯基在《马克思主义伦理学的对象、结构、基本方面》一书中从道德进步的一般标准的角度，把"道德进步"界定为：道德进步是从社会利益和个人利益一致的角度的必要性的角度看的道德历史发展的肯定趋向，人道主义和集体主义价值的完善性，这些价值变为个人道德选择的动机及其实际扩展的广度。据此，阿尔汉格尔斯基认为"道德进步"的观念应包含如下内容：第一，道德发展与道德进步问题相联系。对人类道德发展的历史回顾与展望的一般评价是与科学地解决马克思主义历史伦理学的最重要的问题——道德进步的问题联系着的。马克思主义立足于承认人类社会进步（从低级社会关系形式到高级的、更完善的社会关系形式）对人类道德发展的必然制约性，从根本上解决了道德进步问题。第二，承认道德进步就意味着接受人类道德发展中的上升路线的思想，因为马克思主义把社会进步理解成人类社会从低级阶段和形式问题向高级阶段和现实的前进发展。第三，最复杂的是制定道德进步的普遍标准，使我们能准确地提出在道德发展上什么是从低级阶段上升到高级阶段。道德历史发展中存在着继承性，在道德进步的标准上不仅应该考虑到在特殊中的上升发展，而且要考虑到联络各道德历史类型的前进发展的一般趋势。第四，道德进步的标准不仅应当是普遍的，而且应当是综合的，它不可能建立在道德的某些个别的、尽管是重要的表现上，它应该以扬弃的形式包含道德进步的一切可能有的局部的和特殊的特征。第五，论证道德进步的标准要求阐明道德的不变结构、道德的社会作用以及展示最发达道德体系的特征。第六，道德发展的标准应当包括道德中的全人类因素和阶级因素的辩证法，并考虑到这两种因素的历史形式。

在思想上拟构发展的高级阶段和起始阶段的联系，可以重建道德发展的一般历史逻辑，展示人类道德发展的方向和意义。季塔连科制定了展示道德意识具体——历史类型的主导因素的标准及主导因素的稳定联系和依存性。这些主导因素的稳定联系和依存性则组成特殊的、具有崭新特点的道德意识结构。①

20 世纪 70—80 年代苏联马克思主义伦理学家普遍认为，社会进步决定着道德的发展，决定着它从一个水平向另一个水平的前进运动。历史上世代相传的各代人的不懈努力，先进的社会力量的斗争，为人们的道德关系创造了新的、更加良好的条件，形成了新的道德意识——对思维所作的越来越适应个人精神完善的宝贵贡献。道德发展的每一个后继阶段都是历史上更高的阶段，因为在每个阶段上都不断成熟地解决了复杂的人的问题，丰富了个人的内心世界。

发达社会主义社会道德是苏联学者讨论道德发展问题涉及较多的一个难题。这个问题具体涉及如何认识现阶段共产主义道德建设、苏联社会生活实际的各个方面的道德建设与共产党所提出的道德任务的联系等等。其中的基础问题之一则是如何认识发达社会主义社会。苏联学者讨论最多而又没有很好解决的问题是发达社会主

---

① 〔苏〕А. И. 季塔连科：《道德意识的结构：伦理学—哲学研究的经验》，莫斯科 1974 年，第 154 页。

义社会的基本特征。苏联科学院主席团委员会鲁缅采夫主编的《科学共产主义词典》（1980年第三版）比较全面系统地概括了发达社会主义的如下特征：

（1）创造了巨大的统一的国民经济实体；

（2）按照社会主义内在固有的集体主义原则完全改造整个社会关系的总体；

（3）经济发展的目标在于解决社会任务，大大提高人民的福利水平，为社会成员的全面发展创造条件；

（4）重点转向抓发展经济的集约因素，抓提高劳动生产率，改善工作质量；

（5）加速科学技术进步，完善社会的科学管理，日益充分地把社会主义的优越性与科学技术革命的成就结合起来；

（6）加速各阶级、社会集团的接近过程，克服社会、阶级差别，发展完全的社会的单一性；

（7）各个大小民族繁荣昌盛和加速接近；

（8）人们新的历史共同体——苏联人民的团结日益巩固；

（9）国家和整个政治制度的全民性质，社会主义民主的发扬；

（10）工人阶级在社会生活各个领域的影响日益提高和加强，共产党领导作用日益增长，它在仍然作为工人阶级政党的同时，也是全体人民的先锋队；

（11）劳动人民的教育程度、技能和一般文化水平大大提高，在培养共产主义类型的新人方面取得进一步成就；

（12）完善社会主义生活方式。

发达社会主义的历史地位怎样？它同社会主义各阶段之间有什么关系？它同共产主义高级阶段之间又是什么关系？这是一个重大的理论问题。当时苏联学者普遍认为，发达社会主义社会是社会主义的最高和最后阶段，在此以后便是共产主义高级阶段。勃列日涅夫在 1977 年发表的《通向共产主义道路上的历史性起点》一文所表述的就是这种意见。苏联理论界根据勃列日涅夫的讲话精神，将发达社会主义社会的历史地位归结为三点：（1）发达社会主义是社会主义阶段范围内的一个时期；（2）发达社会主义社会是社会主义的成熟时期；（3）发达社会主义社会是逐步向共产主义高级阶段过渡的时期。在讨论发达社会主义的历史地位时，苏联理论界还提出了发达社会主义时期本身分为两个阶段的观点。这一观点已为苏共二十六次代表大会所接受，苏共二十六大报告说："无产阶级社会结构主要地和基本上将在成熟的社会主义的历史范围内建立起来。"这实际上是以阶级差别的消失为界限，把发达社会主义时期划分为两个阶段。

5. 人的价值观

俄苏马克思主义伦理思想变迁史中首先开创个人问题研究先河的是图加林诺夫。图加林诺夫在 20 世纪 60 年代初出版的苏联第一部关于价值问题的专著——《论生活与文化的价值》。这本书里的"文化价值"是人的文化价值，实质上是人的价值。1960 年，图加林诺夫他在《共产党人》杂志发表《社会与个人》的文章，明确开始了对人的研究。1962 年，图加林诺夫又在《哲学问题》杂志上发表《共产主义与个人》的文章。1962 年 3 月，赫鲁晓夫在苏共中央全体会议上强调：实现共产主义不仅需要物质技术基础，而且需要成熟的人。从此以后，关于人的本质、人的价值、人的发展等问题逐渐越来越吸引苏联哲学家和伦理学的关注。1965 年《哲学问题》第 1 期的开篇文章就是《人是最高的价值》。1967 年，勃列日涅夫提出发达社会主义理论，为实现共产主义培育新人是构建发达社主义的主要任务。这样，苏联哲学和伦理学界对人和人的价值问题的研究热情开始升温。

人的价值的研究涉及人的基本特征、"人"的问题研究的意义、人生价值、个人与社会的关系等。苏联学者普遍认识到，提升苏联人个体发展的水平，培养他们在新型社会中的生活和工作能力，使之具有崇高的道德、自我约束的能力和对社会的责任感，能够在自己周围营造幸福的氛围。50年代后期对"个人与社会"的关系问题是从个人利益与社会利益的结合角度进行探讨的，苏联学者在集体主义作为绝对前提的基础上，论证了二者适当结合的合理性。20世纪60年代，尤其是苏共二十二大之后，说法有了些变化，他们提出在公共利益和社会利益统一的基础上确立个人与社会的和谐关系。"统一""和谐"与先前的"结合"比较起来，在程度和深度上都更进了一步。在道德领域，"和谐""统一"还是对道德的结构和特征的表示。它是全人类的道德规范和共产主义道德规范的统一。普遍道德原则首先是行为基本的实践要求，如不打人、不偷盗、不撒谎等，这些规范是人们在千百年的生活实践基础上形成的，是人民智慧的表达。普遍的道德原则也是"义务""良心"等道德范畴的抽象形式。在人的问题研究中，苏联学者重视研究个体道德的培养。从20世纪60年代开始，个体道德的具体方面的研究尚未展开，但在总的方向上，已确定了个体道德的培养导向，即不仅培养人的高尚的思想，而且培养人的美好情感。苏联学者普遍倡导，教会人感受，比教给他知识，让他劳动更有意义。在对人的情感的培养中，艺术的感染力起到了重大的作用。因而，此后伦理学和美学的关系问题日益受到重视，它成为个体知识和思想发展的结合点。

20世纪80年代以来，苏联哲学、伦理学研究出现了一种新趋势，加强了对人的问题的研究，成立了人的问题研究所，从哲学、生态、文化、遗传和环境、心理、性等方面，组织各方面的专家，对人进行跨学科的综合研究，定期出版机关刊物《人》。研究所有个人的问题研究中心，负责协调各方面的研究。学者们认为每门专门的科学学科对人的研究，自然都从各自特殊的立场出发，都运用在本学科范围内形成的一整套方法、理论公式和概念资料。它们中的每门学科，都相应地揭示人的生存的一定的方面，揭示人的一定的问题。同时，这些方面中每一个方面研究得越充分越深刻，就越需要对专门研究中所获得的资料进行综合，也就越需要创立关于人的完整观念。科学价值与文化价值并非完全一致，如文化选择就不同于自然选择，各方面的专家通过对话，以便建立一种既适合于人类，又适合于全球的可靠的发展模式，这是全世界思想界的共同任务。俄罗斯的人学研究所除了从事理论性研究外，还从事一些应用性研究，如研究人在各种极限条件下的适应性等。俄罗斯建立跨学科研究组织，重点研究现实中提出的问题，试图使理论研究更加有效、更加适合于社会发展的需要。

后苏联时代普遍存在着对马克思主义的反思，不仅存在着反马克思主义思潮，而且也存在着许多马克思主义的坚定的信仰者。这些坚信者认为，马克思主义哲学、伦理学超越了以往一切旧哲学的思维范式，确立了崭新的道德观，形成了一种以人为核心，以人的实践活动为基础和根本出发点的、最终实现人的自由和全面发展的学说。马克思主义没有在具体细节上设计未来人的形象，而只是科学地确定了共产主义社会中，受社会—经济、文化—精神以及价值论的评价所制约的人的一般的、基本的大致轮廓。这主要就是人的全面发展理论。马克思曾对人的全面发展做过如此描述："人以一种全面的方式，也就是说，作为一个完整的人，占有自己的全面的本质。"①"个人的全面性不是想象的或设想的全面性，而是他的现实关系和观念关系的全面性。"②只有在人的"现实关系"和"观念关系"的统一性中才能理解整体人的意义。人的本质是一种类的存在物，换言之，人必然是一种生活在各种关系中的社会性的存在物，即人只有在与自然、个人和社会发生的具体的现实的关系中才能生存。人也正是在这些关系中才能真正展现自己的本质力量，确证自己的价值。在终极意义上，当人处在与自然、个人和社会"完成了的统一"中时，也就昭示着人生活在最全面、最丰富的关系中，进行着最全面、最自由的选择。在此意义上，人全面占有了自己的本性和社会关系，人与自然、社会的矛盾得到最终的解决，才会成为一个整体的存在。由于每个人的自由而全面的发展必然要与他人的发展和人类社会的发展相一致，所以，人类未来社会的发展必然采取通过个人能力和素质的全面发展的这一最有效的发展形式而实现。

自1985年苏共中央四中全会至1986年党的二十七大以来，十分强调"党在生活各方面确立的那种创造气氛，对社会科学是特别有益的"。对理论界提出了"大胆、主动地提出新的问题，对这些问题进行创造性的理论研究"的要求。多学科的系统性综合研究表明了在人的问题上现代科学与人文科学的一体化趋势。对于这种系统研究的现状，苏联学术界还是不满意的。1987年《哲学问题》第一期社论中的一段话表达了这种态度，它提出人的问题"是全部哲学问题中最重要的和最困难的问题。因此，它应当进行综合的研究，运用全部科学手段——这些科学中的每一门类都具有自己的研

---

① 《马克思恩格斯全集》（第四十二卷），人民出版社1995年版，第123—124页。
② 《马克思恩格斯全集》（第四十六卷）（下），人民出版社1980年版，第36页。

究范围。至今为止，无论在国外还是在我国的哲学文献中，在这一领域的研究进行得是不显著的，其系统性是落后的"。1988年8月，莫斯科举行了以"科学、人、人道主义"为中心议题的第八届国际逻辑学、方法论、科学哲学大会。苏联哲学界做出了积极的反应，《哲学问题》杂志上先期发表会议论文，苏联报纸也对会议的主题作了显著报道。会前，苏联科学院院士、哲学协会主席、欧洲文化团体正式会员，社会学问题主席团科学委员会主席、这次会议的苏方组委会主席弗罗洛夫在《真理报》上发表了题为《科学为了人类》的答记者问。会议结束后的第二天《消息报》发表了题为"探索人"的会议述评，介绍了关于人的问题的研究的圆桌会议的情况，认为"不要忽视人"，这是世界各国学者用不同语言表达的同一个思想。人的问题应当"放在全部研究之核心"。有的学者认为，虽最终没有必要建立一个关于人的新的综合研究所，但是，全苏科学院所有研究所都应当研究人，他们认为现代人类已经进入了一个新的时期，在这个时期，人类仔细地端详着自身，有时仿佛就像重新发现人。

苏联20世纪80年代以来富有影响力的同时也是最活跃的哲学家弗罗洛夫在社会变革时代体现出反思马克思主义哲学、伦理学的精神。弗罗洛夫自认终生信仰共产主义，他以马克思主义原理和方法论为基础，创立了对人进行全方位综合研究的人研究理论。人的全面发展是人研究的终极目标，通过"新人培养"迈向共产主义。"新人"理论的提出，丰富和拓展了马克思主义关于人的全面发展的理论。

弗罗洛夫身兼各种要职，在苏联改革的氛围下，为推动苏联哲学、伦理学的发展和开展"人学"研究作出了重要贡献。从1987年起，弗罗洛夫当选为苏联科学院院士，开始担任苏联及俄罗斯哲学学会会长、国际哲学学会副会长、苏联国家科技史和哲学委员会主席等职。在此期间，弗罗洛夫除了深入研究全球性问题和人道主义问题外，还加大了对人的综合研究的力度。1988年2月，弗罗洛夫主持召开了第一次全苏综合研究人的问题大会，会议云集了学者、文艺工作者和党政要员等人，设立了"当代世界的人和人类""科学系统的人"等六个议题。在会议期间，弗罗洛夫专门组织了一次圆桌会议，商讨建立人的统一科学和人学机构的问题。1989年，弗罗洛夫主持创办了《人》杂志；1991年秋，他又组建"人研究所"并担任所长。弗罗洛夫所做出的这些努力都极大地推动了苏联及俄罗斯的人学发展。苏联解体后，当时国内处于思想混乱的情况，弗罗洛夫仍不遗余力地为俄罗斯哲学的发展而奔走，作为俄罗斯哲学学会会长和世界哲学大会副会长，1993年弗罗洛夫成功地组织举办了在莫斯科举行的第十九届世界哲学大会，1997年在圣彼得堡举办了以"人—哲学—人道主义"为主题的第一届俄罗斯哲学大会，1999年在叶卡捷琳堡举办了以"21世纪：在哲学维度中的俄罗斯未来"为主题的第二届俄罗斯哲学大会。弗罗洛夫去世，戈尔巴乔夫称他为杰出的、真正的、有教养的、有原则的、勇敢的人。俄罗斯至今每年都要举行关于他的专题研讨会以示纪念。

弗罗洛夫将社会科学、人文科学与自然科学的紧密结合，作为方法论基础，拓展了对人的未来的探讨，提出了关于人发展的生物学前景和社会学前景的学说，系统阐述了"新人"理论，这不仅是对前人的一种突破，更是对未来发展的一种科学预测。他所强调的统一的人学，是从不同方面来研究人的众多专门学科的统一，它不仅包括社会科学和人文科学（哲学、社会学、伦理学、美学、教育学等），而且包括自然科学——医学，心理生理学，遗传学。人的哲学是一切研究人的科学的中心环节，它首先就要研究人的本质，人的形成和发展的一般规律，人的目的与理想以及通向理想的道路。而且它要在现代科学中发挥整体化的，方法论的和价值调节与价值理论的功能。

弗罗洛夫的人的综合研究（Комплексное исследование человека）最主要的部分就是对人的未来的探求，而"新人"理论又是重中之重。他的思想自始至终把人放在全球性问题造成人的生存危机和整体社会大困境的背景下，从发生学意义上（本体论意义上）和社会学意义上（现实意义上）加以考察。"新人研究"的任务就是要遵循这条思路，对人及人的未来进行全面的描述，从而阐明人的现实生存境况，并依据马克思主义的人道主义思想，提出文明社会的"新人"要求及其培养方案，真正实现"现实人道主义理想"。统一的人学是从不同方面来研究人的众多专门学科的统一，它不仅包括社会科学和人文科学（哲学、社会学、伦理学、美学、教育学等），而且包括自然科学——医学，心理生理学，遗传学。人的哲学是一切研究人的科学的中心环节，它不但要研究人的本质、人的形成和发展的一般规律、人的目的与理想以及通向理想的道路，而且它要在现代科学中发挥整体化的、方法论的和价值调节与价值理论的功能。心理学使自然科学和社会科学建立了新的联系，它有助于从人的发展的社会因素和生物因素关系角度考察人的本质。

弗罗洛夫的《人的远景》一书对当时在苏联和其他国家文献中所出现的新的具体科学资料和哲学资料，进行了理论分析；在分析的基础上，对现代人的哲学的一系列关键问题，也作了比较充分的阐明。由于该书从理论上掌握了苏共二十六次代表大会的材料和党的其他文件，书的主题焕然一新。由于吸取了大量和现代人类生存所有各个方面都有关的新材料，作者便有可能对所提出的各种问题进行比较充分而系统的分析，并特别注意这些问题的哲学观点。全书详尽分析了西方哲学各派诸如哲学人类学、社会生物主义等利用生物学、遗传学和其他科学最新资料，对人的本质进行歪曲的解释。他认为这些形形色色的派别明显暴露出自然生物决定论的倾向，从把人和社会极端生物化的社会达尔文主义到弗洛伊德主义把人的本质同人的生物性决定的非社会性本能混淆起来，成了现代社会生物主义创立其学说的理论基础。社会达尔文主义、弗洛伊德主义（包括存在主义在内的思想）又都起源于德国哲学家尼采和舍勒的哲学，从根源上说他们都是自然生物决定论的真正始祖。

弗罗洛夫反对把对人的问题所作的具体科学分析和哲学分析人为地分割开来，他善于根据马克思主义关于人的哲学的观点，把具体科学（生物学、心理学、社会学）的材料密切地结合起来进行研究，从关于人的科学知识理论思维的方面，从克服科学方法和哲学方法的分离方面，从克服自然科学和社会科学知识的二元论方面，指出了哲学的作用。据此，弗罗洛夫非常有根据地提出了哲学三位一体的任务，哲学完成这个任务，同时也就是实现自身一体化——综合的、批判方法论的、价值调节和价值说的功能。

马克思对人的全面发展的历史过程理论是弗罗洛夫的"新人"理论的指导思想。按照马克思主义的观点，人既是历史的前提，又是历史的产物与结果，未来"新人"的培养主要取决于社会的物质、精神方式以及社会组织的一定类型。只有在社会主义和共产主义道路上才能真正解决人的全面发展问题，即人的个性复归问题，也只有人的全面发展，才是社会进步的尺度。这个问题的全面解决自然依赖于有关人的（包括生物学在内）全部科学。弗罗洛夫的"新人"从本质上说就是"全面发展的人"，是对马克思主义的继承与发展。

弗罗洛夫把马克思主义对人的全面发展的观点与全球性问题，即现代人所面临的生存处境紧密联系起来，与共产主义的人道主义理想联系起来，他根据马克思的历史与价值相统一的思维方式，借助现代高科技，明确提出"建设全面而和谐发展的人"。这不仅仅是一个长期的战略目标，而且是当前社会主义建设的主要任务。弗罗洛夫在新的历史条件下，把马克思主义的人的全面发展理论直接推向实践，这是由于他看到了新时期的社会实践发生了很大的变化，具备这种培养"新人"的能力。建设新社会的同时培养"新人"，在培养"新人"的同时建设新社会——共产主义，发达的社会主义必须以相应发展水平的人为前提，它的一切成就无不依赖"新人"的形成，而人作为社会发展的主要基础和动力，他的形成本身又受客观的生产条件、劳动性质、社会关系以及文化水平的制约。这就是"新人"形成的辩证法。人的智力和体力的全面发展，人的活动能力的全面发展，人的个性的自由而全面的发展构成了"作为个性的人"的"新人"理论的主要内容。

弗罗洛夫的"新人"不同于高科技背景下，作为新的物种或者新的人种的"生物控制有机体"和"超人"，而是指在精神和体质方面协调发展的人，即"智慧而人道的人"，在成长的过程中不断地发展和丰富着自己的个性，最终达到完整而全面发展的、真正的人。"新人"是一种处于动态之中的、具有不可重复特质的、是个体的"我"的唯一性的个性的社会性的存在；是一种社会关系的体现，是一种更高文明——共产主义的代表。这是弗罗洛夫的坚定的信仰所在。弗罗洛夫塑造"新人"的奥秘就在于将人的发展所需的生物性和社会性综合起来，通过对共产主义的不变追求而实现。就此而言，"新人"实际上就是永恒的人，是面向永恒和无限的人，是未来共产主义的一种人道主义理想的目标。"这种个性所体现的是人的本质力量，是人的精神与肉体尽善尽美的真正统一的理想。"①人的理想只能是现实人道主义的理想，因此，塑造"新人"即是追求现实人道主义的实现。

"新人"的实现就是现实人道主义理想的形成，现实人道主义理想作为共产主义理想，是人类思维的历史结晶，是集前人优秀知识成果之大成，是人类科学与艺术的完美统一。它以科学进行分析，以艺术作为表现手段，本身就是完整的、具体的，具有完整性和统一性。这样条件下的人自身也获得完整人的最高质，实现个性的全面发展。弗罗洛夫的"新人"是作为个性的个体，正如马克思所说："代替那存在着阶级和阶级对立的资产阶级旧社会的，将是这样一个联合体，在那里，每个人的自由发展是一切人的自由发展的条件。"②

"新人"的形成是趋向全面发展的人、趋向具有个性的人的一种活动。这个活动过程就是共产主义的实现过程。对人进行全方位的综合探讨就是要提升人的生存意义，实现人的本质，趋向于达到个性的全面而自由的展现。在高科技时代，在全球性问题条件下的人的实际存在不是人的应然存在，人要在现实世界中寻找通往完善发展的现实路径，就要超越自身片段的残缺不全的存在而企盼并追求实现全面而和谐的人。因而，"新人"是自由的、创造的、富有个性的、全面的、整体的人。

理想的"新人"不仅是具有巨大的创造精神的开拓者，而且也是诚实善良、道德高尚的人，他们身上体现了所有的属于人的真正的人性的东西、人的本质力量。在社会主义制度下，新人的形成具

---

① 〔苏〕伊万·季莫费耶维奇·弗罗洛夫著：《人的前景》，王思斌译，中国社会科学出版社1989年版，第258页。
② 《马克思恩格斯文稿》（第一卷），人民出版社1995年版，第294页。

有现实性，这是与非马克思主义者所幻想的"新人"的形成的本质差别所在。这种现实性的根源在于两方面：一方面社会主义的社会与个人利益的一致，另一方面是社会赋予个人以高尚的人道主义目标：社会主义制度强调社会与个人利益的一致，有力地保障了新人的培养。马克思主义主张把二者的一致作为社会主义的根本原则之一，也是社会主义优越性的集中表现；社会赋予个人以高尚的人道主义目标，这就为社会的发展指明了方向，这也是解决人的问题的希望所在。弗罗洛夫确信，这种人的真正的人道主义形象必将在全社会范围内完美地树立起来。

在弗罗洛夫看来，科学技术革命与社会主义制度优越性相结合，将使人类社会走向更美好的未来，将使"新人"真正实现。这个过程就是个体向个性的转化过程，也就是人类由"生物学世纪"向"人类学世纪"的演变过程。由"生物学世纪"进入"人类学世纪"是人类的一大进步，是人发展的更高层次，也是共产主义"新人"形成的前提，转化的途径是"综合"。"综合"概念是基于对社会因素和自然生物因素的相互作用和相互影响的辩证理解的基础上，以对人类学和人类历史的研究与科技革命紧密联系为前提的有关人的科学的整合过程。

"生物学世纪"向"人类学世纪"的转化要求关于人的科学（不论是自然侧面还是社会侧面）的真正繁荣。与此相联系，关于人的科学的主要问题正愈益从作为社会生物存在的个体向作为人的一切本质力量的体现者的个性转换。正是在个性问题上把全人类的东西集中到每个人身上，而且也集中了他生存和未来的全部秘密。人的未来是人性财富的发展，是目的本身。"人类学世纪"保证了人的潜能的充分发挥，保证了人的全面而自由的发展。从社会角度而言，"人类学世纪"就是作为新式文明的共产主义世纪，它造就

"新人",而这种"新人既是社会发展的结果,又是社会发展的条件和动力,即他是人的目的本身"。①伴随着"生物学世纪"向"人类学世纪"的转化,人逐步转化为一种"新人",人的个性得以充分地体现和发挥。弗罗洛夫的"新人的个性"理论,使自己的人研究理论与实践紧密结合起来。他提出在共产主义的坚定信仰下,积极投身改革,从政治、经济、文化等各个领域进行改革,切实为"新人"的培养铺设道路。

弗罗洛夫把"新人"培养视作社会主义的主要任务之一。建设新社会的同时培养新人,在培养新人的同时建设新社会——共产主义,二者是交互的。发达的社会主义必须以相应发展水平的人为前提,它的一切成就无不依赖"新人"的形成,而人作为社会发展的主要基础和动力,其形成本身又受客观的生产条件、劳动性质、社会关系以及文化水平的制约。弗罗洛夫把"新人"的培养与全面教育结合起来,把人研究理论付诸实践,这是他的"新人"理论的一大特色。人道主义理想的目标和"新人培养"的教育生成,两个方面是相互联系的。如果不把人的存在、人的未来问题与教育问题联系起来,人研究就仍然是一个单纯的学术探讨的问题,而不能称之为体系。这一观点与马克思列宁主义的基本思想是一致的。

人的智力和体力的全面发展,人的活动能力的全面发展,人的个性的自由而全面的发展,构成了马克思主义关于人的全面发展理论的实质内容,而人的全面发展,是一个历史过程。马克思认为培养"全面发展的人",需要两个基本条件:一是要高度发展社会生产力,全社会实行合理分工,可以大量节省生产物质产品的时间,增加自由时间,以便用来学文化艺术和科学,从事技术改造和精神

---

① 〔苏〕伊万·季莫费耶维奇·弗罗洛夫著:《人的前景》,王思斌译,中国社会科学出版社1989年版,第253—254页。

文化活动；二是要对社会所有成员进行全面发展的教育，把劳动、智育、体育和综合技术教育结合起来造就新人。苏联经历了几十年的全面教育，经验丰富。弗罗洛夫的"新人"理论，就是对这一全面教育模式的概括和发展。

弗罗洛夫为自己的"新人"的培养详细勾画了具体的措施。第一，以"科学技术是第一生产力"为原则，培养新型劳动者。在科学技术革命条件下，人的因素的作用大大加强。工程技术和科学劳动在生产劳动中愈来愈占有优势地位，科学研究和试验设计工作的范围迅速扩大，这不仅使劳动本身的性质和构成发生了改变，而且使劳动方式发生了变化，由工人与劳动对象和劳动工具的直接接触转而为自动化与电子遥控，要求兼有工人、工程师和学者性质的新的劳动者的出现。劳动者不仅要提高职业水平，而且要提高劳动纪律水平，提高集体主义素养和劳动活动的道德动因，这是社会主义社会工人必备的品质。第二，促进个性的全面发展。个性的全面和协调发展要求具有使脑力、体力、劳动、政治、审美和道德教育统一的体系。要使人学会参与社会生活，不单是要给人提供一定的普通文化教育和职业培训，更重要的是造就成积极的、能独立思考的个性的人。要善于利用闲暇时间，增强人的各种创造能力，为人的精神完善和身体完善服务。第三，培育完善的教育体系。在现代条件下，对人进行生态学、人口学、文化-审美教育。树立医学和遗传学等方面的科学观念具有越来越重要的意义。人和人的未来问题是一个迫切的社会问题，但这个问题的全面解决却要依赖于有关人的全部科学，包括生物学在内，不这样，就不可能有对人的教育、培养和发展（包括从人的个体发展的早期阶段开始直到个性形成为止）的科学提法。弗罗洛夫通过实行以上的各项具体措施，从作为新的共产主义文明主体的个性的未来这个角度着手，把社会—哲学和人道主义进行综合，创立统一的人道主义文化，再次彰显了他的"现实人道主义"的理念，真正地、真实地促进了人的全面发展，而且也为社会主义的发展铺设了道路。"新人"论在某种意义上发展而且实践了马克思主义的关于人的全面发展理论。弗罗洛夫的思想的主题是人道主义，核心论题是人的全面发展和全面教育，这一思想在俄苏马克思主义伦理思想发展史上具有重要的意义。弗罗洛夫以自己丰富的、真知灼见的表达和实践为全球化条件下人的产生与发展奠定了基础，为社会主义新人的伦理学的形成奠定了基础。他指出的正是伦理学在关于人的知识中的确定性作用，呼唤把人的道德的进步与社会的进步紧密结合起来。

参考文献

《马克思恩格斯选集》第 1—4 卷，人民出版社，1995 年。

《列宁全集》第 1—46 卷，人民出版社，1984—1990 年。

《列宁选集》，人民出版社，1995 年。

《普列汉诺夫哲学著作选集》第 1—5 卷，曹葆华译，三联书店，1959—1984 年。

《普列汉诺夫哲学选集》（五卷本），莫斯科，1956—1958 年。

《斯大林全集》第 1—13 卷，人民出版社，1953—1956 年。

《伦理学百科全书》编辑委员会：《伦理学百科全书》，莫斯科，2001 年。

〔德〕K. 考茨基：《唯物主义历史观》，《哲学研究》编辑部编译，上海人民出版社，1964 年。

〔德〕K. 考茨基：《伦理与唯物史观》，董亦湘译，教育研究社，1927 年。

〔德〕K. 考茨基：《基督教之基础》，叶启芳等译，三联书店，1955 年。

〔德〕伯恩施坦：《社会主义的历史和理论》，马元德译，东方出版社，1989 年。

〔苏〕A. B. 卢那察尔斯基：《卢那察尔斯基论文学》，蒋路译，人民文学出版社，1978年。

〔苏〕A. И. 柯伦泰：《工人反对派》，叶林、段为译，商务印书馆，1981年。

〔苏〕伊·谢·康主编：《伦理学词典》，王荫庭等译，甘肃人民出版社，1983年。

〔苏〕H. И. 布哈林：《食利者政治经济学》，郭连成译，商务印书馆，2002年。

〔苏〕H. И. 布哈林：《历史唯物主义理论》，李光漠等译，人民出版社，1983年。

〔苏〕H. И. 布哈林：《布哈林文选》上中下册，中共中央编译局国际共运史研究所译，人民出版社，1981年。

〔苏〕П. H. 费多谢耶夫主编：《马克思列宁主义的社会主义学说与现时代》，莫斯科，1975年。

〔苏〕A. И. 季塔连科主编：《马克思主义伦理学》，愚生、重耳译，上海译文出版社，1981年。

〔苏〕A. И. 季塔连科：《道德意识的结构：伦理学—哲学研究的经验》，莫斯科，1974年。

〔苏〕Л. M. 阿尔汉格尔斯基：《马克思主义伦理学的对象、结构、基本方面》，杨远、石毓彬译，中国社会科学出版社，1990年。

〔苏〕Л. M. 阿尔汉格尔斯基：《马克思主义伦理学范畴》，莫斯科，1963年。

〔苏〕Л. M. 阿尔汉格尔斯基：《马克思列宁主义伦理学教程》，莫斯科，1974年。

〔苏〕A. Ф. 施什金：《马克思主义伦理学原理》，莫斯科，1961年。

〔苏〕А.Ф.施什金:《革命道德是这样形成的》,莫斯科,1967年。

〔苏〕А.Ф.施什金、К.А.施瓦尔茨曼:《二十世纪和人类的道德价值》,莫斯科,1968年。

〔苏〕А.Ф.施什金:《人的本性与道德》,莫斯科,1979年。

〔苏〕А.Ф.施什金等:《伦理学原理》,蔡治平、魏英敏、金可溪等译,北京大学出版社,1981年。

〔苏〕А.Ф.施什金:《共产主义道德概论》,方琏、李渊庭译,三联书店,1957年。

〔苏〕Р.И.阿列克山德罗娃:《个体生态学与道德》,莫斯科,1978年。

〔苏〕Р.И.阿纳尼耶夫:《人是认识的对象》,列宁格勒,1968年。

〔苏〕С.安格洛夫:《作为科学的马克思主义伦理学》,莫斯科,1973年。

〔苏〕А.Ф.阿尼西莫夫:《原始社会的精神生活》,莫斯科—列宁格勒,1966年。

〔苏〕С.Ф.阿尼西莫夫:《道德与行为》,莫斯科,1979年。

〔苏〕В.Г.阿谢耶夫:《行为的动机与个性的形成》,莫斯科,1976年。

〔苏〕В.И.巴科什塔诺夫斯基(编):《科学地管理道德教育(伦理—应用研究和探索)》,秋明,1982年。

〔苏〕Г.Д.班德节拉德译:《叙述马克思主义伦理学体系的经验》,第比利斯,1963年。

〔苏〕О.Г.德罗伯尼茨基:《道德概念》,莫斯科,1974年。

〔苏〕В.Т.叶菲莫夫:《道德原则、个人自由和劳动积极性》,

《哲学问题》1978年第5期。

〔苏〕Ю. A. 扎莫什金：《资产阶级个人主义的危机与个人》，莫斯科，1966年。

〔苏〕B. Г. 伊万诺夫、H. B. 雷巴科娃：《马克思列宁主义伦理学概念》，列宁格勒，1963年。

〔苏〕B. Л. 科勃良科夫：《科学技术进步与道德》，莫斯科，1973年。

〔苏〕E. Г. 费达连柯：《马克思列宁主义伦理学原理》，基辅，1972年。

〔苏〕M. 弗利兹汉德：《马克思主义、人道主义、道德》，莫斯科，1976年。

〔苏〕A. Г. 哈尔切夫、B. Д. 雅科夫列夫：《苏联马克思列宁主义伦理学史概论》，列宁格勒，1972年。

〔苏〕H. И. 布哈林手稿：《哲学彩屏》，《哲学问题》1993年第6期。

〔苏〕П. H. 费多谢耶夫：《社会主义生活方式中的国际主义因素和爱国主义因素的辩证法》，《哲学问题》1981年第12期。

〔苏〕P. Г. 阿普列相：《伦理学中的真理问题》第4期（25），苏联哲学学会的通讯资料，莫斯科，1981年。

〔苏〕A. И. 季塔连科：《伦理学对象：讨论的根据和研究的前景》，《哲学问题》1982年第2期。

〔苏〕Л. M. 阿尔汉格尔斯基：《伦理学还是道德学？》，《哲学问题》1982年第2期。

〔苏〕P. Г. 阿普列相：《道德的情绪机制（谈谈英国伦理感伤主义中的问题的提法）》，《哲学问题》1981年第5期。

〔苏〕A. A. 古谢伊诺夫：《伦理学——关于道德的科学》，《哲学问题》1982 年第 2 期。

〔苏〕Ю. В. 萨格莫诺夫：《伦理学和道德教育理论》，《哲学问题》1982 年第 2 期。

〔俄〕戈尔巴乔夫、〔日〕池田大作：《20 世纪的精神教训：戈尔巴乔夫与池田大作对话录》，孙立川译，社会科学文献出版社，2005 年。

〔俄〕戈尔巴乔夫基金会编：《奔向自由——戈尔巴乔夫改革二十年后的评说》，李京洲译，中央编译出版社，2007 年。

〔苏〕米哈伊尔·戈尔巴乔夫：《对过去与未来的思考》，徐葵等译，新华出版社，2002 年。

〔苏〕布赖奥维奇：《卡尔·考茨基及其观点的演变》，李兴汉等译，东方出版社，1986 年。

〔俄〕Д. 久加诺夫：《全球化与人类命运》，何宏江等译，新华出版社，2004 年。

《共产主义建设者的道德原则》，莫斯科，1965 年。

《苏联共产党纲领》，莫斯科，1976 年。

《苏共第二十五次代表大会文件汇编》，莫斯科，1976 年。

《全苏高等学校会议（1974 年 9 月 17—19 日）》资料汇编，莫斯科，1977 年。

《党领导道德教育的问题》资料汇编，莫斯科，1979 年。

《苏共第二十六次代表大会文件汇编》，莫斯科，1981 年。

中国社会科学院情报研究所编译：《马克思主义人道主义问题译文集》，陕西人民出版社，1982 年。

王正泉等编：《苏联的发达社会主义理论》，中国人民大学出版社，1985 年。

贾泽林、周国平等编：《苏联当代哲学》，人民出版社，

1986年。

安启念:《苏联哲学70年》,重庆出版社,1990年。

金可溪:《苏俄伦理道德观演变》,中国文史出版社,1997年。

曹长盛等主编:《苏联演变进程中的意识形态研究》,人民出版社,2004年。

安启念主编:《当代学者视野中的马克思主义哲学》(俄罗斯学者卷),北京师范大学出版社,2008年。

武卉昕:《苏联马克思主义伦理学兴衰史》,人民出版社,2011年。

后记

马克思主义伦理思想是马克思主义思考和研究伦理问题的理论结果，它在欧洲诸国、苏俄和中国等地有着形式不同、风格迥异、各具特点的生动体现。这本身说明它的重要意义已不限于过去、不限于特定时代和国家。当今社会，人类文明正经历着空前的重大发展，伦理思想体系也面临着空前的重大挑战，马克思主义者既需要直面时代问题，也需要研究以往历史，汲取经验教训，以历史的辩证的唯物主义道德观利器为伦理思想和道德文明的现代发展探索新的思路。

这本书主题设置的初衷，就是如此。它是我作为课题组成员参加的、由宋希仁教授负责的教育部人文社会科学研究基地中国人民大学伦理学与道德建设研究中心重大项目"马克思主义伦理思想研究"（08JJD820176）子课题的一部分。原稿有70余万字，这次出版由于篇幅限制等原因，删掉了第四章"实践与辩护：马克思主义道德教育与伦理学体系"。从内容上来说这一章包括：（1）俄苏马克思主义道德教育的发展演变、本质和形式、基本理论问题和实践主题；（2）20世纪30—40年代马克思主义道德教育的基础和目标、纪律教育和培养、集体主义教育伦理；（3）20世纪50—70年代马克思主义道德教育的形式、特点以及道德情感主义、人道主义和全面发展教育；（4）俄苏马克思主义伦理学体系化的起步、发展演变、基本特点、主题思想和成熟时期的结构系统，马克思主义伦理学与宗教伦理学、西方伦理学的关系等。从人物思想上来说，涉及

М. М. 雅罗斯拉夫斯基、А. С. 马卡连柯、В. А. 苏霍姆林斯基、Н. К. 克鲁普斯卡娅、Л. М. 阿尔汉格尔斯基、Л. М. 洛帕季、М. И. 利哈诺夫、А. Ф. 施什金、О. Г. 德罗伯尼茨基、В. Н. 纳扎洛夫等苏联教育家和伦理学家的思想。此处略述昔日思考和思路，以见提纲全貌。本书以"史纲"名之，盖谓明晰思想史之关键部分也，若能对来者有些许参考，使之能补充、完善并推进此项研究，则又幸甚至哉！

此书能列入丛书出版，要感谢中国人民大学哲学院张霄副教授和清华大学李义天教授。记得在2018年夏天，我在欧洲参加"世界文化发展论坛"（波兰），与同行的张霄谈及此书及相关研究，不想偶然的聊天竟促成了此书纳入出版日程。我对俄苏马克思主义伦理思想的接触，得益于我的导师罗国教授和课题负责人宋希仁教授的指点，得益于课题组的数次研讨。因此这里要感谢前辈学人及课题组的指导。虽然我在读本科的最后一年里省吃俭用，花50元进入俄语学习班，但此后的学习、工作变化及本人的懈怠，并未开辟精熟这门语言之坦途。本书的写作是建立在前辈学人及当代俄罗斯思想研究者的工作基础之上的，这里学习并参考了金可溪、安启念等学者的成果。限于篇幅，书末只列了部分参考文献。此处一并对从事这方面研究工作的学者表示感谢。有关文献的翻译难题，请教了北京大学的孟吉军教授。重庆出版社的林郁、李茜女士为本书的出版劳心费神，这里一并表示最诚挚的谢意！本书结撰又搁置多年，未与时俱进予以充实或修订，其中疏漏或不备定然甚多，尚请方家批评指正！

王文东

2020年11月　北京，民族大学西路寓所